汉译世界学术名著丛书

密 释 纳

第2部 节期

张平 译注

商务印书馆
The Commercial Press

再版序言

本书曾在2017年由山东大学出版社出版。此次商务印书馆将其收入"宗教文化译丛"和"汉译世界学术名著丛书",在如此短的时间内就出版,需要感谢山东大学傅有德教授、商务印书馆各位相关员工以及本部的责任编辑,是他们的不懈努力使得该书的再版成为可能。

趁本次再版的机会,我对本书的文字再次进行了审读,发现了一些打字错误,进行了更正。

《密释纳》六部,对今人来说实用性最强的大概就是这部《节期》部了。本部经文加上导论,大体上可以看作是一部有关犹太节期的小百科。有关犹太教各个节期的来源、历史、习俗、意义以及相关研究,基本上都可以在本书中查到。

当然说到底,本书并非一部知识性的著作,而是通过译注,缔造这部拉比犹太教"枢纽经典"在中文世界里的新生命。《密释纳》的生命力,在于其独特的"平行逻辑"争辩思维方式。在追求意义的确定性的宗教经典中,追求经文的歧义性和开放性的《密释纳》是一个异数——《密释纳》本质上不是要告诉人们应该做什么,而是引导人们提出问题,展开辩论。《密释纳》翻译上的最大挑战不是一般意义上的"信、达、雅",而是怎样既保持原文的开放，又实现译文的流畅。

要说明这个问题，不妨以我的第一部译作《阿伯特——犹太智慧书》为例。1994年夏天，拉比阿丁·施坦泽兹邀请我翻译时，并未规划清楚该书的体例。我在翻译的过程中，发现不加注解，中文读者就不可能理解经文，于是就加了很多注解。初稿完成后，施坦泽兹大概不放心我写的注解，提出我的注解中只保留贤哲生平，而经文注解由他本人来写，再由我翻译成汉语。后来在翻译他的注解的过程中，我发现一个问题：很多注解事实上是多余的，因为我在翻译时已经采用了同一种解释，读者只要读了译文，就没必要再看注解了。实际上，这是译经时一个难以逃避的问题：经文的歧义性在翻译时由于译者个人理解的干涉而消失了，变成了意义明确的文字。对于其他经典来说，这个问题并不严重，因为经典本身被认为应该是意义明确的；但是对于拉比犹太教经典来说，这个问题就是灾难性的，因为经文的歧义性，恰恰是经典的生命之所在。

为解决这个问题，我在译文中做了多种尝试。在不严重损害中文流畅性的同时，尽可能保留原文的词汇构成和语序，不做额外增减；使用大量古汉语元素，以减少译文的确定性；加了大量"集注"性的脚注，使读者了解对相关经文的争论，等等。

经文的歧义性，加上对相关争辩的专业性（不交代背景与基础知识）的记录，使得《密释纳》的经文读起来格外艰涩。甚至我自己在审读译注稿时，也会出现"不看注解搞不懂自己的译文"的情况。本质上，《密释纳》不是给人"读"的，而是给人"想"的。孔子讲"学而不思则罔，思而不学则殆"，对《密释纳》而言，可以说是"不思则无所学"——不展开思考的话,根本不可能"读懂"这本书。

因此,本书的读法与其他书不同,谁也不可能从头到尾一口气读下来。本书应该被看作一种逻辑习题集,每次只读一两条经文。读的时候亦无须追索"微言大义",只需要参考注解,把经文的内在逻辑想明白,把争辩各方的思路理清楚,就算达到了目的。如果每天能这样"想"一两条经文,坚持上一年,一个人的思维方式就会发生很大的变化,逻辑水平也会更上一层楼。

几年前有一位读者告诉我,他看《密释纳·种子》时,导论读得津津有味,一口气看完,经文则没看几页就放下了,读不下去。我对此的回答是:导论花了我三个月的时间,经文译注则花了我四五年时间。如果读者都只看导论的话,我花那么多的时间译注经文干什么?

我希望这篇序言能够帮助读者了解怎样读这部著作,希望更多的人能够加入到"平行逻辑"的思维俱乐部里来。

张 平

2021 年 4 月 8 日于特拉维夫

译注者序

时光荏苒,《密释纳·种子》出版不觉已五年有余。回首生命里这段逝去的光阴,真能让我稍感慰藉的,便是这部《节期》部的完成了吧。《节期》部的译注,其实开始于《种子》部之前,十年前我开始立志译注《密释纳》时,着手译注的第1卷便是《安息日》。这不仅是因为作为"立教之本"的安息日在对拉比犹太教的研究和理解上都有着无可忽视的价值,而且也是因为当时我本人正对这个问题有浓厚的兴趣。不过,当工作进行到第10章左右时,我感觉到《密释纳》各部之间有着千丝万缕的联系,如果从中间做起,势必在未来造成各种文献征引与专有名词运用方面的混乱。作为一个长期进行的项目,必须要有长远的规划,于是只好忍痛割爱,转而从头译注《种子》部。因此,《节期》部实际投入的时间大约是五年,但如果从《安息日》卷的开始时间算起,则整个译注过程已经走过了大约十个年头。

本书是《密释纳》的第2部,因此我的一个基本的假设就是读者已经有了第1部——《种子》,而这一假设与本书内容的取舍密切相关。本书译注与引文的各种体例仍然延续《种子》部的规则,相关情况已经在《种子》部的译注者序中加以说明,本处不再赘述。需要补充的一点是:凡在注解中说明是《革玛拉》而未说明具体篇目的,指的都是《密释纳》在《革玛拉》中相应的篇章。《种子》部中已有的,内容和形式上都已经比较完整的附录,原则上不再收入本书中。只有《贤哲小传》仍然收入,因为《节期》部增加了不少贤哲人物,而《种子》部中的贤哲人物在本部中仍然大量出现。新增的附录都是与《节期》部内容密切相关的。《犹太历与犹太节期一览表》《犹太历法"四道门"简表》是犹太历法和节期的清晰总结,《拉比犹太教读经分章表》《圣殿祭献一览表》都是犹太节期活动的概览。特别是《圣殿祭献一览表》,因为圣殿祭献名目纷繁,种类复杂,编制一个简单明了的说明表格,不仅是为了帮助读者理解相关内容,在我自己的译注过程中也起了很积极的作用。

本书的完成,首先要感谢特拉维夫大学教授欧永福(Yoav Ariel),他的鼓励和实际帮助,始终是我在《密释纳》译注的漫漫长途上努力前行的动力和保障。普林斯顿大学的普安迪教授是第一个阅读我的译文并提出了宝贵意见的学者,十年前他就仔细阅读了我翻译的《安息日》卷前十章,并提出了他的看法,让我受益匪浅。山东大学的傅有德教授在整个过程中帮助我争取到中国教育部的多种支持,包括重大项目立项和入选"长江学者"奖励计划,为我的译注计划的顺利进行提供了优越的条件,在此也对他一并表示感谢。

本书所包括的一个前所未有的实验性创举是邀请著名国画画家刘波先生为本书创作了《十二犹太节期图》。此举有两个目的:其一是犹太节期的主题关涉到很多具象性的内容,包括器具用品、食物服饰以及节期活动,图画可以更加形象地向读者传递这些信息；其二是进行一种新的艺术创作实践和跨传统对话尝试——这是第一批用国画风格创作的犹太节期景象，其所描述的生活是犹太的，但其观察的眼光与表现的手法则是中国的！我希望这只是一个开头，希望这样的以艺术创作为形式的中犹对话路径能由此开辟出来，并不断地拓展出去。感谢刘波先生同意担任这样一个开辟者的角色，感谢他为此倾注的心血和时间，也感谢他创作出来的精彩作品。因为本部各卷并非严格按照节期编排，因此这些画作是按照尽量接近原作精神的原则安放的，不能完全对号入座，只能请求画家与读者诸君原谅。

对于本书的编辑工作，我在此要感谢山东大学出版社的黄福武先生，他对《种子》部的出色编辑工作让我非常赞赏，本部的编辑工作由他继续负责，让我由衷地放心。此外，我在山东大学的博士生白英倩老师担任了本书的校读工作，在此我要感谢她认真负责的工作和一丝不苟的态度。

在此我还应该感谢四个机构在本书完成过程中所起的重要作用。感谢中国教育部将"《密释纳》译注与研究"设立为教育部人文社会科学重点研究基地重大项目（项目号：11JJD730004），同时感谢教育部所给予的"长江学者"的荣誉，这两者所给予我的精神鼓励和物质支持都是非常及时和充分的。感谢特拉维夫大学（Tel Aviv University）给予我的学术年假待遇，也感谢夏威夷大学（University of Hawaii at Manoa）接纳我在那里度过学术年假，特别感谢成中英教授和顾琳玉女士在这期间给我的各种帮助和指导，这一切使得本书译注部分的主体得以在檀香山的碧海蓝天之间完成。感谢山东大学多年来为我提供的各种研究条件,本书导言的大部分是在山大南路的校园里完成的。

　　最后我要一如既往地感谢我的家人多年来对我的无私支持和鼓励。家母金德闻教授在我的年假期间专程赶到夏威夷照料我的饮食起居,使我得以专心工作,完成了本书的主体。我的妻子张立则多次独自留在以色列处理各种繁杂的家庭事务,使我得以专心在海外完成译注和研究。我对家人的歉疚是无以复加的,而本书的完成则能让我稍有偿债之感,总算没有完全辜负他们的辛劳。

张　平

2016 年 11 月 2 日于特拉维夫

译注者导论

节期（希伯来语：Moed），是由拉比犹太教经典以律法形式确立了特定活动内容的特定日期，是拉比犹太教教义沿时间轴线在犹太人生活中的分布，是犹太传统生活方式的重要组成部分，是犹太身份认同的重要标志之一。

在我们这个星球上，没有节日的民族大概还没有被发现过。不同的人群之间，生活水准的高低可以天差地别，文化传统的内容可以五花八门，生活方式的选择可以灵活多变，但每一个有固定传统的人群都过节——虽然节日的名称、理由、活动可以千变万化。

为什么有些日子注定与其他日子不同呢？为什么我们需要时时中断正常的生活，耗财费力地去做一些看来是没有物质收益的事情呢？如果不过节，我们是不是会成为不同的人？如果是这样，那么节日到底是什么？在吃喝玩乐、亲情团聚之外，节日是否还有一些我们通常很少意识到的意义呢？

对这些问题，不同的传统会给出不同的回答。因此，在逐一讨论特定的犹太节期之前，有必要就犹太节期的基本概念进行一些探索，也有必要了解一下有关犹太节期研究的文献情况。

1. 节期概念的起源及其根本特征

节期一词,在希伯来语里有两个主要的含义:其一为约定的聚会时间,其二为拉比犹太教规定的、有特别宗教含义的日子。[①] 这两个基本含义原初是相互联系的,这种联系可以从最早系统地使用"节期"一词的《希伯来圣经》中体会出来。

在《希伯来圣经》中,"节期"一词共出现两百二十三次,其中一百四十六次出现在固定词组"会幕"中。"会幕"一词,希伯来语原文为"Ohel Moed", Ohel 指帐幕、帐篷, Moed 即定时聚会。这聚会既是以色列人的聚会,也是他们与神的聚会,正如《出埃及记》29:43 所言:"我要在那里与以色列人相会,会幕就要因我的荣耀成为圣。"因此会幕也就是圣殿建立之前以色列人定时聚会进行崇拜活动的场所。

Moed 的"节期"含义与"聚会崇拜"之间的关系则可以从《利未记》23:1—2 中看出来:"耶和华对摩西说,你晓谕以色列人说,耶和华的节期,你们要宣告为圣会的节期。"

也就是说所谓的节期,实际上是"圣会"的节期,也就是崇拜聚会的节期。在这一章,我们可以看到"节期"的内容涉及安息日、逾越节、五旬节、岁首、赎罪日和住棚节。当然《希伯来圣经》

[①] 很多希伯来语词典或百科全书均做这种解释,例如:Skolnik, Fred, and Michael Berenbaum, "Mo'ed". *Encyclopaedia Judaica*, 2nd ed., Vol.14. Detroit. *Macmillan Reference USA*. Keter Publishing House, 2007, p.413.

中"节期"所涵盖的日子范畴并不完全一致,通常的节期概念并不包括安息日,比如《利未记》23:37在列举了节期的祭献之后,在第38节明确指出"这是在耶和华的安息日以外"。广义的"节期"概念则不仅包括了安息日,甚至还包括了月首,《民数记》便在开列了包括安息日和月首在内的各种祭献之后,在29:39归纳说"这些祭要在你们的节期献给耶和华"[①]。与《希伯来圣经》相比,拉比犹太教的节期概念显然更加宽泛,就《密释纳·节期部》的内容来看,"节期"不仅包括了那些有确切名称的日子,而且涉及一些在固定日期进行的活动,比如交纳舍客勒税,以及因灾难而进行的斋戒活动等。

由此我们可以说,至少从《希伯来圣经》时代起,节期一词便有了两个相互关联的含义:节期与聚会崇拜。这种关联性在犹太教传统中固定下来,直接赋予了犹太节期的根本特征:宗教性——节期首先被理解为神的节期,耶和华的节期,其次才是以色列人为此而举行"圣会"的日子。虽然其他文化中的很多节日也有宗教性的起源,但在犹太传统中,这种起源不仅限于其他文化中大多数情况下的"遵奉神灵"的活动,而且其日期与具体活动内容都是由神直接指定的,其宗教性的强度及其所涉及的内容深度是极其罕见的。在拉比犹太教时代,这种宗教性起源并没有随着历史的变迁而冲淡,而是被用律法的形式固定下来并得

[①] 有关节期一词在《希伯来圣经》中的多重含义及其与各底本的关系,参见:Milgrom, Jacob. *The Anchor Bible, Leviticus 1-16*. New York: Doubleday, 1991, p.18.

到了进一步发展。具体来说,犹太节期这种强烈的宗教性特征表现在以下几个方面。

首先是节期活动的仪式性。绝大多数的犹太节期都有程式固定的仪式活动,比如逾越节的除酵与晚宴、住棚节的住棚活动、安息日的迎接与告别仪式等。从精神上说,这种仪式性与圣殿及其之前的圣幕时代的节期祭献活动是一脉相通的,其中有些是圣殿时代与祭献并行的仪式性活动,比如住棚节,有些则是圣殿祭献的变形或记忆,比如逾越节晚宴实际上是圣殿时代祭献并食用逾越节羔羊活动的变形,而赎罪日犹太会堂中诵念的仪式诗歌(Piyyutim)则直接回忆且描述当年圣殿中祭献大典的盛况。总体上看,在圣殿时代犹太节期几乎没有与圣殿活动无关的。圣殿被毁灭之后,犹太节期则以各种方式与圣殿的仪式保持着的联系,体现着同一种精神:按照神的诫命举行节期仪式,用仪式来表达对神的崇拜。

其次是犹太节期宗教性的覆盖力。一般意义上的节日大体有三类起源:其一是宗教性起源,主要是崇拜活动的固定化而形成的节日;其二是自然起源,主要是与季节变迁和生产活动有关系的固定日期活动;其三是人文民俗起源,包括民间故事的演绎、对历史事件的记忆以及对历史人物的纪念等。通常情况下,这三类起源会在历史发展中交叉影响,但很少会出现一家独大、统筹全体的局面。然而在犹太传统中,宗教性叙事涵盖了所有的节期,而且将其他起源都纳入了自己的叙事体系中。逾越节中的奉献摇祭活动,原本有着明显的庆祝收获的农业活动色彩,但在《希伯来圣经》的节期体系中,它不再是自发的收获庆典,而是在遵奉神的"要把这一捆在耶和华面前摇一摇"(《利未记》23∶11)的诫命。又如普珥节,原本是对犹太历史事件的纪念节日,即使是在《以斯帖记》中,也没有任何提到上帝之处,而《希伯来圣经》中即使是最广义的"节期"概念,也不包括普珥节。但到了《密释纳》时代,情况便发生了变化:

> 于光明节:王子们。于普珥节:"那时,亚玛力人来"。于月首:"每月朔"。于站班日:创世之业绩。于斋戒日:祝福与诅咒。不可于诅咒中停顿,而是一人念完。于周一、周四与安息日之午后祭中按序诵读,且不计入。因经文说:"摩西将耶和华的节期传给以色列人。"其职责乃是按其时诵读每一章。(《密释纳·节期部·经卷》3∶6)

"那时,亚玛力人来"一句指的是《出埃及记》17∶8—16,在普珥节读这个段落,因为故事中的反面人物哈曼据信是亚玛力人的后裔。《托拉》每年的分章阅读被用来诠释"摩西将耶和华的节期传给以色列人",由此贤哲们将普珥节有效地收入了"耶和华的节期"的范畴,从而将这一由历史事件或传说而起源的节日彻底宗教化。

犹太节期宗教性的第三个表现是节期活动的强制性。在多数文明的节日概念中,节日活动大多是自愿性的;节日期间的休息与娱乐更不应该带有强制的色彩。然而,在犹太传统中,由于宗教性的因素,节日不被看作人的主动活动而被看作遵从神的诫命,因而凡与节期相关的活动,无论巨细,无论是安息日的停止劳作，还是逾越节的食用无酵饼，均被看作人履行诫命的责任，因而具有无可争辩的强制色彩。是否参与了节日活动，是一个"尽其责"抑或"未尽其责"的责任问题，而不是一个简单的过节不过节的选择问题。既然是责任，那么对于"未尽其责"或者触犯相应律法的人便有一个惩罚的问题。在《希伯来圣经》时代，有意触犯安息日的可能面临死刑处罚，《出埃及记》31：15便明确规定"凡在安息日作工的，必要把他治死"。后代拉比法庭丧失了刑事判决的权力，但仍然相信有意触犯安息日者将遭受"天谴"，将被从人群中剪除出去。这种严厉的天谴处罚还适用于触犯赎罪日或者有意不肯祭献逾越节羊牲的人。而对于那些因疏忽而触犯了安息日律法的人，《密释纳》则规定必须在圣殿献赎罪祭以悔过。

犹太节期的宗教性的第四个表现是宗教经典在节期活动中的重要地位。拉比犹太教作为一种以经典为本原的传统，无法想象任何重要的宗教内容可以离开经典而独立生存。[①] 就节期而言，这种重要地位可以从以下三个方面看出来。

首先，节期是宗教经典中不可或缺的组成部分，在《摩西五经》中，有关节期的律法见于全部五卷，某些章节（如《出埃及记》12章、《利未记》16章）的基本内容为节期。在《密释纳》中，《节期》部排在《种子》部之后，位居第二。虽然《密释纳》各部的排

---

① 关于经典在拉比犹太教思维体系里的作用，参见张平：《经从何处来？——〈论语〉与〈阿伯特〉首章的比较解读》，载钟彩钧、周大兴主编：《犹太与中国传统的对话》，（台北）"中央研究院"中国文哲研究所2011年版，第26—43页。

列顺序未必以其重要性为依据①,但《节期》部客观上占据的重要位置无疑增强了节期在整个教义结构中的地位。

其次,犹太经典中的节期内容绝非纸上谈兵,而是犹太人在节期时赖以行动的依据。犹太节期的所有活动都是在犹太经典所规定的律法的基础上进行的。虽然某些律法规定有可能在历史的变迁中出现了变化,例如圣殿的消失使得相关祭献无法继续进行;某些细微末节在不同的人群中会有不同的执行程度,比如《密释纳》明确规定逾越节晚宴不得食用餐后甜点②,而现代世俗犹太家庭的晚宴大多以餐后甜点结束,但是几乎所有那些具有标志意义的、为现实条件所许可的节期活动,比如逾越节的除酵、安息日的停止工作等,都相当完整地保留了下来,而且得到了犹太人群主体的承认和实行。

进一步说,犹太经典不仅是犹太节期活动的指南和依据,而且本身也直接参与到节期活动中,成为节期活动的一部分。《摩西五经》被分为五十四个分章,每周诵读一个分章,这一活动是安息日的重要内容之一。这些分章的时间安排,有些与当周的犹太节期有关,也是这些节期活动的组成部分之一。在这些分章之外,《希伯来圣经》中的五卷,即《雅歌》《路得记》《耶利米哀歌》《传道书》和《以斯帖记》,分别是逾越节、五旬节、阿夫月九日、住棚节和普珥节全章诵读的五大经卷。其中《雅歌》《路得

---

① 关于《密释纳》的内容与结构,参见张平译注:《密释纳·第1部:种子》,商务印书馆2020年版,第83—97页。

② 参见本部《逾越节》10:8。

记》和《传道书》为西方犹太人诵读，《耶利米哀歌》和《以斯帖记》则是全体犹太人都要诵读的。而《以斯帖记》的诵读更是整个普珥节活动的核心。

第三，犹太节期的活动不仅以经典为指导，而且在节期发展的历史中，逐步又形成了一些与节期相关的次级经典。其中最著名的是在逾越节晚宴上全家诵读的《逾越节传奇》（*Haggadah Pesach*）。这部以《希伯来圣经》相关段落和本部《逾越节卷》为基础的次级经典没有任何涉及逾越节羔羊献祭的繁琐问题，带有明显的时代痕迹，为后圣殿时代的逾越节活动提供了一个切合时代特征的出色文本。此外，《犹太祈祷书》（*Siddur*）收集了所有节期需要的附加祷文，使得节期使用的经典文本变得完备起来。换句话说，《希伯来圣经》的五大经卷，加上《逾越节传奇》和《犹太祈祷书》，使得所有的犹太节期都有了各自的经典文本。也就是说，当这些补充性的次要经典完成之后，就犹太节期而言，经典作为拉比犹太教的基石就不再是一句空话。

2. 节期作为犹太生活方式的关键内容之一

传统意义上的犹太生活方式，一言以蔽之，曰：律法生活！顾名思义，律法生活包括律法和生活两个基本方面。概括来说就是：律法进入生活而发展，生活依据律法而进行；律法依托生活而存在，生活凭借律法而超越。

广义地说，犹太生活方式可以被归结为宗教生活的一种。但与其他宗教生活因追求超越而或多或少地表现"出世"倾向不同,拉比犹太教全力关注"此世"的生活,崇尚的是一种不打折扣的"入世"生活,用佛朗茨·罗森茨威格那句著名的话说,叫作"进入生活"①。因此,拉比犹太教的"律法",也不是那些一般意义上维护宗教权威的宗教条例,而是具体指导最细微的生活场景,并且以这种深入生活的特色为自身标志的。在《巴比伦塔木德》里,当众天使质疑上帝何以将圣洁的《托拉》传授给肉体凡胎的摩西而不是给仙风道骨的天使们时,摩西的回答是:

> 天地之主啊,您所传授的《托拉》里写了什么呢?"我是耶和华你的神,曾将你从埃及地为奴之家领出来。"(《出埃及记》20:2)诵念至此,他转向众天使,问道:"你们可曾下到埃及之地?可曾与法老为奴?何以《托拉》当归尔等……这里又写了什么呢?'当记念安息日,守为圣日。'(《出埃及记》20:8)你们可曾从事那些需要停歇的工作……还有,'当孝敬父母。'(《出埃及记》20:12)你们可曾有过父母?还有,'不可杀人。不可奸淫。不可偷盗。'(《出埃及记》20:12)你们之中何曾有过妒火?又何曾有过诱惑呢?"②

---

① Rosenzweig, Franz, Trans. Barbara E. Galli. *The Star of Redemption*. Madison, WI: U of Wisconsin, 2005, p.447.

② 《巴比伦塔木德·安息日卷》88b—89a。

也就是说，只有与充满欲求与激情的人类生活相遇，《托拉》及其所代表的律法才算找到了自己的归宿，才能实现自己的意义。

当然，律法与生活的关系并非是单向流动的：进入生活的律法不再是原来束之高阁而万古不变的深山藏经，而是随着人类生活的变迁和发展不断演变完善的；获得了律法的生活也不再是原来的生活，而是通过《托拉》与上帝的联系而获得了超越的意义。《阿伯特》对此有一个高度简练而优美的表述：

> 今世一刻忏悔与善行之美妙，胜过来世一生；而来世一刻宁静之美妙，又胜于今世一生。①

在这里，遵行律法的生活相当于或者胜过来世的天堂生活，从而使得超越在今世、在普通平常的生活中就是可能的。

宏观地看，律法进入犹太生活的途径是沿着时间、空间两个维度展开的。空间维度上的律法主要是针对事物的律法。这包括个人事务，每个人的生老病死、婚丧嫁娶、日常起居均在这律法的规范之内；也包括公共性事物，税收租赋、经济纷争、公共仪式也都是在律法的指引下进行的。时间维度上的律法主要是节期相关的律法。空间维度上的律法使所有的事物都处于律法的管辖之下，时间维度上的律法则使所有的时间都成为律法的属

---

① 《阿伯特》4:22。参见：阿丁·施坦泽兹诠释：《阿伯特——犹太智慧书》，张平译注，中国社会科学出版社1996年版，第63页。

地。空间维度上的律法给人们生活中的家常琐事带来超越的意义，而时间维度上的律法则赋予平平常常的时光以神圣的光彩。空间维度使得律法无处不在，时间维度则使得律法无时不在。

当律法进入时间维度之后，日子就不再是"逝者如斯夫"的流水，而是通过与上帝的联系获得了永恒的意义。在这里，每周的第七天不再是简单的一个数字，而是与上帝创世的七天有直接联系，人们在这一天按照律法安息，在对神的行为的模仿与对来世生活的体验之中获得超越。同样，每个岁首之后的第十天，就不再简单地被认为是一年的第十天，而是一个接受神的阶段审判，忏悔过去一年的罪过，向一个终极完美的自我靠近的日子。当时间获得了超越的意义，遵循时间律法的生活也就获得了超越的意义，而置身这种生活之中的个人也就得以窥见超越的真谛。

作为获得了一种生活方式意义的时间，犹太节期的覆盖面远远超过一般文化意义上的"节日"概念。在犹太传统中，不仅新年、春天的开始、收获季节等各种文化中普遍存在的常见节日属于"节期"，每周的安息日也属于节期。在这样高密度的节期网络分布下，非节期的那些常日便也笼罩在节期的色彩之下。常日在某种程度上被看作节期的准备时间——周四和周五便是公认的预备迎接安息日的日子，而沙玛伊学派更是认为一周所有的日子都是为安息日做准备的：

> 据说沙玛伊长老一生都在为安息日而进食。如果他找到一只喜欢的禽兽，便会说："这只留给安息日。"如果他随

后找到一只更好的，他会把第二只留下而把第一只吃掉。希列长老则与之不同，他所有的工作都是为了上天之故，因经文说："赞美上帝，每一天。"① 同样，他们还教导说：沙玛伊学派说："每周从第一天起就是为了安息日。"而希列学派则说："赞美上帝，每一天。"②

在这里我们看到两种对待常日的态度。沙玛伊学派坚持安息日的特殊性，强调常日总是在安息日的阴影里，一切的时间都是在为安息日做准备。而希列学派则不过度强调安息日的特殊性，而是相信每一天都与安息日一样，都在用自己的行为赞美上帝。

而无论是哪种态度，都说明了一个问题：当节期成为一种生活方式时，常日便同样不只是平常的含义，或者成为节期的陪衬，或者成为节期的同伴，而律法也就此占据了人类生活的每一个时间段，无时不在。

3. 节期作为一种身份认同

某些节日可以成为其庆祝者的身份认同方式之一，应该说是一种被普遍接受的理论。2004年纽约大学出版社的一本节日研

---

① 《诗篇》68:19。
② 《巴比伦塔木德·节蛋卷》16a。

究的论文集便以《我们便是我们所庆祝的》①命名。这本书的编者和作者显然把这种理论看作公理,以至于不曾在书中花些篇幅论证其书名的合理性,而是直接指出节日相关的仪式是在回答"我们是谁以及我们从何处来"这样的问题,"帮助一个人确认自己的身份认同,但同时也指出其身份变化"。②不过,编者在导言中归纳的有关节日的理论却可以用来解释节日何以成为身份的认同。按照他们的归纳,节日可以具有"融合"和"反融合"两种功能,节日"可能加固某些社会群体,但这些群体与全社会的关系则可能变化多端,从高度互补因而是融合的,到相当冲突性的因而是反融合的"。③此外,他们还把节日分为"价值重温型"与"压力释放型"两种④,前者主要是教育性的节日,后者则主要是活动性的节日。

如果把犹太节期放入上述理论框架里去观察,我们可以比较清楚地看到节期是如何成为犹太身份认同的标志的。从我们上述有关犹太节期的宗教性的论述中,可以很容易地看出犹太节期基本上属于"价值重温型"的。⑤在犹太传统中,"反融合"是核心价值之一,因此犹太节期所重温的那些价值有着明显的"反融合"的含义,相应地也就有了更多的身份认同的意义。

---

① Etzioni, Amitai, and Jared Bloom, eds. *We Are What We Celebrate: Understanding Holidays and Rituals*. New York: New York UP, 2004.

② 同上书,第40页。

③ 同上书,第22页。

④ 同上书,第11页。

⑤ Etzioni 认为普珥节是属于"压力释放型"的,但他论述的依据基本上是普珥节属于民俗意义上的活动。其中的宗教内容仍然起的是"价值重温型"的作用。

犹太节期的"反融合"价值的成因主要有四个。

首先，是律法的专有性。按照拉比犹太教传统的说法，虽然《托拉》同时以七十种语言（在拉比犹太教中，七十种语言意味着世界上所有的语言）存在⑥，而且在出埃及之前上帝询问过所有七十个民族是否愿意接受《托拉》作为自己的律法，但只有摩西代表希伯来人接受了这一约定⑦。律法的独有性使得接受律法的约束不仅是一种宗教责任，而且是一种宣示身份认同、标明人群分界的有效方式。具体到节期来说，犹太节期是律法的延伸，也就是说只有遵守犹太律法的人才会遵行这些节期的要求，这就使得这些节期几乎不可能被其他人群所接受，因此节期的活动对犹太群体内部是融合性的，大家都在同一个时间做同一件事情，但对于其他群体来说几乎就是绝对非融合性的，因为他们不可能真正加入这些活动。

其次，是上帝的唯一性。犹太节期通过律法直接将犹太人群与上帝联系在一起，节期原本是上帝的节期，遵行节期本质上是对上帝的崇拜。由于犹太教信仰中上帝、以色列以及两者的关系都具有唯一性，正如《密得拉释》记录亚伯拉罕回忆他与上帝相遇时上帝所说的："我是唯一的，你也是唯一的。"⑧因此节期也就

---

⑥ 《托塞夫塔·不贞卷》8:6。

⑦ 《拉巴提篇》21。

⑧ Midrash Tanchuma (Warsaw), Vayera 22. Hayyim Nahman Bialik and Yehoshua Hana Rawnitzki, ed., William G. Braude, trans. *The Book of Legends-Sefer Haaggadah: Legends from the Talmud and Midrash*. New York: Schocken, 1992, p.40.

是独此一家的神圣时间,标明的是神与以色列之间特有的选择与被选的关系,以及犹太人群与其他人群的不同之处。

第三,是犹太节期教育功能方面的特性。"价值重温型"的节日通常都有教育功能在内,也就是通过节日活动对相应的价值观进行强调。犹太传统节期以宗教性为特色,节期教育当然也是以宗教内容为主体,其中的相当一部分与历史和历史传奇教育有关。而这些历史和历史传奇教育基本上是有关犹太人与其他人群或国家之间的冲突的。有一个世俗犹太人的笑话说犹太人的节期基本上就说三件事情:起先他们想杀死我们,最后我们杀死了他们,现在大家可以吃饭了。这个笑话虽然夸张一些,但它的确折射出了这样一种现实。在犹太节期中,逾越节涉及希伯来人与古埃及人的冲突,普珥节涉及犹太人与波斯帝国内某些政治势力之间的冲突,光明节涉及犹太人与希腊文明背景的塞琉古王国的冲突,阿夫月九日涉及犹太人与罗马帝国的冲突。这样一种以"冲突历史"为主要内容的节期教育无疑与犹太人作为弱小族群长期受到压迫的历史事实有关,但其客观作用无疑加强了节期氛围中"我们"与"他们"的区别乃至对抗,也更加强调了庆祝节期者的身份认同。

第四,是犹太时间概念的特殊性。纽斯内尔在《拉比犹太教:神学体系》一书中提出历史叙事在拉比思维的形式中是"范式思维",按照他的描述,"在有关社会秩序的范式思维中,举凡过去、现在、未来、单独事件与个别生活等范畴均被证明是无效的。取代它们的是这样一些范畴,这些范畴或者被诸如亚伯拉罕与撒拉这样的范式化人物的行动与态度所定义,或者被诸如圣殿这样的范式化地点所定义,或者被诸如神圣时间这样的范式化节期所定义"。① 由于描述事件的重点在于该事件是否合乎某一范式,时间的过去或未来以及时间所带来的变迁在这样的叙事中是不存在的。在这样一种"恒定范式"的历史叙事中,其时间概念是"将过去、现在和未来都融合为一个恒定的现时"②,"以色列未来的历史已经书写在《希伯来圣经》中,而最初发生的事情也会在时间的终结点发生"③。

这样一种"节期超越时间"的范式思维给犹太节期的身份认同特性提供了独特的便利条件。"因为埃及人使吾祖在埃及生活受苦。每一代均须视自己为出埃及者。"④ 无论出埃及事件过去了多少个千年,无论今天的犹太人身在何方,生活习俗、衣着饮食有了多少翻天覆地的变化,他仍然是当年那个被奴役被欺压的希伯来奴隶,那个在摩西率领下不顾一切地冲开锁链,奔向自由的人群中的一员。他属于那个数千年前在旷野流浪的人群,也属于今天那个与他一同纪念这一事件的人群,这三者之间本来就没有差别,本来就是一体的,时间的差别不曾把任何人隔开。而如果他忙于生计学业,忘却了自己的"出埃及"身份的话,每年便有一个逾越节在提醒他,帮他温习一下"我们是谁"这个问题。同样,在安息日,他便是一个上帝的模仿者,与宇宙之始的第七

---

① Neusner, Jacob. *Rabbinic Judaism: The Theological System*. Boston: Brill Academic, 2002, pp.117-18.

② 同上书,第120页。

③ 同上书,第124页。

④ 本部《逾越节》10:5。

天的神一样，在六日的劳作之后坐下来休息，每一个第七天都是那个第七天，无论创世发生于多少年以前；在普珥节他便是那些为逃脱了被屠杀的命运而狂欢的波斯犹太人中的一员；在光明节他便是马卡比起义军中的一个战士；在阿夫月九日他便是在圣殿大火旁哀哀哭泣的犹太守城者。时间可以变，世界可以变，然而不变的是他的古今一致的身份认同，是提醒他的身份认同的那些永恒的节期。

与身份认同相关的一个问题是族群内的个体平等观念。由于身份认同的要点是个体之间的同一性，因此只有在个体平等的族群内才会有真正意义上的身份认同。由于犹太节期本质上属于上帝，而神与人之间的距离大到了极限，因此人与人之间的差别就完全被抹杀了。"每一代均须视自己为出埃及者"，也就是每个人都把自己看作投奔自由的希伯来奴隶，没有任何高低贵贱之分，由此便建立起了成功的身份认同。

在古代传统中，犹太传统这种在平等基础上建立身份认同的思路是比较独特也相对超前的。欧洲社会要到近代才建立起这种身份认同，而主流的东方传统就建立得更晚一些。这一点可以在逾越节与中国古文献《礼记》与《仪礼》所记载的"乡饮酒礼"的对比中看出来。逾越节与乡饮酒礼均以自己的节日活动创造出一个虚拟现实。在这个现实中，犹太人回到了出埃及时代，每个人都是奴隶，绝无差别；而在乡饮酒礼中，虚拟现实是由参加者的虚拟等级构成的，参加者被分为"宾"、"主人"、"介"及"众宾"四个较大的等级，其中最低的"众宾"等级又被分为更加细化的等级。虚拟现实的不同带来的效果也不相同，在逾越节的虚拟现实中，无差别的身份构成了一个集体共同的身份——犹太身份认同；而在乡饮酒礼中，对群体的归属感来源于对参加者等级差别的认可和对相关虚拟责任的执行，群体是一个群体，共同的身份却无从谈起。①

正是在节期作为一种身份认同方式的基础上，我们才可以准确理解近代以色列思想家阿哈德·哈-安姆（Ahad ha-Am）的名言："不是以色列守护了安息日，而是安息日守护了以色列！"②

张　平
2022年6月15日于特拉维夫

---

① 关于逾越节与乡饮酒礼的比较研究，参见：Yoav Ariel, Zhang Ping, and Ronald Kiener. "A Passover Seder with Confucius". 载钟彩钧、周大兴主编：《犹太与中国传统的对话》，(台北)"中央研究院"中国文哲研究所2011年版，第193—218页。

② 本句话出自阿哈德·哈-安姆1898年写给柏林一家犹太杂志的专栏短文《安息日与锡安主义》。该文的主旨是批评改革派犹太教越来越倾向于用星期日替换安息日，不过本句已经成为犹太人的格言，很少再有人去追究其出处了。

目 录

第 2 部　节期

第 1 卷　安息日 ······ 3
第 2 卷　移入纹 ······ 105
第 3 卷　逾越节 ······ 171
第 4 卷　舍客勒 ······ 253
第 5 卷　盛日 ······ 299
第 6 卷　住棚 ······ 347
第 7 卷　节蛋 ······ 387
第 8 卷　岁首 ······ 417
第 9 卷　斋戒 ······ 445
第 10 卷　经卷 ······ 473
第 11 卷　小节期 ······ 503
第 12 卷　节仪 ······ 523

特定名词索引 ······ 544

附录 1　犹太历与犹太节期一览表 ······ 550
附录 2　犹太历法"四道门"简表 ······ 552

附录3　拉比犹太教读经分章表 ······· 553
附录4　圣殿祭献一览表 ············· 561
附录5　贤哲小传 ··················· 563

中译本参考文献 ······················ 585

第2部 节期

第 1 卷

安息日 ①
Shabbath

---

① 每周第七天(犹太人的星期从周日开始)。有关安息日的基本概念,可参见《旧约·创世记》2:2—3:"到第七日,神造物的工已经完毕,就在第七日歇了他一切的工,安息了。神赐福给第七日,定为圣日,因为在这日神歇了他一切创造的工,就安息了。"[本书脚注均为中译本译注者所做。]

安息日

戴丁雨先生刺波馬於邢圖

提　要①

　　本卷讨论与安息日相关的律法，共二十四章。第1章重点讨论安息日地界间出运的问题以及周五安息日开始前的注意事项。第2章的重点是安息日的照明材料问题。第3章与第4章主要讨论安息日的烹饪及相关器皿与用品的问题。第5章讨论家畜出行问题。第6章讨论安息日出行佩戴装饰品的问题。第7章开列三十九项安息日禁止进行的"工作之父"。第8章至第11章讨论安息日出运（包括投掷）的相关问题。第12章与第13章讨论某些受禁行为的数量问题。第14章比较杂乱，包括捕猎爬物、制作盐水以及与医疗效果相关的饮食涂膏，等等。第15章主要讨论打结问题。第16章讨论安息日火灾问题。第17章讨论安息日使用器皿问题。第18章讨论与秸秆（包括用作饲料的干草）相关的问题。第19章讨论割礼相关问题。第20章主要讨论有关浸泡的问题。第21章讨论有关移动物品的问题。第22章讨论主要有关安息日预备饮食的问题。第23章讨论与财务相关的问题。第24章主要讨论旅途中遇到安息日的问题。

---

① 本书所有的"提要"部分皆为译注者撰写。

与本卷相关的概念中最主要的是"工作之父",也就是拉比犹太教依据《希伯来圣经》所记述的与建造圣幕相关的工作而归纳出来的三十九个在安息日禁止进行的工作大类。每个工作大类又涵盖一些进一步引申出来的"工作之子"。就律法而言,"工作之父"属于《希伯来圣经》就已经规定了的《托拉》律法,而"工作之子"则属于后来发展出来的拉比律法(与安息日相关的拉比律法被称为"安息律"),两者同样都是有效的禁令。

与此相关的另外一对重要概念是触犯安息日律法后的处罚问题,也就是"有责"与"无责"的问题。就一般情况而言,有意触犯《托拉》安息日律法的,按《希伯来圣经》的原则,应该处以石刑。不过拉比法庭早就没有了刑事裁决的权威和执行的方法,因此依赖于"天谴"的概念,也就是交由上帝去处罚。无意中触犯《托拉》安息日律法的,需要向圣殿献赎罪祭来使自己解脱,即为"有责";而无意中触犯拉比律法的,则不必献祭,即为"无责"。

本卷的另一组重要概念是与出运问题相关的地域概念:私人区、公共区、区间区和免责区。私人区指至少四掌见方,四周有至少十掌高的墙环绕的区域,这包括十掌深的洼陷区域。公共区包括广场、街道以及通向这些地区的宽敞巷道。公共区内的空中区域(比如柱子的顶部)十掌之内为公共区,超过则成为免责区。免责区指公共区内小于四掌见方,不低于三掌的区域,或者私人区内小于四掌见方的区域(即使有十掌以上的墙环绕)。区间区指不符合上述三种区域定义的区域,比如海洋。在安息日,公共区与私人区之间的物品搬运是违背《托拉》律法的,违者需献赎罪祭。区间区与公共区或区间区与私人区之间的搬运违反拉比律法，无须献祭。从免责区则可以向任何区域搬移物品。在同一区域内搬移则视区域的性质而定。在公共区搬移超过四肘之地即属于违反《托拉》律法，需要献祭。同样的行为在区间区则属于违反拉比律法，无须献祭。而在私人区域内，搬移则是允许的。

相关《希伯来圣经》段落[1]

1.《创世记》

2:1　天地万物都造齐了。

2:2　到第七日,神造物的工已经完毕,就在第七日歇了他一切的工,安息了。

2:3　神赐福给第七日,定为圣日,因为在这日神歇了他一切创造的工,就安息了。

2.《出埃及记》

16:22　到第六天,他们收了双倍的食物,每人两俄梅珥。会众的官长来告诉摩西……

16:23　摩西对他们说,耶和华这样说,明天是圣安息日,是向耶和华守的圣安息日。你们要烤的就烤了,要煮的就煮了,所剩下的都留到早晨。

16:24　他们就照摩西的吩咐留到早晨,也不臭,里头也没有虫子。

16:25　摩西说,你们今天吃这个吧,因为今天是向耶和华守的安息日,你们在田野必找不着了。

---

[1] 本书所有的"相关《希伯来圣经》段落"部分皆为译注者根据该卷内容整理。

相关《希伯来圣经》段落

16∶26 六天可以收取，第七天乃是安息日，那一天必没有了。

16∶27 第七天，百姓中有人出去收，什么也找不着。

16∶28 耶和华对摩西说，你们不肯守我的诫命和律法，要到几时呢？

16∶29 你们看，耶和华既将安息日赐给你们，所以第六天他赐给你们两天的食物，第七天各人要住在自己的地方，不许什么人出去。

16∶30 于是百姓第七天安息了。

20∶8 当纪念安息日，守为圣日。

20∶9 六日要劳碌做你一切的工。

20∶10 但第七日是向耶和华你神当守的安息日。这一日你和你的儿女，仆婢，牲畜，并你城里寄居的客旅，无论何工都不可做。

20∶11 因为六日之内，耶和华造天，地，海，和其中的万物，第七日便安息，所以耶和华赐福与安息日，定为圣日。

23∶12 六日你要做工，第七日要安息，使牛，驴可以歇息，并使你婢女的儿子和寄居的都可以舒畅。

31∶12 耶和华晓谕摩西说……

31∶13 你要吩咐以色列人说，你们务要守我的安息日，因为这是你我之间世世代代的证据，使你们知道我耶和华是叫你们成为圣的。

31∶14 所以你们要守安息日，以为圣日。凡干犯这日的，必要把他治死，凡在这日做工的，必从民中剪除。

31:15 六日要做工,但第七日是安息圣日,是向耶和华守为圣的。凡在安息日做工的,必要把他治死。

31:16 故此,以色列人要世世代代守安息日为永远的约。

31:17 这是我和以色列人永远的证据,因为六日之内耶和华造天地,第七日便安息舒畅。

34:21 你六日要做工,第七日要安息,虽在耕种收割的时候也要安息。

35:2 六日要做工,第七日乃为圣日,当向耶和华守为安息圣日。凡这日之内做工的,必把他治死。

35:3 当安息日,不可在你们一切的住处生火。

3.《利未记》

19:3 你们各人都当孝敬父母,也要守我的安息日。我是耶和华你们的神。

23:3 六日要做工,第七日是圣安息日,当有圣会,你们什么工都不可做。这是在你们一切的住处向耶和华守的安息日。

26:2 你们要守我的安息日,敬我的圣所。我是耶和华。

4.《民数记》

15:32 以色列人在旷野的时候,遇见一个人在安息日捡柴。

15:33 遇见他捡柴的人,就把他带到摩西,亚伦并全会众那里。

15:34 将他收在监内。因为当怎样办他,还没有指明。

15:35 耶和华吩咐摩西说,总要把那人治死。全会众要在营外用石头把他打死。

15:36 于是全会众将他带到营外,用石头打死他,是照耶和华所吩咐摩西的。

5.《申命记》

5∶12 当照耶和华你神所吩咐的守安息日为圣日。

5∶13 六日要劳碌做你一切的工。

5∶14 但第七日是向耶和华你神当守的安息日。这一日,你和你的儿女,仆婢,牛,驴,牲畜,并在你城里寄居的客旅,无论何工都不可做,使你的仆婢可以和你一样安息。

5∶15 你也要纪念你在埃及地做过奴仆。耶和华你神用大能的手和伸出来的膀臂将你从那里领出来。因此,耶和华你的神吩咐你守安息日。

6.《以赛亚书》

56∶2 谨守安息日而不干犯,禁止己手而不作恶。如此行,如此持守的人,便为有福。

58∶13 你若在安息日掉转(或作"谨慎")你的脚步,在我圣日不以操做为喜乐,称安息日为可喜乐的,称耶和华的圣日为可尊重的。而且尊敬这日,不办自己的私事,不随自己的私意,不说自己的私话。

58∶14 你就以耶和华为乐。耶和华要使你乘驾地的高处。又以你祖雅各的产业养育你。这是耶和华亲口说的。

7.《耶利米书》

17∶21 耶和华如此说,你们要谨慎,不要在安息日担什么担子进入耶路撒冷的各门。

17∶22 也不要在安息日从家中担出担子去。无论何工都不可做,只要以安息日为圣日,正如我所吩咐你们列祖的。

17:23 他们却不听从,不侧耳而听,竟硬着颈项不听,不受教训。

17:24 耶和华说,你们若留意听从我,在安息日不担什么担子进入这城的各门,只以安息日为圣日,在那日无论何工都不做。

17:25 那时就有坐大卫宝座的君王和首领,他们与犹大人,并耶路撒冷的居民,或坐车,或骑马,进入这城的各门,而且这城必存到永远。

17:26 也必有人从犹大城邑和耶路撒冷四围的各处,从便雅悯地,高原,山地,并南地而来,都带燔祭,平安祭,素祭,和乳香,并感谢祭,到耶和华的殿去。

17:27 你们若不听从我,不以安息日为圣日,仍在安息日担担子,进入耶路撒冷的各门,我必在各门中点火。这火也必烧毁耶路撒冷的宫殿,不能熄灭。

8.《以西结书》

20:12 又将我的安息日赐给他们,好在我与他们中间为证据,使他们知道我耶和华是叫他们成为圣的。

9.《阿摩司书》

8:5 你们说,月朔几时过去,我们好卖粮。安息日几时过去,我们好摆开麦子,卖出用小升斗,收银用大戥子,用诡诈的天平欺哄人。

10.《尼希米记》

10:31 这地的居民若在安息日,或什么圣日,带了货物或粮食来卖给我们,我们必不买。每逢第七年必不耕种,凡欠我们债的必不追讨。

13∶15 那些日子,我在犹大见有人在安息日榨酒(原文作"踹酒榨"),搬运禾捆驮在驴上。又把酒,葡萄,无花果,和各样的担子在安息日担入耶路撒冷,我就在他们卖食物的那日警戒他们。

13∶16 又有推罗人住在耶路撒冷。他们把鱼和各样货物运进来,在安息日卖给犹大人。

13∶17 我就斥责犹大的贵胄说,你们怎么行这恶事犯了安息日呢?

13∶18 从前你们列祖岂不是这样行,以致我们神使一切灾祸临到我们,和这城吗?现在你们还犯安息日,使忿怒越发临到以色列。

13∶19 在安息日的前一日,耶路撒冷城门有黑影的时候,我就吩咐人将门关锁,不过安息日不准开放。我又派我几个仆人管理城门,免得有人在安息日担什么担子进城。

第1章

1. 安息日出运①,在内②为两种③,是为四种④;在外⑤为两种,是为四种。其为何?贫者⑥立于外,家主在内,贫者伸手向内置物于家主之手;或从家主手内取物而出,则责⑦在贫者而家主得免⑧。家主伸手向外置物于贫者之手;或从贫者手内取物而入,则责在家主而贫者得免。贫者伸手向内而家主从中取物;或家主

---

① 运送活动违反安息日诫命,参见《耶利米书》17:21—27。"出运"包含三个要素:第一,拿起。第二,放下。第三,场所转移(私人地界与公共场所的变化)。

② 在内,指行动者处在私人地界,比如,自己家里。

③ 即运出(从私人地界运往公共场所)和运入(反方向)两个完整动作。每个动作中都由一个人完成全部三个要素。这两种行为是《托拉》所禁止的,有意违反者将遭天谴,无意违反者则须纳祭赎罪。

④ 贤哲们在《托拉》所禁止的两种动作之上又加了两种禁忌:在私人地界的人只做了一个动作(只拿不放或者只放不拿,不是完整的搬运动作),由他人合作共同完成"出运"行为。所以一共是四种禁忌。

⑤ 在外,指行动者处于公共场所。此句的两种与四种行为与"在内"的行为平行。

⑥ "贫者",也有人译为"乞丐",在此应指无家产者。"贫者"与"家主"在此主要说明跨地界运送的情况。

⑦ 违反安息日戒命而有罪责,因其做出了完整的搬运动作。

⑧ 在这种情况下,家主是被动的一方,因此没有责任。下一句两人的行为反过来,因而责任也反过来。

置物于贫者手中而使之运出,则两人得免①。家主伸手向外而贫者从中取物;或贫者置物于家主手中而使之运入,则两人得免。

2. 人不当在接近午后祷②之时,未祈祷之前,坐于理发匠面前③;不当进入浴室④,亦不当进入皮革坊⑤;不当吃饭⑥,亦不当出庭⑦。如果这些都已开始,则勿中断⑧。为读祷文《听》⑨,中断;为祈祷⑩,勿中断。⑪

3. 裁缝不当在暮色将临之时⑫携其针外出,以免遗忘⑬而就

---

① 依照《托拉》得免,依照贤哲则禁止,目的是让人多加小心而远离过犯(不完整动作不小心可能会变成完整动作)。下同。
② 原文 minhah,指正午后一小时左右开始的祈祷,直到三星出现均可做,参见《种子·祝祷》4:1。
③ 虽然午后祷的可祷告时间很长,但拉比们仍然要求全力保证祷告时间,避免意外事件发生而造成无法祷告。如先理发,则万一剪子折断,修理时间过长,就将错过祷告时间。
④ 防止在蒸汽浴室内昏倒而错过祷告时间。
⑤ 防止万一见到皮革上的疵点而进行费时的修补,并由此错过祷告时间。
⑥ 防止整个下午沉溺饮食,而忘记祷告。
⑦ 防止庭审或判决中出现新的证据,导致时间拉长,无法祷告。
⑧ 如果这些事务完成后还有时间祷告,则不必中断,否则应该中断。
⑨ 祷文《听》,犹太教最重要的祷文之一,由《申命记》6:4—9,11:13—21,以及《民数记》15:37—41等《圣经》章节组成,应每天早晚诵读。
⑩ 此处的"祈祷"指"立祷"。本句说的是以《托拉》学业为专业的学者,他们必须中断学业而诵读祷文《听》,因为这是《托拉》诫命;但不必为诵读《立祷》而中断学业,因为这是拉比诫命。
⑪ 本节与安息日无关,通常认为是由于跟下节类似而加入的。
⑫ 指周五傍晚。犹太人以日落为一天开始,故周五日落即安息日开始。本卷所谈活动,除特别注明外,均指安息日的行为,傍晚则指周五日落以后。下文除特殊情况以外,不再一一注明。
⑬ 当时裁缝的习惯是把针插在衣服上出门,因此若在安息日前出门,很容易忘记放下而带着针到处走动,从而形成安息日搬运的过犯。这一句专门针对裁缝,因为常人如果安息日插针出行,因为不是其惯常携带方式,因此只属于违反拉比戒律,而以惯常携带方式出行者则是违反了《托拉》戒律,因此需要格外提防。

此出外；文士也同样不当携带其鹅毛笔①；不当就灯光在衣内扪虱或阅读②——实际上是说，教师③可以看学童读到何处，但他自己不读④。由此而来的是：男漏症⑤患者不当与女漏症患者共餐，以免因此引发越轨行为。

4. 此⑥为登楼拜访哈拿尼雅·本·希西家·本·迦隆⑦时在其顶楼所宣布的律法⑧。他们点了人数，沙玛伊学派多于希列学派⑨。当日裁定十八项⑩。

---

① 与裁缝不得带针一样，文士亦不得把笔夹在耳朵上出行，但常人可以。
② 油灯烧一段时间后需人照管（拨灯芯以使灯光更亮），而"点亮"属于安息日不可进行的活动。
③ 《桑其诺塔木德》的注解认为指犹太教会堂里的学监。
④ 学童可以读经，因为他们即使油灯黯灭，也不会去拨弄灯芯，教师不可，因为他有可能去拨弄而忘记安息日。
⑤ 漏症，指身体上长期流出液体的疾病，包括女性月经。关于漏症的诫命，参见《旧约·利未记》第15章。与漏症而未通过浸礼洁身的女性性交会引发天谴，因此拉比律法采取预防措施，禁止双方同盘共食。此禁令与安息日无关，但其预防原理与本节安息日律法一致。
⑥ 指上节所述律法。
⑦ 又名哈拿尼雅·本·希西家·本·古里安，参见附录。
⑧ 据说贤哲们曾打算删改《以西结书》，因其不少言辞与《托拉》相矛盾。哈拿尼雅·本·希西家闻讯自闭于家中顶楼，并运入三百桶灯油，夜以继日地为《以西结书》作注，以调和其与《托拉》之间的冲突，贤哲们则时常登楼造访，告知拉比法庭对其注解的裁决（事见《巴比伦塔木德·圣职·素祭》45a）。此处所记述的是一次有主要贤哲们参加的大规模的造访，此次造访导致十八项律法生效。
⑨ 有关这两个学派的情况，参见《阿伯特》1：12的注解。律法通常以希列学派的意见为准，不过当日沙玛伊学派人数居多，因此这十八项律法事实上是以沙玛伊学派的意见为准的。
⑩ 这十八项律法中，九项与举祭有关，其余则涉及多项日常琐事，可参见本部《节仪》2：7，以及迈蒙尼德的相关注解。

5. 沙玛伊学派说①：勿浸泡墨、颜料②及饲料③，除非日间④能浸透；而希列学派容许⑤。

6. 沙玛伊学派说：勿将亚麻线捆放进炉中⑥，除非日间能冒出蒸汽⑦；也勿将羊毛放入染色罐中，除非日间能染上颜色；而希列学派容许。沙玛伊学派说：勿设下捕捉走兽、飞禽及鱼类的圈套，除非日间能捉到⑧；而希列学派容许。

7. 沙玛伊学派说：勿卖货给外邦人⑨，勿助其装货⑩，亦勿助

---

① 本节开始讨论安息日开始前启动，随后不必人力介入的工作。据信这些律法也是当天在顶楼上讨论的，但未裁决生效。
② 向制作墨汁、颜料的原材料中注水，这种行为属于"制作面团"类，为安息日所禁止。
③ 拉熹注解认为指用来喂牛的蚕豆。这种饲料必须在水中浸泡才能使用。
④ 指星期五天黑前，下同。
⑤ 两派间的分歧在于对"器具安放"诫命的不同理解。"器具安放"诫命属于《托拉》安息日诫命，要求安息日不仅人要休息，牲畜也要休息。沙玛伊学派认为这一诫命也包括了工具器皿，因此，在安息日之前浸泡墨汁颜料的原料，是不让容器休息，由此违反诫命，是需要禁止的。希列学派认为"器具安放"诫命只包括牲畜等有感知的动物，而不包括工具器皿，因此是允许的。本节所列的双方观点差异均源于对"器具安放"诫命的理解差异。
⑥ 漂白工序。
⑦ 也就是有足够时间热透，这是漂白工序完成的标志。
⑧ 愿者上钩的时间却不是猎者所能控制的，所以《耶路撒冷塔木德》认为此处的圈套陷阱必须设在猎物极多的地方，且圈套的容量必须非常有限。
⑨ 安息日时，犹太人除自己不得工作以外，亦不得让外邦人为自己工作，沙玛伊学派认为也不应该让外邦人看起来像是在为犹太人工作，比如在安息日前将货物卖给外邦人，外邦人在安息日开始后还在搬运货物，不知情的人会以为他在为犹太人工作。
⑩ 把货物装到运输牲畜（比如驴子）身上。

其背上货物,除非他要到很近的地方①;而希列学派容许②。

8. 沙玛伊学派说:勿将皮子给皮匠,勿将外衣给外邦洗衣人,除非日间能做完③;而希列学派容许在日落前做所有这些④。

9. 拉班西缅·本·迦玛列⑤说:"我父亲家中的惯例是安息日前三日将外衣给外邦洗衣人⑥。"双方同意榨油器加压杆及酒榨器加辊子⑦。

10. 勿烤制⑧肉、洋葱和鸡蛋,除非日间⑨能烤完⑩。勿于天黑时将面包放入烤炉,也勿将糕点置于煤火之上,除非日间能将其

---

① 如果货物在安息日开始前抵达,那么就不存在引起怀疑的问题。
② 希列学派认为只要在安息日开始前外邦人离开了犹太人的居所,那么这些行为就是许可的。
③ 犹太人只要确定在安息日之前还有足够的时间完成这些工作,至于外邦人何时做这些工作则不必考虑。
④ 本章第五节至第八节的所有事情,希列学派均同意其在安息日开始前完成。
⑤ 反罗马犹太起义(公元66—70年)时的"纳席",起义失败后遭罗马人杀害。参见附录及《阿伯特》1:18 的相关注解。
⑥ 外衣的清洗时间比较长,因此要给洗衣匠足够的时间,保证其在安息日之前完成工作。
⑦ 制作橄榄油和葡萄酒时,都是先将果子压碎,使大部分汁液流出,然后再在榨汁容器中加上压杆或者辊子,使剩余汁液慢慢流出。由于这些汁液不加压力也会自己慢慢流出,因此压杆或者辊子的增压作用并不被看作是违反安息日规定的,由此沙玛伊学派也同意希列学派的宽松裁决。
⑧ 明火直接烧烤,放在容器内烧烤的另有律法。
⑨ 此节"日间""日暮"均指星期五。
⑩ 《革玛拉》认为"烤完"的标准是"本·德鲁塞熟食"。本·德鲁塞是一个著名的强盗,为了逃避追捕,他总是在食物烧到三分之一熟的时候就食用。

表皮烤硬①。拉比以利以谢②说:"除非其底部能烤硬③。"

11. 逾越节的祭品可于天黑时放入烤炉④,可点燃炭火间的火光⑤。但在乡镇⑥,火光应能有时间包住大部分燃料⑦。拉比犹大⑧说:"要是木炭,则包住多少都可以⑨。"

---

① 当时的烤炉是黏土制造的,烘烤时将生面团贴在内侧炉壁上,如果不贴壁的一面烤硬,就算基本上烤好,一般不会再加火,否则面包就烤煳了。因此只要安息日之前不贴壁的一面烤硬,就不必担心主人会在安息日拨弄炉火,便是允许的。

② 拉比以利以谢·本·豪尔卡诺斯,拉班约哈南·本·扎卡伊的五大门徒之一,参见附录。

③ 也就是贴壁的一面烤硬。关于烤炉中的面包哪一面先烤硬,拉比们有不同的意见。

④ 逾越节前日需屠宰,牺牲一部分用来在圣殿献祭,另一部分则留在当晚逾越节晚餐食用。如果当天正好是星期五,祭肉也还是允许在安息日开始前烤制,因为逾越节前日,大家比较当心,相信不会有人不小心在安息日开始后拨弄炭火。

⑤ 炭火间为圣殿的一个大殿堂,其中薪火不断,以保证祭坛的火种。此殿的火由祭司们管理,因为可以相信祭司们是比较留意的人,所以不必担心他们会在安息日开始后拨弄炭火。

⑥ 原文意为"疆界之外",指耶路撒冷圣殿以外地区。故上句当指耶路撒冷乃至圣殿里的情况。

⑦ 不可在日暮前添加过多燃料,以致安息日来临时大部分燃料尚未烧着,以使人不禁要去拨弄炭火。

⑧ 拉比犹大·本·伊莱依,第四代坦纳成员,拉比阿奇瓦的五大关门弟子之一,参见附录。

⑨ 木炭不需拨弄,因此按照圣殿炭火间的规则,不必规定火要在安息日开始前包住燃料。

第 2 章

1.当以何物点亮?①不当以何物点亮②?不当以之点亮者:不当以雪松皮③,不当以原麻④,不当以生丝⑤;不当以柳树皮灯芯⑥,不当以沙漠植物⑦灯芯,不当以水面所生草类⑧;不当以沥青,不当以蜡,不当以蓖麻油⑨,不当以燃烧之油⑩,

---

① 此处问安息日油灯应当烧什么灯芯以及何种灯油,所指下同。

② 本节所列举的不当用于安息日油灯的灯芯和燃料均由于这些材料在燃烧方面存在问题,禁止使用大概是因为贤哲们害怕有人会在安息日对灯火不满而拨弄油灯,从而违反安息日律法。

③ 用雪松树内皮纤维制成的灯芯。

④ 指未经梳麻机梳理的亚麻。这种灯芯吸油性不好。

⑤ 用蚕茧制作的低级丝料,燃烧不均匀。

⑥ 用柳树皮内层纤维制作的灯芯。

⑦ 荨麻类植物。丹比译本则认为此处指从"所多玛果"或"死海果类"中抽取的纤维。

⑧ 《革玛拉》认为是船体上所生的苔藓类植物,掺杂其他纤维而合成灯芯。

⑨ 蓖麻油、熔化的沥青和蜡都不能很好地被吸进灯芯里去,因此不能使用。不过制造好的蜡烛可以使用。

⑩ 按《革玛拉》的解释,"燃烧之油"指祭祀用过的油。这种油被认为是不洁的,必须烧掉,故此得名。油灯底座不平,为把燃油烧完,需要用手调整油灯的水平位置,这违反安息日规定;但不烧完,把这种油留在灯里,也同样违反教规,所以不得使用。另一说:"燃烧之油"指沾染不洁的举祭油,按照律法,这些油不得食用,而只能烧掉,故此得名。

不当以尾部脂肪①,不当以牛脂②。玛代人那鸿③说:"以烧熔的牛脂点亮④。"但贤哲们说:"烧熔的,未烧熔的,都不当以之点亮⑤。"

2.不当在佳节以燃烧之油点亮⑥。拉比以实玛利⑦说:"因为对安息日的敬重,不当以焦油点亮⑧。"但贤哲们容许以所有油类⑨点亮:以芝麻油,以坚果油,以萝卜油⑩,以鱼油,以葫芦油,以焦油及石蜡⑪。拉比特尔丰⑫说:"除非只以橄榄油,否则不当点亮⑬。"

3.一切出自树木者,除了亚麻,都不当以之点亮⑭。一切出自

---

① 从羊尾提炼出来的油,吸附性不足。
② 比较粗的牛油,参见《利未记》7:23。
③ 玛代人那鸿,早期坦纳之一,参见附录。
④ 他认为烧熔提炼过的牛脂没有吸附性的问题,可以使用。
⑤ 众贤哲同意"定规贤哲(《密释纳》中确定律法的贤哲,通常匿名)"的观点,担心容许使用提炼过的牛脂会引起混乱,普通人因为分不清哪些牛脂是提炼过的而出现失误。
⑥ 所有的节期都禁止烧不洁或有缺陷的牺牲品或举祭品。
⑦ 第三代坦纳成员,参见附录。
⑧ 焦油,指提取沥青油之后树上流出的更轻的油(古代犹太人的沥青是从树液中提取的),这种油有很好的吸附性,不过拉比以实玛利因其燃烧时释放家禽气味,害怕有人为此离开房屋,从而无法享受安息日的灯火,因而禁止用为灯油。
⑨ 即除本章第1节所明文禁止的油类以外,所有的油都可以用于安息日油灯。
⑩ 一本无"萝卜油"。
⑪ 也是当时的沥青提取物,呈白色,与焦油不同。
⑫ 第二代坦纳成员,参见附录。
⑬ 按照《革玛拉》的记述,贤哲们否决了拉比特尔封的观点,因为有很多地方没有橄榄油,不过他们仍然承认橄榄油的吸附性比其他油好,所以应该首先选用。
⑭ 亚麻本来不是树木,但因为《约书亚记》2:6有"亚麻之树"的说法,所以这里特别把亚麻的情况加以说明,以免引起混乱。

树木者均不会因帐篷不洁而不洁①,亚麻除外。

4.已捻成但尚未烘烤之布质灯芯②,拉比以利以谢说:"可不洁,不当以之点亮③。"而拉比阿奇瓦④说:"洁净,可以之点亮⑤。"

5.人不当在蛋壳上钻孔,在其中注满油,置之于油灯嘴上,以使其滴油;即使其为陶器⑥——但拉比犹大许可⑦。然而,若工匠从开始就将其连上,则许可,因其为整件器皿⑧。人不当在碗中盛满油,置之于油灯旁,将灯芯一头放入其中,以便吸油。但拉比犹大许可⑨。

6.因惧怕外邦人⑩、强盗⑪、邪灵⑫,因为病人要睡眠而灭掉灯

---

① 帐篷不洁,如果帐篷里停过尸体,帐篷内的物品便被认为是不洁的。参见《民数记》19:14。但因为该节只提到帐篷内的物品,而没谈到帐篷本身,因此拉比律法认定帐篷本身(包括木材和织物)均为洁净,只有亚麻制品除外。
② 这里谈论的是一块三指乘三指的布料,这样大小的布料还算布料,可以沾染不洁;小于此数则成为碎片,不可沾染不洁。因此本处的"烘烤"是个关键,烘烤过后,布料会缩小,就不再沾染不洁了。
③ 如果沾染了不洁,就不该在安息日以其点燃油灯。
④ 第三代坦纳成员,著名烈士,参见附录。
⑤ 拉比阿奇瓦认为捻成灯芯时布料已然缩小而成为碎片,不会再沾染不洁,因而任何时候都可以作为灯芯。
⑥ 关键是如果油灯由两部分构成,储油容器(无论是蛋壳还是陶罐)就有可能被人拿开,从而间接熄灭灯火,而熄灭灯火被看作是违反安息日律法的工作行为。
⑦ 他认为如果容器还在滴油,人们就不会把容器移开,因此没必要禁止。
⑧ 因此不可能将容器移开。
⑨ 许可和不许可的道理都与蛋壳做容器的油灯一样。
⑩ 或指波斯拜火教徒,他们在某些节日时不允许自己的神殿以外的任何地方有灯光。
⑪ 害怕被强盗发现目标。
⑫ 一说为精神病,病人惧怕光线,在黑暗中会比较安心。

火①者,免责②。节省油灯③、节省灯油、节省灯芯者④,受责⑤。拉比约西⑥赦免所有这些人⑦,唯灯芯者除外,因为他制造焦炭⑧。

7. 妇女因三种过失而死于产期:因对月经⑨、举祭饼⑩,以及点亮油灯⑪不当心。

8. 安息日傍晚天黑时分,人应当在其家中说三件事⑫:"你们缴纳什一税了吗⑬?你们预备移入纹⑭了吗?点亮油灯⑮!"

---

① 指在星期五夜间灭掉安息日油灯。
② 因为保护生命的律法高于安息日律法,所有这些环境都是有生命危险的环境。
③ 害怕油灯因过热而破裂,由此熄灭灯火。
④ 出于节省的目的而灭掉灯火。
⑤ 按照律法,灭灯火的法定目的是制造焦炭(将纤维点燃再灭掉是当初在圣幕制造焦炭的必要步骤,安息日的"工作"概念均来自圣幕的工作),因此,此处灭掉灯火的工作本体与法定目的不一致(此处是要节俭)。尽管如此,"定规贤哲"依然认为这属于工作,并违反了安息日律法。
⑥ 第四代坦纳重要成员,参见附录。
⑦ 拉比约西认为在工作本体与法定目的不一致的情况下,工作不违反安息日律法。
⑧ 这里说的是使用未经烤制的灯芯的人,将未经烤制的灯芯过火,是制造灯芯炭的必要步骤,因此以节省灯芯为目的,实际上是制造焦炭,由此工作本体与法定目的一致,便构成违反律法的工作行为。
⑨ 未遵行《利未记》15:9所阐述的月经相关律法。
⑩ 因不遵守与举祭饼相关的律法。关于举祭,参见《民数记》15:20:"你们要用初熟的麦子磨面,做饼当举祭奉献。你们举上,好像举禾场的举祭一样。"
⑪ 点燃安息日油灯或蜡烛,这是主妇的责任。
⑫ 在安息日开始前,尚有足够的时间补救时,查问三件至关重要的事情。
⑬ 税前品不能作为正餐食用,在平时可以当作零食吃。但在安息日,零食也必须是缴纳过什一税的食物。又因为安息日不得分留什一税,所以如果预备过安息日的食物在安息日开始前尚未分留什一税,家庭将处于困境。
⑭ 关于安息日允许人们出行或移动物品的变通安排,参见本部《移入纹》。
⑮ 点亮安息日油灯。他可以看见油灯是否点亮,所以无须发问,只需下令。

疑心天黑,疑心天未黑①,都不当分留确定未分留之什一税②,不当浸泡器皿③,不当点亮油灯④。不过,可分留得卖疑⑤之什一税,预备移入纹⑥,及给热的食物保温⑦。

① 指从太阳落山到三星出现的这段时间,这段时间到底算白天还是黑夜,贤哲们有争论。
② 在什一税的问题上,这段时间跟安息日没有区别。
③ 使沾染不洁的器皿变得洁净的仪式,这与修补物品一样,属于安息日禁止做的工作。
④ 如果安息日油灯至此尚未点亮,则不能点亮。
⑤ 得卖疑是从不知经者手中买来的食物,因为不相信不知经者,所以无法确定是否税前品(参见《种子·得卖疑》)。为得卖疑分留什一税属于拉比律法,不像托拉律法那么严格,所以在这个时间也可以分留。
⑥ 同上,移入纹也是拉比律法,因此比较宽松。
⑦ 安息日时不得对食物进行保温,以免有人误将冷食放入,造成事实上的加温。但在周五黄昏,食物都还是热的,不存在加热问题,因此可以保温。

第3章

1.以秸秆①或残梗燃热的双眼火炉,可将熟食置于其上②。以泥煤③或木材者,则不当置于其上④,直至清除⑤或上加灰渣方可。沙玛伊学派说:热水而非熟食⑥;希列学派说:热水以及熟食⑦。沙玛伊学派说:取走则勿放回;希列学派说:亦放回⑧。

2.以秸秆或残梗燃热的烤炉⑨,勿置于其中或其上⑩。以秸秆

---

① 稻草或麦秆,随果实一起收割的为"秸秆",留下的下半部分为"残梗"。
② 指安息日时可用这种方式给食物保温。由于秸秆会被完全烧掉,不会变成焦炭,因此在安息日拨弄不算"点燃"。
③ 指用榨油后残留的植物种子(在此主要指橄榄)渣滓所制成的燃料。
④ 这两种燃料会在燃烧时形成焦炭,如在安息日拨弄火焰,则违反"点燃"的禁令。
⑤ 清除炭火。下文"上加灰渣"指用灰渣封住明火。
⑥ 沙玛伊学派认为即使清除了炭火,也难保没有余烬留在炉中,因此只有放热水才是安全的,任何食物都有继续被烹饪的可能性。
⑦ 希列学派认为,如果是已经煮好的食物,那么烹饪只会使食物变坏,因此不必担心会有人拨弄火焰。由此在炉子上放熟食是允许的。
⑧ 沙玛伊学派认为即使是热水,也只允许放在炉子上,一旦取走,就不得再放回。希列学派则不但允许在炉子上放置热水与食物,而且允许取走后放回。
⑨ 烤炉炉腔大,火眼小,容易保存热量。
⑩ 由于烤炉保持热量的能力,因此即使不特别加热也仍然可以烹制食物,所以禁止在安息日安放任何食物。

或残梗燃热的单眼火炉①,一如双眼火炉②;以泥煤或木材,则一如烤炉。

3. 不当置鸡蛋于热水壶旁以使其烘熟,亦不当将其打破于布巾之内③。但拉比约西容许④。亦不当将其置于沙子或道上的尘土之中⑤,以使其烤熟。太巴列的人们做过一件事情,将一根冷水管导过温泉水道之中⑥。贤哲们对他们说:若在安息日,则其一如在安息日加热的热水,禁止用于洗浴及用于饮用;若在佳节,则一如在佳节加热的热水,禁止用于洗浴⑦但可以用于饮用⑧。

4. 清除了炭火的密连容壶⑨,可在安息日从其中饮用⑩。而安提其壶⑪,即使已清除了炭火,仍不当从其中饮用。

---

① 这种炉子的结构类似双眼火炉,但因为只有一个火眼,所以保温性超过双眼火炉,但不及烤炉,因此相关律法也在两者之间摇摆。
② 参见本章第1节相关注解。
③ 将鸡蛋打在一块布巾上,然后在阳光下烤熟。拉比律法不允许这样做,因为害怕人们混淆阳光与火光的性质,误以为火光也可以使用。
④ 拉比约西认为人们不会混淆,所以没必要禁止。
⑤ 指借阳光将其烤熟。禁止的理由与布巾相似。拉比约西同意这一禁令,因为害怕人们会在安息日为了烤熟食物而松土,从而破坏禁止挖掘的禁令。
⑥ 太巴列周围以温泉著名。此处所说的将冷水管通过温泉的原因不明,有加热饮用水、加热洗澡水、冷却温泉水等多种说法。
⑦ 禁止全身洗浴,但是可以洗手、洗脚、洗脸。
⑧ 节期里可以加热饮食以供当日享用。
⑨ 希伯来文 miliarum,指一种连带一个燃料容器的烧水装置。
⑩ 炭火清除后,这个壶就不再加热,因此其中的水可以饮用。
⑪ 希伯来文 antiki,是一种双底壶,炭火置于双底之间。由于这个夹层保温功能极好,即使在炭火移除后仍有余热给水加温,所以不当在安息日使用。

5. 离炉的热水壶,勿将冷水置于其中以加热[1];但可向其中或杯中加水以降温[2]。离炉且沸滚的炖锅或饭锅[3],不当置调料于其中[4]。但可置之于碗或盖碗中[5]。拉比犹大说:"可置之于任何器皿中[6],除非其中有醋或盐水[7]。"

6. 不当置器皿于油灯下,以之接油[8]。然若在天尚亮时就已放置,则允许。但不得利用此油,因此非预备者[9]。新油灯可移动,但旧者不可[10]。拉比西缅说:"所有的油灯都可移动[11],除了在安息

---

[1] 这种加热等同于烹饪行为,因为离开火的容器属于"第一类容器",这类容器被认为有烹饪的能力。

[2] 两种情况讲的是一个动作:向开水里加冷水,却因目的不同而被区别对待。如果是为了把冷水变成热水便不可,因为这等于在安息日干加热的事情。但如果是为了把热水变成温水就没问题了。不过向壶中加冷水,必须加到一定数量,确保是热水显著变冷而不是冷水显著变热。向杯中加水则无此限制,因为杯子不属于"第一类容器",没有烹饪能力。

[3] 两种锅的区别在于前者的盖子较严密。

[4] 这样的容器如果还烫手的话,就具备烹饪能力。在安息日开始后向这样的容器内放调味料,便是在进行烹饪,所以禁止。

[5] 碗用来置放饭锅中煮熟的食物,盖碗用来置放炖锅中煮熟的食物,两种碗均属于第二类容器,没有烹饪能力,所以可以加放调料。

[6] 拉比犹大认为调味料只有在火上才能被烹饪,因此只要容器离火,就可以放置。

[7] 盐水,指一种用咸鱼制作的盐水,味道浓烈,和醋一样,都起到一种类似烹饪的效果。

[8] 灯油属于"分离品"(安息日不得移动或使用的物品,通常跟被禁止的安息日活动有关),灯油滴入器皿,器皿也就成了"分离品",不可移动。这种做法等于把器皿砌在油灯下(一说,等于毁坏器皿)的工作,因此被禁止。

[9] 这种油原本不是用来给安息日预备点灯的,因此也就不得在安息日使用。

[10] 差别在于新油灯比较干净,可以用于其他不被安息日律法所禁止的用途,因此不算"分离品",可以移动;旧油灯则不可能有其他用途,因此不可移动。

[11] 拉比西缅反对有关分离品的律法。

日点亮着的①。"可置器皿于油灯之下,以承接火星②。但不当置水于其中,因水将灭之③。

---

① 移动点亮的油灯有可能造成油灯熄灭,为安息日律法所禁止。
② 火星不会传递分离品的性质,所以不会改变该器皿的地位。
③ 灭火为安息日所不允许。

第 4 章

1. 可以何物隔热？不得以何物隔热①？不当以之隔热者②：勿以泥渣③，勿以绿肥，勿以盐粒，勿以石灰，勿以沙土；无论干湿④，亦勿以草秆，勿以葡萄皮，勿以羊毛屑，勿以草；当其潮湿之时⑤；但当其干燥之时，便可以之隔热。可以衣物，以果实⑥，以鸽子之羽翼⑦，以木匠的木屑，以梳理过的细麻隔热。拉比犹大禁用细麻而准用粗麻。

2. 可以兽皮隔热，并可将其移动⑧；可以剪落的羊毛，然不得将其移动⑨。如何为之⑩？揭起锅盖，使其自落⑪。拉比以利亚

---

① 安息日前烹煮好的食物，希望隔热保温，以便在安息日食用，本节讨论允许使用的隔热物品。
② 一个基本原则是：凡是被认为不仅隔热，而且会加温的材料，均不可用于安息日食物保温；只隔热不加温的材料则可以使用。
③ 通常指榨过油的橄榄或葡萄渣滓，一般被用作燃料。
④ 干湿，指从绿肥到沙土的四种物品，拉比们认为它们自身会发热，给食物加温。
⑤ 这些材料在潮湿时会发热。
⑥ 小麦或者豆类。
⑦ 指鸽子的羽毛，一说，包括所有的羽毛。
⑧ 尚未做成任何成品的兽皮不属于分离品，因此可以在安息日移动。
⑨ 羊毛通常是用来纺线的，因此属于分离品，不得在安息日移动。
⑩ 如果用羊毛包裹食物保温，但又不得移动羊毛，那么如何拿取食物？
⑪ 直接掀起锅盖，让羊毛自己掉落，这种行为属于间接移动分离品，在安息日是允许的。

撒·本·亚撒利亚[①]说:"在一侧斜提篮子而取出,以免锅被取出而不能放回[②]。"而贤哲们说:"可取出,亦可放回[③]。"天尚亮时未覆盖者,天黑后即不再覆盖[④]。已覆盖而又揭开者,允许将其覆盖[⑤]。水壶可灌满,并置之于枕头之下或垫子之下[⑥]。

---

① 第三代坦纳成员,参见附录。
② 篮子里有羊毛,锅在羊毛中。如果将锅取出,羊毛塌入放锅的位置,放回时则不得不分开羊毛,从而违反了安息日诫命。
③ 如果羊毛尚未塌入放锅的位置的话。
④ 盖上锅盖被看作是一种加热行为。
⑤ 与从羊毛中取出并放回食物同理。
⑥ 即使是在安息日,也允许在壶中放入冷水,并用靠垫一类的物品保持其冷却。

第 5 章

1. 戴何物则牲畜得出行？戴何物则不得出行①？骆驼出行则戴缰绳②，母驼戴鼻环③，利比亚驴戴笼头④，马戴轭链⑤，所有戴轭链者均可戴轭链出行并以轭链牵引⑥。可在其上喷水⑦，及原处浸泡⑧。

2. 驴可着鞍布而出行，若此时已系于其身⑨。公羊出行则当

---

① 安息日牲畜可以从私人领地进入公共区域，但不得负重，否则就成了运输。因此，安息日牲畜出行只能携带最基本的操控工具，视不同牲畜的具体情况而定。
② 卡希提注为拴在骆驼两颊勒绳上的缰绳，用以牵引骆驼。
③ 此处的母驼指一种白色单峰母驼，因其速度快于普通骆驼，因此要加鼻环操控。
④ 利比亚驴的性情比普通家驴暴烈，所以要将整个头部控制起来。
⑤ 轭链：马脖子上的绳套，通过绳套上的一个金属环连接一根缰绳，用以牵引马匹。
⑥ 轭链更多的是一种装饰品，戴这种装饰品的牲畜通常比较温顺。拉熹认为正是因为属于装饰品，所以在安息日都可以戴。
⑦ 以进行清洁。各注本均解释为如果牲畜的轭链因死尸的关系而成为不洁，则可以洒纯红母牛灰水及在浸礼池中浸泡以使其洁净，参见《民数记》第 19 章。
⑧ 不必从牲畜身上摘下来，而让牲畜俯身就水。
⑨ 鞍布是给驴保暖用的。因此只要是在安息日到来前系好的鞍布都可以在安息日时让驴携带行走。如未系好则不可，拉熹认为这是因为如果此驴安息日之前不需要鞍布，也就没什么理由说明安息日时鞍布是必要的，这样就成了运送。

系起①，母羊出行则可系起②，或系下③，或系护布④。山羊出行则当包起⑤。拉比约西禁止这一切，惟母羊系护布例外⑥。拉比犹大说："山羊包起而出以使之干燥，而非因奶水⑦。"

3. 戴何物则不得出行？骆驼出行不得戴布片⑧，不得拴前后腿于一处，不得系蹄掌于其大腿⑨；其他所有家畜均如是⑩。不得将骆驼相互拴起并牵引⑪，但可将多支缰绳放入手中并牵引，惟不可合股⑫。

---

① 《革玛拉》认为是用一个心形皮袋系起公羊的生殖器，以防止与母羊交配。拉熹和迈蒙尼德都认为是将心形皮护系于公羊的心脏部位，以防狼的攻击。
② 将羊尾向上方系住，暴露生殖器，以方便性交。
③ 将羊尾向下方系住，遮掩生殖器，以防止性交。
④ 用护布可以保持母羊毛的湿度，保护其羊毛的洁净柔软。
⑤ 指母山羊，用布包起其乳房。目的可能有两个：一是保持其乳头干燥；二是防止奶水滴到地上。
⑥ 拉比约西认为母羊系护布保持洁净属于礼仪方面的问题，因此是允许的，其他均属于负重而禁止。
⑦ 两者的差异在于系得松还是紧。保持乳头干燥时系得较紧，不容易脱落；防止奶水滴到地上时则将袋子系得较松，容易脱落。而万一脱落，则主人将不得不违背安息日规定，拾起袋子，并在多种场所持之走动。
⑧ 有时置于尾下防止勒带划伤皮肉的一种垫衬，拉熹认为这也是因为担心其掉落，致使主人不得不捡起并携带行走。
⑨ 将前后腿用链子拴在一处，或者将一条腿折叠捆绑，使骆驼靠三条腿走路。这两种方法都是防止骆驼逃逸的方法，但在安息日被看作是过度的行为。
⑩ 指不得采用上述两种防逃措施。
⑪ 也就是拴成一队，人只牵引第一匹骆驼，其他骆驼互相牵引，这样看起来是运往市场工作或出售的样子，所以禁止。
⑫ 合股，指将两种不同材料的绳子（毛与麻）编成一条，然后借该绳索暖手，此举违反有关禁混种的规定（参见《种子·禁混种》）。拉熹认为此处指不可合股于手背之上，也就是用这种绳索把手包起来，只有这样才算违反禁混种规定。

4. 驴出行不可著鞍布,若此时尚未系于其身①;亦不当系铃,即使其已被塞住②;亦不当戴梯形轭③;亦不当戴其腿上的勒带④。家禽⑤出行则不可在其腿上系条子或勒带⑥。公羊出行则不得加羊车于其尾下⑦,母羊出行则不得加鼻片⑧。公牛出行则不得加颈轭⑨,母牛则不得加刺猬皮⑩,亦不得加其角间的束带⑪。拉比以利亚撒·本·亚撒利雅⑫家的母牛曾戴着角间束带而出行,此非贤哲们的意愿。

---

① 参见本章第 2 节。

② 即使不让铃出声,也不可以这样做。因为将铃系于驴脖子,是赶向市场出售的装扮,容易引起误解。

③ 一种控制驴的脖子和两颊的装置,使驴不能在感觉痛楚时回头啃咬自己的伤口。由于此装置比较昂贵,因此如果在安息日掉落,主人一定会捡起来负重而行,从而破坏安息日律法。

④ 此句有两解:一是在驴腿或蹄相互摩擦的情况下用皮带进行包裹;二是在驴蹄碎裂的情况下用皮带将其捆住,以使其重新长好复原。不许在安息日使用的原因也是怕掉落后主人会捡起带走,从而破坏诫命。

⑤ 迈蒙尼德认为此处指公鸡和母鸡。

⑥ 条子是为了识别,勒带是为了防止家禽撒野,打破器皿。

⑦ 指一种尾部特大的公羊。为防止其尾拖在地上而受伤,故在其尾下拴一小车,托住尾部。

⑧ 原文为 Hanunoth,此词释义有两说。一说认为指一种用羊毛做成的布块,在剪羊毛后或产羔时给母羊保暖。另一说指用一种特别木材制成的碎木片,置于母羊鼻中使其打喷嚏,以震落其头上的虫子。此说出自《革玛拉》。

⑨ 颈轭,大致上有两种解释。一说为牛颈上特制的轭,作用在于使牛低头,便于耕作。另一说为牛嘴上的勒带,防止其在牧场上吸吮母牛。

⑩ 带刺的刺猬皮。此处亦有两说。一说:缚于奶头,防止别的动物或牛犊吸吮。另一说:缚于腿关节处,以防范蚂蟥。

⑪ 可能有装饰或保护作用。

⑫ 第三代坦纳成员,参见附录。《革玛拉》说此处的母牛并非他家的,而是其邻居的,但因他坚持己见,认为这类行为不违反诫命,因而未加以制止,所以把这头牛算在了他的头上。

第6章

1. 妇女穿戴何物则可出行？何物则不可出行？妇女不得穿戴出行者：头上不得戴毛线，不得戴亚麻线，不得戴束带①——除非松开，否则不得戴之行浸礼②。未缝入之时，不得戴额饰，不得戴流苏③。不得戴额帕去公共场所④。不得戴金城冠⑤，不得戴紧

---

① 这是当时妇女头上戴的三种装饰品——有时候扎在头发上，有时候编在发辫里。

② 本句解释禁止妇女安息日戴这三种饰品出行的原因。按照律法，妇女月经结束后应去浸礼池行浸礼，然后才能算是洁净。由于编起的发辫会阻挡池水与头部皮肤的接触，所以规定浸礼时必须把头上扎的装饰带与线绳松开。事实上，妇女们为了浸礼方便，通常将这些线绳取下。假如正好在安息日做浸礼，浸礼结束时忘了把取下的线绳扎回去，那么就将手持而行，由此违反不得搬运的律法。

③ 额饰：一种用金属制成，横贯额头的饰品。流苏：饰品两旁下垂的线绳，用以遮住两颊。缝入：指将这两种饰品与帽子缝为一体。如果未缝入，则妇女可能在公众场合将其摘下示人，若其后忘记戴回，手持回家，则构成搬运之过。如果缝入，则因为已婚妇女不得在外人面前暴露自己的头发，所以不会摘帽子，自然也就不会摘下这些饰品。

④ 额帕：垫在额饰下的织物饰品，原本是为了防止额饰划伤头部，后来也单独作为饰品佩戴。禁止佩戴的原因同样是因为怕妇女摘下示人。

⑤ 一种做成耶路撒冷城市模样的金冠。一说，铸成耶路撒冷模样的金纽扣。

第6章

项圈①，不得戴鼻环，不得戴无印章之戒指②，不得戴无孔之针③。果若出行，赎罪祭亦非必要④。

2. 男子不得着钉凉鞋出行⑤；若非一足有伤，不得只穿一只⑥；不得佩戴经匣⑦；若非出自专家之手，不得佩戴护符⑧；不得披戴护甲；不得戴头盔；不得戴护膝⑨。果若出行，赎罪祭亦非必要⑩。

---

① 一种很紧的项圈，目的是把脖子上的皮肉压向下颌，使妇女看起来有双下巴而很丰满的样子。

② 有印章的戒指是男人们用来签署协议用的，《托拉》律法禁止妇女在安息日佩戴这样的戒指。本节是拉比律法，在《托拉》律法的基础上又禁止了无印章的戒指。

③ 一种用来分头发的发针，无孔，尾部是一个小圆盘，妇女们习惯将其插在头巾上。

④ 上述各条均属于拉比律法，基本上都是怕女性在外边摘下饰品示人且忘记戴回而设置的预防措施。由于不是《托拉》律法，妇女即使违犯，也不必去圣殿献赎罪祭。

⑤ 钉凉鞋：一种用带木头的钉子将鞋底与鞋面连接起来的凉鞋，由于鞋底带钉子，走路的声响比较大。按照《托塞夫塔》的解释，罗马迫害时期，曾有一群犹太人在山洞里避难，因为误将洞顶鞋钉走路的声音当作追杀的罗马军队的响动，惊慌挤踏，造成大量伤亡。安息日聚会较多，因此也禁止穿带钉的鞋，防止发生事故。

⑥ 只穿一只鞋，会让人怀疑把另一只鞋带在了身上，从而形成安息日搬运。因此只有生病不能穿鞋的人，才被允许穿一只鞋。

⑦ 经匣是祈祷时的佩戴用品，虽然平时也可以佩戴，但上厕所时必须解下来。如果安息日佩戴外出，万一要上厕所，则可能解下来行走超过四腕尺，这样就会违反了禁止搬运的规定。

⑧ 如果护符有效，佩戴的就属于必需品，不受安息日律法的限制。如果无效，就成为非必需品，带着走动就成了搬运。专家：指制造出三个以上被证明是有效的护符的人。这样的人制造出来的护符被看作是有效的，因此在安息日可以佩戴。其他人制造的不可靠，禁止佩戴。

⑨ 这三样都是作战保护装备。安息日禁止作战，除非危在旦夕，而披盔带甲则有出门参战的嫌疑，因此禁止。

⑩ 本节的物品虽然也被视为搬运品，但毕竟是衣物，跟纯粹的负担不同，因此这些禁令均属拉比律法，如果违反，无须献赎罪祭。

3. 妇女不得带有孔之针出行①；不得戴有印章之戒指②；不得戴耳蜗状针③；不得带薰香盒④；不得带香水瓶。果若出行，则赎罪祭为必要⑤——此为拉比梅伊尔之言。众贤哲则赦其薰香盒与香水瓶⑥。

4. 男子不得佩剑出行，不得携弓，不得持盾，不得持小圆盾，不得持矛⑦。果若出行，则赎罪祭为必要。拉比以利以谢说：此为其饰物⑧。但众贤哲说：此为耻辱而已，因经文说："他们要将刀打成犁头，把枪打成镰刀。这国不举刀攻击那国，他们也不再学习战事。"⑨

吊袜带洁净⑩，安息日可着之出行⑪；腕链可为不洁⑫，安息

---

① 缝纫用针，在安息日携带则被看作搬运。由于缝纫是妇女日常工作的一部分，因此相关律法与裁缝相似，若违反，则奉献赎罪祭。
② 有印章的戒指为男性佩戴的戒指，女性佩戴则被视为搬运。
③ 一种用于固定大衣的装饰针。一说：一种头部装饰环。
④ 用金或银制成的小盒子，内盛香料，用于驱散体味。只有体味重的妇女才佩戴，因而被视为非必需品。
⑤ 以上各物件均被视为负担，因此属于违反托拉律法，需要献赎罪祭。
⑥ 众贤哲认为这两样属于装饰品，虽然也禁止，但不同于一般负担，所以只属于拉比律法，无需献赎罪祭。
⑦ 《耶路撒冷塔木德》说这里开列五种武器装备，为的是呼应《出埃及记》13：18："以色列人出埃及地，都带着兵器上去。"这句中的"兵器"一词与希伯来语"五"词根相同，因此开列五种，作为对战争装备的总括。
⑧ 拉比以利以谢的依据是《诗篇》45：3："大能者啊，愿你腰间佩刀，大有荣耀和威严。"据此他认为佩刀剑是男儿本色，属于必需品，不受安息日律法的限制。
⑨ 《以赛亚书》2：4。
⑩ 吊袜带被看作袜子的附属部分，不是独立衣饰，因而无法沾染不洁。
⑪ 吊袜带属于必需品，而且妇女也不会在大庭广众之中解下来，因此安息日可以穿着。
⑫ 传说耶路撒冷有一户人家的女儿们习惯于大步行走，因为害怕处女膜由此破裂，她们的吊袜带都用链子拴上，以保证她们小步行走。

第6章

日不得着之出行①。

5.妇女可带发丝②出行，无论来自其头发，抑或其女伴之发，抑或牲畜毛发；可带额饰，可带流苏，如果缝入③；可带额帕或假发入庭院④；可带耳塞⑤，可着鞋衬⑥，可戴放置好的月经垫⑦；含椒⑧、含盐粒⑨以及一切放入其嘴中之物⑩，唯不可于安息日始放入⑪。若掉出，则不得放回⑫。义齿与金牙，拉比许可，众贤哲禁止⑬。

6.可在伤口⑭带塞拉币⑮出行⑯。可在她们耳朵上戴丝线或木

---

① 腕链有可能被解下来，造成搬运。
② 用来绑束头发的发绳类装饰品，用毛发制成。
③ 参见本章第一节相关注解。
④ 额帕和假发均可以被取下，因此不得佩戴进入公共场所。原本也禁止佩戴入庭院，但拉比们在此网开一面，使女性有所装饰。
⑤ 塞入耳中的棉花或者羊毛，用来阻挡吸收耳内的分泌物。
⑥ 凉鞋坚硬部位的衬垫，以此防止皮肤受伤。
⑦ 耳塞与鞋衬均须固定，以防掉落后捡拾，月经垫无需固定，因不会有人捡拾带血的月经垫，因此即使掉落亦无妨。
⑧ 口中含椒类食物，是当时消除口腔异味的方法。
⑨ 口中含盐粒，是当时减轻牙痛的方法。
⑩ 习惯含在口中的东西、如姜片、月桂等。
⑪ 这些食物的作用类似药类，含在口中有一种类似研磨的过程，因此禁止。一说，防止有人借此搬运物品。
⑫ 与上句禁止在安息日始放入相一致。
⑬ 众贤哲认为义齿与正常牙齿不同，因此女子可能因遭人笑话而将其取下。拉比（犹大·哈－纳西）则认为女子戴义齿是为了修补口腔缺陷，不太可能将其取下而将自己的缺陷给别人看。
⑭ 《巴比伦塔木德》认为是伤口，《耶路撒冷塔木德》认为是痛风。
⑮ 将面值为一塞拉的硬币绑于脚上的伤口或痛风处，是当时常见的治疗方法。
⑯ 可以在安息日这样出行。因为是治疗，不用担心她将硬币取下来。

签出行①。阿拉伯区妇女可戴面纱出行②，米甸区妇女可戴绳扣出行③。任何人均可，而众贤哲所云为当时习俗④。

7. 可系扣于石块、于坚果、于硬币⑤，唯不得于安息日开始后系扣⑥。

8. 截肢者可戴木踊出行，拉比梅伊尔之言，拉比犹大禁止⑦。若其有垫衬余地，则可不洁⑧。

其膝垫⑨可沾染践污不洁⑩，安息日可以之出行⑪，并以之入殿院⑫。

---

① 未成年女子耳朵上穿孔，以备日后佩戴首饰。年幼时则将丝线或木签置于孔中，防止愈合。此处允许她们如此出行。是因为不用怕她们会在浸礼时将其取下。

② 阿拉伯妇女传统上戴面纱出行，当地犹太妇女亦可如此，因为当地的习惯，不用担心妇女会把面纱取下来。

③ 米甸，为今伊朗西北部地区，当地的习俗是大衣领子一边有绳扣，另一边有石块或其他装饰物，起纽扣的作用。当地的犹太妇女也可以如此出行。

④ 以上两种装束其实不受地域限制，众贤哲加上地域，是因为当时只有这两个地区有这些习俗。

⑤ 本节接续上节米甸区绳扣主题，说明这三种物品可以用作纽扣。

⑥ 此句传统上认为单指硬币，因其为"非移品"（muktze，安息日绝对禁止触碰的物品）。石头也是非移品，但如果安息日前指定其用途，则在安息日可以使用。

⑦ 两人间的分歧在于拉比梅伊尔认为截肢者靠木踊（假腿）行走，因此不会将其取下，而拉比约西则认为假腿只是一个装饰，截肢者实际上是靠拐杖行走的，因此有可能将假腿取下，拿在手中。

⑧ 如果是一般的假腿，那么作为简单木器，是不会沾染不洁的。但如果其中有较大空间安放垫衬物（迈蒙尼德认为这样的假腿适用于截肢面不平整的人），则不再是简单木器，因此可以沾染不洁。

⑨ 双腿截下肢者，在膝部佩戴皮质或其他材料制作的膝垫以帮助用两膝行走。

⑩ 践污不洁，专指漏症患者使行睡卧坐立等器具沾染不洁而成为"不洁之父"。

⑪ 可以被看作装饰品。

⑫ 殿院，指圣殿的主院落。进圣殿要脱鞋，但是膝垫不必脱下，因为鞋子的定义是穿着于腿的末端的物品，膝垫不在末端，因此被当作服饰看待。

其座椅与撑木①均可沾染践污不洁②，安息日不可以之出行，并不以之入殿院③。

面具④洁净⑤，不得以之出行⑥。

9. 男孩可戴鞋带出行⑦，王子们可戴铃铛⑧。所有人均可，但众贤哲所说为当时之事⑨。

10. 可以蝗虫卵⑩、狐狸牙⑪、吊架钉⑫出行，以治疗为目的——此为拉比梅伊尔之言，众贤哲说：即使在平日亦禁止，因其为亚摩利之道⑬。

---

① 如果截瘫比较厉害，不能用膝部行走，则制造专门座椅，绑在身上，以双手撑地行走，类似原始的轮椅。为保护和方便起见，手腿均有撑木。

② 如果残疾者也是漏症患者。

③ 传统上认为因为这些装置均属附加品（不是非要不可），因此不是很牢固，容易掉落，因此禁止在安息日以之出行。不过这样这些人在安息日就无法出行了，所以《耶路撒冷塔木德》和《托塞夫塔》都说只有撑木禁止，轮椅不禁止。

④ 众说纷纭，《革玛拉》的解释便是莫衷一是，可以理解为：小丑戴的木制驴头，行走泥沼地的拐杖，吓唬小孩的面具、乐器、木手，等等。

⑤ 此非器具，因此不会沾染不洁。

⑥ 此类物品非服饰，因此不得携带。

⑦ 当时的风俗，父亲出远门时（一说，死亡时），将右脚鞋带系于儿子左臂，相信这样可以让孩子们不致思念过度。

⑧ 王子们可以佩戴铃铛，但必须将铃舌去掉，因为安息日不得将铃铛弄响。

⑨ 铃铛并非王子们的专利，但是众贤哲专提王子，是因为当时的风俗是只有王子们佩戴铃铛。

⑩ 当时治疗耳痛的方法之一是将蝗虫卵敷于耳部。

⑪ 佩戴活狐狸牙用以治疗嗜睡症，佩戴死狐狸牙用以治疗失眠症。

⑫ 在脖子上佩戴吊架钉用以治疗高烧。一说，治疗脓肿。

⑬ 亚摩利，迦南民族之一，可参见《民数记》21：26。亚摩利之道泛指迷信，并不专指亚摩利人。众贤哲认为这些做法都是迷信，平时都不允许，更不用说安息日。拉比梅伊尔相信这些是医道。

第 7 章

1. 安息日之重规①说:凡忘却安息日之根本,在多个安息日做大量工作者②,除赎罪祭一次外无责③。

了解安息日之根本,却在多个安息日做大量工作者④,对每个安息日有责⑤。

知道当天为安息日,却在多个安息日做大量工作者⑥,对每一项工作之父有责⑦。做多项工作如一项工作者⑧,除赎罪祭一次外无责。

---

① 重大规则,非一般律法所可比拟。

② 《革玛拉》认为在此有两种情况:一种人从未了解过安息日律法(比如从小被异教徒领养的犹太孩子),还有一种人了解律法,却仍然忘了。

③ 《革玛拉》同意之律法而忘记者需献赎罪祭,关于从不知律法者,则有两种观点,一种认为无须献祭,另一种认为也需要献祭。

④ 了解安息日律法,却因为不了解当天的时间情况而误犯安息日规则者(比如在海上长期航行而搞不准日期的人)。

⑤ 为每个违规的安息日进行一次赎罪祭。

⑥ 因为对安息日律法了解得不够,误犯规则的人。

⑦ 工作之父,指安息日规定不许做的三十九项工作种类(见下节)。在此犯规者须按照他做的工作种类数目献赎罪祭。

⑧ 指从属于一项"工作之父"的多项"工作之子"。因为只有工作之父计入责任,因此无论多少,都算一项。

第7章

2. 四十减一项①工作之父为②：播种③，耕耘④，收获⑤，堆谷⑥，脱粒⑦，扬谷⑧，选谷⑨，磨面⑩，筛面⑪，揉面⑫，烤制⑬，剪

---

① 数字39表达为40减1，源于《申命记》25∶3："只可打他（罪人）四十下，不可过数。"《巴比伦塔木德》解释"不可过数"，认为说的是"四十以前的那个数"，也就是三十九。迈蒙尼德认为此处列出数字，是因为前述献赎罪祭的问题，表明最多可献三十九个赎罪祭。

② 《出埃及记》35∶2规定"六日要做工，第七日乃为圣日，当向耶和华守为安息圣日。凡这日之内做工的，必把他治死。"随后35∶3规定点火属于工作，但除此之外并无更详细定义。拉比犹太教根据35∶4—35描述建造圣幕一事，认定安息日不得从事的工作均与建造圣幕的工作有关，包括直接建造和准备材料的工作，由此列出三十九项，列为工作之父，其他能归属这些项目的均属于工作之父，也在禁止之列。传统上认为这三十九项可以分成四个部分：前十一条与烘烤面包有关，其后十三条与纺织缝纫有关，再后九条与抄写《托拉》经卷有关，最后六条则与圣幕的建造工作直接相关。

③ 禁止播种是因为建造圣幕时所用颜料为植物制成，而植物则需要播种才能生长。

④ 指任何松土或挖土的工作。《革玛拉》认为此项列在播种之后，是因为播种后仍需要耕耘。

⑤ 任何将成熟的作物与其根部分开的行为。

⑥ 将收获的谷物集堆，其他物品的集堆不受本条限制，但受其他条目限制。

⑦ 给谷物脱壳的工作，任何类似的把食物从壳中取出的行为均属于本类的工作之子。

⑧ 《巴比伦塔木德》认为此处指将脱壳后的谷物扬在风中以分离谷壳与谷粒的动作。《耶路撒冷塔木德》则认为包括了所有向风中抛物的行为（包括吐口水）。

⑨ 任何将可食用物与不可食用物分拣分离的行为。

⑩ 将小麦或调味料磨成粉状的行为。

⑪ 磨面后过筛，以去除未磨好的粗颗粒。

⑫ 用水将面粉合为一团的行为。

⑬ 此处"烤制"与"烹饪"同义，不只是烤面包，任何类似烹饪的行为，即使是非食物类的（圣幕中煮制颜料）均属于工作之父。

毛①，漂白②，梳毛③，染色④，纺线⑤，经线上机⑥，安装两块综框⑦，织线两次⑧，拆线两次⑨，打结，解结⑩，缝两针⑪，为缝两针而撕裂⑫，陷鹿⑬，屠宰⑭，剥皮，涂盐，制革⑮，理平⑯，切割⑰，书写两个

---

① 指剪羊毛或任何动物的毛。用工具理发、修剪胡须等均属于此项的"工作之子"。
② 在水中漂洗羊毛。
③ 任何理顺纤维，以便纺线的行为，不只是羊毛。
④ 圣幕中将羊毛染色，用于帘幕。
⑤ 将纤维纺成线的行为，包括用线制作绳索，不限于羊毛。
⑥ 按照迈蒙尼德的解释，安放织机时，先用木杆将经线在织机上上好，此为经线上机。
⑦ 综框：两个穿满综轴（当时用线制成，中部为环，称为"综片"）的框子，每个框子的综轴数目相当于经线数的一半，将经线按奇偶行数分别穿入综片，则可以通过操作两个综框按奇偶行数提升或压低经线，以便抛梭织入纬线。
⑧ 当时织机操作的过程大致是：先提升在前的综框，使奇数行经线升高，在奇数行经线与偶数行经线之间形成梭口，将纬线自右至左用织梭穿过；然后提升在后的综框，使偶数行经线高过奇数行，形成新的梭口，再将纬线自左至右用织梭穿过。这两次穿梭形成一次完整的织布动作，因此称为"织线两次"。
⑨ 从织机上拆除经线以帮助织布。具体如何帮助则众说纷纭，迈蒙尼德认为这是一种修补破口的必要步骤。
⑩ 圣幕中的帘幕使用的蓝色染料是用一种叫作"奇拉宗"的小鱼的血制作的，捕捞这种小鱼时，渔夫时常要把网线解开，然后再结到其他的渔网上，因此打结和解结的两个动作都是禁止的。关于结的具体情况，参见本卷第15章的相关描述。
⑪ 只是缝两针，针脚并不能把布匹缝住，因此注家多认为此处指缝后将两个线头打结。
⑫ 缝纫时，为使成品表面平滑无皱，有时需将布料裁剪掉一些，这种为缝纫而进行的裁剪是禁止的。
⑬ 用惯常捕猎该种野生动物的方法捕猎（当时主要是陷猎），"鹿"在这里只是一个例子，大概因为在当时是最多的。
⑭ 包括所有形式的杀死牲畜动物的行为。
⑮ 当时的制革工艺是：剥皮后先涂盐，作为制革的第一步。由于"涂盐"与"制革"有重复之嫌，所以《革玛拉》将"涂盐"更换为"画线"，也就是制革前先在皮子上按所需形状画出切割线条。
⑯ 在制革上指脱毛工序。由此也禁止将任何材料的物品打磨平滑的行为。
⑰ 本意是切割皮革，也包括切割所有其他材料。

字母①,为书写两个字母而涂擦②,建造③,拆毁,熄灭,点燃④,一锤定音⑤,在地界间出运⑥。此为工作之父,四十减一项⑦。

3. 他们言及另一法则⑧:一切值得保留,且保留如此数量者⑨,在安息日出运⑩,其责为赎罪祭⑪。一切不值得保留,且不保留如此数量者,在安息日出运,其责不为赎罪祭,除非保留⑫。

4. 出运秸秆者,以满奶牛之口为准⑬;豆秸者,以满骆驼之口为准⑭;细秸者,以满小羊之口为准⑮;牧草者,以满小山羊之口为

---

① 圣幕的木墙板,相连的两块总是标着相同的字母,给拆装带来方便。

② 如果发现木墙板的字母标错了,就要涂掉两个错误的字母,另写两个。所以这里的涂擦是涂擦两个字母。

③ 任何形式的建造及准备建造行为。

④ 熄灭和点火均来自圣幕中煮制燃料的行为。

⑤ 完成任何工作的最后一个动作。说"锤"可能是因为本意是指工艺匠人的工作。

⑥ 在公共地界与私人地界之间搬运物品。

⑦ 本节开始的四十减一项指的是在违反安息日的情况下献赎罪祭的最大数目,本处是指工作之父的数目。

⑧ 众贤哲在此谈及另一个有关"安息日出运"的补充法则。

⑨ 正常人认为该物品值得保留的最小数量。

⑩ 如果有人误将如此数量的物品在安息日做了跨地界搬运的话。

⑪ 则献赎罪祭一次。这里的数量是按照正常人的观点计算的,与物品主人是否富裕,是否在意这些数量的物品无关。

⑫ 在安息日将不到最低值得保留数量的物品搬运过界,不算过犯,除非物主有意保留这些物品。

⑬ 本节接续上节,继续讨论各种物品的最低值得保留数量问题。秸秆指谷物的秸秆,一般用来喂养奶牛,故以满奶牛嘴为准。

⑭ 豆秸比较粗糙,不适合奶牛,故以骆驼为准,比奶牛嘴数量大。如果是适合喂养奶牛的豆秸,则仍以奶牛嘴为准。

⑮ 细秸指紧连谷物穗的秸秆,比较细嫩,适合用来喂养小羊。

准①;鲜蒜叶与洋葱叶者,以无花果干为准②;干者,以满小山羊之口为准③。不得彼此合并计算,因其计量不同④。出运食物者以无花果干为准而有责,可彼此合并计算,因其计量相同⑤,其壳、其核、其茎、其粗糠、其细糠除外⑥。拉比犹大说:豆皮除外,因与其一同烹煮⑦。

---

① 小山羊比小羊所吃的更嫩。
② 这两种植物叶子也是人的食品,因此以无花果为标准。
③ 干叶子人不吃,仍是饲料,因此按小山羊口定义。
④ 上述各种饲料最小计量单位不同,因此无法合并计算最小数量。
⑤ 所有的食物计量单位都相同,因此合并计算。
⑥ 只计算纯食物分量,不食用者不计算在内。
⑦ 豆类烹煮时不去皮,且连皮食用,所以要计算在内。

第 8 章

1. 出运葡萄酒者,足以注杯[①];牛奶,足以吞咽[②];蜂蜜,足以敷痛处[③];油,足以膏抹小器官[④];水,足以涂抹眼药膏[⑤]。其他一切饮品[⑥]以四分之一[⑦]为量;一切废水亦为四分之一[⑧]。拉比西缅说:一切均为四分之一,一切所言数量均仅为保留数量[⑨]。

2. 出运绳索者,足以为筐制把手[⑩];胶皮[⑪],足以为细筛与粗

[①] 此节讨论的是出运葡萄酒,多少数量成为有责的状态。规定是可以倒在杯中的数量。按照《革玛拉》的解释,一杯酒为四分之一罗革。由于当时酒制得比较浓烈,饮用酒需要按照三比一的数量兑水,所以一杯酒中酒的数量是四分之一,也就是十六分之一罗革。

[②] 常人一口能吞咽的牛奶,数量小于十六分之一罗革。

[③] 此处有人解释为人手脚上的疼痛之处,也有人说是家畜身上的伤痛。蜂蜜有食用药用两种用途,此处按药用定量,传统上认为是因为药用量比实用量小。

[④] 按照橄榄油的药用价值定量,是因为药用量比食用量小。"小器官",指婴幼儿身上最小的器官,迈蒙尼德说是小脚趾。

[⑤] 当时的眼药需要用水辅助,才能涂抹在眼睛上。

[⑥] 指其他一切没有药用价值的饮品,按照饮用量定量。

[⑦] 四分之一罗革。

[⑧] 废水的量是按照和泥的最小量制定的。

[⑨] 拉比西缅认为一切液体的出运有责数量均为四分之一罗革,本节所说的药用数量指的不是出运数量,而是为出运目的的事先保留数量。参见本卷 7:3。

[⑩] 指比较粗糙的绳索,当时最小的用途是制造筐的把手。

[⑪] 用某种树胶制成的类似橡胶的物质。

筛制挂索①;拉比犹大说:足以为儿童之鞋量尺寸②。纸③,足以在其上写关津收据④,而出运关津收据者有责⑤;涂抹之纸⑥,足以包裹小香水瓶口⑦。

3.出运皮革者,足以制护符⑧;出运羊皮纸者,足以在其上书写经匣⑨中最短的祷文,亦即"以色列啊,你要听!"出运墨水者,足以书写两个字母⑩。出运蓝眼影粉者,足以描画一只眼睛⑪。

4.出运黏胶者,足以置于捕鸟板头⑫。出运沥青与硫黄者,足以成孔⑬。出运蜡者,足以置于小孔之上⑭。出运黏土者,足以制作

---

① 细筛是用来筛面粉的,粗筛用来筛谷糠和石子。挂索:当时用于固定筛子的装置。
② 拉比犹大认为上述数量太宽松,所以他提出童鞋尺寸为量,数量更小。
③ 纸莎草一类的纸张。
④ 在渡口付钱后获得一张收据,以出示给河另一边的守卫,通常有两个较大的字母和印鉴。
⑤ 只要是关津收据,无论是否写在纸上,出运都有责。
⑥ 将原来写的东西涂抹掉了,这样的纸草不能再用。
⑦ 由于是不能写字的纸,所以按照其他用途定量。这个量大于收据的量。
⑧ 当时的护符主要是写在羊皮纸上的《希伯来圣经》与诅咒有关的词句,这种护符通常收藏在皮质袋子里。
⑨ 犹太教徒祈祷时缠在手臂上的小经匣,其中的羊皮纸上写着四段祷文,最小的是祷文《听》的第一段(《申命记》6:4—9)。
⑩ 迈蒙尼德认为此处指墨水瓶中的墨水,考虑到蘸墨书写过程中的其他耗费,实际上可允许的量超过笔上书写所要求的墨水量。拉熹认为无论是在笔上还是墨水瓶中,量的要求是一样的。
⑪ 当时严守教规的妇女出门只露一只眼睛,所以眼影粉够描画一只眼睛即可。
⑫ 当时的捕鸟方法是树立一个木杆,木杆头上有一块木板,木板上置黏胶以捕捉鸟类。此处指足以捕捉一只鸟的黏胶量。
⑬ 此处当时的水银温度计。水银置于小玻璃瓶内,玻璃瓶的一端用沥青或者硫磺封堵,并留一小孔,以便在必要时将水银取出。此处说的是足够封堵且开孔的沥青或者硫黄量。
⑭ 此处的小孔指的是酒瓶或者酒桶上的漏洞,当时用蜡封堵这些漏洞。

金匠的炉口①。拉比犹大说:足以制作支架脚②。粗糠,足以用于金匠的炉口③。腻子,足以涂抹女孩的小指④。拉比犹大说:足以制作发胶⑤。拉比尼希米说:足以制作额饰⑥。

5.印石泥⑦,一如货物袋之印章⑧,此为拉比阿奇瓦之言。而众贤哲说:一如信笺之印章⑨。粪肥与细沙⑩,足以为一棵圆白菜施肥,此为拉比阿奇瓦之言;而众贤哲说:足以为大葱施肥⑪。粗沙,足以置于满掌腻子之中⑫。芦苇,足以制作一支笔⑬;若过粗或碎裂⑭,则为足以以之烹煮易煮之蛋⑮之量,搅拌并置于煎锅

---

① 黏土,一说碎砖块;制作,一说堵塞。当时的冶炼炉都留有一个通风口,用于安放鼓风机。

② 支架,指放在炉子下的支架,通常为三脚架。此处说的是足以制作其中一只脚的黏土量,一说,足以修补支架裂缝的黏土量。

③ 在没有煤炭的地方,金匠们使用粗糠来作燃料。一说,使用粗糠封堵炉口,保持炉温。

④ 在女孩子身上涂抹腻子,显然是当时人的习俗之一,原因不详,有人说是为了增白,有人说是为了去毛,亦有人说是为了月经。小指,指足以涂抹一根小手指的量,一说,足以涂抹一个小女孩的量。

⑤ 使用腻子涂抹太阳穴两侧的头发上,使这些头发伏贴,相当于今天发胶的作用。

⑥ 额饰:当时用腻子涂抹在额头上的装饰方法,为的是增加额头的红润色彩。

⑦ 当时的印章是用一种特别的黏土制作的。

⑧ 运送货物的口袋,货物发运前要在封口处盖上印章。

⑨ 封信所用的印章,比货物袋的印章要小。

⑩ 细沙在当时也被作为肥料。

⑪ 大葱的施肥量小于圆白菜。

⑫ 当时使用粗沙与腻子混合,用于封堵。此处指足以与一满掌腻子相混合的粗沙量。

⑬ 当时使用芦苇秆制作墨水笔。

⑭ 芦苇秆过粗,或者碎裂,便无法制笔,只能用作燃料。

⑮ 最容易煮熟的禽蛋,传统解释为鸡蛋。

之中①。

6. 骨头②,足以制造搅勺。拉比犹大说:足以以之制作钥匙齿③。玻璃,足以以之打磨织针尖④。卵石或石块,足以击鸟⑤。拉比以利以谢·巴尔·雅各说:足以击牲畜⑥。

7. 瓷片,足以置于相邻梁柱之间⑦——此为拉比犹大之言。拉比梅伊尔说:足以以之引火⑧。拉比约西说:足以承载四分之一罗格⑨。拉比梅伊尔说:尽管此事无证据,但此事有暗示:"甚至碎块中找不到一片,可用以从炉内取火"⑩,拉比约西回答他说:从哪里来的证据?"从池中舀水。"⑪

---

① 芦苇秆作为可搬运的燃料量的定义是:至少无花果干大小的鸡蛋液(小于一个普通鸡蛋的分量),打散(不在壳里),并在煎锅中烹煮,这样煮熟所需的芦苇秆燃料,便是可以搬运的量。
② 牲畜的骨头在当时被用来制造搅勺。
③ 当时的钥匙是先做钥匙身,然后再制作钥匙齿安装上去。
④ 织针,当时在织机上使用的针。用久了会钝,故使用玻璃来加以打磨。
⑤ 将鸟赶走。
⑥ 他认为用喊声即可将鸟赶走,不需用石块,因此以牲畜为标准。
⑦ 建房前将梁柱垛放时,需使用瓷片撑住木材之间的空隙,以免梁柱在储存时变形弯曲。
⑧ 以之承载火种,移到另一处去点燃。
⑨ 指四分之一罗革的水。罗革,容量单位,参见《种子》附录。
⑩ 《以赛亚书》30:14。
⑪ 《以赛亚书》30:14。拉比约西指出拉比梅伊尔在引用经文时省略了最后一句,以支持自己的结论。

第9章

1. 拉比阿奇瓦说：我们从何而知偶像崇拜物品一如经期妇女，运载即传播不洁①？因为经文说："要抛弃，好像经期妇女，对偶像说，去吧。"②恰如经期妇女运载即传播不洁，偶像崇拜物品亦运载即传播不洁。

2. 我们从何而知船只总是洁净的呢③？因经文说："船在海中行的道。"④我们从何而知六掌乘六掌的苗圃之中，可播撒五种种子，苗圃四边四种，中间一种⑤？因为经文说："田地怎样使百谷发芽，园子怎样使所种的发生。"⑥没说"所种的一种"，而是说：

---

① 本章内容与安息日无关，而是承接上章结尾的有关"暗示"的解经原则，举出更多的例证。"运载"的意思是：这些物品或人，不需要直接触碰，只要参与运载，就沾染了不洁，比如用布袋搬运偶像，或者用担架运载经期中的妇女，等等。本节亦见于《经期》卷2：6。

② 《以赛亚书》30：22。

③ 船只不会沾染不洁。

④ 《箴言》30：19。因为大海不会沾染不洁，而船只相当于大海，因此也不沾染不洁。

⑤ 在这样小的苗圃里本来是禁止把不同的种子播撒在一起的，因为有禁混种的律法，但是如果按照本节规定的方式，则是允许的，不算禁混种。

⑥ 《以赛亚书》61：11。

"所种的"①。

3. 我们从何而知在第三天淌精的女性为不洁呢？因经文说："要预备三天。"② 我们从何而知在第三天可以洗浴割礼孩童，即使安息日已经开始呢？因为经文说："到第三天，众人正在疼痛的时候。"③ 我们从何而知送走之羊④的头上需拴捆红线呢⑤？因为经文说："你们的罪虽像朱红，必变成雪白。"⑥

4. 我们从何而知在赎罪日膏抹类似饮用呢⑦？尽管此事并无明证，但仍有踪迹⑧，因经文说："这咒骂就如水进他里面，像油入他的骨头。"⑨

---

① 从经文中，拉比们认定可以播种五种，"百谷""发芽""发生"，各代表一种种子，"所种的"在原文中是复数，所以算两种，这样一共是五种。

② 《出埃及记》19:15。原文讲的是摩西在将《托拉》传给众百姓之前要求他们守洁，"他对百姓说，要预备三天。不可亲近女人。"亦即在接受《托拉》前三天内不可性交。由此可以推断性交后三天内从阴道淌出精液的女性均可被认为不洁。

③ 《创世记》34:25。原文讲述雅各的儿子们为替遭侮辱的妹妹报仇，设计使示剑城中人接受割礼，然后趁第三天众人疼痛时入城杀戮。本节引用该节经文，是为了证明割礼后第三天尚处于危险期，因有生命危险而不必受安息日律法的约束。

④ 赎罪日时，需选取两只公羊替会众赎罪，一只归上帝，宰杀后取血送入至圣所，另一只则放归山野。参见《利未记》第16章。

⑤ 送走之羊的头上拴上红线，从山顶推坠，坠落时红线变白则意味着会众之罪得以赎免，参见本部《盛日》6:6。本节解释这一风俗的《圣经》依据。

⑥ 《以赛亚书》1:18。

⑦ 赎罪日禁止饮食，这是《圣经》律法明确规定的，但拉比律法同时禁止洗浴、膏抹等行为，此处给出的依据是膏抹等同于饮用。

⑧ 该律法在《圣经》中无明确规定，但可以类推。

⑨ 《诗篇》109:8。此处饮水与膏油并举，可以被认为是类似的。

5. 出运木材者,足以煮熟易煮之蛋①;调料,足以调制易煮之蛋;且彼此合计②。核桃皮、石榴皮、菘蓝、茜草,足以给发网小饰带染色③。尿液④、硝石⑤、肥皂、水磨土⑥、狮叶草⑦,足以给发网小饰带染色;拉比犹大说:足以覆盖污斑⑧。

6. 小胡椒,任何数量⑨;焦油⑩,任何数量;各种香料⑪及各种金属⑫,任何数量;祭坛石、祭坛土、经卷遗物及其包装遗物⑬,任何数量,因将其作为藏品保存⑭。拉比犹大说:出运异教用品,

---

① 在安息日出运木材,如果所运之量超过煮蛋所需,即为有责。易煮之蛋:参见本卷8:5相关注解。
② 调味料无论有多少种,其数量是联合计算的。
③ 核桃外皮为绿色染料之原料,菘蓝为蓝色燃料之原料,茜草为红色染料之原料。当时人在发网上装染色小布带一条,以做装饰。
④ 尿液在当时被用作强力清洗剂。
⑤ 一说:苏打。
⑥ 克里特岛上出产的一种白色黏土,在古代的地中海地区被广泛应用。在此被用作清洗剂。一说为钾猪毛菜,当时将其晒干后研成粉末而制成清洗剂。
⑦ 一种植物,其根茎被用来做清洗剂。一说为从珍珠中获得的矿物,用来做清洗剂。
⑧ 按照《密释纳·洁净·经期》9:6—7的说法,当时鉴定衣物上的污斑是否经血的办法是用七种清洗剂分别清洗,如果污斑颜色不变即非经血,否则即为经血。本节中的五种即在七种之中,因此本处所指为鉴定时所需覆盖的污斑。
⑨ 一种本地产的用于去除口臭的胡椒类植物。因为任何数量的小胡椒都可能产生去味的作用,因此携带任何数量在安息日出行均属有责。
⑩ 用于照明,参见本卷2:2相关注解。
⑪ 用于熏染衣物或者发肤的物品。
⑫ 《革玛拉》认为此处所说的金属以可制作牛鞭头的量为准。
⑬ 遗物,指因磨损或朽坏而从经卷或其包装布上掉落的部分。
⑭ 本句所言,均为圣物,按照规定,这些物品均封存密室(希伯来语称为"刚尼扎"),属于价值很高的物品。

亦为任何数量①，因经文说："那当毁灭的物连一点都不可粘你的手。"②

7. 出运小贩货篮者③，尽管其中多种多样，只以一次赎罪祭为责④。

菜园种子⑤，少于一颗无花果干⑥。拉比犹大·本·贝特拉说：五颗⑦。

黄瓜种子，两颗；葫芦种子，两颗；埃及豆种子，两颗⑧；洁净的活蝗虫⑨，任何大小⑩；死的，一颗无花果干般大小⑪；葡萄园鸟⑫，无论死活，任何大小，因将其作为药物收藏⑬。拉比犹大说：不洁净的活蝗虫，亦为任何大小，因将其保存给孩子玩耍⑭。

---

① 拉比犹大认为出运异教物品可增加家产的价值，因此在安息日可被看作劳作。此说与本卷7∶3关于出运不值得保存物品无责的律法相互矛盾。
② 《申命记》13∶18。
③ 指售卖化妆品的小贩，其货篮中种类较多。
④ 被看作一次违规，无须献多次赎罪祭。
⑤ 《革玛拉》认为此处指作为食物的种子，迈蒙尼德则持相反观点。
⑥ 小于：一说略小于无花果干，另一说为橄榄大小。
⑦ 他认为在安息日只要携带五颗菜蔬种子出行便为有责。
⑧ 这三种蔬菜的价值比较高，所以可以携带的数量也就比较少。
⑨ 某些种类的蝗虫可食（参见《利未记》11∶21—22），"洁净"在此处是"可食"的意思。
⑩ 活蝗虫通常是孩子的玩物，所以不受限制。
⑪ 死蝗虫除了做食物以外别无用处，所以受到食物律法的限制。
⑫ 某种常在嫩葡萄叶上活动的鸟类。一说，指一种蝗虫。
⑬ 因此遵从药物的相关律法，参见本卷10∶1。
⑭ 拉比犹大在此实际上是允许父母给孩子不可食的蝗虫玩耍，与前文玩耍可食蝗虫的律法相矛盾。

第10章

1. 作为种子、样品、药品而收藏①并在安息日将其出运者②,任何数量均有责③。其他人则无责,除非数量如此④。若便即⑤带入,亦无责,除非数量如此⑥。

2. 出运食物且置之于门槛⑦者,无论回来再出运抑或他人将其出运,均免责,因其未一次完成劳作⑧。装满果实的篮筐,将其置于外门槛者⑨,即使多数果实在外,亦免责,直至其将整篮出运⑩。

---

① 凡为特定目的而收藏的,该物品就有了价值,就受本卷7:3的律法制约,不得在安息日出运,且与其数量无关。
② 在安息日,物主忘了原来的收藏目的,而将物品带出户外。
③ 即使忘记,依然是有责的,需要献赎罪祭。
④ 如果没有事先设定收藏目标,那么唯一确定是否有责的标准便是数量。
⑤ 一说,若返回时带入。
⑥ 如果忘记预先打算而出运,在外想起,决定不再遵从原来的收藏目的,而后将其带回私人领域,则该物品成为普通物品,是否有价值依数量确定。
⑦ 指三掌高至九掌高之间的门槛,三掌以下、九掌至十掌之间的门槛算公共区域,十掌以上属于私人区域,三掌至九掌之间的门槛则为中门槛,无明确区域划分。
⑧ 因为在这里将食物置于中门槛和将其从中门槛带到公共区域是两个动作,因此不符合安息日《圣经》律法所禁止的"从一个区域拿起,至另一个区域放下"的违规行为,因此虽然也是拉比律法所禁止的,但不必献赎罪祭。
⑨ 放在门槛外的台阶上。此处的门槛指三掌以下的低矮门槛,属于公共区域。
⑩ 无论物主将多少果实放在了外边,但只要还有一部分留在屋内,出运就不算完成,因为只有将整体从一个区域移到另一个区域才算出运,才需要献赎罪祭。

3. 出运者，无论以其右手抑或左手①，怀中②抑或肩上③，均为有责，因哥辖子孙如此搬运④。凡以其手背⑤，以其足，以其嘴⑥，以其肘⑦，以其耳，以其发，以其钱带且其开口向下⑧，在其钱带与其衫袍之间⑨，以其衫袍之边⑩，以其软皮鞋，以其硬皮鞋，均免责，因其出运非常人出运之道。

4. 意图身前出运，而转到其身后者，免责⑪；自身后而转到其身前者，有责⑫。他们确实说过：系围裙⑬的妇女，无论在其身前或身后，均为有责，因其应该如此转动⑭。拉比犹大说：信使亦

---

① 安息日出运时，如果用的是常规搬运手法，便属于有责，否则无责。
② 古代犹太服装类似中国古人的服饰，没有口袋，所以小件物品时常揣在怀里携带，因此也算正常搬运手段。
③ 肩扛本非常规搬运手段，但因为有下文《圣经》文本的支持，所以也算常规。
④ 参见《民数记》7∶9："但车与牛都没有交给哥辖子孙。因为他们办的是圣所的事，在肩头上抬圣物。"
⑤ 指用手背搬运物品，因非常人搬运方法，所以不受安息日律法限制。
⑥ 食物除外。如果用嘴搬运食物，则仍然有责。
⑦ 不包括在肘上挂篮子或筐子的情况，因为这些情况属于常规搬运手段。
⑧ 当时使用一种中空的腰带，用来携带钱物。这种腰带开口的一端通常是朝上系紧的，不会向下垂挂，以免在行走时开口自己打开而造成钱物遗失。如果确实开口朝下，则被认为是非常规搬运手段。
⑨ 将物品别在腰带上，一部分搭在外边，属于一种很不安全的携带方法。
⑩ 丹译本认为也可能是指袖子。
⑪ 将物品放在身前出运，结果物品转到身后去了，因为身前比身后容易控制，所以这结果应该不是搬运者所想要的，所以无责。
⑫ 反过来，如果出运的结果超出出运者的预期，那就有责。
⑬ 有多种说法，比如：衬裙、遮掩下腹部的内衣，等等。
⑭ 这类服装原本就是自己会转动的，所以出运者对此该有预计，不存在达不到预期的问题，所以有责。

如此①。

5. 出运一块面包至公共区者有责；两人将其出运则免责②。一人不能出运，而两人将其出运者，有责③。拉比西缅免之④。以器皿将小于定量之食物⑤出运者，与器皿一同免责，因此器皿为其辅助⑥；以床抬活人者⑦，与床一同免责，因此床为其辅助；以床抬死人者，有责⑧。一如大于橄榄之尸块、大于橄榄之动物尸块、大于扁豆之爬物块均为有责⑨。拉比西缅免之⑩。

6. 以指甲彼此剪切⑪，或以牙齿剪切者⑫；一如拔头发、拔唇

---

① 当时法庭或者政府的信使通常在腰带或者项圈上挂一根管子或者袋子，用来传送公文。这些东西本来就是可能转动的，因此拉比犹大认为这也属于预期之内，不可免责。

② 两个人做一个人本来可以完成的工作，等于每个人都没有做一项完整的工作，因此不承担罪责。《革玛拉》认为此项律法的依据是《利未记》4：27："民中若有人行了耶和华所吩咐不可行的什么事，误犯了罪"，原文的人、行事、罪均为单数名词，因此有责的标准是一个人独立完成他本来可以完成的行为。

③ 如果工作本来就是一个人完不成的，那么就相当于两个人各自完成了一个完整的工作，因此也就有责任了。

④ 拉比西缅认为《圣经》原文既然说明是一个人所做的事情，那么两个人一起做便免责，与一个人是否可以做完无关。

⑤ 指小于无花果干的食物，参见本卷7：4。

⑥ 虽然器皿本身可能禁止搬运，但是在此搬运器皿的目的不在器皿本身，因此免责。下文的床免责是同一个道理。

⑦ 活人可以自己走动，因此抬他出门不是必要工作，不属于安息日禁止范围。

⑧ 死人无法自己走动，因此抬尸就成了必要工作。

⑨ 此句所言均为不洁物，出运是为了防止沾染不洁，属于工作，限量为橄榄大小。

⑩ 拉比西缅认为这些活动的目的均不在出运物本身，因此免责。

⑪ 用一个手指较锋利的指甲去剪切另一个手指的指甲。

⑫ 用牙齿啃咬指甲。

须、拔络腮须者;一如编结①、涂画②、分梳③者,拉比以利以谢责之④。众贤哲以安息律禁之⑤。从有孔种植盆⑥拔取者,有责⑦;若无孔,则无责⑧。拉比西缅两者均免⑨。

---

① 把头发编成辫子。
② 涂画眼影。
③ 将头发分开。
④ 剪切、拔除均属于安息日律法所禁止的"撕扯"行为。编结、分梳属于"修建"行为,涂画属于"写字"或"粉刷"行为,均在禁止之列。
⑤ "安息律",指《希伯来圣经》中没有开列的、仅为拉比律法所禁止的行为。虽然也禁止,但违反者不需要献赎罪祭。本节所描述的情况,拉比们认为属于特别情况,比如剪指甲不用刀子而用牙齿,因此不属于《圣经》禁止的范围。但因为其行为与被禁止的极其相似,因此在拉比律法中也加以禁止。
⑥ 有孔种植盆,指两侧有至少容许小根伸出的孔洞的种植盆,这类种植盆可以从土地吸取养分,因此被与土地看作一体。几乎所有与农业相关的律法都包括这种种植盆栽种的植物,认为它们与土地上栽种的没有什么不同。
⑦ 从这种盆中拔取,属于收获行为,违反安息日规定。
⑧ 无孔种植盆不被看作是土地的一部分,因此不算收获。
⑨ 拉比西缅认为只要是种植盆都不算土地,无论是否有孔,因此均免责。

第11章

1. 从私人区向公共区投掷,从公共区向私人区投掷者,均有责①。从私人区向公共区,而公共区在其间者,拉比阿奇瓦责之,众贤哲免之②。

2. 如何?③两个隔公共区而彼此面对的阳台,彼此传递或投掷者均免责。若两者在一侧,则传递者有责,投掷者免责④。因利未人如此劳作⑤:两辆车隔公共区彼此跟随,彼此传递木板,但不投掷。水窖四围⑥或岩石,高十掌宽四掌者⑦,从中拿取⑧与放置

---

① 投掷属于运输行为,为安息日律法所禁止。
② 拉比阿奇瓦认为被投掷物只要经过公共区,高度不超过十掌,即被视为曾在公共区停留。众贤哲则认为只要没落地,就只是在私人空间之间传递,是允许的。
③ 此处问众贤哲上节免责的具体情况。
④ 会幕搬迁时,四辆车呈两对出行,木板只在前后车之间传递,而不在左右车之间隔路传递。由此推导,则隔路相望的两个阳台之间的传递或投掷不受安息日律法限制。道路同一侧的两个阳台之间,传递受限制,投掷则不受限制,因为会幕车辆之间是不投掷的。
⑤ 参见《民数记》4:31:"他们办理会幕的事,就是抬帐幕的板。"
⑥ 挖水窖时,将挖出的土堆在水窖四周。
⑦ 形成私人区的最小面积。
⑧ 拿取后放置到公共区去。

其上①者均有责②;小于此,免责。

3. 凡投掷四肘于墙壁者③:高于十掌,则如投掷于空中④;低于十掌,则如投掷于地⑤。投掷四肘于地者有责⑥。投掷于四肘之内,而滚出四肘之外者,免责⑦;出四肘之外,而滚入四肘之内者,有责⑧。

4. 投掷四肘于海者免责⑨。若有泥水坑而公共区从中通过,则凡投掷于其中四肘者有责⑩。多少为泥水坑?少于十掌者⑪。若有泥水坑而公共区从中通过,则凡投掷于其中四肘者有责⑫。

---

① 把从公共区拿来的东西放在上面。
② 因为其大小已经形成私人区,因此就成为安息日所禁止的区域间传递。
③ 在安息日单一区域内(公共区域)投掷四肘之地,被掷物粘在了四肘畛域的墙上。
④ 如果被掷物粘在墙上的位置高于地面十掌,则被视为在空中投掷,不算违反律法。
⑤ 低于十掌则被看作违反律法,因为公共区域的范围最高到十掌,十掌之内便是投入了公共区域,算是落地了,而不是在空中飞行了。
⑥ 本律法非《希伯来圣经》律法,而是属于"西奈山给摩西的律法"。
⑦ 投掷属于投掷者的行为,被掷物落地停稳后再滚动则不属于投掷者所能控制的,因此距离的计算以投掷为准,滚动不算。
⑧ 被掷物在四肘之外已经停稳,后因某种原因(比如风吹)滚入四肘之内,这种情况下投掷者有责。如果被掷物未在四肘之外停留,落地后直接滚入,则按照四肘之内计算。
⑨ 海属于区间区,虽然可以用作公共交通,但因为在其中旅行过于艰难,因而不属于公共区。因此,在海上投掷,不受"四肘"律法的制约。深度超过十掌的河流也是一样。
⑩ 这样的泥水坑,虽然也可能让人绕开走,但仍然会有人蹚过,因此属于公共区。
⑪ 深度小于十掌的是公共区,大于十掌则属于区间区,与河海地位相似。
⑫ 本句重复,《革玛拉》认为两句中一句说的是夏天的情况,另一句说的是冬天的情况,说清两个季节泥水坑都属于公共区,以免有人认为某个季节无人蹚行而可以不算。

5. 从海中向陆地，从陆地向海中，从海中向船上，从船上向海中①，从船上向友船投掷者②，均免责。彼此相连的两船，可在彼此间搬运③；若不相连，则尽管挨近，亦不得在彼此间搬运④。

6. 投掷者，若出手之后想起⑤，他人接去⑥，狗接去⑦，或被焚毁⑧，均免责。投掷以给他人或牲畜造成伤害，而在伤害未形成之前想起者，免责⑨。此为规则：凡有赎罪祭之责者，除非其始终均为无意，否则无责⑩。其始无意其终有意者，其始有意其终无意者，均免责；除非其始终均为无意⑪。

---

① 以上所说的四种情况，都是从区间区（海面）向公共区（陆地）或者私人区（船上）投掷物品，因此均非律法所禁止。

② 两船间投掷，因为物品经过海面，等于是在区间区与私人区之间投掷，因此也在免责范围里。

③ 相连属的两块私人区，可以通过院落移入纹合为律法上的一体，从而可以相互搬运物品。

④ 院落移入纹只在各个私人区有实体连接（门窗、过道，等等）时才有效，因此不相连的船不能使用院落移入纹。

⑤ 只有在无意违犯安息日律法的情况下，违犯者才能用赎罪祭赎罪。因此，在不同区域间投掷者，如果在投掷时是无意的，出手之后突然想起这是违犯安息日律法的，那么投掷者可以免责。

⑥ 无意投出之后，被他人接走，等于两人完成一个动作，也可以免责。参见本卷 10∶5 及相关注解。

⑦ 狗嘴不够四掌之地，算不上区域，因此狗接去也可以免责。

⑧ 被投掷物（很可能在投掷前已经开始燃烧）在空中燃烧尽了，投掷动作未完成，也免责。

⑨ 以制造伤害为目的的投掷行为也违犯安息日律法，但如果投掷者在出手后想起，则跟一般投掷动作一样，可以免责。

⑩ 这一规则确定了什么是有意，什么是无意，规则是必须在动作的首尾都是无意的，才有奉献赎罪祭的责任。

⑪ 结尾是再度重复规则，除非始终都属无意，否则不承担献赎罪祭的责任。

第 12 章

1. 建造者,建造多少为有责①?建造任何数量者;切割②,用锤子或者小斧击打③,钻孔,任何数量均为有责。此为规则:一切做工者,其工作持续④,在安息日,则为有责⑤。拉比西缅·本·迦玛列说:即使在做工时大锤落在砧子上,亦为有责,因为他在修补其工作⑥。

---

① 建造为安息日律法所禁止。
② 指切割石块。
③ 原指在采石场将石块切割成形以后用最后一击将其采下,引申为任何收尾的动作。
④ 上文说明安息日建造任何数量均为有责,此处界定该工作应该是有一定持续性的工作。
⑤ 此句释义有分歧:如果将"在安息日"看作是多余的句子成分,那么整句话的解释是:只要在安息日做了工作,其成果可以使用,即使今后还要增补,也仍然被看作是违犯规定的。如果将"在安息日"看作是有特别意义的,那么句子的解释是:只有在安息日最终完成的工作才算数。
⑥ 当时的铁匠在捶打金属(如金箔)时,习惯的动作是捶打三次,空捶一次,目的是清理掉粘在大锤上的金属残渣,以免妨碍成品的质量。因此,就算铁匠在工作时没有捶打物品,而只是捶打在铁砧上,也算工作的一部分,也承担奉献赎罪祭的责任。

2.耕耘者,任何数量①;除草者②,修剪枯枝者③,间芽者④,任何数量,均为有责。采集树枝者,若为修剪,则为任何数量⑤;若为薪柴,则以烹煮易煮之蛋为准⑥。采集杂草者,若为改良,则为任何数量⑦;若为饲料,则以填满一羊羔之口为准⑧。

3.书写两个字母者⑨,无论以其左手还是以其右手⑩;无论为同一字母还是两个字母⑪;无论使用两种墨水⑫抑或任何语言,均为有责。拉比约西说:两个字母无责,除非是为了做标记,因为在圣幕之木板上如此书写,以便知道哪两块相配⑬。拉比说:我们

---

① 最小数量的耕耘也可以制造出下种的空间(小种子,比如南瓜),因此属于违反律法。
② 在作物的旁边拔草会翻起泥土,等于耕耘。
③ 将树木上的枯枝剪去,以保证树木的良好生长,属于"种植"类的工作。
④ 将树上过于茂密的嫩芽去除一部分,保证留下的部分的良好生长,与修剪枯枝同类。
⑤ 修剪树木与种植同类,违犯律法。
⑥ "易煮之蛋",指大小不超过一枚干无花果的鸡蛋量。参见本卷8:5。超出此量,则属于"收获"行为。
⑦ 如果是在除草,那么属于耕耘活动。
⑧ 羊羔之口,为家畜喂食的最小数量,因此以这一数量为准。采集饲料,属于"收获"行为。
⑨ 安息日不得书写两个以上的字母,参见本卷7:2。
⑩ 指使用双手无差别的人,一般人右手写两个字母有责,左手写无责;左利手反之。
⑪ 迈蒙尼德认为只有两个相同的字母组成一个单词才有责,《革玛拉》则认为任何两个相同字母均为有责。
⑫ 迈蒙尼德将"墨水"读为"标记",也就是用字母代替数字。
⑬ 拉比约西认为即使不是惯用的语言用法来书写两个字母(比如只是为了标记两块木板的匹配),也是有责的,而拉比们的意见是:只有在语言的通常用法里书写两个字母才是有责的。

发现了来自长名的短名①,来自西缅与撒母耳的"申姆",来自拿鹤的"诺阿",来自但以理的"但",来自迦叠的"迦得"②。

4. 因一时遗忘而书写两个字母者有责③。以墨水、雄黄④、赤赭⑤、胶液⑥、矾⑦,及所有留下印记之物⑧书写者;写于拐角处两面墙上或簿册两面上⑨,而可以彼此连读者⑩,均为有责⑪。写于自己皮肉之上者有责⑫。画于皮肉上者⑬,拉比以利以谢以为有赎罪祭之责,拉比约书亚免之⑭。

5. 以饮品⑮、果水⑯、路上灰尘⑰、文士墨粉⑱,及所有不能长

---

① 要写一个名字,结果写了两个字母后记起是安息日,遂停止书写,但两个字母可以被看作是名字的缩写,所以仍然有责。
② 此处举出的这些例子,短名都是名字的开头两个字母。
③ 直到写完两个字母,都未想起这是安息日。这样的无意过犯需要献赎罪祭。
④ 迈蒙尼德认为是一种从草根中提取的颜料。
⑤ 从红色黏土中提取的红色颜料。
⑥ 迈蒙尼德认为是一种黑色黏土。
⑦ 《草玛拉》将其解释为一种制鞋使用的黑色颜料。
⑧ 任何可以留下永久性标记的物品。
⑨ 每一面上写了一个字母。
⑩ 如果写的高低不一样,则被看作不可连读。
⑪ 两个字母连读则有可能产生意义,因而是有责的。
⑫ 写在皮肉上的字迹,会因为体热出汗等因素而消失,但并非墨迹自己消失,而是外力使然,因此仍然有责。
⑬ 用指甲或者物品在自己的皮肉上画出两个字母。
⑭ 拉比以利以谢认为这种行为属于书写,因而要献赎罪祭。拉比约书亚则认为这不是常见的书写方式,因而不在献祭之列。
⑮ 指某些黑色的果汁,具有某种墨水的效果。
⑯ 指其他颜色的水果制成的果汁。
⑰ 指在路上的尘土中写字母,拉熹认为是用灰尘写字。
⑱ 指文士的墨水瓶底干燥的残留墨水。

存之物书写者，均免责①。以其手背、其足、其口及以其肘者②；在字迹旁书写者③；在字迹上书写者④；欲写字母"黑特"却写成两个"扎因"者⑤；一个在地面一个在屋梁者⑥；写于房屋的两面墙上或簿册两面上，而不可彼此连读者，均免责。写一个字母作为缩写者⑦，拉比约书亚·本·贝特拉认为有责⑧，众贤哲免之⑨。

6.因两次遗忘而书写两个字母者⑩，一次在清晨一次在傍晚⑪，拉班迦玛列认为有责⑫，众贤哲免之⑬。

---

① 如上节所说，只有印记长存的，才被认为有责。
② 指用这些部位持笔写两个字母，因为这不属于常规书写方式，因而不在献祭之列。
③ 安息日之前写了一个字母，安息日又在这个字母旁边加了一个字母，即使两个字母构成一个词，仍然不算违禁，因为书写者毕竟只写了一个字母。
④ 在安息日之前写好的两个字母上描画，因为没有写新的字母，所以不算数。
⑤ 希伯来语字母"黑特"在用亚述字体书写时，看起来有点像是两个"扎因"，上边用短线连起来。如果书写者没能写下这个短线，则成了两个字母，但因为他本意是写一个字母，因此不算违禁。
⑥ 因为距离太远，无法连读。
⑦ 写了一个字母，后边加上某些标记，以此指代某个词。
⑧ 他认为这等于书写了一个完整的词。
⑨ 因为他只写了一个字母。
⑩ 因忘记安息日而书写了一个字母，记起后停止；随后再次忘记，又书写了一个字母。
⑪ 《托塞夫塔》根据拉班迦玛列的观点，认为本句的意思是"即使一次在清晨一次在傍晚"，也就是说即使两次相距很远，也是叠加计算的。拉熹则按照众贤哲的观点，将其解释为"只要一次在清晨一次在傍晚"，也就是因为相距较远，即使过犯者在两次之间并未真的意识到自己的错误，也被认为是意识到了，因而分别计算。
⑫ 拉班迦玛列认为没有献祭之责的过犯意识不算真正的意识，此处因为每次只写了一个字母，不必献祭，因此两次之间可以相互叠加。
⑬ 众贤哲认为即使没有献祭之责，过犯意识也是有效的，因而各次过犯之间不得叠加。

第13章

1. 拉比以利以谢说：起头编织三根线者①，与加织一根线者②，有责。而众贤哲说：无论在其始抑或在其终③，其数量均为两根线④。

2. 编织两次者，无论其在织机上⑤、在棕叶席上⑥、在筛子上、在簸箕上，抑或是在篮筐上⑦，均为有责。缝两针，以及为缝两针而撕裂者⑧。

3. 为其怒火或其死者而撕裂者，以及所有破坏者，均免责⑨。

---

① 如果在安息日开始编织某件物品，则三根线为有责标准。
② 如果是在半成品上加织，则一根线就算有责，因为原来已有的线也计算在内。
③ 无论是起头还是加织。
④ 两根线为有责之量。
⑤ 参见本卷7：2相关内容及注解。
⑥ 原文为Kiros，各家有多种解释，本书采用迈蒙尼德的观点，其他观点则认为这是某些特别种类的织机。
⑦ 按照拉熹的观点，使用棕叶苇叶等进行编织时，首先将基本形状排好，然后用两根交织的编织线将底座固定，然后才加叶片进行编织。因此这种行为与织机上织线两次类似。
⑧ 此句重复本卷7：2的文句。
⑨ 按照迈蒙尼德的观点，只有在不必表示哀悼时撕坏衣服表示哀悼才免责。如果是亲人死亡，原本就应该撕坏衣物表示哀悼，那么撕毁就不是破坏的行为，因此就是有责的。迈蒙尼德的这一观点来自拉比犹大，本卷所采用的显然是拉比西缅的观点，就是不问按律法是否该哀悼，只要是哀悼就是免责的。

然为修补而破坏者,其数量一如修补者①。

4. 漂白者、梳毛者、染色者、纺线者②,其数量为满一斯特间距之两倍③。编织两根线者④,其数量为满一斯特⑤。

5. 拉比犹大说:陷鸟于橱者⑥,或陷鹿于室者⑦,均有责⑧。而众贤哲说:鸟入橱,鹿入室,入院,入圈⑨。拉班西缅·本·迦玛列说:并非所有畜圈均相同。此为规则:尚需捕猎者,免责⑩;无需捕猎者,有责。

6. 若鹿入室,一人迎面关门,则有责⑪。两人关门,免责⑫。一

---

① 如果他撕破是为了缝补,那么两针的破口就使他有责。如果他擦抹是为了重新书写,那么擦抹掉两个字母就让他有责。

② 四者均为安息日的工作之父,参见本卷7:2。

③ 凡从事上述四项工作且完成了这一数量的人,就算有责,要献祭。

④ 指将两根纬线编入了经线。

⑤ "满一斯特"为食指尖与中指尖之间张开时的距离,"满一斯特间距"为拇指与食指之间的距离,是"满一斯特"的两倍。

⑥ 将鸟赶入柜橱中并将柜门关上,属于陷猎行为。《革玛拉》认为此处指麻雀一类的小鸟。橱,原文为"塔",可能指塔形柜橱,我以为也可能指古代以色列为饲养鸟类而建造的塔形建筑,以色列至今仍能见到这些塔形建筑的遗迹。

⑦ 将鹿赶入屋内并将屋门关上。本节谈的是本卷7:2所列工作之父里的"陷鹿"一项。

⑧ 虽然没有完成捕杀,但所做的程度已经被认为是破坏了安息日律法,因而有献祭之责。

⑨ 按照拉比犹大的上述原则,只有动物陷入丧失行动能力的情况,猎人才有责。众贤哲则将这一原则的适用范围扩大,认为即使是在院落或者畜圈这类较大的空间里,虽然动物还能活动,但猎人也是有责的。

⑩ 如果畜圈较大,为了抓获那头鹿,猎人还需要再捕捉一次,那么安息日的驱赶行为就不算违规。反之则为违规。

⑪ 虽然此人未曾驱赶那头鹿,但关门的行为等同于捕猎,所以有责。

⑫ 两人分担了一个人能做的事情,等于都没做够犯规的量,所以免责。类似的原则可参见本卷10:5。

人关不上,两人关门,则有责①。拉比西缅免之②。

7. 第一人坐于门口而未遮满,第二人坐下遮满,则第二人有责③。第一人坐于门口而遮满,第二人来坐于其侧④,即使第一人起身而去,第一人有责而第二人免责⑤。此与何者相似?与为防盗而锁其家而在其中发现受困之鹿者相似⑥。

---

① 一人关不上说明这工作原本就需要两个人做,因此有责。
② 关于拉比西缅在这类问题上的观点,参见本卷10∶5的相关注解。
③ 屋中有鹿,第一人虽然堵在门口,但鹿仍然有机会逃走,所以第二人才是真正陷猎的人,因此有责。
④ 例如:第一人朝里坐,第二人朝外坐。
⑤ 第二人到达时,陷猎的行动已经完成,与他无关。
⑥ 锁门时鹿已经受困屋中(比如被捆缚),因此锁门的行动与陷猎无关,这和第二个人到来时第一个人已经封堵完成的情况是一样的。

第 14 章

1.《圣经》所言之八类爬物①,陷之者及瘀伤之者均有责②。其余有毒及爬行之物,瘀伤之者,免责③;为其所需而陷之者,有责;非为其所需则免责④。禽兽在其领地,陷之者,免责⑤;瘀伤之者,有责⑥。

2. 安息日不得制作腌汁⑦,但可制作盐水,将面包浸蘸其中,

---

① 指鼬鼠、鼯鼠、蜥蜴、壁虎、龙子、守宫、蛇医、蝘蜓,参见《利未记》11∶29—30。

② 陷猎有责,是因为安息日里不许陷猎。瘀伤有责则有多种解释。迈蒙尼德认为这是因为这类动物的瘀伤的血液不会被身体再次吸收,长期淤积皮下,形成"剥离"行为,属于安息日工作之父中的脱粒行为的一种,因而违规。拉熹则认为淤积的血块改变了皮肤表面的颜色,形成染色的行为。拉熹同时也认为造成血液淤积等于杀生,因为血液代表生命,因此这一行为触犯了安息日不许屠宰的律法。

③ 对一般的动物而言,只要不造成流血,就不属于违犯安息日律法。

④ 这类动物通常不是狩猎对象,因为无法利用其皮肉,通常陷猎的行为都是为了将其驱离。因此,只要不是出现有人需要这些动物的特殊情况,一般情况下的抓捕行为是允许的。

⑤ "禽兽在其领地"的意思是这些禽兽已经被困,无法逃走,因而陷猎行为失去了意义,因此免责。

⑥ 按照迈蒙尼德的说法,此处所说的"瘀伤"是指为了利用动物的血而进行的有意行为,如果只是为了伤害动物,那就是免责的。

⑦ 当时腌制泡菜的腌汁是注水盐上,再加入适量橄榄油制成。拉比犹太教禁止在安息日腌制泡菜,认为这与工作之父里的制革时涂盐是一类行为。制作腌汁也被禁止,因为这样的行为让人看起来像是在腌制泡菜。

并将其置于食物之中①。拉比约西说：无论多少，岂非盐水②？此为许可之盐水：在开始时将油加入水中或者盐中③。

3. 安息日不得食用希腊牛膝草，因其非健康人之食物④。然可食用胡薄荷⑤，及饮用蓼水⑥。可为医疗食用任何食物，饮用任何饮品⑦，棕榈泉⑧与根杯⑨除外，因其用于黄疸病⑩。然可因干渴饮用棕榈泉⑪，及不因医疗而膏抹根块油⑫。

---

① 拉比律法禁止制作大量的、腌制泡菜用的浓腌汁，但允许制作蘸面包用的少量的、比较淡的盐水，标准是鸡蛋不能在这种盐水中浮起来（《革玛拉》）。

② 拉比约西反对用数量的多少来确定哪种盐水是得到许可的。

③ 他认为界线在于制作方法，如果先在水里或者盐里加油，水和盐就不能完全融合，就做不成制革使用的那种盐水，也就可以在安息日制作使用了。

④ 牛膝草在《圣经》中规定用来为麻风病人净身（《利未记》14：1—7）。拉比犹太教禁止在安息日食用草药是因为研磨草药触犯工作之父的磨面一项。

⑤ 胡薄荷在当时被用来驱除肝虫。

⑥ 蓼水在当时被用于解毒。这两种药品可以食用是因为它们既是药品也是食品，当时不生病的人也习惯食用。

⑦ 只要是正常人平时享用的饮食在安息日均可享用，即便享用的目的是治病。

⑧ 棕榈泉：指以色列某地棕榈树间的一眼泉水，据说该泉水饮用后会引起腹泻，当时用来洗清腹肠。

⑨ 当时用三种植物根茎制成的饮品，据信可以引起不孕。

⑩ 这两种药品都会引起较强的副作用，因此除了治病，常人不会去食用，所以在安息日禁止使用。

⑪ 一个健康的人可以饮用棕榈泉，因为他不需要治病，而如果不是太渴的话，他也不会去喝这种水。

⑫ 用于膏抹的油里加入了一些从植物根块提取的香料，这种油可以用于治病，但健康人在安息日可以进行膏抹。

4.病齿者不得向其吸醋①,然可如常浸蘸②,若治愈,则治愈③。病腰者不得膏抹酒与醋④,然可膏抹油脂,玫瑰油除外⑤。王子可将玫瑰油涂抹于其伤口,因其平常习惯如此涂抹⑥。拉比西缅说:以色列全体都是王子⑦。

① 当时医治牙疼的办法是用醋漱口,所以安息日若牙疼,不可吸入醋后再吐出来。

② 但如果一个人平时习惯用面包蘸醋吃,那么现在他也可以这样做,尽管这样有可能缓解他的牙痛。

③ 如果蘸醋面包起到了疗效,受益人并不因此被认为违犯了律法。本处的规定只适用于轻微的牙痛,如果牙痛非常严重的话,是可以在安息日治疗的。

④ 腰痛的人在腰上涂抹酒和醋,是明显的治疗行为,因为常人不会这样做。

⑤ 常人也会膏抹保护皮肤,所以这是允许的,但玫瑰油过于昂贵,有明显的治疗的目的,因此也是犯规的。

⑥ 王子们平常就使用昂贵的东西,因此这样做不会被怀疑是其他目的。

⑦ 拉比西缅认为在这个问题上凡是允许王子们做的,也允许以色列人做。不过他的观点不被接受为律法。

第 15 章

1. 此为因其有责之结①：骆驼驭手之结②与船夫之结③。一如因其打结有责，因其解结亦有责④。拉比梅伊尔说：一切能以一手解开之结，均无因其之责⑤。

2. 与骆驼驭手之结和船夫之结之有责不同，有些结无因其之责⑥：女子可结系其裙口⑦、发网⑧或腰带⑨之绳带，鞋带或凉鞋

---

① 本节讨论本卷 7：2 所列工作之父中的打结与解结两项，关键是确定何种结是被禁止的。迈蒙尼德认为只有专业的永久性的结才被禁止，其他学者，如拉熹，则认为任何永久性的结都是被禁止的。

② 当时的风俗是在骆驼鼻子上打一个洞，用皮绳穿过，打死结而成为一个环，再在这个环上拴绳子而控制骆驼，这个死结便是骆驼驭手之结。

③ 在船头打洞，用粗绳穿过，打死结而成为绳环，再在这个环上穿绳子，用来固定船只，此结为船夫之结。

④ 解结有责，来源于建造圣幕时捕捉奇拉宗贝类时松解网结的需要（参见本卷 7：2 的相关注解），引申为凡是获取利益的解结行为，在安息日都是有责的。

⑤ 拉比梅伊尔认为一手能打开的结过于松散，不必被看作是永久性的，因而免责。

⑥ 本节接续上节，给出了无责之结的实例和判断的原则。

⑦ 当时女性穿连衣长裙时，将右上角系于左肩，左上角系于右肩，脱下时则可以只解一边的结，然后过头顶脱下。长此以往，一边的结就成了永久性的。不过本节规定这类情况不予考虑，一概视为免责。

⑧ 发网用绳结固定在头发上，但女子每日解除发网时都会打开那个结，以免过紧的发网拉下头发，因此该结不是永久的。

⑨ 这是女子使用的一种宽腰带，腰带上系有装饰花边，通常解下腰带前，会先把装饰花边解下，因此这种结也不是永久的。

之带①,酒囊或油囊②,及肉罐③。拉比以利以谢·本·雅各说:在牲畜面前打结,以使其不得出外④。可用腰带系结水桶,但不得用绳子⑤。拉比犹大许可⑥。拉比犹大所说之规则:凡非长久存在之结,均无因其之责。

3.可折叠衣物,即使四五遍⑦。可在安息日之夜为安息日铺床⑧,然不得在安息日为安息日后⑨。拉比以实玛利说:可在赎罪日为安息日折叠衣物与铺床⑩,安息日油脂可在赎罪日献祭⑪。拉

---

① 迈蒙尼德认为此处所说的是每次穿鞋时要系上的鞋带,因为每次脱鞋都要解开,所以不存在永久性的问题。
② 皮制的装酒或者油的器皿,通常用绳结系口,取用时则打开,因此也不是永久性的。
③ 肉置于罐中,罐口用布覆盖,以绳扎结,因为每次取用时要打开绳结,因此也不是永久性的。
④ 用绳子系在牲畜圈的出口,使牲畜无法出外。虽然让牲畜出外时只需打开一边的绳结,另一边可能长期不动,但仍然可以忽略不计。
⑤ 将水桶固定在墙上,以便用水。如果使用腰带,因为人肯定需要用自己的腰带穿衣服,所以那个结很快会被打开;如果使用绳子,可能就变成永久性的了。
⑥ 拉比犹大允许使用一种特别的织工绳子,因为这绳子是他的工具,因此也不必担心该绳结会长期存在。他的观点不被采纳,因为这样会引起不知根底的人的误解,以为其他绳子也可以使用。
⑦ 安息日脱下的衣物可以折叠,以防出现新的褶皱,但不得利用折叠的机会抚平旧有的褶皱。
⑧ 在周五夜晚安息日开始之后还可以铺床,以便在安息日睡眠或者斜倚。
⑨ 安息日后,指周六夜晚安息日结束之后。按照拉比律法的规则,安息日所做的事情应该只为安息日服务,所以如果铺床是为了在安息日休息是许可的,铺床为了安息日之后使用就不许可。上面的折叠衣物也是为了在安息日再穿这些衣物,否则就不允许。
⑩ 如果周五恰好是赎罪日,那么允许在这一天为安息日做一些准备。尽管在通常情况下,这些行为在赎罪日是不被允许的,但安息日的重要性超过赎罪日。
⑪ 安息日剩下的油脂应该在第二天献祭,如果第二天是赎罪日,献祭照常进行,因为安息日比赎罪日重要。

比阿奇瓦说：属安息日者不得在赎罪日献祭，属赎罪日者亦不得在安息日献祭[1]。

---

[1] 拉比阿奇瓦承认安息日通常比赎罪日重要，但他认为在献祭问题上，两者的重要性是一样的，因此不能互相侵犯。

第 16 章

1. 圣书①,可从火中将其救出②,无论用于诵读或不用于诵读③。即使写为任何其他语言,亦当收入库藏④。何以不将其用于诵读?因其在经堂中被取消⑤。与经书一同抢救经袋,与经匣一同抢救经匣套⑥,即使在其中有钱财⑦。向何处将其抢救⑧?向死

---

① 圣书,指用希伯来文书写的《希伯来圣经》,包括托拉(律法书)、先知书和圣著三部分。
② 如果安息日房屋着火,可以将未沾上火的圣书搬到别处。
③ 《希伯来圣经》中的托拉和先知书都在安息日仪式中诵读,圣著则完全不诵读。通常安息日所做的事情,都是为了安息日的目的。因此托拉和先知书得到抢救是应该的,因为安息日要诵读它们。圣著则例外,虽然安息日不诵读,但仍然在抢救之列。
④ 按照严格的教义,圣书只能写为希伯来语,但万一要是写成了其他语言(当时已经有了希腊文的《圣经》译本),安息日遇火不在抢救之列。但如果这些书受到损害,还是要将它们收藏到特定的库房去,不能任其凋敝,因为这些书终究是被看作圣物的。
⑤ 因为圣著太有趣,怕会众被吸引去诵读,而不听拉比的安息日讲道,因此安息日在经堂中,既不诵读,也不许私下阅读。
⑥ 经书的包装物不能单独抢救,但如果是在抢救经书,就可以一起抢救了。
⑦ 钱财属于在安息日禁止使用的物品,因此也就禁止搬移,但如果恰好在经袋里,也可以一同抢救。
⑧ 因为是安息日搬移物品,就涉及一个不同区域之间搬移的规则问题,故有此一问。

巷①。本·贝特拉说：也向生路②。

2. 可抢救三餐的食物③：适合人者给人，适合牲畜者给牲畜④。何解？若安息日之夜⑤起火，可抢救三餐的食物；若在早晨，则可抢救两餐的食物；若在午后，则可抢救一餐的食物⑥。拉比约西说：总是可以抢救三餐的食物⑦。

3. 可抢救整篮面包——即使其中够上百餐⑧——以及一块压制无花果饼⑨，及一桶酒⑩。并可对他人说："来给你们自己抢救⑪。"若他们明辨，则在安息日之后与之算账⑫。向何处抢救⑬？

---

① 按照圣经律法，安息日可以在死巷（只有一个进出口的街巷）搬移物品，也可以将物品从私人领域搬入死巷。拉比律法要求死巷必须是象征性的（一个出入口加一个象征性堵塞的、与公共区域相通的路口）。因此，将圣物抢救进死巷，不会违犯安息日的搬移律法。
② 生路，指有两个出入口的街巷。
③ 安息日起火，危及食物，则可抢救安息日需要的三餐食物，过此则违犯律法。
④ 为每个人、每头牲畜均可抢救三餐的食物。
⑤ 礼拜五晚上，也就是说安息日还有整整一天。
⑥ 可以抢救的食物量是按安息日剩下的时间里还要吃几顿饭来计算的。
⑦ 拉比约西认为既然安息日规定要吃三顿饭，那么无论是在安息日的什么时候，抢救三餐饭食总是许可的。
⑧ 篮中包含安息日三餐，所以即使有多出来的食物，也是允许抢救的。
⑨ 这种无花果饼通常较大，超过三餐的量，但也是允许抢救的。
⑩ 一桶酒的量远远超过安息日三餐所需。
⑪ 也就是放弃他对这些食品的所有权，这样其他人可以按无主物的原则给自己抢救三餐的食物。
⑫ 如果这些参加抢救者能明辨是非，知道物主是在不得已的情况下放弃所有权的，那么他们就会在安息日过后将抢救出来的食物物归原主，而物主则为他们的辛劳支付报酬，因此双方需要算账。
⑬ 因为是在安息日搬运食物，因此必须符合有关场所的律法。

向移入纹院[①]。本·贝特拉说:也向无移入纹处[②]。

4. 可向此处[③]拿出所有需要的用具[④],穿上所有他能穿的[⑤],裹上所有他能包裹的[⑥]。拉比约西说:十八件衣物[⑦]。可以返回,穿着,再拿出[⑧]。并可对他人说:"来跟我一块儿抢救[⑨]。"

5. 拉比西缅·本·那纳斯说:可将羔皮[⑩]覆盖于近火的柜子、箱子与柜橱之上[⑪],因其灼燎[⑫]。可用任何器具构成分火线[⑬],无论是满的还是空的[⑭],为了不让火焰通过。拉比约西禁止使用装

---

① 移入纹使安息日的活动范围和内容都得到增加,布置了相应移入纹的院落可以在安息日带入食物,参见本部《移入纹》。
② 本·贝特拉的观点比较宽松,与他在第 1 节中的观点倾向一致。
③ 任何安息日时食物可以搬移进去的场所。
④ 所有安息日用餐需要的器具。
⑤ 任何衣物,只要他能穿上,都可以穿着带出来。
⑥ 不能穿着的衣物,比如披巾,可以裹着拿出来。
⑦ 拉比约西认为日常穿着的衣物不会超过十八件,所以抢救的不能超过此数。
⑧ 抢救食物时不可多次返回着火的房屋,以免发生忘记律法而去灭火的情况。抢救衣物时,因为屋主必须穿上这些衣服,所以他会记得安息日律法,不会去灭火,因此可以多次往返。
⑨ 此处与上节所说抢救食物说"来给你们自己抢救"明显不同。原因有二:第一,抢救食物时,每人吃过饭的情况可能不一样,因此每个人必须按照自己的情况抢救食物。第二,屋主能抢救的食物有限制,衣物没有限制,所以他请大家帮忙抢救,却不必放弃所有权。
⑩ 指新鲜的、尚湿润的皮革。
⑪ 这些木器已经被火焰逼近,但尚未燃烧。
⑫ 羔皮会被灼燎,但不会着火,这样就保护了木器。
⑬ 可用器皿组成防火线,防止火势蔓延。
⑭ 这些器皿可以是装满了水的,如果破碎,还可以起到被动灭火的作用。主动灭火违犯安息日律法,但这样的被动灭火是可以的。

满水的新陶器,因其不耐火,会碎裂并浇灭火焰①。

6. 若异教徒来灭火,不得对他说:"灭火②"或"别灭火",因其安息之责不在于你们③。但若小孩④来灭火,则不可听任,因其安息之责在于你们⑤。

7. 可将碗倒扣于油灯之上,以免其点燃房梁⑥;亦可于小孩粪便之上⑦;或于蝎子之上,以免其蜇刺⑧。拉比犹大说:拉班约哈南·本·扎卡伊曾在阿拉夫遇到这样的事故,便说:"恐怕他要做赎罪祭了⑨。"

8. 异教徒点燃油灯,以色列人可利用其光亮⑩;然若专为以

---

① 拉比约西认为即使是被动灭火,也是违犯安息日律法的,尤其是故意使用这种明显要碎裂的新陶器。他的观点不被律法接受。
② 拉比律法禁止犹太人在安息日要求异教徒为他做工。
③ 异教徒是否在安息日安息,犹太人不负责任,因此也不能要求他们停止工作。
④ 指尚未到犹太成年礼年龄(男孩十三岁,女孩十二岁)的犹太孩子。
⑤ 因为律法规定犹太人有责任让自己的孩子在安息日安息。
⑥ 但不得将灯火扣灭。
⑦ 如果粪便在人活动较多的地方,无论是人粪还是鸟兽的粪便,均可直接移除,即使是在安息日。此处所说的应该是在比较偏僻的地方,用碗倒扣遮盖的原因是怕玩耍的孩子们踩上这些粪便。
⑧ 用碗扣住一只蝎子,属于陷猎行为,应该是禁止的,但如果蝎子有蜇人的可能,危及生命,便可以扣住。
⑨ 此处拉比犹大引用的拉班约哈南·本·扎卡伊的裁决与众贤哲的决定相抵触,拉班约哈南·本·扎卡伊认定陷猎者违反了律法,要献赎罪祭。对此,传统上有多种解释。一说本节讲的是一种常蜇人的蝎子,拉班约哈南·本·扎卡伊说的事故里的蝎子是一种不常蜇人的。一说本节所讲的蝎子正在追逐人,要蜇人,而事故里的蝎子并没有招惹谁。按照律法,凡是可以致命伤人的动物,比如毒蛇,都可以在安息日将其杀死,而不必在意这些动物是否在追逐人。
⑩ 因为以色列人会记得这是异教徒点燃的,不会误解为自己也可以去点燃。

色列人,则禁止①。装满水饮其牲畜②,以色列人可在其后饮牲畜③;然若专为以色列人,则禁止④。异教徒制作舷板以此下船,以色列人可随其下船,然若专为以色列人,则禁止。某次拉班迦玛列与众长老乘船抵达,有异教徒制作舷板以此下船,拉班迦玛列与众长老亦以此下船⑤。

---

① 否则以色列人会习惯于叫异教徒帮自己点灯。
② 异教徒从井中打出水来,装满水槽,饮自己的牲畜。
③ 前提是以色列人不认识这个异教徒,否则异教徒便有故意多打水帮助以色列人的嫌疑。
④ 《革玛拉》认为此句说了两遍是为了强调这两个例子的区别。油灯是两人同时享用同一物品,打水则是分享,需要多做一些事情。
⑤ 这个故事与油灯的情况相似,《革玛拉》认为是举一个例子来进一步说明。

第17章

1. 所有器具①均可在安息日拿取,且随带其门,即使其门在安息日被卸下②——此与房门有异③,因其非为此制作④。

2. 人可拿取:锤子,并以之砸开坚果⑤;砍刀,以砍削压制无花果饼;锯子,以锯切奶酪;铲子,以铲取无花果干⑥;簸铲⑦与草杈⑧,以递物给孩子⑨;纺锤或杼梭⑩,以叉取⑪;手针⑫,以挑取尖

---

① 指在安息日被使用的器具,不属于非移品的那些东西。
② 如果这些器具有门或者盖子,比如柜子、盒子之类,那么门被看作与器具一体移动,即使已经在安息日时被卸下,仍然可以移动。
③ 如果在安息日之前卸下了房门,安息日时就不能将其安装上,也不能搬动。
④ 房门是为了固定在房子上而制作的,不是为了搬动而制作的,因而属于非移品,不可移动。
⑤ 本节所讲的都是安息日使用工具的问题。这些工具本来不允许在安息日使用,因为使用它们所做的工作在安息日是禁止的。但如果使用的目的是安息日允许做的某件事情,那么就可以拿取并使用。
⑥ 将无花果干从桶中铲出来。
⑦ 扬场用的铲子。
⑧ 晾晒麦秆稻草时翻动使用的杈子。
⑨ 此处有两种解释。或者是因为递送食物的人沾染不洁,而那食物恰好是举祭,那孩子恰好是个祭司,所以只能用铲子叉子递送,以免将不洁传给食物。或者是因为距离较远,比如隔一条小河,孩子过不来,便用工具传递。
⑩ 都是尖利的纺织工具。
⑪ 指叉取水果,比如莓子一类的,也是在手不干净的情况下的替代办法。
⑫ 一种非常细小的针,通常用来缝纫衣物。

刺①；袋针②，以用其开门③。

3. 橄榄探棍④，若头上有结⑤，则可沾染不洁⑥；若无，则不可沾染不洁。无论如何，安息日均可拿取⑦。

4. 拉比约西说：所有器具均可拿取⑧，大锯与犁刀除外⑨。所有器具均可因其所需⑩而拿取或不因其所需⑪而拿取。拉比尼希米说：若非需要，不得拿取⑫。

5. 所有安息日拿取之器具，其碎片均可随之拿取⑬，只要尚可用来做事⑭：揉面盆之碎片，可以之覆盖木桶之口；玻璃碎片，

---

① 如果尖刺扎入皮肉，可以用手针挑出。
② 编织袋子的织工使用的针，比较粗大。
③ 如果丢了钥匙，可以用大针设法开锁。
④ 用来试探窖藏橄榄，以确定是否可以开始榨油的棍子。一说：用来将橄榄打落的棍子。
⑤ 这种棍子使用的方法是：将棍子伸进橄榄堆里，取出后看棍子上沾油的情况。如果棍头上有个结，或者绑了一个器皿，就可以收取更多的油。
⑥ 非金属器皿中，凡可以收取存放物品的，都可以沾染不洁。
⑦ 无论是否有结，均属于器具，可以用于安息日允许的目的。
⑧ 在安息日禁止使用器具做工，但至少可以用来服务于安息日允许做的事情，所以理论上所有的器具都是可以被拿取的。
⑨ 大锯用来锯房梁，犁刀用来耕地，这两种大型锋利的器具不太可能被用于安息日那些被允许的日常生活目的，因此不可拿取。
⑩ 安息日移动器具的"因其所需"的理由通常有两个：第一，需要使用这些器具以服务于安息日事务。第二，需要腾出这些器具所占用的地方。
⑪ "不因其所需"意味着拿取器具的目的不是上述两个，但是必须有其他目的，比如为了保护器具，安息日不许无目的拿取器具。
⑫ 拉比尼希米认为只有安息日的两个所需才是拿取的理由，无此理由则不得拿取。
⑬ 要拿取的器具破碎，无论是在安息日前还是安息日中，均可在安息日拿取碎片。
⑭ 只要这些碎片还能有用处，任何用处都可以。

可以之覆盖长颈瓶口①。拉比犹大说：只要尚可用来做其原本之事②：揉面盆碎片，可向其中倒粥；玻璃碎片，可向其中倒油③。

6. 葫芦壳④中有石⑤，若取水时石不落，则可以之取水⑥；否则不得以之取水⑦。拴于水罐上之枝条，安息日可以之取水⑧。

7. 遮窗物⑨，拉比以利以谢说：在拴捆与悬吊之时，可以遮蔽⑩；否则不可以之遮蔽⑪。众贤哲说：无论如何，均可以之遮蔽⑫。

8. 一切盖子上有把手的器具⑬均可在安息日拿取⑭。拉比约

---

① 在《密释纳》时代，使用器皿碎片做盖子的情况比较常见，因此属于有用之列。
② 拉比犹大认为可拿取的碎片至少应该还可以与原器皿有相似的用处，而不是任何用处都可以。不过他同意这只限于安息日中打碎的器具，安息日之前打碎的器具，有任何用处就可以了。
③ 玻璃器皿在当时主要用来储藏物品。
④ 一说：干的南瓜壳，都是用来从井中打水的器皿。
⑤ 葫芦壳和南瓜壳都太轻，沉不下去，难以打水，故在其中安放石块，使之下沉。
⑥ 石头不落，便是器皿的一部分，便可以使用。
⑦ 如果石头没安放好，会掉落，就成了搬运石头，而石头属于非移品，因此禁止使用。
⑧ 枝条也是非移品，但拴在水罐上，就成了水罐的一部分，就可以使用了。
⑨ 当时使用木板或者织物遮蔽窗子。
⑩ 如果遮蔽物在安息日之前就已经拴在窗子上，且悬空垂吊，那么安息日时就可以用它来遮蔽窗子，因为此时遮蔽物已经是房子的一部分，完成遮蔽并没有向房子添建任何东西，不违反安息日不得修建的禁令。
⑪ 如果遮蔽物没有悬吊，而是放在地上，即使用绳子拴住了，也还不是房子的一部分，用来遮蔽窗子，就是临时添建，拉比犹大认为这不允许。
⑫ 众贤哲认为安息日允许临时添建。
⑬ 指固定在地上的器具，可移动的器具，盖子上即使没把手也可以在安息日拿取。
⑭ 无把手则不可拿取，因为这样会让人误以为井盖之类的建筑物也是可以在安息日拿取的。

西说:所指何物? 指地盖①;然若是器物之盖②,无论如何均可在安息日拿取。

---

① 也就是地上的洞的盖子,比如井盖。无把手的不可拿取,因为这样就成了修建或拆毁,为安息日律法所禁止。
② 也是指固定在地上的器物。拉比犹大的律法裁决比标准律法要宽松,但不被接受。

第18章

1. 可为宾客腾空即使是四五堆草秆或谷物[1],亦可为经堂之不被荒废[2],然整个库房则不可[3]。可腾空洁净之举祭[4]、得卖疑[5]、已经分留举祭之第一什一税[6]、已赎俗之第二什一税与圣品[7];干羽扇豆,因其为穷人之食物[8]。然税前品不可[9]、尚未分留举祭之第一什一税不可;尚未赎俗之第二什一税与圣品不可[10];

---

[1] 在库房里腾出四五堆草秆的空间,使宾客有地方坐。安息日可以搬移某些物品,但是大规模的劳作是不允许的。本节则指出某些大规模劳作可以得到许可进行,主要是有宗教责任的事情,比如此处的接待宾客,照顾有需要的人是一种责任。

[2] 也就是可以腾出空间来让学生有地方上课,不至于荒废学业。

[3] 无论腾空多少,都不可将整个库房腾空。因为腾空后的库房地面很乱,使人有打扫的欲望,而打扫属于安息日工作之父里的修建,是被禁止的。

[4] 祭司们可以食用的举祭,参见《种子·举祭》。

[5] 从不知经者那里买来的食物,不知道是否已经分留什一税,在分留前禁止食用。参见《种子·得卖疑》。

[6] 第一什一税为利未人所得,他们要先从中分留举祭给祭司,然后才能食用。参见《种子·什一税》。

[7] 第二什一税与圣品均可以钱币赎俗,赎俗后即成为普通食品,可以食用。参见《种子·第二什一税》。

[8] 羽扇豆很苦,常人不会食用,但穷人可能食用。

[9] 这里的原则是:凡不能食用的都不能搬移。税前品是分留第一什一税之前的食物,严禁食用,因此也就不得在安息日搬移。

[10] 以上两种情况,都是因为尚未履行合格的宗教交税责任而不能食用,因而也就不能搬移。

蛇根草不可①；芥菜不可②。拉班西缅·本·迦玛列说：蛇根草允许，因其为乌鸦之饲料③。

2. 成捆的干草、干枝、青枝，若预置为牲畜饲料，可拿取之④，否则不可拿取之⑤。可将篮筐倒置幼雏面前，使其上下⑥。母鸡逃走，可推之，直至其进入⑦。可使小牛与幼驴在公共区走动⑧。妇女可使其儿子走动⑨。拉比犹大说：何时？在其一脚抬高一脚落下之时⑩；若拽行，则禁止⑪。

3. 在佳日⑫不得为牲畜接生⑬，但可以助产⑭。在安息日可为

---

① 蛇根草极其粗糙，甚至无法做饲料。
② 这里说的是一种绿芥菜，只有鸽子才吃。
③ 有些富人饲养乌鸦做宠物。
④ 如果在安息日之前就已经将这些枝叶干草确定为牲畜饲料，那么在安息日就可以拿取搬移，因为作为饲料，在安息日可以使用。
⑤ 如果没有确定为饲料，就被假定为柴火。由于安息日禁止点火，柴火也就被禁止搬移。
⑥ 虽然安息日不可移动饲养的幼雏，但是可以使用篮筐帮助它们爬到窝里去。一说：因为需要篮筐所占用的地方，因此可以移动，即使会引起幼雏爬上爬下。
⑦ 可以从后边用双手推，但不可从前边拦或者抓其双翅，因为这样会让鸡跳起来，成了在搬移动物，为安息日律法所禁止。可以推动的依据是拉比律法中有关帮助动物脱困的责任。
⑧ 可以牵引这些小动物行动，但不可扛起来。《革玛拉》此句无"公共区域"一词，其讨论也倾向于禁止在公共区域这样做。
⑨ 从后边扶住孩子的双臂，使其平稳走动。
⑩ 也就是说孩子可以抬脚落脚，自己走动，其母只是提供辅助。
⑪ 如果孩子还不会抬腿，那么就成了母亲拖着孩子走，等于搬移，为律法所禁止。
⑫ 佳日：犹太教规定的主要节期。
⑬ 不可将幼畜从母体拉出，因为这属于安息日律法禁止的过度劳作。
⑭ 如果幼畜自己从母体生出，可以接住，使其不至于落地摔死。

妇女接生;可为其从一地至另一地呼叫助产婆①;可为之亵渎安息日②;可为脐带打结。拉比约西说:亦可剪断③。一切割礼所需均可在安息日进行④。

---

① 呼叫助产婆不受安息日行走里程数的限制。
② 只要是接生所需,一切都可以做,包括所有安息日律法禁止的行为。这一规定在妇女产后三日内均有效,因为此时产妇被看作是生命受威胁的人。
③ 拉比约西在此解释"可以打结"一句,认为包括了剪断脐带、清洗、上药和打结,《密释纳》律法通常不采纳贤哲个人的意见,此处是例外之一。
④ 下一章具体解释这条律法的含义。

第 19 章

1. 拉比以利以谢说：若安息日前夜未携来器具①，则于安息日公开携来②；若处险境③，则在证人面前包裹④。拉比以利以谢还说：可伐木以制炭，并制铁器⑤。拉比阿奇瓦所言之规则：一切安息日前夜可行之事不得推迟至安息日⑥；若安息日前夜不可行，则推迟至安息日⑦。

2. 可在安息日进行一切割礼所需：可切包皮，可撕裂⑧，可放

---

① 器具：指行割礼所用的刀子。安息日要行割礼，割礼师却没在周五（安息日前夜）把割礼刀带到行割礼的人家。
② 公开携带是为了宣示割礼的重要性，甚至可以为此亵渎安息日。
③ 巴尔·科赫巴起义被镇压之后，罗马当局禁止遵行犹太教教义，公开携带割礼刀就有危险。
④ 在证人面前包裹割礼刀，以免他人误以为他趁机携带私货。
⑤ 如果没有割礼刀，甚至可以在安息日当场伐木制炭，生火锻造铁刀。
⑥ 拉比阿奇瓦不同意拉比以利以谢的观点，反对将能在安息日之前做的事情拖到安息日做。
⑦ 只有割礼本身能够在安息日进行，这是因为割礼要在出生八天后进行，不可提前，因此压倒安息日。
⑧ 包皮切除后，仍会有一层薄膜覆盖龟头，需要将这层薄膜撕破，使龟头暴露出来。

血①，可在其上敷放绷带与小茴香②。若未在安息日前夜碾碎③，则可用牙咬碎并敷上④；若未在安息日前夜将酒与油搅打混合，则可一一放入⑤。不可为之制作衫形绷带⑥，然可用布将其包裹⑦。若在安息日前夜未放置，可包于手指携来⑧，甚至从另一院落携来⑨。

3. 割礼前与割礼后均可为小儿清洗⑩：以手洒水，然不可以器皿⑪。拉比以利亚撒·本·亚撒利雅说：在恰为安息日的第三天可为小儿清洗⑫，因《圣经》说："到第三天，众人正在疼

---

① 切割后，需要把伤口的血放干净，以免阴茎肿胀发炎。
② 作为割礼后进行治疗恢复的办法。
③ 小茴香需要碾碎以后才能敷用。
④ 安息日禁止碾磨，因此如果没能事先碾碎，就只好用牙咬碎，虽然这是拉比律法禁止的，但圣经律法不禁止。
⑤ 用力搅打出来的葡萄酒与橄榄油的混合物，用作割礼后疗伤之用。如果未曾事先准备，因安息日不能用力搅打，只能分别在碗中放入酒和油，然后轻轻混合。
⑥ 割礼后通常使用一种事先做好的筒状绷带，套在龟头上，以防止包皮长回，因其形状类似当时穿的长衫，故称"衫形绷带"。安息日不可制作这种绷带，因为看起来像是制作器皿。
⑦ 将阴茎包裹起来。
⑧ 如果绷带没有事先送到行割礼人家，则可以在安息日时包在手指上带来，因为安息日不能携带衣物行走，但穿上行走是可以的。
⑨ 跨院落携带物品是安息日律法所禁止的，但割礼使用的绷带可以例外。
⑩ 割礼前后清洗是为了保持卫生。
⑪ 安息日可以清洗，但是不可以照通常方式清洗，而是只能用手洒水，且不能使用器皿。
⑫ 按照《革玛拉》的说法，拉比以利亚撒·本·亚撒利雅在两个问题上与众不同：第一，他认为可以在安息日用正常方式清洗。第二，他认为除了割礼当天是安息日可以清洗之外，割礼第三天如果是安息日也可以清洗。

第 19 章

痛。"① 若存疑②或双性人③,则不得为其亵渎安息日。拉比犹大允许双性人的情况④。

4. 若有两个婴儿,其一应安息日后行割礼,其二应安息日行割礼,其人⑤忘却,将安息日之后那个行了割礼,则有责⑥;其一应安息日前夜行割礼,其二应安息日行割礼,其人忘却,将安息日前夜那个行了割礼,拉比以利以谢责其献赎罪祭⑦,拉比约书亚免之⑧。

5. 小儿在第八天、第九天、第十天、第十一天、第十二天受割礼,均为不早不迟。何以如此?通常情况,第八天⑨;生于黄昏,

---

① 本句出自《创世记》34:25,原文讲述示剑城中人被诈行割礼,第三天正在疼痛时遭以色列人偷袭,因疼痛无法反抗而被屠城。拉比以利亚撒·本·亚撒利雅引用此句说明割礼后第三天疼痛正烈,婴儿处于危险之中,因而可以不顾安息日律法。《革玛拉》认为这个证据并不恰当,因为婴儿的痛感与成年人不同,不过仍然承认他说的是被接受的律法。

② 指不清楚是否怀胎八月就出生的婴儿。拉比犹太教认为怀胎八月出生的婴儿不能存活,因此不必做割礼。如果不清楚的话,那么可以做,但是不能冒犯安息日。

③ 拥有双性性器官的人,因为性别不明,能否行割礼也存疑,如果做的话,也不能亵渎安息日。

④ 《革玛拉》解释说拉比犹大的依据是《创世记》17:10:"你们所有的男子,都要受割礼。"他认为"所有的男子"指每一种男子,双性人也包括在内,因此并无疑问。

⑤ 指割礼师。

⑥ 割礼应在第八天进行,割礼师粗心提前做了,这样的割礼无效,割礼师等于是在安息日制造了一个伤口,触犯安息日不得屠宰的律法,因而有责献赎罪祭。

⑦ 此时婴儿已经超过八天,虽然割礼被视为有效,但其重要性已经不能超过安息日,因此仍然算是触犯了安息日。

⑧ 拉比约书亚认为在履行类似割礼这样的神圣诫命时,无心犯下的错误不在献祭规则管辖的范围内,因此不用献祭。

⑨ 第八天行割礼,是《圣经》律法的规定。

受割礼于第九天①；生于安息日前黄昏，受割礼于第十天②；若安息日后为佳节，则受割礼于第十一天③；若为新年的两天佳日，则受割礼于第十二天④。小儿生病，则不受割礼，直至康复⑤。

6.此为使割礼失效之残片⑥：残肉遮盖龟头大部⑦。不得食用举祭⑧。若其肉多，则必须修正⑨，以顾观瞻⑩。行割礼却未暴露出被割礼者⑪，一如未行割礼⑫。

---

① 黄昏，指日落后天黑前的一段时间，犹太教的日子从晚上算起，但这一段时间的归属在律法上也有问题，所以这个时段出生的孩子按后一天的第八天做割礼，但如果把他看作是前一天出生的话，那么也可以算是第九天做的割礼。

② 由于他出生在安息日前后，说不清楚是礼拜五还是礼拜六出生的，因此他不能在周五做割礼，也不能在周六做割礼（因为他属于存疑的情况），这样就只能在周日做，从他出生的周五算起，就是第十天。

③ 如果这个孩子应该做割礼的第十天是个节期，那他就只好再拖一天到周一做，就是第十一天。

④ 犹太历新年有两天连续节期，因此就只好拖到第十二天做。

⑤ 按照律法，幼儿康复后，还要等七个整天，观察确定没问题了才可以行割礼。

⑥ 割礼没做干净，留下残存皮肉，严重的会使割礼失效。

⑦ 残存的皮肉仍然遮盖了大部分的龟头，这样的割礼就是无效的。

⑧ 如果这孩子是个祭司，那么他在被修正前就不能食用举祭，因为未行割礼的祭司不得食用举祭。

⑨ 即使不是割礼师的失误，而是由于该幼儿比较胖，阴茎上的皮肉翻下来，看起来好像包皮，割礼师也必须进行修正。

⑩ 以免让孩子看起来好像没行过割礼的样子。

⑪ 指行割礼后没有撕破覆盖龟头的薄膜，让龟头完全露出来。

⑫ 割礼师必须赶回来修正，即使是在安息日。

第 20 章

1. 拉比以利以谢说：佳节可罩挂滤网[1]，安息日可灌注已罩挂者[2]。而众贤哲说：佳节不得罩挂滤网[3]，安息日不可灌注已罩挂者[4]，然可在佳节灌注已罩挂者[5]。

2. 可向酒渣注水，以使其清净[6]；可以布[7]或以埃及篮[8]滤

---

[1] 滤网：当时用来过滤葡萄酒的一种网袋，罩在葡萄酒容器的出口上，以便截留酒中的葡萄残渣。由于罩网是准备食物的一部分，拉比律法禁止在节期这样做。拉比以利以谢认为所有拉比律法禁行的食物之事，只要是为节期吃食而行的，就都可行，据此他认为佳日罩网滤酒是可以的。

[2] 拉比以利以谢也同意安息日不得罩挂滤网，但他认为如果已经罩挂，那么向其中灌酒过滤应该是可以的，因为这与安息日工作之父所禁止的"选谷"行为的通常方式不一样。

[3] 禁止的依据是这一行为被归类为安息日工作之父的"建造"行为，属于建造临时帐幕。

[4] 禁止的依据是这一行为被归类为安息日工作之父的"选谷"或"筛面"行为。

[5] 按照拉比律法，在佳日直接准备饮食的行为是得到允许的，灌酒过滤属于这种行为。与此对照，罩挂滤网属于预备行为，是被禁止的。

[6] 将酒渣中的残酒混入水中，用作安息日的饮品。这种行为不被看作是"选谷"的一种，因为人没有直接去把酒渣和酒分开。

[7] 通常认为应该是一种特制的过滤葡萄酒的布，如果使用普通的布，用过后可能会去拧干，而这在安息日是被禁止的。

[8] 埃及篮：可能是用棕榈树叶制成的篮子，也有说是柳条或者芦苇编的。

酒①；可向芥菜滤网中打入鸡蛋②。可在安息日制作蜜酒③。拉比犹大说：安息日以杯制；佳节以瓶制；节间日④以桶制⑤。拉比撒督该说：一切以客人为准⑥。

3. 不得将阿魏浸于热水之中⑦，然可放于醋中⑧。不得浸泡野豌豆⑨，亦不得搓揉之⑩，然可将其放入筛子或篮子中⑪。不得用筛子筛秸草⑫，亦不得将其置于高处，以使秕糠掉落；然可将其置

---

① 这是在酒渣过滤掉之后，饮酒前最后过滤一次，将白色沉积物过滤掉。由于在酒渣过滤掉之后葡萄酒就可以饮用了，因此这次过滤不算"选谷"的行为，在安息日是被允许的。

② 滤网中已经先有芥菜，芥菜颜色较深，加入鸡蛋以增添食物的亮色。虽然蛋黄与蛋白会因此分开，但仍然在一盘完整的食物里，因此不算"选谷"。

③ 一种用酒加蜂蜜和胡椒而制成的饮品。虽然制作该饮品比较麻烦，但《密释纳》在此允许在安息日无限量制作，其他拉比则有不同意见。

④ 指较长的节期中间不被认为是圣日的几天，主要是逾越节和住棚节中间的几天。这几天中虽然也有一些事情不能做，但比安息日和佳日的规定都要宽松得多。

⑤ 拉比犹大按照相关日子宗教律法的严格性差别来区分蜜酒的制作量。

⑥ 有多少客人就做多少蜜酒，没有固定数量限制。

⑦ 阿魏根块辛辣，在当时被用于治疗胸口痛，通常浸泡在热水中，由于在安息日制药是被禁止的，所以不可。用冷水浸泡则是允许的。

⑧ 当时的健康人也可能将阿魏浸在醋中，用来泡脚，与治病无关，因此是许可的。

⑨ 野豌豆被用于牲畜饲料，泡在水里是为了去除杂物。安息日禁止"选谷"类的分拣行为，因此不可。

⑩ 用手搓揉野豌豆也是为了去除杂物，因此也是不允许的。

⑪ 虽然放在筛子或者篮子里会导致某些杂物掉落，但这不是人的主动行为，因此是允许的。

⑫ 秸草被用来做饲料，由于其中可能有秕糠，会伤到牲畜，所以喂食前先筛一下，属于"选谷"行为，在安息日被禁止。

于筛子中,并倒入食槽①。

4. 可在圈牛②面前打扫③,或因其粪便而移往一侧④,此为拉比多撒之言;众贤哲禁止⑤。可在安息日从一头牲畜面前拿取并放置于另一头牲畜面前⑥。

5. 秸草在床,不可以手摇晃⑦,然可以躯体摇晃⑧;若为牲畜饲料⑨,或者其上有枕头或者床单,则可以手摇晃⑩。户主之夹衣板,可松放,然不可收紧⑪;若属于洗衣匠,则不可动⑫。拉比犹大说:若安息日前夜已松放,则可完全松放且取出⑬。

---

① 虽然这样也会导致一些秕糠掉落,但是不算主动行为,因此得到允许。
② 圈养以便其快速生长的牛。
③ 打扫食槽,以免食槽中的秽物使牛不想吃饲料。
④ 如果食槽中饲料较多,可以将其移往一侧,免得牛将粪便等秽物弄进去。
⑤ 如果食槽的底就是地面,那么双方都禁止,因为打扫地面就是整理地面,属于修建行为,在安息日被禁止。但此处所说的是人造食槽,拉比多撒认为没理由禁止,众贤哲禁止,是因为担心人们会把人造食槽和地面食槽混同起来,造成触犯安息日的情况。
⑥ 这是因为牲畜不会在乎饲料是否来自另一头牲畜的食槽,会照吃不误。如果牲畜会在意,比如在牛圈里放过的饲料会有较强的牛的气息,驴子可能会不喜欢,就不能搬移,因为这不再是喂食,而是普通搬移行为。
⑦ 除非特别说明,秸草被看作是柴火,属于非移品,即使放在床上,也不可用手摇动使其移动。
⑧ 可以躺在上面滚动,这样秸草可能被压平,但不是人主动移动的。
⑨ 安息日可以喂食牲畜,所以如果说明是饲料,移动是允许的。
⑩ 如果放上床单枕头,说明已确定将秸草用作床上用品,就不再是非移品了。
⑪ 夹衣板是在洗衣后保持衣服平整的用具,在安息日可以将其松放,以便把衣服拿出来穿用。但是不可以收紧,以保持衣服平整,给安息日后使用。
⑫ 洗衣匠的夹衣板比家常用的要紧得多,松放这样的夹衣板属于工作之父里的"拆毁"行为,因而被禁止。
⑬ 如果已经松放了一部分,那么就不再是拆毁的行为了,因此继续松放直至将衣服取出是允许的。

第21章

1. 人可抱起其子，即使其手中有石块①；以及篮筐，即使其中有石块②。可与洁净之举祭或与俗品一起移动不洁之举祭③。拉比犹大说：亦可取用百分之一的混合禁品④。

2. 桶口上之石块，可倾斜一侧使其掉落⑤。若在多桶之中，则将其举起，倾斜一侧，使其掉落⑥。枕上之钱币，摇晃其枕，使其掉

---

① 石块属于非移品，安息日不得移动，但如果孩子手中握有石块，而父亲若不将其抱起则会使其受到损伤的话，那么就可以举起，而不算移动了石块。

② 篮筐中用石块填补漏洞，这样石块与篮筐合成一体，人移动的是篮筐而非石块。一说：篮筐中同时有果实和石块，由于果实作为安息日食物的重要性压倒石块的非移品性质，所以移动是允许的。

③ 不洁之举祭不能食用，只能当作燃料，而安息日禁止点火，故此禁止移动。但如果不洁的举祭与洁净的举祭或者俗品放在了一起的话，那么移动是允许的，因为那些都是食品，其重要性压倒非移品。

④ 举祭与俗品混合，即成为混合禁品，如果双方的比例超过了1∶100，那么混合禁品就变成了人人可以食用的食品，不过在食用前要分出百分之一来留给祭司。律法禁止在安息日分出这百分之一，因为这一行为是混合禁品变成食品，提升了其地位，这在安息日是不允许的。拉比犹大则认为分留者只要在意念中决定哪一部分留给祭司即可，不必做出实际行动，旁人看不见，也就没有提升地位的问题。

⑤ 倾斜桶的一侧，使石块掉落，因为没有直接移动石块，因此不算冒犯安息日。

⑥ 如果要用的这个桶跟其他桶放在一起，直接让石块掉落也许会损伤其他的桶，因此先将此桶提起拿出，在可靠的地方再倾斜一侧，使石块掉落。

落①。若其上有秽物，以布擦拭②。若为皮制，可施水其上，直至其消失③。

3. 沙玛伊学派说：可从桌子上拾起骨头与谷壳④。希列学派说：可拿起整块桌板摇晃⑤。可从桌面上拿走小于橄榄之食物⑥，以及豆荚与小扁豆荚，因其为牲畜饲料。海绵，若其有皮把手，则可以之擦拭；否则不得以其擦拭⑦。众贤哲说：无论如何，可在安息日拿取⑧，且不沾染不洁⑨。

---

① 钱币在安息日属于非移品，如果需要用那个枕头，那么只能用摇动枕头的办法使钱币掉落，不可直接拿取钱币。

② 如果该钱币在枕头上留下了脏东西，那么可以用干布擦拭，不可用水，因为水会弄湿枕头，成了安息日禁止的漂洗行为。

③ 皮面不会吸收水，所以可以用水浇，但不可擦拭，否则就成了安息日所禁止的洗涤行为。

④ 吃剩的骨头可以喂狗，谷壳可以喂牛，均属于饲料，在安息日可以移动。

⑤ 桌板：指桌面上或桌面下装载食品的木板。希列学派不同意直接拿取骨头和谷壳，因为这些都是安息日的新生品，新生品不得移动，所以只能用桌板去移动。按：《革玛拉》认为此处《密释纳》记载反了，应该是希列学派允许直接拿取，而沙玛伊学派不同意。

⑥ 通常没有人吃这么小的东西，所以不被看作是食物。

⑦ 用海绵擦桌子，水会被吸到海绵里，如果用手直接拿海绵，就难免会挤压出水，从而违反安息日不得漂洗的禁令，如果有皮制把手，不必直接手握，则可以使用。

⑧ 海绵属于用具，可以在安息日移动。

⑨ 《民数记》31：20所规定可沾染不洁的物品有"衣服，皮物，山羊毛织的物和各样的木器"，不包括海绵，因此不会沾染不洁。

第22章

1. 若桶①破损,可救出三餐之量之饮食②,且可对他人说:"来为你们自己抢救③。"唯不可以海绵吸取④。不得压榨水果以从中取得饮品⑤。若自行流出,禁用⑥。拉比犹大说:若为食物,则从其流出者可用⑦;若为饮品,则从其流出者禁用⑧。在安息日前夜压破蜂巢,自行流出者,禁用⑨。拉比以利亚撒允许⑩。

---

① 指装葡萄酒等饮品的桶。
② 此处说的是安息日当晚第一顿饭之前的情况,若之后破损,则按照安息日剩余餐数抢救。可参见本卷第16章有关火灾的规定,相关规定对本处也适用,比如,如果使用一个较大的容器抢救,那就救出多少都可以,但是只能救一次,如果容器小,需要救多次,就需要按餐数救。
③ 其他人必须按照安息日剩余餐数抢救。
④ 用海绵吸酒再挤到容器里,属于日常工作的行为,在安息日被禁止。
⑤ 在安息日榨果汁属于工作之父里的拆毁行为,因而禁止。拉熹认为是"打谷"行为的一种。
⑥ 防止有人以此为借口,实际上榨果汁喝。
⑦ 如果物主原来打算吃这些水果的,那么他就可以喝自行流出来的果汁,因为他本意不是要喝果汁,也就不必害怕他会主动去榨果汁。
⑧ 如果他本意就是要用这些水果榨果汁喝的,那就禁止他喝,以免他顺手榨出更多的果汁来。
⑨ 禁用是害怕有人想弄出更多的蜂蜜而去挤压蜂巢。
⑩ 他认为蜂蜜会流出很多,足够使用,因而不会有人去挤压蜂巢。

2. 凡在安息日前夜置于热水中者①，均可于安息日浸泡于热水中②。凡在安息日前夜不置于热水中者③，均可于安息日涮洗于热水中④。陈腌鱼⑤、小腌鱼⑥、西班牙鲭鱼⑦除外，因其涮洗完成其制作⑧。

3. 人可打破罐子以食用其中的无花果干⑨，唯不得意图制造器皿⑩。不得在瓶塞上钻孔⑪，此为拉比犹大之言⑫。而众贤哲允许⑬。然不得钻孔于侧⑭。若已钻孔，不得于其上置蜡，因其为涂抹⑮。拉比犹大说：拉班约哈南·本·扎卡伊在阿拉夫曾遇此

---

① 也就是安息日之前已经煮好的饭菜。
② 因为已经煮好，所以可以放在热水中加热一下，没有烹饪的嫌疑。
③ 某些烹饪不烹饪都可以吃的食品，比如肉干、鱼干。
④ 可以用热水冲一下加热，但是不能浸泡在热水里，否则便属于烹煮行为。
⑤ 腌制一年以上的鱼。
⑥ 意义不明，很多版本省略此词。
⑦ 金枪鱼的一种，因其皮超薄，仅用热水涮洗就可以做熟。
⑧ 腌鱼食用前通常用热水涮洗一下，因此属于烹饪行为。
⑨ 在安息日为了食物而破坏器皿是允许的，因为器皿不因此增值。
⑩ 比如想在罐子上弄出一个洞来，便于使用。
⑪ 当时酒瓶或者酒罐上会有一个塞子，喝酒时要在塞子上打一个洞，倒出来喝。
⑫ 拉比犹大认为这属于制造进口的行为，属于修筑，为安息日律法所禁止。他认为应该完全取下瓶塞。
⑬ 众贤哲允许，是因为这不是通常制造进口的办法。
⑭ 禁止钻孔于侧是因为这是惯常出现的工作行为。如果有酿制需要在酒瓶上打孔的话，都是从瓶塞侧边打孔，以防止脏东西掉进去。
⑮ 为了把孔封住而涂蜡是不允许的，因为涂抹属于制革工作的一部分，是为律法所禁的工作之父。

事①,他说:"恐怕他要献赎罪祭。"

4. 可将熟食置于坑中以便保存②;好水于恶水之中以便冷却③;冷水于阳光下以便加热④。在路上将长袍掉落水中者,可穿着前行而不必害怕⑤。抵达外廓⑥时可将其铺展于阳光下⑦,但不得面对众人⑧。

5. 若在山洞之水中⑨,或在太巴列之水中洗浴⑩,即使用十条毛巾擦干,亦不得以手携带之⑪;然若十人共用一条毛巾擦

---

① 涂蜡之事。
② 坑中阴凉,便于保存食物。这条律法说明不必担心食物篮到达坑底时会无意中平整土地,触犯安息日。
③ 好水,即可以饮用的水,与恶水相反。把装有好水的容器放在恶水里,起到冷却的作用。本句并无任何疑问,传统上认为加入这一句是为了引出下一句。
④ 另一种解释是:将冷水置于热水中以便加热。重要的是:不能将冷水埋在热灰烬里加热,这是违反安息日律法的。
⑤ 以为安息日行路人少,所以不必害怕别人会以为他安息日洗衣服而违反律法。
⑥ 外城墙,开始有守卫的地方,再向前人就会比较多。
⑦ 以便将长袍晒干。
⑧ 仍然要尽量避开他人,以免被认为是洗衣服。
⑨ 《革玛拉》认为此处的句式("若……")表明安息日在洞中洗澡是被禁止的,即使用的是温泉水。原因是洞中洗澡类似于澡堂洗澡,而拉比律法禁止在安息日去澡堂洗澡,因为澡堂主为了赚钱总是在安息日烧热水,并撒谎说热水是安息日前夜烧好的。
⑩ 指在太巴列的温泉中洗浴,安息日可以在露天温泉中洗浴。
⑪ 不让用手把毛巾带回家去,是因为怕人在路上不自觉地拧毛巾或者挤压毛巾,导致做出拧干的动作而触犯安息日律法。十条毛巾的说法是表示这条律法的严肃性,也就是说,即使用了十条毛巾,第十条毛巾已经没什么水,也不可以用手携带。

干——其脸、其手、其脚①——可以手携带之②。

6. 可在肚子上膏油并抚按③,然不可揉搓④,不可搔肤⑤。不可下到库尔迪马去⑥;不可服用催吐剂⑦;不可为小儿正骨⑧,亦不可接断骨⑨。手脚脱臼者⑩,不得以冷水按摩⑪,但可照常清洗⑫,若痊愈,即痊愈⑬。

① 多人共用一条毛巾的情况下,《密释纳》不鼓励擦这三个部位以外的其他身体部分。
② 因为多人共行,可以互相提醒,所以不必担心有人会因为忘记而误拧毛巾。
③ 大多数版本无"在肚子上"一词,因此传统上也有认为安息日可以在全身膏油并轻轻按抚的。
④ 不可用力揉。因为这是平常做的事情,在安息日被禁止。
⑤ 古罗马人没有肥皂,洗澡时在身上涂上掺了香料的油质,然后用一种金属制成的搔肤器将油质连同皮肤上的污垢一起刮下来。犹太人的洗浴文化来自罗马,因此搔肤也是日常洗浴常见的行为,故在安息日被禁止。
⑥ 关于库尔迪马,有多种说法。拉熹认为是以色列的一条河流,河底多淤泥,很滑,人若在河里滑倒,弄湿了衣服,就很容易去拧干,从而触犯安息日律法。迈蒙尼德则认为是一个热水井,人进去以后会出汗,而安息日故意出汗是不允许的。
⑦ 催吐剂被视为药物,安息日禁止服用。
⑧ 如果儿童椎骨脱位,不得去正,因为这属于修筑行为。如果儿童疼痛难忍,则找外邦人帮助正骨。
⑨ 《革玛拉》认定本句"不"字为衍文,因此律法是:安息日可以接断骨。
⑩ 传统上认为此处说的不是完全脱臼。
⑪ 不得用冷水只按摩脱臼之处,让人看出来是在治疗。
⑫ 可以正常洗澡,顺便洗浴脱臼的部位。
⑬ 这样的治愈不算违犯安息日律法。

第 23 章

1. 男子可向其友借用数樽酒或油,唯不可对其说:"借给我①。"女子向其闺友借面包亦如此。若不信任他,则可留外套于彼处,安息日后与之算账②。耶路撒冷遇安息日之逾越节之夜亦如此③,留外套于彼处,拿走逾越节祭品④,佳日后与之算账。

2. 男子可口头——然不得书面——计数其宾客及其甜肴⑤。可与其子及家人在桌上掷骰,唯不可有意制造大份与小份,因其

---

① 希伯来语"借"(halva'ah)与"借用"(sh'elah)含义不同,前者表示所借的物品(钱、食物、饮料、材料,等等)将被消费掉,债务人将用同类物品归还,但不会是原物,归还时间通常为三十天,此前债主不得催要;后者表示只是使用所借的物品,事后将原物归还,债主可以在任何时候催要。本节规定安息日借物时不得说"借",因为归还期限较长,债主可能怕忘记而去记录数目,从而触犯安息日不得写字的律法。但可以说"借用",因为期限短,债主不怕忘记,应该不会去记录。

② 如果债主不信任借债的人,则可以把借债人的外套留下来做抵押,安息日过后再具体算账。关键是安息日不能算账记账。

③ 逾越节第一天要在圣殿献祭羔羊,如果恰好这一天是安息日,而献祭者事先忘了买羔羊,就只好在安息日先借一只献祭,这个借的过程也要遵循本节上述规定。

④ 即逾越节献祭的羔羊。

⑤ 安息日宴请,家长可以口头计数,但不可以看他安息日前写好的菜单或宾客名单,以免其在上面涂改而触犯安息日律法。另一说:这类私事单子类似于在安息日禁止阅读的商业文件,若读习惯了,难免混淆而触犯安息日律法。甜肴:一种甜味肉菜。

为赌博①。佳日可为祭品掷骰②,然不可为份额之故③。

3. 人不得于安息日雇佣工人④,亦不得告知其友为其雇佣工人⑤,不得在安息日边界等到天黑以雇佣工人,运回果实⑥。然可以等到黑夜以守望⑦,且可以手带回果实。阿巴·扫罗所言之规则为:凡我有权说出之事,均可为之等到天黑⑧。

4. 在安息日边界等到天黑以便照料新娘的事务⑨,以及死者的事务,运给他棺材与裹尸布⑩。外邦人在安息日带来笛子,以色

---

① 《革玛拉》认为此段有脱文,完整的应该是:安息日可以与家人掷骰子决定谁吃哪道菜,菜份大小都没关系,但不可以与其他人掷骰子,因为会引发斤斤计较的行为而触犯安息日律法。平时可以与别人掷骰子决定饭食,但是菜份必须一样大,否则类似赌博行为,而在这种情况下的赌博行为被视为盗窃,是拉比律法所禁止的。

② 过佳节时圣殿献祭较多,如果是当天屠宰的牺牲,祭司们可以通过掷骰子分享祭肉。

③ 如果是在安息日之前就已经屠宰了的牺牲,就不能在安息日掷骰子分肉,因为他们本可以在安息日之前分好。

④ 安息日雇佣工人在常日工作,虽然不是在安息日工作,但雇佣时必然谈及工作之事,这在安息日是被禁止的。

⑤ 《革玛拉》认为明明白白地去雇佣是不允许的,但如果他能找到双方都明白的委婉表达方法,则是可以的,比如说:"看来我们要一起站到天黑了。"

⑥ 不允许等在安息日畛域边上,天一黑就跑出去雇工,然后到果园采摘果实运回家。凡是安息日不许做的事情都不可以在边界上等到天黑去做。

⑦ 允许在安息日畛域边上等到天黑,然后马上去自己的果园守望,因为如果果园在畛域之内的话,安息日也是允许守望的。

⑧ 他认为凡是履行诫命之事,均允许在安息日说,也就允许在边界等到天黑去做。

⑨ 帮助新娘准备婚礼事宜。

⑩ 参与准备死者葬礼之事,包括运送棺材和裹尸布。婚礼和葬礼都不是安息日可行之事,但都属于履行诫命,在安息日可以讨论,因此也就可以在安息日畛域边上等到天黑去做。这里遵循的是上节阿巴·扫罗制定的准则。

列人不得以之吹奏①,除非其来自近处②。为其制作之棺材及为其③挖掘之坟墓,可在其中埋葬以色列人④;然若为以色列人而做,则永远不得埋葬其间⑤。

5. 可为死者做一切所需之事⑥,为其膏油冲洗,唯不得移动其肢体⑦。可将垫褥从其身下抽走,并将其置于沙子上,以便保存⑧。捆绑其颊,并非为其高起,而是为其不再加大⑨。对断梁亦如此,可用板凳或长床板⑩支撑之,并非为其高起,而是为其不再加大⑪。在安息日不为死者合目⑫,平日亦不在其灵魂出窍之时⑬。在其灵魂出窍之时为其合目,此为使他人流血⑭。

---

① 当时葬礼上流行用笛子演奏哀乐,但因为是在安息日运送的,因此不得用来演奏,虽然运送人是外邦人。
② 也就是来自安息日畛域之内。如果来自畛域之外,则要计算从出发点运至畛域所需的时间,安息日后再过了这个运送时间,方可吹奏。
③ 外邦人,也就是外邦人为外邦人准备的棺木坟坑。
④ 整个制作过程与以色列人无关,也就不存在触犯安息日律法的问题。
⑤ 外邦人在安息日为某个特定的以色列死者制作的,该死者不得使用,但其他的以色列死者可以使用,不过要在安息日后等够制作这些棺木坟坑的时间才可以下葬。
⑥ 在安息日可以做所有处理尸体的事情。
⑦ 死尸属于非移品,在安息日可以触碰,但不可移动。
⑧ 垫褥较热,尸身容易腐烂,放到沙子上会凉爽一些。
⑨ 死尸可能张嘴,捆住死尸的脸颊是为了不让嘴继续张大,而不是为了将其合上。
⑩ 在床两头延长床的长度的木板,属于用具,安息日可以移动。
⑪ 如果安息日房梁断了,那么可以用这些东西支撑,目的是不让房梁继续断裂,而不是将其复位。
⑫ 即使人已经死去,因为合目跟移动肢体一样,都属于搬移非移品。
⑬ 不可在人死前弥留之际就为他合目。
⑭ 当时相信合目有加速死亡的作用,因此说在人弥留之际为其合目,等于让他流血。

第 24 章

1. 遇黑夜于途中者,将钱包给异教徒①;若无异教徒与之同行,则置于驴上②。抵达外廊之院③,凡可于安息日拿取者均拿取④;凡不可于安息日拿取者,可松开绳索,任其包裹自行掉落⑤。
2. 可在牲畜面前松解谷草捆⑥,可散布嫩杉枝⑦,然三扎捆则不可⑧。

---

① 钱财属于非移品,按照严格的律法,一个安息日开始时在旅途的人就该扔掉钱包,继续前行。但拉比律法在此做出了宽松的处理,允许将钱包交给同行的异教徒。《革玛拉》对此的解释是:人人都爱财,如果律法从严,就没人肯遵守了。

② 由于安息日律法要求犹太教徒也必须让自己的牲畜安息,因此他要在途中让驴驮钱,他必须做到两点:第一,如果有异教徒同行,必须给异教徒;没有异教徒在场的情况下才可以放在驴身上,因为犹太教徒有责任让牲畜在安息日安息,没有责任让异教徒在安息日安息。第二,必须在驴子已经开始走动之后将钱包放上,并在驴子停下之前将钱包取下,否则将构成安息日搬移的"拿起"和"放下"两个动作,触犯安息日律法。

③ 进入城池外廊之内,属于有守卫的安全地区,此时应该将驴背上负载的东西放下。

④ 一切不属于非移品的,都可以用手直接拿起来,从驴背上卸下。

⑤ 迈蒙尼德认为如果非移品中有易碎物品,则可以设法轻放,比如在松开绳索前在地上铺上垫衬的东西,以防打碎。

⑥ 牲畜不会去吃成捆的谷草,松解以后就可以成为饲料了,因此是允许的。

⑦ 放在一起的嫩杉枝牲畜不会去吃,一定要散开才行。

⑧ 本节开头说的谷草捆是两扎捆,也就是扎住两头。三扎捆是在中间再扎一道。这样的谷草捆内部比较热,牲畜不太喜欢吃。但是这样的谷草捆只要松开,牲畜就可以吃了,所以安息日所允许的行为到此为止,进一步将谷草铺开冷却,使牲畜胃口更好,这是平日可以做的事情,安息日不得进行。

不可在牲畜面前剪切嫩谷草与角豆①,无论大小②。拉比犹大允许在小牲畜面前剪切角豆③。

3.不得强喂骆驼④,亦不可填喂⑤,然可喂食于口⑥。不可灌食小牛⑦,然可喂食于口⑧。家禽,可喂食于口,亦可加水于粗糠,然不可揉制⑨。不可将水置于蜜蜂或鸽巢中的鸽子面前⑩,然可置于鹅、鸡与希律鸽⑪面前⑫。

4.可在牲畜面前切碎葫芦⑬、在狗面前切碎动物尸体⑭。拉比犹大说:若在安息日前夜尚非尸体,则禁止,因其非为此而备⑮。

---

① 嫩谷草是还没有长大的庄稼,可能会有些谷穗;角豆指嫩角豆,有角豆壳。两者牲畜都可以吃,但都有些硬质的东西,所以平日可能切碎了再喂食,安息日则不得切碎。

② 虽然大牲畜的咀嚼能力比小牲畜强,但是在安息日都不能为它们切碎上述两种饲料。

③ 拉比犹大认为小牲畜嚼不动角豆壳,因此可以切碎。

④ 穿越荒漠前通常给骆驼强行大量喂食,以保证骆驼在几天内的体力。安息日禁止这样做。

⑤ 填喂:将饲料塞下骆驼的喉咙。

⑥ 如果骆驼不肯正常吃食,则可以将饲料放在它的嘴里。

⑦ 当时让小牛快速生长的办法是使其卧地,用水和饲料的混合物强行灌进喉咙。

⑧ 可以将饲料放在小牛口中,让它自行吃食。

⑨ 水加入粗糠,可以使粗糠变成饲料,但揉制则是安息日工作之父之一,所以禁止。

⑩ 这些动物可以自己飞出去找食吃,找水喝,为它们放水是多余的工作,因此禁止。

⑪ 希律鸽为家鸽,据说是因为希律王在宫中大量饲养而得名。

⑫ 这三种都是家禽,不会自己出去找水,因而允许给它们放水。

⑬ 葫芦本来是给人的食物,但如果物主在安息日改主意,要用葫芦做饲料,那么他可以按预备饲料的方式去做。

⑭ 指在安息日死亡的动物。意思是在安息日开始之前,该动物还是被认定为人的食物,安息日开始后变成了狗的饲料,因此可以按照正常方式制作。

⑮ 拉比犹大认为凡是在安息日之前没有预备为饲料,都不可以在安息日将其制作为饲料。

5. 安息日可取消誓约①，可以寻求为安息日所需事物而解脱②。可遮堵窗口③，丈量布块④与浸礼池⑤。在拉比撒督该之父与阿巴·扫罗·本－巴特尼特的时代曾有此事，他们用陶罐遮堵了窗口，并在杯子上系上芦苇，以便确知顶缸裂缝有无一掌之宽⑥。从他们的言谈中⑦，我们学得可在安息日遮堵、丈量与打结⑧。

《安息日》卷终

---

① 父亲有权取消未成年的女儿的誓约，丈夫有权取消妻子的誓约，但都必须在听到誓约的当天取消。如果誓约是在安息日发的，当然就只能在安息日取消。

② 发誓约之后如果反悔，可以寻求贤哲的同意。如果贤哲在调查后发现取消该誓约的要求是正当的，那么他可以裁决予以取消。这种取消行动在安息日也可以做，只要该誓约与安息日所需要的事情有关。

③ 使用木板或器皿遮堵窗口。

④ 一块沾染了不洁的布块碰到了洁净的食品，为了确定布块是否将不洁传染给了食品，必须确知布块的大小，因为只有达到一定尺寸的布块才可以传染不洁。

⑤ 沾染不洁的人可以通过浸礼来使自己洁净，但浸礼池的水量必须达到起码的要求，因此允许丈量浸礼池的大小。

⑥ 本段叙述不详，因此到底发生了什么事情众说纷纭：拉熹与巴拉伊塔各执一词，迈蒙尼德的解说则兼有两家的长处。按照迈蒙尼德的解说，两户之间有一狭窄过道，上方有一个缸遮盖，缸上有一个裂缝。安息日时，一家死了人，另一家为了阻挡不洁进入其家，便在面对过道的窗口塞上一个陶器，口朝内，底朝外。由于陶器外部不会沾染不洁，不洁便被阻挡在窗户外。过后这家人必须打开窗户，为此他们要确定缸上的那个裂缝是否够一掌宽，如果够，那么不洁在过道里就会沿着这个裂缝散开去，自己的家就不会变得不洁。因为这个缸在顶上，够不着，于是便拿一个特别的杯子，其大小正好是一掌见方，将长芦苇绑在杯子上（使用芦苇是因其为牲畜饲料，可以确认安息日后将被取下，不会永久固定），然后伸到或扔到那个裂缝上，看看能否通过。

⑦ 贤哲们关于此事的肯定言论。

⑧ 为履行诫命可以做这些事情。

第 2 卷

移入纹 ①
Eruvin

---

① 安息日如果为了履行诫命而外出的话,可行走的距离为:以家为中心,向各个方向最多两千肘,这个距离被称为"安息日畛域"。如果要超出这个畛域,就必须在安息日开始前在安息日畛域内安放两顿饭的食物,此即为"移入纹"。移入纹并不"增加"安息日可行走的距离,而是改变安息日畛域计算的中心,也就是说,移入纹安放后就成为安息日的新中心,安息日畛域的两千肘从移入纹算起,而不再从家算起。比如:如果移入纹被放在安息日西边界,那么就可以从家向西走四千肘,但向东就一步都不能走了。如果放在家的东方五百肘的地方,那就是从家向东可以走二千五百肘,向西则只能走一千五百肘,以此类推。

篝火節 丁丑年首夏 劉波寫意

提　要

　　本卷的主题是安息日的变通手段——移入纹。"移入纹"一词的希伯来语词（eruv，复数 eruvin）为混合、联合之意，用于安息日，则主要表示通过这种手段将原本无法活动的区域纳入安息日的可活动范围之内。

　　本卷共十章。前两章主要讨论与院落移入纹相关的建筑问题。第3章讨论移入纹的构成、地点、时间等相关问题。第4章与第5章讨论与移入纹相关的行动限制问题。第6章到第8章讨论移入纹的合伙问题。第9章讨论屋顶与移入纹的关系。第10章的内容则大多与移入纹并无直接联系，而是主要讨论一些与移入纹的精神相一致的安息日允许做的事情。

　　欲理解移入纹，首先要理解"安息日畛域"的概念。《托拉》律法究竟规定安息日可以行走多少路，历来是个众说纷纭的论题，有的说可以走两万四千肘，有的说只能走两千肘，也有的说根本没有规定。无论如何，拉比律法规定可以从安息日开始时所在之处向任意方向走两千肘（如果是在城镇里，则整个城镇都可以走动，限制距离从城镇边缘算起），这个距离便是安息日畛域。如果有人想要再多走，则必须以设置移入纹为手段。

　　移入纹共有三种：

第一是畛域移入纹，也就是在周五天黑安息日开始之前，在安息日畛域的边缘方便的地点放置相当于两顿饭的食品作为移入纹，该移入纹成为新的安息日起点，可以向任意方向再走两千步。这样如果从家里算起，最远便可以走四千肘之遥。该移入纹需要在安息日天黑前的第三顿饭将其吃完。

第二是院落移入纹。同院各家，安息日时不得在屋子之间或者屋子与院落之间搬移物品。如果想要搬移，则必须全院人家在周五天黑安息日开始之前一起贡献食品（最少为一橄榄之量，有时也可以由一户人家代全院贡献），放在所有的人都可以走到的地方，并在安息日结束前的第三顿饭时将其吃掉。

第三是烹饪移入纹。这种移入纹专门针对周五是佳日的情况。佳日可以烹饪，但必须是佳日食用的食品。问题在于周五必须为不许烹饪的安息日预备食物，而这又为佳日律法所禁。此时可以拿出一些食物放置一旁，作为烹饪移入纹，其后便可为安息日烹饪。该移入纹也是要在安息日结束前的第三餐吃掉。

相关《希伯来圣经》段落

1.《出埃及记》

16:29 你们看,耶和华既将安息日赐给你们,所以第六天他赐给你们两天的食物,第七天各人要住在自己的地方,不许什么人出去。

16:30 于是百姓第七天安息了。

第1章

1. 高于二十肘之巷道①,减之②。拉比犹大说:不必③。宽于十肘者,减之④。然若有出入口之形⑤,则即使其宽于十肘,亦不必减之⑥。

2. 合格之巷道⑦——沙玛伊学派说:一柱一梁。而希列学派

---

① 当时的主要城市建筑格局是:几家形成一个院落,院落之间有巷道通行,分为死巷(三面围死,只有一个出入口)与活路(两面围死,另外两面分别有一个出入口),巷道通往大街或者广场。巷道出入口上通常有一个大门式的建筑物(有时只是在出入口两边的墙上搭一根横梁),此处所说的便是这个建筑物的高度。

② 通常情况下,巷道出入口是公私区域划分的标志线,巷道内(包括院落)为私人区域,巷道外为公共区域。由于公私区域的划分与安息日搬移携带物品的律法有着密切的关系,因此出入口的大门建筑,特别是作为分界线的横梁,必须非常显眼。如果这个大门高过二十肘,横梁就不容易被人看见,因此必须降低(或者把地面垫高)。

③ 拉比犹大认为横梁的高度跟显眼的程度没关系,所以不必改变高度。

④ 出入口过宽,就不再被看作是出入口,而是被看作一个缺口,乃至于被看作是没有墙的一边,巷道的定位可能会由此改变,因此需要在两边修上墙或者篱笆,使出入口的宽度小于十肘。

⑤ 如果在出入口修起了大门式的建筑物,两边有门柱,上方有横梁,那么出入口的宽度就无关紧要了。

⑥ 迈蒙尼德认为这种情况下,该出入口也可以高于二十肘。

⑦ 《革玛拉》认为本节讨论的是死巷的出入口建筑物问题,如果是活路,那么一个出入口要有大门,另一个出入口需要有一梁或一柱。

说：一柱或一梁。拉比以利以谢说：两柱。曾有弟子①在拉比阿奇瓦面前以拉比以实玛利之名说："沙玛伊学派与希列学派对小于四肘之巷道并无分歧，一梁或一柱即可②。为何分歧？为四肘至十肘宽者。沙玛伊学派说：一柱一梁。希列学派说：一柱或一梁。"拉比阿奇瓦说：为此为彼均有分歧③。

3. 其所言之梁④，其宽可承一块半砖，一块半砖为三掌之砖的半块⑤。梁宽一掌即足，即可沿其长⑥而承半砖⑦。

4. 其宽足以承半砖，且其强足以承半砖⑧。拉比犹大说：其宽，即便无其强⑨。

5. 若其为干草或芦苇，将其视如金属⑩；弯曲，将其视如挺

---

① 《革玛拉》说这位弟子便是拉比梅伊尔，他先就学于拉比阿奇瓦，后来求教于拉比以实玛利，然后又回到拉比阿奇瓦的经堂，这里是他回来以后发表的观点。
② 巷道如此狭窄，一梁或者一柱都足以形成鲜明标志。
③ 《革玛拉》认为拉比阿奇瓦的观点与本节作者基本一致，但在四肘以下的巷道的问题上应该有分歧，否则没必要把他单独拿出来说，不过《革玛拉》搞不清楚双方的分歧到底何在。
④ 即上节所言可作为巷道出入口标志的横梁，本节讨论其规格。
⑤ 也就是一掌半宽的砖头。
⑥ 一本作"沿其宽"，文字不同，含义是一样的，都是说摆放时砖长对梁长，砖宽对梁宽。
⑦ 按照《革玛拉》的解释，砖比梁宽出两指，摆放时便在每边留出一指的距离，用以涂抹灰浆，以示可以在横梁上永久放置砖块，给建筑再添加一层。
⑧ 本节继续上节的讨论，规定横梁仅仅够宽是不够的，还要有足够的强度。
⑨ 拉比犹大认为够宽就可以了，强度够不够没关系。
⑩ 本节拉比犹大继续论述他在上节所说的观点，也就是宽度是唯一条件，能否真正在横梁上砌半砖无关紧要。因此他说即使是干草做的横梁，也可以看成是金属做的。

直①；圆形，将其视如正方②。凡周长三掌者，其直径为一掌③。

6. 其所言之柱④，其高为十掌⑤，而其宽其厚均无限⑥。拉比约西说：其宽为三掌。

7. 柱可以任何物制作，甚至是有生命之物⑦，拉比约西禁止⑧。可传播不洁，因其为墓盖⑨，拉比梅伊尔以其为洁净⑩。可在其上书写休书⑪，拉比约西·哈-加利利以其为无效⑫。

---

① 横梁不直，砖就无法码放，但只要看成是直的就行了。
② 圆形的横梁完全无法在上边砌砖，但可以看成是方的。
③ 本句告诉使用圆横梁者怎样知道该横梁够宽。这里所给出的圆周与直径比例为三比一的说法源自《列王纪上》7：23："他又铸一个铜海，样式是圆的，高五肘，径十肘，围三十肘。"迈蒙尼德就已经指出这一比例并不准确，严格的比例应该是一比三又七分之一（圆周率）。对此犹太教传统认为贤哲给出的是一个约数，此外因为梁宽是拉比律法而非圣经律法，所以允许从宽。
④ 本处的"柱"原文用的是复数，让人怀疑本节作者是否支持本章第二节中拉比以利以谢有关两柱的观点。不过《革玛拉》认为作者只是为了避免在上述争论中支持任何一方。
⑤ 十掌为巷道的最低高度要求（参见《巴比伦塔木德·住棚》5b），因此也是柱的最低要求。
⑥ 《革玛拉》认为最细可以是一指。
⑦ 可以把动物竖立捆绑在巷道口旁边，作为出入口的柱子，条件是该动物无法躺下或者缩短到十肘之下。
⑧ 拉比约西认为动物会突然死亡或者缩短，因而禁止以其为柱。
⑨ 当时有用动物做墓盖乃至尸盖的习惯。《密释纳》在此认定动物一旦被用作此种用途，即成为"不洁之父"，凡沾染者均不洁七日。
⑩ 拉比梅伊尔禁止使用任何动物（有呼吸的或者非人造的）做分界标志，因此他事实上也反对用动物做柱子。
⑪ 休妻时可以把休书写在动物身上，然后把动物交给妻子。
⑫ 双方的分歧主要在于对《申命记》24：3 "后夫若恨恶她，写休书交在她手中，打发她离开夫家"中"书"一词的理解，拉比约西·哈-加利利认为此处所说的是常规书卷，因此只要不是常规书卷形式的休书均属无效，众贤哲则认为此处的"书"不过是"书写记录"的意思，因此写在哪里都没关系。

第1章

8. 商队在山谷安营而被狩猎陷阱包围,可在其中搬移[①],唯其藩篱高于十掌[②],且无大于建筑之豁缺[③]。所有十肘之豁缺均可,因其一如出入口;大于此则受禁[④]。

9. 可以三根绳索围绕[⑤],此在彼上,其三在此上[⑥],唯相邻绳索之间不得有三掌[⑦]。绳索总粗应大于一掌,以便其总高为十掌[⑧]。

10. 可以芦苇围绕,唯相邻芦苇之间不得有三掌[⑨]。其所言为商队——此为拉比犹大之言[⑩]。众贤哲说:若非常见,不言商队[⑪]。任何界标,若非纬经兼具,则不为界标——此为拉比犹大之

---

① 包围营地的狩猎陷阱被看作是公私区域的划分标志,营地内被看作是私人领域,便可以在安息日搬移物品。

② 这些陷阱要有高于十掌的藩篱,因为十掌是分界标志的最低高度要求。

③ 陷阱之间的距离总和不能大于陷阱建筑本身长度总和。

④ 十肘是作为安息日分界点的巷道出入口的最宽距离,参见本章第1节。

⑤ 本节仍然讨论商队安息日在山谷安营的问题。商队可以用木桩加绳索给自己制作藩篱,并以此划分公私区域,以便在私人区域内搬移物品。

⑥ 第一根绳索在离地三掌之内,第二根在第一根之上三掌之内,第三根在第二根之上三掌之内。

⑦ 三掌即构成缝隙,小于三掌则被看作是联为一体的。

⑧ 由于绳索间以及绳索与地面间距离需小于三掌,总高就不到九掌,而分界藩篱的最低要求是十掌,因此就必须依靠绳索本身的粗度来补足剩下的一掌多高度。

⑨ 本节接续讨论上节商队在山谷扎营的问题。除了用绳索做界标之外,也可以用芦苇做界标藩篱,条件是芦苇必须至少十掌高,每根芦苇间的距离小于三掌。绳索是横向的,所以被称为"经向界标";芦苇是纵向的,所以被称为"纬向界标"。

⑩ 拉比犹大认为这样宽松的界标规定只适用于商队,也就是至少三个人一起旅行的情况,如果只有一个人,则界标必须经纬兼有,不能只有一个方向。

⑪ 众贤哲认为说商队只是因为商队比较常见,因此用作一个例子,个人扎营,律法与商队相同。

子拉比约西之言①。众贤哲说:两者之一②。在营地免四件事情之责③:可从任何地方拿来木头④;免洗手之责⑤;得卖疑⑥;制作移入纹⑦。

---

① 拉比犹大之子拉比约西的观点比其父又进了一步,他认为即使是商队,其界标也必须经纬兼有。

② 众贤哲认为经纬有一即可。《革玛拉》认为双方的分歧还在于旅行和居家的区别。拉比犹大父子坚持旅行时可以从简,经纬居一即可;居家则从严,必须经纬兼具。众贤哲则认为无论居家旅行,都是经纬居一即可。

③ 此处所说的"营地"是军营,只是因为均属于营地免责的类别而放在此节,商队的营地不能免除这四项责任。

④ 不必问木头或树枝的主人是谁,不算偷盗。

⑤ 《革玛拉》认为这里免除的是饭前洗手之责,但是饭后洗手之责没有免除,因为当时吃饭的习惯是每道菜后以手沾盐,而那盐可能来自索多玛,必须洗净。

⑥ 如果有得卖疑,不必先分留什一税即可食用。

⑦ 一旦分界藩篱完成,营帐之间可直接往来,不必再用移入纹调节安息日活动范围。

第2章

1.可在井边树立木板①,四个双板,看起来像八块板②——此为拉比犹大之言。拉比梅伊尔说:八块板,看起来像十二块,四块双板,四块单板③。其高十掌④,其宽为六⑤,其厚任意,其间距可容两队牛,每队三头⑥——此为拉比梅伊尔之言。拉比犹大说:

---

① 《密释纳》时代,水井几乎都建在公共区域,但水井本身的规格都超过私人区域的分界尺寸,因而井内被看作是私人区域。因此从井内向外打水就成了跨区域搬移物品,在安息日是被禁止的。这给旅人带来严重的问题,因为他们不可能在安息日到来前储备好足够数量的水。对此,拉比犹太教律法规定可以在井的四周树立分界标志,使这一区域成为私人区域,以便解决商旅们安息日打水的问题。本节便规定可以在水井四周树立木板,以划分私人区域。

② 双板就是将两块木板做成直角,这样四块双板放在四个角落,一块区域就划分出来了,而且看起来像是用了八块木板。

③ 拉比梅伊尔认为除了角上的四块双板外,还需要在每边中央放上一块单板,这样看起来像是十二块板。

④ 十掌是界标的最低高度。

⑤ 宽度为六掌。

⑥ 也就是中间可以并排放下六头牛。《革玛拉》引用巴拉伊塔的观点,认为一头牛的宽度是一又三分之二肘,六头牛正好是十肘,为安息日巷道出入口的最大宽度。

每队四头①，系紧而非松散②，一队进一队出③。

2. 允许靠近水井④，唯母牛饮水时其首与其大部需在其内⑤。允许任意远离，唯需增加木板⑥。

3. 拉比犹大说：到双细亚间为止⑦。他们对他说：除园子与木仓⑧以外，未曾谈及双细亚间⑨。然若有羊栏⑩、牛圈、后院或前院，甚至五歌珥间，甚至十歌珥间⑪，均为许可⑫。允许任意远离，

---

① 拉比犹大认为木板间的间距可以再大一些，需要注意拉比犹大讲的是两个角落之间（一条边）的距离，而拉比梅伊尔因为坚持每边中央还需要再放一块木板，所以他讲的是半条边的距离。

② 牛和牛是并排系紧的，是没有间距的，而不是松散的。

③ 这样两队间的距离大于同进或同出的两队，因此两块木板的间距其实还大于八头牛的宽度。

④ 作为分界标志的木板可以很靠近井边。

⑤ 从井中打出水来，放在井边饮母牛（打上来的水只能饮牛，人要喝水需要下到井里去），母牛的头和大部分身体必须在私人区域里。按巴拉伊塔的说法，这个距离应该是两肘，也就是木板离井沿最近可以是两肘的距离。

⑥ 无论多大，木板之间必须保持上节所说的距离，也就是拉比犹大所说的十三又三分之一肘的距离（拉比梅伊尔的观点不是律法）。所以距离越远，所需木板越多。

⑦ 拉比犹大不同意上节所说的任意远离，认为最大可以是一块双细亚间（面积单位，参见《种子》部附录）的区域。

⑧ 野外一块围起来的地方，通常用来储存木材。

⑨ 这两个地方的特点都是无人居住，非日常生活所需，因此其面积被限制为双细亚间，过此则为公共区域，安息日禁止搬移物品。

⑩ 一块围起来的地方，把羊放在里边，主要是为了积攒羊粪。

⑪ 一歌珥间等于三十细亚间，所以这些情况下的私人区域可以大至一百五十至三百细亚间，远远超过拉比犹大的限制。

⑫ 许可的原因是牛羊圈中有牧人居住，前后院都在人居的左近，因为涉及人的日常生活，所以完全没有双细亚间的限制。

唯需增加木板①。

4. 拉比犹大说:若有公共道路将其分割,则引之一旁②。众贤哲说:不必③。公共水窖、公共水井、私人水井如一,可为之树立木板;然对私人水窖,则需十掌高之分界④——此为拉比阿奇瓦之言。拉比犹大·本·巴巴说:不得树立木板,唯公共水井除外⑤;对其余,均需树立十掌高之分界。

5. 拉比犹大·本·巴巴还说:园子与木仓⑥,七十余肘乘七十余肘⑦,十掌高之藩篱围之——可在其中搬移,唯其中须有

---

① 水井中虽然没人居住,但是井水是人日常所需,故此标准与有人居住场所一致,可任意扩大。

② 如果有公共道路从木板之间穿过,将井边被木板围起来的私人区域分割开来,拉比犹大认为这将破坏该区域的私人性质,因此必须用木板挡住道路,将交通引向一旁。

③ 众贤哲认为穿过的道路不会影响私人区域的性质,因此没必要改变它。

④ 水窖都有个水被用光的问题。由于树立木板划分私人区域的前提条件是此地有水,因此一旦水被用光,木板就失去了划界的效力,也就不允许安息日在该区域搬移任何物品。私人水窖去的人比较少,如果水被用光,可能大多数人不知道,仍然携带器具前往打水,从而触犯安息日律法,因此必须建立正式的界标。公共水窖虽然也有用完的问题,但是因为活动的人较多,消息可以很快传出去,因此可以用木板分隔。水井不存在干涸的问题,因此不用担心。

⑤ 拉比犹大·本·巴巴比拉比阿奇瓦更进一步,认为公共水窖和私人水井也必须建立完整的分界,因为这两者不是给所有公众的(公共水窖的水通常不能饮用,来此取水的只是需要非饮用水的人;私人水井不是谁都能去,需要主人的许可)。所以,按他的看法,只有公共水井可以用木板分界。

⑥ 非日常生活所需的隔离空间。参见本章第3节。

⑦ 这个大小的依据是圣幕的院落大小。根据《出埃及记》37:18的记载,这个院落应该是五千平方肘,如果做成正方形,那么就是七十余乘七十余。由于祭司们安息日时在圣幕的院子里走动搬东西,因此这个面积及小于这个面积的非生活隔离空间(圣幕的院落也是非生活空间)内都允许搬移物品。

守望者之棚，或住家，或靠近城市①。拉比犹大说：即便其中除水窖、水沟或洞穴之外无他②。拉比阿奇瓦说：即便其中无此中一物，亦可在其中搬移，只要七十余肘乘七十余肘即可③。拉比以利以谢说：若其长多于其宽哪怕一肘，亦不得在其中搬移④。拉比约西说：即使其长两倍于其宽，亦可在其中搬移⑤。

6. 拉比伊莱依说：我从拉比以利以谢处听得：即使其为一歌珥间⑥。我也确曾听到他说：院中之人，若有其一因忘却而未加入移入纹⑦，则禁其送入或取出于其家，他人则允许⑧。我还确曾听

---

① 距城市两千肘之内。在这个距离上，这些隔离空间被看作是主人生活的一部分，他可以用他们来消闲散步，因此不需要其他的生活设施来使之有效。

② 水窖为圆形储水设施，水沟为长方形储水设施，洞穴指其中有水坑的洞穴。拉比犹大认为这些都可以算是生活设施，使这个隔离空间在安息日可以搬移物品。

③ 拉比阿奇瓦认为这样大小的隔离空间不需要任何设施来使其成为安息日可搬移物品的空间，只有大于这个面积的隔离空间才需要其他条件和设施。

④ 《革玛拉》引用巴拉伊塔说明拉比以利以谢这里的意思是其长不能超过其宽的两倍，正如圣幕院落的规格。

⑤ 拉比约西的观点看起来跟拉比以利以谢一样。《革玛拉》认为双方的差别在于：拉比以利以谢认为不仅其长不能超过其宽的两倍，而且对角线亦不能超过其宽的两倍。拉比约西则认为只要其长不超过就可以，对角线不必考虑。

⑥ 此处谈的是本章第3节所讲的园子和木仓的大小问题，拉比伊莱依引用拉比以利以谢的观点，认为这类空间的大小限制不是双细亚间，而是一歌珥间，约七万五千平方肘，远远超出双细亚间的大小。

⑦ 此处所讲的是"院落移入纹"，也就是在几家合用一个院子的情况下，必须全体预备该移入纹，安息日才可以在家居与院落之间搬移东西，如果有一个人忘了参加，所有的人都无法搬移物品，不过本节所讲述的是他声明放弃他自己这个安息日使用该院落的权利，从而成为院子里的一位客人。

⑧ 如果此人从家中或者往家中搬移物品的话，那就表示他对自己的声明表示反悔，那么院子就又变成不能搬移的了。所以只允许其他人搬移，因为他们加入了移入纹。

到他对逾越节以蝎藤①尽责②之人说过类似的话。我曾遍询其弟子③,寻找同聆之人④,却未能找到。

---

① 蝎藤:当时用作调味料的一种植物。拉熹说是椰枣树旁生长的一种爬藤。迈蒙尼德则说这种植物以其叶子形似蝎子而得名。
② 尽责,此处指安息日晚宴上吃苦根的责任。由于苦根非常难吃,所以有人用蝎藤做调料佐餐,律法禁止这样做,但是拉比伊莱依引证说拉比以利以谢允许。
③ 拉比以利以谢的弟子。
④ 同样听到拉比以利以谢说这三件事的人。

第3章

1. 一切均可以之为移入纹①或合食②,水与盐除外③。一切均可以什一税钱币购买④,水与盐除外⑤。发誓戒食者,允许水与盐⑥。为拿细尔人之移入纹可以用酒⑦,为以色列人可以用举祭⑧。苏慕侯斯说:用俗品⑨。对废墓地⑩之祭司,拉比犹大说:甚

---

① 指安息日畛域移入纹。院落移入纹只能用面包。
② 几个共用一条巷道的院落共同预备食品,使各院落与巷道合为一体,在安息日自由搬移物品,此为"合食"。
③ 水和盐无营养,不能算是食品。
④ 指第二什一税。第二什一税平日以钱币赎俗,然后将钱币带到耶路撒冷,在那里购买食物,并在城内食用。
⑤ 《革玛拉》规定用第二什一税钱币购买的食品必须或者是果实,或者是土地上生长的。水与盐不在此列。
⑥ 戒食的誓言不包括水与盐,因此可以使用。
⑦ 发拿细尔之誓的人禁止饮酒,但是可以用酒为他做移入纹。因为移入纹虽然必须可食,但没有规定说必须本人可食。其他人能食用也就可以了。
⑧ 举祭是祭司专用的,普通以色列人不得食用,但仍然可以之为移入纹,原则同上句。
⑨ 他认为举祭必须使用本人也可以食用的食品,因此必须是缴纳过什一税的非举祭食物。
⑩ 被耕平的墓地,因为担心有死尸的骨头被翻起来,造成祭司不洁,因此该地区及周边一百肘之内均不许祭司涉足。

第3章

至是在墓地中①,因为他可以走来,分隔,并食用②。

2. 移入纹,可以得卖疑③、提留过举祭的第一什一税④、赎俗的第二什一税和圣品⑤为之;祭司们可以举祭饼和举祭为之。然不可以税前品⑥、尚未提留举祭的第一什一税⑦、尚未赎俗的第二什一税和圣品⑧为之。以聋哑⑨、疯癫、孩童⑩,或不承认移入纹

---

① 祭司同样不能进入墓地,因为怕沾染不洁。给祭司的移入纹因为被放在了这些祭司不能去的地方,是否有效就成了问题。此处认为有效。

② 祭司可以走进这些地区,因为他可以手持盒子,象征房顶,将他本人与墓地的不洁分隔开来。

③ 虽然拉比犹太教一般禁止食用尚未分留什一税的得卖疑,但是穷人是一个例外情况。用于移入纹的食品只要对部分人可食即可。从理论上说,富人也可以放弃其财产而变成穷人,所以每个人都有食用得卖疑的可能性。

④ 按照《革玛拉》的解释,此处所说的"举祭"是指利未人从第一什一税中拿出来给祭司的那十分之一,而不是常规的"大举祭"。正常情况下这些第一什一税也不能被食用,但本处说的是一个特例:利未人从刚收获、尚未脱粒的庄稼里拿取了第一什一税,分留了给祭司的十分之一,由于脱粒前没有分留大举祭的责任,因此此时的收获物在理论上是可食的,也就可以用作移入纹。

⑤ 正常情况下,第二什一税和圣品在用钱币赎俗后,还需要加上五一费才能被食用。本节讲的是已经赎俗,但五一费尚未加上的情形,在这种情况下,用作移入纹是允许的。

⑥ 尚未分留第一什一税的食品,严禁食用。

⑦ 《革玛拉》认为此处讲的也是一个特例:物主在脱粒后没有如常先分留大举祭然后再分留第一什一税,而是直接给了利未人第一什一税,因此利未人在使用这些食品之前既要给祭司十分之一,还要另外留出大举祭来,如果尚未留出大举祭,这些食品就不能被食用,也不能用作移入纹。

⑧ 赎俗过程中出现了某些差错的第二什一税和圣品。

⑨ 《密释纳》和《塔木德》中的"聋哑"一词通常兼有"痴呆"的含义。

⑩ 成年礼以前的孩童,尚不受律法约束。

者①递送其移入纹者,其非移入纹②。但如果告知他人从其手中接过,则其为移入纹③。

3. 置于树上,高于十掌④,则其移入纹非移入纹⑤;低于十掌,则其移入纹为移入纹⑥。置于沟中,即使其深百肘,其移入纹亦为移入纹⑦。置于芦苇之顶或木桩之顶,只要其被拔起且插回⑧,即使高于百肘,亦为移入纹⑨。置于柜中并遗失钥匙,此为移入纹⑩。

---

① 一个拒绝承认移入纹律法的约束力的人。

② 拉熹认为此处所说的移入纹是"安息日畛域移入纹",由于这种移入纹是将区域合法化,因此移入纹的安放人一定要明白自己在做什么,并且有足够的意愿去做。院落移入纹则没有这些限制,只要食品到位就可以了。

③ 也就是说这些不合格的递送人只起到中转的作用,最后安放的是合格的递送人,因为关键是在安放而非递送,所以这样的移入纹就是有效的。

④ 将移入纹放在一根高过十掌,宽至四掌的树干上,这样的树干属于私人区域。

⑤ 由于他在树下的居所所在地属于公共区域,这样在安息日黄昏时,他就不能像律法对移入纹要求的那样能够吃到移入纹食品,因为只要他从树上把食品拿下来,就是在做跨区域搬移,而这是被禁止的。

⑥ 树上低于十掌,则为"区间区"(很少有人活动的公共区域,拉比律法认为既不属于公共区域也不属于私人区域),安息日黄昏时为了完成移入纹制作,允许在区间区和公共区域或私人区域之间搬移,因此这移入纹是有效的。

⑦ 这样深的沟属于私人区域,而本句所讲的主人的住所在区间区(比如在山谷里),这样在安息日黄昏时可以在私人区域与区间区之间搬移,他就可以吃到移入纹食品,因此是有效的。

⑧ 如果芦苇还在土中生长,那么取下顶上的食品时可能会带落芦苇花或者果实,形成对"收获"禁令的触犯,因此必须是已经拔出的芦苇。

⑨ 这里所说的芦苇和木桩之顶均小于四掌见方,属于拉比律法规定的豁免区域,可以在安息日黄昏时与公私区域互相搬移物品。

⑩ 当时柜子的锁和锁扣之间用绳索相连,所以他可以用刀切断绳索,取出移入纹。虽然拉比律法禁止在安息日切割(属于工作之父中的"摧毁"),但是在黄昏时允许触犯一项禁令以便完成移入纹的制作。

拉比以利以谢说：若不知其钥匙所在之地，则非移入纹①。

4. 滚出安息日边界②，或石堆掉落其上③，或被焚毁，或者举祭沾染了不洁④——倘若尚在日间，则非移入纹⑤；若已天黑，则此为移入纹⑥；若存疑⑦，拉比梅伊尔与拉比犹大说：此如驴前驼后⑧。拉比约西与拉比西缅说：存疑之移入纹，合格⑨。阿夫图尔摩斯以五位长老⑩之名作证说存疑之移入纹合格。

---

① 拉比以利以谢认为安息日用刀，只能切割食品，否则刀子便属于非移品，禁止在安息日拿取。这样一来，要切断绳索，就得违反两条拉比律法禁令，这是不能允许的。因此其移入纹就失效了。

② 安放好的安息日畛域移入纹滚出畛域四肘以上，无法捡回来（出畛域四肘之内是允许的）。

③ 移入纹被掉落的石堆掩埋，无法挖开取用，因为安息日禁止做这种工作。

④ 用举祭做移入纹，结果沾染了不洁，变得无法食用。

⑤ 如果是在天黑前的黄昏时发生这些事情，那么移入纹就失效了，因为在安息日黄昏（周五黄昏）时人与其移入纹在同一区域，随时可以取食是移入纹生效的必要条件。

⑥ 也就是说在黄昏时移入纹还安然无恙。这样移入纹就已经生效，一旦生效，再发生什么都无关紧要了。

⑦ 如果搞不清楚这些事情是什么时候发生的，那么移入纹的有效性就有了疑问。

⑧ 好像一个人同时带着驴和骆驼，驴在前边拉他快走，骆驼则在后边拖他的后腿，结果是两种力量相互抵消。与此类似，如果移入纹是在黄昏受损的，移入纹无效，此人只能从自己家向任何方向走两千肘。但事实上他不能这样做，因为移入纹也可能是在入夜后受损的，这样他从家只能向移入纹方向走两千肘，因为此时的安息日出发点已经变成了移入纹所在地而不是他自己家。因此，他只被允许在移入纹和自己家之间的两千肘上走动，因为这一段是无论出现哪种情况他都可以走的。

⑨ 这两位拉比不同意前边两位的观点，认为在存疑的情况下，移入纹是有效的。

⑩ 即五位贤哲。

5. 人可给其移入纹加约①，说："若异教徒自东来，则吾之移入纹在西；自西，则吾之移入纹在东；若从此方来亦从彼方来，则吾向所欲之地而去②；不从此方来亦不从彼方来，则吾一如吾城之人③。""若贤哲④自东来，则吾之移入纹在东；自西，则吾之移入纹在西；若从此方来亦从彼方来，则吾向所欲之地而去；不从此方来亦不从彼方来，则吾一如吾城之人。"拉比犹大说：若其中之一是其师，则向其师处去⑤。若两人均为其师，则向其所欲之地而去。

6. 拉比以利以谢说：佳日连安息日，无论在其前抑或在其后，人可安放两个移入纹⑥，并说："首日之移入纹向东，次日向西。""首日向西，次日向东⑦。""首日为吾之移入纹，次日一如吾城之人。""次日为吾之移入纹，首日一如吾城之人。"众贤哲说：向一个方向设移入纹，否则便全无移入纹；或者为两天设移入纹，

---

① 安息日畛域移入纹，每人只能安放一个，这就意味着他在安息日之前就要确知他会朝哪个方向走。如果他拿不准方向，也可以在两个相反的方向放两个移入纹，同时给这些移入纹加上约定，说明在什么情况下哪个移入纹生效，同时另一个移入纹失效。

② 此处的异教徒指收税官或者罚款评估官员，为了逃避他们，此人在东西两个方向放上移入纹，他们从一个方向来，他就向反方向逃四千肘，这个方向上的移入纹就生效，另一个便失效。

③ 如果这些人没有来，那么两个移入纹都失效，他的家就成为安息日出发点。

④ 贤哲来讲道，需要去听讲，所以会朝着贤哲来的方向走，事先拿不准从哪个方向来，因此安放两个移入纹。

⑤ 也就是说他在给移入纹加约就已经决定要去老师的那一边。

⑥ 在两个连续圣日的第一天设两个移入纹，并约定哪天用哪个。

⑦ 《革玛拉》解释说在这种相反方向的情况下，每个方向的移入纹都只能安放在离家一千肘的地方，这样保证第二天还可以走到另一个方向的移入纹那里。

或者全无移入纹①。如何为之②？首日带去，等到天黑，拿回家来；次日与之等至天黑，将其吃掉③。以此则既以其行走得利亦以其移入纹得利④。若首日吃掉，则其为首日之移入纹，非次日之移入纹⑤。拉比以利以谢对他们说：你们向我承认这是两个圣日了⑥！

7. 拉比犹大说：若岁首看来或成闰日⑦，则可安放两个移入纹⑧，并说："首日之移入纹向东，次日向西。""首日向西，次日向东。""首日为吾之移入纹，次日一如吾城之人。""次日为吾之移入纹，首日一如吾城之人。"众贤哲不认可他⑨。

---

① 众贤哲否认这样的连续圣日是两个圣日，他们认为究竟是两个还是一个不清楚，所以律法从严，不得设立两个分别的移入纹。正好像一个为安息日设移入纹的人不能说我设了两个，上午走一个方向，下午走另一个方向。

② 因为是两天，所以两个黄昏都需要安放移入纹。

③ 此句说的是佳日过后连安息日的情况，因为安息日不能从公共区域携带食品进入自己家，所以将其吃掉。

④ 此人既利用移入纹去了自己想去的地方，又没有损失移入纹，自己吃掉了。

⑤ 如果第一天把移入纹吃掉了，那么第二天就没有移入纹了。

⑥ 拉比们裁决第一天如果吃掉，第二天就没有移入纹了，其依据是这两天不是一体，而是分开计算的。拉比以利以谢抓住了这一漏洞，挑战说这和他的看法一致，因此众贤哲无权否定他的观点。他的争辩有理，所以律法以他的观点为准。

⑦ 在《密释纳》时代，月份的开头是由看见新月的目击者向拉比法庭报告，由拉比法庭核实后宣布的。因此每个月的第三十天究竟是月末还是月初时常会成为悬疑，如果三十日没人报告，那么当天就成了闰日，第二天将成为新的一个月开头，在年底就是说第二天是新年。这就是为什么犹太新年是两天。

⑧ 此人新年两天要去两个不同的方向，所以放两个移入纹。

⑨ 可以安放两个移入纹的原因是这样的两天其实有一天不是佳日，保持庆祝是为了防止万一，也是为了保持人们对新年的敬畏。但是众贤哲考虑到另外一种情况：如果新月的报告是在第一天的午后发生的，那么法庭将来不及宣布当天为新年，但因为新年已经到来，所以两天都是佳日，因而被看作是一体的。在这种情况下，只能安放一个移入纹，也只能安放在一个方向上。

8. 拉比犹大还说：人可在第一佳日为其食篮加约，并在次日食用①。同样首日生下的鸡蛋，可在第二日食用②。众贤哲不认可他③。

9. 拉比多撒·本·豪尔卡诺思说：领祷人④在新年佳日时说："求吾主吾神在本月之首日使吾等强大，无论今日或明日⑤。"第二天他说："无论今日或昨日。"众贤哲不认可他⑥。

---

① 食篮中放的是税前品，需要分留什一税和举祭之后才能食用，但佳日不能分留什一税，而新年的问题是，他不知道到底哪天是佳日（这是拉比犹大的观点，他认为这两天其实只有一天是佳日，另一天是平日。参见上节）。解决的办法是：第一天他分留什一税，加约说："如果今天是平日，则此为此食物之什一税；如果今天是佳日，那么今日所说的话无效。"但他还不敢食用，因为他不知道这一天是不是佳日，他只能把分留的什一税放在一边。第二天他可以拿起什一税说："如果昨日是平日而今日是佳日，那么昨天我已经分留过什一税；如果今日是平日而昨日是佳日，那么我现在分留什一税。"无论如何，到第二天这食篮就已经成了可食的了。

② 圣日生下的鸡蛋不能在当天食用。新年两天，如果第一天是佳日，那么第二天可以食用这个鸡蛋，如果第一天是平日，那么鸡蛋没有任何禁忌，第二天也同样可以食用。因此，无论如何，到第二天该鸡蛋都算可食。

③ 与上节的争议相同，众贤哲认为新年两天一体，不能划分为佳日和平日。

④ 原文为：经柜前的经过者。

⑤ 因为搞不清楚到底哪天是岁首，故如此说。

⑥ 按照《革玛拉》的解释，众贤哲认为祈祷中只要说"这个可纪念的日子"就够了，不用提月首或者岁首的事情，以免有人听到日期不能确定，影响其敬畏的态度。此外他们也还是坚持两天一体的态度，认为不该把两天分开说。

第4章

1. 被异教徒或邪灵带出者，只有四肘①。若将其带回，则一如未曾出行②。若被带往另一城市，若将其置于畜圈或畜栏之中，拉班迦玛列与拉比以利亚撒·本·亚撒利雅说：可行其全境③。拉比约书亚与拉比阿奇瓦说：只有四肘④。某次他们从普兰迪辛⑤来，其船驶入大海⑥。拉班迦玛列与拉比以利亚撒·本·亚撒利雅全船行走⑦，拉比约书亚与拉比阿奇瓦所行未逾四肘，因其欲

---

① 如果在安息日被违背自己的意愿地带出了安息日畛域，无论是被异教徒绑架还是自己发疯（当时认为是邪灵入体），在新地点都只有四肘的空间可以行走。

② 如果他们又违背他的意愿将他带回到安息日畛域内，那么就允许的行走范围而言，对他来说就好像没发生过什么。这里重要的是无论出去还是回来都是在违反他的意愿的情况下发生的。

③ 如果被带往这一类的被分割空间，那么这个空间就成了他的新的安息日畛域。

④ 这两位认为新的分割空间并非此人为安息日树立的，因此无效，只能走四肘的距离。

⑤ 即今日意大利南部港口城市布林迪西。

⑥ 他们四人乘坐同一条船，在安息日之夜抵达以色列，但是该船在他们无能为力的情况下又开进了大海（比如，被风暴吹走）。

⑦ 他们两人把船看作一个分隔空间，所以可以全船行走。

严于律己①。

2. 一次,他们直到天黑才进入港口②。他们对拉班迦玛列说:"我们能下船吗③?"他对他们说:"你们可以,因我已经查看,尚未天黑时我们已在安息日边界内④。"

3. 有许可出境者⑤,若对其说:"该事已经做完。"则其有各个方向的两千肘⑥。若在安息日边界之内,则一如其未曾出境⑦。所有出境救人者均可回归其地⑧。

---

① 他们两人也同意船上的分割空间和畜圈不同,因为船在航行中,没有一个固定的点可以作为丈量四肘空间的基点(或者说他总是可以有四肘空间活动,因为基点不断在变)。不过他们仍然坚持严于律己,因为怕船突然停下来,四肘的限制生效,而他们可能因此触犯自己制定的律法。

② 还是上节的四位贤哲一起旅行,他们的船在周五天黑后进入海港,此时安息日已经开始。

③ 如果在安息日开始时他们的船已经抵达该港口城市的安息日畛域之内(两千肘之内),他们就可以下船进城,此时该城市的安息日畛域就是他们的畛域。如果安息日开始时他们还在两千肘之外,那就不能下船,而只能在四肘之内活动。

④ 《革玛拉》说拉班迦玛列有一个特制的管子,通过这个管子正好可以看到两千肘的距离,因此他可以确认。

⑤ 按照律法有权离开安息日畛域的。比如去救人的,或者看见新月要去拉比法庭作证,而法庭在安息日畛域之外的,等等。

⑥ 在第二圣殿时期该律法比较严格,规定只有四肘之地可以行走,所以那时候去拉比法庭见证新月的常常要等到安息日结束才能离开。《密释纳》显然将这条律法放宽了。

⑦ 如果他完成时得到的两千肘距离够他回到原本的安息日畛域,那么他可以回去,而一旦回到旧畛域,则一切依旧畛域规定而行,新畛域就此失效。

⑧ 《革玛拉》认为这里说的是出境拯救犹太人生命的武装力量。如果他们胜利,而城市在两千肘之内,他们就可以回到城市,带着他们的武器。如果战败,他们可以逃到两千肘以外的城市,并带着武器进城。据说最早他们得把武器留在城外的一间屋子里,后来某次敌人追到武器库,进库取武器的犹太士兵互相推搡,自相残杀而死的士兵比被敌人杀死的还多,由此便改变了律法。

4. 坐于路途者,起而见其在城边^①,因此非其所意愿,不得进入^②——此为拉比梅伊尔之言^③。拉比犹大说:进入^④。拉比犹大说:某次拉比特尔封无意愿便进入^⑤。

5. 睡于路途而不觉天黑者,其有各个方向之两千肘——此为拉比约翰南·本·努利之言^⑥。众贤哲说:其只有四肘^⑦。拉比以利以谢说:他在其中^⑧。拉比犹大说:其可去任何想去之方向^⑨。然拉比犹大承认一旦选定,他不可从此后退^⑩。

---

① 他在路边歇脚,没意识到城市就在近处,等起身看到城市时,安息日已经开始。

② 安息日畛域的出发点必须在安息日之前就确定下来,在旅途的人尤其如此,由于他在安息日之前没看见这座城市,所以他没有将这座城市选定为自己的基点,也就不能享受该城居民的安息日畛域。

③ 拉比梅伊尔认为此人事实上选定了他坐下歇脚的地方作为基点,因此他的安息日畛域是以此为基点的两千肘,如果这个距离包括了城市的一部分,那他可以进入那个部分。

④ 拉比犹大认为此人如果看见那座城市,那么他当然会选择那座城市,所以此处的律法遵循他本来可能的意愿。

⑤ 拉比特尔封曾经因为没看见某座城市而未将其选为安息日基点,意识到自己的错误之后便进入了那座城市。

⑥ 他认为两千肘的安息日畛域是自然权利,不需要有意识地去划定,因此即使睡过了安息日起点,他也自然有从他当时所在位置开始的两千肘活动范围。

⑦ 众贤哲认为必须在安息日开始前有意识地认定安息日畛域的基点,否则便丧失了安息日畛域,只剩下基本的四肘活动范围。

⑧ 拉比以利以谢同意在这种情况下只有四肘的活动范围,但他对这四肘的定义与众贤哲不同。众贤哲认为四肘意味着任何方向上的四肘,也就是一共八肘见方,拉比以利以谢则认定是四肘见方,也就是人在这四肘之中。

⑨ 拉比犹大同意拉比以利以谢的四肘的观点,但认为可以选择任何方向上的四肘。

⑩ 一旦选定一个方向上的四肘,就不能再选相反的方向。

6. 若有两人①,此人之部分肘数在彼人之肘数中②,可将食物带到中央,唯不可从其边界中出运至其友之边界中③。若有三人,居中者与他们重叠④,他与他们可行,他们与他亦可行;在外之两人则禁止相互来往⑤。拉比西缅说:此事与何类似?类似于三个院子彼此开通,并向公共区开放⑥。若其中两个与居中者安放移入纹,则它与它们可行,它们亦与它可行⑦。然两个在外者则禁止相互往来⑧。

7. 行道者遇天黑,若记识某树或某藩篱⑨,且说:"我之安息

---

① 本节接续上节,这里说的是在路边睡醒的不是一个人,而是两个人。
② 两个人都只有四肘的活动空间,但因为相距较近,所以双方的空间有些重叠。
③ 食物可以放在重叠的空间里,但不可以放到只属于对方的领域里。
④ 居中者的畛域与两边的畛域都有重叠,但两边之间没有重叠。
⑤ 居中者可以在两个重叠部分与两边分别交流食物,但不可将一方的食物拿到不属于其主人的区域去。在外边的两个人因为没有重叠区,自然无法来往。
⑥ 三个院落都有向着公共区域的开口,表明它们都是独立院落,没有依属关系。
⑦ 相邻的院落之间要来往搬移物品,则必须共同安放移入纹。
⑧ 《革玛拉》认为拉比犹大在这里将三个院落和三个人的相似律法相提并论,是为了说明不必担心三个院落的人会忘记律法,而将在外的两个院落的食物混合交换。众贤哲不同意这种观点,他们认为三个人的情形比较简单,可以相信中间那个人不会把两边搞混,三个院落则比较复杂,人多手杂,很难保证中央那个院落的人会确保两边的食物不会混杂放错。
⑨ 此人周五下午走路,记得离家两千肘之遥的一棵标志性的树或藩篱,他原打算天黑安息日到来之前走到那里,但因故只走到离那里两千肘的地方。

处在其下①。"此为一语未发②。若说:"我之安息处在其根部③。"则可从其脚下至其根部走两千肘,并从其根部至其家走两千肘。由此天黑后可行四千肘④。

8. 若不记识,或不知言律法者⑤,可说:"我之安息处在我处⑥。"则其获得从其处起各个方向上的两千肘⑦。圆形——此为拉比哈尼纳·本·安提哥努斯之言⑧。而众贤哲说:正方形⑨,如同一块方板,以便他在角上获利⑩。

---

① 他试图将那里指定为自己的安息日基点,这样便可以走回家去。
② 《密释纳》贤哲认为这个指定无效,因为他没有指定一个四肘范围的特定区域。此处的预设前提是:该树或者藩篱至少都有八肘高,所以若只说树下或者藩篱旁,就无法确定他指定的是哪里。如果树或者藩篱的高度不到八肘,那么他的指定就是有效的。
③ 这个指定是有效的,因为它有具体的地点,表明是树根部分的四肘空间。
④ 如果像本节所说的这样建立了有效的安息日基点的话。
⑤ 本节接续上节所说,如果此人既不记得某个特定标志物,也不懂得如果按照律法将标志物指定为安息日基点。
⑥ 在这种情况下其实说不说都没有关系,此处只是顺承上节,表示此人随口说了任何话。
⑦ 他在安息日开始时所在的地点自动获得各个方向上的两千肘行走距离。
⑧ 他认为安息日眕域(在任何情况下,不止于本节所讨论的事情)是一个以基点为圆心,以两千肘为半径的一个圆。
⑨ 众贤哲认为这是一个边长四千肘的正方形。众贤哲的依据是《民数记》35:5:"另外东量二千肘,南量二千肘,西量二千肘,北量二千肘,为边界,城在当中。这要归他们作城邑的郊野。"拉比哈尼纳·本·安提哥努斯则依据最后一句,认为此处说的不是安息日眕域。
⑩ 正方形的对角线比四边长,如果是一个正方形,那么就可以在对角线方向上多走一点(四千肘边长的正方形对角线有差不多五千六百肘,有的拉比甚至认为安息日可以在任何一个方向上走对角线的长度)。

9. 对此他们说:"贫者以足为移入纹①。"拉比梅伊尔说:除贫者无他②。拉比犹大说:贫者如此,富人亦如此③。并未说:"以面包为移入纹④。"而是为富人轻减,使其不必出门以足为移入纹⑤。

10. 出发去某城以设移入纹⑥,却被其友伴劝回者⑦,可行走⑧,而所有城中人则被禁⑨。此为拉比犹大之言。拉比梅伊尔说:凡可设移入纹而未设移入纹者,一如驴前驼后⑩。

---

① 本节继续上节的讨论,由于路人可借安息日开始时的位置自动获得安息日基点,而传统上"贫者"与"路人"是一致的概念,所以贫者也同样获得这种权利,足之所至,便是移入纹的地点,而不必专门为此花费食品。

② 拉比梅伊尔认为这句话必须按字面去解释,也就是说只有贫者有这个权利,富人必须用食品做移入纹。

③ 在这个问题上贫富如一,指的是路途中的富人,只要在旅途中,富人也被看作贫者。

④ 拉比犹大认为以面包为移入纹并非律法本身,因为从来没这样说过。因此移入纹本质上是以足为之的。

⑤ 在拉比犹大看来,之所以允许用食物设置移入纹,目的是减轻富人的负担,使他们不必在安息日到来时亲自走到移入纹安放地不可。

⑥ 某城选出一人作为代表,前往去另一城市的方向设置移入纹,以便本城的人可以在安息日去另一城市。

⑦ 他的同城人以某种理由劝阻了他,导致安放移入纹的行动半途而废。

⑧ 此人,因为已经出发上路,被看作是贫者,只要他有意愿,有明确的移入纹处所,虽然没走到,也算安放了,因此他可以去另一个城市。

⑨ 他的同城人没有上路,因此算是富人,在移入纹没到位的情况下,不能获得多出来的行走距离。

⑩ 正如上节拉比梅伊尔与拉比犹大的争论一样,拉比梅伊尔不认为这个安放人可以因其上路而被看作是贫者,因此他跟正常人一样,半途而废,好像驴前驼后(参见本卷3:4),等于没有做,因此也不算有移入纹。

11. 走出安息日边界者,即便一肘,亦不得进入①。拉比以利以谢说:两肘,可进入;三肘,不可进入②。在安息日边界外遇天黑者,即便一肘,亦不得进入③。拉比西缅说:即便十五肘,亦可进入④,因丈量者未全量,为过失者之故⑤。

---

① 走出了安息日畛域,就被困在了四肘之地,虽然在离开一肘的情况下。还可以退回安息日边境内三肘,但也是在自己的四肘之内,并不能享受旧畛域的两千肘之地。

② 拉比以利以谢认为只要那四肘之地能让他退回旧畛域,就能恢复旧畛域的权利。不过他认为四肘之地是每个方向两肘(参见本章第3节),所以两肘之内可以退回去,两肘之外就不能退回了。

③ 此人原想以城市为其安息日基点,结果差一点没能进入两千肘之内,因为他的意图是城市,所以不能按照贫者原则以足为移人纹,只能有四肘之地。

④ 天黑时离城市安息日标志的距离在十五肘之内,便可继续前行,进入该城市的安息日畛域。

⑤ 丈量城市安息日畛域并安放标志的那些人,通常会把标志放在离两千肘差十五肘左右的地方(因为使用五十肘的绳索丈量,两千肘要丈量五十次,每次丈量时要丢掉两只手握的长度,这个长度是每只手一掌加半指,这样总共损失八十掌加四十指,四指一掌,所以一共是九十掌,折算为十五肘,参见本卷5:4),以便那些不小心走出者还可以回来。

第 5 章

1. 如何扩展城镇？①若有房内陷或有房突出,守望塔内陷守望塔突出②,若彼处③有高于十掌之残垣④,有居室之桥梁⑤或墓地⑥,则与之相对而外展其边界⑦,并将其制成方板一般⑧,以便从其角获利⑨。

---

① 本节讨论如何为城镇制定安息日畛域的问题。理论上,城镇的安息日畛域是从城市边界向外扩展两千肘,但实际上有两个问题:第一,城镇旁边的零散建筑怎么算?第二,城镇边界的不规则形状怎么办?按照律法,只要是距城市不超过七十又三分之二肘的人居都算城市的一部分,如果距该建筑又有一个人居在规定距离内,城市边界也可以继续延伸,有时一直可以延伸到另外一个城市去。本节主要讨论第二个问题,但是这里讨论的建筑都是在规定距离内的。

② 城市边界上的房子、城墙上的守望塔,往往不修建在一条直线上,而是有的外凸有的内陷。

③ 城市主体之外比较远但仍在规定距离内的地方。

④ 以前的人居。

⑤ 桥上建有屋顶,适合人居住。或者桥上有税务关卡,有给税务官居住的房子。

⑥ 有守墓人的居所。

⑦ 以距城市最远的建筑为顶点画直线。比如城市的西北角有一处房子,那么就从这个房子开始向东向南画两条直线,夹角九十度,而不必在意城市的东部或者南部在这个距离上有没有建筑。

⑧ 这样画出来的城市畛域,应该是一个正方形或者长方形,然后再从这个方形的四边向外扩展两千肘。

⑨ 这样城中人可以利用对角线较长的优势多一点活动空间,参见本卷4:8。

2. 给城镇木仓之地①，此为拉比梅伊尔之言②。而众贤哲说：除非两城之间，否则不言木仓③。若此城有七十肘有余，彼城亦有七十肘有余④，则加木仓之地给两者，使其合而为一⑤。

3. 同样⑥，若三个村庄呈三角形，若在外两个间为一百四十一又三分之一⑦，则居中者合三为一⑧。

4. 除非以五十肘之绳，否则不得丈量⑨，不得少亦不得多⑩。除非对其心口，否则不得丈量⑪。若丈量者遇沟渠或藩篱，则跨

---

① 木仓之地为七十又三分之二肘的空间，参见本卷2：3。此句是说在依据上节的办法确定一个城镇的安息日畛域之后，再加上这个空间，然后再向外计算两千肘的安息日畛域。

② 拉比梅伊尔的依据是《民数记》35：4："你们给利未人的郊野，要从城根起，四围往外量一千肘。"他认为"往外"的意思是从城根向外加上木仓之地的空间，然后再丈量一千肘。

③ 众贤哲认为加上木仓之地的情况只会在极特殊的例子中发生。

④ "有余"指三分之二。这里是说两城间的距离恰好是一百四十一又三分之一肘，这样每个城市恰好有七十又三分之二的空间，也就是木仓之地。

⑤ 这种情况下，可以把木仓之地加给两座城市，使两城联为一体，安息日畛域也就可以一起划分计算，大家都获得更大的活动空间。

⑥ 上节的木仓原理也同样适用于村庄的特定情况。

⑦ 也就是说，如果能想象第三个村庄被放在两村之间，而这个居中的村庄到两村的距离都分别为一百四十一又三分之一肘的距离，那么就可以给每个村子加上木仓之地，使之合一。据此，在外的两个村庄间的距离其实是两百八十二又三分之二肘。

⑧ 《革玛拉》认为居中的村庄到在外的两个村庄间的距离不得超过两千肘。满足这个条件的话，三个村庄的安息日畛域就可以合一计算。

⑨ 丈量安息日畛域，由两个人拿着一条五十肘长的绳子进行。

⑩ 绳子太短，两人会拉得太紧，结果量出来的地方太大；绳子太长，两人会拉得太松，结果量出来的地方太小，因此必须是五十肘。

⑪ 丈量时两人都把绳子拿到心口的位置，以免有人放在头顶，有人放在脚下，引起距离错误。

量①，且回位丈量②；遇山，则跨量，且回位丈量③，唯不得出安息日边界之外④。若无法跨量，拉比梅纳海姆以拉比梅伊尔的名义说：我听说是劈山的⑤。

5. 除非来自专家，否则无丈量⑥。在一处扩展，一处缩减，听从其扩展之处⑦。一人扩展，一人缩减，听从扩展者⑧。即便是男奴或女奴说："安息日边界至此。"亦信之⑨。因众贤哲未言此事从严，而是从宽⑩。

---

① 两人分别站在沟渠或藩篱的两侧，量直线跨度，是为跨量。
② 如果沟渠宽度超过了五十肘，无法跨量，那么可以找宽度变窄的地方去跨量，然后回到原点，继续丈量。
③ 如果山不是太高，就可以跨量，否则可以去山边量地面的直线距离，然后再回到原点。
④ 寻找山边时，不得走出安息日畛域。
⑤ 如果既无法跨量，又无法在安息日畛域内找到山边，那么就可以使用"劈山"的丈量法，使用该丈量法时，两位丈量者站在山坡上，高处的把绳子放在脚下，低处的放在头顶，丈量完向上爬，继续如法炮制，直到翻过此山。
⑥ 《托塞夫塔》将"专家"一词解释为"直线"，也就是必须沿直线丈量，也有说是不在直线上的不属于可丈量之地。
⑦ 如果他丈量出的左上角比左下角远，那么就以左上角为准。迈蒙尼德说"扩展"和"缩减"以旧日的安息日畛域为基准，扩展的部分接受。《革玛拉》则说此句的意思是："扩展的部分都接受，更不用说缩减的部分。"
⑧ 如果有两位专家在丈量，那么接受扩展的那位专家的意见。
⑨ 通常情况下，有关圣经律法的问题不得采信奴隶的见证，因为他们是迦南人，并非犹太教徒。不过安息日畛域例外，如果有奴隶说他看见专家丈量到某处，那就可以采信。
⑩ 畛域外的两千肘安息日畛域属于拉比律法，且众贤哲从未说过要像圣经律法那样严格。

6. 私人城镇变为公共,可为全城镇设移入纹[①];公共变为私人,则不可为全城镇设移入纹,除非将如犹大地区五十居民的新城[②]般的区域除外[③]。此为拉比犹大之言。拉比西缅说:两房院落三座[④]。

7. 在东者对其子说:"为我在西设移入纹。"或在西者对其子说:"为我在东设移入纹[⑤]。"若距其家两千肘而距其移入纹多于此,则许其到家,禁其到移入纹[⑥]。若距其移入纹两千肘而距其家多于此,则许其到移入纹,禁其到家[⑦]。凡在城镇扩展区设移入纹

[①] 私人城镇指该城镇财产归一人所有,居民都是租房居住的,有多位地主房主的城镇则是公共城镇。私人城镇只需要设立一个共同移入纹,便可全城搬移物品;公共城镇则需要将城中一块地区除外,只为其余部分设一个共同移入纹。本节讨论的是产权发生变化的情况,其基本原则是:产权变化不导致移入纹规则的变化。所以如果私人城镇被多位产业主购买,公共移入纹还是设一个就可以了。

[②] 《革玛拉》解释说犹大地区确实有这样一座叫"新城"的地方。我以为顾名思义,该城应该是某城外新建的部分,将这一部分除外,是为了让旧城可以满城搬移物品。

[③] 如上所说,公共城镇变为私人城镇,移入纹仍然按照公共城镇的规矩,这规矩要留出一块不得搬移物品的区域,目的是提醒居民安息日搬移物品不是天然权利,而是有条件的。

[④] 拉比西缅认为不需要留出新城大小的区域,只要留出三座院落,每座最少两户人家,就可以了。

[⑤] 一个安息日黄昏时不在家中的人,告诉他的儿子去离家的反方向为他设置移入纹。

[⑥] 虽然其子为他设了移入纹,但是安息日到来时,他的活动区域只有从脚下算起的两千肘,如果其家在此范围内,就可以回家;若移入纹在此范围内,就可以去移入纹处,超过这个距离便不可以去。

[⑦] 如果其家到移入纹距离不到两千肘,那么他可以先到移入纹处,从那里再回家。

者，一无所成①。凡在安息日边界外安放者，其所得即其所失②。

8. 大城居民可走遍整个小城③，小城居民则不可走遍整个大城④。如何⑤？若居于大城之人设其移入纹于小城，于小城者设其移入纹于大城，则可走遍其全境及其外之两千肘⑥。拉比阿奇瓦说：除自其移入纹起之两千肘外，并无其他⑦。

9. 拉比阿奇瓦对他们说："你们不是向我承认在洞中安放移入纹者，除有自其移入纹起之两千肘外无他吗⑧？"他们对他说："何时如此？其中无居民时如此。然若其中有居民，则可走遍全

---

① 城镇扩展区，指安息日畛域外附加的木仓之地（参见本章第2节），如果移入纹设在这里，等于没设，因为这属于城镇安息日畛域之内。

② 如果移入纹设在城镇安息日畛域之外，那么此人可以在移入纹方向上多走，但在反方向上就丢失了距离。比如他设在城镇安息日畛域以东一千肘，那么他可以向东走三千肘，向西就只能走一千肘了。

③ 条件是整个小城在大城的安息日畛域（两千肘）之内。在这种情况下，小城全境被看作四肘之地。例如，某人走一百肘到达一个小城，该城长一千肘，他可以走过整个小城，还可以再走一千八百九十六肘，因为小城那一千肘只算四肘。

④ 这是因为大城不可能整个在小城的安息日畛域里，从小城出发的两千肘大概只能到达城中的某个地方，在这种情况下，大城就不能被算作四肘，而是实际计算两千肘的距离。

⑤ 上边说的是移入纹放在本城的情况，如果移入纹放在了另一个城镇，情况就不一样。

⑥ 只要在另一个城市安放了移入纹，那么无论大小，该城市都变成了四肘之地，不仅可以走遍全城，而且可以向外再走两千肘的安息日畛域。

⑦ 拉比阿奇瓦反对将城镇计算为四肘之地的观点，坚持在任何情况下实际计算两千肘的距离。

⑧ 本节继续上节拉比阿奇瓦与众贤哲之间的争论，拉比阿奇瓦拿山洞举例，证明两千肘都是实际测量的，不能把一个区域算成四肘。

境及其外两千肘①。"由此则其中宽于其上②。而对于丈量者,他们说:"给他两千肘。"即便其丈量终结于洞中③。

---

① 众贤哲认为,如果山洞不适合人居,那么两千肘就实际测量,否则就只算四肘,跟城镇情况相似。

② 如果移入纹放在洞里,规定就比较宽松,因为那是人居。如果放在洞顶,那就比较严格,就只能从该移入纹起计算两千肘的距离,因为洞顶不能住人。

③ 众贤哲与拉比阿奇瓦一致的地方是关于丈量安息日基点之外的两千肘距离的人,这种情况下必须坚守实际测量的距离,即使两千肘终结于洞中,也只计算到终结点,而不能把整个洞算进去。

第 6 章

1. 若与外邦人或不承认移入纹者①同居一院,则此人使其受禁②。此为拉比梅伊尔之言。拉比以利以谢·本·雅各说:此人从不施禁③,至有两个以色列人,则彼此施禁④。

2. 拉班迦玛列说:某次一个撒都该人与我们住在耶路撒冷同一条巷道里⑤。父亲⑥对我们说:"快把所有的用品都搬到

---

① 当时犹太教的其他教派,比如撒都该人。

② 本章至第9章讨论院落移入纹与巷道的问题。安息日时全院人需公设移入纹,才可以在院落与住房之间搬移物品,若有一人未参加,则所有人都不得搬移,除非此人将自己对院落的所有权转让给院子里其他人,并由此放弃搬移的权利。本节说的是院子里有一个外邦人或其他教派不承认移入纹律法的人,这些人本来就不参加移入纹的事情,拉比梅伊尔认为:在这种情况下,院子里住的以色列人就受禁,不得搬移,除非他将异教徒的院落权用钱租下来。

③ 就移入纹律法而言,外邦人的居所根本就不算居所,因此就没有施禁的效力。不过贤哲们还是制定了施禁的条例,目的是减少以色列人与异教徒同住的情况,以免以色列人的宗教行为受到不良影响。按照《革玛拉》的说法,这一点上,拉比梅伊尔与拉比以利以谢·本·雅各是一致的,他们的分歧主要是在下一句。

④ 拉比以利以谢·本·雅各认为《密释纳》时代以色列人单独与外邦人居住的情况很少见(因为害怕被谋杀),所以拉比律法不考虑一个人与外邦人同住的问题,禁令从两个以色列人开始生效。拉比梅伊尔则认为当时一个人与外邦人同住是常见的情况,因此禁令从一个人就开始生效。

⑤ 由于《密释纳》叙事通常是用来支持上一个律法的,而本节并未谈到撒都该人的问题,所以《革玛拉》认为本节开头缺了一句律法:"撒都该人与外邦人相同。"

⑥ 本节所说的拉班迦玛列是拉班迦玛列二世,也就是圣殿被毁后雅夫内经学院的第一位纳席。其父为拉班西缅·本·迦玛列一世,是圣殿被毁前的最后一位纳席。

巷道去,以免他搬出去了,向我们施禁①。"拉比犹大则讲了另一番话:"快做完巷道里你们所需之事,以免日暮后②他向你们施禁③。"

3. 院中人若有其一因忘却而未设移入纹④,他与他们均禁止搬入与移出其家⑤。他们的家则对他与他们均许可⑥。若让权于他,则他得许可而他们受禁⑦。若有二人,则彼此相禁⑧,因一人可让权或得权,二人则让权而不可得权⑨。

---

① 本节的争议点在于:在移入纹的问题上,撒都该人与外邦人相似还是高一等。具体来说,外邦人即使出让了院落权,也是无效的。而撒都该人出让院落权是否有效,则有本节的两种意见。按照拉班迦玛列的引述,其父告诉家人先把用品拿出去,以免撒都该人先拿出去了,也就是说,撒都该人的让权是有效的,但要尽快利用这种让权,造成既定事实,以免撒都该人后悔或不遵守诺言,导致让权被破坏。

② 周五日暮后,安息日开始。

③ 按照拉比犹大的这个引述,撒都该人的让权是无效的,所以安息日到来前要把所有在巷道里所需要干的事情都干了,因为一进安息日,就受撒都该人之禁了。

④ 院落移入纹,若院中有一人不参加,则全院受禁。解禁的办法是此人让出对院落的所有权,也就是放弃搬移权,本节便讨论这种情况下的相关规定。

⑤ 院中参加移入纹的家庭与院落被看作是一个财产(移入纹参加者共有),未加入移入纹的家则是另一个所有者(忘记参加者)的财产,放弃搬移权利并不改变财产属性,因此在未参加者的家与院落之间搬移物品属于跨界搬移,是被禁止的。

⑥ 参加者由于忘记者让权给他们而可以搬移,忘记者也可以客人的身份参加这种搬移,因为客人不用参加移入纹。

⑦ 反过来,如果院中人全体让权给忘记者,那么此时院落就成了忘记者一家的所有物,在他家与院落之间搬移也就是允许的了。

⑧ 如果有两个人忘记参加移入纹,则即使全院人让权给他们,他们仍然不能在院落和自己的家之间搬移,因为此时两家是各自独立的财产,院子是两家共有的,没有移入纹,谁也不能搬移,等于两人相互施禁。

⑨ 得权的前提条件是得权有效,得权后可以进行搬移,如上所述,在两个人的情况下,即使得权也不能搬移,所以得权无效,也就不能得权。

4. 何时让权①？沙玛伊学派说：尚为白昼②。希列学派说：日暮时分③。让权者出运④，无论无心还是有意，此均为施禁，此为拉比梅伊尔之言。拉比犹大说：若有意，则施禁；若无意，则不施禁⑤。

5. 若一位家主与邻居是合伙人⑥，与此人合于酒与彼人合于酒，则他们无须设移入纹⑦；与此人合于酒与彼人合于油，则他们需设移入纹⑧。拉比西缅说：此事一如彼事，他们无须设移入纹⑨。

---

① 在院中有人忘记参加移入纹，准备让权的情况下，本节讨论让权的时间等问题。

② 沙玛伊学派认为这种让权相当于财产过户，在安息日是禁止进行的，因此必须在周五天黑前，也就是安息日开始前进行。

③ 希列学派认为这种让权只是出让使用权，而非所有权，所以可以在安息日进行，周五天黑后也是可以的。

④ 已经让权的人，又在自己家和院落之间搬移物品，这种行为属于收回让权，其结果是全院受禁。

⑤ 拉比梅伊尔从严，他希望通过禁止无心犯禁来防止有心犯禁；拉比犹大则认为无心犯禁并不会导致有心犯禁，因此从宽，认为在无心犯禁的情况下，让权仍然有效。

⑥ 移入纹的本质是通过食品的共有象征性地表达财产共有，以使得院落或巷道成为所有者单一的区域。本节讨论的是邻居间在食品方面已经有了合伙人关系的情况。

⑦ 院落移入纹只能使用面包，所以此处讨论的是巷道移入纹。如果三家是制酒的合伙人，那么其中一家出一罐酒就可以了，另外两家不用另外出，也已经有了自己的份额。

⑧ 合伙出的同一种移入纹一定要放在一个容器里，如果几家间合伙的种类不一样，不能放在一个容器里，那么商业合伙人的关系在移入纹问题上就无效了。

⑨ 拉比西缅认为即使酒跟油不能放在一个容器里，但仍然可以算作一个整体，因此商业合伙人关系在这里仍然有效。

6. 五群人在一座楼中过安息日①,沙玛伊学派说:每群人各设移入纹②;希列学派说:所有人设一份移入纹③。但他们同意当部分人居于房间或楼上之时,他们需为各群分设移入纹④。

7. 共食于父亲之桌,然宿于各自家中之兄弟⑤,需各自分设移入纹⑥。据此,若其中一人忘却且未设移入纹,则当弃其权⑦。何时？当他们将移入纹搬往别处之时⑧。然若移入纹向他们而来⑨,或院中无人与他们共居⑩,则无须设移入纹。

---

① 这五群人之间用纺织物隔开,且这些临时分隔没有到顶。每群人的空间都有一个去院子的独立出口,这样就有一个安息日院落移入纹的问题。

② 沙玛伊学派认为即使是没有到顶的临时分割也是算数的,每群人必须独立参加移入纹。

③ 希列学派认为没有到顶的分隔不是有效分隔,因此虽然是五群人,但是可以算作一个单元,只要出一份移入纹即可。

④ 房间之间,楼层之间,是完全分割的,此时双方同意应该独立参加移入纹。

⑤ "食""宿"在这里都是代表性的说法,其含义是这些人的食物有一个共同的来源(比如靠父亲吃饭的兄弟,或者靠雇主提供食物的工人,等等),但他们各自有家,虽然在同一个院落,但并不住在一起。

⑥ 由于他们各自有家,所以在移入纹的问题上他们是独立的。《革玛拉》认为这只是说他们并不真在父亲家中吃饭的情景(从父亲家中拿了食物回自己家吃),如果他们真在父亲的餐桌上吃饭,那么他们就是一家人,只要一份移入纹就可以。

⑦ 虽然食物来源相同,但仍然要遵循院落移入纹的一般规则。

⑧ 只有当他们与外人共设移入纹,且移入纹安放在外人处所(或未安放在父子家中)的情况下,他们才需要遵循这一原则。

⑨ 如果移入纹安放在父子任一家中,由于安放移入纹的家庭不需要贡献移入纹,而父子被看作是一家,因此他们都不需要贡献移入纹。

⑩ 如果院中只有父子居住,那么院子就是一个单一所有权的区域,不需要安放移入纹,就可以在安息日在院落和房屋之间搬移。

8. 五个院落彼此互通且均通向巷道①：若在院落设移入纹②而未在巷道共设合食，则院中许可而巷道中受禁③；若共设合食于巷道，则此处与彼处都许可④。若在院落设移入纹且在巷道共设合食，而院中一人因忘却而未献移入纹⑤，则此处与彼处都许可⑥。若巷中一人未参与合食，则院中许可而巷道中受禁⑦；因自巷道至院落一如自院落至家中⑧。

9. 两个院落一前一后⑨：内院设移入纹而外院未设移入纹，

---

① 《革玛拉》认为"彼此相通"为衍文，当删去。理由如下：成为巷道的条件是至少有两个院落与其相通，而自行相通的院落在移入纹问题上被看作是一个院落。因此，如果五个院落相通，那么这个街道等于只连接了一个院落，就丧失了巷道的地位，也就无法通过合食来搬移物品了。

② 设置了院落移入纹而未设院落间移入纹。一说：两种移入纹都设了。

③ 未设合食，所以禁止将物品搬入巷道。如果设立了院落间移入纹，则可以通过院落间的窗户或者缺口传递物品。如果只设立了院落移入纹，则只能在自己家和自己的院子之间搬移。

④ 如果设了移入纹之后又设了合食，那么院落和巷道都可以自由搬移。

⑤ 此人献了合食，却忘了献院落移入纹。

⑥ 合食将巷道中所有院落都合为一体，在这种情况下，院中一个人忘记献移入纹不会引发全院受禁。

⑦ 如果有一个人参与了院落移入纹却未加入合食，那么整个巷道都受禁，只能在自己院落里搬移，不得在院落与巷道间搬移。

⑧ 由于住家属于私人区域，而院落和巷道都属于公共区域，因此人们可能会误以为住家与院落的关系和院落与巷道的关系不同，本节说明这两种关系是平行的，没有不同。

⑨ 内院的出口通向外院，外院的出口通向巷道或公共区域。在这种情况下，如果移入纹设置得当，那么内院的人在安息日有权通过外院，这个权利被称为"步入权"。

则内院许可而外院受禁[1];外院设而内院无,则两院均受禁[2];此院为自身设移入纹,彼院亦为自身设移入纹,则此院因自身而得许可,彼院亦因自身而得许可[3]。拉比阿奇瓦禁外院,因步入权向其施禁[4]。众贤哲说:步入权不向其施禁[5]。

10. 外院有一人因忘却而未献移入纹,则内院许可而外院受禁;为内院人而未献移入纹,则两院均受禁[6]。将其移入纹置于一处,而一人忘却且未献移入纹,则无论其为内院人或外院人,两院均受禁[7]。若其为独户,则无须设移入纹[8]。

---

[1] 外院的人未设移入纹,当然无法在院落与房屋之间搬移,但这种情况不影响设置了移入纹的内院居民搬移,因为外院居民在内院无任何权利。

[2] 与上一句的情况相反,内院居民在外院有步入权,如果内院居民没设置移入纹,那么就与院中有人忘记参加移入纹一样,外院居民也不得搬移,虽然他们设置了移入纹。

[3] 如果两院各自设置了移入纹,而未设置进入对方的移入纹,那么双方各自搬移,此时虽然内院居民不得使用在外院的"步入权",但这并不影响外院居民自己的活动。由此可见本节的一个原则:"步入权"与直接的所有权有所不同,只有在本院被禁时,"步入权"才对外院施禁;如果本院许可,那么即使在外院无法使用步入权,也不对外院施禁。

[4] 拉比阿奇瓦认为无论在本院情况如何,只要步入权在外院被禁,就对外院施禁,外院居民在这种情况下完全不得搬移。

[5] 众贤哲的观点与拉比阿奇瓦针锋相对,他们认为步入权与所有权完全不同,在任何情况下都不具有施禁的能力,也就是说即使内院居民没设移入纹,完全不能搬移,外院居民也可以自由搬移,只要他们给自己设置了移入纹。

[6] 这两句是重复上节的原则。如果外院因有人遗忘而移入纹无效,那么内院不会受到影响;反过来如果内院移入纹因有人遗忘而无效,则外院因步入权而受禁。

[7] 两院合设移入纹,并将其置于外院,此时两院合为一体,任何人遗忘,都等于院中人遗忘,全院受禁,此时内外之别已经无关紧要。

[8] 如果两院都只有一户人家,那么内院总是许可搬移的,其步入权也就不会影响到外院,无论内院人家是否设了院落间移入纹以行使其步入权。外院同样总是许可搬移,而且外院本来也就不会影响到内院,因此没必要设置院落移入纹。

第 7 章

1. 两院之间有窗①：若为四乘四②，且在十之内③，则设两移入纹④；若愿意，可设一移入纹⑤；小于四乘四，或在十之上，则设两移入纹，不得设一移入纹⑥。

2. 两院间之隔墙，若高十宽四⑦，则设两移入纹，不得设一移入纹⑧。若其顶有果实，则可从此侧登上食之，亦可从彼侧登上食之，唯不得将其拿下⑨。若隔墙豁裂：十肘之内，可设两移入纹；

---

① 两个不相通的院子，只有一面隔墙上有一扇相通的窗户。
② 窗子的大小至少是四掌见方。
③ 窗子的下沿在离地十掌之内。
④ 两个院子可以各自设院落移入纹，双方各自在院内搬移，互不干涉。
⑤ 这样的隔墙可以被看作是不完全割断的，因此两个院落也可以共设院落间移入纹，放在任何一个院子里，这样安息日时就可以隔墙或者通过窗子在院落之间传递物品。
⑥ 这样的隔断，被看作是完全隔断，两个院子各自独立，只能自设移入纹，不得共设院落间移入纹。
⑦ 高十掌，宽四掌。
⑧ 如上节注释所说，这样的隔墙被看作是完全隔断，两院独立，不得设院落间移入纹。
⑨ 由于墙顶至少有四掌见方之地，这样的地方被看作是两院间的分隔区域，属于两院共有，因此两院的人都可以爬上墙来吃，但不得将其拿下，否则就成了跨区域搬移。

若愿意,可设一移入纹,因其一如出口①;长于此,则设一移入纹,不得设两移入纹②。

3. 两院间之沟渠,若深十宽四③,则设两移入纹,不得设一移入纹④,即使以断株或秸草填满⑤;若以灰土或石子填满,则设一移入纹,不得设两移入纹⑥。

4. 若在其上放置四掌宽之木板⑦——在彼此相对之两个阳台上亦同⑧——则设两移入纹,若愿意,可设一移入纹⑨;小于此,则设两移入纹,不得设一移入纹⑩。

5. 两院间之秸草堆,若为十掌高,则设两移入纹,不得设一

---

① 十肘之内的豁口被看作是一个出入口,不破坏墙的隔断功能,两个院落依然被看作是可以独立的,所以设一个或者两个移入纹都是可以的。

② 豁口大于十肘,墙的隔断地位就不再被承认,此时两个院落变成了一个院落,自然也就只能设一个移入纹了。

③ 两院间有十掌深、四掌宽的沟渠分隔。

④ 这样的沟渠被看作是完全的隔断,与十掌高四掌宽的隔墙相似,因此两院完全独立,不可共设院落间移入纹。

⑤ 这些填充物并非沟渠本身的一部分,可以预见其很快就会被移走,因此不能改变沟渠的高度或者宽度,无效。

⑥ 如果用灰土或者石子填充,沟渠就消失了,两个院子变成了一个,也就只能设一份移入纹了。

⑦ 四掌为出入口的最小尺寸,在沟渠上放四掌宽的木板,意味着两院之间有了一个相通的出入口。

⑧ 如果两院之间有两座相对的房子,阳台也相对,那么在两座阳台之间架这样一块木板,等于在沟渠上架设。

⑨ 两院在移入纹的问题上可以分立,也可以合一,与上三节所说情况相似。

⑩ 木板窄于四掌,也就不能被看作是出入口,两个院落就依然是独立的。

移入纹①。可从此侧喂食亦可从彼侧喂食②。若此秸草堆减至十掌以下,则设一移入纹,而不得设两移入纹③。

6. 如何在巷道设置合食?④ 某人可放下一桶,且说:"此归全巷道人⑤。"可经其成年子女之手⑥,其希伯来男仆与女仆之手⑦,其妻之手⑧而向其授予,然不可经其年幼子女之手⑨、不可经迦南

---

① 本节的裁决与第 3 节中沟渠的情况不同,如果是高于十掌的秸草堆,而不是同样多的秸草填入沟渠,则这些秸草被看作是有效分割物,两院各自独立,不得共设移入纹。

② 可以放牲畜去吃那些秸草,而不必担心秸草堆被吃得不够成为有效分割物。按照律法,牲畜要把至少十肘长度的秸草吃到十掌以下,这是很大的一个量,安息日牲畜不干活,应该吃不到那样的数量。

③ 如果秸草堆真被吃到十掌以下(至少十肘长或者是两院分界线的整个长度),那么分割物便失效,两院合一,只需要设一份移入纹。《革玛拉》认为这只是说安息日开始之前的情况,如果安息日开始之后发生这种情况,那么原移入纹依然有效,不必改变。

④ 本节讨论设置合食,以便整个巷道的人都可以在安息日自由搬移物品的仪式。

⑤ 按照合食的本义,应该是向巷道里的每一家收集食品,集中起来以后安置一处。但这样做太麻烦,因此也可以由一个人拿出一桶酒或者油或者其他食品,其数量足以让巷道里每个人都有份,然后将这一桶食品的所有权转给全巷道的人,由此完成合食。

⑥ 转让所有权时,必须有人象征性地从他的手上接下来。这个人必须是有独立财产权的人。成年子女不再与父亲共享财产,因此可以接受。

⑦ 一个犹太人可向另一个犹太人卖身为奴,但就律法而言,他并不归主人所有,甚至他的财产也是独立的,他不过是做奴隶们做的工作而已。

⑧ 如果其妻不受其供养的话。一说:即使其妻受其供养,丈夫对妻子的权利也不到让她丧失部分财产控制权的程度。

⑨ 年幼子女没有自己的财产控制权,因而不能接受。对于本节中"成年子女""年幼子女"的定义,向来众说纷纭,比如,迈蒙尼德认为以男孩十三岁、女孩十二岁的成年礼为标准,《托塞夫特》则认为应该以子女是否在经济上独立为标准。

男仆或女仆之手①而向其授予,因其手一如本人之手②。

7. 若食物减少③,则添加④或授予⑤,且无须告知⑥。若人数添加⑦,则可添加或授予⑧,且须告知⑨。

8. 其量几何⑩？若其人多⑪,则为全体设两餐之食⑫；若其人少,则为每人设相当于一无花果干之食,一如安息日出运⑬。

9. 拉比约西说：此话所言何事⑭？言移入纹之始,对移入纹

---

① 按照《圣经》律法,迦南奴隶的所有财产都归其主人所有,因此在经济上没有独立权。

② 因为这些人的财产都是此人的财产,因此交给这些人就等于交给了自己,这样的合食也就无效了。

③ 安放好的合食数量减少,且落到了律法要求的最低量(见下节)之下。此时安息日尚未开始,因此可以做出更正。若安息日已经开始,则无须做任何更改,该合食一直有效。

④ 用巷道里的人的食物添加合食。

⑤ 用自己的食物添加合食,且将其所有权授予全巷道的人。

⑥ 设置合食的时候,须告知全巷道的人,以免有人反对而不知道。添加合食则不需要再次征求意见,因为巷道里的人已经同意过了。

⑦ 设置好合食之后,安息日开始之前,巷道里增加了人口。

⑧ 使用新居民的食品添加,或者使用自己的食品,并进行授予仪式。

⑨ 如果使用新居民的食品,则须告知他们。迈蒙尼德认为此处说的是一个院子连接两条巷道,在这种情况下,添加者必须告知大家,以便知道居民们选择哪一条巷道进行合食。

⑩ 本节讨论合食的数量是多少。

⑪ 《革玛拉》规定十八人以上为"人多"。

⑫ 《革玛拉》规定"两餐之食"的数量是十八枚无花果干,这是全体共出的总量,无论人有多少人,也是这个数量。

⑬ 这个数量是按照安息日律法的出运数量规定的,参见《安息日》7:4 "出运食物者以无花果干为准而有责"。

⑭ 拉比约西认为上节所言合食的数量要求也适用于院落移入纹。

之遗，则任何量均可①。其所言非指院落移入纹，而是为了不让孩子们忘记②。

10. 可以一切③为移入纹与合食，除了水除了盐④，此为拉比以利以谢之言。拉比约书亚说：面包可为移入纹⑤。即使用一细亚⑥烘烤，若破损，则不可以之为移入纹⑦；一依萨尔⑧之面包，若完整，则亦可以之为移入纹⑨。

11. 人可给杂货店主或给面点师一玛阿，以便为其获得移入纹⑩，此为拉比以利以谢之言。众贤哲说：其金钱不为他获取⑪。

---

① 在既设了合食又设了院落移入纹的情况下，院落移入纹只要在开始时符合数量要求即可，即若其后数量减少，亦不必添加。

② 从理论上说，合食已经将巷道里的所有院落人家都合为一体，院落移入纹已属多余，之所以还要安放，纯粹是为了让孩子们不要形成错误的印象，认为院子里不需要安放移入纹就可以随便在安息日搬移物品。

③ 如果将本处的移入纹理解为安息日畛域移入纹的话，那么这里的"一切"指任何食物，迈蒙尼德持这种观点。如果本节的移入纹指院落移入纹的话，那么"一切"就是指任何一种面包。

④ 这两种东西不被看作是食物，此外也是免费的，没有任何重要性。

⑤ 他认为院落移入纹必须使用完整的面包，安息日畛域移入纹则可使用任何食物。

⑥ 大量的面粉。

⑦ 强调移入纹面包必须完整是因为如果允许献面包片的话，献整个面包的人就会觉得吃了亏。

⑧ 依萨尔，最小的货币单位。此处或指一依萨尔价值的面粉烘烤出来的面包，或指一依萨尔硬币大小的面包。总之是指很少量的面粉烘烤的面包。

⑨ 当然要达到移入纹的最低量要求，不够的话，要使用多个面包。

⑩ 预先给店主一点钱，这样院子里的人去买移入纹食品时，店主可以把付过钱的这部分也给院中人，以此来加入移入纹。

⑪ 众贤哲认定移入纹必须来自自己所拥有的食物，不可以这样用金钱直接购买。

然承认其他任何人均可以其金钱为其获取①。不得为任何人设移入纹,除非他知晓②。拉比犹大说:此言何事?言安息日边界移入纹③,然于院落移入纹则为其设立,无论其知晓或不知晓④。据此则为人谋利可不当其面,不得损人之利,除非当其面。

---

① 如果不是商人,那么是可以给他们钱,让他们帮自己准备移入纹的。这里的钱不是用来购买移入纹,而是用来支付给他人以酬其劳作。

② 这里说的是使用此人的食物设立移入纹,则必须让此人事先知晓并同意。

③ 安息日畛域移入纹会缩短相反方向的行走距离,有可能损伤一个人的利益,因此在设立前必须获得他的同意。

④ 院落移入纹只提供便利,不加任何限制,因此可以随便为他人设立,即使是使用他的食物。不过《革玛拉》指出在院落连接两条巷道的情况下,某人的选择可能与他人不同,因此设立移入纹也可能伤害他人利益,因此在这种情况下也要事先告知。

第 8 章

1. 如何加入安息日边界移入纹①？可安放一桶②，且说："此为全城之人③。"即任何前往居丧之家或宴请之家之人④。所有在白昼接受者，得许可⑤；天黑后即禁止⑥，因不得在天黑后设移入纹⑦。

2. 其量几何⑧？依每人设两餐之食⑨，平日之食，非安息日之食。此为拉比梅伊尔之言。拉比犹大说：安息日，非平日。彼此

---

① 某人知道自己安息日将去安息日畛域以外的地方，他便可以为全城人设安息日畛域移入纹。

② 一桶酒或油，如果是其他食物，也要放在桶里。

③ 他用这句话将这桶食品的所有权转给了全城的人。

④ 安息日可以借助畛域移入纹走出原有畛域，但必须是为了履行诫命，比如本处所说的吊丧、婚庆或其他庆典宴席。

⑤ 城中人要想利用这个移入纹出行，则必须在天黑安息日开始前接受这一移入纹的效力。

⑥ 天黑后再接受就晚了，就不能利用这移入纹了。

⑦ 移入纹必须在天黑前设好，而且受益之人必须明确了解该移入纹的情况。《革玛拉》认为本节所说的"接受"其实意为"知道"，也就是说不需要在天黑前接受，只要在天黑前知道该移入纹的存在即可，天黑后再接受也可以。

⑧ 本节讨论上节所说的安息日畛域移入纹的数量要求。

⑨ 按照一个人两餐食物的量设置。

均意在放宽①。拉比约哈南·本·布罗卡说：为一蓬地庸所买之面包，若一塞拉四细亚②。拉比西缅说：三分之二面包，若三个一卡夫③。麻风病室半之④，其一半之一半可使身体不宜⑤。

3. 院中人与通道人⑥因忘却而未设移入纹⑦，所有十掌高处

---

① 拉比梅伊尔和拉比犹大都同意这里的"两餐之食"只包括面包，两人也都认为安息日眕域移入纹的数量规定应该轻减，不过两人的观察结论却全不相同。拉比梅伊尔认为安息日饭食比平日美味，所以吃的会比较多，因此应该按平日数量计算。拉比犹大则认为安息日吃三餐，而平日只吃两餐，因此安息日每餐吃的应该比平日少，所以应该按安息日饭量计算。此外，由于安息日食物种类较多，拉比犹大认为面包的食用量会相应下降，因此按安息日饭量计算的面包数量应该较少。拉比梅伊尔则认为因为佐餐菜品较多，因此面包的食用量也会相应增加，因此平日面包的食用量会小一些。

② 也就是价格为一塞拉购买四细亚面粉时，一蓬地庸所能购买的面包数量，《革玛拉》认为这个数量相当于六个鸡蛋，这是拉比约哈南·本·布罗卡所认定的两餐之食的数量。

③ 也就是用一卡夫面粉烘烤三个面包，其中一个面包的三分之二即为两餐之食的数量，这个数量是五又三分之一个鸡蛋。

④ 人若进入麻风病人的家，即可沾染不洁，其不洁有两个等级：身体和衣服都不洁，或者只是身体不洁（不宜）。其依据为《利未记》14：47："在房子里躺着的必洗衣服，在房子里吃饭的也必洗衣服。"本句说进入麻风病室的时间如果超过食用两餐之食的一半，那么此人便身体与衣服都被视为不洁。而这个数量按照这里两位贤哲的观点，是不一样的。

⑤ 如果在麻风病人的家中食用了两餐之食的四分之一的食物，人就变得身体不洁（不宜），应行浸礼使自身洁净。

⑥ 这个院子里的房子有两层，楼下一层，各家均有出口通向院落；楼上各家则与一个露天通道相连，该通道头上有个楼梯通往院落。这两层的居民分别被称为"院中人"和"过道人"。

⑦ 按照律法，十掌以上便属于另外一个区域，因此楼上楼下属于两个区域。安息日时双方各自设置移入纹，以便楼上可以在居室与过道之间搬移，而楼下则可以在居室与院落之间搬移。此外，双方还需要共设一个移入纹，以便楼上楼下可以互相搬移。本节所说的是双方各自设置了移入纹，却忘了共设移入纹的情况。在这种情况下，双方在各自领地搬移，不得跨界。

均属过道①,少于此则属院落②。水窖边沿③或岩石,若有十掌高则属过道,少于此则属院落。所言之物为何?为近处,然若在远处,即使十掌高,亦属院落④。何为近处?所有不远于四掌之处。

4. 设其移入纹于门房⑤、柱廊⑥、过道⑦者,此非移入纹⑧;居其间者不可因其施禁⑨。于草房⑩、牛圈、木材库与仓库者,此为移入纹⑪;居其间者可因其施禁⑫。拉比犹大说:若其间房主有权置物,则不可因其施禁⑬。

---

① 院落中如果有十掌以上的高处,即使不与二楼相连,也属过道人所有,他们可以在这些地方与自己的居室之间搬移。
② 低于十掌则归院中人所有,由他们使用。不过《革玛拉》说本处的意思是"亦属院中人",也就是属于双方所有。而由于忘记共设移入纹,双方都不能使用这些地方。
③ 院中的水窖或者水坑,通常都会把边沿堆起来。
④ 以上所讨论的高处归属问题,只有在这些地方靠近二楼的时候才有效。
⑤ 院子出入口给守门人住的房子。
⑥ 四面无墙,只有柱子的走廊。一说:三面有墙,一面只有柱子。
⑦ 参见上节。
⑧ 移入纹必须放在院中一个合格的居所里,表示该居所属全院人所有。上述三种建筑,都不是合格的居所,因此放在那里的院落移入纹无效。
⑨ 如果有人住在这些地方,那么即使他们没有参加移入纹,也不能对院中人施禁,因为只有住在合格居所的人才有资格参加设移入纹。因此,院中人设的移入纹仍然有效,可以搬移物品。
⑩ 用于堆放干草的建筑。
⑪ 这些建筑虽然可能简陋,但被看作是合格的居所,因此在其中安放的移入纹是有效的。
⑫ 住在那里边的人如果没参加移入纹,则全院的移入纹都失效。
⑬ 如果房主把某间房子租给房客,但保留了在房间里放置物品的权利,那么从移入纹律法的角度看,这个房客等于是一个客人,他不必参加移入纹,而且他不参加也不会使院子的移入纹失效。

5. 离开其家去其他城市过安息日者①,无论是异教徒②还是以色列人,均施禁。此为拉比梅伊尔之言③。拉比犹大说:不施禁④。拉比约西说:异教徒施禁⑤,以色列人不施禁,因以色列人不可能在安息日回来⑥。拉比西缅说:即使离开家去其同城的女儿家过安息日,亦不施禁,因其心里已排除⑦。

6. 两院间之水窖⑧,安息日不得从中汲水⑨,除非为其立十掌高之隔断,无论是在其上⑩,在其下⑪,抑或是在壁间⑫。拉班西缅·本·迦玛列说:沙玛伊学派说:在其下。希列学派说:在其

---

① 此人离开前没有参加移入纹,因此就有一个院落移入纹是否还有效的问题。
② 异教徒同样有施禁的权利(参见本卷6:1)。
③ 拉比梅伊尔认为,虽然此人外出,但他的居所是一个合格的居所,所以必须包括在移入纹中,否则就施禁于全院,院落移入纹就失效了。
④ 拉比犹大认为离开的居民,就移入纹律法而言,暂时不再是院中居民,其居所也不是合格的居所,因此他不具备施禁的资格。
⑤ 因为异教徒有可能在安息日回来,因此其居所仍然是一个合格的居所,必须被包括在移入纹里。
⑥ 犹太人通常不会中途变换自己过安息日的地点,此外还有一个安息日准许旅行距离的问题,所以不必担心他会回家。因此,他的居所可以暂时算作无主房屋,无资格加入移入纹。
⑦ 拉比西缅认为即使是可以回来的距离,也不施禁,因为犹太人在内心就会排除换地方过安息日的想法。
⑧ 两院之间有一个水窖,两院分界墙从水槽上方经过。安息日前两院各自设立了移入纹,但没有共设院落间移入纹。
⑨ 水属于混合物品,无法区分究竟属于哪个院落,因此在安息日汲水就等于把隔壁院落的水搬到了自己的院子里。在这里,两院间的分界墙不被看作是划分水窖的有效设施。
⑩ 隔断可以修在水面之上,入水一掌即可。
⑪ 也可以修在水面下,出水一掌即可。
⑫ 也可以修在水面上方的水窖壁间,完全不靠近水面。

上①。拉比犹大说：无隔断强于两院间之隔墙②。

7. 水渠流过院落，安息日不得从中汲水③，除非在其入口与出口处立十掌之隔断④。拉比犹大说：其上之院墙可被视为隔断⑤。拉比犹大说：某次在亚伯⑥之渠，他们依众长老在安息日从中汲水⑦。他们对他说：因其不够尺寸⑧。

8. 水上方之阳台⑨，安息日不得从中汲水⑩，除非为其立十掌高之隔断，无论在其上抑或在其下⑪。同样，两个阳台⑫，一个在另

---

① 希列学派认为"在其上"和"在壁间"其实是一回事。
② 拉比犹大认为既然水窖之上已有两院间的隔墙，再修建隔断就属于多余。他与定规贤哲的根本分歧在于，他认为悬吊隔断也是有效隔断，所以有院墙就够，没必要非把隔断修到水窖里边去。本节的定规贤哲则认为悬吊隔断是无效隔断，需要另外在水窖内修建才能生效。
③ 该水渠有十掌深四掌宽，因此被视为区间区（河属于区间区，水渠的水从河中来，因此也是区间区）。安息日不得从区间区向私人区域搬移物品，因此禁止从渠中汲水。
④ 该隔断与上节所说水窖内的隔断一样，需要建在水渠内，横截出口和入口，以象征该水渠与外界的水分离开了，成为私人区域。
⑤ 拉比犹大坚持其在上节的观点，认为院墙构成合格的隔断，无需再另建隔断。
⑥ 亚伯：下加利利的一个小镇。
⑦ 在没有修建特别隔断的情况下，当地的贤哲允许人们从中汲水。
⑧ 如果水流不到十掌深四掌宽，那么就构不成一个单独的区域，而是与其周边合区，如果在院子里，就是私人区域的一部分，自然也就可以汲水了。
⑨ 阳台下方有一个水窖或水渠，阳台底部有一个洞，房主平常就从这个洞中取水。
⑩ 如上节所述，水体属于区间区，安息日不得将水取至私人区域。
⑪ 可在阳台上或底下绕洞修隔断，向上或向下延伸十掌。虽然这个隔断不接触水体，但可以将其想象为无尽延伸的，所以下方的水也就被隔离开来。
⑫ 水的上方有两个阳台，都通过阳台底部的洞来取水。

一个上方 [1]，为在上者立却未为在下者立，双方均受禁 [2]，直至设移入纹 [3]。

9. 小于四掌之院落，不得在安息日向其倒水 [4]，除非为其挖掘可容两细亚之水坑 [5]，无论在外抑或在内 [6]。唯在外者需遮盖 [7]，在内则无须遮盖。

10. 拉比以利以谢·本·雅各说：在公共区域覆盖了四肘的下水道，安息日可向其中倒水 [8]。而众贤哲说：即使屋顶或院落长百肘，亦不可向下水道口倒水 [9]，然可从屋顶倒向屋顶，让水流下下水道 [10]。

---

[1] 不一定在正上方。

[2] 他们在上方的阳台上修建了隔断，却没在下方修，这样双方都受禁，因为共同修建后，楼上的隔断也属于楼下，如果楼下因为没修建而受禁的话，楼上也一样受禁。同样，如果楼下修建而楼上没修建，则楼上固然受禁，但楼上有步入权，所以实际上楼下有一部分权利是跟楼上共享的，这样，楼下也因为楼上受禁而受禁。

[3] 如果双方共设移入纹，则可以解决这个问题。

[4] 小于四肘见方的院子，其土地来不及吸收安息日倾倒出来的废水，结果是部分废水流到院外，形成从私人区域向公共区域的搬移，所以禁止这样做。

[5] 两细亚被认为是常人每日的用水量，有这样一个水坑，就不用担心水会流到公共区域去了。

[6] 可以把水坑修在门外紧靠院门的地方，这样从门内倒水，水会流出去，进入坑中。门外是公共区域，不过这样的坑属于豁免区，可以向其搬移。

[7] 如果门外这个水坑大于四掌见方，就变成了区间区，也不能向其搬移，如果将其遮盖，则可以成为豁免区。

[8] 这个四肘宽的下水道在院外公共区域的部分，紧靠院落的部分有四肘的长度被遮盖住，这样的大小可以容下两细亚的水，因此相当于上节所说的"水坑"。安息日可以在院内倒水，让水流出去，而不用担心水会流至公共区域未遮盖的部分。

[9] 众贤哲反对直接向下水道倒水的行为，因为这是在鼓励让水流到公共区域的意图，让人以为这种行为是允许的。

[10] 只能用间接的办法让水流进下水道去。

院落与过道合计四肘[①]。

11. 两阳台面对面亦如此[②]。其部分挖了坑,而其部分未挖坑[③];其挖坑者许可,而其未挖坑者则受禁[④]。

[①] 本句解释上节"小于四肘的院落",认为可以把院子和柱廊的面积合并计算。

[②] 不到四肘的院子里有两排二层楼房,其阳台面面相对,安息日前未设院落移入纹,结果不能把水拿到院子里去倾倒,只能倒在自己家里。"亦如此",很多版本无此句。若有此句,则意思是:相对的两个阳台,如果相距不到四掌,则面积可以合计;若合计的面积超过了四肘,就可以直接在阳台上倒水。

[③] 院子里部分居民挖了倒水的坑,部分没挖。

[④] 按照《圣经》律法,即使没挖坑的那些居民其实也可以把水倒在自己家里(比如阳台上),然后让水流到院子里的坑里去。拉比律法在此禁止这样做,是因为挖坑的人会把坑挖在离家较近的地方,可以很方便地让水流出去。而没挖坑的人,因为坑离得较远,脏水离开自己家需要时间,为了保持家里的洁净,他们可能就直接把水拿到坑边去倾倒。由于他们未设院落移入纹,这种做法是被禁止的。

第 9 章

1. 城中所有屋顶均为同一区域①，除非屋顶高出十掌或者低出十掌②，此为拉比梅伊尔之言。众贤哲说：每个自为一区域③。拉比西缅说：屋顶，一如院落，一如木仓④，对于安息在其中之用具均为同一区域，对于安息于家中之用具则不是⑤。

---

① 拉比梅伊尔认为屋顶与房间不同，房间是经常性地被占为私人空间，所以是私人空间；屋顶通常无人占有，所以自己是一个区域。因此，在安息日时，虽然不同的房屋间无移入纹则不可搬移物品，在屋顶之间搬移是允许的，不需要任何移入纹。

② 不过他反对在落差十掌以上的屋顶之间搬移，《革玛拉》解释说这是因为拉比梅伊尔反对利用十掌高的柱子。如果院子里有一个四掌见方十掌高的柱子或者墩子，尽管柱子顶与院落都是私人空间，拉比梅伊尔仍然禁止将物品从地面提起，放在柱子顶，以便背到肩上去。这条禁令的理由是为了防止有人在公共空间也去如法炮制，而忘记这样规格的柱子或者墩子是私人区域，这样做就是跨区域搬移了。由此他将禁令也扩展到了落差超过十掌的屋顶之间。

③ 众贤哲认为屋顶是房屋的一部分，各自为一个区域，只有移入纹才能将其合一，进行搬移。

④ 拉比西缅进一步扩大了拉比梅伊尔的宽松裁定，不仅认为屋顶是一个区域，而且认为屋顶和院落、木仓三者均为同一区域，这样，在安息日不仅可以在落差十掌以上的屋顶间搬移，也可以在屋顶、院落和木仓之间随意搬移，而不需要设置移入纹。

⑤ 这种在三个区域间的随意搬移不是无条件的。其条件就是被搬移的用具必须是在安息日开始时就在这三个空间里。如果某用具在安息日开始时在家里，那么在设置了院落移入纹的情况下可以被搬到院子里，但如果要再搬到别的院子里，就必须设置院落间移入纹才行。

2.大屋顶连小屋顶①,大者许可②,小者受禁③。大院落侵入小院落④,大者许可,小者受禁,因其一如大者之出口⑤。院落侵入公共区域,从其向个人区域搬入,或从个人区域向其中搬出,均为有责⑥,此为拉比以利以谢之言。众贤哲说:免责,因其如区间区⑦。

3.两边侵入公共区域之院落⑧,如同两边垮塌的房子⑨,如同

---

① 两个屋顶相连,四边有十掌高之围墙,但相连部分没有任何隔挡,且其长度不到十肘。两个房子里的居民各自设置了院落移入纹,却未共同设置院落间移入纹。

② 大屋顶的住户在安息日可以在屋顶和房间之间搬移物品,因为在两个屋顶的连接边,大屋顶比小屋顶两边各宽出一截,加上整个连接边不到十肘,因此就被看作是一个出入口,大屋顶仍然保留了自己的区域地位,是可以搬移的。如果连接边超过十肘,那么整个大屋顶就被看作是全部开放的,此时因为不能向小屋顶搬移,向大屋顶自身的搬移也就被禁止了。

③ 小屋顶整个一条边是开放的,因此被禁止搬移物品(向受禁区域开放的许可空间受禁)。

④ 两个院落间相互连接的墙塌了,但是大院子宽出来的那两截墙还在。

⑤ 这跟大小屋顶是同一个原理。对于大院子来说,小院子只是一个出口,自身仍然是独立区域;而小院子整条边开放,就成了开放空间。

⑥ 拉比以利以谢认为如果连接公共区域的院墙塌了,或者豁口超过十肘,那么院子就成了公共区域,此时如果在房屋和院子之间搬移,就是冒犯安息日禁令,需要献赎罪祭。

⑦ 众贤哲认为这类区域属于区间区,而不是公共区域,虽然也禁止搬移,但如果冒犯了,也不必献赎罪祭。

⑧ 《革玛拉》认为此处说的是院墙角塌了,而外边是公共区域。此时即使豁口不到十肘,也不能算是开口,因为开口不会放在角上。

⑨ 与院子相似,这里说的是屋角塌了,而且其上没有屋顶,不能指望屋顶塌下来将漏洞堵上。

横梁或立柱被移走的巷道①,此安息日许可,未来则受禁②。此为拉比犹大之言。拉比约西说:若此安息日许可,则未来亦许可;若未来受禁,则此安息日亦受禁③。

4.修建于两所房子上者④,如同有通道的桥梁⑤,安息日可在其下搬移⑥。此为拉比犹大之言。而众贤哲禁止⑦。拉比犹大还说:可为通途巷道设移入纹⑧,而众贤哲禁止⑨。

---

① 横梁与立柱是出口的标志,给街道以巷道的地位。
② 拉比犹大遵从的原则是:"部分安息日许可,则整个安息日许可。"由于此处讲到的垮塌均发生于安息日,也就是说垮塌前安息日的那部分时间,这些地方是允许搬移的,这样整个安息日也就准许搬移。但如果不修好的话,那么未来的安息日从一开始就受禁,也就一直受禁。
③ 拉比约西认为"部分安息日许可,则整个安息日许可"的原则只适用于移入纹被破坏的情况,在这种情况下,虽然移入纹不到最低限量,但是其效力依然如故。但是这一原则不适用于其他情况,例如本节所讲的垮塌情况。
④ 也就是跨街骑楼,横跨两个房子之上,其间的公共区域仍然可以通行。
⑤ 桥下是通行的道路。
⑥ 《革玛拉》解释说拉比犹大依据的是"屋顶下移"原则,也就是说可以想象开放的两个边的屋顶下垂到底,使得整个空间四边都是封闭的。四边封闭的遮盖空间是私人空间,安息日可以搬移物品。拉比犹大实际上是说只要有顶,两边封闭的空间也可以算是私人空间。
⑦ 众贤哲不承认"屋顶下移"的原则。
⑧ 移入纹在此处指合食。对于两边通畅的道路,拉比犹大认为只要在一个口上设立了横梁或者立柱,就拥有了巷道的地位,就可以在安息日共设合食,以便在巷道和院落之间搬移。
⑨ 众贤哲坚持只有三边封堵、一个出口的街道才具有巷道资格,才能设合食。对于通途巷道,必须在一个口上修建象征性的封堵物,在另一个口上设横梁立柱,才有可能成为巷道。

第 10 章

1. 发现经匣者,当成对移入[①]。拉班迦玛列说:当两两[②]。此言何物?言旧物[③],然若为新物,则得免[④]。若发现其成套或成捆,则守之至天黑而移入[⑤]。若于险中,则覆盖之而离去[⑥]。

2. 拉比西缅说:将其传给友伴,友伴传友伴[⑦],直至其到

[①] 安息日禁止佩戴经匣,因众贤哲担心经匣带有时会断裂。如果在无人看守之地发现经匣,则有义务将其带入有人看守之地,因为经匣属于圣物,需防止其被亵渎。因此,在安息日为这个目的可以佩戴经匣,再将其带到安全地点之后放下。成对:头上戴一个,手臂上戴一个,这是日常佩戴的方式。

[②] 拉班迦玛列认为头上和手臂上可以各戴两个,因为安息日本来不允许佩戴经匣,因此这种佩戴纯粹是为了搬运的目的,与平常的佩戴习惯无关。

[③] 经匣已经穿上了经匣带,且经匣带已经打结,明显是佩戴过的。

[④] 新的经匣指经匣带尚未穿上,或者虽然穿上但尚未打结,这种情况下,这些物品未必真是经匣,即使真是,没完成之前也不具备圣品的地位,所以发现者没有一定要将其运到安全地点的责任,所以得免。

[⑤] 如果发现的经匣太多,白天运不完,那就干脆等到天黑以后再运,否则属于冒犯安息日。

[⑥] 如果统治当局禁止犹太教活动(比如犹太大起义之后的罗马当局),那么就可以将经匣盖起来,而不用冒险戴着经匣公开行走。

[⑦] 本节承接上节,拉比西缅不同意在危险时仅将经匣覆盖便可走人,而认为应该采取手手相传的办法,也就是拿着经匣走少于四肘的距离(超过此距离便是冒犯安息日),将其递给另外一个朋友。《革玛拉》认为此处有经文脱落,应该在本节开始加上:"此言何事,言异教徒之险时;若为盗匪之险,则当四肘相连地将其带走。"也就是

达外侧之院落①。其子亦如此②,将其传给友伴,友伴传友伴,即使过百。拉比犹大说:亦可将桶传给友伴③,友伴传友伴,甚至传出安息日边界④。他们对他说:不得走出其主人之足所到之处⑤。

3. 在门廊⑥读经,经卷从其手中滚落⑦,可向自己卷回⑧。在屋顶⑨读,经卷从其手中滚落,若未及十掌,则可向自己卷回⑩;若已及十掌,则翻转书写面⑪。拉比犹大说:即便其离地仅一针之

说:上节所说的覆盖走开,指的是异教徒当权,禁止犹太教活动的时候;如果只是因为犯罪活动不安全,不能在那里等到天黑,那就带着经匣走少于四肘的距离,停一下,再继续走不到四肘的距离,如此反复,直到将经匣运到安全地点。正是在这一点上,拉比西缅不同意这种做法,提出了手手相传的办法。

① 到达村镇或城市最外侧的院落,有人看管,就不可再继续搬运了。

② 如果安息日时在野外生了孩子,也可以用这个办法将孩子运到安全地方。

③ 拉比犹大认为这种手手相传的办法的应用范围不限于经匣或婴儿这些特别情况,而是在任何时候都可以实行,哪怕是一桶食品。

④ 《革玛拉》认为此处讨论的一桶物品是无主物,因为无主物没有安息日畛域的限制,所以传出去也是可以的。

⑤ 此人(传统上认为是拉比约翰南·本·努利)认为即使是无主物,也是有安息日畛域的,就好像它们是有主物一样。

⑥ 门前高出地面的门廊,属于区间区,门外则是公共区域。

⑦ 古代的犹太经典都书写在皮卷上,然后卷成一卷收藏,阅读时展开要读的部分。此处说的是经卷的一端脱手,滚向门外公共区域,但另一端仍然抓在手里。

⑧ 只要一端还抓在手里,就不算落入公共区域,就可以卷回区间区。

⑨ 屋顶距离地面十掌以上,属于私人区域。

⑩ 经卷一端从手中滚下屋顶,滚向街道。街道属于公共区域,但是离街道十掌以上的空间属于豁免区,所以只要经卷未到达离地面十掌之内的距离,则依然可以将其卷回。

⑪ 如果经卷进入离地面十掌的距离,则已进入公共区域,就不能再卷回来。此时读经者需设法翻转经卷,使书写面向墙,以便保护经文。

地,亦向自己卷回①。拉比西缅说:即使已落地,亦向自己卷回,因拉比所禁者无一物可挡圣著②。

4. 窗前之窗台③,安息日可在其上放置及从其上拿取④。人可立于私人区域且搬动于公共区域,于公共区域且搬动于私人区域⑤;唯不得移出四肘之外⑥。

5. 人不得立于私人区域而向公共区域小便,或于公共区域而向私人区域。同样,亦不得吐口水⑦。拉比犹大说:甚至若其口水脱离其口⑧,则亦不得行走四肘之地,除非吐掉⑨。

---

① 《革玛拉》认为此处经文有脱落,应该补上的一段是:"何时如此? 墙面倾斜时如此。若墙面不倾斜,则向自己卷回,此为拉比犹大之言。因拉比犹大说:即便其离地仅一针之地……"也就是说,《革玛拉》认为此节都是拉比犹大的观点,如果经卷滚落不到离地十掌,则卷回;如果到了十掌之内,房子的墙是向外倾斜的,就翻转保护经文;如果墙是直的,经文会与墙摩擦而被损坏,那就将其卷回,即使只有离地一针的距离。

② 拉比西缅认为经卷一端在手时不能卷回的禁令只是拉比律法,而保护《圣经》的责任高于拉比律法,因此拉比律法在这里失效。

③ 《革玛拉》认为此处说的是离地十掌以上的窗台,如上所述,公共区域十掌以上的空间属于豁免区,如果这个窗台的尺寸在四掌见方以上,则属于私人区域。

④ 因为窗台是豁免区或者私人区域,因此在上边取放东西都是允许的。《革玛拉》认为只允许取放易碎物品(陶器之类的),这样万一物品掉到街道上去,反正已经摔碎,也不会有人去取,从而违反跨界搬移的禁令。

⑤ 站在一个区域内的人可以伸手去搬移处于另一个区域的物品,只要不使这些物品跨界就可以了。

⑥ 界外移动物品时,不得移动超过四肘(四肘是允许的)的距离。

⑦ 安息日时跨界小便或者吐口水,都属于搬移的行为。虽然通常规定被搬移的物品来自四掌见方之地,但《革玛拉》认为一个人小便或吐口水的意图使得这些体液具有了来自四掌见方之地的地位。

⑧ 如果一个人口中口水太多,想要吐掉,那么此时口水就不再被看作是口的一部分,好像是与口分离了。

⑨ 此时口水被看作是搬移中的物品,因此在公共区域不能含着这种口水行走超过四掌的距离。

第10章

6. 人不得立于私人区域而饮于公共区域,于公共区域而饮于私人区域,除非将其头与身体大部伸进其所饮之地[①];榨酒器亦如此[②]。人可从低于十掌之排水沟接用[③],而若来自排水管,则可以任何方式饮用[④]。

7. 公共区域之水窖,若其边沿高十掌,且有窗口于其上,则安息日可从其汲水[⑤]。公共区域之垃圾堆,若为十掌高,且其上有窗口,则安息日可向其倒水[⑥]。

---

① 禁止一个人从另一个区域饮水,主要是怕他不当心把水或者饮水器皿带入自己所处的区域,造成跨界搬移。

② 此句所讲的是什一税的问题,也就是,如果一个人处在榨酒器旁边,便可以直接从榨酒器饮酒,而不用事先分留什一税,因为人们通常不这样喝酒,这种行为被看作是偶尔为之(参见《种子·什一税》4:4),但如果他身体不在酒窖里,就不能这样喝酒。

③ 排水沟通常修在屋顶下方三四掌的地方,用来排泄雨水,排出来的水落到离地十掌之内,就进入公共区域,此时站在公共区域的人就可以接水来喝。一说,此句应该读为"即便在十掌之内",也就是说十掌之上也是允许的。不过《革玛拉》禁止直接在排水沟上接水,因为排水沟属于屋顶,是私人区域,接水到公共区域,则构成跨界搬移。

④ 屋顶下垂的排水管,通常比较细,不到四掌见方,不属于任何区域,因此可以随便接水饮用。如果这个排水管大于四掌见方,就属于私人区域,就不能这样饮用了。

⑤ 《革玛拉》认为此处说了两种情况。第一,如果水窖离墙超过四掌,那么水窖一定要超过十掌,才可以从窗户汲水。因为十掌之上是豁免区,因此水不会穿过公共区域。如果边沿不到十掌,那么是从私人区域汲水,然后穿过公共区域,再进入私人区域,而这是被禁止的。第二,如果水窖离墙不到四掌,那么水窖和墙之间的空间属于豁免区,此时只要水窖本身符合私人区域的要求(高出的边沿与深度加在一起超过十掌),就可以从窗口取水。

⑥ 有关向垃圾堆倒水的规定,与上句所讲的取水的规定,原理是一样的。

8. 垂地之树，若其枝距地无三掌之高，则可搬移于其下[①]。其根高于地面三掌，则不得坐于其上[②]。后院之门[③]、豁口之荆棘[④]及苇帘[⑤]，不得以之关闭[⑥]，除非其高于地面[⑦]。

9. 人不可立于私人区域而开启于公共区域[⑧]，或于公共区域而开启于私人区域[⑨]，除非设十掌高之隔断[⑩]。此为拉比梅伊尔之言[⑪]。他们对他说：在耶路撒冷屠宰市场之事：他们锁门且将钥匙置于门

[①] 树的枝叶在四周悬垂，离地不到三掌。按律法，不到三掌的空间属于封闭空间，因此可以把这样的枝叶视为一直悬垂到地面，这样树下的空间就成了私人区域，安息日时可以在其中搬移物品。

[②] 安息日禁止以任何形式利用树木，以防有人折断树枝，亵渎安息日，因此也就禁止拿树根当凳子坐。不过地表高度在三掌以下的树根被看作地面的一部分，而不是树木的一部分，所以可以坐。

[③] 《密释纳》时代，后院用于储物，院门是死的，进出需要把门卸下来，然后再装上去。

[④] 墙上的豁口，通常用荆棘团堵上，进出时将其移开再放回。

[⑤] 芦苇编织成的帘子或者垫子，用来封堵门道。

[⑥] 安息日时，禁止用这些东西进行关闭封堵，因为这属于一种建筑活动。

[⑦] 除非这些东西在关闭时悬浮空中（悬挂在横杆或者绳索上），不接触地面，这种情况下可以将其关闭封堵回去，因为底下有缝隙，不属于建筑活动。

[⑧] 比如人站在门内（私人区域），钥匙放在门外公共区域的一个地方，锁也在公共区域，但都离门很近，他伸手拿钥匙并开锁。禁止这样做的原因是怕他不小心把钥匙带进门里，构成跨界搬移。

[⑨] 人站在门外公共区域，伸手去私人区域（比如窗户洞里）拿钥匙，并开房门（也属于私人区域），禁止这样做的原因是怕他把钥匙拿向自己，进入公共区域，形成跨界搬移。

[⑩] 在公共区域里设这样的隔断区，人也站在这个隔断区里。由于这样的隔断区属于私人空间，因此即使把钥匙拿向自己也没关系。即使是拿钥匙过来时跨越了公共区域，也只是触犯拉比禁令，而不是《圣经》禁令。

[⑪] 拉比梅伊尔不同意本章第四节关于可以在界外移动物品的规定。

上方之窗户内①。拉比约西说:其为羊毛市场②。

10. 头上有把手之门闩③,拉比以利以谢禁之,拉比约西许可④。拉比以利以谢说:太巴列的会堂一度习惯于对此许可,直到拉班迦玛列与众长老来到并禁之。拉比约西说:习惯于对此禁止,直到拉班迦玛列与众长老来到并许之。

11. 拖拽之门闩⑤,可在圣殿以之拴锁⑥,然不可在俗国⑦。放置者,此处彼处均禁止⑧。拉比犹大说:放置者在圣殿许可,拖拽者在俗国许可⑨。

---

① 也就是说,屠夫们在安息日关门时,站在公共区域锁门,然后将钥匙放入私人区域的窗洞里。众贤哲以此来反驳拉比梅伊尔。《革玛拉》认为,由于整个耶路撒冷是一个私人区域(城墙环绕且城门在夜晚上锁),因此城内的市场并非公共区域,而是区间区。据此,《革玛拉》认为本节在"隔断"后有一段文字脱落,应该是:"同样,人亦不可立于私人区域而开启于区间区,或于区间区而开启于私人区域,除非设十掌高之隔断。"此时众贤哲才举出耶路撒冷市场的事情加以反驳。

② 拉比约西同意众贤哲的观点,但认为他们记错了地点,不是屠宰市场,而是羊毛市场。

③ 这里说的是一种不固定在门上的活动门闩。如果这种门闩没有把手,看起来像是一块木头,那么安息日就禁止使用,因为看起来像是建筑活动。但如果有把手,则看起来像是一个工具,放在门上是临时的,因此允许使用。

④ 拉比以利以谢认为即使有把手也还是门闩,因此禁止使用;拉比约西认为有把手就是工具,因此允许使用。

⑤ 门闩的一段有绳索与门锁相连,门开启时门闩随之拖拽于地。

⑥ 圣殿内不受拉比律法的限制,因此允许在安息日以之闩门。

⑦ 俗国,指圣殿之外的以色列大地。由于该门闩没有把手,不属于工具,因此闩门就属于建筑活动,因此禁止。

⑧ 放置者,指既无绳索亦无把手的门闩,只是一块木头,以之闩门是一种纯粹的建筑活动(参见上节相关注解),即使按照《圣经》律法也是禁止的,所以在圣殿中也不可以。

⑨ 拉比犹大认为门闩被看作是建筑活动只是一种看法,其实并非建筑活动,因此他的裁决比较宽松,圣殿内不施行拉比律法,所以任何门闩都可以使用。圣殿外,只要有一点东西能说明该门闩是用来闩门的(比如有绳索拖拽),那么就可以使用。

12. 可在圣殿使下枢轴复位①，然不可在俗国②。对上枢轴，此处彼处均禁止③。拉比犹大说：上枢轴于圣殿④，下枢轴于俗国⑤。

13. 可在圣殿重置绷带⑥，然不可在俗国⑦；若为首次，则此处彼处均禁止⑧。可在圣殿结弦⑨，然不可在俗国；若为首次，则此处彼处均禁止⑩。可在圣殿除疣⑪，然不可在俗国⑫；若用器具，则

---

① 柜橱门边的上下两个合页，如果下合页脱落，上合页还在，门没有倒下，在圣殿内允许将其复位，因为拉比律法在圣殿内无效。

② 拉比们禁止在安息日将下合页复位，因为害怕人们会顺便使用锤子、钉子等工具加固下合页，从而以工作亵渎安息日。

③ 如果上方合页脱落，那么整个门就会倒下来，此时再修复，就是真正的建筑活动，为《圣经》律法所禁止，所以即使在圣殿内也不允许。

④ 拉比犹大认为部件的修复不属于建筑活动，因此其禁令是拉比律法，圣殿内不受此禁令制约。

⑤ 他认为下方合页修复起来比较容易，因此不必担心人们会真的将其发展为工作。

⑥ 当时将药膏敷在绷带上，然后将绷带绑在伤口上。安息日禁止处理伤口，但因为祭司不得带绷带履行祭祀职责，如果不许他们在履行前卸下绷带，履行后再将绷带缠回去的话，那么可能将影响他们履行祭祀职责。此外，有关这种绷带的使用问题也属于拉比律法，在圣殿无效。

⑦ 贤哲们担心人们在使用这种绷带时会抚平药膏，从而触犯安息日工作之父中的"理平"一项。

⑧ 如果在安息日之前根本就没有放置绷带，那么安息日时上绷带就属于处理伤口，是《圣经》律法所禁止的，因此即使在圣殿也被禁行。

⑨ 利未人在安息日时要在圣殿演奏乐器（大约是竖琴类的乐器），作为圣殿仪式的一部分。如果乐器上的弦脱落，那么他可以把弦结回去，虽然安息日不可打结，但演奏是诫命，履行诫命的责任优先于遵守安息日的责任，因此是许可的。

⑩ 如果在安息日到来时乐器上没有那根弦，那么安息日不得安放新弦，即使是在圣殿，因为他本来可以在安息日之前安放。

⑪ 用作牺牲品的动物，身上不可有疣子，否则属于缺陷。如果在圣殿进行祭祀时发现这个问题，可以用非常规手段处理，比如用手揪下来。

⑫ 怕人们会用工具（比如刀子）将其切下来，从而触犯安息日工作之父的"剪毛"一项。

此处彼处均禁止①。

14.祭司伤其手指,可在圣殿用芦苇包扎②,然不可在俗国③。若导出血液,则此处彼处均禁止④。可在坡路上撒盐以防滑⑤。安息日可以辘轳从流放窖⑥与大窖汲水⑦,亦可于佳日从活水井汲水⑧。

15.在圣殿发现爬物,祭司以其束带将其移出⑨,以不让不洁耽延⑩。此为拉比约哈南·本·布罗卡之言。拉比犹大说:以木

---

① 使用器具切疣,属于《圣经》律法禁止的安息日工作类型,因此即使在圣殿也是禁止的。
② 安息日禁止处理伤口,但如果祭司的伤口影响他履行祭祀的责任,那么他可以在圣殿包扎。
③ 在其他地方包扎伤口属于治疗行为,为安息日律法所禁止。
④ 如果包扎时过于用力,导致血液从伤口流出,就成了放血,属于安息日所禁之工作之父中的"屠宰"行为,即使在圣殿亦不允许。
⑤ 通向祭坛的斜坡,由于动物油脂的渗透,在阴雨天很滑,所以可以撒盐粒防滑,即使是在安息日。
⑥ 据说该水窖是从巴比伦流放归来的人在第二圣殿初建时修建的。
⑦ 这两个水窖都在圣殿的殿堂里。通常情况下,安息日禁止使用辘轳汲水,因为水来得太容易,贤哲们担心人们用水浇地,从而触犯禁止在安息日播种的律法。但是在圣殿里,这种行为是允许的。
⑧ 这里指的是一眼特殊的活水井,据说该眼水井在巴比伦流放者归来时帮助他们度过了最初的佳日,因此被那个时代的先知(哈该、撒迦利亚、玛拉基)等人授予特权,虽然处在圣殿之外的俗国,但在安息日可以用辘轳从中汲水。
⑨ 不洁爬物(比如蜥蜴或蛇)的死尸被发现于圣殿,祭司可以用腰带将其移出。这样腰带沾染不洁而成为第一不洁,但不会将不洁传染给祭司。
⑩ 这是最快的移出不洁物品的办法,这样做虽然使腰带沾染了不洁,但却不会让不洁物品在圣殿内耽搁。

钳，以不让不洁扩展①。从何处可将其移出？②从至圣所，从入殿大堂，以及从入殿大堂与祭坛之间③。此为拉比西缅·本·那纳斯之言。拉比阿奇瓦说：从有意冒犯④则遭天谴以及过失冒犯则献赎罪祭之地，从彼处将其移出；在其他所有地方，均覆盖盆罐于其上⑤。拉比西缅说：众贤哲给你许可之处，均从你之所有中给你⑥，因若非拉比律法，不会给你许可⑦。

《移入纹》卷终

① 平板木器不会沾染不洁，因此这样做不会让不洁扩展（比如，祭司的腰带），其代价是寻找木钳可能会花费时间，不如直接使用腰带那样快捷，不过拉比犹大认为这是值得的。
② 移动死尸属于搬移物品，为安息日律法所禁止。圣殿固然有例外之处，但这例外的条件是相关行为必须是在履行诫命，因此不是所有的地方都可以例外的。本句问究竟何处可以享受这种例外特权。
③ 只有在这些地方发现爬物死尸，才可以在安息日将其移出。
④ 指进入某些不当进入的地方。
⑤ 等到天黑安息日结束后再将其移出。
⑥ 按照《革玛拉》的解释，本句指本卷4：11所说的十五肘之地，这十五肘虽然是拉比律法特许的，但实际上是丈量差错造成的，本来就属于许可的范围之内。
⑦ 按照《革玛拉》的解释，本句指本章第13节所说的结弦之事。拉比西缅不同意《密释纳》贤哲的观点，认为此处所许可的，只是拉比律法所禁止的临时性打活结，而不是《圣经》律法所禁止的常规打死扣。因此，贤哲们所能宽松之处，都是拉比律法的禁令，《圣经》律法是无法宽松的。

第 3 卷

逾越节
Pesachim

逾越節
藏于肅
尔士利波
北京明園

提　要

本卷讨论逾越节相关律法，主要涉及有酵物问题、逾越节牺牲祭献问题以及逾越节晚宴的程序问题。其中前四章与最后一章所讨论的问题与圣殿无关，中间五章则讨论与圣殿献祭相关的问题，因此本卷可被分为两个部分，这可能是为什么本卷的希伯来语卷名是复数（Pesachim）而不是单数（Pesach）的原因。

前三章主要讨论逾越节期间禁止拥有、食用或利用有酵物的问题。第4章讨论逾越节前夕禁止工作的问题。第5章至第8章讨论有关逾越节牺牲祭献的问题。第9章讨论第二逾越节以及逾越节牺牲与其他牺牲的关系问题。第10章则讨论逾越节晚宴的相关问题。

有酵物是与逾越节相关的首要概念，违犯有酵物相关的律法所受到的惩罚可直至天谴。对于拉比犹太教而言，除了按特定程序制作出来的无酵饼之外，几乎所有使用了水的五麦产品都属于有酵物。与逾越节相关的有酵物活动包括节前搜寻且焚毁有酵物，以及在节期期间履行食用无酵饼的律法，等等。

逾越节牺牲是另一个重要的逾越节相关概念。在尼散月十四日宰杀祭献的牺牲是一只一岁的公羊羔。这一概念来自《希伯来圣经》中的出埃及故事，具体到逾越节，则包括分组购买或预备牺牲，宰杀与献祭，以及献祭之后食用祭肉等多项节期活动。

逾越节晚宴作为庆祝逾越节的有固定仪式程序的家庭晚宴并不见于《希伯来圣经》，而是拉比犹太教后加的节期活动。从某种意义上来说，晚宴是作为因圣殿被毁而无法进行的祭献活动的替代品而产生的，它是后圣殿时代逾越节最重要的活动。

相关《希伯来圣经》段落

1.《出埃及记》

12：1　耶和华在埃及地晓谕摩西,亚伦说……

12：2　你们要以本月为正月,为一年之首。

12：3　你们吩咐以色列全会众说,本月初十日,各人要按着父家取羊羔,一家一只。

12：4　若是一家的人太少,吃不了一只羊羔,本人就要和他隔壁的邻舍共取一只。你们预备羊羔,要按着人数和饭量计算。

12：5　要无残疾,一岁的公羊羔,你们或从绵羊里取,或从山羊里取,都可以。

12：6　要留到本月十四日,在黄昏的时候,以色列全会众把羊羔宰了。

12：7　各家要取点血,涂在吃羊羔的房屋左右的门框上和门楣上。

12：8　当夜要吃羊羔的肉,用火烤了,与无酵饼和苦菜同吃。

12：9　不可吃生的,断不可吃水煮的,要带着头,腿,五脏,用火烤了吃。

12：10　不可剩下一点留到早晨,若留到早晨,要用火烧了。

12：11　你们吃羊羔当腰间束带,脚上穿鞋,手中拿杖,赶紧地吃,这是耶和华的逾越节。

12:12 因为那夜我要巡行埃及地,把埃及地一切头生的,无论是人是牲畜,都击杀了,又要败坏埃及一切的神。我是耶和华。

12:13 这血要在你们所住的房屋上作记号,我一见这血,就越过你们去。我击杀埃及地头生的时候,灾殃必不临到你们身上灭你们。

12:14 你们要纪念这日,守为耶和华的节,作为你们世世代代永远的定例。

12:15 你们要吃无酵饼七日。头一日要把酵从你们各家中除去,因为从头一日起,到第七日为止,凡吃有酵之饼的,必从以色列中剪除。

12:16 头一日你们当有圣会,第七日也当有圣会。这两日之内,除了预备各人所要吃的以外,无论何工都不可做。

12:17 你们要守无酵节,因为我正当这日把你们的军队从埃及地领出来。所以,你们要守这日,作为世世代代永远的定例。

12:18 从正月十四日晚上,直到二十一日晚上,你们要吃无酵饼。

12:19 在你们各家中,七日之内不可有酵,因为凡吃有酵之物的,无论是寄居的,是本地的,必从以色列的会中剪除。

12:20 有酵的物,你们都不可吃,在你们一切住处要吃无酵饼。

12:21 于是,摩西召了以色列的众长老来,对他们说,你们要按着家口取出羊羔,把这逾越节的羊羔宰了。

12:22　拿一把牛膝草,蘸盆里的血,打在门楣上和左右的门框上。你们谁也不可出自己的房门,直到早晨。

12:23　因为耶和华要巡行击杀埃及人,他看见血在门楣上和左右的门框上,就必越过那门,不容灭命的进你们的房屋,击杀你们。

12:24　这例,你们要守着,作为你们和你们子孙永远的定例。

12:25　日后,你们到了耶和华按着所应许赐给你们的那地,就要守这礼。

12:26　你们的儿女问你们说,行这礼是什么意思?

12:27　你们就说,这是献给耶和华逾越节的祭。当以色列人在埃及的时候,他击杀埃及人,越过以色列人的房屋,救了我们各家。于是百姓低头下拜。

12:28　耶和华怎样吩咐摩西,亚伦,以色列人就怎样行。

12:39　他们用埃及带出来的生面烤成无酵饼。这生面原没有发起,因为他们被催逼离开埃及,不能耽延,也没有为自己预备什么食物。

12:43　耶和华对摩西,亚伦说,逾越节的例是这样,外邦人都不可吃这羊羔。

12:44　但各人用银子买的奴仆,既受了割礼就可以吃。

12:45　寄居的和雇工人都不可吃。

12:46　应当在一个房子里吃,不可把一点肉从房子里带到外头去。羊羔的骨头一根也不可折断。

12:47　以色列全会众都要守这礼。

12:48 若有外人寄居在你们中间,愿向耶和华守逾越节,他所有的男子务要受割礼,然后才容他前来遵守,他也就像本地人一样,但未受割礼的,都不可吃这羊羔。

12:49 本地人和寄居在你们中间的外人同归一例。

12:50 耶和华怎样吩咐摩西、亚伦,以色列众人就怎样行了。

13:3 摩西对百姓说,你们要纪念从埃及为奴之家出来的这日,因为耶和华用大能的手将你们从这地方领出来。有酵的饼都不可吃。

13:4 亚笔月间的这日是你们出来的日子。

13:5 将来耶和华领你进迦南人、赫人、亚摩利人、希未人、耶布斯人之地,就是他向你的祖宗起誓应许给你那流奶与蜜之地,那时你要在这月间守这礼。

13:6 你要吃无酵饼七日,到第七日要向耶和华守节。

13:7 这七日之久,要吃无酵饼,在你四境之内不可见有酵的饼,也不可见发酵的物。

13:8 当那日,你要告诉你的儿子说,这是因耶和华在我出埃及的时候为我所行的事。

13:9 这要在你手上作记号,在你额上作纪念,使耶和华的律法常在你口中,因为耶和华曾用大能的手将你从埃及领出来。

13:10 所以你每年要按着日期守这例。

23:16 又要守收割节,所收的是你田间所种、劳碌得来初熟之物。并在年底收藏,要守收藏节。

23:17 一切的男丁要一年三次朝见主耶和华。

23:18　不可将我祭牲的血和有酵的饼一同献上,也不可将我节上祭牲的脂油留到早晨。

34:18　你要守除酵节,照我所吩咐你的,在亚笔月内所定的日期吃无酵饼七天,因为你是这亚笔月内出了埃及。

34:25　你不可将我祭物的血和有酵的饼一同献上。逾越节的祭物也不可留到早晨。

2.《利未记》

23:5　正月十四日,黄昏的时候,是耶和华的逾越节。

23:6　这月十五日是向耶和华守的无酵节,你们要吃无酵饼七日。

23:7　第一日当有圣会,什么劳碌的工都不可做。

23:8　要将火祭献给耶和华七日。第七日是圣会,什么劳碌的工都不可做。

3.《民数记》

9:1　以色列人出埃及地以后,第二年正月,耶和华在西乃的旷野吩咐摩西说……

9:2　以色列人应当在所定的日期守逾越节。

9:3　就是本月十四日黄昏的时候,你们要在所定的日期守这节,要按这节的律例典章而守。

9:4　于是摩西吩咐以色列人守逾越节。

9:5　他们就在西乃的旷野,正月十四日黄昏的时候,守逾越节。凡耶和华所吩咐摩西的,以色列人都照样行了。

9:6　有几个人因死尸而不洁净,不能在那日守逾越节。当日他们到摩西,亚伦面前……

9∶7　说,我们虽因死尸而不洁净,为何被阻止,不得同以色列人在所定的日期献耶和华的供物呢?

9∶8　摩西对他们说,你们暂且等候,我可以去听耶和华指着你们是怎样吩咐的。

9∶9　耶和华对摩西说……

9∶10　你晓谕以色列人说,你们和你们后代中,若有人因死尸而不洁净,或在远方行路,还要向耶和华守逾越节。

9∶11　他们要在二月十四日黄昏的时候,守逾越节。要用无酵饼与苦菜,和逾越节的羊羔同吃。

9∶12　一点不可留到早晨。羊羔的骨头一根也不可折断。他们要照逾越节的一切律例而守。

9∶13　那洁净而不行路的人若推辞不守逾越节,那人要从民中剪除。因为他在所定的日期不献耶和华的供物,应该担当他的罪。

9∶14　若有外人寄居在你们中间,愿意向耶和华守逾越节,他要照逾越节的律例典章行,不管是寄居的还是本地人,同归一例。

28∶16　正月十四日是耶和华的逾越节。

28∶17　这月十五日是节期,要吃无酵饼七日。

28∶18　第一日当有圣会。什么劳碌的工都不可做。

28∶19　当将公牛犊两只,公绵羊一只,一岁的公羊羔七只,都要没有残疾的,用火献给耶和华为燔祭。

28∶20　同献的素祭用调油的细面。为一只公牛要献伊法十分之三。为一只公羊要献伊法十分之二。

28∶21　为那七只羊羔,每只要献伊法十分之一。

28：22　并献一只公山羊作赎罪祭,为你们赎罪。

28：23　你们献这些,要在早晨常献的燔祭以外。

28：24　一连七日,每日要照这例把馨香火祭的食物献给耶和华,是在常献的燔祭和同献的奠祭以外。

28：25　第七日当有圣会,什么劳碌的工都不可做。

4.《申命记》

16：1　你要注意亚笔月,向耶和华你的神守逾越节,因为耶和华你的神在亚笔月夜间领你出埃及。

16：2　你当在耶和华所选择要立为他名的居所,从牛群羊群中,将逾越节的祭牲献给耶和华你的神。

16：3　你吃这祭牲,不可吃有酵的饼。七日之内要吃无酵饼,就是困苦饼。(你本是急忙出了埃及地)要叫你一生一世纪念你从埃及地出来的日子。

16：4　在你四境之内,七日不可见面酵,头一日晚上所献的肉,一点不可留到早晨。

16：5　在耶和华你神所赐的各城中,你不可献逾越节的祭。

16：6　只当在耶和华你神所选择要立为他名的居所,晚上日落的时候,乃是你出埃及的时候,献逾越节的祭。

16：7　当在耶和华你神所选择的地方把肉烤了吃(烤或作煮),次日早晨就回到你的帐篷去。

16：8　你要吃无酵饼六日,第七日要向耶和华你的神守严肃会,不可做工。

5.《约书亚记》

5：10　以色列人在吉甲安营。正月十四日晚上,在耶利哥的平原守逾越节。

5∶11 逾越节的次日,他们就吃了那地的出产。正当那日吃无酵饼和烘的谷。

6.《列王纪下》

23∶21 王吩咐众民说,你们当照这约书上所写的,向耶和华你们的神守逾越节。

23∶22 自从士师治理以色列人和以色列王,犹大王的时候,直到如今,实在没有守过这样的逾越节。

23∶23 只有约西亚王十八年在耶路撒冷向耶和华守这逾越节。

7.《以西结书》

45∶21 正月十四日,你们要守逾越节,守节七日,要吃无酵饼。

45∶22 当日,王要为自己和国内的众民预备一只公牛作赎罪祭。

45∶23 这节的七日,每日他要为耶和华预备无残疾的公牛七只,公绵羊七只为燔祭。每日又要预备公山羊一只为赎罪祭。

45∶24 他也要预备素祭,就是为一只公牛同献一伊法细面,为一只公绵羊同献一伊法细面,每一伊法细面加油一欣。

8.《以斯拉记》

6∶19 正月十四日,被掳归回的人守逾越节。

6∶20 原来,祭司和利未人一同自洁,无一人不洁净。利未人为被掳归回的众人和他们的弟兄众祭司,并为自己宰逾越节的羊羔。

6：21 从掳到之地归回的以色列人，和一切除掉所染外邦人污秽、归附他们、要寻求耶和华以色列神的人都吃这羊羔。

6：22 欢欢喜喜地守除酵节七日。因为耶和华使他们欢喜，又使亚述王的心转向他们，坚固他们的手，做以色列神殿的工程。

9.《历代志下》

30：1 希西家差遣人去见以色列和犹大众人，又写信给以法莲和玛拿西人，叫他们到耶路撒冷耶和华的殿，向耶和华以色列的神守逾越节。

30：2 因为王和众首领，并耶路撒冷全会众已经商议，要在二月内守逾越节。

30：3 正月（原文作"那时"）间他们不能守。因为自洁的祭司尚不敷用，百姓也没有聚集在耶路撒冷。

30：4 王与全会众都以这事为善。

30：5 于是定了命令，传遍以色列，从别是巴直到但，使他们都来，在耶路撒冷向耶和华以色列的神守逾越节。因为照所写的例，守这节的不多了（或作"因为民许久没有照所写的例守节了"）。

30：13 二月，有许多人在耶路撒冷聚集，成为大会，要守除酵节。

30：14 他们起来，把耶路撒冷的祭坛和烧香的坛尽都除去，抛在汲沦溪中。

30：15 二月十四日，宰了逾越节的羊羔。祭司与利未人觉得惭愧，就洁净自己，把燔祭奉到耶和华殿中。

30：16　遵着神人摩西的律法，照例站在自己的地方。祭司从利未人手里接过血来，洒在坛上。

30：17　会中有许多人尚未自洁，所以利未人为一切不洁之人宰逾越节的羊羔，使他们在耶和华面前成为圣洁。

30：18　以法莲，玛拿西，以萨迦，西布伦有许多人尚未自洁，他们却也吃逾越节的羊羔，不合所记录的定例。希西家为他们祷告说，凡专心寻求神，就是耶和华他列祖之神的，虽不照着圣所洁净之礼自洁，求至善的耶和华也饶恕他。

30：19　以法莲，玛拿西，以萨迦，西布伦有许多人尚未自洁，他们却也吃逾越节的羊羔，不合所记录的定例。希西家为他们祷告说，凡专心寻求神，就是耶和华他列祖之神的，虽不照着圣所洁净之礼自洁，求至善的耶和华也饶恕他。

30：20　耶和华垂听希西家的祷告，就饶恕（原文作"医治"）百姓。

30：21　在耶路撒冷的以色列人大大喜乐，守除酵节七日。利未人和祭司用响亮的乐器，日日颂赞耶和华。

30：22　希西家慰劳一切善于事奉耶和华的利未人。于是众人吃节筵七日，又献平安祭，且向耶和华他们列祖的神认罪。

35：1　约西亚在耶路撒冷向耶和华守逾越节。正月十四日，就宰了逾越节的羊羔。

35：2　王分派祭司各尽其职，又勉励他们办耶和华殿中的事。

35：3　又对那归耶和华为圣，教训以色列人的利未人说，你们将圣约柜安放在以色列王大卫儿子所罗门建造的殿里，不必再用肩扛抬。现在要事奉耶和华你们的神,服事他的民以色列。

35:4 你们应当按着宗族,照着班次,遵以色列王大卫和他儿子所罗门所写的,自己预备。

35:5 要按着你们的弟兄,这民宗族的班次,站在圣所,每班中要利未宗族的几个人。

35:6 要宰逾越节的羊羔,洁净自己,为你们的弟兄预备了,好遵守耶和华借摩西所吩咐的话。

35:7 约西亚从群畜中赐给在那里所有的人民,绵羊羔和山羊羔三万只,牛三千只,作逾越节的祭物。这都是出自王的产业中。

35:8 约西亚的众首领也乐意将牺牲给百姓和祭司利未人。又有管理神殿的希勒家,撒迦利亚,耶歇将羊羔二千六百只,牛三百只,给祭司作逾越节的祭物。

35:9 利未人的族长歌楠雅和他两个兄弟示玛雅,拿坦业,与哈沙比雅,耶利,约撒拔将羊羔五千只,牛五百只,给利未人作逾越节的祭物。

35:10 这样,供献的事齐备了。祭司站在自己的地方,利未人按着班次站立,都是照王所吩咐的。

35:11 利未人宰了逾越节的羊羔,祭司从他们手里接过血来洒在坛上。利未人剥皮……

35:12 将燔祭搬来,按着宗族的班次分给众民,好照摩西书上所写的,献给耶和华。献牛也是这样。

35:13 他们按着常例,用火烤逾越节的羊羔。别的圣物用锅,用釜,用罐煮了,速速地送给众民。

35:14　然后为自己和祭司预备祭物。因为祭司亚伦的子孙献燔祭和脂油,直到晚上。所以利未人为自己和祭司亚伦的子孙,预备祭物。

35:15　歌唱的亚萨之子孙,照着大卫,亚萨,希幔,和王的先见耶杜顿所吩咐的,站在自己的地位上。守门的看守各门,不用离开他们的职事,因为他们的弟兄利未人给他们预备祭物。

35:16　当日,供奉耶和华的事齐备了,就照约西亚王的吩咐守逾越节,献燔祭在耶和华的坛上。

35:17　当时在耶路撒冷的以色列人守逾越节,又守除酵节七日。

35:18　自从先知撒母耳以来,在以色列中没有守过这样的逾越节,以色列诸王也没有守过,像约西亚,祭司,利未人,在那里的犹大人,和以色列人,以及耶路撒冷居民所守的逾越节。

35:19　这逾越节是约西亚作王十八年守的。

第 1 章

1. 十四日暮光①,以烛光搜检有酵物②。所有未曾携入有酵物之地,均无须搜检③。

他们何以说"酒窖的两排"④?向其携入有酵物之地⑤。沙玛伊学派说:酒窖整面的两排⑥。希列学派说:其为最高的外层两排⑦。

2. 不必担心或许黄鼠狼会从房屋到房屋、从地点到地点拖

---

① 希伯来历尼散月十五日为逾越节。按照律法,十四日中午以前要把家中的有酵物全部清除。不过拉比律法要求搜检有酵物的工作要在十四日晚上(一般历法的十三日晚上)开始,《革玛拉》认为这是因为晚上大家都在家。

② 烛光被认为是最好的搜索有酵物的方法,这是搜索在晚上进行的另一个原因,也是为什么搜索时必须使用烛光。实际上,即使是在白天搜索,烛光也是要求使用的,尽管有日光。

③ 家中通常不会带入有酵物的地方,均无须搜索。

④ 酒窖里的酒桶都是成排安放,并且层层相叠,直到窖顶。

⑤ 搜索必须包括酒窖,这是因为人们常在吃饭时进入酒窖取酒,取酒时手上可能拿着食物(比如面包),取酒后需要拿酒,可能就把食物留在了酒窖里。

⑥ 此句的解释众说纷纭,一种意见认为是指酒窖一进门迎面的第一排和第二排,一直到顶。另一种意见则认为是迎面的第一排到顶,加上顶上的一整层。

⑦ 此句同样众说纷纭,一说为迎面第一排的最上方两行;另一说为迎面第一排的最上方一行以及其后方的一行。

拽^①，因若如此，则可从院落到院落、从城镇到城镇，此事无穷无尽^②。

3. 拉比犹大说：搜检于十四日暮光，于十四日清晨，于避屋之时^③。而众贤哲说：若十四日暮光未搜检，则搜检于十四日；若十四日未搜检，则搜检于节期^④；若节期未搜检，则搜检于节期后^⑤。剩余者^⑥，置于稳妥处，以不必为此搜检^⑦。

4. 拉比梅伊尔说：整个第五时辰可食用，在第六时辰之始焚烧^⑧。拉比犹大说：整个第四时辰可食用，整个第五时辰悬停，第

---

① 不必担心黄鼠狼（或其他鼠类）会从尚未搜检的房屋或地点（比如一个尚未搜检的角落）将有酵物拖往已经搜检的房屋或地点（比如一个已经搜检的角落），不必设防，也不必重新搜检那些地点或房屋。

② 因为黄鼠狼会在更大的范围内拖拽，如果担心拖拽的话，那么事情就没完没了了。

③ 避屋之时，即需将搜检到的有酵物清出屋外，并加以焚烧销毁的时间。按照下节的说法，应该是十四日白昼的第六个时辰，也就是午前一个时辰。拉比犹大认为十四日之夜未搜检的，可以在十四日之晨搜检，如果十四日之晨也没搜检，最晚可以搜检到避屋之时。他担心搜检到有酵物的人会不当心吃掉这些食品，从而招致天谴，而避屋之时是能吃有酵物的最晚时刻。

④ 节期：指逾越节期间。

⑤ 众贤哲认为任何时候搜检都不算晚，即使到了节期后也还要搜检销毁，因为他不能以节前就存在的有酵物而得利。此外，因为搜检者明确知道自己的目的是销毁有酵物，所以众贤哲不担心他会把找到的有酵物吃下去。

⑥ 晚上搜检之后留下来的有酵物，无论是预备用作次日早餐还是准备避屋销毁的。

⑦ 必须把这些有酵物放在稳妥可靠、不会散失的地方。万一散失，则需要重新搜检。

⑧ 按照《圣经》律法，焚烧有酵物应该是第七时辰的事情，但拉比律法要求提前焚烧，原因是当时根据太阳的位置判断时辰（第五时辰太阳位置偏东，第七时辰太阳位置偏西），但如果遇上阴天，把握不准太阳的位置，就会出现偏差。此外，禁食有

第 1 章

六时辰之始焚烧①。

5. 拉比犹大还说:两块不合用之感恩祭饼②置于坐凳之顶③。只要尚置于此则全民可食用④。取走其一,则悬停⑤。不食用亦不焚毁。取走其二,则全民开始焚毁⑥。拉班迦玛列说:俗品,整个第四时辰都可食用;举祭,整个第五时辰⑦;焚毁于第六时辰之初⑧。

6. 副大祭司⑨拉比哈尼纳说:在祭司时代⑩,不会避免将被不洁之子沾污之肉⑪与被不洁之父沾污之肉⑫一同焚烧,尽管这会

酵物是全民的事情,民众素质参差不齐,难保人人都会准确掌握时间。因此,为了防止出现触犯律法的事情,拉比律法便将时间提前。拉比梅伊尔认为应该提前一个时辰,也就是到白天第五时辰(午前一个时辰)结束之前都还可以食用有酵物,从第六个时辰起不得食用,并开始焚烧。

① 拉比犹大认为提前一个时辰不够,而是应该提前两个时辰,因为有可能出现两个时辰的偏差。所以他规定第五个时辰不必开始焚烧,但应该停止食用有酵物。
② 逾越节期间的感恩祭饼要在十三日送至圣殿,四十个饼中,十个有酵,三十个无酵,供十三日当天至十四日中午连同感恩祭一起食用,因为数量太大,吃不完(特别是有酵的,十四日中午就不能吃了),其中有一些饼显然会过食用期而成为"剩余品",也就是不合用了。
③ 圣殿中有一些供人坐息的凳子,凳子上有遮顶,以防风雨。两块感恩祭饼就放在这顶上。
④ 至第四时辰结束,这两块饼都在那里作为尚可食用有酵物的标识。
⑤ 在第五时辰之初,取走一块饼,表示悬停时辰开始。
⑥ 在第六时辰之初,将第二块饼取走,表示焚毁有酵物的活动开始。
⑦ 举祭,只要还能吃,就是禁止销毁的,因此在第五时辰还能食用。
⑧ 第六时辰开始,无论是否举祭,有酵物都被焚毁。
⑨ 在大祭司不适合履行职责时承担他的责任。
⑩ 祭司在圣殿里服侍的时代。
⑪ 与第二不洁沾染而成为第三不洁的肉。
⑫ 与不洁之父沾染而成为第一不洁的肉。

在不洁之上加不洁①。拉比阿奇瓦补充说:在祭司时代,不会避免将被当日浸者②废止之油③点燃于油灯——被沾染死尸之不洁物沾污之油灯④,尽管这会在不洁之上加不洁⑤。

7. 拉比梅伊尔说:从他们的言谈中⑥我们学得:逾越节可将洁净之举祭与不洁者一同焚烧⑦。拉比约西对他说:此非同类⑧。拉比以利以谢与拉比约书亚承认他们将此物与彼物各自焚烧⑨。其分歧何在?在悬疑品与不洁品⑩。拉比以利以谢说:将此物与彼物各自焚烧⑪。拉比约书亚说:两者如一⑫。

---

① 《圣经》律法规定食物之间不会传递不洁,不过拉比律法承认这种传递。因此,在这种情况下,第三不洁的肉变成了第二不洁的肉,增加了不洁度,在一般情况下这是不允许的,但因为两者都要被焚毁,所以可以通融。

② 因为沾染不洁而行浸礼的人,在天黑前仍然被看作第二不洁,他碰过的油就成为第三不洁。

③ 这里说的油是举祭之油,成为不洁后就不再有圣品地位,所以说废止。

④ 金属油灯沾染了作为不洁之祖的物品(该物品沾染了死尸,取得了跟死尸一样的不洁之祖的地位),自己变成了不洁之父。

⑤ 因为与不洁之父沾染,原本是第三不洁的灯油变成了第一不洁,但因为是要被焚烧的,因此可以通融。在此拉比阿奇瓦认为不洁增加的尺度可以更大。

⑥ 指上节副大祭司约哈南与拉比阿奇瓦有关不洁增加也可以一起焚烧的言论。

⑦ 虽然这样做会让不洁的举祭沾污洁净的举祭,通常情况下是禁止的,但是按照上节的原则,只要是要焚烧的,都可以通融。

⑧ 拉比约西认为上节的原则只适用于不同等级的不洁物品之间的混合,而不适用于洁净物品与不洁物品的混合。把一个洁净的东西变得不洁跟增加一个物品的不洁程度是两件事情,不可同日而语。

⑨ 拉比约西举例说明这两位贤哲都是将洁净与不洁的举祭分开焚烧的。

⑩ 两人在洁净的举祭方面没有分歧,但在悬疑品(不清楚是否洁净的举祭)与不洁的举祭是否一起焚烧的问题上有分歧。

⑪ 悬疑品与不洁之举祭分开焚烧。

⑫ 将悬疑品与不洁之举祭一起焚烧,因为没必要保卫悬疑品的洁净。

第 2 章

1. 所有准许食用的时辰①,均可喂食牲畜、兽类与禽类②,可将其售予异教徒③,并准许享用之④。过其时⑤,则禁止享用之⑥,亦不得以之点燃烤炉或大炉⑦。拉比犹大说:有酵物避屋,除焚烧

---

① 准许祭司食用的时刻,主要是指第五个时辰,此时常人已处于悬停状态,既不可食用有酵物,亦不必开始焚烧。祭司则可继续食用有酵物,直到第六个时辰开始。

② 常人在第五个时辰不可食用有酵物,但仍可以之做其他事情。可以喂食牲畜是因为牲畜的饲料都在食槽里,不用担心到焚烧时找不到剩余的有酵物。兽类有可能将喂食的有酵物藏起来,《密释纳》在此特别注明不必担心这种情况的发生。禽类是由于谈到兽类而连带说明的。

③ 《革玛拉》说明沙玛伊学派曾规定如将有酵物售予异教徒,则必须保证异教徒在逾越节到来之前吃完。本节则否定了沙玛伊学派的观点,指明售予异教徒时不必在意其是否会在逾越节前消费完。

④ 本句看起来有些多余,因此《革玛拉》解释说此处专指将有酵物制作为焦炭的行为,如果这种焦炭已经失去了有酵物原有的味道与外观,那么就可以在有酵物被禁之后仍然使用。

⑤ 允许祭司们食用有酵物的时辰过去,也就是第六个时辰开始。

⑥ 《革玛拉》认为本句特指有酵物食品向女方下订婚礼的情况,从第六个时辰开始,这种订婚礼被认为是无效的。

⑦ 虽然有酵物是要被焚烧的,但是不得从焚烧中得利。

外无他①。而众贤哲说:亦可打碎后②撒向风中或抛入大海③。

2. 度过逾越节之异教徒之有酵物,允许享用④;若为以色列人,则禁止享用⑤,因《圣经》说:"也不可见发酵的物。"⑥

3. 异教徒以有酵物为抵押借贷给以色列人,逾越节后允许享用⑦。以色列人以有酵物为抵押借贷给异教徒,逾越节后禁止享用⑧。塌落之物压于其上之有酵物,此一如避屋⑨。拉班迦玛列

---

① 拉比犹大在此将有酵物与"剩余品"并列。剩余品是圣殿祭祀后留下来的祭祀用品,祭司们在一定时间内可以食用这些食品,过期则必须焚毁。拉比犹大认为两者相同,因此也必须焚毁。

② 关于是否需要将有酵物打碎,传统上有不同见解,有认为只是扬在风里才需要打碎的,有认为只有坚硬的食品扔到海里时才需要打碎的,亦有认为如果扔进死海,便不需要打碎。

③ 众贤哲认为不是所有的受禁食品都必须焚毁,《出埃及记》29:34"若有一点留到早晨,就要用火烧了"说明,只有"剩余品"才必须焚烧,而不是其他食品,否则该直接说"用火烧了"才对。

④ 实际上这种有酵物是可以食用的,本节使用了次一级的"享用"一词,《耶路撒冷塔木德》认为是因为某些社区根本禁止食用异教徒的面点。

⑤ 实际上《圣经》律法并无禁用度过逾越节的有酵物的规定,也就是说,如果犹太人家中存有有酵物且度过了逾越节,是可以使用的,但拉比律法作了相关规定,为的是不让违禁者从中得利。

⑥ 《出埃及记》13:7。此句的引用并非说明《圣经》律法就禁止食用过逾越节的犹太人的有酵物,而只是展示相关拉比律法的依据。

⑦ 异教徒借钱给犹太人,以犹太人的有酵物为抵押品,犹太人在节前违约未能还钱,有酵物即成为异教徒的财产,节后犹太人可以将这些有酵物买回来,正常食用,因为在逾越节期间,这些有酵物不属于犹太人所有,因此不算违反律法。

⑧ 如果是犹太人借钱给异教徒,以异教徒的有酵物为抵押品,而异教徒在逾越节前违约不能偿还贷款,那么节后犹太人就不能享用这些有酵物,因为在逾越节期间这些有酵物属犹太人所有,违反律法。

⑨ 如果房子塌了,把有酵物食品埋在下边,这些食品就被看作是已经避屋了的,不需要专门把它们挖出来焚毁。

说:只要狗不能将其寻出①。

4. 逾越节食用有酵物举祭者②:若失误,则支付本金及五一费③;若故意,则免于赔付④,亦免于柴木费⑤。

5. 此为人可以之履行逾越节之责⑥之物:以小麦、以大麦、以二粒小麦、以黑麦、以燕麦⑦。可以得卖疑⑧、以分留举祭之第一什一税⑨、以赎俗之第二什一税及圣品⑩履行之;祭司们可以举

---

① 拉班迦玛列认为这里应该有个条件限制,如果狗还能把这些有酵物寻找出来,那么就需要将这些有酵物挖出来焚毁。

② 他在逾越节之前分留的举祭在节期期间发酵了,或者他在逾越节之前用有酵物分留了举祭。无论如何,他在逾越节期间吃掉了这些举祭,虽然他不是祭司。

③ 如果他是不当心吃掉的,那么他必须赔付相同数量的举祭给祭司,还需要加上五一费。虽然逾越节期间有酵物一钱不值,但赔偿举祭不按照金钱价值计算,而是按照食物的实际数量计算,看看同样种类的食物的价值是什么。

④ 如果有意食用,那就属于盗窃,赔付按照被盗物品的价值计算。由于逾越节期间有酵物一钱不值,所以反而不需要赔偿任何东西。

⑤ 不能食用的举祭可以当作柴火使用,但因为其金钱价值为零,所以也不用为此赔偿。

⑥ 指逾越节必须食用无酵饼的诫命之责。

⑦ 逾越节有效的无酵饼必须用五麦之一来制作,其他谷物(比如小米)制作的无效。

⑧ 由于穷人有权食用得卖疑,因此从技术上说,任何人都可以宣布放弃自己的财产而成为穷人。所以,使用得卖疑做无酵饼的人,并不因为未曾从中分留什一税而导致自己对诫命的履行无效。

⑨ 《革玛拉》认为此处所说的不是"大举祭",而是利未人要从自己得到的第一什一税中分给祭司的那十分之一。而这些利未人是在打谷脱粒之前获得这些第一什一税的,因此只需要分留举祭,便可以食用了。

⑩ 赎俗之后便成为俗品,常人可以食用,也就可以用来制作无酵饼。

祭饼与举祭①；然不可以税前品②、不可以未分留举祭之第一什一税③、不可以未赎俗之第二什一税及圣品④。感恩祭饼⑤与许愿祭薄饼⑥：若为自己制作，则不可以之履行⑦；若制作以在市场出售，则可以之履行⑧。

6. 此为人可以之履行逾越节之责之青菜⑨：以生菜、以菊

---

① 祭司们可以食用这些东西，因此可以以之制作无酵饼，常人不得如此。

② 食用税前品的惩罚是天谴，所以显见是不能用来制作无酵饼的。《革玛拉》认为本说说的是另一种税前品：在无洞盆中栽种的作物的果实，由于这些作物未接触到大地，按照《圣经》律法无须分留什一税，但拉比律法要求这类产品分留什一税，如果没分留，则同样是税前品。

③ 《革玛拉》认为除了一般意义上的举祭和什一税以外，此处也指一种特殊的情况，也就是分留第一什一税时，虽然已经脱粒而应该分留举祭，但物主直接先给了什一税，其结果是：利未人既要分留十分之一给祭司，也要从中分留出大举祭来，在完成前，这些第一什一税是不能用来制作无酵饼的。

④ 包括赎俗程序不合规范的俗品。

⑤ 参见《利未记》7：12："他若为感谢献上，就要用调油的无酵饼和抹油的无酵薄饼，并用油调匀细面做的饼，与感谢祭一同献上。"

⑥ 参见《民数记》6：15："并一筐子无酵调油的细面饼，与抹油的无酵薄饼，并同献的素祭和奠祭。"

⑦ 因为《出埃及记》12：17 有"你们要守无酵饼"一句，贤哲们认定这里说的是为履行食用无酵饼的责任而制作的无酵饼。因此，虽然感恩祭饼与拿细尔薄饼都是无酵的，但它们的制作目的都是祭祀，因而不能用来履行无酵饼的责任。

⑧ 《革玛拉》认为这里指的情况是：在制作这些无酵食品时，默念："卖出去就好，但若卖不出去，我将以此履行无酵饼之责。"

⑨ 《出埃及记》12：8 对逾越节食品的规定是："当夜要吃羊羔的肉，用火烤了，与无酵饼和苦菜同吃。"上节讨论的是什么可以被用作无酵饼，本节讨论何种蔬菜可以被用作苦菜。

苣、以辣根、以野刺芹①、以苦根。以之履行，无论干湿②，然不可腌泡、不可炖烧、不可煮熟③。其合如橄榄④，可以其茎秆、以得卖疑、以分留举祭之第一什一税、以赎俗之第二什一税及圣品履行⑤。

7. 不可浸泡糠麸以喂鸡⑥，然可烫烤⑦。妇女不得浸泡糠麸且手持去澡堂⑧，然可于其肌肤上干揉⑨。人不得在逾越节时咀嚼麦粒且敷于伤口，因其会发酵⑩。

8. 不得将面粉置于酸甜酱⑪或芥末酱中；若放置，则立即吃

---

① 此处根据迈蒙尼德的解释翻译，《革玛拉》认为是一种棕榈树上缠绕的藤类植物。
② 如果使用这些植物的茎秆，那么干湿都可以；如果使用其叶子，那么必须是新鲜的。
③ 这些制作烹调方法会使这些蔬菜丧失苦味，从而失去吃苦菜的意义，因此不算履行了这项责任。
④ 五种苦菜吃的数量合起来有一个橄榄大小，就算是履行了诫命。同样，五麦所制作的无酵饼，只要吃的数量合计有一个橄榄大小，就算是履行了诫命。
⑤ 相关规定可参见上节关于无酵饼五麦的解释，上节所规定的禁用情况同样适用于本节所说的蔬菜，比如税前品便禁止使用，尽管谷物分留一税是《圣经》律法，而蔬菜分留什一税只是拉比律法。
⑥ 糠麸遇水则开始进入发酵程序，因此是完全禁止的。
⑦ 糠麸烫烤后便不会再发酵。
⑧ 用浸湿的糠麸揉搓皮肤是当时妇女美容的方法之一，但因为水会让糠麸发酵，所以是禁止的。
⑨ 不必在意汗水会沾湿糠麸，因为汗水被认为是不会引起发酵的。
⑩ 与汗水不同，口水被认为是可以引起发酵的，因此咀嚼是禁止的。
⑪ 一种用水果块与醋和水混合制成的酸甜的酱，一般情况下，会在其中加入一些面粉，使其口感舒适一些，但在逾越节时禁止这样做，因为面粉会在其中发酵。

掉①；而拉比梅伊尔禁之②。不得在酒水或果汁中烹煮逾越节牺牲③，然可以之浇汁或蘸涂④。面点师所用之水当倾倒，因其会发酵⑤。

---

① 芥末酱中如果放置了面粉，可以立即吃掉，因为其味道比较浓烈，传统上认为其中的面粉不会立即发酵。酸甜酱中如果放了面粉，则不可以食用，因为传统上相信其中的面粉会立即发酵，处理的方法是立即烧掉。

② 拉比梅伊尔甚至禁止立即吃掉加了面粉的芥末酱，因为他认为这种芥末酱中的面粉也会立即发酵。

③ 《出埃及记》12：9规定，逾越节祭品"不可吃生的，断不可吃水煮的，要带着头、腿、五脏，用火烤了吃"。"断不可"一词在原文中是"烹煮"一词的重复，所以拉比们据此认定所指为任何一种液体（酒、果汁）中的烹饪形式。

④ 可以将这些液体在烤制完后浇在肉上，或者用肉蘸着这些汁液吃。

⑤ 面点师洗手的水（揉面时去掉手上的面粉），必须沿山坡倒掉，不允许这样的水汇聚一处，这样才能保证其中的面粉不会发酵。

第3章

1. 此为逾越节去除者①：巴比伦酱②、米甸啤酒③、以东醋④、埃及啤酒⑤、染匠液⑥、厨师面团⑦、文士膏⑧。拉比以利以谢说：还有妇女的美容品⑨。此为规则：凡来自谷类之一种者，需于逾越节

---

① 按照拉比传统，有酵物可以被分为三类：纯有酵物、混合有酵物、半有酵物。其中混合有酵物以三个鸡蛋之量是否含有一个橄榄大小的有酵物为标准，分为充足有酵物和不充足有酵物。半有酵物指的是未完成的有酵物，不适合食用，通常用于其他用途。在逾越节期间，食用纯有酵物和充足有酵物都会引发天谴，本节所讨论的是不充足有酵物和半有酵物的问题。本句说明这些有酵物属于避屋之列，在逾越节也要从家中去除。
② 一种用酸牛奶、面包块和盐制成的酱，用来蘸抹着吃。
③ 用大麦浸泡于水中而制成的饮料。
④ 葡萄酒与大麦混合而制成的醋。
⑤ 一种用大麦、红花与盐制成的酒精饮品。以上四种为不充足有酵物。
⑥ 一种用糠麸混水而制成的液体，用于染匠的工作。
⑦ 一种用三分之一成熟的谷物制成的面团，厨师烹调时将其覆盖于锅上，以便去除泡沫。
⑧ 文士：指抄写经卷的人。文士膏用面粉制成，用来粘纸。以上三种为半有酵物。
⑨ 此处特指一种用细面粉制成的美容用品，贴在皮肤上，以便去除毛发。此物与上述三种半有酵物的差别在于：上述三种为纯粹的半有酵物，而这种美容用品只是含有半有酵物。这是拉比以利以谢与定规贤哲的差别：他认为即使含有半有酵物，也在受禁之列。

去除①。此为受禁之列,然其中无天谴②。

2. 揉面槽缝隙中之面块,若在一处如一橄榄,则必避屋③;若无,则以其量小而废止④。不洁之物亦如此⑤。若对其留意,则中止;若欲其留其处,则此一如揉面槽⑥。死面⑦,若有其类而发酵,则此受禁⑧。

---

① 也就是说,只要在制造时使用了五麦之一,就属于逾越节避屋的对象,应该从家中去除,且不得使用。

② 虽然这些物品均在受禁之列,但因为是拉比律法,所以如果违犯,并不会招致天谴而暴亡。

③ 如果一处缝隙里的面块大于一橄榄大小,那么就必须在逾越节前与其他有酵物一起移除避屋。

④ 如果一处缝隙里的面块小于一橄榄大小,就不必移除,而可以看作是不存在的。《革玛拉》解释说这只是指缝隙里的面块起到了加固面槽或者堵塞漏洞的情况,如果起不到这些作用,那么即使小于一橄榄的量,也是要移除的。因为这些面块留之无用,物主或许在逾越节开始时改变主意,把它们拿出来,而多个这样的面块可能超过一橄榄大小,从而触犯有酵物避屋的律法。

⑤ 如果在逾越节期间,有爬物碰到了这样的面块,面块当然沾染不洁,但面槽是否因此沾染不洁,则取决于面块的大小。如果面块大于一橄榄大小,需要移除,那么此时面块被看作食品。因为食品不会向餐具传播不洁,所以面槽是洁净的。如果面块小于一橄榄大小,不需要移除,那么面块就被看成是面槽的一部分,面槽也就因此不洁。

⑥ 这两句讲的是平常的情况。由于平时没有按照数量移除面块的要求,因此面槽是否不洁与面块的大小没关系,而是取决于物主是否将其移除的意愿:如果物主留意到这些面块,并打算将其移除,那么面块就成为食品,在爬物与面槽之间起到了对不洁的"中止"作用。如果物主不在乎这些面块的存在,好像它们是面槽的一部分,那么面槽就和这些面块一起沾染不洁。

⑦ 希伯来语原文为"聋面",意为发酵彻底失败的面团。

⑧ 虽然某个特定面团没能发酵,但如果同时在面槽里揉制的其他同类面团成功发酵了,那么这个死面团也被看作是发酵的,同样要按有酵物避屋的律法加以移除。《革玛拉》解释说如果没有同类发酵面团,那么就按时间计算,只要揉制后的时间超过了常人走两千肘距离的时间(迈蒙尼德认为是二十四分钟),那就要受禁而遵循避屋律法。

3. 在佳日如何从不洁者中分留举祭饼①？拉比以利以谢说：不为其命名，直至烤制成②。拉比犹大·本·贝特拉说：投之于冷水中③。拉比约书亚说：此非为之而有"不可见""不可寻"之警诫之有酵物④，只是将其分留，并置之到晚，若发酵，则任其发酵⑤。

4. 拉班迦玛列说：三位妇女可同时揉面并在同一烤炉烘焙，一个接一个⑥。而众贤哲说：三位妇女均忙于面团之事，一位揉

---

① 举祭饼为揉制面团时分留给祭司的部分。逾越节时，如果揉制的面团沾染不洁，举祭饼的分留就成了问题：举祭饼是圣品，沾染了不洁就不能食用，而在佳日时，除非是为了食用，不允许烹煮，因此，分留出来的举祭饼面团就不能烤制；与此同时，也不能将面团留到晚上烧毁，因为面团会发酵，从而违犯逾越节除酵的律法（所以逾越节期间揉制好的面团必须立即烤制）；也不可用来烧火，因为禁止在佳日期间毁坏圣品，包括禁止用圣品来喂牲口。

② 拉比以利以谢的解决方案是先烤制，烤好以后再分留举祭饼，这样就不怕举祭饼会发酵。

③ 拉比犹大·本·贝特拉不同意拉比以利以谢的办法，因为他认为既然沾染了不洁，而且已知其中有一部分是圣品，那么一块儿烤制就烤制了无法食用的面团，从而触犯了佳日的律法。他的方案是把沾染了不洁的举祭饼面团放在冷水里，因为低温的缘故，面团不会发酵。拉比以利以谢则不同意这种做法，因为如果主妇处理不好，面团仍然会发酵。

④ 拉比犹大认为《出埃及记》13：7 所说的"你不可见有酵的饼，你亦不可见发酵的物"中强调的"你"实际上是说"你所有的"，你可以看见或者寻见不属于你自己的有酵物，关于有酵物的警诫与他人的有酵物无关。

⑤ 举祭饼分留之后，已经不是做饭的主妇的所有物，在送给某个具体的祭司之前，也不属于任何祭司所有，因此这块面团可以放在一边，任其发酵，任何人都不会为此违犯诫命。

⑥ 本节说的是逾越节时三位妇女同时使用同一个烤炉，而烤炉的大小只够烘烤一位的面团的情形。由于烘焙需要时间所以如果三人同时揉制而一一烘烤的话，那么就会有面团被放在一旁无人照管，因而有可能发酵而不被察觉，从而触犯逾越节除酵律法。拉比迦玛列允许这样做，因为他认为烘烤的时间不足以长到让面团发酵的程度。

制,一位成形,一位烘焙①。拉比阿奇瓦说:并非所有妇女、所有木柴、所有烤炉均一样②。此为规则:若发起,则淋之以冷水③。

5. 半发面④当焚毁,然若食用之,亦免责⑤。皱面⑥当焚毁,若食用之,其责罚为天谴⑦。何为半发面?如蝗虫触角⑧。皱面,裂纹彼此相交⑨。此为拉比犹大之言。而众贤哲说:此物与彼物,若食用之,则其责罚为天谴⑩。然则何为半发面⑪?任何如人毛发倒立时之苍白面色者⑫。

6. 若十四日恰遇安息日,则在安息日之前移除一切⑬。此为

---

① 众贤哲认为面团放在一旁无人管,就有可能发酵,因此他们建议三个人流水线作业,保证面团总处于有人看管的情况。

② 拉比阿奇瓦支持众贤哲的观点,且提出自己的依据:由于主妇的能力不同,木柴和火炉的情况不同,某些烘烤可能需要更多的时间,导致放置一旁的面团发酵,因此应该建立流水线,保证面团总有人在看管。

③ 通常认为这条规则不是拉比阿奇瓦提出的,但的确是支持众贤哲观点的:如果看管面团时发现面团发起来了,就可以用手将冷水淋在面团上,这样面团就会缩回去。

④ 发酵未完成的面团。

⑤ 半发面属于当被焚毁的有酵物之列,但因为不适合食用,因此即使不小心食用了,也不会严重到引起天谴的地步(参见本章第 1 节)。

⑥ 面团发酵完成,表面上布满裂纹。

⑦ 皱面属于纯有酵物,如果触犯,责罚最为严厉。

⑧ 半发面的特征是面上裂纹较少,且如蝗虫触角般伸向不同方向,不相交叉。

⑨ 发好的面团,裂纹较多,且彼此交错。

⑩ 众贤哲认为无论是裂纹如蝗虫触角,还是纵横交错,都说明面团已经发酵,都属于皱面,因此如果触犯都会招致严厉的天谴。

⑪ 由于众贤哲否定了前述半发面的定义,因此问题再次被提出来,问半发面是什么。

⑫ 面团的颜色变得苍白,好像受到惊吓的人的面色。

⑬ 因为安息日不能焚烧,因此如果十四日正好是安息日,那么除了安息日上午要食用的有酵物之外,其余都应该在安息日开始前焚毁。

拉比梅伊尔之言。而众贤哲说:按其时①。拉比以利亚撒·巴尔·撒都该说:举祭在安息日之前,俗品则按其时②。

7. 去屠宰逾越节牺牲者,为其子行割礼者,在其岳父家吃订婚宴者③,记起其家中尚有有酵物④:若可回家行避屋且再回来行其诫命者,则回家行避屋;否则在其心中废止⑤。救人于军中、于河中、于强盗中、于火灾中、于废墟中者,均于其心中废止⑥。若只是建立安息日休息处⑦,则立即回家⑧。

8. 同样,出耶路撒冷且记起尚有祭肉在手者⑨,若已过观

---

① 众贤哲认为可以按照逾越节规定的时间处理有酵物,没必要提前处理。如果有酵物在安息日吃不完,则可以用安息日允许的方法处理,比如喂食给牲畜。

② 由于举祭是圣品,不能用来喂食牲畜,所以应该在安息日之前处理,俗品则可以在安息日处理。

③ 去未来的岳父家下彩礼订婚时,岳父家需设宴招待未来的女婿,该宴会为诫命所规定。

④ 这些行诫命之事发生于逾越节前需要去除有酵物的时候,而他忘了在离家前去除。

⑤ 行诫命高于去除有酵物,因此他不可以废止诫命而回家去行除酵避屋之礼,只需要在心里废止这些有酵物,说明不再利用它们就可以了。但如果还来得及回来继续行诫命,则可以回家行避屋。

⑥ 在这些性命攸关的情况下,救人性命高于去除有酵物,因此也可以只在心里废止。

⑦ 也就是在安息日畛域设立移入纹,以便在安息日时多走两千肘的距离。移入纹所在之处,被称为"安息日休息处"。

⑧ 如果设立移入纹是为了某些私人目的,那么除酵高于设移入纹,他必须立刻回家除酵,即使这意味着他将错过设立移入纹的时间。但如果他的目的是出去行某种诫命,那么他仍然可以在心里废止。

⑨ 一些次要祭祀的祭肉,比如平安祭的,可以在耶路撒冷城墙内食用。

景山①,则在其处焚毁之②;否则需回到圣殿③前,用柴堆上的木柴将其焚毁④。至多少需回去⑤?拉比梅伊尔说:两者均如一鸡蛋⑥。拉比犹大说:两者均如一橄榄⑦。而众贤哲说:祭肉如一橄榄,而有酵物如一鸡蛋⑧。

---

① 原文为"观景",指耶路撒冷四周,尚能看见圣殿的群山。一说:"观景"指一特定地点。今日耶路撒冷希伯来大学校园之一的所在地即名观景山,亦取其能看见圣殿山之意。

② 祭肉离城,即失去圣品地位,而这是不允许的,所以应该在离城前予以焚毁,但如果忘记,而且离城已远,那么也可以不必回去,只需要就地焚毁就好。

③ 圣殿,原文为"都城",传统上认为指圣殿,也有人说指圣殿里的某一特定地点。

④ 旅行者在耶路撒冷没有自己的木柴,因此到圣殿去找木柴,进行焚烧。

⑤ 这句问的是上节所说的有酵物和本节所说的祭肉。问题是:这些东西到多少数量,人就必须考虑是否回去?

⑥ 一鸡蛋之量是不洁品能够传播不洁的最小数量。

⑦ 一橄榄之量是触犯者有责受罚的最小数量。

⑧ 众贤哲认为有关祭肉的律法应该比有关有酵物的律法严格。

第4章

1. 习惯于在逾越节前夕工作至日中之地，可工作；不习惯工作之地，则不可工作①。从工作之地行至不工作之地者，或从不工作之地行至工作之地者，则禁之以其出发之地之严律，或以其抵达之地之严律②。人不可改变，因其会引发争议③。

2. 与此相似④，将第七年果实从耗尽之地运往未耗尽之地

---

① 由于过逾越节需要进行大量的准备工作，因此有关禁止工作的律法比安息日严格。逾越节午后即禁止工作，因为在圣殿时代这是献逾越节祭祀的时间。圣殿被毁之后，献祭之事无法再行，但是相关律法仍然保留下来。本节讨论上午是否允许工作的问题，规定入乡随俗，按照当地是否习惯于在这一时间工作来确定。由于逾越节前夕的上午也有很多预备工作要做（比如除酵），因此拉比律法倾向于在上午也停止工作，以确保人们不会忘记逾越节的相关预备工作。

② 对于在逾越节前夕的上午旅行的人，律法规定是从严不允许工作，所以无论是出发之地还是抵达之地，律法以不许工作之地的习惯为准。

③ 对于本句，《革玛拉》记载了两种不同的解释：一种认为本句指从工作之地抵达不工作之地的旅行者，他不应当改变抵达之地的不工作的习惯，以免招惹四邻，引发冲突。另一种认为本句指从不工作之地抵达工作之地的旅行者，在这种情况下，虽然他遵循律法，不从事工作，与当地人习俗不同，但不会引发冲突，因为工作者不会在意那些闲暇的人。

④ 上节有关出发之地与抵达之地的律法取从严者的规则在本节的情况也适用。

者，或者从未耗尽之地往耗尽之地者，须行避屋①。拉比犹大说：他们对他说，去自己拿来一些②。

3. 习惯于向异教徒出售小牲畜之地，可出售；不习惯出售之地，则不得出售③。在任何地方均不得向其出售大牲畜④、小牛与小驴⑤，无论是健康者抑或缺陷者⑥。拉比犹大允许有缺陷者⑦。

---

① 第七年果实，无论是人食用还是喂养牲畜，其前提条件都是田野中野兽还能吃到同类果实，如果野兽吃不到了，那么这些果实就要从家中移除，行避屋之礼（其依据是《利未记》25：7"这年的土产也要给你的牲畜和你地上的走兽当食物"）。本节则以上节规则为准，规定从一地到另一地（以色列地分为三地：犹大、加利利和外约旦），所携带之第七年果实是否要行避屋，以该果实已经耗尽之地的情况为准，换句话说，只有两地的田野中都还能找到该果实，才能继续食用。

② 本句涉及第七年多种果实混合腌渍的问题。如果其中一种果实在田野中已经耗尽，那么物主该怎么办？是照常食用？全部扔掉？还是只扔掉耗尽的果实？按照律法，物主只需要扔掉耗尽的果实即可。拉比犹大在此支持这一律法裁决，认为如果物主对某种果实是否该避屋有疑问的话，只要自己到田野里找找，看看能否找到这种果实就可以了。找得到就继续食用，找不到就移除。

③ 本节与逾越节无关，同第2节一样，也是因为尊重当地习惯问题而并列于本章的。拉比犹太教禁止犹太人向异教徒出售大牲畜（牛、马、驴等），某些地方为了防微杜渐，连小牲畜（山羊、绵羊等）也一并禁止。本节说明小牲畜的出售问题以当地习惯为准。

④ 禁止出售大牲畜的原因是害怕触犯安息日，比如向犹太人租借大牲畜的异教徒在安息日用大牲畜工作，而犹太人的牲畜在安息日是禁止工作的；或者在安息日到来时，购买犹太人大牲畜的异教徒要求犹太人向其展示大牲畜的工作能力，导致触犯安息日律法，等等。

⑤ 小牛与小驴虽然不能工作，但也一并禁止，因为怕有人见小牛能出售，以为大牛也可以出售。

⑥ 即使是有缺陷的大牲畜也还是有可能被用来工作，因此也禁止出售。

⑦ 拉比犹大认为异教徒不会购买有缺陷的大牲畜去工作，而主要是买来屠宰，因此不存在触犯安息日的问题。

本·贝特拉允许马匹①。

4.习惯于在逾越节之夜吃烤肉之地,可吃;习惯于不吃之地,不得吃②。习惯于在赎罪日之夜点燃蜡烛之地,可点燃;习惯于不点燃之地,不可点燃③。然当点燃于会堂、经堂、暗巷及病人身旁④。

5.习惯于在阿夫月九日⑤工作之地,可工作;习惯于不工作之地,不得工作⑥。然贤哲门徒则在任何地方均赋闲⑦。拉班西缅·本·迦玛列说:人当永远将自己当作贤哲门徒⑧。

众贤哲说:在犹大他们在逾越节前夕工作至日中,而在加利

---

① 本·贝特拉认为马只是用来骑乘,不属于工作,因此允许出售。

② 按照《出埃及记》12:8的规定:"当夜要吃羊羔的肉,用火烤了,与无酵饼和苦菜同吃。"所谓"羊羔的肉",就是逾越节的祭肉,只能在耶路撒冷吃。如果不在耶路撒冷,逾越节当夜吃烤肉,看起来像是在耶路撒冷之外吃祭肉,因此有些地方禁止这样做。

③ 赎罪日之夜如安息日之夜,应该点燃蜡烛,表达喜庆。不过有些地方禁止这样做。《革玛拉》认为赎罪日有关蜡烛的律法跟赎罪日禁止夫妻行房的规定有关:如果规定应该点燃蜡烛,那就是为了防止夫妻行房,因为不可在蜡烛光中行房;如果禁止点燃蜡烛,那就是为了防止夫妻在夜间互相看见容貌,受到诱惑而不能自禁。

④ 在会堂和经堂点燃蜡烛是为了荣耀这个节期,在暗巷和病榻旁点燃蜡烛是为了实际需要,律法允许为了这两个原因而点燃蜡烛。

⑤ 阿夫月九日为两大圣殿被毁的纪念日,犹太教徒在这一天禁绝任何娱乐活动,为圣殿被毁进行哀思。

⑥ 阿夫月九日在律法地位上与守丧相同,且由于是"远古丧葬",时日过去已多,因此在有关工作的规定上没那么严格,而以地方习俗为准。

⑦ 贤哲门徒应该比他人更多地追思圣殿的毁灭,要求也就更严格一些,因此禁止在任何地方工作。

⑧ 他认为所有的人都应该像贤哲门徒一样,在这一天停止工作。

利则完全不工作①。其前夜②,沙玛伊学派禁之,希列学派许之至日出③。

6. 拉比梅伊尔说:一切开始于十四日之前之工作,均可于十四日完成④;然不可于十四日开端,即便能够将其完成⑤。众贤哲说:三种手艺可在逾越节前夕工作至日中⑥,其为:裁缝⑦、理发匠、洗衣匠⑧。拉比约西·巴尔·犹大说:还有制鞋匠⑨。

7. 可于十四日设孵鸡窝⑩,逃出之母鸡,可将之送回其

---

① 本段又回到本章第1节所讨论的逾越节前的十四日上午能否工作的问题。第一节认为这个问题是个习俗问题,本节众贤哲则提出这实际上是一个律法问题,在犹大和加利利做法不同,乃是因为这两地的律法裁决不同。

② 指犹太概念的十四日的当夜(通常概念里的十三日夜晚)。

③ 沙玛伊学派认为十四日相当于佳日,因此其当夜也禁止工作。希列学派认为这一天的情况与斋戒日类似,禁令只在白天有效,因此夜晚可以工作。

④ 只要该工作与节期相关,则可以在十四日以前开始,并在十四日中午以前完成,即使本地的风俗是不在十四日上午工作。但如果该工作与节期无关,则只能在当地风俗允许的情况下进行。

⑤ 本句说的是风俗不允许十四日上午工作的地方,在这类地方,即使是马上可以完成的小工作也是不允许做的。

⑥ 众贤哲认为有三种职业可以例外,他们可以在十四日开始工作,即使是在风俗不允许工作的地方。众贤哲给予这种许可的根据是这三种工作在逾越节的节间期做,因为人们对其实际需要,而十四日的相关律法还不如节间期严格,所以应该是允许的。

⑦ 缝补衣物的需要总是存在的,所以在节间期允许裁缝工作。

⑧ 从海外回来的人,或者刚出狱的人需要理发剃须、清洗衣物。

⑨ 他认为逾越节会有朝圣者来耶路撒冷,鞋子损坏情况会比较多,应该允许修理鞋子。众贤哲不同意这一点,因为他们认为只能修理鞋子,不可制作新鞋。

⑩ 本句译文依据拉熹的解释,迈蒙尼德认为此处指整个鸡窝。无论如何,设置鸡窝或母鸡孵蛋处(类似鸟窝的结构),是节间日也允许做的工作,因此在十四日可以进行。

处①；若死亡，则另放一只于其位②。十四日可从牲畜脚下清扫，在节间日则清扫一旁③。可向匠人家中送或从其家中取用具，即使其非节间日所需④。

8. 耶利哥之众行六件事，他们⑤谴责其中三件，未谴责其中三件⑥。此为其所未谴责者：整日嫁接⑦、诵读祷文《听》⑧、在摇祭前收割堆放⑨，他们未予谴责。此为其所谴责者：允许使用

---

① 指节间日期间，如果孵蛋的母鸡逃走了（开始孵化三天之后，此时蛋已开始孵化，不可能食用了），那么允许将其抓回。

② 因为不置换的话，整窝蛋都会毁掉。不过这种做法只在十四日是允许的，节间日不得进行这种活动，因为工作量过大。

③ 在十四日，可以将牲畜的粪便清扫出牲畜圈，送往粪便堆；但在节间日，则只能将其扫到一旁，不可出运。

④ 本节讲的是十四日的规定，也就是可以将器皿送去修理，也可以将其取回。节间日时，不得将器皿送到匠人处修理，即便这器皿是节间日所需的；也不可从匠人处取回节间日不需要的器皿（如果不信任匠人，可以将器皿移到附近的其他安全处所）。

⑤ 指众贤哲。

⑥ 耶利哥民众所行这六件事情都是违反律法的，但众贤哲只谴责了其中三件。

⑦ 耶利哥民众习惯于在十四日一整天将雄棕榈树的枝子嫁接到雌树上，以此提高产量，之所以在十四日做这件事，是因为季节所迫，过了时令，嫁接就不能成功。因为有财产损失的问题，所以众贤哲没有谴责他们。

⑧ 诵读祷文《听》时，该停顿的地方不停顿，引发理解上的歧义。比如首句"你要听以色列，耶和华我们神……"，如果在"以色列"一词之后不停顿，听起来就好像要神听以色列的声音。众贤哲没有为此谴责，是因为这些停顿（包括其他注家认为可能被省略的句子）不是经文本身所有的。

⑨ 摇祭是逾越节第二天所行的新谷之祭，由于摇祭之前禁止食用新谷，所以律法禁止在摇祭前收割堆放，以防有人不小心食用。众贤哲未进行谴责，是因为这些是拉比律法，而非《圣经》所规定。

圣品枝叶①、安息日在树下吃掉落的果实②、从蔬菜中给出田角捐③，众贤哲给予谴责。

9. 希西家王行六件事，三件他们赞许，三件他们不赞许④。以绳棺拖拽其父之骨⑤，赞许之；打碎铜蛇⑥，赞许之⑦；藏起《医

---

① 因为耶利哥地区有些偷树贼会砍树，所以当地人将树献给圣殿，使其成为圣品，与此同时，他们仍然使用这些树的枝叶果实，而且不按照使用圣品的规定给圣殿献祭、赔偿并追加五一费。当地人的理由是：献为圣品的只是树本身，并不包括后长出来的枝叶果实。

② 安息日掉落的果实禁止食用。但有时树下的果实说不清楚是安息日之前掉落的，还是安息日时掉落的，拉比律法禁止食用这些存疑的果实，但是耶利哥民众认为可以食用。

③ 蔬菜无田角捐，因为田角捐只能从可以入库的果实中给出，不包括只能新鲜食用的作物（参见《种子·田角捐》1:4）。耶利哥民众坚持有些根茎入库的蔬菜，叶子跟根茎一起入库，因此可以分留田角捐。这样做的后果是得到这些蔬菜的人以为这是田角捐，结果没有分留什一税就吃了，等于吃了税前品（其责罚是严重的天谴）。

④ 使用"赞许"，而不像上节那样说"谴责"，乃是因为这些行为是一次性的，不像耶利哥人的那些行为是习惯性的。

⑤ 按照《圣经》记载，希西家王的父亲亚哈斯行忤逆上帝之事，死后"与他列祖同睡，葬在耶路撒冷城里，没有送入以色列诸王的坟墓中"（《历代志》下 28:27）。犹太传奇则说其子在给他送葬时使用了比较低等的绳棺，未使用王室棺材；也没有送葬者将其棺材扛进坟墓，而是其子自己将其拖进去的。

⑥ 希西家王打碎铜蛇之事，见于《列王纪下》18:4："他废去丘坛，毁坏柱像，砍下木偶，打碎摩西所造的铜蛇，因为到那时以色列人仍向铜蛇烧香。"摩西造铜蛇之事，见于《民数记》21:8—9："耶和华对摩西说，你制造一条火蛇，挂在杆子上。凡被咬的，一望这蛇，就必得活。摩西便制造一条铜蛇，挂在杆子上。凡被蛇咬的，一望这铜蛇就活了。"

⑦ 因为此时铜蛇已经成了受崇拜的偶像。

书》①,赞许之。三件他们不赞许:切圣殿之门并将其送给亚述国王②,不赞许③;堵塞基训河上源之水④,不赞许⑤;在尼散月以尼散月为闰月⑥,不赞许⑦。

---

① 《医书》,迈蒙尼德认为是所罗门王所作。他认为该书包含一些不适宜的内容,比如魔法,以及制造某些医用毒药的方法。希西家王见民众开始用这本书走邪路,便将书藏了起来。拉熹认为希西家王藏起这本书的原因是其中的治疗方法过于灵验,民众迷信此书,而忘记了对神的信念,因此希西家王藏起了这本书。

② 也就是切下圣殿门上的金子,送给亚述国王,满足其索取,以使其同意从犹大撤军。事见《列王纪下》18:16:"那时,犹大王希西家将耶和华殿门上的金子,和他自己包在柱上的金子,都刮下来,给了亚述王。"

③ 因其对上帝没有信念。

④ 事见《历代志下》32:30:"这希西家也塞住基训的上源,引水直下,流在大卫城的西边。"他这样做的目的是防止敌军围城。

⑤ 因为他对于神给他的保护耶路撒冷的承诺(《列王纪下》20:8"我为自己和我仆人大卫的缘故,必保护这城")不够有信心。

⑥ 希伯来律法为阴历,十二个月的年份有三百五十四天,比阳历年少了十一又四分之一天。由于逾越节必须在春天,所以每过几年便须增加一个闰月,以保证与阳历年一致。闰月的固定增加方法是希列长老确定的(每十九年增加七个月)。在希列之前,则由法庭根据具体情况斟酌确定。

⑦ 在希列之前,虽然加闰月的方法不确定,但通常都加亚达月,从不加尼散月,特别是不在尼散月开始后加尼散月为闰月,因为尼散月作为第一个月,其地位非常特殊(《出埃及记》12:2"你们要以本月为正月,为一年之首"),不应该另有一个同名的月份。

第5章

1. 日常祭①屠宰于八时半②, 献祭于九时半③。逾越节前夕则屠宰于七时半, 献祭于八时半④, 无论是平日还是安息日⑤。若逾越节前夕恰逢安息日前夕, 则屠宰于六时半, 献祭于七时半⑥, 逾越节献祭于其后⑦。

2. 逾越节牺牲屠宰时不为其名⑧, 接血、运血、洒血时不为

---

① 圣殿里每日必献祭的两只羊, 一只在早上献祭, 一只在下午献祭。
② 古代犹太人将一天分为白天黑夜, 然后各分为十二个时辰。因此, 下午的日常祭实际上在正午六时以后就可以献了。但是因为每天会有很多私人献祭, 而下午的日常祭之后就不许再做任何献祭了, 所以日常祭的时间拖后两个时辰, 以便大众有足够的时间献私人祭。
③ 屠宰程序大约耗时一个时辰, 所以九时半献祭。
④ 如果是逾越节前夕, 那么日常祭就要提前一个时辰, 因为这一天多出一个逾越节祭, 而且必须在日常祭之后进行。
⑤ 即使是在安息日, 也只能提前一个时辰, 不能再提前, 虽然安息日没有私人祭需要在日常祭之前完成, 但仍然要尽可能保持与平日的时间一致。
⑥ 因为逾越节祭的羊肉要烤了吃, 而烤肉必须在安息日开始之前完成, 所以这一天的日常祭按最早可能的开始时间进行, 以便留下足够的进行逾越节祭以及烤肉的时间。
⑦ 本句点出本节所遵循的基本规则: 先行日常祭, 再献逾越节祭。
⑧ 祭司在屠宰逾越节献祭羊只时将祭祀的名称说错, 导致该牺牲听起来不是为逾越节献祭之名而被屠宰的。

其名①,或者为其名而又不为其名②,或者不为其名而又为其名③,均无效④。何为为其名而又不为其名？为逾越节之名而又为平安祭之名⑤。不为其名而又为其名？为平安祭之名而又为逾越节之名。

3. 为其不能食用者⑥、为非人数之内者⑦、为未行割礼者⑧、为不洁者⑨所行之屠宰⑩,无效。为其食用者与其不能食用者、为人数之内者与非人数之内者、为行割礼者与未行割礼者、为不洁

---

① 圣殿献祭有四个阶段：屠宰、(用特定器皿)接血、运血、(在祭坛上)洒血。本句说的是在其后的三个步骤中出现的祭祀名称错误。
② 在第一个步骤时说明是逾越节献祭,在其后的三个步骤中的任何一个错说成其他祭献。
③ 在第一个步骤时说明是其他献祭,在其后的三个步骤中的任何一个说是逾越节祭献。
④ 四个步骤中只要有一个出错,逾越节献祭就无效。
⑤ 平安祭在这里只是一个例子,说成是其他祭祀也是一样无效的。之所以举平安祭为例,可能是因为逾越节祭本质上是平安祭的一种,但即使是这样性质相近的祭祀,说错了也还是不行,其他祭祀自然更不用说了。
⑥ 逾越节祭与其他祭祀的不同之处之一是献祭者本人必须吃逾越节祭肉,其依据是《出埃及记》12：4："你们预备羊羔,要按着人数和饭量计算。"拉比律法规定：献祭者最少要吃相当于一个橄榄的祭肉量。因此,如果祭祀是为了那些不能吃祭肉的人(病人或者老人)献的,那么这祭献就无效了。
⑦ 《出埃及记》12：4说明是要"按着人数"献祭,因此献祭之前会登记人名,献祭按照这些人名进行,如果献祭时说明是给登记册之外的其他人的,那么这祭献便无效了。
⑧ 未行割礼者,不得食用逾越节祭肉,其依据是《出埃及记》12：48："但未受割礼的,都不可吃这羊羔。"因此,如果为未行割礼者献祭,那么这祭献也是无效的。
⑨ 不洁者禁止食用任何祭肉,逾越节祭肉当然也包括在内。
⑩ 屠宰逾越节献祭的羊只。

者与洁净者所行之屠宰,有效①。屠宰于日中之前,无效,因《圣经》说:"在午后②。"屠宰于日常祭之前,有效,唯需有人搅动血液,直至泼洒日常祭之血③;若泼洒,仍有效④。

4. 带有酵物屠宰逾越节牺牲者⑤触犯否定诫命⑥。拉比犹大说:日常祭亦如此⑦。拉比西缅说:十四日之逾越节牺牲,若为其名,则有责,若不为其名,则免责⑧;其余所有牺牲,无论为其名

---

① 《革玛拉》解释说只有在祭司屠宰时完全搞错祭献者,祭献才是无效的,如果对错混合,则祭献仍然有效。而本章第二节所说的若祭司的意愿混合则祭献失效的情况,是针对祭品本身说的,祭献者可以出现混合的情况。

② 《出埃及记》12:6:"要留到本月十四日,在午后的时候,以色列全会众把羊羔宰了。"午后,原文为"两个晚上之间",拉嘉解释说:正午一过,阳光开始变弱,是一个晚上,真正日落则是第二个晚上,因此,"两个晚上之间"就是正午第六个时辰或者第七个时辰之后太阳开始西斜直到天黑的时间。

③ 如本章第1节所说,逾越节祭应该在日常祭之后进行,但如果提前进行了,那么那屠宰依然有效,只是在等待日常祭进行之时,需要有人不断搅动牺牲的血液,防止其凝结,以便在日常祭的血液泼洒之后接着泼洒逾越节祭的血液。

④ 如果在泼洒日常祭血液之前泼洒了逾越节祭的血液,祭献仍然有效,因为顺序的错误,在已经发生的情况下,不能使祭献失效。

⑤ 献祭者或者负责屠宰的祭司在屠宰逾越节牺牲时,仍然留有有酵物,无论是在家里还是在圣殿里。

⑥ 触犯的诫命参见《出埃及记》34:25:"你不可将我祭物的血和有酵的饼一同献上。"不过其祭献仍然有效。

⑦ 拉比犹大认为十四日屠宰日常祭时也不可拥有有酵物,因为《出埃及记》23:18中有"不可将我祭牲的血和有酵的饼一同献上"一句,而在所有的祭献中,只有日常祭是被指定为属于上帝的。

⑧ 在十四日屠宰牺牲时,如果所宣布的名义是正确的,那么该祭献有效,如果此时再拥有有酵物,则触犯否定诫命,如本节开头所说。如果所宣布的名义是错误的,那么该祭献无效,虽然拥有有酵物,仍不构成触犯否定诫命。

抑或不为其名,均免责①。在节间日,若为其名,则免责②,若不为其名,则有责③;其余所有牺牲,无论为其名抑或不为其名,均有责④,不为其名而屠宰之赎罪祭牺牲除外⑤。

5. 逾越节牺牲分三班屠宰,因《圣经》说:"以色列会众集体把羊羔宰了。"即:集体、会众、以色列⑥。第一班进入,殿院⑦占满,即锁殿院之门,奏长音、短音、又长音⑧。祭司们分排站列⑨,手持

---

① 拉比西缅认为《出埃及记》中同一诫命被重复两次(23:18,34:25),是因为该诫命不只针对逾越节祭,或者如拉比犹大认为的那样包括逾越节祭和日常祭,而是包括了在这期间进行的所有祭献。不过,也正是由于该诫命被重复两次,因此针对逾越节祭的诫命跟针对其他祭祀的诫命应该不同,否则《圣经》只要说一次就可以了。他进而认为这不同在于时间:针对逾越节祭的诫命在十四日有效,针对其他祭祀的诫命则在节间日有效。因此,在十四日带有酵物屠宰其他祭祀的牺牲,无论是否名义正确,都是免责的。

② 在节间日,如果屠宰逾越节牺牲,名义正确的话,那么不可带有酵物的诫命就无效,因此免责。

③ 如果名义搞错了,比如把逾越节祭说成了平安祭,那么此时逾越节祭就变成了平安祭,不得带有酵物的诫命便生效,因此触犯者有责。

④ 如上所述,拉比西缅认为针对其他祭祀的不带有酵物诫命在节间日有效,因此无论名义是否正确,都是有责的。

⑤ 名义搞错的赎罪祭无效,等于没有献祭,因此也就不存在触犯否定诫命的问题。

⑥ 由于"会众"的最低要求是十人,而有人认为屠宰逾越节牺牲时不应少于三十个人,所以《革玛拉》提供的一个解决方案是:如果有五十个人,那么三十个人为第一班,然后出十人,进十人,如此循环,保证总有三十个人在场。

⑦ 圣殿的大院以"帮助"为名,意指在此祈祷请求上帝帮助。

⑧ 指配合圣殿祭祀仪式而吹奏的号音,一般在合唱之前,长音为一持续号音,短音为一系列短促的号音。逾越节祭时诵读《赞美祷》(《诗篇》113—118),奏号即在诵读之前,屠宰牺牲之时。具体规定请参看本部《住棚》5:5。

⑨ 祭司们南北向排列,占满屠宰场到祭坛的空间。

银碗与金碗①：一排全银，一排全金，不得混淆②。碗均无座，以防置之于地，使血凝块③。

6. 以色列人屠宰④，祭司接受⑤，以之传递其友，其友又给其友⑥，接受盛满者，交还腾空者⑦。靠近祭坛之祭司向基部⑧将其一次泼洒⑨。

7. 第一班离开，第二班进入；第二班离开，第三班进入⑩。第二班与第三班之所为，一如第一班⑪。诵读《赞美祷》⑫：若完成，则重复；若已重复，则三诵⑬，尽管在其时代从未三诵⑭。拉比犹大说：在其时代第三班从未诵至"我爱耶和华，因为他听了我的

---

① 祭祀使用的圣器。
② 这类安排被称为"诫命的美感"。
③ 这些碗主要用来装牺牲的血液，应该尽快泼洒到祭坛上去，因此没有底，碗的下部成锥形，以防止祭司们将碗放在地上，忘了泼洒，而导致血液凝结成块。
④ 圣殿屠宰牺牲，可由任何以色列人进行，无论是祭司、利未人还是普通以色列人。
⑤ 从接血开始，祭祀的后三个步骤只能由祭司进行。
⑥ 如上节所说，祭司们分排站列，从屠宰处至祭坛传递牺牲的血液。之所以使用这样多的祭司，乃是为了实践《箴言》14：28"帝王荣耀在乎民多"。
⑦ 先把装满牺牲血液的碗交给下一位祭司，再接受传回来的空碗。
⑧ 指祭坛基座上方的墙壁。
⑨ 所有的祭祀都是一次性泼洒，唯有赎罪祭是用手指向祭坛洒落。
⑩ 逾越节祭分三班进行，参见本章第五节。
⑪ 三班行祭祀之礼的程序完全一样。
⑫ 在整个祭祀过程中，利未人都会站在唱诗台上，诵读《赞美祷》(《诗篇》113—118)。
⑬ 《赞美祷》不是很长，如果一遍念完祭祀还没结束，那么就再念一遍，甚至念三遍。
⑭ 因为祭司人手多，祭祀总是完成得比较快。

声音"①,因其人少②。

8. 平日之所为一如安息日之所为③,唯祭司们清洗殿院④,此非众贤哲之所愿⑤。拉比犹大说:装满一杯混合血液,将其一次泼洒至祭坛⑥。而众贤哲不认可其言⑦。

9. 如何悬吊与剥皮⑧?墙上⑨与柱子上⑩固定有铁钩,以之悬吊与剥皮。凡无处悬吊与剥皮者,彼处有光滑细棍⑪,搭于其肩,搭于其友之肩,即可悬吊与剥皮⑫。拉比以利以谢说:十四日遇安

---

① 《赞美祷》的第四段。第三班连这一段都没念到,祭祀就结束了,说明祭祀过程很短。
② 通常都希望早点结束祭献,所以留到第三班的人比较少。
③ 十四日所行的逾越节祭,无论当天是否安息日,祭祀仪式都是一样的。
④ 众贤哲不同意祭司们在安息日十四日所做的事情是在祭祀结束后清洗殿院。当时的殿院有水渠流过,清洗时将出水口堵上,使水漫上殿院地板,然后再打开出水口,地上的残血与其他垃圾便随水流走。
⑤ 按照拉比律法,安息日禁止清洗地板,因为当时地板多是土制,经常出现坑洼,一般人习惯在清洗地板时进行修补,属于安息日所禁止的"修建"行为。拉比律法通常对圣殿无效,但是在清洗地板的问题上,众贤哲坚持认为该行为与祭祀活动本身无关,因此拉比律法有制约力,但祭司们不承认。
⑥ 拉比犹大认为在清洗前应将地面残血收集一杯,然后将其泼向祭坛。这杯混合了很多牺牲的血液代表当天的所有祭献。这样,即使在当天祭祀的过程中有某只牺牲的血液不小心洒掉了,没能泼到祭坛上,也在这最后一杯里补足了。
⑦ 众贤哲不同意拉比犹大的观点,认为只有从牺牲的脖颈上直接接下来的血液才是有效的,从地面收集起来的无效。
⑧ 祭祀的羊只在屠宰放血之后,需悬吊起来剥皮,然后才能贡上祭坛。
⑨ 圣殿大院的墙上装有铁钩,以此对牺牲进行悬吊剥皮。
⑩ 在圣殿的屠宰殿有八根低柱,上撑木梁,每根木梁上安有三排铁钩子,用于牺牲的悬吊剥皮。
⑪ 剥去外皮的树木枝干。
⑫ 两人扛起一根木棍,将牺牲吊在木棍上剥皮。

息日①，则将其手搭于其友之肩，其友之手亦搭于其肩，即可悬吊与剥皮②。

10. 打开并取出燔烧品③，将其置于祭盘，并燔烧于祭坛。

第一班走出且停留于圣殿山④，第二班于墙根⑤，第三班立于原地⑥，天黑后可出并烤炙其逾越节牺牲⑦。

---

① 拉比以利以谢认为如果十四日是安息日，便不能使用木棍，因为在安息日之前该木棍如何使用情况不明，木棍便成为非移品，禁止在安息日使用。众贤哲不同意这一看法，因为拉比律法在圣殿内失效。

② 他认为两人可以各以左手搭在对方肩上，牺牲吊在手臂上，用右手剥皮。

③ 剥皮后，将羊的肚子打开，并将需要燔烧的部位（包括所有牺牲的脂肪，羊的尾巴、肾、部分肝脏，等等，参见《利未记》3：7—16）取出。这个工作普通人也可以做，不一定非要祭司。

④ 本段讲的是十四日遇到安息日的情况，如果是平日，祭祀完毕后，各人即可将祭献的羊带回其在耶路撒冷的住所烤熟食用，但在安息日他们不能这样做，所以第一班离开殿院，但仍在圣殿山上停留。

⑤ 墙根，指圣殿妇女大院外墙到木墙之间的距离。第二班离开圣殿山，但仍然停留在附近。

⑥ 第三班祭祀完毕，即停留在殿院内。

⑦ 只有在天黑安息日结束之后，才能离去并烤炙牺牲的羊只，因为烤炙逾越节祭肉的诫命压不过安息日的诫命。

第 6 章

1. 此为逾越节牺牲压倒安息日之事①：其屠宰、其血之泼洒②、其肠子之清洁③及其脂肪之焚烧④。然其烧烤⑤、其肠子之清洗⑥则不压倒安息日。其搬运⑦、其从安息日边界之外之携入⑧及其赘疣之切除⑨，均不压倒安息日⑩。拉比以利以谢说：压倒⑪。

---

① 如果尼散月十四日正好是安息日的话，那么某些安息日献祭之事可能与安息日不得工作的诫命相冲突，本节讨论哪些冲突中逾越节祭祀律法占优势，哪些冲突中按照安息日律法行动。

② 将牺牲的血泼洒到祭坛上。屠宰和泼血都是《利未记》7：38 规定的必须在尼散月十四日做的事情，不可提前亦不可拖后，因此安息日律法在此失效。

③ 清除肠子中的粪便，如果等到天黑，肠子可能腐败变质。

④ 焚烧油脂也可以彻夜进行，但必须尽早开始，因此也不依从安息日律法。

⑤ 烧烤逾越节牺牲，以便食用，可以在天黑后进行。

⑥ 清除肠子中的粪便之后再将肠子洗干净，由于肠子中粪便清除之后就不太可能在一天内腐烂，因此清洗工作要等到天黑安息日结束后进行。

⑦ 将牺牲扛到圣殿里。

⑧ 将牺牲从安息日畛域距离之外带来。

⑨ 赘疣属于动物的缺陷，必须在祭献之前切除。

⑩ 这些安息日祭献的早期预备工作可以在安息日开始前就做好，因为不能以之为借口而违犯安息日律法。

⑪ 拉比以利以谢认为预备工作是祭献的一部分，如果当日允许祭献，那么也应该允许做预备工作。

2. 拉比以利以谢说："难道此事于理不合？① 若属做工律②之屠宰尚且压倒安息日，何以此类属安息律之事不压倒安息日？"③ 拉比约书亚对他说："此佳日便证明：属做工律者得许可，而属安息律者受禁④。"拉比以利以谢对他说："约书亚，这算什么？从自愿之事到诫命之事，何以为证？"⑤ 拉比阿奇瓦回答说："洒水之事⑥可证。此为诫命，且属安息律，然不压倒安息日⑦；由此你便不必惊奇于此类事情：尽管其为诫命，且属安息律，仍不压倒安息日。"拉比以利以谢对他说："对此我也要争辩：若属于做工律之屠宰压倒安息日，何以属安息律之洒水不压倒安息

---

① 本节延续上节的争论。拉比以利以谢认为逾越节祭献的预备工作同样压倒安息日。本节他给出了论辩方式。

② 安息日律法有做工律和安息律之分，分别对安息日不能做的事情作了规定。两者的区别在于：做工律属于《圣经》律法，安息律属于拉比律法，因此一般来说，做工律高于安息律。

③ 拉比以利以谢在这里使用的是拉比犹太教常用的"何况论法"，如果属于做工律、受禁更严重的屠宰都能在安息日的尼散月十四日进行，那何况是属于安息律、受禁不那么严重的预备工作呢？

④ 拉比约书亚认为有关该节期的拉比裁定恰恰证明"何况论法"在这里不成立，受禁严重的（屠宰、烹煮等做饭行为）可能得到许可，受禁较轻的（搬运食物）可能反而得不到许可。

⑤ 拉比以利以谢认为节期饮食属于自愿行为，而逾越节祭献则是诫命行为，拉比约书亚从自愿行为推导到诫命行为，是错误的。拉比约书亚则认为凡与快乐有关的（包括饮食）均属于诫命行为。

⑥ 不洁之人必须在其不洁的第三日和第七日接受混有小红母牛灰的圣水喷洒，才能重获洁净，也才有资格参与逾越节祭献。如果第七日恰好是安息日的尼散月十四日，则不能进行喷洒，也就继续不洁，不能参与逾越节祭献之事。

⑦ 参与逾越节祭献是诫命，禁止洒水使其洁净则是安息律，但律法仍然规定禁止洒水，拉比阿奇瓦由此证明安息律压倒诫命的可能性是存在的。

日？"① 拉比阿奇瓦对他说："相反！若属安息律之洒水不压倒安息日，则属工作律之屠宰更不当压倒安息日！"② 拉比以利以谢对他说："阿奇瓦，你把《圣经》所写之语连根拔除了：'在黄昏……在其所定之时，'③ 无论是平日，抑或是安息日④。"他对他说："吾师，请给我这些事情的'所定之时'，作为屠宰的'所定之时'⑤。"拉比阿奇瓦所言之规则为：凡可在安息日前夕可做之事均不压倒安息日⑥，屠宰，因其不可在安息日前夕做，故而压倒安息日。

3. 何时与之带来节庆祭？⑦ 于平日、于洁净中⑧、于不足之时⑨。于安息日、于充足之时及于不洁中⑩，则不与之带来节

---

① 拉比以利以谢再次抬出"何况论法"，证明洒水同样应该压倒安息日。

② 拉比阿奇瓦在此反用"何况论法"，向拉比以利以谢证明如果只依据"何况论法"的话，那么也可以证明安息日的尼散月十四日连逾越节牺牲屠宰都是不可以进行的。同时也提醒拉比以利以谢：有关禁止洒水的律法其实是他自己传授的。

③ 《民数记》9：3。

④ 拉比以利以谢用经文说明拉比阿奇瓦的论证不成立，因为逾越节屠宰定时进行是《圣经》规定的，不可推翻。

⑤ 拉比阿奇瓦指出拉比以利以谢论证上的漏洞：《圣经》所言定时进行的是屠宰，而那些准备工作并不在定时进行的范围之内，是可以在安息日之前进行的。

⑥ 这一规则并不只限于有关屠宰的事物，割礼、大祭司的午后祷等也遵从这一规则。

⑦ 节庆祭的习俗基于《申命记》16：2："你当在耶和华所选择要立为他名的居所，从牛群羊群中，将逾越节的祭牲献给耶和华你的神。"其中的羊即为逾越节牺牲，牛则是节庆祭牺牲。在逾越节牺牲之外加上节庆祭牺牲的主要原因是怕羊肉不够吃，因为逾越节牺牲只使用一岁的公羊，数量不是很大。逾越节牺牲属于诫命，必须进行；而节庆祭牺牲则属于自愿，可以选择。

⑧ 献祭的社区大多数人是洁净的。

⑨ 逾越节牺牲的羊只不够社区里的人食用。

⑩ 献祭的社区大多数人处于不洁状态。

庆祭①。

4.节庆祭可来自小牛,来自大牛②,来自绵羊,来自山羊,来自雄畜,来自雌畜③;且可食用两天一夜④。

5.在安息日不以其名而屠宰逾越节牺牲⑤,则以此有责献赎罪祭⑥。其他任何牺牲以逾越节牺牲之名而屠宰⑦,若其不合用⑧,则有责⑨;若其合用,则拉比以利以谢责以赎罪祭,拉比约书亚免之⑩。拉比以利以谢说:"何以以其名而得许可⑪之逾越节牺牲,若更其名则有责;而以其名而受禁⑫之其他祭献,若更其名

---

① 基本的原则是:由于节庆祭属于自愿行为,可做可不做,因此不能压倒安息日与洁净相关的律法。

② 这与逾越节牺牲只能使用一岁的小羊不同。

③ 逾越节牺牲只能使用公羊,与节庆祭也不一样。

④ 节庆祭的肉可以在十四日白天、十四日夜间以及十五日白天食用,因此是两天一夜。相比之下,逾越节牺牲的祭肉只能在十四日当天食用,过午夜即焚毁。不过,与逾越节祭肉一起上桌的节庆祭肉则与逾越节祭肉一同处理,以防两者在餐桌上混淆,引起食用者触犯律法。

⑤ 在安息日的尼散月十四日屠宰逾越节牺牲,却错指为其他祭献(比如平安祭);或者以为逾越节祭献也可以用其他名义进行,而有意更改名称。

⑥ 按照本卷5:2,不以其名而进行的屠宰无效,结果成了工作性质的屠宰,而不是履行诫命,属于违犯安息日,因此要献赎罪祭。

⑦ 屠宰其他牺牲,误用逾越节祭献的名义。

⑧ 比如使用了大于一岁的羊,或者使用了母羊。

⑨ 由于他使用了明显不合逾越节牺牲要求的牲畜,因此不算履行诫命时出错,必须献赎罪祭。

⑩ 拉比约书亚认为如果履行一项诫命时错行了另一个诫命,比如像这里献其他祭献结果献了逾越节祭献的情况,那么履行者不必另献赎罪祭,因为他是在履行诫命时出错。拉比以利以谢则认为即使是履行诫命出错,也还是要献赎罪祭。

⑪ 许可在安息日屠宰。

⑫ 安息日不得屠宰。

则反而不被裁定为有责?"① 拉比约书亚对他说:"非也。若君言逾越节牺牲更为受禁之事,则君亦言其他祭献更为得许可之事否?"② 拉比以利以谢对他说:"公祭③可为证。以其名得许可,以其名屠宰者却有责④。"拉比约书亚对他说:"非也。若君言有限之公祭⑤,则君亦言无限之逾越节牺牲否?"⑥ 拉比梅伊尔说:"以公祭之名而屠宰者,亦免责⑦。"

6. 不为食用⑧、不为其名分⑨、为未受割礼者⑩、为不洁者⑪屠

---

① 拉比以利以谢在这里使用了"何况论法",证明安息日受禁的其他祭祀,如果出错,其处罚不该轻于安息日得许可的逾越节祭献。

② 拉比约书亚不同意拉比以利以谢的"何况论法",因为这个论法以本意要做的祭献进行比较,如果这样的做法是有效的话,那么也可以用错变出来的祭献做比较,在这种比较中,变成受禁之事的逾越节祭献的错误就比变成许可之事的其他祭献的错误严重,要求其献赎罪祭也就有了道理。

③ 指安息日时社区祭献的日常祭与附加祭。

④ 这些祭献允许在安息日进行屠宰,但是如果有人借其名进行其他祭献的屠宰,则属于触犯安息日,需要赎罪祭。拉比以利以谢以此证明拉比约书亚的错误,也就是即使变更为某种得许可的祭献,也还是要献赎罪祭的。

⑤ 公祭使用的牺牲数量是有限制的,日常祭两只羊,附加祭两只羊。如果此后继续屠宰,那就明摆着不是公祭了。因此这种情况下,错误屠宰者被看作是因为漫不经心而触犯安息日,需要献赎罪祭。

⑥ 逾越节牺牲数目没有限制,且大家都在忙于祭献,出错是有可能的。因此拉比以利以谢的辩解不能成立。

⑦ 拉比梅伊尔认为以公祭之名屠宰其他祭献牺牲也不用献赎罪祭,因为其祭献是有效的,因此被看作是履行了诫命。

⑧ 为不能食用逾越节牺牲祭肉的人,比如体弱多病者、年老体衰者进行屠宰。

⑨ 祭献以未注明参与的人的名义举行并进行屠宰。

⑩ 未受割礼者不得食用逾越节祭肉。

⑪ 不洁者不得食用任何祭肉。

宰者,有责①。为食用②亦不为食用、为其名分亦不为其名分、为受割礼者亦为未受割礼者、为洁净者亦为不洁者,免责③。若屠宰而发现其为有缺陷者,则有责④。屠宰而发现其有内伤⑤者,免责⑥。屠宰而后知其主人已撒手⑦、或死亡、或沾染不洁,则免责,因屠宰得其许可⑧。

① 本节讨论的仍然是安息日的尼散月十四日的情况,在这种情况下,上述各种祭献均属无效,不能被看作是履行诫命,因而屠宰者因触犯安息日律法而必须献赎罪祭。
② 至少能吃一橄榄大小的祭肉。
③ 只要他为其祭献的人中有一部分符合要求,该祭献就是有效的,因此也就是履行诫命,安息日律法便可忽略不计,也就不必献赎罪祭了。
④ 有缺陷的牲畜不能用来祭献,因此该祭献无效,而屠宰者事先没有认真检查牲畜以避免出现完全可以避免的这种情况,因此他的屠宰行为触犯了安息日律法,因而献赎罪祭。
⑤ 指牲畜体内的某些特定疾病或损伤,通常该牲畜会因此在一年内死亡。
⑥ 因为内伤事先查不出来,所以屠宰者没有责任,不必献赎罪祭。
⑦ 牲畜的主人原本送来牲畜献祭,后来又反悔取消了授权,但此时屠宰已经开始。
⑧ 虽然在这种情况下祭献无效,但是屠宰者事先得到了有资格者的许可,因此没有责任,不必献赎罪祭。

第 7 章

1. 如何烧烤逾越节羊牲①？找来石榴木枝②，从其口中插至肛门，其四肢与肠肚则置于其中③。此为拉比约西·哈-加利利之言。拉比阿奇瓦说：此为烹调之一法④，当悬挂其外⑤。

2. 烧烤逾越节羊牲，不得在钎杆上⑥，亦不得在烤盘上⑦。拉比撒督该说：某次，拉班迦玛列对其奴仆塔维说："出去，在烤盘上为我们烧烤逾越节羊牲。"⑧ 若沾碰烤炉之陶壁，则在其处削

---

① 如上所述，逾越节祭献的羔羊是必须食用的。
② 按照两部《塔木德》的解释，烧烤逾越节羊牲只能使用木棍串插，而不得食用金属钎杆，原因是金属钎杆受热后，会从内部烤熟部分羊肉，从而违反《出埃及记》12:9 "用火烤了吃"的规定。此外，各种木头中，只有石榴木可以使用，因为只有石榴木能保证内外干透。而如果木头没有干透的话，木头中的水分会在烧烤中跑出来，蒸熟一部分羊肉，从而违反《出埃及记》12:9 "断不可吃水煮的"的规定。
③ 这也是为了遵循《出埃及记》12:9 "要带着头、腿、五脏，用火烤了吃"的规定。
④ 拉比阿奇瓦认为如果把羊腿和肠肚塞到肚子里去烤，羊体就起到类似炊具的作用，不符合必须用火烤熟的规定。
⑤ 他主张把羊腿和肠肚都挂在木棍上，一起烤熟。
⑥ 指金属钎杆，禁止使用的原因请参见上节相关注解。
⑦ 禁止使用金属烤盘的原因和金属钎杆一样，都是因为金属加热后会烤熟一部分羊肉，从而违反用火烤熟的诫命。
⑧ 对本句有两种解释：《革玛拉》认为拉班迦玛列在此处说的是一种网状烤盘，羊牲吊在烤盘上方烧烤，并不触碰烤盘。《耶路撒冷塔木德》则认为拉班迦玛列实际上允许使用烤盘，原因有两个，一个是他认为用火烤熟的律法只在埃及境内有效，另一个是他认为烤盘的热气来自炉火，是炉火的延伸，因此即使是烤盘烤熟了一部分，最终也还是炉火烤熟的。

之①；若其肉汁滴向陶壁又溅回，则在其处剜除②；若其肉汁滴入面粉③，则在其处除去一握④。

3. 以举祭之油涂抹⑤，若为祭司之群组，则可食用之⑥；若为以色列人⑦：若其尚生，则可清洗之⑧；若已烤制，则将外皮削去⑨。以第二什一税之油涂抹，则不得向群组成员收取费用⑩，因不得在耶路撒冷赎俗第二什一税⑪。

---

① 由于烤炉的陶壁也很热，所以如果羊牲碰到炉壁，那么碰触的部分也会被烤熟一部分，因此要在碰触之处削去薄薄的一层。

② 肉汁滴到炉壁被烤熟，又溅回到肉上，并被肉吸收。由于肉汁是被炉壁而不是炉火烤熟的，因而不能食用。而这种不能食用的肉汁进入较深，因此需要在溅落之处剜去一指厚的肉。

③ 指在烹调过程中的面团，面团本身很热，会烘熟落入的肉汁。

④ 需要在肉汁滴落处剜去一握大小的一块，并将其焚毁。

⑤ 可以使用植物汁液、果汁、植物油等涂蘸在逾越节羊牲的外面（参见本卷2:8），因此也可能使用举祭的植物油。

⑥ 如果合伙献祭的都是祭司，本来就可以食用举祭的，那么食用这样的逾越节羊牲也是许可的。

⑦ 如果只是普通以色列人而非祭司，因其不能食用举祭，所以必须要在食用前处理一下。

⑧ 如果在羊牲还是生的时候涂抹，那么因为油尚未被皮肉吸收，因此只需要清洗擦干就可以了。

⑨ 如果是烤熟以后涂抹的油，那么外皮已经吸收了一部分油，因此需要将外皮削去一层。

⑩ 祭献同一只羊牲的人通常分担所需费用，但如果用来涂抹的油是第二什一税，那么拿出油来的人不能向参加者分摊费用。

⑪ 第二什一税可以用钱币赎俗，然后将钱币带到耶路撒冷去消费。但这只限于耶路撒冷以外的地区，如果第二什一税产品已经到了耶路撒冷，就不能再赎俗了，而不能赎俗的含义就是不能买卖，不能为此向别人收取费用。

4. 五物可于不洁中祭献①,然不可于不洁中食用②:摇祭③、摇祭双饼④、安息日火祭⑤、公共平安祭⑥和月首公山羊祭⑦。于不洁之中祭献之逾越节羊牲,亦可于不洁之中食用,因其本来目的无他,只是为了食用⑧。

---

① 如果祭司因为接触死尸而沾染了不洁,或者祭祀器皿沾染了不洁,或者献祭者本人或其群体沾染了不洁,那么通常要等到洁净之后才行祭献,但是定时进行的祭献不受不洁问题的限制,而是以时间为先决条件,也可以在不洁中进行。这样做的依据是《民数记》9:10—11:"你晓谕以色列人说,你们和你们后代中,若有人因死尸而不洁净,或在远方行路,还要向耶和华守逾越节。他们要在二月十四日黄昏的时候,守逾越节。要用无酵饼与苦菜,和逾越节的羊羔同吃。"这一段说的是逾越节,相关律法则将其推广至所有定时祭献的祭祀,不过逾越节祭献仍有其特殊之处,这一点将在下文讲到。

② 祭献的牺牲的某些部分是在祭献完成后吃掉的,但是这五种祭献若在不洁中进行,则不能食用其祭品,因为食用不是这些祭献的主要目的。《革玛拉》认为此处说明是五种,目的是把节庆祭排除在外。节庆祭不能在不洁中进行,因其可以在节期七天内进行,可以等到洁净时再进行。

③ 摇祭,尼散月十六日祭献,以便获得食用新谷的许可,其中包括用油和面做成的饼。祭献后,一部分饼当火祭烧掉,其余供祭司们食用。参见《利未记》23:10—14。

④ 五旬节祭献的双饼,以获得在圣殿食用新谷的许可。祭献后归祭司食用。参见《利未记》23:17。

⑤ 每个安息日在圣殿摆放的十二个面饼,放置到下一个安息日取下,分给祭司们食用。参见《利未记》24:5—9。

⑥ 五旬节时和两个面饼一起祭献的两只公羊,其肉归祭司们食用。参见《利未记》23:19。

⑦ 月初时祭献的两只公山羊,事后归祭司们食用。参见《民数记》28:15。

⑧ 逾越节祭献与上述五种祭献不同之处在于逾越节祭献的原始目的就是为了食用(参见《出埃及记》12:4),所以如果能够进行祭献,当然也就可以食用。

5. 若肉不洁而油脂保持①，则不得泼洒其血②。若油脂不洁而肉保持，则泼洒其血③。祭牲则非如此④，而是即使肉不洁而油脂保持，亦泼洒其血⑤。

6. 若群体⑥或其多数沾染不洁，或其祭司不洁而群体洁净⑦，则于不洁中进行⑧。若群体中少数不洁，则其洁净者遵行第一逾越节，而其不洁者遵行第二逾越节⑨。

7. 逾越节羊牲，已泼洒其血，而后知其不洁⑩，则额牌使之

---

① 逾越节羊牲的肉沾染了不洁，但脂肪仍然是洁净的。注意本节所讲的不洁是羊牲本身的洁与不洁问题，与上节所讲的因祭司、器皿或祭献群体的不洁而"在不洁中祭献"情况不同，因而相关律法也不相同。

② 由于逾越节羊牲的目的在于食用，而不洁的羊肉不得食用，只能烧掉，因此整个祭祀都失效了，也就没必要将其完成，而向祭坛泼洒牺牲之血的程序根本就没必要进行。

③ 油脂反正是要烧掉，而不是食用的，因此其不洁不影响整个逾越节祭献的有效性，祭祀活动也就可以照常进行。

④ 逾越节祭献之外的其他祭献，由于其目的不是为了吃祭肉，所以相关律法也与逾越节祭献不同。

⑤ 既然不是为了食用祭肉，所以祭肉是否可以被食用也就无关紧要了。因此，即使祭肉不洁，祭祀也可以照常进行。

⑥ 指联合祭献羊牲的群体。

⑦ 此处所讲的不洁均指与尸体接触而产生的不洁。除了本节说明的两种情况外，《巴拉伊塔》还认为群体和祭司都洁净，但祭器器皿不洁也属于这种情况。

⑧ 甚至群体中的少数不洁者也可以进入圣殿，参加祭典。

⑨ 第一逾越节是通常遵行的尼散月十四日，因故不能祭献者可以等一个月，在以珥月十四日祭献，是为第二逾越节，参见《民数记》9：11："他们要在二月十四日黄昏的时候，守逾越节。要用无酵饼与苦菜，和逾越节的羊羔同吃。"

⑩ 指在屠宰过程中发生了不洁。

第 7 章

蒙悦纳①。若其身不洁,则额牌不能使之蒙悦纳②,因他们说:"拿细耳人与逾越节祭献者,额牌使不洁之血蒙悦纳,然额牌不使不洁之身蒙悦纳③。"若因深藏之不洁④而不洁,则额牌使之蒙悦纳⑤。

8.若整体或大部不洁,则在圣殿⑥前祭柴堆上将其焚毁⑦;若

---

① 额牌,指大祭司额头上戴的一块金牌,拉比们相信这块金牌有让神接受不洁祭献的力量,使祭献者不必在牺牲不洁的情况下再次祭献。其依据是《出埃及记》28:38:"这牌必在亚伦的额上,亚伦要担当干犯圣物条例的罪孽,这圣物是以色列人在一切的圣礼物上所分别为圣的。这牌要常在他的额上,使他们可以在耶和华面前蒙悦纳。"此处指逾越节羊牲的祭献者不必因为牺牲的不洁而在第二逾越节再次祭献。

② 如果祭献者本人因为与尸体接触而沾染不洁,则额牌不起作用,该祭献无效,他必须在第二逾越节再次祭献。

③ 拿细耳人立誓之后要守离俗期,其间不得食用或饮用任何葡萄或葡萄制品,不得剃发,不得沾染死尸不洁。离俗期结束时他要祭献并剃发。但如果在此期间他沾染了死尸不洁,那么该祭献就无效,他离俗的时期也要从头算起(参见《民数记》6:1—21)。不过本节规定,如果他离俗期满的祭献上发现牺牲不洁,则该祭献因额牌而有效,这一点与逾越节祭献的情况类似。

④ 深藏之不洁,指埋在地下的死尸引起的不洁,沾染不洁者事先并不知情,后来才发现尸体。

⑤ 虽然这会造成自身不洁,但被看作是例外情况,祭献仍然有效,对拿细耳人和逾越节祭献者都是如此。

⑥ 参见本卷 3:8 相关注解。

⑦ 按照律法,沾染不洁的牺牲可在食用祭肉处焚毁,因此逾越节牺牲可以在耶路撒冷城内的任何地点焚毁,但造成羊牲整只或大部不洁,有疏漏之过,因此要在圣殿大庭广众之下焚毁,有惩处物主的意味在内。在圣殿用于祭坛的祭柴堆上焚毁,应该是因为怕羞辱贫穷无柴者,一说,因为怕自带柴火的人把没烧完的木柴带回家,看起来像是从圣殿偷窃物品。

少部或剩余品①不洁,则在自家院落或屋顶用自家柴火②将其焚毁③。贫者④可在圣殿前焚毁之,以从祭柴堆上得利⑤。

9.逾越节羊牲若被带出⑥或沾染不洁,则需立即焚毁⑦。若其主人沾染不洁,或去世⑧,则待其变形⑨而焚于十六日⑩。拉比约哈南·本·布罗卡说:此亦立即焚毁,因其无人食用⑪。

10.骨头⑫、筋⑬、剩余品焚毁于十六日⑭。若十六日恰为安息

---

① 祭祀结束后食用祭肉,如果到十五日早晨还没吃完,就成为剩余品。这里说的是在祭肉时还是洁净的,过后沾染不洁。
② 如果允许人们将祭柴堆上的柴火带回家焚烧不洁的牺牲或剩余品,则担心有人会将木柴移作他用,从而造成圣物私用的情况。
③ 如上所述,不洁的牺牲或剩余品可以在食用地焚毁。逾越节羊牲的食用地是耶路撒冷,因此只要是在耶路撒冷的家中,都可以焚毁。
④ 贫者,一说为路人,也就是来耶路撒冷的朝圣者,因为他们随身没带木柴,因此在圣殿中用祭柴堆的柴火焚毁。
⑤ 对于家无柴火者,如果不允许他们使用圣殿祭柴堆上的柴火焚毁不洁的牺牲或剩余品,则他们可能就不焚毁,从而造成触犯律法的情况。
⑥ 被带出了耶路撒冷,由于逾越节羊牲只能在耶路撒冷城内食用,一旦被带出耶路撒冷,便丧失了祭献的效力。
⑦ 按照迈蒙尼德的观点,凡是牺牲失效的,都要立即焚毁,凡是物主或牺牲之血失效的,均待其变形后焚毁。此处是牺牲自身出了问题,所以要立即焚毁。
⑧ 在这种情况下,牺牲因无人食用而丧失效力,但并非是牺牲本身的问题。
⑨ 由祭肉变为剩余品。
⑩ 牺牲在十五日早上变为剩余品,但十五日是佳日,不可焚毁,所以只能等待十六日与其他剩余一起焚毁。
⑪ 按照革玛拉的解释,拉比约哈南·本·布罗卡认为如果在血液泼洒之前就出现物主不洁或死亡的情形,那么牺牲就要立即焚毁,因为这样的剩余品从来就不曾适合食用。如果在血液泼洒之后发生这些事情,那么就可以等到十六日再焚毁。
⑫ 因骨髓可以食用,所以按规定不得打断的骨头(参见《出埃及记》12:46)也就一起成为剩余品,也需要被焚毁。
⑬ 牛腿内侧的筋被《圣经》禁止食用,因此此处当指外侧的筋,按照拉比律法,这些筋也不许食用,但是按照《圣经》律法,这些筋与肉一样,都属于食品,也在剩余品的行列。
⑭ 如上所说,因十五日是佳日,不得焚毁俗化的圣物,所以拖到十六日焚毁。

日,则焚毁于十七日,因其既不压倒安息日,亦不压倒佳日①。

11. 凡大牛之可食之部位,均食于小山羊②,肩胛骨尖与软骨③亦如此④。折断洁净之逾越节羊牲之骨者,鞭刑四十⑤,然而剩余洁净祭肉⑥与折断不洁之骨⑦者,无四十之鞭刑。

12. 若肢体一部出外⑧,则切至其骨,撕剥至关节而分离⑨。而在其他祭献中则以利斧劈割,因其无任何断骨之事⑩。自门框⑪以

---

① 按照《革玛拉》的解释:因为佳日有休息和禁止工作的肯定与否定两重诫命,而焚毁剩余品只有一重肯定诫命,因此焚毁剩余品的诫命压不过佳日的诫命。而安息日的诫命比佳日还重,自然更压不过。

② 小山羊骨头比较软,因此有些部位在大牛那里无法食用,但在小山羊那里可以食用。这是通常的情况,逾越节祭献则不同,因为涉及一个不许折断骨头的律法,因此需要确定哪些算骨头。本节规定凡大牛身上不能食用的部位,在小山羊身上也不得食用。两者间的差别只是在烹调时间和方式上:大牛身上的某个部位也许需要煮很长时间才能食用,小山羊身上的相同部位也许只需要烤一下就可以吃。

③ 包括耳部、腮部以及脊柱附近的软骨组织。

④ 这些部位也遵循"大牛身上可食,小山羊身上也可食"的原则。

⑤ 因其触犯了"其中的骨头一根也不可折断"(《出埃及记》12:46)的律法。

⑥ 《出埃及记》12:10规定:"不可剩下一点留到早晨,若留到早晨,要用火烧了。"《革玛拉》认为在这种肯定诫命紧随否定诫命的情况下,违反否定诫命不会引致鞭刑,因为肯定诫命给出了补偿方式。

⑦ 《革玛拉》认为"其中的骨头一根也不可折断"(《出埃及记》12:46)中的"其中"指的是洁净的羊羔,也就是有效的祭献,如果羊羔已经不洁,祭献无效,那么折断其骨并不会引发惩罚。

⑧ 逾越节羊牲必须待在将要食用之地,小范围来说不能离开即将食用的人家,大范围来说不能离开耶路撒冷,如果羊牲肢体的一部分离开了规定范围,那么该部分就作废,不能食用,而须切割下来焚毁。

⑨ 由于逾越节羊牲有个不能断骨的问题,因此只能用刀切到骨头,然后顺骨头撕下肉,从关节部位切开。

⑩ 其他祭献因为没有不许断骨的律法,所以可以直接用斧子连骨带肉一起砍断。

⑪ 指门关合之处,门与门框相接触的部分。

里为内，门框向外为外①，窗户及墙之厚度为内②。

13. 两个群组可同食于一室③，此群将其脸转向一面而食，彼群亦将其脸转向一面而食④，而热水壶在其间⑤。侍者⑥起身混酒⑦之时，闭其嘴而回其首⑧，直到回至其群方食⑨。新娘可扭转其脸而食⑩。

---

① 本节上半段阐明离开其规定范围的羊牲部分要切掉焚毁，下半段定义何为其规定范围，比如若是在门口，那么超过哪条界线的肢体部分被看作是出外的。

② 这里的门框、窗户和墙都是既指耶路撒冷城的也指私人住家的。不过《革玛拉》认为门框指的是圣殿山的门框，耶路撒冷的城门则属于城外，因为麻风病人会在此栖身；墙只是指内墙，窗户则是指城墙上低于圣殿地面的。

③ 《出埃及记》12：7 提到"吃羊羔的房屋（复数）"，但同一章第 46 节又提到"应当在一个房子里吃"。拉比犹大对此的解释是：一只羊牲可以由不同群组在同一个或者不同的房子里分食，但同一个人不可在不同的群组食用祭肉。本节讨论两个群组在同一房间分食的情况。

④ 两个群组吃饭时各朝一个方向，表明是两个群组。

⑤ 当时使用热水滤酒，所以把热水壶放在中间，方便双方滤酒。

⑥ 两个群组只有一个侍者，他负责两边滤酒的事情，但他本人也属于其中一个群组。

⑦ 将葡萄酒与热水混合以便过滤。

⑧ 他必须闭上嘴巴，停止咀嚼吞咽，以免被人误认为是与另一群组一起吃饭。同时他的脸始终朝向他自己那一群组所朝向的方向，以显明他的群组归属。

⑨ 回到自己的群组之后，可以开始咀嚼吞咽。

⑩ 新娘因为害羞，不愿看着大家，因此可以扭脸看着别的地方吃饭，其他人则不允许。

第 8 章

1. 妇女在丈夫家时,若其夫为其屠宰,其父亦为其屠宰①,则食其夫所屠宰者②。若第一个节期在其父家中过③,其父为其屠宰,其夫亦为其屠宰,则可依其心愿择地而食④。多个监护人为其屠宰之孤儿,可依其心愿择地而食⑤。属于两个合伙人的奴仆两处均不得食⑥。半奴仆半自由人者,不得食于其主人处⑦。

---

① 本节中的屠宰均指屠宰逾越节羊牲。
② 通常妻子应该随丈夫登记逾越节祭献。
③ 通常新娘婚后的第一个节期在娘家过。如果这个节期恰好是逾越节,那么就出现本节所说的情况。
④ 《革玛拉》认为此处所说的妻子是一位不太回娘家的妻子,因此她的意愿不是很清楚,必须明确做出选择(常回娘家的女子在第一个节期时必须在娘家吃,没有选择)。此外,这种选择必须在屠宰时做出,如果做晚了,她就不能吃任何一家的,因为与《圣经》律法相关的选择不能事后补做。
⑤ 年幼的孤儿不需要做出选择,因为未成年人不需要同意其家庭为其屠宰逾越节羊牲,其家庭自动为其屠宰,他可以在事后决定去哪一家吃。如果是成年孤儿,则必须事先做出选择。
⑥ 在逾越节羊牲问题上,迦南奴仆的地位相当于犹太妇女,其家主无须征得其同意便可以为之屠宰。《革玛拉》认为此处所说的是两位主人不肯合作各自为其屠宰的情况,结果是该奴仆一处也不能吃,因为主人中的一方无权为另一方所拥有的一半做登记,除非另一方事先同意。如果两个主人事先商量好,把奴仆的名字记在其中一方,则他可以去此方吃祭肉。
⑦ 因为他的主人不能为他自由的那一半屠宰羊牲。《革玛拉》认为他可以自己祭献,食用自己的祭肉,以此对主人宣示自己的自由,逼迫主人解放他。迈蒙尼德则认为他不能自己祭献,以此催促主人解放他,使之能够履行逾越节诫命。

2. 对其奴仆说"去为我屠宰一只逾越节牺牲"者,若屠宰小山羊,可食;若屠宰小绵羊,可食①;若屠宰小山羊与小绵羊,则其中之首可食②。若忘却其主人对其所言,如何行之?屠宰小山羊与小绵羊,且说:"若主人对我所言为绵羊,则绵羊属他而山羊属我;若主人对我所言为山羊,则山羊属他而绵羊属我③。"若其主人忘却对其所言,则两者均出至焚烧场,且免行第二逾越节祭献④。

3. 对其子说"我将为你们中第一个到达耶路撒冷者屠宰逾越节羊牲"者⑤,一旦其头部与其身大部进入,则获得其份额,且

---

① 如果没有说明屠宰山羊还是绵羊,那么任何被屠宰的都是有效祭献,即使与他平日生活习惯不符。

② 《革玛拉》解释说这种规定只适用于国王和王后,常人如果出现这种情况,则两只牺牲都要送去焚毁,因为常人必须在屠宰时选定一只羊牲,不可多选,也不可事后补选。至于国王为何例外,《革玛拉》给出了一个巴拉伊塔的故事为依据:有一次某国王忘记明确吩咐,结果仆人杀了一只小绵羊和一只小山羊,国王不知道该怎么办,让仆人去问王后,王后则让他们去问拉班迦玛列,拉班迦玛列裁定先杀的可以食用,后杀的必须焚毁。对于拉班迦玛列裁决的原因,拉熹认为是因为国王不必明确选定,迈蒙尼德则认为是为了防止激怒国王,而导致仆人倒霉。

③ 《革玛拉》认为如果奴仆忘记主人的吩咐,那么在从羊群取羊时,牧羊人就要说明这两只中有一只是主人的,另一只是奴仆的。然后奴仆要在屠宰时说这番话,这不算事后补选,因为主人已经做了选择,只是仆人忘记了而已。

④ 《革玛拉》认为如果主人在祭血泼洒之前就已经忘记,那么就等于未行祭献,就要行第二逾越节祭献;如果是在泼洒之后忘记,那么祭献是有效的,也就不必补行祭献。

⑤ 父亲在十四日午后动身去耶路撒冷祭血逾越节羊牲,其子则动身较晚,只是为了赶上晚上的祭肉大餐。为了鼓励孩子们尽早到达,父亲承诺逾越节羊牲将记入第一个到达的孩子的名下,他将获得很大的一份,其兄弟则从那一份中分享。

第 8 章

使其兄弟与其一起获得①。只要人人都有一橄榄大之份额,总是可以加入②。直至屠宰,均可加入或撤手③。拉比西缅说:直至泼洒其祭血④。

4. 在其份额中加入他人者⑤,群组成员可将其所有给他⑥,他吃他的,他们吃他们的⑦。

5. 见两次之男漏症患者,在第七天为其屠宰⑧;见三次者,在其第八天为其屠宰⑨。为一日而守一日者,在其第二日为其屠宰。

---

① 《革玛拉》认为此处的叙述有所缺失,因为逾越节祭献必须在屠宰说明为谁屠宰,因此只记录一个孩子的名字,更不可能在孩子们到达后补记,因为不可补选。因此父亲在祭献时必定已经写上了所有孩子的名字,至于第一个到达的孩子获得奖赏云云,只是家庭内部为鼓励孩子们早来而进行的游戏而已。

② 一只羊牲可以加入很多人,底线是还够每人获得至少一橄榄大的祭肉。

③ 在屠宰前人们可以选择加入某一羊牲,或者撤出自己的份额,加入其他群组。

④ 拉比西缅认为加入必须是在屠宰前,撤手则可以在泼洒祭血之前。

⑤ 某人加入一个逾越节羊牲群组,又连带加入了其他人,而群组其他成员对此并不知情,也不同意。

⑥ 群组成员可以将此人应得份额给他,他从自己的份额里与他私自加入的人分享。

⑦ 此人与他私自加入的人一组食用祭肉,群组的其他成员作为另一组食用,因为逾越节羊牲可以分组食用。

⑧ 男人如果只见到一次漏症发作,则不算漏症患者,当日不洁,日落后即洁净。如果一日内见到两次发作或者连续两日见到发作,则成为漏症患者,需洁身七日,并在第七日行浸礼,日落后洁净,方可以食用祭肉。如果这一日恰好是尼散月十四日,则可以为他屠宰,《革玛拉》认为条件是他已经行完浸礼(太阳总会落山的)。

⑨ 如果一天内发作三次,或者连续三天发作,则需在七天洁身之后,于第八天到圣殿献祭,此后才算洁净(参见《利未记》15:14—15),方可食用祭肉。如果这一天是尼散月十四日,则可以为他屠宰,《革玛拉》提出的条件是他已经把洁身祭祀用的牺牲交给了圣殿(不一定在行祭献之后)。

若见两天,则在其第三日为其屠宰①。而对女漏症患者,则在其第八日为其屠宰②。

6. 守丧者③、除石堆者④、一如得到从监狱释放之保证者⑤以及能食一橄榄之量⑥的病人与老人,可为他们屠宰⑦。对所有这些人均不可只为他们屠宰,以免引致逾越节祭献失效⑧。据此,若在其中发生失效之事,则免于行第二逾越节祭献⑨,唯移除石堆者

---

① 女漏症患者,只与病情发作的天数有关,与次数无关。此外,只是在两次月经之间的十一天内阴道出血才考虑漏症问题,月经期间的七天不算。在这十一天中,出血一天或两天的,还不算漏症患者,她只需要在血停后的那一天洁身一日,并在日落前行浸礼,即为洁净,可食祭肉。如果那一天恰好是尼散月十四日,那么就可以为她屠宰羊牲,条件是她已经行过浸礼。

② 如果女性在月经间的十一天内连续三天阴道出血,即被看作是漏症患者。她需要洁身七天,并在第八天行祭献,此后方为洁净,且可食用祭肉。如果那一天恰好是尼散月十四日,那么就可以为她屠宰羊牲。

③ 在按律法当为其守丧的亲戚去世的当天白天,守丧者不得食用祭肉,晚上即可食用,此为圣经律法。拉比律法则认为晚上也还不可以食用祭肉,但不坚持其不可食用逾越节羊牲,其他祭祀的祭肉则严格禁止。

④ 石头塌方,有人被埋在石堆里。此时去移除石堆救人者的洁净取决于被掩埋者的死活,但在挖开找到被掩埋者之前处于存疑状态。

⑤ 尼散月十四日当天得到释放许可的囚犯,是否来得及赶回耶路撒冷食用祭肉依然是个疑问。

⑥ 食用逾越节祭肉的最低要求数量。

⑦ 因为在屠宰进行之时,这些人都有资格参与祭献,虽然情况随后会发生变化。

⑧ 这些人必须跟其他人混合组成群组祭献,而不能单独组群,以免出现问题时,组群中大部分人丧失祭献资格,引发整个祭献失效。

⑨ 如果守丧者不小心接触死者而沾染了不洁,释放的囚犯没来得及赶回耶路撒冷,老人或病人突然发病不能吃饭,那么这些人就不能食用祭肉,但是祭献仍然有效,因为在屠宰时他们是有资格祭献的,因此也就不必做第二次祭献。

除外，因其自始不洁①。

7. 不得为个人屠宰逾越节牺牲，此为拉比犹大之言②。拉比约西许之③。即使百人之群，若无能食一橄榄之量者，亦不得为其屠宰。不得组成妇女、奴隶、儿童之群④。

8. 守丧者行浸礼而于当晚食逾越节祭肉，然不可食其他祭献⑤。闻其去世者⑥，捡拾其骨者⑦，可行浸礼而食其他祭献⑧。逾越节之夜皈依之皈依者，沙玛伊学派说：可行浸礼而于当晚食逾

---

① 如果被掩埋者已经死亡，那么移除石堆者从一开始就是不洁的，他的祭献因此无效，必须补行祭献。

② 拉比犹大禁止为个人屠宰，因为他认为一个人很难吃掉整只羊牲，必定会造成剩余品。《革玛拉》引用巴拉伊塔的说法，认为他的依据是《申命记》16：5："在耶和华你神所赐的（每）一（城）中，你不可献逾越节的祭。"由于希伯来语原文中只有"一"而没有"城"，因而被拉比犹大解释为"一个人"。

③ 拉比约西认为可以进行屠宰，只要此人能够吃下整只羊牲。同一条巴拉伊塔认为他的依据是《出埃及记》12：4："你们预备羊羔，要按着人数和饭量计算。"

④ 妇女和奴仆不得混合组群，奴仆和儿童不得混合组群，以防发生淫乱行为。妇女、奴仆可以单独组群，儿童不可单独组群。

⑤ 参见本章第六节的相关注解。拉比们允许守丧者吃逾越节祭肉而不允许吃其他祭肉的原因是：拒绝食用逾越节祭肉的处罚是天谴，而食用其他祭肉的诫命是肯定诫命（《出埃及记》29：33"他们吃那些赎罪之物"），没有天谴的处罚。

⑥ 听闻亲戚去世的消息的人，若这亲戚是他按律法应该为其守丧的，他即成为守丧者。

⑦ 当时的丧葬习俗是：死后先安置于临时安葬地，待尸身腐烂后，由子女去捡拾其骨，葬于固定安葬地。捡拾骨骼的当天，捡拾的子女也是守丧者的身份。

⑧ 即使依据拉比律法，这两种守丧者身份也都限于当日白天，入夜则不再是守丧者，可以食用任何祭肉。

越节祭肉①。而希列学派说：告别包皮者，一如告别坟墓者②。

---

① 沙玛伊学派依据的是拉比犹太教的一般规定，不去考虑该皈依者在皈依前是否接触过尸体的问题，因为在皈依前他不是犹太人，不存在洁与不洁的问题。

② 告别坟墓者，指与尸体接触而沾染不洁的人，这种人需要七天的洁净期，包括在此期间用小红母牛灰水洒身和行浸礼。希列学派将不洁者与皈依者类比，认为皈依者也要七天的洁净期后才能食用祭肉，因此逾越节当晚皈依者显然不能食用。《革玛拉》解释说希列学派这样规定的原因是怕如果接触了死尸的异教徒皈依后当晚就可以食用祭肉，那么以后他接触了死尸也会以为当晚就可以洁净，而完全不了解那是因为非犹太人不存在洁与不洁的问题。

第 9 章

1. 不洁者或行远路者,若未守第一逾越节,则守第二逾越节①。误记者与遭遇意外者,若未守第一逾越节,则守第二逾越节②。若如此,《圣经》何以说:"不洁者或行远路者③"?因此类人免于天谴,彼类人则有天谴之惩④。

2. 何为远路?自莫迪因姆以外,或任何方向上的相同距

---

① 此句是在归纳《民数记》9:10—12 的内容:"你晓谕以色列人说,你们和你们后代中,若有人因死尸而不洁净,或在远方行路,还要向耶和华守逾越节。他们要在二月十四日黄昏的时候,守逾越节。要用无酵饼与苦菜,和逾越节的羊羔同吃。一点不可留到早晨。羊羔的骨头一根也不可折断。他们要照逾越节的一切律例而守。"行远路:指在尼散月十四日屠宰开始前不能到达圣殿山的人。

② 此句是在解说《民数记》9:13 的内容:"那洁净而不行路的人若推辞不守逾越节,那人要从民中剪除。因为他在所定的日期不献耶和华的供物,应该担当他的罪。"只是把模糊的"那洁净而不行路的人"具体化为"误记者(指记错了日期因而错过了第一逾越节的时间)与遭遇意外者"。

③ 由于"遭遇意外"其实已经包括了沾染不洁与行远路来不及回来的情况,为何《圣经》把这两种情况单独提出来?

④ 不洁者与行远路者,因为有经文的说明,被视为已经得到了不守第一逾越节的豁免,因此即使未守第二逾越节,也不会遭受天谴之惩处。误记者与遭遇意外者没有得到这种豁免,经文又明确指出有天谴之惩处,所以如果又未守第二逾越节,则会遭受天谴。

离①。此为拉比阿奇瓦之言。拉比以利以谢说:"自圣殿庭院以外②。"拉比约西说:"因此字母'黑'上有一点③,意为:不是因为确实很远,而是圣殿门槛之外④。"

3. 第一与第二逾越节何异?第一逾越节有"不可见"⑤与"不可寻"⑥之禁,而第二逾越节则可在其家中有无酵饼与有酵物⑦;第一逾越节餐食之时须诵《赞美祷》⑧,第二逾越节餐食之时则无须诵《赞美祷》⑨。行祭献时则彼此均需诵《赞美祷》,均与无酵饼

---

① 莫迪因姆距圣殿十五英里,恰好是尼散月十四日(白天黑夜各一半)行走半天的距离,由此行人不能保证在中午屠宰开始前抵达圣殿,因此属于"远路",可以得到豁免。

② 拉比以利以谢认为凡是在屠宰开始前未能到达圣殿庭院的,无论其原因是否因为住得太远还是有事情耽搁,都计入"远路"的范围。

③ 指《民数记》9:10"远方行路"中"远方"一词的最后一个字母"黑"上有一个附加的点,《圣经》经文里的这种点通常表示这个词有某种特殊含义。

④ 拉比约西认为这个点的含义是:"远方"这个词不能从字面上来理解,不是真正的远方,而只是说"未能到达"。拉喜认为这个点表明字母"黑"应该从其对应的数字含义来理解,由于该字母代表数字"五",所以哪怕是在五肘之外的人也被看作是"行远路的人"。《耶路撒冷塔木德》则认为这个点表示这个字母应该被删除,由此"远方"这个词不是形容路,而是形容人。

⑤ 指《出埃及记》13:7:"这七日之久,要吃无酵饼,在你四境之内不可见有酵的饼,也不可见发酵的物。"

⑥ 指《出埃及记》12:19:"在你们各家中,七日之内有酵物当不可寻。"

⑦ 有关第二逾越节的规定来自《民数记》9:11—12:"他们要在二月十四日黄昏的时候,守逾越节。要用无酵饼与苦菜,和逾越节的羊羔同吃。一点不可留到早晨。羊羔的骨头一根也不可折断。他们要照逾越节的一切律例而守。"拉比律法由此认为第二逾越节的律法中,只有跟祭献羊牲相关的内容跟第一逾越节相同,其他则并无要求。因此第二逾越节不要求除酵,家中可以保有有酵物。

⑧ 《赞美祷》,参见本卷5:7相关注释。

⑨ 《革玛拉》认为本句的依据是《以赛亚书》30:29:"你们必唱歌,像守圣节的夜间一样。"也就是说,圣节之夜唱歌,不是圣节之夜便不唱歌。第二逾越节并非圣节,因此不必歌唱。

和苦菜同食烤羊牲①,均压倒安息日②。

4. 在不洁中祭献之逾越节羊牲③,男女漏症患者、经期妇女与产妇均不可食之④。然若食之,亦免于天谴⑤。拉比以利以谢甚至豁免入圣殿者⑥。

5. 埃及逾越节⑦与后代逾越节何异?埃及逾越节羊牲购于

---

① 因为《民数记》9:11 明言:"要用无酵饼与苦菜,和逾越节的羊羔同吃。"

② 因为《民数记》9:13 有"因为他在所定的日期不献耶和华的供物"一句,据此第二逾越节也被看作是"日期确定"的节期,所以其律法地位压倒安息日。

③ 羊牲本身是洁净的,但是献祭人或器皿不洁。

④ 因为逾越节羊牲只能压倒因接触死尸而引发的不洁,其他原因引发的不洁,如本节所说的漏症、月经或者生育,仍在受禁之列,不能参与祭献之事,需要等到第二逾越节补行。其依据是《民数记》9:10"你们和你们后代中,若有人因死尸而不洁净"只提到死尸不洁的问题,没有说到其他不洁。

⑤ 《利未记》7:19—20 规定:"至于平安祭的肉,凡洁净的人都要吃。只是献与耶和华平安祭的肉,人若不洁净而吃了,这人必从民中剪除。"拉比律法认为:此处说明给洁净者吃的祭肉,不洁者吃了要遭天谴,如果该祭肉同时可以给不洁者吃,那么不洁者吃了就不会遭受天谴。逾越节羊牲既可以在不洁中祭献,又可以由接触死尸的不洁者食用,因此其他不洁者吃了也不会遭受天谴,虽然这种做法本身仍然是在触犯律法。

⑥ 不洁者进入圣殿则受天谴,这是一般律法。拉比以利以谢认为逾越节祭献期间情况不同。《革玛拉》解释他的逻辑如下:《民数记》5:2 规定:"你吩咐以色列人,使一切长大麻风的、患漏症的,并因死尸不洁净的,都出营外去。"由此可知,凡因接触死尸而不洁的人被逐出圣殿之时,其他不洁者也被逐出,也就是说,如果接触死尸而不洁者可以进入圣殿,那么其他不洁者也可以进入。而这正是逾越节祭献的情况,其他不洁者也可以进入圣殿而不必遭受天谴,虽然他们不能进行祭献。

⑦ 希伯来人出埃及前所过的第一个逾越节被称为"埃及逾越节",此后的都是后代逾越节。

十日①，需以牛膝草刷于门楣与两侧门框②，食于急迫之中③，在一夜之间④；而后代逾越节则守整整七日⑤。

6. 拉比约书亚说："我听说过被祭献的逾越节替代羊牲⑥和不被祭献的逾越节替代羊牲，却无法解释⑦。"拉比阿奇瓦说："我能解释：逾越节祭献屠宰前所发现之羊牲⑧，当牧放至其生出缺陷⑨，而后售出，并以其售价购取平安祭牺牲⑩，其替代牺牲亦如此⑪。逾越节祭献屠宰后所发现之羊牲，当作平安祭祭献，其替代牺牲亦如此⑫。"

---

① 《出埃及记》12：3："你们吩咐以色列全会众说，本月初十日，各人要按着父家取羊羔，一家一只。"后代逾越节羊牲需要在尼散月十日查清是否有缺陷，但不必在当日确定，而是可以预备几只，到十四日再临时选择一只。

② 《出埃及记》12：23："拿一把牛膝草，蘸盆里的血，打在门楣和左右的门框上。"

③ 《出埃及记》12：11："你们吃羊羔当腰间束带，脚上穿鞋，手中拿杖，赶紧地吃，这是耶和华的逾越节。"

④ 《出埃及记》13：3："摩西对百姓说，你们要纪念从埃及为奴之家出来的这日，因为耶和华用大能的手将你们从这地方领出来。有酵的饼都不可吃。"拉比们据此认为埃及逾越节除酵只有尼散月十五日庆祝逾越节的一天。

⑤ 后代逾越节要保持七日无酵。

⑥ 已经选定的逾越节羊牲可以用一只未被选定的合格小羊来替换。

⑦ 他无法解释为什么有些替代羊牲上了祭坛，有些没有上祭坛。

⑧ 某人原本选定一只逾越节羊牲，但后来丢掉了这只羊，于是他指定另一只羊来替代，但在屠宰前，原来那只羊牲又被找到了。

⑨ 他在屠宰时有两只羊牲可以选，没有选中的那只就成了被拒绝的羊牲，这样的羊牲不能用来献平安祭，必须留在牧场，直至其出现缺陷，不能再做祭献为止。

⑩ 他需要将这只生出了缺陷的羊卖掉，用卖羊的钱再买一只，用于献平安祭。

⑪ 如果在出售前他指定了另外一只羊取代这只被拒绝的羊，那么那只羊的相关律法跟被拒绝的这只羊一样。

⑫ 如果是在屠宰之后才发现丢失的羊只，那么这只羊不被看作是被拒绝过的，直接用来做平安祭即可。其替代品也是一样。

7. 指定母羊或两岁公羊为逾越节祭献者①,当牧放至其生出缺陷②,而后售出,其售价则献甘愿祭③。指定逾越节祭献而去世者,其子不得以逾越节祭献之名将其带来,而是以平安祭之名④。

8. 逾越节祭献与其他坛祭混淆者⑤,全部牧放至其生出缺陷⑥,而后售出,此种以其中最佳售价带来,彼种亦以其中最佳售价带来,其家则损失差额⑦。与头生混淆者⑧,拉比西缅说:"若为祭司群组,则食用⑨。"

---

① 逾越节祭献必须是一岁公羊,见于《出埃及记》12:5:"要无残疾,一岁的公羊羔,你们或从绵羊里取,或从山羊里取,都可以。"
② 这些羊不能用作逾越节祭献,但因为已经选定用于祭祀,属于圣品,不能用于其他用途,所以放养至其生出缺陷,完全不适合用作祭献为止。
③ 出售后其售金收藏于圣殿,由圣殿负责购买牺牲,用作志愿性的燔祭。
④ 这是说的死者未将其子名列参与祭献者之中的情况。在这种情况下,该逾越节羊牲与死者的儿子无关,自然不能被他用作逾越节祭献。如果死者将其子名列参与者之中,且死于午后,则其子可以照常祭献;若死于午前,则其子成为守丧者,需等到第二逾越节才能祭献。
⑤ 逾越节祭献的小羊与燔祭和赎罪祭的混在了一起,无法辨别。
⑥ 由于逾越节祭献与燔祭和赎罪祭的祭血泼洒与食用规则均不同,所以一旦混淆,就无法再祭献,只能养到出现缺陷后卖掉。
⑦ 无论多少只羊混淆,卖出最高价格的那只羊成为购买新牺牲的标准,由此造成的金钱损失则由混淆羊牲的家庭承担。比如三只羊里,一只卖了三第纳尔,其余两只卖了一第纳尔,则祭主需要拿出九第纳尔来重新买三只羊,买卖之间相差的四第纳尔需要从他自己家里拿出来。
⑧ 头生祭与逾越节祭献的祭血泼洒规则是一致的,其食用规则不同。
⑨ 因为祭祀规则相似,拉比西缅认为如果参与祭献的群组里都是祭司的话,那么在混淆的情况下可以一起祭祀,只要说明"原为逾越节祭献的为逾越节祭献,原为头生祭的为头生祭"即可。食用则依照逾越节祭献的规矩,可以食用至半夜。虽然这种做法会导致头生祭肉提前失效(头生祭肉本来可以食用两天),但拉比西缅认为人有权让祭肉失效。

9. 丢失其逾越节羊牲之群组，对一人说："去找到并为我们屠宰。"而后他们购得并屠宰。若他的屠宰在先，则他食用他的，他们与他一同食用他的①。若他们的屠宰在先，则他们食用他们的，他食用他的②。若不知其中哪只屠宰在先，或者两只一同屠宰，则他食用他的③，他们不与他同食，且他们的出至焚毁所④，然免于行第二逾越节祭献⑤。若他对他们说："若我延误，则你们去为我屠宰⑥。"而后他去找到并屠宰，他们也购得并屠宰。若他们屠宰在先，则他们食用他们的，他与他们一同食用⑦。若他的屠宰在先，则他食用他的，他们食用他们的⑧。若不知其中哪只屠宰在先，或者两只一同屠宰，则他们食用他们的，他不与他们同食，且他的出至焚毁所，然免于行第二逾越节祭献⑨。若他对他们说，

---

① 群组委托个人为他们屠宰，且屠宰在先，则群组以祭献参与者的身份食用他祭献的逾越节羊牲，而他们自己祭献的羊牲则失效，应送往焚毁所。

② 如果群组屠宰在先，则他们失去了对丢失的羊牲的参与资格，因为一个人不能参与两只羊牲。同时因为寻找人没有委托群组为他屠宰，群组所屠宰的跟他无关，所以他自己屠宰的仍然有效。这样两只羊牲都有效，各吃各的。

③ 寻找人接受了群组委托又没有委托群组，无论如何他的羊牲都是有效的，所以无论情况如何不明，他都可以食用自己的祭肉。

④ 群组委托了寻找人，在搞不清究竟哪只是先被屠宰的情况下，无法确定该吃哪边的祭肉，只好放弃。

⑤ 虽然搞不清哪只是自己有效的祭献，但因为两只羊牲无论哪只屠宰在先，群组都参与了，因此逾越节祭献总是做过的，虽然不能吃祭肉，但也不必补行祭献。

⑥ 群组选定的羊牲丢失，此人自告奋勇去寻找，并在寻找前这样委托群组。

⑦ 寻找人委托了群组，群组又屠宰在先，所以寻找人便算是参与了群组祭献，他自己找到的祭献无效，应送往焚毁所。

⑧ 寻找人屠宰时已经丧失了参与群组祭献的资格，群组又未委托他祭献，所以两只羊牲都有效，各人吃各人的。

⑨ 寻找人委托了群组，但是搞不清哪只是对自己有效的羊牲，所以无法食用，但祭献仍然有效，不必补行。

而他们也对他说①,则全体食用在先者②;若不知其中哪只屠宰在先,则两只均出至焚毁所③。若他未对他们说,而他们也未对他说,则彼此不负责任④。

10.若两个群组之逾越节羊牲混淆⑤,则此方为自己牵一只,彼方亦为自己牵一只⑥;此方一人去彼方,彼方一人来此方⑦;他们如此说:"若此羊牲是我们的,则你从你的羊牲撒手并加入我们的祭献⑧;若此羊牲是你的,则我们从我们的羊牲撒手,并加入你的祭献⑨。"五个五人群组如此,十人群组亦如此:从每个群组拉来一人,且均如此说⑩。

① 群组和寻找人都如上委托了对方。
② 在这种情况下,双方地位平等,先屠宰的为有效羊牲。
③ 双方均委托了对方,情况不明的情况下,谁也不知道该吃哪个,于是两只都得烧掉。
④ 双方均未委托对方,因此彼此不相干,各自祭献各自的羊牲。
⑤ 在屠宰之前发现羊牲混淆,无法分辨,此时祭献的参与人还可以更换群组。
⑥ 先随便将两只羊牲分给两个群组。
⑦ 两个群组各派一人去对方群组。
⑧ 在这种情况下,双方的羊牲依然保持原状,只是派出的一人更换了参与群组而已。
⑨ 等于两个群组交换了羊牲。既然如此,为何不直接交换,而要多此一举,派出一人参加另一群组呢?此处的一个基本原则是:任何羊牲在任何时候都不能处于无主状态,否则该羊牲失效。因此任何一个群组都不能全组退出,这就是为什么在这里每个群组要派一人去对方群组,这样即使牵错了羊牲,造成两组要交换羊牲的情况,每组至少还有一人始终参与了原来那只羊牲的祭献。
⑩ 也就是说,无论有多少群组,都要保证每只羊牲至少有一个原来群组的人参与祭献,所以如果有五个群组混淆了羊牲,那么每个群组至少要有五个人,这种处理方法才是有效的(也就是组成五个新组,每组五个人分别来自原来的五个组),如果其中一组是四个人,那么就不能使用这种办法。

11. 两人之逾越节羊牲混淆①,则此人为自己牵一只,彼人亦为自己牵一只;此人与市中一人共同记入,彼人亦与市中一人共同记入②;此人去彼处,彼人来此处,他们如此说:"若此羊牲是我的,则你从你的羊牲撒手并加入我的祭献;若此羊牲是你的,则我从我的羊牲撒手,并加入你的祭献③。"

---

① 本节所说的情况与上节相似,不过不是两个群组之间相混淆,而是两个个人之间。
② 市中一人,等于说从市场上随便拉一个人来,类似中文说的"路人"。
③ 处理的方式与上节所说的两个群组的混淆情况相似,差别在于每只羊牲只有一个人参与,如果牵错了要交换的话,羊牲就没有了原参与者,不符合禁止无主的规定。本节的解决办法是两个各自再随便拉上一个人计入其祭献参与者,由此保证每只羊牲都保有一个原参与者。

第10章

1.逾越节前夕接近午后祷之时①直至天黑,均不可啖食②。即使是以色列的贫者亦不得啖食,除非斜倚③。不得给其少于四杯之葡萄酒④,即便其来自济贫盘⑤。

2.为其⑥混第一杯酒⑦:沙玛伊学派说:祝祷其日,而后祝祷

---

① 午后祷分为大午后祷和小午后祷(参见《种子·祝祷》4:1),《革玛拉》认为本节所说的是小午后祷。"接近"意为小午后祷之前的半个时辰,大体上是从第九个时辰开始,因为是尼散月十四日,昼夜时长相当,因此大体相当于下午三点。

② 在这段时间内禁止吃任何东西,目的是保持晚餐吃无酵饼时能有一个好胃口。由于吃无酵饼是诫命,因此必须全心全意地去吃。

③ 斜倚(斜躺在垫毯上,左手支撑,右手吃饭)吃饭是古罗马自由人吃饭的姿态,逾越节晚餐必须用这种姿态吃,是为了纪念上帝把希伯来人从奴役中解放出来,成为自由人的历史。本句特别把穷人提出来说,是因为当时穷人多半没有垫毯,习惯于坐在板凳上吃饭,不习惯斜倚。

④ 逾越节晚餐至少要喝四杯葡萄酒,祝祷时一杯,读经时一杯,诵饭后祷时一杯,唱赞美祷时一杯。

⑤ 即使是一个靠济贫盘(参见《种子·田角捐》8:7)的救济过日子的穷人,也要得到至少四杯葡萄酒,如果济贫盘支付不起,那么该穷人必须自己打工挣出四杯葡萄酒来。

⑥ 其:指一家之主,在逾越节晚餐时由家人为他混酒斟酒。

⑦ 逾越节用的是比较浓烈的酒,所以习惯上一份酒掺两份水,混合后饮用。

其酒。而希列学派说：祝祷其酒，而后祝祷其日①。

3. 他们将其②送至他面前③，他蘸酸甜酱④，直至掰开无酵饼之时⑤。他们将无酵饼、酸甜酱、生菜⑥和两种食品⑦送至他面前，尽管酸甜酱并非诫命⑧。拉比以利以谢以拉比撒督该之名说：是诫命⑨。而在圣殿他们将逾越节羊牲身子送至其面前。

---

① 这一争论也记载在《种子·祝祷》8：1中，涉及所有节期先诵念节期祝祷文，还是先诵念葡萄酒祝祷文的问题。按照《革玛拉》的解释，沙玛伊学派的理由是：第一，因为有节期所以才喝酒。第二，在喝酒之前，节期已经开始了。因此节期祷先于祝酒祷。希列学派的理由是：第一，因为开始喝酒，才有一个诵念节期祷文的问题。第二，诵念祝酒祷比诵念节期祷要经常得多，节期祷一年不过几次，祝酒祷则在任何饮酒时都要诵念，因此祝酒祷先于节期祷。

② 其：含义不详。通常认为是指蔬菜（作为苦菜），一说：放置了逾越节晚餐食品的小餐桌（当时斜倚而食，使用类似茶几的低矮餐桌）。

③ 本节承接上节，继续叙述逾越节晚餐的程序。祝祷之后，先上蔬菜。

④ 《密释纳》时代犹太人习惯于吃生蔬菜时蘸各种酱汁，因此说"蘸"也就是说吃。按照律法，苦菜是在无酵饼拿来之后才吃，此处先上一道，《革玛拉》认为是为了打乱常规，引发孩子们提问的好奇心。酸甜酱：参见本卷2：8相关注解。

⑤ 本句依照拉熹与迈蒙尼德的注释翻译，说的是在祝祷无酵饼之前，先要把无酵饼掰开。

⑥ 实际上应该是"苦菜"。《革玛拉》认为这里说生菜的意思是：即使你只有生菜，也要履行诫命。生菜也被看作是苦菜的一种。

⑦ 这两种食品是为了纪念圣殿时代逾越节食用的羊牲和节庆祭牺牲，如今犹太人的习俗是用一个烤鸡腿（或者羊小腿）和烤熟（有时是煮熟）的鸡蛋来代替，腿肉代表羊牲，鸡蛋代表节庆祭。

⑧ 酸甜酱虽然不是诫命，但仍然是逾越节晚餐必须的调料，《革玛拉》认为原因是酸甜酱可以缓解苦菜的刺激味道。

⑨ 对于拉比以利以谢这样说的理由，《革玛拉》给出了两种解释：一是酸甜酱象征着希伯来人在埃及为奴时建筑使用的灰泥，二是酸甜酱中的苹果是希伯来人在埃及时代的生育象征。今天的犹太人通常倾向于接受第一种解释。

4.他们为他混第二杯酒①,而其子则于此问其父②。若其子不明了,则其父教之③:今夜与他夜何异?他夜吾等食有酵与无酵,今夜则全为无酵。他夜吾等食他种菜蔬,今夜则为苦菜④。他夜吾等食烤肉、炖肉、煮肉,今夜则全为烤肉。它夜吾等蘸食一次,今夜则两次⑤。其父因其子之材而施教⑥,始于耻辱⑦终于荣耀⑧,且释经自"我祖原是一个将亡的亚兰人"⑨直至终结全段⑩。

5.拉班迦玛列曾说:逾越节⑪未言三事者,未尽其责⑫。其为:逾越节祭献、无酵饼与苦菜。逾越节祭献:因全在之神在埃及越

---

① 第二杯酒是读经时喝的,读经的主要内容是《逾越节传奇》。
② 儿子应当问父亲:"今夜与其他夜晚有何不同?"
③ 《革玛拉》解释说:如果儿子愚钝,则由妻子发问;如果妻子也不能发问,则父亲自问。
④ 本句没有"全为",因为第一次蘸食时还可以食用其他蔬菜。
⑤ 蘸食,即蘸酱汁而生食蔬菜。祝祷之后立即蘸食一次,无酵饼上来后再蘸食一次,参见上节相关注释。
⑥ 在逾越节晚餐,父亲有责任教导儿子有关出埃及的历史,参见《出埃及记》13:8:"当那日,你要告诉你的儿子说,这是因耶和华在我出埃及的时候为我所行的事。"
⑦ 《革玛拉》收录了两种有关"耻辱"的解释:其一指《申命记》6:21所说的"我们在埃及做过法老的奴仆",其二指拉夫所言且被收录于《逾越节传奇》的"我们的祖先曾是偶像崇拜者"。
⑧ 本句亦可能指《申命记》6:21—24,始于"我们在埃及做过法老的奴仆",终于"耶和华又盼咐我们遵行这一切律例,要敬畏耶和华我们的神,使我们常得好处,蒙他保全我们的生命,像今日一样"。
⑨ 《申命记》26:5。
⑩ 应当终结于《申命记》26:8:"他就用大能的手和伸出来的膀臂,并大可畏的事与神迹奇事,领我们出了埃及。"
⑪ 指逾越节前夕晚餐的时间。
⑫ 未履行《出埃及记》13:8"当那日,你要告诉你的儿子"的诫命。

过吾祖之家①;无酵饼:因为吾祖在埃及得救赎②;苦菜:因为埃及人使吾祖在埃及生活受苦③。每一代均须视自己为出埃及者④,因《圣经》说:"当那日,你要告诉你的儿子说,这是因耶和华在我出埃及的时候为我所行的事。"⑤据此吾辈须感激、赞美、称颂、光耀、尊崇、荣耀、祝福、颂扬、欢呼为吾祖与吾辈行此一切奇迹者:他救吾等出奴役而入自由,出苦难而入欢乐,出哀伤而入喜庆,出黑暗而入光明,出束缚而入救赎。为此吾等在其面前说:哈利路亚!⑥

6. 诵至何处⑦?沙玛伊学派说:至"为多子的乐母"⑧。希列学派说:至"叫坚石变为泉源"⑨。以救赎收尾⑩:拉比特尔封说:

---

① 指《出埃及记》12:27所言:"你们就说,这是献给耶和华逾越节的祭。当以色列人在埃及的时候,他击杀埃及人,越过以色列人的房屋,救了我们各家。"

② 指《出埃及记》12:39所言:"他们用埃及带出来的生面烤成无酵饼。这生面原没有发起,因为他们被催逼离开埃及,不能耽延,也没为自己预备什么食物。"

③ 参见《出埃及记》1:13—14:"埃及人严严地使以色列人做工,使他们因做苦工觉得命苦。"

④ 参见《申命记》5:15:"你也要纪念你在埃及地做过奴仆。"

⑤ 《出埃及记》13:8。

⑥ 这段祷文("据此……")是犹太传统《赞美祷》的序章。

⑦ 在吃无酵饼之前,要诵读《赞美祷》。但因为《赞美祷》太长,贤哲们担心孩子会因为太困而睡着,不能好好吃无酵饼,因而要求饭前只读一部分,另一部分饭后读。争论点在于饭前读到哪里。

⑧ 《诗篇》113:9。沙玛伊学派认为《诗篇》第114章讲的是红海奇迹,应该是在午夜后发生,所以应该在饭后才诵读,饭前诵读到第113章为止。

⑨ 《诗篇》114:8。希列学派认为饭前的《赞美祷》既然以救赎收尾,而红海奇迹发生后以色列人才真正得到救赎,因此没有理由不诵读赞美红海奇迹的《诗篇》114章。

⑩ 读完《逾越节传奇》之后,要做一段祝祷来收尾,而这段祝祷必须是有关救赎的。

"将吾辈与吾祖从埃及救赎出来①。"而不封尾②。拉比阿奇瓦说③:"吾主吾神吾祖之神带吾辈到达未来之节庆与朝圣之日④,这些日子将在平安中向吾辈而来。在你的城市的建设中快乐并在为你的服侍中愉悦。且于彼处食用坛祭与逾越节祭献⑤。"等等,直至《赞美你,吾主,救赎以色列》⑥。

7. 为他混第三杯酒⑦,他为其饭食而祝祷⑧。第四杯,以之完成《赞美祷》⑨,并为之诵《歌祷》⑩。这些杯次之间⑪,若欲饮酒则饮酒⑫;第三杯与第四杯之间,不得饮酒⑬。

---

① 传统上认为此处省略了祝祷的通行起始格式,所以拉比特尔封的祝祷全文应该是:"赞美你,吾主吾神,宇宙之王,将吾辈从埃及救赎出来。"
② 如果祝祷比较长,内容比较复杂,那么通常就在结尾加一个总结性的短祷,以此封尾。拉比特尔封的祝祷就一句话,内容单一,因此不必封尾。
③ 拉比阿奇瓦在拉比特尔封的祷文上又增加了下列一段。
④ 节庆指在家中庆祝的节期,包括新年和赎罪日。朝圣指圣殿时代需要在耶路撒冷度过的节期,包括逾越节、五旬节和住棚节。
⑤ 坛祭指节庆祭,逾越节祭献指羊牲。之所以把节庆祭放在羊牲的前边,是因为晚餐时应该先吃节庆祭,再吃羊牲,这样保证吃完羊牲,人是饱足的。
⑥ 此句是拉比阿奇瓦的封尾祷,因为他的祷文比较长,内容也比较丰富,因此需要总结性的封尾。
⑦ 第二杯酒在读《逾越节传奇》时喝完,此后便是逾越节晚餐。第三杯酒是在餐后斟上。
⑧ 做《谢饭祷》。
⑨ 如上所述,饭前的《赞美祷》只诵读一部分,剩下的在饭后第四杯酒时诵读完。
⑩ 《歌祷》,内容不详,《革玛拉》记载了贤哲们就此进行的争论,有人认为是在《赞美祷》结束时加上一句,也有人认为是《赞美祷》本身的一段。
⑪ 第一、二杯酒和第三、四杯酒之间。
⑫ 也就是说在晚餐时可以随意饮酒,《革玛拉》认为这是因为餐饮时饮酒,不会喝醉。
⑬ 这两杯是餐后酒,《革玛拉》认为餐后多饮易醉,醉了就不能好好做完逾越节晚餐,因此禁止。

8. 不得在逾越节羊牲之后以甜食①结束②。小半睡觉，可食③；全体则不可食④。拉比约西说：睡意朦胧⑤，可食，睡着则不可食⑥。

9. 逾越节羊牲夜半后即染手不洁⑦。废弃品⑧与剩余品均染手不洁。祝祷逾越节羊牲，即免除坛祭⑨之祝祷；祝祷坛祭，不能

---

① 原文为"阿菲克曼"，为希腊语词汇，在希腊为正餐后的小餐，主要有酒、水果和各种甜品。犹太人在希腊化时期深受希腊文化影响，餐后甜点习俗大约也是在这时候进入犹太生活的。

② 由于逾越节的律法要求逾越节晚餐食羊牲而饱足，因此事实上禁止在羊牲之后吃任何东西，以示饱足，餐后甜点虽然是饮食习惯，但也只能放弃。

③ 在食用羊牲时，一部分人睡着了，但是因为另一部分人还在吃，羊牲并没有被忘记，所以这些人醒来后还可以继续吃。

④ 如果全体都睡着了，羊牲被遗忘，醒来后就不可以继续吃，因为这好像换了一个地方吃羊牲，而律法禁止一个人在两个地方吃逾越节羊牲。

⑤ 《革玛拉》对"睡意朦胧"的定义是：还能答应别人打的招呼，但不能主动开始对话，也不能进行逻辑性的辩论。

⑥ 拉比约西的律法未说明是针对"部分人"还是"全体"的，因此有一些争议。有人认为他比《密释纳》贤哲严格，因为他规定哪怕是部分人睡着了，也不能继续食用羊牲。另一些人则认为他比较宽容，因为即使全体打瞌睡，只要没睡着，也还可以继续吃。

⑦ 也就是半夜之后，逾越节羊牲祭肉就变成了剩余品，因而会传播不洁。《革玛拉》认为这是拉比以利亚撒·本·亚撒利雅的观点。他认为《出埃及记》12：8"当夜要吃羊羔的肉"和12：12"因为那夜我要巡行埃及地"都说明祭肉只能吃到半夜。众贤哲反对他的观点，认为《出埃及记》12：11所说的"赶紧地吃"意为"吃到赶紧的时候"，也就是可以吃到早上出发的时候。而12：8也只是说要在夜里吃，不要在白天吃。因此，众贤哲认为祭肉天亮后才成为剩余品，不过他们同意吃祭肉只能吃到半夜，这是为了防止有人不小心触犯律法。

⑧ 在屠宰和献祭（向祭坛泼血）的过程中，献祭人有在规定时间过后才吃祭肉或直接将祭肉焚毁的打算，祭献的牺牲即成为废弃品，祭献无效。

⑨ 指逾越节的节庆祭。

免除逾越节羊牲之祝祷[1]。此为拉比以实玛利之言[2]。拉比阿奇瓦说：此祷不免除彼祷，彼祷亦不免除此祷[3]。

《逾越节》卷终

---

[1] 食用前需祝祷。逾越节晚餐通常吃节庆祭祭肉在前，羊牲祭肉在后，所以需要祝祷两次。如果有人不小心先祝祷了羊牲，那么就不必再祝祷节庆祭了。

[2] 他认为逾越节羊牲比节庆祭重要，所以羊牲祝祷可以豁免节庆祭祝祷，反过来却不行。

[3] 拉比阿奇瓦认为逾越节羊牲祭献时用倒洒法泼血，也就是走近祭坛，将血倒在祭坛底部；而其他祭献，包括节庆祭，都是泼洒法，远远地将血泼到祭坛上。如果用的泼血方式不对，那么祭献就无效。如果两者的泼血方式都不能互换，那么两者祭肉的祝祷也就不能互换，所以一定要祝祷两次。对此拉比以实玛利认为倒洒法包括了泼洒法，而泼洒法不包括倒洒法，如果用倒洒法行节庆祭祭献，则祭献有效，反之则无效，由此可以推测羊牲祭肉的祝祷可以豁免节庆祭祭肉的祝祷，反之则不行。

第 4 卷

舍 客 勒[①]
Shekalim

[①] 按照《出埃及记》30：12—16 的规定，凡进入人口统计的以色列人每年均需给会幕（后来改为圣殿）缴纳半舍客勒重量的银子，用于公共祭祀的开销。这一律法自圣殿时期延续下来，缴纳的数量一直以《圣经》时代的半舍客勒重量为准。

五句節 丁酉春膳
岳雪刘浪於北京師
京園

提　要

本卷的主题是舍客勒税。按照拉比犹太教对《希伯来圣经》的理解，以色列成年男子每年要缴纳半银舍客勒的税给圣殿，用于维持圣殿的日常开支，特别是各种公共祭献的开销。

舍客勒税的开征由法庭于亚达月一日宣布，到尼散月一日完成缴纳。这个恰好处于逾越节之前的缴税时间大概是《舍客勒》被收入《节期》部的主要原因。就内容而言，本卷主要讨论圣殿相关事宜，其实更适合被收入《圣职》部。因此，本卷是《节期》部唯一与犹太节期没有直接关系的一卷。凑巧的是，本卷也是《节期》部中唯一没有《革玛拉》的一卷。为此，很多《巴比伦塔木德》的版本将《耶路撒冷塔木德》中的本卷收入其中，以补缺失。

本卷共八章，前两章讨论舍客勒税的征收、运输与储存问题。第3章与第4章讨论舍客勒钱款的使用问题。第5章讨论圣殿的运作结构。第6章讨论圣殿与数字十三的关系。最后两章讨论圣殿中某些物品的处理以及与洁净相关的问题。

相关《希伯来圣经》段落

1.《出埃及记》

30∶11　耶和华晓谕摩西说……

30∶12　你要按以色列人被数的,计算总数,你数的时候,他们各人要为自己的生命把赎价奉给耶和华,免得数的时候在他们中间有灾殃。

30∶13　凡过去归那些被数之人的,每人要按圣所的平,拿银子半舍客勒,这半舍客勒是奉给耶和华的礼物,一舍客勒是二十季拉。

30∶14　凡过去归那些被数的人,从二十岁以外的,要将这礼物奉给耶和华。

30∶15　他们为赎生命将礼物奉给耶和华,富足的不可多出,贫穷的也不可少出,各人要出半舍客勒。

30∶16　你要从以色列人收这赎罪银,作为会幕的使用,可以在耶和华面前为以色列人作纪念,赎生命。

2.《列王纪下》

12∶4　约阿施对众祭司说,凡奉到耶和华殿分别为圣之物所值通用的银子,或各人当纳的身价,或乐意奉到耶和华殿的银子。

12：5 你们当从所认识的人收了来，修理殿的一切破坏之处。

12：6 无奈到了约阿施王二十三年，祭司仍未修理殿的破坏之处。

12：7 所以约阿施王召了大祭司耶何耶大和众祭司来，对他们说，你们怎么不修理殿的破坏之处呢？从今以后，你们不要从所认识的人再收银子，要将所收的交出来，修理殿的破坏之处。

12：8 众祭司答应不再收百姓的银子，也不修理殿的破坏之处。

12：9 祭司耶何耶大取了一个柜子，在柜盖上钻了一个窟窿，放于坛旁，在进耶和华殿的右边。守门的祭司将奉到耶和华殿的一切银子投在柜里。

12：10 他们见柜里的银子多了，便叫王的书记和大祭司上来，将耶和华殿里的银子数算包起来。

12：11 把所平的银子交给督工的，就是耶和华殿里办事的人。他们把银子转交修理耶和华殿的木匠和工人。

12：12 并瓦匠，石匠，又买木料和凿成的石头，修理耶和华殿的破坏之处，以及修理殿的各样使用。

12：13 但那奉到耶和华殿的银子，没有用以作耶和华殿里的银杯，蜡剪，碗，号，和别样的金银器皿。

12：14 乃将那银子交给督工的人修理耶和华的殿。

12：15 且将银子交给办事的人转交做工的人，不与他们算账，因为他们办事诚实。

12:16 惟有赎愆祭、赎罪祭的银子没有奉到耶和华的殿,都归祭司。

3.《历代志下》

24:4 此后,约阿施有意重修耶和华的殿。

24:5 便召聚众祭司和利未人,吩咐他们说,你们要往犹大各城去,使以色列众人捐纳银子,每年可以修理你们神的殿。你们要急速办理这事。只是利未人不急速办理。

24:6 王召了大祭司耶何耶大来,对他说,从前耶和华的仆人摩西,为法柜的帐幕与以色列会众所定的捐项,你为何不叫利未人照这例从犹大和耶路撒冷带来作殿的费用呢?

24:7 因为那恶妇亚他利雅的众子曾拆毁神的殿,又用耶和华殿中分别为圣的物供奉巴力。

24:8 于是王下令,众人做了一柜,放在耶和华殿的门外。

24:9 又通告犹大和耶路撒冷的百姓,要将神仆人摩西在旷野所吩咐以色列人的捐项给耶和华送来。

24:10 众首领和百姓都欢欢喜喜地将银子送来,投入柜中,直到捐完。

24:11 利未人见银子多了,就把柜抬到王所派的司事面前。王的书记和大祭司的属员来将柜倒空,仍放在原处。日日都是这样,积蓄的银子甚多。

24:12 王与耶何耶大将银子交给耶和华殿里办事的人,他们就雇了石匠、木匠重修耶和华的殿,又雇了铁匠、铜匠修理耶和华的殿。

24:13 工人操作,渐渐修成,将神殿修造得与从前一样,而且甚是坚固。

24:14　工程完了,他们就把其余的银子拿到王与耶何耶大面前,用以制造耶和华殿供奉所用的器皿和调羹,并金银的器皿。耶何耶大在世的时候,众人常在耶和华殿里献燔祭。

4.《尼西米记》

10:32　我们又为自己定例,每年各人捐银一舍客勒三分之一,为我们神殿的使用。

10:33　就是为陈设饼,常献的素祭,和燔祭,安息日,月朔,节期所献的与圣物,并以色列人的赎罪祭,以及我们神殿里一切的费用。

第 1 章

1. 亚达月一日宣布舍客勒①与禁混种之事②。当月十五日于各城诵《经卷》③，修缮路途、街道④与浸礼池⑤。处理所有公众所需之事⑥。标清墓地⑦，同时出查禁混种之事⑧。

2. 拉比犹大说：最初，将其连根拔起，扔在他们面前⑨。后因

---

① 从尼散月一日起，圣殿使用新一年的舍客勒购买公共祭祀的牺牲，因此征收舍客勒的通告在三十天前公布，以便有足够的时间收取舍客勒。

② 《圣经》律法禁止将不同品种的庄稼菜蔬混合种植，可参见《种子·禁混种》。亚达月是农耕开始的月份，因此在这个月初要求农夫在田间和菜园检查禁混种事宜，拔除禁止混种的作物。

③ 指与普珥节相关的诵读《以斯帖记》的活动，参见本部《经卷》1：1。

④ 亚达月通常在阳历二、三月间，此时以色列雨季接近尾声，旱季即将开始，正是修缮被雨水冲毁的道路的时候。至于修缮的目的，传统上认为是为即将到来的朝圣季节的朝圣者提供方便。

⑤ 浸礼池使用天然活水，雨季会造成浸礼池内积累泥浆，此时应该开始清理。

⑥ 《耶路撒冷塔木德》认为此处说的是拉比法庭加速各种案件的审理工作，做好各种所需的宗教裁判，以便为即将到来的各种节期做好准备。

⑦ 祭司与利未人需避免走近墓地，以免沾染不洁，因此墓地都有明确的标志线警告他们。雨季冲淡了墓地的标志线，此时应予修复标明。

⑧ 拉比法庭成员应出巡乡间，查看农夫们是否认真执行了禁混种相关律法。

⑨ 本节承接上节最后一句，继续讨论拉比法庭巡查禁混种的问题。最初，在发现田间种植了禁混种时，法庭成员会把禁混种拔起，扔在田主前，以示羞辱。

违规者增多①，便弃之路途②；且立规夺其整块田地之一切③。

3.当月十五日，钱商坐于国中④，二十五日坐于圣殿⑤。自其坐于圣殿时起开始索要⑥。从何人处索要？利未人、以色列人、改宗者以及释奴；然不及妇女⑦、奴隶⑧与孩童⑨。任何其父为其缴纳舍客勒者，不得停顿⑩。不得向祭司索要，因和平之道⑪。

4.拉比犹大说：本·布赫里在雅夫内作证说：所有缴纳舍

---

① 按照两部《塔木德》的解释，违规者增加的原因是拉比法庭的惩罚措施没什么效力，田主们反而因为有人给他们免费间苗而得利，而且拔下来的青苗还可以用作饲料。

② 不再扔在他们面前，而是扔在路上，这样田主就不能利用这些青苗了。

③ 在上一个措施仍然不起作用之后（田主们仍然因为有人给他们免费间苗而得利），拉比法庭规定在发现禁混种后有权将整块田地的庄稼宣布为无主物，让人们随意取用，其依据是《以斯拉记》10：8："凡不遵首领和长老所议定，三日之内不来的，就必抄他的家，使他离开被掳归回之人的会。"

④ 国中，迈蒙尼德认为是除耶路撒冷之外的所有以色列地。钱商在十五日开柜换钱，把民众手中的各种钱币兑换成舍客勒银子。

⑤ 此时临近月底，兑换者应该在耶路撒冷兑换，以便尽快缴纳。

⑥ 从二十五日起，去尚未缴纳舍客勒的人家，强行收取。

⑦ 《出埃及记》30：12有关缴纳舍客勒的人员规定都使用阳性名词，因此妇女免于缴纳舍客勒。

⑧ 异教徒奴隶，没有履行诫命的责任。

⑨ 二十岁以下免舍客勒，其依据是《出埃及记》30：14："凡过去归那些被数的人，从二十岁以外的，要将这礼物奉给耶和华。"

⑩ 有些父亲为自己的孩子缴纳舍客勒，他们必须持续缴纳，直到孩子二十岁时自己缴纳。

⑪ 祭司也同样有缴纳舍客勒的责任，但如果他们不缴纳，亦不得到其家中讨要，《耶路撒冷塔木德》认为这是因为祭司们必须得到尊重。

客勒之祭司均无罪过①。拉班约哈南·本·扎卡伊对他说：并非如此！而是所有不缴纳舍客勒之祭司均有罪过②。而祭司们为一己之利而解说经文"祭司的素祭都要烧了，却不可吃"③。若摇祭④、摇祭双饼⑤与陈设饼⑥均属我等，又如何可食⑦？

5. 尽管说：不得向妇女、奴隶与孩童索要，然若其缴纳舍客勒，则可受自其手⑧。若异教徒或古他人⑨缴纳舍客勒，则不得受

---

① 本·布赫里认为祭司们免于缴纳舍客勒的责任。按照常理，在这种情况下，如果祭司们缴纳了舍客勒，以此购买的牲畜就不算圣物，而以此在圣殿献祭就是罪过。本·布赫里认为祭司们没有罪过，因为他们将自己的钱物自愿捐给了大众。

② 拉班约哈南不同意本·布赫里的观点，认为祭司们同样有缴纳舍客勒的责任，不交就是罪过。按照两部《塔木德》的解释，两人的分歧在于对《出埃及记》30：13"凡过去归那些被数之人的"的解释。本·布赫里认为这句说明只有参加了人口统计的才缴纳舍客勒，因为利未人未参加统计，因此利未人和祭司免于此责任。拉班约哈南则认为此句中的"过去"一词指"过红海"，凡过了红海的人都有缴纳舍客勒的责任。

③ 《利未记》6：23。

④ 五旬节在圣殿用禾捆献祭，参见《利未记》23：11。

⑤ 五旬节在圣殿献祭的两个饼，参见《利未记》23：17。

⑥ 圣殿中长供的饼子，参见《出埃及记》25：30。

⑦ 祭司们的逻辑是这样的：《圣经》明确规定祭司的祭献要焚烧掉，不可食用。如果祭司们缴纳了舍客勒，那么各种公祭的祭品中都有祭司一份，但事实上，他们所列举的那些公祭的祭品都是给祭司们吃的，因此他们诘问：这怎么可能？拉班约哈南认为《利未记》那句有关焚烧的规定指的是祭司们的个人祭献，与公祭无关，因此祭司们的辩解不能成立。

⑧ 如果妇女、奴隶或孩童缴纳半舍客勒银子作为对公祭的奉献，而不是履行舍客勒的责任，则可以接受。

⑨ 皈依犹太教的撒玛利亚人，参见《列王纪下》17。拉比犹太教不承认古他人为犹太人。

自其手①。男漏症患者之鸟祭②、女漏症患者之鸟祭、产妇之鸟祭，亦不得受自其手③，赎罪祭与赎愆祭亦如此；然誓愿祭④与甘愿祭⑤则受自其手。此为规则：凡可许愿或甘愿者，受自其手⑥；凡不可誓愿或甘愿者，则不得受自其手⑦。以斯拉亦如此阐明，因《圣经》说："不是让你们和我们建造我们的神殿的。"⑧

6. 此为需缴纳卡尔邦者⑨：利未人、以色列人、改宗者以及释奴⑩。然不及祭司、妇女、奴隶与孩童⑪。为祭司、妇女、奴隶与孩

---

① 拒绝接受的原因众说纷纭，但基本要点是因为这些人不被承认为犹太人。
② 用作燔祭的两只斑鸠或者雏鸽。
③ 这些鸟祭是这些人洁净过程的一部分，异教徒或古他人不能献这类祭祀。
④ 誓愿祭：某人因某事而誓愿要在圣殿献祭，以后如约到圣殿还愿。
⑤ 甘愿祭：某人指定某牲畜要被用来献祭。
⑥ 这条规则的依据是《利未记》22∶18∶"以色列家中的人，或在以色列中寄居的，凡献供物，无论是所许的愿，是甘心献的，就是献给耶和华燔祭的。"
⑦ 如上所述的公祭、各种鸟祭与赎罪祭、赎愆祭均为为特定罪过或特定日期而奉献的祭祀，不可事先许愿，亦不可事先指定牺牲，因此属于不可誓愿亦不可甘愿者。
⑧ 《以斯拉记》4∶3。按照《以斯拉记》的叙述，以色列人得居鲁士许可而修建第二圣殿时，周边异教对手要求参与修建，为大祭司所拒绝。由此可见异教徒不得参与圣殿修建。由于舍客勒的资金有一部分用于圣殿维修，因此异教徒也不可缴纳。
⑨ 卡尔邦，一种第二圣殿时代的硬币。对于缴纳舍客勒需要附加卡尔邦的规定，众贤哲与拉比梅伊尔的观点不同。众贤哲认为只有在两人合交一舍客勒的情况下，才需要附加一卡尔邦，因为如果他们去找钱商将一舍客勒换成两个半舍客勒的话，他们需要给钱商交一卡尔邦的手续费。拉比梅伊尔则认为《出埃及记》3∶12"他们须将此奉献"中的"此"指的是卡尔邦，3∶13所说的半舍客勒是在卡尔邦之外要缴纳的，因此无论是否合交，只要缴纳舍客勒就要附加一卡尔邦。
⑩ 凡是符合缴纳舍客勒规定的人都有缴纳卡尔邦的责任。
⑪ 妇女、奴隶、孩童不在缴纳舍客勒的人群之内，因此也就没有缴纳卡尔邦的责任。祭司虽然有责任缴纳舍客勒，但因其免于被追讨，因此也就免于缴纳卡尔邦的责任。

童缴纳舍客勒者,免责①。若为自己与其同伴缴纳舍客勒,则须缴纳一卡尔邦②。拉比梅伊尔说:两卡尔邦③。缴纳一塞拉且拿回舍客勒者④,须缴纳两卡尔邦⑤。

7. 为贫者,为邻居,为同城人缴纳舍客勒者,免责⑥。若借贷给他们,则有责⑦。兄弟或合伙人⑧,若于卡尔邦有责⑨,则免责于牲畜什一税⑩;若于牲畜什一税有责,则免责于卡尔邦⑪。卡尔

---

① 因为这些人原本不需要缴纳卡尔邦,因此代缴者也就没有这个责任。
② 如果一个男人为自己和另一位男子缴纳一舍客勒,那么依照众贤哲的观点,他必须比照钱商换钱的手续费缴纳一卡尔邦。
③ 如上所述,拉比梅伊尔认为卡尔邦与换钱无关,而是每个人都要缴纳,因此为两个人缴纳,便需要缴纳两卡尔邦。
④ 塞拉为《圣经》钱币单位,相当于一舍客勒,因此在《密释纳》中被用作一舍客勒的代称,与此同时,由于舍客勒税是半舍客勒,所以《密释纳》使用这个词时,多半指半舍客勒。此处是指某人给圣殿交了一舍客勒的银币,拿回半舍客勒作为找头。
⑤ 由于这种行为被看作是两次交易,因此即使是众贤哲也认为他应该附交两卡尔邦。一卡尔邦作为兑换补偿,另一卡尔邦作为圣殿的服务费用。
⑥ 替这些人缴纳舍客勒,且不需要他们归还,等于是送给他们礼物。属于礼物的舍客勒税,不需要附加卡尔邦。
⑦ 如果只是借贷,事后需要归还的,那么就跟合交一样,需要附加卡尔邦。
⑧ 通常解读为"成为合伙人的兄弟"。
⑨ 如果他们已经瓜分了父亲的财产,然后合伙缴纳舍客勒,就等于一般人合交舍客勒,需要附加卡尔邦。
⑩ 牲畜什一税:参见《利未记》27:32:"凡牛群羊群中,一切从杖下经过的,每第十只要归给耶和华为圣。"按照律法,合伙人免于缴纳牲畜什一税。因此,如果众兄弟分家以后成为合伙人,就可以免于缴纳牲畜什一税。
⑪ 如果众兄弟尚未分家,那么即使父亲已经去世,其财产仍被看作是父亲的。在这种情况下,使用家财缴纳舍客勒等于是父亲替孩子缴纳,因此免于缴纳卡尔邦。但是此时众兄弟既然不是合伙人关系,那么每年出生的新家畜,就需要缴纳牲畜什一税。

邦价值几何？一银玛阿①。此为拉比梅伊尔之言。而众贤哲说：一半②。

---

① 相当于一舍客勒的二十四分之一。
② 半银玛阿，相当于一舍客勒的四十八分之一。

第 2 章

1.可将舍客勒兑换为达利克①,因其为路途负担②。一如圣殿有羊角箱③,国中亦有羊角箱④。市民所派送之舍客勒被盗或丢失:若奉献已献⑤,则向司库起誓⑥,否则向市民起誓,而市民则缴纳舍客勒以取代之⑦;若寻得或盗贼将其归还,则彼此均为舍

---

① 达利克,一种《圣经》中提到的波斯金币(参见《以斯拉记》2:69,8:27)。一个达利克值两塞拉,即四舍客勒。

② 每个城镇舍客勒收齐之后,派使者送往耶路撒冷圣殿。因为金币比银币值钱,携带的数量也要少得多,可以减轻路途负担,所以发送前将其兑换成金币。

③ 指羊角号形状的容器,口小肚大,将奉献的金银币放入,不会掉出。

④ 各城都有一个(迈蒙尼德说有两个,另一个用来放置上一年拖欠的舍客勒)与圣殿相似的羊角箱,用来放置收齐的舍客勒,并运往圣殿。

⑤ 各地送来的舍客勒,都收在一个库房里,每年三次(尼散月一日、五旬节、住棚节)取出一定数量,放在三个箱子里,用于购买祭祀使用的牺牲。取出被视为"奉献已献",包括了途中的各地运送使者手中的舍客勒,由此公祭才能代表全以色列。

⑥ 如果使者手中的舍客勒在奉献出库后丢失或被盗,此时这些舍客勒已经算是圣殿财产,因此使者需要向圣殿司库起誓说这些舍客勒是在人力不可变更的情况下丢失或被盗的(遭遇暴力抢劫或者遇上灾祸,比如沉船),他所代表的城镇居民不必补交舍客勒。

⑦ 如果使者手上的舍客勒是在奉献出库之前被盗或丢失的,那么此时这些舍客勒仍然属于市民们的财产,因此使者需要向市民起誓,而市民们则需要补交舍客勒,因为圣殿从未收到过这些奉献。

客勒,且不得计入来年数目①。

2. 将其舍客勒给其友伴以代其缴纳舍客勒,而以之为自己缴纳舍客勒者②:若奉献已献,则为侵占③。以圣物缴纳其舍客勒者④:若奉献已献,且牺牲已祭,则为侵占⑤。以第二什一税赎金、第七年金者,则须按量食用⑥。

3. 收集钱币并说"此为我之舍客勒"者,沙玛伊学派说:其余为甘愿祭⑦。而希列学派说:其余为俗品⑧。说"我将从中拿取我之舍客勒"者,同意其余为俗品⑨。说"此为赎罪祭"者,同

---

① 这两批舍客勒都要上交圣殿,其中一批被视为当年的舍客勒,另一批则被视为前一年的舍客勒,无论如何,不能将其视为下一年的舍客勒。

② 给朋友半客勒,让他去圣殿时帮助缴纳舍客勒税,结果这朋友盗用这钱替自己交舍客勒了。

③ 如果这朋友在路上时奉献已出库,那么这半舍客勒已经成了圣物,他盗用来替自己缴纳舍客勒,构成侵占圣物的过犯,需要献赎衍祭,补回所盗用的数目,并加交五一费。参见《利未记》5:15—16。

④ 手中持有圣物钱财而不自知,误用来缴纳舍客勒。

⑤ 动用圣物时,如果只是用于履行诫命,没有世俗意义上的利益,那么虽然不对,也还不构成侵占。因此,用圣物交舍客勒本身并不构成侵占,而一旦献祭完成,牺牲中有一部分算是他的,便属于有了世俗利益,此时构成侵占的过犯。在上一例中,使用朋友的钱财替自己缴纳了舍客勒,使自己免去被追讨的危险,也属于世俗利益,因此也构成侵占。

⑥ 第二什一税赎俗后的赎金应该用来在耶路撒冷购买食物食用,第七年金应该用来购买第七年产物,并按照第七年的规则食用。如果动用这两种资源缴纳舍客勒,则必须补出相同数量的钱币,并按照所动用资源的相关律法规定购买食物食用。

⑦ 如果收集舍客勒税的人多收了钱,沙玛伊学派认为多出来的钱同样要交到圣殿,用于购买甘愿祭牺牲。沙玛伊学派的逻辑是:误收的圣品也还是有效的圣品。

⑧ 希列学派认为此人当初只想收集舍客勒,并无收集其他圣品的意图,所以多收的钱币不能成为圣品。

⑨ 此时两派均同意其余为俗品,因为收集者明确知道会多收,而未说明多收的用于圣品目的,因此不归圣殿所有。

意其余为甘愿祭①;说"我将从中拿取赎罪祭"者,同意其余为俗品②。

4.拉比西缅说:舍客勒与赎罪祭何异③? 舍客勒有定额,赎罪祭则无定额④。拉比犹大说:舍客勒亦无定额⑤。当以色列人从流放地归来之时,曾以达利克⑥为舍客勒,其后以塞拉⑦为舍客勒,其后以特瓦⑧为舍客勒且要求缴纳第纳尔⑨为舍客勒⑩。拉比

---

① 参见下节。
② 与舍客勒情况相似,收集者知道自己会多收但未说明多收的部分将捐献圣殿,因此是俗品。
③ 本节解释上节希列学派的立场。希列学派在与沙玛伊学派的争论中,认为在收集舍客勒时,多收的部分为俗品,而收集赎罪祭时,多收的就成为甘愿祭。本节解释舍客勒与赎罪祭的区别。
④ 舍客勒有规定好的数量,如《出埃及记》30:15所说:"他们为赎生命将礼物奉给耶和华,富足的不可多出,贫穷的也不可少出,各人要出半舍客勒。"而赎罪祭没有这个数量限制。因此,在收集舍客勒时,我们知道多收的部分不是为履行诫命而收集的。与此相反,在收集赎罪祭资金时,由于没有数额限制,实际上所有的钱都被看作是用于圣殿祭祀的,如果没用完,自然还是圣物,所以留在圣殿用作甘愿祭资金。
⑤ 拉比犹大争辩说历史上舍客勒税的数额也是变化的。
⑥ 参见本章第1节相关注解。一达利克等于两《圣经》舍客勒,四《密释纳》舍客勒。
⑦ 一塞拉等于一《圣经》舍客勒。
⑧ 一特瓦等于半塞拉,半《圣经》舍客勒。
⑨ 一第纳尔等于半特瓦,四分之一《圣经》舍客勒。
⑩ 两部《塔木德》所引《密释纳》经文在此句后均有"他们不肯接受"一句。按照迈蒙尼德的解说,舍客勒税都是以当时通用货币单位的一半作为缴纳标准,但不得低于半《圣经》舍客勒的数量。因此,在犹太人刚从巴比伦回归时,统治以色列地的是波斯王朝,通行的货币是波斯金币达利克,舍客勒税的标准就是半达利克,相当于一《圣经》舍客勒。后来波斯衰落,通行货币成为塞拉,标准就降为半塞拉,也就是半《圣经》舍客勒。再后来通行货币变为更小的特瓦,缴纳一特瓦正好是半《圣经》舍客勒,但有人要求依例缴纳半特瓦,即四分之一《圣经》舍客勒,遭到拉比法庭的拒绝。

西缅说：尽管如此，全体仍为一律①，而赎罪祭，则此人携来一塞拉，彼人携来两塞拉，更有人携来三塞拉②。

5. 舍客勒之余为俗品③。十分之一伊法之余④，男漏症患者、女漏症患者及产妇之鸟祭，以及赎罪祭与赎衍祭之余，均为甘愿祭。此为规则：凡以赎罪祭与赎衍祭之名而至者，其剩余均为甘愿祭。燔祭之余为燔祭。素祭之余为素祭。平安祭之余为平安祭。逾越节祭献之余为逾越节祭献⑤。拿细耳祭之余归拿细耳人，某拿细耳人之祭之余则为甘愿祭⑥。贫者之余归贫者，某贫者之余则归该贫者⑦。俘囚之余归俘囚，某俘囚之余则归该俘囚⑧。亡者之余归亡者，某亡者之余则归其继承人⑨。拉比梅伊尔说：亡者

---

① 拉比西缅同意舍客勒税的数量在历史上有变迁，但无论如何变动，在特定时期每个人缴纳的数目是固定一致的。

② 与舍客勒不同，赎罪祭则因人而异，每个人可以自己决定花费多少。

③ 某人集资缴纳舍客勒，如有剩余则为俗品，这是希列学派的观点，参见上两节相关注解。

④ 十分之一伊法的细面指赎罪祭的一种，参见《利未记》5:11："他的力量若不够献两只斑鸠或是两只雏鸽，就要因所犯的罪带供物来，就是细面伊法十分之一为赎罪祭，不可加上油，也不可加上乳香，因为是赎罪祭。"

⑤ 以上均指某一特定祭献收集资金，献祭后留有结余的情况下的处理方式。

⑥ 一般性的为拿细耳人献祭而收集的资金，某拿细耳人用后如有剩余，则给其他拿细耳人使用。如果是给某个特定的拿细耳人收集的，则余额归该拿细耳人所有。

⑦ 一般的济贫款项，某穷人用不完，则给其他穷人使用。为某个特定穷人而筹集的济贫款项，用不完则归该穷人所有。

⑧ 一般性集资赎放俘囚的资金，某人用不完则给其他俘囚使用。为某个特定俘囚筹集的赎放资金，用不完则归该俘囚所有。

⑨ 一般性集资埋葬死亡的贫者，埋葬一个死者后如有剩余，则用于埋葬其他死者。如果是为某一特定死者筹集的，用不完则归其继承人所有。

之余闲置,直至以利亚到来①。拉比拿单说:亡者之余,为其在坟上立碑②。

① 先知以利亚何时到来没人知道,所以拉比梅伊尔的意思是这笔钱应该放置不用。
② 拉比拿单认为死者贫无葬身之地,接受埋葬费用已经是一种羞辱,其子孙接受剩余资金,则是对其子孙的羞辱。因此为死者计,应该是宁肯建碑,也不愿意见到子孙被羞辱。

第3章

1. 一年三个时节奉献库银①：逾越节前半个月②，五旬节前半个月，以及住棚节前半个月。此亦征收牲畜什一税之时③。此为拉比阿奇瓦之言。本－阿扎伊说：于亚达月二十九日④，于西弯月一日⑤，于阿夫月二十九日⑥。拉比以利亚撒与拉比西缅说：于

---

① 关于舍客勒库银每年三次奉献之事，参见本卷2：1相关注解。

② 希伯来文原词为"普鲁斯"，意为"一半"。两部《塔木德》都认为这是指逾越节前讨论逾越节相关律法的时长（三十天）的一半，也就是十五天。以下两个"半个月"均指十五天。

③ 牲畜什一税：参见本卷1：7相关注解。《塔木德》认为每年三次征收牲畜什一税与牲畜的生育高峰时间是一致的。

④ 拉比阿奇瓦认为亚达月可能是二十九天，也可能是三十天，所以逾越节前十五天有可能是亚达月二十九日，也可能是三十。本－阿扎伊则认为尼散月之前的亚达月应该只有二十九天，所以一定是亚达月二十九日。

⑤ 西弯月一日是五旬节前五天，而不是十五天。《巴比伦塔木德》解释说这是因为逾越节与五旬节之间时间太短，如果提前十五天，就不会有多少新生的幼畜，所以拖后十天。

⑥ 由于当年的什一税需当年完成，而关于牲畜新年的日期又有以禄月一日和提斯利月一日两种说法，所以为保险起见，本－阿扎伊干脆规定第三个奉献日期早于这两个日期，安排在阿夫月底（实际上他规定以禄月出生的牲畜单独分留什一税，而此前和此后出生的都各自分留什一税）。又因为阿夫月有时二十九天，有时三十天，所以干脆确定为二十九日。

尼散月一日①,于西弯月一日,于以禄月二十九日②。为何说以禄月二十九日,而不说提斯利月一日?因其为佳日,而佳日不得分留什一税③。因此他们将其提前至以禄月二十九日。

2. 用三个各为三细亚之柜奉献库银④,其上书"阿莱夫""贝特""格美勒"⑤。拉比以实玛利说:其上以希腊文书"阿尔法""贝塔""伽马"⑥。奉献者入库不得着双下摆长袍,不得穿鞋,不得穿凉鞋,不得戴经匣,不得佩护符⑦,以防其贫穷时,人们说他因库银之过而贫穷⑧;或其富有时,人们说他因库银之献而富有⑨。因人须取悦于他人,一如其取悦于全在之神之道,为此《圣经》说:"你们必在神和以色列面前清白。"⑩且说:"在神和世人眼前蒙恩

---

① 他们两人都同意拉班西缅·本·迦玛列的观点,认为相关律法讨论应开始于逾越节之前两周,而这一天也是缴纳牲畜什一税的日子,因此定为尼散月一日。

② 二人认为牲畜新年是提斯利月一日,恰好是住棚节前十五天,因此牲畜什一税缴纳日期应该是这一天,但因为下句所说的原因而提前了一天。

③ 分留牲畜什一税时,要在选定的牲畜牙齿上染色,而佳日禁止染色,所以就无法分留,只好提前一天。

④ 舍客勒库银出库奉献,参见本卷2:1相关注解。本节说明出库奉献时所用的三个柜子的大小是三细亚。

⑤ 希伯来文的前三个字母,给三个柜子标注字母顺序,为的是保证先使用捐献较早的舍客勒银钱。

⑥ 拉比以实玛利认为在第二圣殿时代,人们更习惯于使用希腊文字母标注顺序。

⑦ 库中装满银钱,入库出银者须避瓜田李下之嫌,因此不得穿戴任何可以隐藏银钱的衣着饰品。

⑧ 如果他不采取避嫌措施,那么将来如果他变成了穷人,人们会说他当初从库中偷了银钱,遭受神的惩罚而成为穷人。

⑨ 说他富有是因为从库中偷来的不义之财。

⑩ 《民数记》32:22。

第3章

宠,有聪明。"①

3. 拉班迦玛列之家人②进入,其舍客勒在其指间,将其投于奉献者面前③,而奉献者则有意将其推入柜中④。奉献者不得奉献,直到对他们说:"我将奉献。"而他们⑤对他说三次:"奉献!奉献!奉献!"⑥

4. 奉献首次,而后覆以皮罩⑦;二次,而后覆以皮罩⑧;三次而不覆盖⑨;以防因遗忘而从已奉献者中奉献⑩。奉献首次,以以色列之地之名⑪;二次,为周边城市之故⑫;三次,为巴比伦之故,为米甸之故,为远方各国之故⑬。

---

① 《箴言》3∶4。
② 指拉班迦玛列家所有的成年男子。一说,拉班迦玛列家族派来的代表团。
③ 他们进入银库,将自己的舍客勒银币投在奉献者面前,以便他将其收入奉献箱。
④ 确保该家庭的舍客勒进入奉献箱,以示对这一显赫家族的尊敬。
⑤ 银库的守卫。
⑥ 奉献者将舍客勒银钱出库的行为必须是在三次明示之后才可以进行。一说,先问一次,回答两声,再问一次,回答第三声,而后开始出库。
⑦ 逾越节前十五天,第一次舍客勒出库,出库后用皮罩将剩下的银钱罩上。其后到达的舍客勒银钱堆在这皮罩上。
⑧ 五旬节前十五天做第二次奉献时,取用皮罩上的银钱,完成后再在剩余的银钱上覆盖第二张皮罩。此后送到的银钱即继放其上。
⑨ 住棚节前十五天第三次出库,用的是第二张皮罩上的银钱,完成后不用再覆盖皮罩,因为当年的出库已经完成,不需要再做了。
⑩ 两次遮盖皮罩是为了防止将三个时间段到达的银钱混淆起来,因为每个时间段有着不同的意义,所以不能随便取用。
⑪ 以色列地的城镇离圣殿最近,所以逾越节前到达的都是这一地区的银钱,奉献也是以这一地区的名义进行。
⑫ 以色列周边城市的舍客勒银钱应该在逾越节至五旬节之间到达,所以五旬节之前的奉献以这一地区的名义进行。
⑬ 所有其他地区的舍客勒,都应该在新年前到达,否则就错过当年的舍客勒税了,因此这第三次代表其他所有地区。

第4章

1. 奉献，以之何为？① 以之购取日常祭②、附加祭③ 及其随祭④，摇祭⑤、摇祭双饼⑥ 与陈设饼⑦，及一切公共祭献。第七年自生物之看守者⑧，从库银奉献中取其工钱⑨。拉比约西说：愿意志愿者亦可义务看守。他们对他说：你也说过，这些只能来自公共财物⑩。

① 本节接续上章末节，讨论取出后的舍客勒库银作何用途。
② 圣殿里的每日燔祭，参见《出埃及记》29：38。
③ 节期与安息日附加的祭献，参见《民数记》28：9—29：39。
④ 指伴随燔祭而进行的素祭或酒祭。
⑤ 指尼散月十六日用新谷所做的祭献，参见《利未记》23：10—11。
⑥ 指五旬节祭献的双饼，参见《利未记》23：16—17。
⑦ 参见本卷1：4相关注解。
⑧ 第七年不耕种，但某些地块谷物会自生自长，这些谷物被用作只能使用新谷的圣殿祭献，比如摇祭。因此拉比法庭会指派专人看守这些地块，以防这些谷物被人或牲畜吃掉。
⑨ 因为雇佣他们是祭献的一部分，等于购买谷物的花费。
⑩ 公共祭献只能来自公共财物，这一点双方没有分歧。一个义务看守者获得田中谷物的所有权，这一点双方也没有分歧。双方的分歧在于：拉比约西认为私人财物可以通过捐献而成为公共财物，并用于公共祭献，因此只要看守者自愿将收获的谷物交给圣殿，用作公共祭祀就不是问题，而众贤哲认为这种转换是不允许的。

2. 红母牛①、送走的公羊②与朱红毛线③,均取自库银奉献④。红母牛之路⑤、送走的公羊之路⑥与其角间之线绳⑦、水渠⑧、城墙及其守望塔⑨以及城中的一切所需⑩,均取自库银结余⑪。阿巴·扫罗说:红母牛之路大祭司们自己修建⑫。

3. 库银结余之余⑬,以之何为?以之购取酒、油及细面,其利⑭则归圣殿;此为拉比以实玛利之言。拉比阿奇瓦说:不得以圣物及贫者之物牟利⑮。

---

① 有关圣殿的红母牛祭祀,参见《民数记》19:2。
② 赎罪日送往旷野的替罪羊,参见《利未记》16:21。
③ 与红母牛一同焚烧的朱红色毛线,参见《民数记》19:6。
④ 红母牛祭献属于赎罪祭的一种,算公共祭献,其费用自然来自舍客勒库银。朱红毛线是红母牛祭祀的陪祭品,因此待遇相同。替罪羊一次购买两只完全一样的,抽签决定其中一只被送走,另一只上祭坛,由于赎罪日祭祀是公共祭献,因此其开支来自舍客勒库银。
⑤ 在圣殿山与橄榄山之间修筑坡道,以便在运送红母牛时不会踩到墓地而沾染不洁。
⑥ 在圣殿和耶路撒冷城外旷野之间修筑坡道,直接运送替罪羊出城,因为巴比伦犹太人有个从替罪羊身上拔毛的习惯,会耽误送走的时间。
⑦ 替罪羊的羊角之间会系上红色毛线。
⑧ 指圣殿的水渠系统需要修缮。
⑨ 指耶路撒冷的城防设施。
⑩ 指耶路撒冷城中的公共设施需求。
⑪ 指用于祭献的奉献取用过后,如果还有舍客勒库银结余的话。
⑫ 阿巴·扫罗认为每任大祭司都不肯使用前任的红母牛之路而要另外修建,因此应该他们自己出资。
⑬ 如果上节所说的所有用途之外,舍客勒库银还有结余的话。
⑭ 圣殿把酒卖给需要祭奠的人,把油和细面卖给需要进行素祭的人,以此牟利。
⑮ 拉比阿奇瓦认为以圣物经商有损圣物的品格,而穷人之物则只在穷人需要钱却没有其他办法获得的情况下才能用于经营。

4. 奉献之余额①，以之何为？装饰至圣所之金箔②。拉比以实玛利说：果实之余③用于祭坛之余④，奉献之余则用于祭献用具⑤。拉比阿奇瓦说：奉献之余用于祭坛之余⑥，祭奠之余⑦则用于祭献用具。副大祭司拉比哈尼纳说：祭奠之余用于祭坛之余，奉献之余则用于祭献用具。彼此均不认可果实之言⑧。

5. 香祭之余⑨，以之何为？从中⑩分留匠人之工钱，且以匠人之工钱将其赎俗⑪，将其⑫给予匠人以为其工钱，再以新库银

---

① 尼散月一日之后，公共祭献必须使用新一年的舍客勒库银，上一年的结余成为奉献之余。
② 圣殿内至圣所的地板、墙和房顶都是用金箔装饰的。
③ 果实之余是指拉比以实玛利上节所说的用库银结余做生意而获得的利润。
④ 祭坛之余，指祭坛空闲时进行的非强制性的燔祭。
⑤ 拉比以实玛利认为祭祀用具与祭献相同，都可以使用舍客勒库银来支付其开销。
⑥ 拉比阿奇瓦认为舍客勒库银应该用于祭献，因此只能用于祭坛之余。
⑦ 祭奠之余，指圣殿油、酒及细面供应商补交的部分。圣殿司库会在年初将一年的货款付给这些供应商，订购足够当年使用的货物。如果当年这些商品跌价，供应商必须按低价补交商品，这些商品会剩余下来。
⑧ 拉比阿奇瓦和副大祭司拉比哈尼纳均不承认圣物可以被用来经营牟利，也就是拉比以实玛利的"果实之言"。
⑨ 香祭，指圣殿中每天两次的焚香祭献。参见《出埃及记》30：7—8。按照《巴拉伊塔》的解释，圣殿每年预备三百六十八份香，每天用一份做香祭，剩余三份供大祭司在赎罪日抓两把，但两把远不到三份，加上阴历年实际上只有三百五十四天，因此每年的香祭都会有剩余，而尼散月一日以后又必须使用新购买的香，因此本节讨论旧的怎么办。
⑩ 从舍客勒库银中分留。
⑪ 舍客勒库银原本为圣物，分留为匠人工钱后即成俗品，以此与原为圣物的薰香交换，薰香即被赎俗。
⑫ 将赎俗的薰香付给工匠作工钱。薰香为圣物时，不可直接付给工匠，因为圣物需要先用钱币赎俗才能交易。

奉献购取①。若新者及时到达,则以新库银之奉献购取;否则取自旧者②。

6. 将其财物奉献为圣物者,若其中有适合公共祭献之物③,则付与匠人为其工钱;此为拉比阿奇瓦之言④。本-阿扎伊对他说:此非其则,当从中分留工匠之报酬,以工匠之工钱将其赎俗,且将其付与工匠为其报酬,在以新库银之奉献将其购回⑤。

7. 将其财物奉献为圣物者,其中有适合祭坛之雌雄牲畜。拉比以利以谢说:雄畜售予需燔祭者,雌畜则售予需平安祭者⑥,其售价归入其余财物中,用于维护圣殿⑦。拉比约书亚说:雄畜则以

---

① 即将旧香料再买回来。由于薰香不会变质,因此圣殿祭献倾向于使用前年剩余的香料,但因为每年必须使用新库银所购买的,因此所面临的问题是:旧香料是圣物,要翻新使用必须走过一个合乎律法的由圣物变成俗物,再从俗物变成圣物的过程,且最后一道必须是用新库银购买已成为俗物的薰香。由此,本节设计了四个步骤来圆满完成这一过程。

② 如果新舍客勒库银按时到达银库,则取奉献而购回旧香,否则使用旧库银购买。一说,新者,指新月,如果亚达月三十日新月被人如期看见且拉比法庭宣布新年开始,则由新库银支付,否则新年尚未开始,当使用旧库银。

③ 比如上节所说的薰香。

④ 拉比阿奇瓦认为圣物可以用工作来赎俗,因此工匠给圣殿做的工作可以用圣物来支付其工资,然后再用库银买回来,用于祭献。

⑤ 本-阿扎伊反对拉比阿奇瓦的观点,认为只有钱币可以赎俗圣物,因此他坚持上节所描述的流程。按照迈蒙尼德的看法,在这个问题上,律法与本-阿扎伊的说法一致。

⑥ 雌畜不可用于燔祭,因此分别出售。

⑦ 拉比以利以谢的原则是:凡捐献为圣物者均需用于圣殿维护,而不得用于其他目的,包括圣殿祭献。因此,适合祭献的牲畜要出售给私人去祭献,而其售价所得则用于圣殿维护。

之献燔祭，雌畜则售予需平安祭者，以其售价购取燔祭①，其余财物则用于维护圣殿。拉比阿奇瓦说：拉比以利以谢之言比拉比约书亚之言更合我意，因拉比以利以谢原则一致，而拉比约书亚则分而治之②。拉比帕皮亚斯说：我听说两人之言均为依据，若明确奉献③则依拉比以利以谢之言；若简单奉献④则依拉比约书亚之言。

8. 将其财物奉献为圣物者，其中有适合祭坛之物：酒、油⑤、鸟。拉比以利亚撒说：将其售予需求此类者⑥，且以其售价购取燔祭⑦，其余财物则用于维护圣殿⑧。

---

① 拉比约书亚认为凡奉献牲畜者，其目的都是将其献为燔祭，因此能献燔祭的雄畜直接祭献，不能献为燔祭的雌畜则出售，以其售价购买适合献燔祭的牺牲，进行祭献。

② 依据拉比以利以谢的原则，处理奉献的圣物的方式是一样的，都用于维护；而拉比约书亚的原则则将其分别对待，一部分用于祭祀，一部分用于维护。

③ 如果奉献者明确说："我将我的牲畜和其他财物奉献为圣物。"则依据拉比以利以谢的原则处理，因为这样讲话表明奉献者愿意将两者一体看待。

④ 如果奉献者只说："我将我的财物奉献为圣物。"则拉比约书亚的原则适用，因为奉献者的话可以被理解为每种物品用于各自的目的。

⑤ 酒和油可以被用于祭坛奠祭，鸟则指用于鸟祭的斑鸠和雏鸽。

⑥ 将这些物品卖给来圣殿做鸟祭或奠祭的人。

⑦ 《耶路撒冷塔木德》根据《利未记》22：19"要将没有残疾的公牛，或是绵羊，或是山羊献上，如此方蒙悦纳"，认为鸟祭不属于燔祭，因此鸟类只能用来出售。

⑧ 迈蒙尼德认为本节与上节的差别在于：燔祭用的牲畜，如果出现瑕疵，可以用钱赎俗，因此捐为圣物的牲畜可以换成钱并用于圣殿维护。奠祭用的油和酒以及鸟祭用的鸟即使出现了问题也不能赎俗，因此也就不能用于圣殿维护。

9.圣库每三十天估价一次①。所有承担供细面以四者②,若价止于三③,则仍供以四④;供以三者⑤,若价止于四⑥,则供以四⑦,因圣殿之手在上⑧。若细面生虫,则为其虫面;若酒变酸,则为其酸酒⑨。不得其资,直至祭坛受之⑩。

① 圣库每三十天一次,为奠祭和素祭使用的酒、油和细面定价,供应商在三十天内按此价格供应商品,不得涨价,但如果市场价格下跌,则按照便宜价格增加供应量。
② 四者,指一塞拉买四细亚面粉。
③ 如果市场价格上涨,一塞拉只购买三细亚。
④ 供应商仍然按原来的价格供应四细亚细面粉。
⑤ 如果价格定为一塞拉买三细亚细面粉。
⑥ 市场价格下跌,一塞拉可以购买四细亚细面粉。
⑦ 供应商按照新的便宜价格供应四细亚细面粉。
⑧ 无论市场价格如何变化,圣殿不能吃亏。
⑨ 货物供应之后,如发生变质,则属于供应商所有,供应商必须将其更换为合格的产品。
⑩ 虽然圣库可能在收获季节向供应商预支一年的钱,但这不意味着这些钱就已经是供应商的,要直到这些物品合格地用于祭坛,供应商才算赚到了钱。

第 5 章

1. 此为圣殿中有职者①:约哈南·本·平哈斯司印②。亚希雅司奠祭③。马特提亚·本·撒母耳司骰④。普塔海亚司鸟祭⑤;普塔海亚即末底改。何以称其名为普塔海亚?因其展示事物而解说之⑥,且通晓七十种语言⑦。本·亚希雅司腹疾⑧,内胡尼亚为

---

① 第二圣殿存在了几百年,每个职位不可能只有一个人,因此关于本节所提的十五个人的时代便有不少争论,或认为他们是各职位上最圣洁的十五个人,或认为他们是《密释纳》雏形形成之初,圣殿被毁之前的在职者,或认为他们是第一个执掌这些职位的人。

② 参见本章第3—4节。

③ 参见本章第4节。

④ 圣殿中掷骰子决定祭司值班时间。

⑤ 鸟祭是圣殿祭献中比较复杂的一种,参见《阿伯特》3:22:"有关以鸟献祭的法规和有关妇女行经之初洁净问题的法规才是律法的本体。"

⑥ "普塔海"意为"开启","亚"代表上帝,全名的意思是"神的开启",《巴比伦塔木德》认为普塔海亚有惊人的洞察力,常常能够解说他人不解的事物,并以此解答疑难问题,而这种能力来自上帝。

⑦ 《密释纳》与《塔木德》时代所说的"七十种语言"代表所有的语言,"七十"来自诺亚子孙所形成的七十个家族,拉比犹太教相信这些家族是人类族群的源头,因此"七十"非确切数目,言其多而已。

⑧ 《耶路撒冷塔木德》解释说:祭司们在圣殿里光脚站在石头地上,吃得比较油腻,加上喝冷水,因此腹疾很常见,需要专人照管。

掘穴者①,格威尼为唤起者②,本·格威尔司锁门③,本·贝巴依司鞭④,本·阿尔扎司钹⑤,胡格里斯·本·利未司歌⑥,格尔木家族负责陈设饼之制作⑦,阿夫提纳斯家族负责制香⑧,以利亚撒司幕⑨,平哈斯司袍⑩。

2. 司库不得少于三人⑪,监管不得少于七人⑫,建立钱财相关的公共机构不得少于两人⑬,唯司腹疾之本·亚希雅⑭与司幕之以利亚撒⑮除外,因他们为多数公众所接受⑯。

① 负责圣殿及城中的水利系统,挖掘水井、水渠、排水沟等。
② 每天早上负责呼喊祭司和利未人到岗。
③ 圣殿大门夜锁晨启。
④ 圣殿夜间有三个祭司值班处,二十一个利未人值班处,本·贝巴依负责巡视各处,看见有睡觉的则以鞭将其击醒。一说:本·贝巴依司灯芯,而非司鞭,负责给大烛台编制灯芯。
⑤ 击钹以提示利未人开始歌唱的时间。
⑥ 两部《塔木德》均记载此人为大歌唱家,歌声嘹亮优美,且善于模仿各种声音。
⑦ 陈设饼形如打开的盒子,出炉时容易破碎,其烘制有一定难度。该家族是制作陈设饼的专家。
⑧ 《耶路撒冷塔木德》记载该家族掌握配置薰香的秘方药草,可以让香烟直线上升,遇屋顶方沿墙而散。
⑨ 编织圣殿门窗所需要的各种帘幕。
⑩ 负责收藏管理并提供祭司们祭献时穿的袍服,也参与这些袍服的制作。
⑪ 司库负责圣殿的所有日常财政事务,包括圣物的买卖。
⑫ 这七人负责掌管圣殿大门的钥匙,只有七人都到场的情况下,大门才能打开。按照迈蒙尼德的说法,圣殿的管理体系从上到下依次是:大祭司、副大祭司、两位总管、七位监管、三位司库。
⑬ 防止有人在钱财上作弊。
⑭ 他负责购买治病用的药物,独自做决定。
⑮ 他负责采购制作帘幕用的材料。
⑯ 此二人得到公众特别信任,其他人无此特权。

3. 圣殿有印四枚，其上篆有：牛、雄性、山羊羔、罪者[1]。本－阿扎伊说：有五枚。其上篆有亚兰文[2]：牛、雄性、山羊羔、穷罪者、富罪者[3]。"牛"，以服事牛之奠祭[4]，无论大小[5]，无论公母[6]。"山羊羔"，以服事羊之奠祭，无论大小，无论公母，唯公绵羊[7]除外。"雄性[8]"，只服事公绵羊之祭奠。"罪者[9]"，以服事大麻风患者三牲之奠祭。

4. 凡请求奠祭者，当先往司印务之约哈南处，向其付钱并获

---

[1] 圣殿的很多种祭献（燔祭、平安祭、大麻风患者的赎愆祭，等等）都伴有奠祭，即祭献用油调制的细面制品，且泼洒葡萄酒。由于每种祭献陪伴的奠祭使用物品的数量不一（详见《民数记》15：4—10），常人搞不清到底需要什么，因此圣殿内备有这些物品，供献祭者购买。购买时，献祭者先去主管印章的约哈南·本·平哈斯那里付钱，付钱后得到一张条子，上面盖着一个印章，说明此人需要何种奠祭。此人以此为凭据，去主管奠祭的亚希雅那里领取奠祭所需物品。

[2] 第二圣殿后期，亚兰文取代希伯来文，成为以色列地区的通用语言。

[3] 本节的"罪者"，指大麻风病患者，按：大麻风病并非现代意义上的麻风病，而是一种身上长白斑的皮肤病（参见《利未记》13：1—46）。《圣经》时代认为此病是"病从口出"，是因为多嘴多舌而招来的神谴，因此治疗方法也是在圣殿献祭，主要是三只羊加相应的奠祭。本－阿扎伊认为这种献祭应有贫富之别，富人需要三只羊（两公一母），每只羊的奠祭是十分之三伊法的细面粉，酒和油各九罗格；穷人则只需要一只羊及其奠祭，另加一罗格油即可。《耶路撒冷塔木德》认为《密释纳》贤哲的观点是：穷患者会得到一张"山羊羔"的凭单，因此只有一枚"罪者"印章，是给富人用的。

[4] 所有以牛做祭献者，均获得印有"牛"印章的凭据。

[5] 无论是成年牛还是牛犊。

[6] 公牛用于燔祭，母牛用于平安祭。

[7] 指十三个月以上至两岁的公绵羊。

[8] 此处亚兰文"雄性"是希伯来文"公绵羊"的译词，所以"雄性"就是"公绵羊"。

[9] 此处指富裕的大麻风病患者。

得印单①。再去司奠祭之亚希雅处,向其交付印单,并从其处获得奠品。向晚时分两人彼此相见②,亚希雅出其印单,据此获得资金。若有结余,则归圣殿;若有短缺,则由约哈南家族支付③,因圣殿之手在上。

5. 丢失其印单者,使之等待至晚④。若发现与其印单相符者,则与之⑤;若无,则无之⑥。其上写明日期⑦,因有骗子⑧。

6. 圣殿有两室⑨:其一为密室,其一为用具室。密室:惧孽者匿名捐献⑩,良家贫者则秘密以此存活⑪。用具室:所有捐献用具者,将其投掷其中⑫,三十天一次,司库们开启此室,所有被发现对维护圣殿有用者留置,其余则出售,且其售价用于圣殿之维护。

---

① 盖有上节所说的四种印章之一的凭据。
② 约哈南和亚希雅每天晚上会面对账。
③ 约哈南负责掌管这些资金,如果短缺,便是他的责任。
④ 等到司库与司奠祭者会面对账之后。
⑤ 如果对账之后,约哈南手中有剩余资金,且其数目与丢失的印单所标记的数目吻合,则相信此人确实丢失了印单,他可以获得其资金或奠祭物品。
⑥ 如果没有多余资金,那么此人就什么都得不到。
⑦ 印单上除了印章外,还写明是星期几。
⑧ 各家认为可能的骗术包括:捡到印单的人几天后跑来骗领奠祭物品,因为怕当天遇到失主;或在印单低价时买入囤积,以避免需要时不得不购买价格较高的印单,等等。
⑨ 除了下节所说的十三个储藏柜之外,另有两个特别的储藏室。
⑩ 惧孽者,指那些德行至高的人物,他们捐献不为其名,只为履行诫命,所以匿名捐献,不让他人知晓。
⑪ 这些人可以秘密领取救济金,不必为此蒙羞。
⑫ 与密室相似,捐献用具同样是不记名捐献。

第 6 章

1. 圣殿有储藏柜十三[①]、桌子十三[②]、匍匐之地十三[③]。拉班迦玛列家族与副大祭司拉比哈尼纳家族则有匍匐之地十四[④]。其多出者何在？在木仓对面，因其手中有祖传之言：约柜藏于此处[⑤]。

2. 曾有祭司在忙碌时[⑥]看见一块地板与周围有异[⑦]。他去告知其友伴，未及说完即灵魂出窍[⑧]。而他们[⑨]确知其为约柜隐藏

[①] 口小肚子大的储藏柜，参见本章第3节。

[②] 参见本章第4节。

[③] 常人进入圣殿后，要向右沿固定路线行走一周，其间有十三个地点需五体投地，以示敬畏。参见本章第3节。按：十三个匍匐之地与储藏柜和桌子之间并无联系，只是因为碰巧数目都是十三而放在一起的。

[④] 这两个家族的人进入圣殿后会在十四个地方匍匐，而不是十三个地方。

[⑤] 两部《塔木德》均记述说第一圣殿时代，犹大王约西亚将约柜隐藏起来，以防被巴比伦人掳走。但约柜埋藏之地一直是个谜，这两个家族有祖传记述，认为自己知道当初隐藏约柜的地点。

[⑥] 《耶路撒冷塔木德》记述说该祭司因为有缺陷不能主持祭献，所以专司检查木柴是否生虫之事（生虫的木柴不能用于祭献）。

[⑦] 他在工作时发现自己坐的那块地板石与周围石板的高度不一致，意识到这是当初藏约柜时被移动的石板。

[⑧] 他没来得及说出石板的确切位置即死去。传统上认为他的死说明上帝不希望人们搞清约柜的藏身之所。

[⑨] 上节所说的两个家族的人。

之地。

3．其在何处匍匐？四处在北，四处在南，三处在东，两处在西，正对十三门。靠西之南门为：上门①、柴门②、头生门③、水门。何以称之为水门④？因佳节奠祭之水罐由此进入⑤。拉比以利以谢·本·雅各说：因那水流出且注定将从圣殿的门槛下流出⑥。与此相对在北靠西为：约雅斤门、牺牲门⑦、妇女门⑧、歌门⑨。何以称之为约雅斤门？因约雅斤出此门而去流放⑩。在东者为：尼坎诺尔门⑪，其有两小门，一在其右，一在其左⑫。而在西之两门无名⑬。

---

① 圣殿最靠西的一个门，因为圣殿山由西向东下降，因此在诸门中该门地势最高。
② 祭坛烧火用的木柴从此门运入。
③ 头生牲畜献祭的从南边进入圣殿，此门即其通道。
④ 以上三门日常使用，在当时广为人知，无须解释。水门则一年用一次，因此需要解释。
⑤ 住棚节时，除通常用酒做的奠祭之外，另行该节期特有的水奠祭，此时装有希洛河泉水的金罐会从此门进入。
⑥ 拉比以利以谢·本·雅各认为水门的典故来自《以西结书》47：1—2的预言："他带我回到殿门，见殿的门槛下有水往东流出。这水从槛下，由殿的右边，在祭坛的南边往下流。他带我出北门，又领我从外边转到朝东的外门，见水从右边流出。"
⑦ 圣殿北侧屠宰的牺牲由此门运入。
⑧ 献祭的妇女由此门进入斜倚在其牺牲旁。有些贤哲反对妇女斜倚，但要求她们在献祭时在场，因此也要从此门进入。
⑨ 从此门运进乐器。
⑩ 关于犹大王约雅斤战败被掳往巴比伦的故事，可参看《列王纪下》24：15。
⑪ 《巴比伦塔木德》记述此门为尼坎诺尔从埃及运来。
⑫ 两个小门也在十三门之列。
⑬ 这两个门没有太大用处，主要是为了从圣殿后边出至野地使用的。

4. 圣殿有桌子十三张：八张大理石桌在屠宰房[1]，在其上冲洗牺牲品之脏腑；两张在道西[2]，其一为大理石桌，其一为银桌：大理石桌上放置牺牲品之肢体[3]，银桌上放置服事器皿；两张在圣殿入口内侧大厅：其一为大理石桌，其一为金桌：大理石桌上放置运入之陈设饼[4]，金桌上放置运出者[5]，因圣物只上不下[6]；里边金桌一张，其上常年有陈设饼[7]。

5. 圣殿有储藏柜十三个，其上写有：新舍客勒与旧舍客勒、鸟巢与燔祭雏鸟、木柴[8]与乳香[9]、器皿用金[10]，六个给甘愿祭[11]。新舍客勒：每年的[12]；旧舍客勒：上一年未缴纳舍客勒者为下一年缴纳[13]；鸟巢：其为斑鸠；燔祭雏鸟：其为幼鸽；均为燔祭，此为拉

---

[1] 祭坛之北为屠宰房，屠宰房中有围起来的屠宰区，有挂牺牲品的柱子，此外还有八张清洗牺牲品内脏的桌子。

[2] 这两张桌子位于通往祭坛的坡道西侧。

[3] 牺牲品在上祭坛前放置在这张大理石桌子上，因为大理石比较凉，可以在一定程度上防止牺牲品变质。

[4] 周五烘烤的陈设饼，在这张桌子上放凉，以备安息日时运入圣殿内陈设。

[5] 陈设饼在圣殿内的金桌上放置一周，运出后置于门厅的这张金桌子上，等待将其分给祭司们。

[6] 陈设饼在圣殿内被摆放在金桌子上，所以出来以后也必须被放在金桌子上，因为不能降低圣物的待遇。

[7] 圣殿内安放陈设饼的金桌子，可参见《出埃及记》25：23—30。

[8] 捐资给圣殿购买祭坛木柴的，将金钱放在这个储藏柜里。

[9] 捐给圣殿购买乳香的资金放在这个储藏柜里。

[10] 给圣殿捐金者将金第纳尔放在这个储藏柜里，司库用这些钱购买黄金，制作圣殿祭祀所需要的器皿。

[11] 十三个储藏柜中，七个有专名，六个给甘愿祭（燔祭）捐金使用。

[12] 每年尼散月缴纳的舍客勒均放置于此储藏柜中，开启奉献时，司库将此柜钱币置于库中，且确保此柜的舍客勒被包括在取出的奉献中。

[13] 此柜中的舍客勒不会进入奉献，而是与库银结余收在一起。

比犹大之言①。而众贤哲说：鸟巢：一份赎罪祭与一份燔祭；而燔祭雏鸟则全部为燔祭②。

6. 说"木柴在我"者③，不得少于两块④；"乳香"，不得少于一把⑤；"黄金"，不得少于一金第纳尔。六个甘愿祭柜，如何以之行甘愿祭？以之购取燔祭品。其肉归神⑥，其皮归祭司⑦。此为大祭司犹亚达之解说："这是赎愆祭，因他在耶和华面前实在有了罪。"⑧此为原则：所有为赎愆祭与赎罪祭来者，均以之购取燔祭品，其肉归神，其皮归祭司。由此两句经文便协调了：赎愆祭品归神，赎愆祭品亦归祭司，经文亦说："惟有赎愆祭、赎罪祭的银子没有奉到耶和华的殿，都归祭司。"⑨

---

① 拉比犹大认为鸟祭中的甘愿祭只能是燔祭，因此储藏柜中的捐资，无论是为了买斑鸠还是幼鸽，都只能用于燔祭，而强制性的鸟祭，比如男女漏症患者的鸟祭（一个赎罪祭加一个燔祭），则由献祭者直接将鸟或者金钱直接交给祭司，不经过储藏柜。

② 众贤哲认为标有"鸟巢"字样的储藏柜中的金钱是用来进行强制性鸟祭的，只有写着"燔祭雏鸟"的那个柜子中的资金才只用于甘愿祭。

③ 许愿给圣殿捐献木柴却未说明数量者。

④ 最少要捐够祭坛用两次的木柴。

⑤ 《利未记》6：15："祭司要从其中就是从素祭的细面中取出自己的一把，又要取些油和素祭上所有的乳香，烧在坛上，奉给耶和华为馨香素祭的纪念。"

⑥ 燔祭牺牲品的肉要在祭坛上焚烧掉。

⑦ 牺牲品的皮毛由祭司分享。

⑧ 《利未记》5：19。本句在拉比犹太教看来可能是有矛盾的，"这是赎愆祭"，说明其祭肉应该归祭司享用，而如果"他在耶和华面前实在有了罪"，则应该将牺牲全部烧掉，也就是完全归神。

⑨ 《列王记下》12：16。按照拉比犹太教的解释，本句的意思不能从字面上理解。两种祭献的银子都该用于购买祭献品，且全部归神，但如果有剩余的银子，那么就可以用来买附加的燔祭牺牲，其肉焚烧，其皮毛则归祭司所有。

第 7 章

1. 在舍客勒与甘愿祭之间①找到钱币：靠近舍客勒则归舍客勒，靠近甘愿祭则归甘愿祭②，在半中央则归甘愿祭③。在木柴与乳香之间：靠近木柴则归木柴，靠近乳香则归乳香，在半中央则归乳香④。在鸟巢与燔祭雏鸟之间：靠近鸟巢则归鸟巢，靠近燔祭雏鸟则归燔祭雏鸟，在半中央则归燔祭雏鸟⑤。在俗品与第二什一税之间⑥，靠近俗品则归俗品，靠近第二什一税则归第二什一税，在半中央则归第二什一税⑦。此为准则：若依近者则可从宽⑧，在半

---

① 本节接续上节讨论储藏柜的问题，本处的舍客勒与甘愿祭，指的是各自标有这两个词的储藏柜。

② 也就是把找到的钱币投进更近的那个储藏柜里。

③ 因为甘愿祭的相关律法比舍客勒严格：甘愿祭只能用于燔祭，而舍客勒则可以被用于任何一种公共祭献。

④ 因为烧乳香是一种祭献，其相关律法自然比烧木柴严格得多，后者只是祭献过程中的一个手段。

⑤ "燔祭雏鸟"柜中的钱币只能被用于燔祭，而"鸟巢"柜中的钱币用于强制祭献，包括赎罪祭和燔祭，因此是"燔祭雏鸟"柜中钱币的使用比"鸟巢"更为严格。

⑥ 这一句讲的不是圣殿的情况，而是普通人家中有两个储藏柜，一个放置日常花费的俗品钱币，一个放置只能去耶路撒冷花费的第二什一税钱币，该钱币属于圣品。

⑦ 俗品可以在任何地方花费，第二什一税则只能在耶路撒冷花费，因此是第二什一税比较严格。

⑧ 如果有远近之别，那么钱币归靠近的一方，即使这意味着钱币落入规定较宽松的储藏柜。

中央则须从严①。

2. 在牲畜商面前②所发现之钱币永为什一税③；在圣殿山则为俗品④；在耶路撒冷之朝圣时节为什一税⑤；但在一年其他日子则为俗品⑥。

3. 在圣殿院中所发现之肉⑦：若为肢体，则归燔祭⑧；若为肉块，则归赎罪祭⑨。在耶路撒冷则为平安祭⑩。此肉与彼肉，均任其过期，且出运至焚烧房⑪。在境内⑫发现：若为肢体，则属未屠宰

---

① 如果没有远近之分，那么钱币就必须归入律法严格的一方。
② 指耶路撒冷的牲畜市场。
③ 指第二什一税。带往耶路撒冷的第二什一税如果花不完，朝圣者会在离开时将剩余钱币委托亲戚朋友代为购买牺牲以献平安祭。因此耶路撒冷的牲畜市场一年到头都有这样的购买者。由于购买者的数量远大于牲畜贩子，所以如果发现遗失的钱财，就可以直接断定为第二什一税，而不是牲畜商丢的货款。
④ 一年中非朝圣日多于朝圣日，因此圣殿山上丢失的钱自动被认定为俗品，即使是在朝圣期间捡到，也被看作是朝圣节期前丢失的。
⑤ 在耶路撒冷的其他地方，如果在朝圣节期间发现遗失的钱物，则自动确定为第二什一税，这是因为像市场这些容易丢钱的地方是每天打扫的，因此这些钱币不可能是节期前丢失的，与此相对应的是：圣殿山并不每日彻底清扫，因此那里丢失的钱财反而被认为是节前丢失的，被认为是俗品。
⑥ 因为按照多数原则，此时第二什一税的数量非常少。
⑦ 发现的被人遗失的肉品，其切割方式符合祭献的习惯。
⑧ 燔祭使用完整的牺牲品，因为其祭肉不是给人吃的，不用切成小块，因此整块的肢体可以被认定为燔祭。
⑨ 赎罪祭切较小的肉块，据此可以加以认定。
⑩ 如果是在圣殿之外耶路撒冷之内发现，则被认定为平安祭，因为平安祭肉可以在耶路撒冷全城食用，据此认定。
⑪ 这些祭肉已经不能食用，因为在遗失的这一段时间里没人照管，但也不能立即焚毁，因为不知道他们的食用期过了没有，因此只能放在一边，等它们确定过期后再焚毁，赎罪祭肉的食用期是一天一夜，所以发现祭肉的第二天即可焚毁；平安祭肉的食用期是两天一夜，所以在第三天焚毁。
⑫ 在耶路撒冷之外，以色列地境内。

品①；若为肉块，则许可②。肉类繁多之朝圣时节，即使为肢体，亦许可③。

4. 在耶路撒冷与以得台④之间发现牲畜，或等距之各方向⑤：雄畜为燔祭⑥，雌畜为平安祭⑦。拉比犹大说：适合逾越节祭献者⑧，节前三十日起可献逾越节祭⑨。

5. 起先从发现者处取质当，直至其交付奠祭⑩。当其开始弃之而逃⑪，法庭即将其修改为奠祭取自公共款项⑫。

---

① 如果是动物死尸，人们可能直接扔出去喂狗，所以如果捡到整块肢体，应该被看作是死尸，而不是经屠宰的肉类食品。

② 如果切成了小肉块，说明是给人食用的，因此可以食用（仅限于犹太城市，如果有外邦人居住，则不得食用）。

③ 在朝圣季节，因为肉食太多，人们习惯于烹煮大块食物，所以此时即使捡到的是整块肢体，也是可以食用的。

④ 以得台在耶路撒冷附近，参见《创世记》35：21。

⑤ 以得台只是在此说明一个距离，只要是耶路撒冷周边发现的牲畜，只要在这个距离之内，律法都相似。

⑥ 这些丢失的雄畜被认定是从耶路撒冷跑出来的，而所有耶路撒冷的牲畜都自然被认定为祭献的牺牲。由于大部分雄畜被用于燔祭，而且燔祭只能用雄畜，所以这样被找到的雄畜都被用作燔祭。

⑦ 同样的道理，雌畜就被用作平安祭。

⑧ 如果被找到的是一岁大的小绵羊或山羊，也就是逾越节羊牲所需要的那种。

⑨ 逾越节节前三十天起各家分留祭献的羔羊，如果在这个时间段找到羔羊，就被认为是已经分留为逾越节祭献的，找到者可以将其作为自己的逾越节羊牲祭献。若失主事后找来，则捡拾者需赔偿其等值损失。

⑩ 在耶路撒冷及其周边地区发现的牲畜要献燔祭或平安祭，陪伴的奠祭由谁来负担就成了问题。拉比法庭最初的做法是强制发现者支付奠祭开支。为确保此人会支付这笔款项，拉比法庭会先从他的家里拿走一些物品做质当，等他拿奠祭钱币或祭品来交换。

⑪ 因为捡到牲畜会给自己造成经济损失，所以捡拾者会把捡到的牲畜扔在圣殿山，自己逃走。

⑫ 按照修改后的律法，奠祭的款项出自舍客勒库银的奉献，不再要求捡拾者自己支付。

6. 拉比西缅说：法庭修正了七项律令，此为其一①。异教徒从远方国度运送燔祭②，且有奠祭相随，则以其物献祭；若无，则以公共款项献祭③。同样，皈依者死后留下祭献品，若有奠祭，即以其物献祭；若无，则以公共款项献祭④。此亦法庭有关去世之大祭司之规则：以公共款项祭献其素祭⑤。拉比犹大说：取自其继承人⑥。其祭献为全祭⑦。

7. 对于盐与木柴，祭司们可享用之⑧。对于红母牛，其灰无滥用⑨。

---

① 指上节所说的律法，其余六条在本节和下节解说。
② 异教徒可以在圣殿献誓愿祭和甘愿祭，参见本卷1：5。
③ 也就是使用舍客勒库银奉献。迈蒙尼德认为"远方国度"是个重要条件，如果这个异教徒住在以色列地，则必须支付自己的奠祭。
④ 皈依者在皈依时要与其所有亲戚家人断绝关系，除非他再婚生子，否则他死后的遗产，除了他有明确指令的部分，均归第一个获得者所有。因此，如果他只留下祭献的钱物，而未指明奠祭的钱物，奠祭开支就只能从舍客勒库银奉献中出，即使他还留下了其他未指明财产，但他一死，那些财产就不再属于他了。
⑤ 大祭司每天早晚要各献素祭一次，总共为十分之一伊法的面粉。通常他早上把面粉带到圣殿，做成十二个无酵饼，早晚各祭献六个。如果大祭司在两次祭献之间死亡，且当天任命了继任大祭司，则继任大祭司当带来当天的素祭面粉，并用其一半祭献当晚的素祭，另一半和去世大祭司留下的一半则搁置至过期，然后焚烧掉。如果当天未能任命继任大祭司，则晚间素祭由舍客勒库银奉献支付，而不使用大祭司留下的另一半面饼。
⑥ 拉比犹大认为这些开支应该由大祭司的财产继承人支付，直到任命新的大祭司。
⑦ 使用公共款项时，该素祭每次都要使用全量，即十分之一伊法的面粉，不像大祭司个人献祭时，每次使用二十分之一伊法的面粉。
⑧ 捐献为圣物的食盐与木柴，祭司们可以用来烹调祭肉，供自己食用。
⑨ 红母牛是圣物，但红母牛灰不是。因为有人滥用红母牛灰治病，所以拉比法庭规定红母牛灰为圣物。这样一来，祭司们不敢再向病人洒红母牛灰水治病，因为怕其中有不洁者，为此拉比法庭又取消了这项规定。

对于失效之"鸟巢",取自公共款项①。拉比约西说:供应双鸟者,亦须为失效者供应②。

---

① "鸟巢"储藏柜里放的是鸟祭的款项。拉比法庭使用这些钱币成对购买鸽子或斑鸠,一只做赎罪祭,一只做燔祭。如果发现买来的鸟有缺陷,不能用于祭献,则从舍客勒库银奉献中出资另行购买。

② 拉比约西认为为圣殿祭献供应鸟的商人,其责任应该与供应奠祭的商人一样,直到祭品上了祭坛,才算完成交易,如果此前被发现有问题,哪怕是鸟自己飞跑了,供应商也得更换或补足,而不是从舍客勒库银拿钱再次购买。

第8章

1. 在耶路撒冷所见之唾液均洁净①,唯于上市场除外②。此为拉比梅伊尔之言。拉比约西说:一年其他日子里,在中者不洁而在两侧者洁净③。朝圣时节,在中者洁净而在两侧者不洁,因其为少数,故趋往一旁④。

2. 在耶路撒冷发现的所有器皿,若在下到浸礼室的路上则不洁,若在上来的路上则洁净,因不从下去的路上来⑤。此为拉比梅伊尔之言⑥。拉比约西说:均为洁净⑦,墓地专用之篮筐、锹锹

---

① 漏症患者的唾液不洁,且会使碰到它的人或用具沾染不洁。但由于在耶路撒冷到处是祭肉,漏症患者应该会比较小心,不随便吐口水,以免圣物沾染不洁。因此在耶路撒冷,路面上的唾液被看作是洁净的。

② 因为此地住有漏症患者。一说,此地住有从事洗衣工作的异教徒,在唾液方面,他们的不洁如同漏症患者。

③ 如果不是节期,漏症患者不会特别小心,他们走在路的中央,因此那些唾液有可能有他们的。此时洁净者会小心走在路的两侧,以免踩上不洁净的唾液,因此两侧的唾液洁净。

④ 节期时洁净者居多,而且到处是祭肉,此时不洁者会格外小心,走路时会走在路旁,因此路中央的唾液反而洁净,而路两旁则有不洁的可能。

⑤ 因为上下不是一条路,所以下去的路上的器皿被看作是浸礼之前丢失的,属于不洁之物;而上来之路上的器皿则被认为是浸礼之后丢失的,因此是洁净的。

⑥ 《巴比伦塔木德》认为拉比梅伊尔实际上规除了下浸礼室之路上的器皿外,耶路撒冷其他地方捡到的器皿都是洁净的。

⑦ 在耶路撒冷捡到的所有器皿都是洁净的,包括在下浸礼室的路上捡到的,因为众贤哲从未就这类器皿的洁净问题制定过律法。

与石锤除外①。

3. 十四日②所发现之刀具,可立即以之屠宰③;若在十三日,则须重行浸礼④。砍刀⑤则无论此日或彼日⑥,均需重行浸礼⑦。若十四日为安息日,则立即以之屠宰⑧。若在十五日,亦立即以之屠宰⑨。若发现时与刀具捆在一起,则一如刀具⑩。

4. 因不洁之子⑪而沾染不洁之帘幕⑫,可在内行浸礼⑬,且

---

① 当时的习俗是:人死后先葬于临时墓穴,待尸身腐烂后将骨殖移入家庭墓穴。篮筐用来装移动的骨殖,锹锹用来收集散落的骨殖,碎石器是一个一端锋利的金属器皿,用来劈开岩石,制作出墓穴需要的石块。这三样东西因为与墓穴的关系而被认为是不洁的。
② 尼散月十四日,即屠宰逾越节羊牲的日子。
③ 由于节前耶路撒冷人非常多,因此认定丢失的刀具不会隔日才被人发现,十四日丢失的刀具,应该是在此前行过浸礼的,以便在十四日屠宰羊牲,因此可以被认定是洁净的,直接用来屠宰。
④ 十三日尚非屠宰日,此时刀具也许还没有行过浸礼,所以必须行过浸礼才可以用。
⑤ 用来砍肉和骨头的比较大而重的刀具。
⑥ 无论是在十三日捡到,还是十四日捡到。
⑦ 砍刀不是羊牲屠宰时使用的,所以不能假设其失主已经行过浸礼,因为他可能在逾越节时根本不需要用,所以也不必行浸礼。
⑧ 即使是砍刀,也可以立即用来屠宰,因为十四日安息日禁止行浸礼,所以可以放心地确定失主在十三日行过浸礼来,因为即使他十四日不用这些刀具,十五日也要用的。
⑨ 与十四日为安息日的情况同理。
⑩ 如果捆在一起,那么断定刀具行过浸礼的情况下可以合理推断砍刀是一起行过浸礼的。
⑪ 沾染不洁之父(如死尸)者(人、器皿、饮食,等等)即为不洁之子。按照《圣经》律法,不洁之子仅能使饮食沾染不洁。但拉比律法则规定不洁之子中的液体也可以让器皿不洁。
⑫ 圣殿内有大帘幕十三张,主要悬挂于各入口大门即重要殿堂大门。由于帘幕属于器皿,因而此处所说的不洁之子应该指液体,比如漏症患者的体液。
⑬ 使不洁帘幕洁净的浸礼仪式可以在圣殿内的浸礼池进行,不必将其移到圣殿外。

立即运入①。因不洁之父而沾染不洁者，当在外行浸礼②，且晾晒于墙根③。若为新品，则当晾晒于柱廊之顶④，以使众人见其工艺之美。

5. 拉班西缅·本·迦玛列以副大祭司之子西缅之名说：帷幕⑤厚一掌，以七十二支线织成⑥，每支线为二十四支纱⑦；四十肘长，二十肘宽⑧，以八万两千而成⑨；每年制成两块⑩，三百祭司为之行浸礼⑪。

6. 至圣祭献⑫之祭肉，若沾染不洁⑬，无论是由不洁之父沾

---

① 浸礼完成后可以立即放回原处，而不必像其他洁净过程那样要等到天黑，因为这种不洁只是拉比律法规定的不洁，而不是《圣经》律法规定的。

② 此种不洁属于《圣经》律法规定的不洁，因而首先必须移出圣殿，方能行浸礼。

③ 墙根，指圣殿妇女大院外墙到木墙之间的距离。因为要等待天黑，所以先安放于此。有些版本此后有"因其需天黑"一句。

④ 柱廊，位于圣殿显要处，从远处也可以看见。

⑤ 指上节所说的圣殿内的帷幕。

⑥ 帷幕的厚度是用七十二支线织成的。一说：制作帷幕的织布机杆上缠有七十二支线。

⑦ 每支线由四支粗纱纺成，其材料分别是：蓝羊毛、朱红羊毛、红羊毛以及亚麻。每支粗纱又是由六支细纱纺成的，所以一共是二十四支纱。

⑧ 此为圣殿前堂入口处的规格。

⑨ 对八万两千这一数字，历来解说意见纷纭，或以为帷幕价值八万两千金第纳尔，或以为帷幕上总共有八万两千支线，或将"万"一词解读为"青年妇女"，也就是由八十二个女青年织成。

⑩ 至圣所的两块帷幕每年都要更换。

⑪ 新帷幕，无论制作过程如何洁净，都需要先行浸礼才能使用。因为帷幕厚重，所以需要很多祭司来行此浸礼。"三百"可能只是形容其多，未必是确切数字。

⑫ 至圣祭献包括燔祭、赎罪祭、赎衍祭等。

⑬ 祭肉若沾染不洁，即不可食用，必须加以焚毁。

染，抑或是由不洁之子沾染；无论在内抑或在外①：沙玛伊学派说：均焚于内②，在外由不洁之父沾染者除外③。而希列学派说：均焚于外，在内由不洁之子沾染者除外④。

7. 拉比以利以谢说：由不洁之父而沾染不洁者，无论在内抑或在外，均焚毁于外；而由不洁之子而沾染不洁者，无论在内抑或在外，均焚毁于内⑤。拉比阿奇瓦说：焚于沾染不洁之处⑥。

8. 日常祭之牺牲肢体置于坡道⑦下段东侧⑧，附加祭⑨则置于

---

① 无论这沾染不洁的情况是在圣殿内还是圣殿外发生的。
② 沙玛伊学派认为凡是沾染不洁的圣物都该在圣殿内焚毁。
③ 把严重不洁的物品带入圣殿是不允许的，因此在外焚毁。
④ 希列学派坚持两个基本原则：其一，不洁之物不得带入圣殿；其二，严重不洁之物不得滞留（包括焚毁）于圣殿内。由不洁之子沾染不洁的祭肉不算严重不洁，不洁是在圣殿内发生的，不存在将不洁之物带入圣殿的问题，因此可以在圣殿内焚毁，其他的情况下，在圣殿内焚毁至少会违反其中一条原则，因此必须在外边焚毁。
⑤ 拉比以利以谢认为由不洁之子沾染而不洁的物品，只是拉比律法规定为不洁，按照《圣经》律法仍然是洁净的圣物，因此如果是在外边沾染不洁的，就必须带回圣殿焚毁。
⑥ 拉比阿奇瓦的原则最为简单：一切以不洁发生之地为准。迈蒙尼德认为此处的律法以拉比阿奇瓦的观点为准。
⑦ 连接祭坛南侧的坡道，用于祭司们上下并搬运牺牲祭品。该坡道三十二肘长，十六肘宽。祭司们在把牺牲品搬上祭坛之前，要先进石殿诵读祷文《听》，此时祭品被留置坡道上。
⑧ 不同的祭品留置的地段不一样，以免发生混淆。日常祭的留置地点是坡道下段的十六肘长度，靠东的八肘宽度。
⑨ 安息日或节期增加的祭献。

坡道下方西侧，月首祭①置于上方祭坛之边缘②。舍客勒③与初熟贡④只行于圣殿之前⑤，而谷物什一税与牲畜什一税则既可行于圣殿之前亦可不于圣殿之前⑥。将舍客勒与初熟贡奉献为圣者，其为圣物⑦。拉比西缅说：宣称其初熟贡为圣物者，不为圣物⑧。

《舍客勒》卷终

---

① 每月第一天献的附加祭。

② 边缘，有两种解说：一说为坡道上半段，一说为祭坛上四边给祭司们行走的通道。

③ 舍客勒原为圣殿里的公共祭献而设，无圣殿即无祭献，舍客勒自然也就不再征收了。

④ 《出埃及记》23：19："地里首先初熟之物要送到耶和华你神的殿。"拉比犹太教对此的解释是：有神殿即贡，无神殿即不贡。

⑤ 能面对圣殿的时候，也就是圣殿还存在的时候。圣殿被毁之后，这两种贡赋就不必再执行了。

⑥ 《民数记》18：19："凡以色列人所献给耶和华圣物中的举祭，我都赐给你和你的儿女，当作永得的分。"由此可知谷物什一税（包括举祭）是不可中断的，与圣殿是否存在无关。牲畜什一税可与谷物什一税类比。

⑦ 虽然不必行这两种贡赋，但如果有人坚持这样做，则仍然为圣物。在这种情况下，分留的谷物将放在一旁，任其腐烂；而分留的舍客勒钱币将被藏起来，或者投入死海。

⑧ 拉比西缅认为初熟贡与舍客勒不同，对于舍客勒，《圣经》并无明确条件，其作废是推导出来的，所以如果有人一定要献，也可以做。初熟贡则明确规定为神殿而献，因此即使有人要献，只要圣殿不在，就属于无效行为。

第 5 巻

盛　日
Yoma

贖罪日
一角於
华氏刘波

提　要

盛日，即赎罪日，该词（Yoma）由两个希伯来语词"日子"（Yom）与"盛大"（Raba）缩略而来。

赎罪日为古今犹太教徒提供了每年从过犯中解脱出来、重新开始的方式和途径。在圣殿时代，这条途径主要包含了三个基本内容：圣殿献祭、放送替罪羊、斋戒。在后圣殿时代，赎罪日的三个内容只剩下了最后一个。

本卷共八章，讨论的是圣殿时代的赎罪日情况。其中第1章至第5章讨论与当日圣殿祭献有关的问题，涉及大祭司当日的活动（为赎罪日做的准备、当日进行的几项祭献的程序和技术细节、一般祭司的抽签方式、当日诵读的律法与祝祷，等等）。第6章讨论有关替罪羊的问题。第7章讨论大祭司的服饰等细节问题，第8章则讨论有关斋戒的问题。

相关《希伯来圣经》段落

1.《利未记》

16：1　亚伦的两个儿子近到耶和华面前死了。死了之后，耶和华晓谕摩西说……

16：2　要告诉你哥哥亚伦，不可随时进圣所的幔子内，到柜上的施恩座前，免得他死亡，因为我要从云中显现在施恩座上。

16：3　亚伦进圣所，要带一只公牛犊为赎罪祭，一只公绵羊为燔祭。

16：4　要穿上细麻布圣内袍，把细麻布裤子穿在身上，腰束细麻布带子，头戴细麻布冠冕，这都是圣服。他要用水洗身，然后穿戴。

16：5　要从以色列会众取两只公山羊为赎罪祭，一只公绵羊为燔祭。

16：6　亚伦要把赎罪祭的公牛奉上，为自己和本家赎罪。

16：7　也要把两只公山羊安置在会幕门口，耶和华面前。

16：8　为那两只羊拈阄，一阄归与耶和华，一阄归与阿撒泻勒。

16：9　亚伦要把那拈阄归与耶和华的羊献为赎罪祭。

16：10　但那拈阄归与阿撒泻勒的羊要活着安置在耶和华

面前,用以赎罪,打发人送到旷野去,归与阿撒泻勒。

16:11　亚伦要把赎罪祭的公牛牵来宰了,为自己和本家赎罪。

16:12　拿香炉,从耶和华面前的坛上盛满火炭,又拿一捧捣细的香料,都带入幔子内。

16:13　在耶和华面前,把香放在火上,使香的烟云遮掩法柜上的施恩座,免得他死亡。

16:14　也要取些公牛的血,用指头弹在施恩座的东面,又在施恩座的前面弹血七次。

16:15　随后他要宰那为百姓作赎罪祭的公山羊,把羊的血带入幔子内,弹在施恩座的上面和前面,好像弹公牛的血一样。

16:16　他因以色列人诸般的污秽、过犯,就是他们一切的罪愆,当这样在圣所行赎罪之礼,并因会幕在他们污秽之中,也要照样而行。

16:17　他进圣所赎罪的时候,会幕里不可有人,直等到他为自己和本家并以色列全会众赎了罪出来。

16:18　他出来,要到耶和华面前的坛那里,在坛上行赎罪之礼,又要取些公牛的血和公山羊的血,抹在坛上四角的周围。

16:19　也要用指头把血弹在坛上七次,洁净了坛,从坛上除掉以色列人诸般的污秽,使坛成圣。

16:20　亚伦为圣所和会幕并坛献完了赎罪祭,就要把那只活着的公山羊奉上。

16:21　两手按在羊头上,承认以色列人诸般的罪孽过犯,就是他们一切的罪愆,把这罪都归在羊的头上,借着所派之人的手,送到旷野去。

16:22 要把这羊放在旷野,这羊要担当他们一切的罪孽,带到无人之地。

16:23 亚伦要进会幕,把他进圣所时所穿的细麻布衣服脱下,放在那里。

16:24 又要在圣处用水洗身,穿上衣服,出来,把自己的燔祭和百姓的燔祭献上,为自己和百姓赎罪。

16:25 赎罪祭牲的脂油要在坛上焚烧。

16:26 那放羊归与阿撒泻勒的人要洗衣服,用水洗身,然后进营。

16:27 作赎罪祭的公牛和公山羊的血既带入圣所赎罪,这牛羊就要搬到营外,将皮,肉,粪用火焚烧。

16:28 焚烧的人要洗衣服,用水洗身,然后进营。

16:29 每逢七月初十日,你们要刻苦己心,无论是本地人,是寄居在你们中间的外人,什么工都不可做,这要做你们永远的定例。

16:30 因在这日要为你们赎罪,使你们洁净。你们要在耶和华面前得以洁净,脱尽一切的罪愆。

16:31 这日你们要守为圣安息日,要刻苦己心,这为永远的定例。

16:32 那受膏,接续他父亲承接圣职的祭司要穿上细麻布的圣衣,行赎罪之礼。

16:33 他要在至圣所和会幕与坛行赎罪之礼,并要为众祭司和会众的百姓赎罪。

16：34　这要做你们永远的定例，就是因以色列人一切的罪，要一年一次为他们赎罪，于是，亚伦照耶和华所吩咐摩西的行了。

23：26　耶和华晓谕摩西说……

23：27　七月初十是赎罪日，你们要守为圣会，并要刻苦己心，也要将火祭献给耶和华。

23：28　当这日，什么工都不可做，因为是赎罪日，要在耶和华你们的神面前赎罪。

23：29　当这日，凡不刻苦己心的，必从民中剪除。

23：30　凡这日做什么工的，我必将他从民中除灭。

23：31　你们什么工都不可做。这在你们一切的住处作为世世代代永远的定例。

23：32　你们要守这日为圣安息日，并要刻苦己心。从这月初九日晚上到次日晚上，要守为安息日。

2.《民数记》

29：7　七月初十日，你们当有圣会。要刻苦己心，什么工都不可做。

29：8　只要将公牛犊一只，公绵羊一只，一岁的公羊羔七只，都要没有残疾的，作为馨香的燔祭献给耶和华。

29：9　同献的素祭用调油的细面，为一只公牛要献伊法十分之三。为一只公羊要献伊法十分之二。

29：10　为那七只羊羔，每只要献伊法十分之一。

29：11　又献一只公山羊为赎罪祭。这是在赎罪祭和常献的燔祭，与同献的素祭并同献的奠祭以外。

3.《出埃及记》

30:10 亚伦一年一次要在坛的角上行赎罪之礼。他一年一次要用赎罪祭牲的血在坛上行赎罪之礼,作为世世代代的定例。这坛在耶和华面前为至圣。

第 1 章

1. 赎罪日前七日,大祭司与其家室分离①,而入权贵室②;且为其预备替换祭司一名,恐其因故不宜③。拉比犹大说:亦为其预备妻子一名④,恐其妻去世,因经文说:"为自己和本家赎罪。"⑤其家即其妻。他们对他说:如此,则此事无休无止⑥。

---

① 大祭司在赎罪日要履行圣殿服事的责任,因此必须保持他的洁净。让他与家室分开的目的是让他远离妻子,以免妻子有时候说不清是否来月经的情况让他沾染不洁。提前七天分开则来自《利未记》8:33—34:"你们七天不可出会幕的门,等到你们承接圣职的日子满了,因为主叫你们七天承接圣职。像今天所行的都是耶和华吩咐行的,为你们赎罪。"

② 传说第二圣殿时期大祭司的职位可以用金钱购买,其结果是大祭司们常常在一年内死去,因其行为邪恶而遭受天谴。由此这个大祭司的房间便被称为"权贵室",因为当时国王的官吏们是十二个月一换的。

③ 即使将大祭司与其家人分离了,也还是要预备一名替补者,以防出现意外,导致大祭司不洁。

④ 《革玛拉》解释说为了防止出现重婚现象(因下句《圣经》引文所说的"本家"是单数,因而大祭司在赎罪日时不可有多个妻子),大祭司与第二个妻子结婚,同时给她一张休书,写明如果正房在赎罪日时不死,那么两人就离婚。

⑤ 《利未记》16:6。

⑥ 众贤哲认为如果怕第一个妻子死而为他预备第二个妻子,那么也就该为他预备第三个妻子,因为第二个妻子也可能死去,由此则无休无止。

2. 所有这七天①，他洒血②、焚香③、剔灯④、献首与腿⑤；其他日子⑥，若其愿献，则献⑦，因大祭司献首份，亦首取其份⑧。

3. 他们从法庭长老中派长老给他⑨，并在其面前诵读当天日程，且对他说："大祭司我主，您当亲口念出，若您已忘记或尚未学习⑩。"赎罪日前日之晨，使之立于东门，使牛群、公羊群、绵羊群经过其面前，以使其服事时知悉⑪。

4. 所有这七天均不阻其吃喝⑫。赎罪日前日向晚，即不任其多食，因食物使其困倦⑬。

5. 法庭长老将其送往祭司长老处⑭，且将其送上阿夫提那斯

---

① 指赎罪日七天。
② 指早晚日常祭的洒血仪式。
③ 一份香分为两份，每天早上和午后各焚献一份。参见《出埃及记》30：1—8。
④ 为圣殿的油灯更换灯芯和灯油，参见《出埃及记》30：7："每早晨他收拾灯的时候，要烧这香。"
⑤ 日常祭中，牺牲的首与腿首先奉献，大祭司有责任献第一份。
⑥ 除了赎罪日这几天。
⑦ 如果大祭司愿意献首份日常祭的话，他有权这样做。
⑧ 在圣殿内食用的祭肉，大祭司有权第一个挑选，其他如举祭等给祭司们的物品，则平均分配。
⑨ 在赎罪日，耶路撒冷的拉比法庭会派人给大祭司，指教他有关当天服事的事情。
⑩ 拉比犹太教认为，第二圣殿时代的大祭司多是用钱买的职位，很多人品行不端，不学无术，因此在赎罪日时需要让他学习仪程，以免出错。
⑪ 将第二天要祭献的牲畜按顺序让大祭司看过，使他熟悉情况。
⑫ 赎罪日前与其家人分离的七天内，大祭司可以随意吃喝。
⑬ 赎罪日之夜禁止大祭司睡觉，因为怕他在睡眠时发生不洁，第二天的赎罪日服事便无法进行。
⑭ 在赎罪日前夕，拉比法庭的长老们将大祭司移交给圣殿长老。

家族之阁楼间①,恳请之并离之而去②。他们对他说:"大祭司我主,我等为法庭代表,君为我等之代表,亦即法庭之代表。我们以其名居此殿者之名恳请您:勿变更我等一切对君所言之任何一事。"③他告辞而泣④,他们亦告辞而泣⑤。

6. 若其为贤哲,则释义⑥,否则贤哲门徒在其面前释义;若其惯于诵读,则诵读,否则在其面前诵读⑦。在其面前以何文诵读?

---

① 阿夫提那斯家族负责混合焚香祭之香料,圣殿里有一个阁楼间,专供他们工作使用。将大祭司送上该阁楼间是为了让圣殿长老们教他如何进行焚香祭。按照《革玛拉》的说法,该祭献是所有祭献中技术难度最高的:他在至圣所中需要双手成捧,扶住香碗把手,用拇指将香料碗向自己身体方向拉,直至香碗把手到达他的手肘位置,而他双手正好捧住香碗本身,然后他要设法使香料倾斜,以使香料倒入自己成捧的双掌上,一点不能撒掉。参见《利未记》16:12:"拿火铲,从耶和华面前的坛上盛满火炭,又拿一捧捣细的香料,都带入幔子内。"

② 拉比法庭的长老们在告别前要行一个恳请仪式。

③ 按照《革玛拉》的解释,此处涉及第二圣殿时期撒都该人与法利赛人之间的斗争。此处争端的起源是双方对《利未记》16:2"不可随时进圣所的幔子内,到柜上的施恩座前,免得他死亡,因为我要从云中显现在施恩座上"的理解不同。撒都该人对此的解释是:大祭司在进入至圣所的帘幕之前,就要把香料放入装好炭火的火铲里,然后香烟缭绕地进入帘幕。拉比们则认为他应该一手握香料,一手提装好炭火的火铲,进帘幕以后才将香料放入火铲的炭火上,其根据是《利未记》16:2—3:"拿火铲,从耶和华面前的坛上盛满火炭,又拿一捧捣细的香料,都带入幔子内,在耶和华面前,把香放在火上,使香的烟云遮掩法柜上的施恩座,免得他死亡。"拉比们千叮万嘱,怀疑大祭司不一定按照他们的解释去做,原因有二:其一,祭司们属于撒都该人,比较倾向于接受撒都该人的观点;其二,大祭司独自行此焚香之祭,没人能看见他到底是怎么做的。

④ 大祭司哭泣,因为拉比们不信任他。

⑤ 拉比们哭泣,因为世道已经败落到连大祭司也无法信任的程度了。

⑥ 赎罪日前夜,大祭司不得睡觉,而是整夜诵经解经。如果他是贤哲,则由他解经,拉比们听着。

⑦ 如果大祭司读经不熟练,则由贤哲们诵读。

以《约伯记》,以《以斯拉记》,以《历代志》①。撒迦利亚·本·卡布托尔说:我曾多次在其面前诵读《但以理书》②。

7. 若欲昏睡,则青年祭司在其面前打响中指③,且对其说:"大祭司我主,请立地而一概驱之④!"使其繁忙,直至屠宰之时⑤到来。

8. 每日于鸡鸣⑥时起坛⑦,或近其时,在其前或其后;赎罪日则自夜半时起⑧,节期则自一更起⑨;不到鸡鸣之时院中已满是以色列人⑩。

---

① 这些属于经文中比较容易引起兴趣争辩的段落,选择这些段落是为了驱散大祭司的睡意。
② 意思是说当夜读经,并无规定篇目,任选一篇均可。
③ 如果大祭司撑不住了要睡觉,年青祭司则在他面前以中指与拇指对搓成响指而使其惊醒。
④ 光脚站在冰凉的大理石地板上,以此驱散睡意。
⑤ 清晨屠宰牺牲的时刻到来。
⑥ 鸡鸣,一说为呼唤祭司起身服事之时。
⑦ 大祭司每日的第一件事情是去祭坛上,将一把香炉里燃烧的炭放到祭坛坡道的东侧去,以此与祭司们依据《利未记》6:10 "把坛上所烧的燔祭灰收起来,倒在坛的旁边"的行动相呼应。
⑧ 赎罪日大祭司日程繁忙,又此前一夜未睡,所以起坛便可提前到半夜进行,以便分散当日事务。
⑨ 一更,指一夜的前三分之一。节期圣殿祭祀活动非常多,所以起坛也可以提前。
⑩ 他们提早到来,以便天亮后先行自己的祭献。

第 2 章

1. 起初,任何愿意起坛者均可起坛①;当人数众多后,便跑上坡道,任何领先其同伴四肘者获胜②。若两人相同,则任命官对他们说:"伸手指③!"伸出何者?一根或两根④,然不得在圣殿中伸出拇指⑤。

2. 某次两人跑上坡道,其一推搡其友伴,致其跌倒腿折。因法庭见其弄险,便规定如非抽签,不得起坛⑥。其地有四次抽签⑦,

---

① 本节接续上章末节,讨论起坛问题,说明如何决定起坛者。
② 圣殿中的祭司被分为二十四个祭班,每个祭班当值一周。其中每班又分为六个族家,每天一个族家当值,安息日则六个族家一起服事。每天各项工作的分配通常由当值之家的祭司们抽签决定,唯独起坛例外,原因是起坛需早起,如果抽签会引起有人逃避有人不满等各种问题,因此遵循自愿原则。
③ 任命官让所有参加的祭司都伸出手指,取下其中一人的头巾,说定一个比人数多得多的数字,然后从无头巾者开始转圈计数,数到预定数字为止,数到的那位祭司便有幸承担起坛的职责。圣殿工作的指派,均用这种抽签方式决定。
④ 通常只能伸一根手指,但如果有人觉得无法弯曲旁边的手指,也可以伸两根,但计数时只计一根。
⑤ 如果伸出拇指和小指,因为两指相距较远,任命官可能误看为两个人的手指,因而数错。
⑥ 上节讲述的赛跑决定起坛者的办法,后来有了变化,本节讲述变化的缘由是因为一次事故,此后拉比法庭便规定一切均由抽签决定。
⑦ 为分派工作,圣殿里一天举行四次抽签仪式。

此为第一次抽签①。

3. 第二次抽签：谁屠宰②，谁泼洒③，谁起内坛④，谁起油灯⑤，谁将肢体拿上坡道⑥：头与大腿⑦、两条前腿⑧、臀与足⑨、乳房⑩与颈⑪、腹部两侧⑫、肠子⑬以及细面粉⑭、祭司素祭⑮、葡萄酒⑯。十三位祭司获选⑰。本-阿扎伊在拉比阿奇瓦的面前以拉比约书亚的名义说：以其行走方式祭献⑱。

---

① 起坛的工作最早，因此是第一次抽签。抽中者除负责起坛外，还负责祭坛木柴的摆放等事宜。
② 日常祭牺牲的屠宰者。
③ 按计数方式抽中屠宰工作的祭司右边的人依次获得以下工作。紧挨其右侧者获得向祭坛泼洒牲血的工作。
④ 内坛为焚香祭坛，起内坛的工作主要是打扫内坛上的灰烬。
⑤ 清除油灯内的灰烬。
⑥ 在诵读祷文《听》之前，将牺牲肢体放在坡道下方。参见本部《舍客勒》8：8相关注解。
⑦ 指右后腿。
⑧ 包括尾巴。
⑨ 指左后腿。
⑩ 乳房部位的脂肪。
⑪ 包括左右两侧各两根肋骨，连带气管、心脏与肺。
⑫ 连带脊柱、脾脏与肝脏。
⑬ 盛放在一个容器中。
⑭ 陪祭日常祭的素祭。
⑮ 参见《利未记》6：14—15。
⑯ 用于奠祭。
⑰ 分别执行上述十三项工作。
⑱ 本-阿扎伊认为牺牲各部位祭献的顺序是按照羊行走时的动作顺序而决定的，但本节主导的《密释纳》贤哲则认为祭献的顺序是肢体的大小，其中只有头和脂肪除外，因为《利未记》1：12说："要把燔祭牲切成块子，连头和脂油，祭司就要摆在坛上火的柴上。"

4. 第三次抽签："焚香祭新人来抽签①。"第四次："新人与老手，谁从坡道将肢体搬上祭坛②。"

5. 日常祭，献祭者九、十、十一、十二，不多亦不少③。何以如此？本身为九④。节日，一人手持水瓶，此为十⑤。午后祭为十一：本身为九，两人手持两段木柴⑥；安息日为十一：本身为九，两人手持两盘陈设饼之乳香⑦；节日之安息日，一人手持水瓶⑧。

---

① 新人，指从未参加过焚香祭的祭司。焚香祭在圣殿各种祭祀中属于美差，因为主持该祭献会给主持者带来财富，依据是《申命记》33：10—11："他们要把香焚在你面前，把全牲的燔祭献在你的坛上。求耶和华降福在他的财物上，悦纳他手里所办的事。"因此，焚香祭的主持祭司从未曾主持过的祭司中抽签选拔。按照《巴拉伊塔》的说法，由于祭司人数太多，实际上主持过一次焚香祭的祭司没机会参加第二次抽签。

② 在早晨诵读祷文《听》之前，牺牲品的肢体被放在坡道下方，这项工作由第二次抽签决定，第四次抽签则决定谁把这些肢体搬上祭坛。据信只有一名祭司可以获选。

③ 日常祭参加祭献的祭司人数随节令日期的变化而有所不同，但只有这四种人数。

④ 日常祭本身（从坡道下将牺牲肢体搬上祭坛，行素祭与奠祭）需要九名祭司，也就是本章第三节从"头与大腿"至"葡萄酒"的九项工作。

⑤ 此处的节日指住棚节，该节日的日常祭除用酒做奠祭之外，还用水做奠祭，所以多一个手持水瓶的祭司，参加者共十人。

⑥ 《利未记》1：7："祭司亚伦的子孙要把火放在坛上，把柴摆在火上。"拉比犹太教认为此处的柴专指午后日常祭，因为《利未记》6：12 "祭司要每日早晨在上面烧柴"已经说明了早上日常祭的情形。需要两段木柴则是圣殿惯例，因此需要多两个祭司参加。

⑦ 《利未记》24：7 在讲到陈设饼时提出了有关乳香的规定："又要把净乳香放在每行饼上，作为纪念，就是作为火祭献给耶和华。"因此安息日在圣殿撤掉陈设饼时，会焚献两盘乳香，因此要增加两名祭司。

⑧ 此句指住棚节恰逢安息日的情形，因为要行水奠祭，所以在安息日日常祭所需的十一个祭司之上再加一个持水瓶的祭司，一共是十二个。

6. 公羊，献祭者十一：其肉为五[①]，肠子[②]、细面粉与葡萄酒[③]，每项为二[④]。

7. 牛，献祭者二十四[⑤]：头与大腿：头为一，大腿为二；臀与足：臀为二，足为二；乳房与颈：乳房为一，颈为三；两前腿为二；腹部两侧为二；肠子、细面粉与葡萄酒，每项为三。所言何事？为公共祭献。若为私人祭献，若欲祭献则祭献[⑥]。其剥皮与肢解则彼此一致[⑦]。

[①] 羊肉的祭献，也就是本章第三节所写的九项搬运牺牲肢体工作的前五项，亦即：从"头与大腿"到"腹部两侧"。

[②] 肠子比较重，需要两个人搬运。

[③] 公羊祭献所需之细面粉与葡萄酒的量都多于绵羊祭献所需的数量。绵羊祭献细面粉需十分之一伊法，葡萄酒三罗革，公羊祭献则需细面粉十分之二伊法，葡萄酒四罗革。

[④] 以上三项，每项需要两名祭司，故一共是六名祭司，加上献羊肉的五名祭司，合计十一名。

[⑤] 牛比羊大得多，其牺牲肢体也重得多，此外，陪祭的细面粉与葡萄酒的量也大得多，细面粉需要十分之三伊法，葡萄酒则需要六罗革。因此，搬运肢体和其他祭品的祭司自然也就多了。本句说明共需要二十四名祭司，下文则列出每项需要的人数。

[⑥] 私人祭献不需要兴师动众，如果某个祭司愿意自己祭献，他可以一个人去做，不需要抽签选人。

[⑦] 公共祭献与私人祭献的这部分屠宰过程相似，非祭司也可以做，此外肢体的分解也一致，不得切得更小。

第3章

1. 任命官^①对他们说:"出去看看^②,是否已到屠宰时刻^③。"若已到达,则见者说:"曙光初现^④!"马特提约·本·撒母耳^⑤说:"'照亮了整个东方^⑥。''照到希伯伦了吗?'^⑦他说:'是。'"

2. 何须如此^⑧?因有一次月光高照,被误认为东方已亮,他们屠宰牺牲,而将其出运至焚烧房^⑨。

他们引大祭司下浸礼池^⑩。此为圣殿规则:凡在圣殿大解^⑪者

---

① 负责抽签决定工作分派的人。一说,副大祭司。
② 去圣殿高处,观察是否已经天明。
③ 日常祭的屠宰必须在白天进行,如果天不亮则屠宰无效,依据是《利未记》19:6"在献的那一天"。
④ 可以看到阳光,但太阳尚未升起。
⑤ 可能是圣殿中负责抽签的任命官。
⑥ 他认为屠宰时刻比上一个观点所说要晚,所以不是曙光初现就要报告,而是要等到整个东方都被照亮了才报告。
⑦ 《耶路撒冷塔木德》认为提出这个问题是为了纪念埋葬在希伯伦的犹太先贤们。
⑧ 针对上节观察天明仪式而提出的问题(特别是为什么要多问一句是否照到希伯伦)。
⑨ 屠宰过后他们发现时间不对,因而牺牲无效,只能运到焚烧房焚毁。
⑩ 本句又回到赎罪日大祭司的日程,确认天亮屠宰时已到之后,在带大祭司去履行其服事责任之前,先带他去浸礼池行浸礼。
⑪ 原文为"覆盖脚面",为大解的委婉说法,《士师记》3:24"他必是在楼上大解"是相同的用法。拉嘉解释说有这种说法是因为大解时衣物部分退下,覆至脚面。

均需浸礼,凡小解者均需净洗其手足①。

3. 行浸礼之前,任何人均不得进入殿院服事,即使其为洁净②。当日大祭司行浸礼五次,净洗十次③,均在圣殿之哈帕尔瓦殿④进行,仅本次除外⑤。

4. 在他与众人之间铺放亚麻布单⑥。他除衣,下水,行浸礼。上岸擦干。为他拿来金袍⑦,他穿上并净洗手足⑧。为他引来日常祭牺牲⑨。他割之⑩,他人代其屠宰完⑪。他接血且泼洒之⑫,入内

---

① 拉嘉说在圣殿入口与祭坛之间有一个水池,祭司们在那里洗手洗脚。
② 本节以"何况律"推导自上节的律法,如果大祭司这样圣洁的人物,整夜待在圣洁的地方,穿着圣洁的衣服,在他进入圣殿服事前都要更衣行浸礼,那么何况是来自俗地、穿着普通衣物的普通人呢?
③ 大祭司在赎罪日行五种祭献(早间日常祭,金袍;赎罪日特祭,白袍;公羊祭,金袍;从至圣所撤火盘,白袍;午后日常祭,金袍)之前均需要更衣,每次更衣时需行浸礼一次,洗手脚两次,一次告别旧衣,一次迎来新衣,因此一共五次浸礼,十次净洗。
④ 哈帕尔瓦殿在圣殿内浸礼池的楼下。
⑤ 早上的第一次浸礼是在圣殿水门上方的浸礼池进行的,其余均在圣殿内的浸礼池进行。
⑥ 《革玛拉》解释说铺放亚麻布单的意图是提醒大祭司当日的服事很多是穿白袍进行的,不像平常那样总是穿金袍。
⑦ 有关圣殿祭司与大祭司的服饰,参见《出埃及记》28:1—39。金袍是大祭司常年服事时所穿的,其中胸牌、穗带等四件使用了黄金或用黄金制成。
⑧ 《革玛拉》认为此时只净洗一次,在当天日程结束,他换回非圣殿服饰时,会再净洗一次,以足十次之数。
⑨ 早间日常祭所用的羊牲。
⑩ 大祭司割开羊牲的气管与食道。
⑪ 屠宰的其他部分由另一位祭司代他完成,因为大祭司要忙着接血。
⑫ 将羊血泼上圣坛。

焚早间焚香祭,起灯①,祭献牲首、肢体、大祭司祭②与葡萄酒。

5. 早间焚香祭献于血与肢体之间③,午后则献于肢体与奠祭之间④。若大祭司年老或体弱⑤,则为其温水并倒入冷水中⑥,以解其寒。

6. 他们带他去哈帕尔瓦殿⑦,其在神圣之处⑧。在他与众人之间铺放亚麻布单。净洗其手其足,且除衣。拉比梅伊尔说:除衣,净洗其手其足⑨,下水并行浸礼,上岸擦干。他们拿给他白袍,他

① 即清理圣殿内的七枝灯台。《革玛拉》认为实际上大祭司先清理五枝灯,焚香祭以后再清理两枝,因此本节《密释纳》的叙述可能有误。

② 即大祭司每日献的素祭,参见《舍客勒》7:6 的相关注解。

③ 《革玛拉》对此的解释是:《希伯来圣经》在谈到焚香祭时用了两个"早晨"(相当于中文说"天天",两个"早晨"叠加意为每天早晨,见于《出埃及记》30:7:"亚伦在坛上要烧馨香料做的香,每早晨他收拾灯的时候,要烧这香"),而在谈到日常祭时则只用了一个"早晨",见于《民数记》28:4:"早晨要献一炷,黄昏的时候要献一炷。"由此焚香祭被排在了日常祭的前边。当然焚香祭之后,大祭司要起灯,然后才献肢体,但本节的目的不在于开列大祭司的工作日程,而在于说明各种祭献的顺序。

④ 《革玛拉》认为此处的依据是《民数记》28:8"必照早晨的素祭和同献的奠祭献上",早上焚香祭早于素祭和奠祭,因此午后的顺序不变。但此处未说"照早上的肢体献上",因此献肢体在焚香祭之前。

⑤ 本句又回到大祭司进入圣殿前行浸礼的问题。

⑥ 在赎罪日之前热一些水,赎罪日时倒入浸礼池中。《巴拉伊塔》则说用烧红的金属棍放入浸礼池加热,虽然拉比律法禁止这样做,但圣殿里拉比律法无效。

⑦ 日常祭后,大祭司到哈帕尔瓦殿楼上的浸礼池行浸礼,更衣,预备下一场的赎罪日特祭。

⑧ 因为规定要在圣殿里做浸礼(参见本章第 3 节),所以这里特别说明,虽然显得有些多余。

⑨ 拉比梅伊尔认为两次净洗手足都是为了向要换上的新袍子致意,所以除衣之前不需要净洗。

穿上并净洗其手其足①。

7. 早间②穿值十二玛内之普鲁兴麻③,午后穿值八百组兹④之印度麻⑤,此为拉比梅伊尔之言。而众贤哲说:早间穿值十八玛内者,午后为值十二玛内者,总计三十玛内⑥。此款来自公众⑦;若他想增加,则以其所有增加⑧。

8. 他走向其公牛⑨,其公牛立于门厅与祭坛之间⑩,南首西面⑪。大祭司立于东,面西⑫,置双手于其上⑬而忏悔⑭。如是其言:

---

① 这第二次净洗是为了对新换的袍子致意,净之后便可直接去祭坛。
② 本节讨论早间和午后赎罪日特祭时大祭司所穿白袍的价值。
③ 一种埃及产的亚麻布,属于上好的料子。
④ 八百组兹即八玛内。
⑤ 来自印度的亚麻布。
⑥ 众贤哲在此规定总数的意思是:早间和晚间白袍的价值可以增减,只要总数不变,且早间的白袍比午后的白袍昂贵即可,其依据是《利未记》16:4:"要穿上细麻布圣内袍,把细麻布裤子穿在身上,腰束细麻布带子,头戴细麻布冠冕,这都是圣服。"在这里"细麻布"被强调了四次,表明早间的白袍应该用比较好的料子,超过午后的白袍。
⑦ 三十玛内的白袍的开支由圣殿公款支付。
⑧ 如果大祭司想穿更好的料子而超出了三十玛内的预算,那么他就要自己掏钱。
⑨ 赎罪日特祭之公牛是赎大祭司及其家人之罪的,由大祭司自己出钱购买,因此被称为"其公牛"。
⑩ 这是圣殿的北部,距祭坛最近的位置。把特祭公牛放在这里是为了方便大祭司接血后去祭坛泼洒。
⑪ 《革玛拉》解释说不直接让牛朝西站立是因为怕牛朝东拉屎,造成对在东的祭坛的不敬,但又必须让牛面朝西,因为那是向着圣殿内的方向,因此有这样的解决方案,让牛朝南站立,而将其脸扭向西侧。
⑫ 大祭司也需要面向圣殿内。
⑬ 大祭司把双手放在公牛两犄角之间。
⑭ 参见《利未记》16:6:"亚伦要把赎罪祭的公牛奉上,为自己和本家赎罪。"

"耶和华啊①,在你面前吾有过有犯有罪,吾及吾之家人。耶和华啊,宽恕此过此犯此罪,即在你面前吾之所过,吾之所犯,吾之所罪,吾及吾之家人。因在尊仆摩西之托拉上写着'因在这日要为你们赎罪'②,且他们随其后应答③说:'称颂神之王国荣耀之名,直到永远。'"

9. 他走向殿院之东,走向祭坛之北④,副大祭司在其右,族家之首⑤在其左。彼处有山羊两只⑥,亦有瓮坛一只,内有骰子两枚⑦。其本为黄杨木⑧,本·戈姆拉⑨以黄金制成⑩,由此纪念他,以为赞誉。

---

① 原文为"那名字",拉比犹太教相信此时大祭司对神直呼其名,因此使用这个词。

② 《利未记》16:30。大祭司需要诵读全段,亦即:"因在这日要为你们赎罪,使你们洁净。你们要在耶和华面前得以洁净,脱尽一切的罪愆。"本段诵读时他对神也是直呼其名,加上上边两个"耶和华啊",他在忏悔中一共说出三次神名。

③ 殿院内的所有的人在听到大祭司说出神名后均以此句欢呼,依据是《申命记》32:3:"我要宣告耶和华的名。你们要将大德归与我们的神。"《革玛拉》对此的解释是:摩西宣告神名,众人则以大德称颂神明。

④ 在完成忏悔之后,大祭司离开公牛。

⑤ 祭司分为族家,每天一个族家当班,参见本卷2:1相关注解。

⑥ 两只公山羊,参见《利未记》16:5:"要从以色列会众取两只公山羊为赎罪祭,一只公绵羊为燔祭。"

⑦ 掷骰以确定两只山羊的去向,参见《利未记》16:7:"为那两只羊拈阄,一阄归与耶和华,一阄归与阿撒泻勒。"

⑧ 两个骰子原本以黄杨木制成。

⑨ 曾担任大祭司。

⑩ 用黄金做成骰子,换掉了两个黄杨木的。

10. 本·卡廷①为水盆制喷管十二个,原本只有两个②。他还为水盆制作机器一部,使其水不致因过夜而失效③。蒙巴兹王④以黄金制所有赎罪日器皿之把手⑤。其母海伦娜制前殿门上之金烛檠⑥;亦制一块金牌,上书"不贞"之段落⑦。尼克诺尔因其门而蒙奇迹⑧,由此纪念他,以为赞誉。

11. 此为受谴之人:伽尔默家族——不肯传授陈设饼之制法⑨;阿夫提那斯家族——不肯传授香料之制法⑩;胡歌里

---

① 曾出任大祭司。
② 水盆是圣殿中祭司们净洗手脚的设施。有了十二个喷管,赎罪日服事的十三位祭司(参见本卷2:3)可以有十二位同时净洗(负责屠宰的不需要净洗)。
③ 一部升降机,可以在晚上把水盆放到水窖里,白天再拿出来。这样,水盆里的水就是在活水中过夜,不会失效,祭司们也免去了每天早上倾倒水盆中的水的麻烦。
④ 按照犹太传奇(《密得拉释大义篇·创世记》46:8),蒙巴兹为美索不达米亚的一个名叫阿蒂亚本内的王国的国王,他与其母在第二圣殿被毁前几十年皈依了犹太教。
⑤ 所有其本体不能用黄金制作的器皿(比如刀子),他为他们制作了黄金把手。
⑥ 该金烛檠在太阳升起后会闪闪发光,全耶路撒冷都能看得到,以此通知所有人诵读祷文《听》的时间。
⑦ 有关被怀疑不贞的妇女要喝苦水自明的规定,见《民数记》第5章。妇女喝苦水之前,祭司要书写固定的咒语(《民数记》5:19—22)。将这些咒语制作在金牌上,可以让祭司们随时抄写,不需要临时去翻查经卷。
⑧ 《革玛拉》引《巴拉伊塔》讲述了尼克诺尔之门的奇迹故事:尼克诺尔在埃及的亚历山大为圣殿制作香柏木包铜大门两扇,在海运至以色列地时遇风暴,同船人将其中一扇投掷于海,风暴仍不止,欲投掷另一扇,尼克诺尔趴在门扇上,誓言与门同生共死,风暴乃止。船到阿卡港时,另一扇门从船底翻起,于是均运到耶路撒冷。后来圣殿大门均换为金门,唯此门不换,以纪念这次奇迹的发生。
⑨ 陈设饼呈U形,不容易制作,且出炉时容易折断,伽尔默家族有独家秘方,却不肯教别人。
⑩ 该家族有一个特别香料配方,他们制成的香料,香烟笔直升起,适合圣殿使用。

斯·本·利维——知悉一种唱法却不肯传授①;本·卡姆查尔——不愿传授书法②。对于前述诸人③,经文说:"义人的纪念被称赞。"④ 对于这些人⑤则说:"恶人的名字必朽烂。"⑥

---

① 《巴拉伊塔》说他歌唱时把拇指放在嘴里,辅以其他手指,可以唱出任何声音。
② 《革玛拉》说他可以一只手抓四支芦苇笔,同时写四个字母。
③ 前面几节所赞誉的为圣殿做出过贡献的人。
④ 《箴言》10:7。
⑤ 本节所谴责的这些人。亦有《巴拉伊塔》认为"义人"指前三人,因为他们虽然不肯传授,但都有充分的理由且为贤哲们所接受;"恶人"则指最后这一家,因为他们的理由不被接受。
⑥ 《箴言》10:7。

第4章

1. 他摇动瓮坛,取出两个骰子①。其一书有"归耶和华",其一书有"归阿撒泻勒"②。副大祭司在其右,族家之首在其左。若归耶和华者出其右手,则副大祭司对其说:"大祭司我主,请举右手!"若归耶和华者出其左手,则族家之首对其说:"大祭司我主,请举左手③!"将其置于两山羊身上④,且说:"归耶和华之赎罪祭⑤。"拉比以实玛利说:"不必说'赎罪祭',而只说'归耶和华'⑥。"他们随其后应答说:"称颂神之王国荣耀之名,直到永远⑦。"

---

① 大祭司必须是随机抓取骰子的,不能有意选择。
② 参见《利未记》16:7。"耶和华",原文为"神名",通常认为这是《密释纳》的避讳说法,骰子上印的是神名全称。
③ 大祭司在抓取后会查看两手抓的是什么,副大祭司和族家之首负责宣布哪只手抓的是"归耶和华"的骰子。
④ 左手抓的骰子置于左边的山羊身上,右手抓的骰子置于右边的山羊身上。
⑤ 此处大祭司再次念出神的名字。
⑥ 双方的差别在于对《利未记》16:9"要把那拈阄归与耶和华的羊献为赎罪祭"一句理解上的差别。《密释纳》定规贤哲认为本句的主语是大祭司,大祭司抓阄,大祭司确定哪只羊用作赎罪祭,并宣布其决定。拉比以实玛利则认为前半句的主语是大祭司,他抓阄,但后半句的主语是阄而不是大祭司,是阄决定哪只羊用于赎罪祭,所以大祭司无权宣布。
⑦ 参见本卷3:8相关注解。

2. 他将朱红毛线系于送走的山羊之首①，并使之朝向送走之方向站立②，而被屠宰者则系于屠宰之处③。第二次走向其公牛，置双手于其上而忏悔④。如是其言："耶和华啊，在你面前吾有过有犯有罪，吾及吾之家人及亚伦之子孙，你的圣民⑤。耶和华啊，宽恕此过此犯此罪，即在你面前吾之所过，吾之所犯，吾之所罪，吾及吾之家人及亚伦之子孙，你的圣民。因在尊仆摩西之《托拉》上写着：'因在这日要为你们赎罪，使你们洁净。你们要在耶和华面前得以洁净，脱尽一切的罪愆。'⑥他们随其后应答说：'称颂神之王国荣耀之名，直到永远。'"

3. 他屠宰之⑦，以盆承血，且将其交付与人⑧，其人在前殿第四列⑨搅拌之，以使其免于凝块⑩。他取火铲，走上祭坛顶，

---

① 得到"归阿撒泻勒"签的山羊是被送往旷野的替罪羊，参见《舍客勒》4：2相关注解。
② 亦即朝向圣殿东门。
③ 得到"归耶和华"签的山羊要屠宰后献赎罪祭，因此把朱红毛线系在屠宰下刀之处，也就是脖子上。这样系上以后，两只羊就不会混淆了。使用朱红毛线的依据则是《以赛亚书》1：18："你们的罪虽像朱红，必变成雪白。虽红如丹颜，必白如羊毛。"
④ 第一次忏悔是代表自己和家人，这第二次忏悔则是代表其他祭司。
⑤ 亚伦子孙与圣民均指祭司群体。
⑥ 《利未记》16：30。
⑦ 大祭司开始屠宰他的献祭公牛。一说，切开日常祭羊牲的气管和食道。
⑧ 将接好牲血的盆子交给另一个祭司。
⑨ 圣殿内以大理石铺地，大理石铺成行列，以行列计数标明位置。《革玛拉》认为此处所说的"前殿第四列"不太可能，因为根据《利未记》16：17所说"他进圣所赎罪的时候，会幕里不可有人"，此时前殿不该有其他人，因此实际上是指殿院第四列。
⑩ 大祭司在接血之后，要先去做焚香祭，然后才能泼洒牲血，此时如无人搅拌，血液将凝块。

向两侧分开炭块,撮出最内之燃炭①,下坛,将其置于殿院之第四列②。

4. 每日均以银铲撮取且倒入金铲③,而此日以金铲舀取且以此而入④。每日均以四卡夫之铲撮取且倒入三卡夫之铲⑤,而此日以三卡夫之铲撮取且以此而入。拉比约西说:每日均以一细亚⑥之铲撮取且倒入三卡夫之铲,而此日以三卡夫之铲撮取且以此而入。每日均沉重,而此日轻松⑦。每日均为短把手,而此日为长⑧。每日均为绿金⑨,而此日为红⑩,此为拉比梅纳海姆之言⑪。每日早间献一普拉斯,午后献一普拉斯⑫,而此日加两满握⑬。每

---

① 为了焚香祭,他需要找到燃烧得正合适的炭块,而不是刚开始燃烧,会冒烟的炭块。

② 如上所述,殿院第四列即前殿第四列,也就是另一个祭司正在搅血的地方。

③ 平常日子放焚香祭时,大祭司用银铲撮炭,倒入金铲,目的是防止金铲在炭火中受损。

④ 赎罪日时大祭司直接以金铲撮取并将此铲携入至圣所做焚香祭,原因是当日大祭司事务繁多,因而简化过程,帮他减轻压力。

⑤ 银铲大,金铲小,所以银铲撮取炭块,倒入金铲时会撒掉一些,还得清扫。

⑥ 一细亚为六卡夫,拉比约西认为平日用的银铲比定规贤哲说的还要大些。

⑦ 银铲边缘较厚,因此重,金铲边缘薄,因此较轻。

⑧ 大祭司可以把长把手的金铲夹在腋下,比较轻松。

⑨ "绿"在《圣经》和《密释纳》希伯来语中可以是黄、绿、蓝三种颜色之一,视上下文而定,类似于古汉语"青"字可以是绿、蓝、黑三种颜色之一。此处之"绿"指黄色。

⑩ 一种牛血红色的金子,出自一个叫巴瓦音的地方,所罗门修第一圣殿时曾用过这种金子,参见《历代志下》3∶6。

⑪ 他指出了赎罪日金铲与日常使用的金铲的不同。

⑫ 这是每日焚香祭的时间和用量。

⑬ 赎罪日加一个焚香特祭,大祭司用两手成捧,献一满捧的香。参见《利未记》12∶16:"拿香炉,从耶和华面前的坛上盛满火炭,又拿一捧捣细的香料,都带入幔子内。"

日均为精细者，而此日为精细之精细者①。

5. 每日祭司们均从坡道东侧上，从西侧下②，而此日大祭司则从中央上，且从中央下③。拉比犹大说：大祭司从来都是从中央上，从中央下。每日大祭司均在水盆净洗其手其足④，而此日则以金瓶⑤。拉比犹大说：大祭司从来都以金瓶净洗其手其足。

6. 每日彼处均有木柴四堆⑥，而此日有五堆⑦。此为拉比梅伊尔之言。拉比约西说：每日三堆，而此日四堆⑧。拉比犹大说：每日两堆，此日三堆⑨。

---

① 平日献的焚香祭香料就已经是研磨过的，但在赎罪日前夕，赎罪日使用的香料会被再研磨一遍。

② 坡道从南向北连上祭坛，祭司们沿坡道东侧走，上坛后右转（规定必须右转），绕祭坛一周后从西侧下。他们不走坡道正中，以示对神的敬畏。

③ 大祭司在赎罪日这样做是昭示他以及他所代表的犹太教徒与神的特别亲近关系。

④ 参见本卷3：2相关注解。

⑤ 一个特制器皿，用以显示大祭司的尊贵。净洗手足可以用水盆，但不是必须使用水盆，而是可以使用任何圣殿的服事器皿。

⑥ 《革玛拉》列出了这四堆木柴的作用。第一堆：用于日常祭，其依据为《利未记》6：9："燔祭要放在坛的柴上，从晚上到天亮。"第二堆：用于焚香祭，其依据为《利未记》6：9："且坛上的火要常常烧着。"第三堆：用于维持火柴不灭，其依据为《利未记》6：15："坛上的火要在其上常常烧着，不可熄灭。"第四堆：用于焚烧前一天午后日常祭遗留下来的牺牲肢体或脂肪，这是拉比梅伊尔从"且祭坛上的火"中的"且"词推导出来的。

⑦ 第五堆为大祭司在赎罪日增加的一次焚香祭提供木柴。

⑧ 拉比约西认为圣殿里不存在焚烧前一天日常祭遗留品的木柴堆，因为他不同意拉比梅伊尔有关"且"一词的推导。

⑨ 拉比犹大认为维持柴堆不灭的木柴堆也不存在，因为他不同意拉比梅伊尔和拉比约西有关《利未记》6：15 的解释，他认为根据这一句，祭坛上的木柴是上坛以后用火石点着的，而不是在坛下长期燃烧的火堆里点着再搬上祭坛的。

第5章

1. 将香碗与火铲取出与之①,其装满一捧,置于香碗内②。大者如其之大,小者如其之小,此为其度③。右持火铲④,左持香碗。走向前殿,直至分隔圣所与至圣所之两块帘幕,其间为一肘⑤。拉比约西说:彼处无他,帘幕一块而已⑥,因经文说:"这幔子要将圣所和至圣所隔开。"⑦在外者钩起于南,在内者钩起于北⑧。其于

---

① 祭司们从器皿库房取来金香碗,从阿夫提那斯家族的房间里取来满满一火铲的香料,把这两样都交给大祭司。
② 大祭司从火铲上的香料里取出满捧,放入香碗。
③ 取用香料的多少,完全取决于大祭司两手成捧的大小,不得多也不得少,因为随后在至圣所内,他还需要把这些香料倒回手中,而且不得撒落点滴。
④ 这不是运香料那把火铲,而是他撮取祭坛上的火炭后留在殿院第四列的那把火铲。由于火铲加火炭分量相当重,所以大祭司用右手握持,比较重要的盛香料的香碗反而拿在左手。
⑤ 第一圣殿时,至圣所与圣殿之间用一堵一肘厚的墙隔开。因为第二圣殿造得比较高,墙也必须厚得多,因此不可能再造墙,便用帘幕将至圣所与圣殿其他部分隔开。又因为搞不清这一肘的空间应该算在至圣所内还是至圣所外,所以干脆用了两块帘幕,把这点距离变成了一个特殊空间。
⑥ 拉比约西引用《出埃及记》的记述,认为既然圣幕时代只用一块帘幕,第二圣殿也应该只用一块帘幕,而且帘幕应该置于至圣所的畛域,并无空间上的疑问。不过他的观点不被接受,所以本节以下的讨论仍然是沿着两块帘幕的思路走。
⑦ 《出埃及记》26:33。
⑧ 两块帘幕都是从南墙一直遮到北墙,但因为要开口让大祭司进去,同时又不能让外边的人看见至圣所里边的情形,因此两块帘幕用挂钩开口的位置正好相反,一个在南端,一个在北端。

两帘间行走,至北而止。至北而转面向南,帘幕在其左而行至约柜①。将火铲置于两栏杆之间②。将香料堆于炭火之上③,烟满全室④。沿进入之路退出,于外室做短祷⑤,且不得延长其祷告,以防惊动以色列人⑥。

2. 自约柜被取走后⑦,彼处便有岩石一块,来自前先知岁月⑧,其名为基石⑨,高出地面三指,他即在其上放置⑩。

3. 他从搅拌者手中接过牲血⑪,入其所入之处,立其所立之

---

① 大祭司从外帘的南端进入两帘之间,向北走到墙根,由内帘的北端开口进入至圣所,转面向南,向约柜方向行走,此时帘幕在其左边(东边)。
② 约柜上的两根栏杆之间。
③ 从香碗里把香料倒入自己成捧的双手,是圣殿里技术难度最高的工作,参见本卷1:5相关注解。
④ 迈蒙尼德认为本句的意思是:大祭司要等到香料的烟布满了整个至圣所,才能离开。
⑤ 《革玛拉》记述他的短祷是:"吾主吾神,唯愿尊意如此:若本年炎热,则使其多雨,使权杖不离犹大之家,以色列圣民不必相互倚赖而存活,请勿许旅人之祷(要求不要下雨的祈祷)到你面前。"
⑥ 大祭司在至圣所可能因其罪过或差错而突然死亡,因此他必须按时出来。如果他因为延长祷文而造成耽搁的话,外边的人会以为他死在了里边,造成慌乱。
⑦ 第一圣殿被毁后,约柜即下落不明,有人说被掳往巴比伦,有人说被藏在圣殿某处,参见《舍客勒》6:1—2及相关注解。
⑧ 这块岩石是撒母耳与大卫王的时代被发现的。
⑨ 基石的意思,《革玛拉》说上帝创世时以此石为基础建立了整个世界,迈蒙尼德则说因圣殿最重要的服事在此进行,而服事是世界的基础(参见《阿伯特》1:2)。
⑩ 大祭司在赎罪日做焚香祭时,把火铲安放于这块基石上。
⑪ 大祭司此前接血后交给另一个祭司去搅拌,以防血块凝结,参见本卷4:3相关注解。

地[①],且以此泼洒[②],一次向上,七次向下。其非有意向上或向下泼洒,而是如挥鞭者[③]。他如此计数:"一、一二、一三、一四、一五、一六、一七[④]。"出而将其置于前殿之金座[⑤]。

4. 为他牵来公羊,他将其屠宰且以碗盛血[⑥]。入其所入之处,立其所立之地,且以此泼洒,一次向上,七次向下。其非有意向上或向下泼洒,而是如挥鞭者。他如此计数:"一、一二、一三、一四、一五、一六、一七。"出而将其置于前殿之第二金座[⑦]。拉比犹大说:彼处无他,金座一尊而已[⑧]。取牛血而后置羊血[⑨],以此从外侧向约柜对面之帘幕泼洒[⑩],一次向上,七次向下。其非有意,等等;如此计数,等等。取羊血而置牛血,以此从外侧向约柜对面之帘幕泼洒,一次向上,七次向下,等等。将牛血倒入羊血

---

① 沿着他行焚香祭所走的路线进入至圣所,立于焚香祭所立之处。
② 将碗中的血向约柜方向泼洒。
③ 《革玛拉》的解释是:所谓"向上"或"向下",并非说把血洒到约柜盖子上或者地上,而是说泼洒时手的动作像挥鞭者一样。挥鞭者开始时握鞭在腰部,手背朝下而向上挥起,至头顶高处则翻手背于上而向下挥击。大祭司也是这样,先手朝下而向上泼洒一次,再手背朝上而向下泼洒七次。
④ 把向上的一加到向下的七次计数里,以防大祭司数错。例如,如果他接续向上的一次而从"二"数起的话,他可能数到七就停下来,以为完成了泼洒,而实际上他此刻只向下泼洒了六次。
⑤ 一个专门为大祭司放置牲血碗而制作的金座。
⑥ 大祭司将牛血碗置于前殿金座之后,出殿来到圣殿北部,在这里屠宰公羊。
⑦ 依照泼洒牛血的程序,泼洒羊血。
⑧ 拉比犹大认为前殿只有一个放置牲血碗的金座,因此大祭司泼洒完羊血后,从至圣所出来,先从金座上取下牛血碗,才能将羊血碗放上去。不过《密释纳》定规贤哲不同意他的看法,认为应该先放下羊血碗,再取牛血碗。
⑨ 此句以下均为拉比犹大的观点。
⑩ 牲血的第二次泼洒是向着隔开至圣所与前殿的帘幕泼洒,一般认为只是泼向帘幕的方向,不过也有宣称是泼到帘幕上的。

中,再将满者倒入空者①。

5. "要出到耶和华面前的坛那里"②,此为金祭坛③。他开始向下涂抹④。他自何处⑤开始?自东北角,西北角,西南角,东南角⑥。他从外坛开始涂抹之处⑦,于彼处完成于内坛⑧。拉比以利以谢说:他立于其处而涂抹⑨。在所有地方均自下而上⑩,唯在其面前者除外,于此处允许自上而下⑪。

---

① 两次泼洒过后,大祭司将牛血倒入羊血碗,再一起倒回牛血碗,使两者均匀混合。其依据是《利未记》16:18:"又要取些公牛的血和公山羊的血,抹在坛上四角的周围。"拉比贤哲们认为此句意指将两种牲血进行混合。

② 《利未记》16:18。本节讨论大祭司泼洒牲血之后,用混合的牛羊血涂抹祭坛的四角。

③ 指圣殿前殿内的包金祭坛,而非殿院里的献日常祭的祭坛。该祭坛位于前殿入口与至圣所的帘幕之间,故被称为"在耶和华面前的祭坛"。大祭司向帘幕泼洒牲血时立于该祭坛与帘幕之间,此时走向该祭坛的另一侧,即该祭坛与入口之间,故《利未记》说:"要出到……"

④ 也就是把牲血涂抹在祭坛角上端,然后再向下涂抹。

⑤ 哪个角落。

⑥ 拉熹认为本句是拉比约西的观点:他认为至圣所只有一道帘幕,在北墙开口,因此大祭司从至圣所出来时,第一个到达的地点是祭坛西北角,但因为《利未记》说"要出到……"所以他不能从这个角开始涂抹,于是走到东北角开始涂抹,然后退到西北角继续涂抹,然后依次是西南角和东南角。

⑦ 通常的赎罪祭,牲血用来涂抹殿院内外祭坛的四角。

⑧ 通常赎罪祭用牲血涂抹外坛时,是从祭坛的东南角开始,而这个角恰好是涂抹内祭坛时最后完成的角。

⑨ 拉比以利以谢认为大祭司在涂抹时并不绕着祭坛转圈,而是立于东北角,从那里涂抹四个角落。

⑩ 本节开始时要求大祭司向下涂抹的原因是:如果大祭司面对被涂抹的角落向上涂抹的话,牲血可能溅出来,弄脏他的袍子。现在他站在东北角涂抹其他三个角,离得比较远,因此可以从下向上涂抹,而不必害怕牲血会弄脏衣服。

⑪ 也就是说只有东北角例外,因在其面前,弄脏衣服的考虑是有道理的。

6. 向祭坛坛面泼洒七次①。余血泼于外祭坛之西底座②,属于外祭坛者则泼于南底座③。彼此在排水渠混合④,流出至汲沦溪流⑤,售予园主做肥料,盗用圣物律适用于此⑥。

7. 所有依序所说之赎罪日服事⑦,若将一件提至另一件之前,则此事未行⑧。将羊血提至牛血之前,则当在牛血之后重新泼洒羊血⑨。若在内泼洒⑩未完成之前牲血被倒掉,则当取其他牲血且重新在内泼洒⑪。前殿如此⑫,金祭坛亦如此,因所有

---

① 在涂抹祭坛角落完成后,大祭司清理掉祭坛面上的炭块和灰烬,然后用牲血泼洒,以示清扫之意,依据为《利未记》16∶19:"也要用指头把血弹在坛上七次,洁净了坛。"

② 因为大祭司走进殿院时,首先到达的是外祭坛西侧。泼洒余血的规定来自《利未记》4∶7:"再把公牛所有的血倒在会幕门口,燔祭坛的脚那里。"

③ 在外祭坛进行的赎罪祭的余血由祭司们泼洒于祭坛底座南部,因为祭司们从坡道上退下来,所处的位置就在祭坛南侧。

④ 祭坛的南侧和西侧各有小排水渠,合流至殿院的总排水渠中。

⑤ 汲沦谷在耶路撒冷圣殿山与橄榄山之间,谷底有溪流,流往犹大旷野。

⑥ 也就是说如果想从这些牲血得利的话(包括用作肥料),必须付钱给圣殿,因为这些牲血虽然被当作废物排出,但仍然属于圣物。因此有关禁止盗用圣物的律法对此也适用。参见《利未记》5∶15:"并且他因在圣物上的差错要偿还,另外加五分之一,都给祭司。"

⑦ 指大祭司在赎罪日穿白袍所行之服事,或穿白袍在前殿与至圣所所行之服事。

⑧ 《革玛拉》解释说赎罪日服事必须严格按照顺序进行的根据是《利未记》16∶34:"这要作你们永远的定例就是因为以色列人一切的罪,要一年一次为他们赎罪。"而《希伯来圣经》中凡是说"定例"之处,其含义均为"按顺序进行"。

⑨ 《革玛拉》指出这只是在他向帷幕泼洒时弄错了顺序,如果至圣所泼洒弄错了牛羊顺序,那么连屠宰都失效,需要在泼洒牛血之后另行屠宰一只公羊。

⑩ 在内,指在至圣所的泼洒。

⑪ 在这种情况下,他需要重新屠宰一只牺牲,并且从焚香祭开始重新做起。

⑫ 前殿,指向帷幕泼洒,如果牲血先被倒掉,他可以从帷幕泼洒补起,不必重行至圣所的泼洒。

赎罪均各为其事①。拉比以利亚撒与拉比西缅说：自停顿之处开始②。

---

① 所以是否重复，要看该服事事项是否已经完成，如果至圣所泼洒时没出现问题，那么前殿泼洒时出的问题就不会影响已经完成的至圣所泼洒的有效性。
② 两人认为每个泼洒动作都是各为其事的，所以如果出现问题，比如牲血被倒掉了，则不必从头开始，只要从出问题的那个动作开始继续就可以了。

第 6 章

1.赎罪日之两只公羊①,依律②其容、其高、其值均须相同③,且须一次购取。然即使不相同,亦为有效④。若一只购于某日而另一只于其后一日,均有效。其一死亡:若死于抽签之前,则为第二只购取为一双⑤;若死于抽签之后,则购取另外一对且为其重新抽签⑥,且说:(若归耶和华者死去)"'归耶和华'之签落于其上者代替之。"(若归阿撒泻勒者死去)"'归阿撒泻勒'之签落于其上者代替之。"其第二只则牧放至生出缺陷而出售,其售

---

① 一只献赎罪祭,一只作为替罪羊送走。
② 原文是"其诫命为",这种用法只是比喻,表示最好这样,并非真的诫命。
③ 两只羊必须外貌看起来一样,高度一样,价格也一样。《革玛拉》解释说这要求的依据是《希伯来圣经》三次提到"两只羊"(《利未记》16∶5,16∶7,16∶8),由于经文说"羊"就已经足够,多余的"两只"就暗示了这三个要求。
④ 如上所述,这个要求并非诫命,所以即使实现不了,仍然是有效的。《革玛拉》认为其依据在于《利未记》16∶9—10 的经文中用了两遍看似多余的"那只羊",其含义是两只羊即使分别获得也是有效的。
⑤ 再买一只羊,与活着的那只凑成一对。
⑥ 此时要再买两只羊,因为活着的那只已经得了签,而第二只羊也需要抽签决定其命运,所以只买一只是不够的。

价则归圣殿献金①,因公众之赎罪祭牺牲不可任其死亡②。拉比犹大说:任其死去③。拉比犹大还说:若血已被倒掉④,则任被送走者死去⑤;而若被送走者死去,则将血倒掉⑥。

2. 他走向其将被送走之公羊⑦,置双手于其上而忏悔⑧。如是其言:"耶和华啊,在你面前你的民众、以色列之家有过有犯有罪⑨。耶和华啊,宽恕此过此犯此罪,即你的民众、以色列之家在你面前之所过,之所犯,之所罪。因在尊仆摩西之《托拉》上写着:'因在这日要为你们赎罪,使你们洁净。你们要在耶和华⑩面前

---

① 用于献甘愿祭,参见《舍客勒》6:5—6。

② 如果个人赎罪祭的羊牲出了问题,比如走失了,用另一只羊牲取代之后又找回了原来的羊牲,该羊只将被关起来,等待其死亡。但赎罪日羊牲属于公共祭献牺牲,等待死亡的律法不适用。

③ 拉比犹大认为赎罪日两只羊都从第二对里抽签选出,第一对剩下那只羊应该关起来等待其死亡,与私人赎罪祭一样。

④ 如果献赎罪祭的那只羊的血在大祭司完成泼洒之前就已经被倒掉,或者该羊在祭献前死去。

⑤ 此时需要另买一对羊来抽签祭献,原来剩下的那只替罪羊就只能关起来等死了。

⑥ 如果替罪羊在泼洒未完成之前死去,则需立即倒掉赎罪祭羊只的血,因为这次祭献是无效的,需要另外找一对羊来。

⑦ 完成公牛和公羊牲血的泼洒之后,大祭司开始行替罪羊之礼。

⑧ 参见《利未记》16:20—21:"亚伦为圣所和会幕并坛献完了赎罪祭,就要把那只活着的公山羊奉上。两手按在羊头上,承认以色列人诸般的罪孽过犯,就是他们一切的罪愆。"

⑨ 《密释纳》中的忏悔词依据的是拉比梅伊尔的观点,众贤哲认为其顺序应该是"有罪有过有犯"。

⑩ 整个赎罪日祭献中,大祭司共说出神名十次,每个忏悔说三次,加上给羊抽签时说一次(参见本卷4:1)。

得以洁净,脱尽一切的罪愆。'① 当听到神之名从大祭司嘴中明确发出时,他们②屈膝、俯身、低面③,且说:'称颂神之王国荣耀之名,直到永远。'"

3. 将其交与牵走之人④。所有人均有资格将其牵走⑤,然而大祭司们立下定规,不让普通以色列人将其牵走⑥。拉比约西说:某次阿尔塞拉曾将其牵走,其为普通以色列人。

4. 为其造坡道⑦,因巴比伦人之故⑧,他们扯其发须,且对其说:"带出去!带出去!"⑨耶路撒冷部分贵者伴其至第一棚⑩。自耶路撒冷至山顶共十棚,九十哩斯,七哩斯半为一哩⑪。

---

① 《利未记》16:30。
② 其他的祭司和民众。
③ 四肢伸开趴在地上,也就是五体投地的动作。前两次他们听到神名时也应该是同样动作,只是到这里才说明。
④ 大祭司将替罪羊交与他人,将其牵走,送至旷野。
⑤ 《利未记》16:21:"借着所派之人的手,送到旷野去。"只说"人"而未说"祭司",因而普通以色列人也可以将其牵走。
⑥ 只有祭司才有资格将其牵走。
⑦ 指赎罪日之前临时建造的从圣殿至城外的坡道,供牵引者将替罪羊牵出城外时行走。
⑧ 当时的以色列犹太人对来自巴比伦的同宗显然怀有某种不屑,因此"巴比伦人"被用来称呼那些不懂规矩、固守陋习的人。《巴比伦塔木德》的贤哲们对此自然不以为然,因而《革玛拉》说此处的"巴比伦人"指"亚历山大人"。
⑨ 这些人在一旁拉扯牵羊人的须发,逼他快走,以尽快摆脱罪孽的纠缠。建造坡道就是为了不让这些人碰牵羊人。
⑩ 牵羊人需要将山羊推上一座陡峭的山峰,不是一件轻松的事情,因此沿途设有棚子,每棚均有人,负责陪伴牵羊人走到下一棚,第一程则由耶路撒冷的贵者中出人陪伴。
⑪ 从圣殿至放逐替罪羊的山顶的距离是九十哩斯,七哩斯半为一哩,共十二哩。每哩两千肘,正好是安息日行走距离,也是赎罪日允许常人行走的距离。因此每哩设一棚,最后一棚至山顶则留有两哩距离,参见下节说明。

5. 于每一棚均对其说①:"食物在此,饮水在此②。"且陪伴其从此棚至彼棚,末后者除外,因不得随其至悬崖③,而是立于远处,观其所为④。

6. 其何为?⑤ 将朱红毛线分开⑥,一半系于岩石⑦,一半系于其两角之间⑧,推之倒退。它滚落,未及半山即片片碎裂。坐于末棚之下,直至天黑⑨。自何时起衣物不洁⑩?自其出耶路撒冷城墙之外起⑪。拉比西缅说:自将其推落峭壁时起⑫。

---

① 守在棚里的人对牵羊人说。
② 虽然赎罪日禁止进食,但是牵羊人干的是体力活儿,如果他需要补充体力,他可以吃东西。
③ 如上节相关注解所言,最后一棚距峭壁有两哩的距离,因此守最后一棚的人不可能陪伴他走完全程。而只设十棚而非十一棚的原因可能是《利未记》16:22所说的放逐替罪羊的处所应该是"无人之地"。如果有更多的人走到峭壁旁,就不再是"无人之地"了。
④ 最后一棚的人陪伴牵羊人走一哩,然后在一哩外看他完成最后动作。
⑤ 牵羊人将替罪羊牵到山顶峭壁旁以后应该做什么?
⑥ 朱红毛线事先拴于替罪羊角,参见本卷4:2相关注解。
⑦ 《革玛拉》认为一半系于岩石上,以验证其是否变白,一旦变白,则可以认定以色列的罪孽已经赎清。
⑧ 在两角之间留下一半,是为了提醒牵羊人必须把羊推下悬崖。如果把朱红毛线全部取下,万一在推羊之前变白,牵羊人可能会以为不必再推羊了。
⑨ 本来他在推羊之后只可以走一哩,也就是安息日允许行走的距离,但因为这样会把他留在可能有危险的旷野里,因此特许他走两哩,回到最后一个棚子里。
⑩ 《利未记》16:26:"那放羊归与阿撒泻勒的人要洗衣服,用水洗身,然后入营。"由此《密释纳》追问这不洁是从何时开始的。
⑪ 这句话的依据是《利未记》16:26的"放羊"一词,该贤哲认为从他将替罪羊牵出耶路撒冷那一刻起就可以算是"放羊"了,因此不洁从此时算起。
⑫ 拉比西缅强调"归与阿撒泻勒"的重要性,因此要到牵羊人将替罪羊推落悬崖,才算不洁。

7.他走向将焚之公牛与公羊①,剖开并取出其燔祭部位②,将其置于盘中,并于祭坛将其焚毁③。将其缠绕于杠且出运至焚烧房④。自何时起衣物不洁⑤?自走出圣殿之院墙起⑥。拉比西缅说:自火焰燃其大半时起⑦。

8.他们对大祭司说:"公羊已抵达荒野⑧。"从何而知公羊已经抵达荒野呢?他们设观察站,挥动头巾,得知公羊已经抵达荒野⑨。拉比犹大说:他们不是有很大的标志吗?⑩自耶路撒冷至贝特·西杜都⑪为三哩:走一哩,回一哩,等一哩,即知公羊抵达荒

---

① 大祭司在将替罪羊交与牵羊人之后便走回献赎罪祭的牛和羊旁边,继续其祭献。

② 牺牲的某些部位是必须在祭坛上焚烧的,包括肾、肝、尾巴以及某些部位的油脂。

③ 《革玛拉》认为他将这些部位放在盘中,并不立即焚烧,因为此时他还穿着白袍,需要完成其他祭献程序,换回金袍以后,才会焚烧这些部位。

④ 取出燔祭部位之后的牛羊的躯干被切成大块,皮肉相连地缠在两支木杠上,由四个人将其抬到耶路撒冷城外的焚烧地。这样做的依据在《利未记》16:27:"作赎罪祭的公牛和公山羊的血既带入圣所赎罪,这牛羊就要搬到营外,将皮、肉、粪用火焚烧。"

⑤ 《利未记》16:28:"焚烧的人要洗衣服,用水洗身,然后进营。"因此《密释纳》问这不洁从何时算起。

⑥ 其依据为《利未记》16:27"这牛羊就要搬到营外",因此出城就算不洁。

⑦ 拉比西缅的依据是《利未记》16:28"焚烧的人",因此不洁从焚烧时算起。

⑧ 拉嘻解释说放逐替罪羊和焚烧赎罪祭牺牲之间有时间上的先后顺序,放逐不完成,大祭司不能进行焚烧,因此需要有人告诉他放逐之事已经完成。

⑨ 从圣殿到放逐替罪羊的峭壁,沿途设有观察站,以挥动头巾为信号,报告放逐已经完成的消息。

⑩ 拉比犹大认为设置观察站是多此一举,因为有更好更大的地理标志在那里。

⑪ 此地被认为是荒野的起点,放逐替罪羊的路线经过此地。

野①。拉比以实玛利说:朱红毛线曾系于前殿大门,公羊抵达荒野之时毛线变白②。因经文说:"你们的罪虽像朱红,必变成雪白。"③

---

① 拉比犹大认为放逐荒野的事情不必等到公羊被推下悬崖才算完成,而是一旦跨过贝特·西杜都就可以了。因此,在耶路撒冷的人们只需要计算走到那里的时间就可以知道放逐是否已经完成。具体办法就是陪牵羊人走一哩(参见本章第4节),然后回来,再等待走一哩的时间,就可以了。

② 拉比以实玛利说只要看毛线是否变色即可决定是否已经完成。《革玛拉》引述《巴拉伊塔》认为最初是将毛线拴在前殿门外的,后来拴于前殿内门,再后来一半拴在岩石上,一半拴在羊角上(参见本章第6节)。拉比以实玛利所指的应该是最早的情况。

③ 《以赛亚书》1:18。

第7章

1. 大祭司来诵经①。若愿着亚麻袍服而诵读，可诵读，否则着其白袍诵读②。会堂领祷③取托拉经卷，将其交与会堂之首④，会堂之首将其交与副大祭司，副大祭司将其交与大祭司⑤，大祭司立起⑥，领受，立而诵读，诵读"死了之后……"⑦与"七月初十……"⑧而后卷起托拉经卷，将其置于其膝上，说："我在你们面前所诵读者之外的书写于此⑨。"《民数记》之"七月初十

---

① 指大祭司在赎罪日到内廷女院诵经。
② 亚麻袍服、白袍，均为大祭司服事时所穿着的正式服装。虽然大祭司来女院诵经并非赎罪日服事的一部分，但是大祭司的制服本来也是可以私用的。
③ 指离圣殿最近的犹太会堂，领祷为会堂的仪式主持人。
④ 会堂之首为会堂管理的负责人。
⑤ 这样多道传送的目的是给大祭司以帝王般的尊荣，依据是《箴言》14：28："帝王荣耀在乎民多。"
⑥ 《革玛拉》认为此句表明大祭司至此都是坐着的。由于圣殿内廷只有大卫家族的王室成员可以坐下，因此也就暗示着大祭司享受的实际上是国王的待遇。
⑦ 《利未记》16：1—34。
⑧ 《利未记》23：26—32。这两部分之间相距不远，因此大祭司在诵读完第一部分之后可卷至下一部分，这点时间内译员可以将第一部分的最后一节解释给会众，不至于让众人等候。
⑨ 实际上他还应该诵读一段经文（见下一句注解），但因为这部分相距较远，卷动经卷费时太多，所以他不再当众诵读，而是说明还有一段，以免众人误以为经卷中少了一段。

日……"①则诵读于心,且在其中②行八项祝祷:为托拉③,为服事④,为感恩⑤,为恕罪⑥,单为圣殿⑦,单为以色列⑧(且单为耶路撒冷⑨),单为祭司们⑩,并为其余祷告⑪。

2. 观大祭司诵经者不得观公牛与公羊之焚毁;观公牛与公羊之焚毁者不得观大祭司之诵经⑫,非因其不得许可⑬,而是因路远,且此两事同时进行⑭。

3. 若着亚麻袍服而诵经⑮,则礼净其手其足,除衣,下池且浸泡,登而自行擦干。为其取来金袍,穿着且礼净其手其足⑯,出而

---

① 他应该诵读的是《民数记》29:7—11。《民数记》,希伯来原文为"在荒野",不过犹太教又将其称为《数目》,因其开头数段中有"从二十岁以外"一句,后来各种译本对《希伯来圣经》这一卷的译法反倒多以这个非正式称呼为准,本名无人使用。本处的《民数记》用的便是《数目》的称呼。
② 在诵读托拉经卷的过程中。
③ 诵经前后做的祝祷被看作是一项祝祷。
④ 为《十八祷文》中的第二段。
⑤ 《十八祷文》中有关感恩的一段。
⑥ 赎罪日专用《十八祷文》中有关恕罪的一段。
⑦ 祝祷圣殿重建与圣灵回归殿中。
⑧ 祝祷圣灵不离弃以色列民众。
⑨ 一说,此句当删。
⑩ 祈求神接受祭司们的祭献。
⑪ 为其他以色列会众以及当时形势的需要(如祈雨)而祝祷。
⑫ 指本卷6:7所说的献赎罪祭的公牛与公羊的焚烧与本章第1节所说的大祭司诵经。
⑬ 通常情况下,履行诫命者不得中途离开,但观看服事虽然也是诫命,却是可以中途离开去看另一服事的。
⑭ 公牛公羊的焚烧房在耶路撒冷城外,诵经在圣殿内廷,相距比较远。
⑮ 指上节诵经时大祭司选择穿着亚麻袍服的情况。
⑯ 在诵经之后,大祭司需要换上金袍以行后面的祭献,此处所说的是他脱下亚麻袍服换金袍所需进行的浸礼仪式。

行其公绵羊、公众之公绵羊与七只无缺陷一岁之公羊羔之祭①。此为拉比以利以谢之言②。拉比阿奇瓦说：其与早间日常祭一同祭献③，燔祭之公牛④与外祭坛所祭献之公山羊则与晚间日常祭一同祭献⑤。

4. 他礼净其手其足，除衣⑥，下池且浸泡，登而自行擦干。为其取来白袍，他穿着且礼净其手其足。他入内⑦取出香碗与火

---

① 赎罪日祭献，除本卷前边所说的公牛与公山羊洒血祭献之外，尚有多种其他祭献。本节与下一节讨论其他祭献的相关问题。这些祭献均记载在《利未记》16 与《民数记》29：7—8，11 中。计有：（1）早间日常祭与晚间日常祭。（2）大祭司的赎罪祭公牛（需在祭坛洒血，本章已讨论）与燔祭公绵羊（《利未记》16：3）。（3）以色列会众的一只赎罪祭公山羊（需在祭坛洒血，本章已讨论）与一只燔祭公绵羊（《利未记》16：5，其中提到两只赎罪祭公山羊，但其中一只是放逐荒野的，不属于圣殿祭祀）。（4）《民数记》记载的赎罪日附加祭，包括燔祭的一只公牛、一只公绵羊、七只小羊羔，以及用作赎罪祭的一只公山羊（本节所说的外祭坛所献之公山羊）。不过拉比犹大·哈-纳西认为附加祭里的公绵羊跟会众的燔祭公绵羊是同一只，所以一共是十五只牺牲。

② 拉比以利以谢认为赎罪日祭献的顺序就是《希伯来圣经》记录这些祭献的顺序。

③ 拉比阿奇瓦的依据是《民数记》28：23："你们献这些，要在早晨常献的燔祭以外。"他认为这段讲的是赎罪日附加祭的这几种，而且认为"之外"可以解读为"接续"。

④ 以拉熹为首的一派注家认为这一小句属上句，燔祭的公牛也是早间日常祭之后就祭献的。

⑤ 该派注家同时认为外祭坛献祭的公山羊是在赎罪祭公山羊祭献之后，依据是《民数记》29：11："又献一只公山羊为赎罪祭。这是在赎罪祭和常献的燔祭，与同献的素祭并同献的奠祭以外。"因此这公山羊的祭献早于大祭司与以色列会众的燔祭公绵羊，比晚间日常祭早得多。之所以写成"与晚间日常祭一同"，只是为了说明该祭献不与早间日常祭一同进行而已。

⑥ 本节接续上节的礼仪，此处他脱下金袍。

⑦ 进入至圣所。

铲①。他礼净其手其足,除衣,下池且浸泡,登而自行擦干。为其取来金袍,他穿着且礼净其手其足。他入内献午后焚香祭②且预备灯盏③,礼净其手其足,除衣,为其取来他自己的衣服,他穿着,伴送至其家④。平安离开圣殿之时,他为其所亲近者制备节期盛宴⑤。

5. 大祭司着八件服饰而服事,而祭司们着四件:着内袍、裤子、头巾与腰带⑥。大祭司此外添加:胸牌⑦、以弗得⑧、外袍⑨与额牌⑩。他着此而听问于乌灵与图明⑪,若非为国王,为法庭,以及为公众所需者,则不听问⑫。

① 他做上一个焚香祭时留在那里,等着所有香料都烧完。
② 在前殿金祭坛做焚香祭。拉熹认为在此之前他应该先做午后日常祭。
③ 点燃油灯。
④ 圣殿内众人伴送大祭司回家。
⑤ 赎罪日大祭司在圣殿服事被看作是相当危险的事情,因此平安完成值得庆祝。
⑥ 参见《出埃及记》28:40:"你要为亚伦的儿子作内袍、腰带、裹头巾,为荣耀,为华美。"以及《出埃及记》28:42:"要给他们作细麻布裤子,遮掩下体,裤子当从腰达到大腿。"
⑦ 用五种线编织而成,戴在胸前,有决断的作用,参见《出埃及记》28:15—26。
⑧ 用编制胸牌同样的方法制成,穿在背后。参见《出埃及记》28:6—14。
⑨ 挂有金铃的蓝色外袍,参见《出埃及记》28:31—35。
⑩ 戴在额头上的金牌,参见《出埃及记》28:36—38。
⑪ 乌灵与图明,出自《出埃及记》28:30:"又要将乌灵与图明放在决断的胸牌里,亚伦进到耶和华面前的时候,要带在胸前,在耶和华面前常将以色列人的决断牌带在胸前。"至于这东西究竟是什么则众说纷纭:拉熹认为是一块写有神明的羊皮纸,迈蒙尼德则说就是大祭司的胸牌,其子则说是胸牌上的宝石。通常认为行乌灵与图明听问决断礼时,大祭司面对约柜而立,问事者立于其背后,问事后大祭司根据乌灵与图明的指点决断某事是否可行。
⑫ 《民数记》27:21:"他要站在祭司以利亚撒面前。以利亚撒要凭乌灵的判断,在耶和华面前为他求问。他和以色列全会众都要遵以利亚撒的命出入。"拉比犹太教的解释是:"他"指国王,"他和以色列全会众"中的"他"指被膏立为战士者。迈蒙尼德进而认为"以色列全会众"指的是"公会",也就是最高法庭。

第 8 章

1. 赎罪日禁食,禁饮,禁洗浴,禁膏抹,禁着凉鞋,禁床事①。国王与新娘可盥洗其面②,产妇可着凉鞋③;此为拉比以利以谢之言,众贤哲禁之④。

2. 食用一椰枣包括其核之量者,或饮用满其嘴之量者,有责⑤。所有食物合计至一椰枣之量,所有饮品合计至满其嘴之量⑥,而食物与饮品则不合计。

---

① 按照《革玛拉》的解释,赎罪日共五禁(饮食合为一禁),这五禁的依据乃是《希伯来圣经》中有关赎罪日的段落中出现的五次"刻苦己心"(《利未记》16:29,31,23:27,32;《民数记》29:7)。此外《利未记》23:29"当这日,凡不刻苦己心的,必从民中剪除"一句被认为只与违犯饮食之禁有关,违犯其他禁令当不致招致天谴。

② 国王可以洗脸是因为《以赛亚书》33:17 所说的"你的眼必见王的荣美",国王必须保持其仪容。新娘可以洗脸则是因为婚后三十天内都属于新婚期,她有责任保持对丈夫的吸引力。

③ 这样可以保证产妇不受凉。

④ 双方的分歧是关于国王、新娘与产妇的事情。

⑤ 通常拉比犹太教禁食的标准是一橄榄大小,禁饮的标准是一雷维依特,赎罪日的标准显然要宽松一些。这是因为《希伯来圣经》对此用的不是直截了当的"禁食""禁饮",而是"刻苦己心"。此外,赎罪日整日不进饮食也会让很多人受不了,适当放宽标准也是为了便于推行禁令。有责,即招致天谴。

⑥ 迈蒙尼德认为食物和饮品合计还有一个饮食间隔时间问题,只有食物间隔时间短于食用三个鸡蛋的时间,饮用间隔时间短于饮用一雷维依特的时间,且饮食合计量超过了标准,才会有责。

3.一时不觉而饮食者①,只需献赎罪祭一次②。食用且做工,则须献赎罪祭两次③。若食用不宜食用之物或饮用不宜饮用之物,或饮用鱼汁④或腌鱼汤⑤,则免责⑥。

4.赎罪日不得使幼儿禁食⑦,然须于一两年前教育他们,为了使其适应律法⑧。

5.孕妇闻食,可使之食用至其心灵平复⑨。病人则依医嘱喂食;若彼处无医生,则依其自身意愿喂食,直至其说:"够了⑩。"

6.饿晕者,可给其喂食至其眼目清亮,即便使用不洁之物⑪。被疯狗噬咬者,不得以其肝叶喂食⑫。拉比玛提亚·本·哈拉

---

① 不知道赎罪日已经开始,或者忘了是在赎罪日。
② 饮食属于同一禁忌,所以献赎罪祭一次就够了。
③ 赎罪日除禁止饮食外,也禁止做工(参见《利未记》23:25"什么劳碌的工都不可做"),触犯两项禁忌,则须献两次赎罪祭。
④ 腌鱼时鱼身上渗出来的汁液。
⑤ 腌酸鱼的卤汤。
⑥ 这种行为不会招致天谴,但仍然属于违犯拉比犹太教规则,严格地说应该受鞭刑。
⑦ 按照拉比犹太教的律法,女孩十二岁成年,男孩十三岁成年,成年前他们不受很多律法约束,因此赎罪日也是可以吃喝的。
⑧ 《革玛拉》建议在成年前训练孩子们少吃(也就是禁食几个小时),如果孩子体弱,则在成年前一年开始训练,如果健康,则在成年前两年开始训练。
⑨ 孕妇闻到某种食品,一定要吃,此时如果不给她吃,引起情绪较大波动,就可能危及胎儿,因此可以让她吃到心情平和为止。这是因为人命事大,压倒诫命。
⑩ 《革玛拉》认为病人自己决定,如果有医生在场认为病人不必吃食,而病人自己坚持要吃,则须认定彼处一如无医生在场。
⑪ 不洁之物,指不符合律法规定的食物,比如屠宰不合律法的肉类,因为性命攸关,所以律法让路。
⑫ 当时的习俗是用疯狗的肝叶喂食给被咬伤的人,认为这可以让他们痊愈。《密释纳》贤哲禁之,认为这种做法没有效验。

施许之①。拉比玛提亚·本·哈拉施还说：咽喉不适者②，安息日可在口中含药，因其有性命之忧③，而任何性命之忧均压倒安息日④。

7. 被废墟压埋者⑤，未知其在彼处或不在彼处，不知其生死，不知其为异教徒或以色列人，均为其挖开废墟堆⑥。若发现其活着，则为其清理⑦；若已死亡，则离之而去⑧。

8. 赎罪祭⑨与确定赎愆祭⑩可赎罪⑪。若忏悔，则死亡与赎罪日可赎罪⑫。忏悔⑬可为小过赎罪，无论肯定诫命抑或否定诫命；

---

① 他认为既然是习俗，自有其道理。
② 一说，牙痛者，指牙龈肿烂者。
③ 咽喉部分的病痛可能延伸到其他部位，引起重病。
④ 其依据是《利未记》18：5："所以，你们要守我的律例典章，人若遵行，就必因此活着。我是耶和华。"也就是说，遵行安息日律法是为了活着，如果遵行会导致死亡，那就不必遵行。
⑤ 安息日或者赎罪日时，房屋或其他倒塌事故发生，可能有人被埋在废墟下。
⑥ 只要存疑，哪怕不确定，也要挖开废墟，因为救人事大，压倒安息日与赎罪日律法。
⑦ 即使明知被掩埋者伤重，很快会死去，也要为他挖出逃生的路来。
⑧ 如果已经死亡，就不必再继续挖掘，留待安息日或赎罪日过后再处理。之所以专门做出这样的规定，是因为在火灾的情况下，即使人已经被烧死，也需要灭火把尸体救出来。因为如果规定不许灭火的话，一定会有人去违犯，但废墟的情况下，不必担心有人去违犯。
⑨ 不经意触犯律法，可以献赎罪祭赎免，参见《利未记》4：27—35。
⑩ 三种情况下要献赎愆祭：(1)盗占他人财物(《利未记》5：20—26)；(2)滥用圣物(《利未记》5：17—19)；(3)奸淫已订婚的(非以色列人)婢女(《利未记》19：20—22)。
⑪ 这些祭献献过，罪就赎了，不必等到赎罪日。
⑫ 赎罪日忏悔可以赎罪，如果在赎罪日之前死亡，死前忏悔也可以赎罪。
⑬ 单纯的忏悔。

若为大过①,则暂缓至赎罪日到来时赎罪②。

9. 说"我将犯过而后忏悔,犯过而后忏悔"者③,不会将忏悔交于其手④;"我将犯过而后赎罪日将赎罪"者,赎罪日不予赎罪⑤;人对全在之神之过犯,赎罪日给予赎罪;人对其友之过犯,赎罪日不予赎罪,直至其取悦于其友。拉比以利亚撒·本·亚撒利雅如此解说:"'你们要在耶和华面前得以洁净,脱尽一切的罪愆。'⑥人对全在之神之过犯,赎罪日给予赎罪;人对其友之过犯,赎罪日不予赎罪,直至其取悦于其友⑦。"拉比阿奇瓦说:快哉以色列!尔等在何人面前得洁净?何人净洁尔等?尔等在天之父⑧!因经文说:"我必用清水洒在你们身上,你们就洁净了。"⑨他还说:"'以色列之希望在耶和华。'⑩一如浸礼池⑪净洁不洁者,

---

① 凡其惩罚为鞭刑以上的,均为大过。

② 大过忏悔,只能暂缓天谴的到来,需要在赎罪日忏悔之后,赎罪才算完成,天谴才会取消。

③ 两次过犯但每次均有忏悔的意愿。

④ 迈蒙尼德认为此处的意思是此人必须自己忏悔,不要指望上帝会帮助他忏悔。

⑤ 同样,迈蒙尼德认为此处是说上帝在赎罪日不会引导他忏悔,他必须自己真心忏悔。

⑥ 《利未记》16:30。

⑦ 因此赎罪日结束时,每个人都要设法让其他人高兴,这样才会真正赎罪,得到神的宽恕。

⑧ 一般说来拉比犹太教并不认为上帝会直接洁净有过犯之人,因此此处的意思应该是上帝提供各种忏悔的可能,给人以赎罪的机会。

⑨ 《以西结书》36:25。

⑩ 《耶利米书》17:13。

⑪ 原文中"希望"和"浸礼池"是同一个词,所以拉比阿奇瓦以此引申解说。

受称颂之神亦将净洁以色列①。"

《盛日》卷终

---

① 同样,此处"浸礼池"的比喻也是要求不洁者自己首先要进入浸礼池,然后才能得到洁净。

第6巻

住　棚
Sukkah

住棚節　丁酉年五月　吳文劉波作

提　要

　　住棚,希伯来文为Sukkah,意为棚子或者居所,其复数形式Sukkuth又兼指三大朝圣节期之一的住棚节。

　　圣殿时期,住棚节的主要内容有三项:其一是在节期的七天内履行住棚的责任,必须居住在合乎规格的临时棚屋中,不得住在家中。其二是节期期间必备的四种植物及其使用。其三是节期期间圣殿的相关祭献活动,其中尤以水奠和汲水仪式为主要特色。

　　本卷五章。前两章主要讨论住棚问题,其中第1章主要是棚子修建的问题,第2章则是住棚的相关规定。第3章与第4章主要讨论与四种必备植物之一的棕榈叶相关的问题。第5章则主要描述圣殿内的相关活动,包括水奠、汲水仪式、祭献以及庆祝活动等。

相关《希伯来圣经》段落

1.《利未记》

23：33　耶和华对摩西说……

23：34　你晓谕以色列人说,这七月十五日是住棚节,要在耶和华面前守这节七日。

23：35　第一日当有圣会,什么劳碌的工都不可做。

23：36　七日内要将火祭献给耶和华。第八日当守圣会,要将火祭献给耶和华。这是严肃会,什么劳碌的工都不可做。

23：37　这是耶和华的节期,就是你们要宣告为圣会的节期,要将火祭、燔祭、素祭、祭物,并奠祭,各归各日,献给耶和华。

23：38　这是在耶和华的安息日以外,又在你们的供物和所许的愿,并甘心献给耶和华的以外。

23：39　你们收藏了地的出产,就从七月十五日起,要守耶和华的节七日。第一日为圣安息,第八日也为圣安息。

23：40　第一日要拿美好树上的果子和棕树上的枝子,与茂密树的枝条并河旁的柳枝,在耶和华你们的神面前欢乐七日。

23：41　每年七月间,要向耶和华守这节七日。这为你们世世代代永远的定例。

23：42　你们要住在棚里七日,凡以色列家的人都要住在棚里。

23：43 好叫你们世世代代知道,我领以色列人出埃及地的时候曾使他们住在棚里。我是耶和华你们的神。

2.《民数记》

29：12 七月十五日,你们当有圣会。什么劳碌的工都不可做,要向耶和华守节七日。

29：13 又要将公牛犊十三只,公绵羊两只,一岁的公羊羔十四只,都要没有残疾的,用火献给耶和华为馨香的燔祭。

29：14 同献的素祭用调油的细面。为那十三只公牛,每只要献伊法十分之三。为那两只公羊,每只要献伊法十分之二。

29：15 为那十四只羊羔,每只要献伊法十分之一。

29：16 并献一只公山羊为赎罪祭,这是在常献的燔祭和同献的素祭并同献的奠祭以外。

29：17 第二日要献公牛犊十二只,公绵羊两只,没有残疾,一岁的公羊羔十四只。

29：18 并为公牛,公羊,和羊羔,按数照例,献同献的素祭和同献的奠祭。

29：19 又要献一只公山羊为赎罪祭。这是在常献的燔祭和同献的素祭并同献的奠祭以外。

29：20 第三日要献公牛十一只,公羊两只,没有残疾,一岁的公羊羔十四只。

29：21 并为公牛,公羊,和羊羔,按数照例,献同献的素祭和同献的奠祭。

29：22 又要献一只公山羊为赎罪祭。这是在常献的燔祭和同献的素祭并同献的奠祭以外。

29∶23　第四日要献公牛十只,公羊两只,没有残疾,一岁的公羊羔十四只。

29∶24　并为公牛,公羊,和羊羔,按数照例,献同献的素祭和同献的奠祭。

29∶25　又要献一只公山羊为赎罪祭。这是在常献的燔祭和同献的素祭并同献的奠祭以外。

29∶26　第五日要献公牛九只,公羊两只,没有残疾,一岁的公羊羔十四只。

29∶27　并为公牛,公羊,和羊羔,按数照例,献同献的素祭和同献的奠祭。

29∶28　又要献一只公山羊为赎罪祭。这是在常献的燔祭和同献的素祭并同献的奠祭以外。

29∶29　第六日要献公牛八只,公羊两只,没有残疾,一岁的公羊羔十四只。

29∶30　并为公牛,公羊,和羊羔,按数照例,献同献的素祭和同献的奠祭。

29∶31　又要献一只公山羊为赎罪祭。这是在常献的燔祭和同献的素祭并同献的奠祭以外。

29∶32　第七日要献公牛七只,公羊两只,没有残疾,一岁的公羊羔十四只。

29∶33　并为公牛,公羊,和羊羔,按数照例,献同献的素祭和同献的奠祭。

29∶34　又要献一只公山羊为赎罪祭。这是在常献的燔祭和同献的素祭并同献的奠祭以外。

29∶35 第八日你们当有严肃会。什么劳碌的工都不可做。

29∶36 只要将公牛一只,公羊一只,没有残疾,一岁的公羊羔七只作火祭,献给耶和华为馨香的燔祭。

29∶37 并为公牛,公羊,和羊羔,按数照例,献同献的素祭和同献的奠祭。

29∶38 又要献一只公山羊为赎罪祭。这是在常献的燔祭和同献的素祭并同献的奠祭以外。

3.《出埃及记》

23∶16 要守收割节,所收的是你田间所种,劳碌得来初熟之物。并在年底收藏,要守收藏节。

34∶22 在收割初熟麦子的时候要守七七节,又在年底要守收藏节。

4.《以斯拉记》

3∶4 又照律法书上所写的守住棚节,按数照例献每日所当献的燔祭。

5.《尼希米记》

8∶14 他们见律法上写着,耶和华借摩西吩咐以色列人要在七月节住棚。

8∶15 并要在各城和耶路撒冷宣传报告说,你们当上山,将橄榄树,野橄榄树,番石榴树,棕树,和各样茂密树的枝子取来,照着所写的搭棚。

8∶16 于是百姓出去,取了树枝来,各人在自己的房顶上,或院内,或神殿的院内,或水门的宽阔处,或以法莲门的宽阔处搭棚。

8：17　从掳到之地归回的全会众就搭棚,住在棚里。从嫩的儿子约书亚的时候直到这日,以色列人没有这样行。于是众人大大喜乐。

8：18　从头一天,直到末一天,以斯拉每日念神的律法书。众人守节七日,第八日照例有严肃会。

6.《撒迦利亚记》

14：16　所有来攻击耶路撒冷列国中剩下的人,必年年上来敬拜大君王万军之耶和华,并守住棚节。

14：17　地上万族中,凡不上耶路撒冷敬拜大君王万军之耶和华的,必无雨降在他们的地上。

14：18　埃及族若不上来,雨也不降在他们的地上。凡不上来守住棚节的列国人,耶和华也必用这灾攻击他们。

14：19　这就是埃及的刑罚,和那不上来守住棚节之列国的刑罚。

7.《以西结书》

45：25　七月十五日守节的时候,七日他都要如此行,照逾越节的赎罪祭,燔祭,素祭,和油的条例一样。

第1章

1. 高于二十肘之住棚①,无效②。拉比犹大以之为有效③。不及十掌高者④,无三面墙者⑤,其日照多于其遮阴者⑥,无效⑦。旧棚⑧,沙玛伊学派以之为无效⑨,希列学派以之为有效⑩。何为旧棚? 任何节前三十日以前建造者⑪。然若专为节日建造,则即便

---

① 在住棚内部测量,从地板至天花板的高度。
② 住棚节的住棚属于临时建筑,因为只住七天。当时的临时建筑的高度不超过二十肘(超过二十肘就要使用比较坚固的材料和机构,就不再是临时的了),因此超过这个高度便被视为不合格。
③ 拉比犹大认为住棚可以按永久性建筑的要求来修建。
④ 住棚是给人居住的,太矮则不适合居住。
⑤ 《利未记》23:42—43中"住棚"共出现三次。《革玛拉》认为第一次是说明诫命,后两次该词分别以单数和复数形式出现,被认为是至少需要三面墙:两面完整的墙(至少七掌长十掌高)成直角连接,第三面墙只要超过一掌长即可,且不必与另外两面墙连接。
⑥ 棚顶材料遮盖不好,导致阳光过多进入。
⑦ 上述三种情况,只要出现其中之一,住棚即为无效。
⑧ 指棚顶覆盖材料的新旧,住棚的框架无所谓新旧。
⑨ 其依据是《申命记》16:13:"就要守住棚节七日。"沙玛伊学派认为这意味着要求人们用心去过住棚节,也就是做事情时要清楚是为住棚节做的。
⑩ 希列学派将这句解读为:"在七日内建造住棚。"也就是住棚节七天节期内建造住棚都是可以的,因此不能用这一句去否定旧棚。
⑪ 住棚节之前三十天内先后有犹太新年、赎罪日等节期,在这三十天内建造的棚子可以说是为节期预备的,在此之前,由于节期季节尚未开始,建造的棚子应该是一般遮阴使用的,因此无效。

造于年初亦为有效①。

2. 在树下建住棚者②，一如在室内建造者③。住棚建于另一住棚之上者，在上者有效，在下者无效④。拉比犹大说：若在上者不可居住，则在下者有效⑤。

3. 为遮阳⑥而在其上铺布单者⑦，因落叶而铺于其下者⑧，或铺于四柱之床者⑨，均为无效。然可铺于两柱之床⑩。

---

① 如果建造时说清是为住棚节建造的，那么即使是在上个住棚节过完后就建造的（一年以前），也是有效的。

② 树的枝叶遮在了棚顶的上方，虽然树枝树叶也可以用来做棚顶，但必须是切下来的，长在树上的不算。

③ 也就是说这样的住棚无效。其依据是《利未记》23：42"你们要住在棚里七日"，此处的"棚"为单数，所以《革玛拉》据此认定只有一层顶的住棚有效，上边多一层棚顶便无效了。

④ 道理同上。

⑤ 《革玛拉》解释说如果下层住棚的顶，也就是上层住棚的地板不够结实，支撑不了上层的人和器皿，那么拉比犹大和《密释纳》定规贤哲都同意上层住棚无效，下层住棚有效；双方也同意如果这层棚顶兼地板非常结实，支撑上层的居民和器皿没有任何问题，那么上层住棚有效，下层无效。双方的分歧在于如果这层棚顶兼地板的强度只能勉强支撑上层的居民与器皿的话，那么究竟哪层有效。《密释纳》定规贤哲认为上层有效，因为住棚本来就是个临时建筑，要求不高；而拉比犹大认为住棚的修建要比照永久性建筑（参见本章第1节相关注解），因此上层无效而下层有效。

⑥ 为了保护棚中的居民，一说，为了保护植物做成的棚顶。

⑦ 因布单可能沾染不洁，因此禁止用于棚顶材料。

⑧ 罩在棚顶下方，防止棚顶材料里的叶子落下来。

⑨ 做成一个帐子。因为帐子本身被看作是另一层顶，结果是住棚无效。

⑩ 床头床尾各有一根柱子，一横梁相连。布单从横梁铺向床的两侧，形成一个尖顶帐子。这样的帐子不会让住棚失效，因为其顶不到一掌宽，不构成棚顶，也不算是棚子。

第1章

4. 将葡萄藤、葫芦藤、常春藤引至其上，且覆盖其顶者①，无效②。若覆顶远较其为多③，或已断之④，则为有效⑤。此为规则：凡可沾染不洁⑥且不生自土地者⑦，均不得以之覆顶；凡不沾染不洁且生自土地者，均可以之覆顶⑧。

5. 秸秆捆、树枝捆与灌木捆，不得以之覆顶⑨。若打开则全部有效⑩。做墙则全部有效⑪。

6. 以木板覆顶，此为拉比犹大之言。拉比梅伊尔禁之⑫。置

---

① 此处有两种解读方法：其一是将这些藤蔓引到棚顶，再用覆顶材料覆盖它们；其二是先覆顶，然后将这些藤蔓引上棚顶。
② 因为这些藤蔓还长在地上，覆顶材料必须是已经剪断的。
③ 如果合格的覆顶材料远远超过这些藤蔓，以至于这些藤蔓混杂其间，难以辨认，那么这住棚就是有效的。
④ 将藤蔓引上棚顶，覆顶之后，将藤蔓剪断，使其不再与根相连。
⑤ 《革玛拉》坚持说只有在剪断之后重新安放这些藤蔓，住棚才是有效的。
⑥ 比如用具、服装等等。
⑦ 虽然不沾染不洁，但是不是从土地上生长出来的，比如尚未加工成服装的兽皮。
⑧ 《革玛拉》指出本规则的依据是《申命记》16∶13："以你禾场与酒坊的酒所收之物，守住棚节七日。""所收之物"指各种剪下来的枝叶。
⑨ 当时的农夫从田里回来，经常把这些成捆的东西扔在棚顶上晾晒，过一阵赶上过节，就说这就是覆顶，由于住棚必须特意建造，因此这种做法是不允许的。
⑩ 把这些成捆的东西放在棚顶，然后打开，就成为有效覆顶，打开时甚至不必明言这是在建造住棚。
⑪ 住棚最关键的是棚顶，对于墙的要求就少得多。
⑫ 《革玛拉》解释说：如果木板宽于四掌，则双方都禁止以其覆顶，因为该宽度是永久性建筑使用的木板；如果木板窄于三掌，则双方都同意使用，因为这样的木板可以被看作是树枝；双方的争议点在三掌至四掌宽的木板，拉比犹大允许使用，因为他认为这个宽度不足以让人们坐在木板下吃饭睡觉。拉比梅伊尔不同意，他认为人们会做这些事情。

四掌宽之木板于其上者,有效①,唯不得睡眠其下②。

7. 尚无石膏之房顶③,拉比犹大说:沙玛伊学派说:松开④,且每两块取下一块⑤。希列学派说:松开,或每两块取下一块⑥。拉比梅伊尔说:每两块取下一块,然不松开⑦。

8. 以铁签或长床板为其住棚覆顶者⑧,若其间距与其一致⑨,则有效。在草堆中掏空以为自己造住棚者⑩,其非住棚⑪。

9. 自上向下挂墙者,若距地有三掌高,则无效⑫。自下向上,

---

① 四掌宽的木板不得用来覆顶,但如果真的用了,在某些情况下整个住棚仍然是有效的,只是木板本身和其下的空间无效而已。

② 同样,也不可以在木板下吃饭或做其他要在住棚内做的事情。

③ 用木板(窄于四掌)做好的屋顶,尚未在屋顶上铺上石膏和圆石的混合黏合剂,户主打算把这屋顶变成住棚的棚顶。由于这屋顶不是为住棚做的,所以不能直接使用,必须做些改动。

④ 将固定木板的钉子取下,移动木板的位置。

⑤ 沙玛伊学派认为仅仅松开是不够的,必须每隔一块木板就取下一块,代之以合格的覆顶材料,然后才能用作住棚覆顶。

⑥ 希列学派认为两件事情只要做了一件就够了。

⑦ 拉比梅伊尔认为希列学派的观点也是每两块必须取下一块,是不是松开并不重要,这实际上是继续上节他与拉比犹大之间的争论。

⑧ 在棚顶上装上铁签或床板,然后再覆盖覆顶材料。铁签不是土地生长出来的,所以不是合格的覆顶材料,床板属于用具,可沾染不洁,也不能用来覆顶,如果使用了这两种材料,那么必须合乎某些条件,住棚才合格。

⑨ 这些材料之间的间距必须大于材料本身的宽度,且在这些间距里铺上合格的覆顶材料。这样合格的覆顶材料不少于一半,住棚才能有效。

⑩ 原有的秸秆堆,人们把下边的秸秆抽走,造出可以临时居住的空间,用作住棚。

⑪ 这样的结构算不上住棚,因为顶上那些秸秆本不是为了造住棚而放上去的。

⑫ 三掌以上的空间,小羊可以随意出入,这样的墙是不合格的墙,这样的住棚因此也就不合格;小于三掌,则被看作是与地面连接的。

若距地高十掌,则有效①。拉比约西说:一如自下至上为十掌,自上至下亦为十掌②。将覆顶移离墙三掌者,无效③。

10. 房屋塌开而在其上覆顶者④,若自墙壁至覆顶有四肘之距⑤,则无效。门廊环绕之院落亦如此⑥。非覆顶物环绕之大块覆顶⑦,若其下有四肘之距⑧,则无效。

11. 建其住棚为锥形者,或将其倚墙者,拉比以利以谢以为无效,因其无顶⑨;然众贤哲以之为有效⑩。大块蒲席:为躺卧而制作者,可沾染不洁,不得以之覆顶⑪;为覆顶者,以之覆顶,且不

---

① 只要墙高过十掌,即使没达到屋顶,也被看作是有效的墙,因而也就是有效的住棚。

② 拉比约西认为这两种情况下的标准是一致的,自上向下时,只要墙长过十掌,即使距地超过三掌,也是合格的。

③ 如果棚顶出现了超过三掌的缝隙,那么棚顶就无效了,连带住棚也不合格。

④ 房顶中央塌陷,房主在塌陷处铺上覆顶材料,以此为住棚。

⑤ 房顶的剩余部分本来就不属于合格覆顶材料(非为住棚而建造),如果墙壁与合格的覆顶之间残留的房顶超过四肘,那么整个住棚就无效了。《革玛拉》解释说这里涉及一条"来自西奈山的摩西律法",也就是沿墙壁的非覆顶材料,若在四肘之内,则被看作是墙壁的拱形延伸,不会让住棚报废;超过这个宽度,就成了棚顶的一部分,住棚就无效了。

⑥ 院子四周有一圈门廊,户主在中央覆顶,以之为住棚,但如果门廊原来的顶宽于四肘,也就是合格的覆顶距墙壁远于四肘,则为无效住棚。

⑦ 大块覆顶,指合格的覆顶材料铺出的至少七掌见方的棚顶。

⑧ 如果大块覆顶与墙壁之间的非覆顶材料铺设的距离超过四肘,整个住棚即为无效。

⑨ 拉比以利以谢认为住棚如帐篷,至少要有一掌宽可明确辨认的墙壁或棚顶,而锥形棚与倚墙棚都是墙与棚顶一体,说不清哪里是墙哪里是棚顶。

⑩ 《革玛拉》记载亦有相反的版本,众贤哲认为无效,拉比以利以谢认为有效。

⑪ 大蒲席通常用于遮阴,因此可以用作覆顶,但如果这样的蒲席为躺卧而制作,就成了用具,可以沾染不洁,不能用于覆顶。

沾染不洁[1]。拉比以利以谢说：大小如一[2]：为躺卧而制作者，可沾染不洁，不得以之覆顶；为覆顶者，以之覆顶，且不沾染不洁。

---

① 同样的蒲席，如果是专门为覆顶而制作，便不是器具，可以用于覆顶。
② 拉比以利以谢认为即使是大蒲席一般也是为躺卧而制作的，跟小蒲席没有什么差别。

第 2 章

1. 在住棚中睡于床下者,未尽其责①。拉比犹大说:我们习惯于在众长老面前睡于床下,而他们一言未发②。拉比西缅说:有例为证。拉班迦玛列之奴塔比③曾常睡于床下。拉班迦玛列对众长老说:"君见吾奴塔比乎?其为贤哲门徒,知奴隶免于住棚之责④,据此而睡于床下。"而我们意外⑤得知睡于床下者未尽其责。

2. 使其住棚依赖于床腿者⑥,有效。拉比犹大说:若不能独

---

① 《革玛拉》认为此处所说的床的床下部分应高于十掌,在这种情况下这张床本身可以被看作是一顶帐篷,它把睡眠者与住棚分割开来,导致该人未能尽住棚的律法责任。

② 拉比犹大的观点一向是:住棚应该是一个永久性建筑(参见本卷1:1相关注解),因此像床这样的临时结构不可能取代住棚的地位,也就不会使睡眠者的行为失效。

③ 拉班迦玛列的奴仆塔比作为贤哲门徒的形象在《密释纳》中不止一次出现,可参见《种子·祝祷》2:7。

④ 犹太人的异教徒奴仆必须在一年内完成改宗仪式,接受犹太教律法的约束。不过律法对这些奴仆的要求与对妇女的要求一致。因为妇女不被要求遵行有时间约束的肯定律法,因此奴仆也不必遵行(住棚有时间约束,所以在不遵行之列)。

⑤ 拉班迦玛列并未颁行这条律法,但可以从他的叙事中推导出来。

⑥ 床成为住棚的主要支撑物,床移动时整个住棚都得跟着移动,不然就会倒塌。

自站立，则无效①。凌乱之住棚②，或其遮阴多于日晒者③，有效。顶厚如屋者④，即使不能从中见到星光，亦为有效⑤。

3. 建其住棚于车上或船头者，有效，亦可于佳日入其内⑥。于树顶或骆驼背者，有效，然不得于佳日入其内⑦。于树者二，人造者一⑧；或人造者二，于树者一⑨，有效，然不得于佳日入其内⑩。人造者三，于树者一，有效，可于佳日入其内⑪。此为规则：凡将树移走而仍能独自站立者⑫，均为有效，且可于佳日入其内。

4. 建其住棚于树木间，且树木即为其墙者⑬，有效。行诫命

---

① 拉比犹大坚持住棚的标准与永久性建筑相似，因此这种依赖于床腿的住棚在他看来是无效的。

② 覆顶安放得凌乱不堪，导致住棚内日晒处多于遮阴处，但如果好好安放的话，遮阴处会多于日晒处，此时如果每个缝隙的宽度不超过三掌，整个顶棚便被看作一体，成为合格的住棚。

③ 覆顶稀疏不堪，但因为安放合理，棚内遮阴处超过了日晒处，这样的住棚也是有效的。

④ 棚顶过于细密，看起来像屋顶而不是棚顶。

⑤ 正常的棚顶应该能透过它看见星光，但即使看不见，也还是有效的。

⑥ 人在旅途中履行律法的手段，虽然建在移动的交通工具上，但与普通住棚无太大不同。

⑦ 因为禁止在节期爬树或者上牲口，这样的住棚可以在节间日进出。

⑧ 用树体做两面墙，另外再建一面墙，将覆顶铺设其上。

⑨ 建两面墙，利用树体做第三面。

⑩ 由于两面墙是树，没有树住棚就立不住，所以佳节时使用这样的住棚等于是在利用树木，而这是不允许的。

⑪ 有三面人造墙壁，住棚就已经有效成立，树体那一面有没有无所谓，所以不影响该住棚在佳节的使用。

⑫ 也就是住棚可以靠人造墙壁独自站立，树体的使用无关大局。

⑬ 虽然用天然的树木做墙，但是棚顶是铺设在人造的柱子上的。

者免于住棚①。病人②与其看护者免于住棚③。可于住棚外小吃小喝④。

5. 有例为证:有人给拉班约哈南·本·扎卡伊一份熟菜请其品尝,有人给拉班迦玛列两个椰枣与一罐水⑤,而他们说:"送入住棚⑥。"当有人给拉比撒督该少于一鸡蛋之量之吃食时,他以布取之⑦,于住棚外食之,且其后不祝祷⑧。

6. 拉比以利以谢说:住棚内每人须吃十四餐,日间一餐,夜间一餐⑨。而众贤哲则说:此事无定数⑩,唯节日第一日之佳日除外⑪。拉比以利以谢还说:第一日之夜未食者,最后一日佳日之夜

---

① 出门行诫命的人(比如去救赎某个被俘的以色列人),可以不必投宿于住棚,因为行一诫命时不受另一诫命干扰,住在常规住房可以使他们获得比较好的休息,便于第二天更好地行诫命。
② 《革玛拉》认为任何病人都可免于住棚,不一定是病危者。
③ 《利未记》23:42 "你们要住在棚里七日"中的"住"被贤哲们解释为"日常居住",如果一个人在日常居住时已经在吃苦(生病或照顾病人),就没必要再住棚了。
④ 《革玛拉》规定住棚外食不得超过一个鸡蛋的大小,否则就算违反律法。
⑤ 这两件事情均发生在住棚节期间,且饮食的数量均少于一鸡蛋大小。
⑥ 尽管他们可以按照拉比律法在住棚外食用,但为严格起见,他们还是要求将饮食送入住棚,只肯在住棚内食用。
⑦ 拉比撒督该是祭司,习惯于仪式性洗手才吃东西,以免不洁净的手让举祭沾染不洁(常人吃少于一鸡蛋之量的食物时不必洗手),在不洗手的情况下,他就用布拿食物,以避免让食物沾染不洁。
⑧ 他依从拉比犹大的观点,即所食少于一鸡蛋之量时,不必做《饭后祷》(参见《种子·祝祷》7:2)。
⑨ 《革玛拉》指出其依据是《利未记》23:42:"你们要住在棚里七日。"拉比以利以谢认为这里的"住"意味着正常生活,由于当时人们在正常情况下每天吃两餐,所以住棚节七天,必须吃满十四餐。
⑩ 住棚节期间吃饭必须在住棚内吃,但吃多少顿则没有规定。
⑪ 住棚节共七日,头尾两日为佳日,其余为节间日。有关住棚节首日的必备晚餐,《希伯来圣经》并无规定,是从有关逾越节和五旬节的规定中推导出来的。

补之①。而众贤哲则说:此事无补偿,对此经文说:"弯曲的不能变直,缺少的不能足数。"②

7. 其首与其身躯之大部在住棚内,而其桌则在家中者③,沙玛伊学派以之为无效,希列学派以之为有效④。希列学派对沙玛伊学派说:"此例非证乎?沙玛伊学派之长老与希列学派之长老去拜访拉比约哈南·本·哈侯拉尼,发现他坐着,其首与身躯之大半在住棚内,而其桌则在家中,而他们对他一言未发。"沙玛伊学派对他们说:"彼处为证乎?但他们对他说:若君如此行事,则一生未行住棚之诫命⑤。"

8. 妇女、奴仆与儿童免于住棚⑥。不依赖于其母之儿童则须住棚⑦。有例为证,沙玛伊长老之儿媳生产,他打开房顶封泥,以覆顶盖床,为男婴之故⑧。

---

① 因为此句与拉比以利以谢在本节开头的观点相矛盾,《革玛拉》认为他在众贤哲反驳后放弃了最初的观点。

② 《传道书》1∶15。

③ 当时的人们吃饭时斜躺着,因此有可能出现这种情况。

④ 《革玛拉》给出了双方的理由:沙玛伊学派怕人们会跟着桌子跑到房间里去,希列学派认为不会。

⑤ 没有按照拉比律法去行诫命,但遵行了托拉律法。

⑥ 按照摩西在西奈山接受的律法,凡有日期规定的诫命,妇女均不必遵行。因为逾越节妇女同样要遵行诫命,怕人依此推导,因而此处专门说明。在律法方面,奴仆与儿童与妇女地位相似,因此也不必遵行。

⑦ 如果男童不是彻底离不开母亲的话,那么也可以带到住棚中,让他慢慢适应遵行律法生活。

⑧ 沙玛伊学派坚持男孩子从小就必须住棚,接受律法训练,而沙玛伊长老特别严格,从男孩刚出生就开始了。

9. 所有七天男人均须以住棚为固定处，房子为临时处①。若下雨，何时允许搬离②？自粥饭变坏起③。以此为喻：此事与何相似？与为主人倒满水杯却被主人将一壶水都泼在脸上之奴仆相似④。

---

① 住棚期间，男人会将许多器皿搬入住棚，基本上就在住棚内生活。
② 将用具搬回房子，亦即离开住棚。
③ 雨点透过覆顶，滴到粥饭里，导致粥饭变质。
④ 亦即：下雨意味着上帝对以色列人的服事不满意，不要他们服事了，好比主人将水泼在奴仆脸上。

第3章①

1. 盗得②或干枯③之棕榈叶,无效。来自亚士拉④或受诅之城⑤者,无效⑥。其尖断裂,其叶散落者,无效⑦。其叶舒张者,有

---

① 本章重点讨论住棚节缺一不可的四种必备植物用品,其依据为《利未记》23:40:"第一日要拿美好树上的果子和棕树上的枝子,与茂密树的枝条并河旁的柳枝,在耶和华你们的神面前欢乐七日。"拉比犹太教传统认为:"美好树上的果子"指香橼果,是一种黄色柑橘类果实。"棕树上的枝子"指棕榈类树木的嫩枝,这类嫩枝上的叶子尚处于闭合状态,且所有的叶子都向上依附于茎秆,看起来像是一条枝子。"茂密的枝条"指香桃木(桃金娘科树木),其树叶茂密,往往遮蔽枝干。"河旁的柳树"是一种专门的柳树,其树枝发红,通常生长于河边,但不一定非要河边的才能使用。

② 盗来的棕榈叶不能使用,因为《玛拉基书》1:13指出:"你们把抢夺的、瘸腿的、有病的拿来献上为祭。我岂能从你们手中收纳呢?这是耶和华说的。"由此《革玛拉》认为:"违规而行诫命"是不可接受的。

③ 干枯的棕榈叶失去美感,因此也不能使用,其依据是《出埃及记》15:1:"这是我的神,我要赞美他。"由此《革玛拉》推导出一个"以美好职务行诫命以赞美神"的规定。

④ 亚士拉,指受到偶像崇拜的树木。

⑤ 受诅之城,指拒绝拉比犹太教律法的以色列城市。

⑥ 由于按照律法,以上两者都是要焚毁的(《申命记》13:16—17:"你从那城里所夺的财物都要堆积在街市上,用火将城和其内所夺的财物都在耶和华你神面前烧尽"),而在拉比犹太教看来,当焚毁之物一如已焚毁之物,既然已被焚毁,就达不到基本的尺寸大小的要求,当然也就不合格了。

⑦ 这些棕榈叶无效,同样是因为违反了美观的原则。

效①。拉比犹大说:于顶部束之②。铁山之刺棕榈③,有效。棕榈叶长及三掌,便于以之挥舞者④,即为有效。

2. 盗得或干枯之香桃木,无效。来自亚士拉或受诅之城者,无效。其尖断裂,其叶散落者⑤,或其果实多于其树叶者⑥,无效。将其减少者⑦,有效。然不得于佳日减少⑧。

3. 盗得或干枯之河柳,无效。来自亚士拉或受诅之城者,无效。其尖断裂,其叶散落者,或为山柳⑨,无效。若其枯萎,或部分树叶掉落⑩,或来自田野⑪,则为有效。

4. 拉比以实玛利说:香桃木三⑫,河柳二⑬,棕榈叶一,香橼

---

① 虽然规定棕榈叶要使用尚未张开的嫩枝,但如果这些枝叶后来张开了,也仍然是有效的,《革玛拉》认为其有效性的条件是其韧性依然足以让人将其束起成枝条形状而不构成损坏,虽然并不要求这样做。

② 拉比犹大认为必须要束起以后才能使用。

③ 铁山,《革玛拉》认为在欣嫩子谷。刺棕榈,一种叶子比较短的棕榈。

④ 棕榈叶长三掌为合格,但要便于挥舞,还要加上手握的一掌,所以实际上是四掌长的棕榈叶即为合格。

⑤ 本节至此均比照棕榈叶的相关规定,参见上节相关注解。

⑥ 香桃木的果实状如葡萄,初时青色,成熟后变为红色或黑色。《革玛拉》认为只有成熟的果实因为造成颜色不一,破坏了枝条的美感,所以不能使用;若是青色的未成熟果实,则即便多过树叶,也还是可以使用的。

⑦ 将枝条上的果实摘掉,使树叶多于果实,以便使用。

⑧ 因为属于"修补器皿"的工作范围,所以在佳日不得进行。

⑨ 山柳叶子偏圆,枝条呈白色,外观与河柳有较大区别。

⑩ 枝条和叶子的大部分保持新鲜,只有少部分出现枯萎和落叶的现象。

⑪ 靠雨水灌溉生长,不依赖于河水,但只要属于河柳的品种,就仍然是有效的。

⑫ 《革玛拉》给出的依据是:《希伯来圣经》三次提到使用香桃木,因此其数量要求为三枝。

⑬ 《希伯来圣经》在相关部分的"河柳"一词用的是复数,因此其数量为两枝。

果一①；即使其二断裂，其一未断裂②。拉比特尔封说：即使三个全断裂③。拉比阿奇瓦说：一如棕榈叶为一，香橼果为一，香桃木与河柳亦为一④。

5. 盗得或干枯之香橼果，无效。来自亚士拉或受诅之城者，无效。属未净者，无效⑤。属沾染不洁之举祭者，无效⑥。属洁净之举祭者不可拿取⑦，然若拿取，亦为有效⑧。属得卖疑者⑨，沙玛伊学派以之为无效⑩，而希列学派以之为有效⑪。属耶路撒冷之第二

---

① 棕榈叶、香橼果在《希伯来圣经》相关部分用的都是单数(《革玛拉》对棕榈叶的原文词形做了修正)，因此其数量要求均为一。

② 香桃木之尖如果断裂则无效(参见本章第2节)，但只要还有一枝是完整的，整个植物用品就是有效的。

③ 拉比特尔封认为即使三枝香桃木树枝的尖端全部断裂，也还是有效的。他实际上认为美观的规定不适用于香桃木。

④ 拉比阿奇瓦认为这四种植物用品的数量要求都以棕榈叶为准，因此数量都是一。

⑤ 未净，指初生三年内的树木，由于律法禁止食用这些树木的果实(参见《种子·未净》)，所以将属于未净的香橼果用于住棚节也是不允许的。可否食用是香橼果可否用于住棚节的一个重要标志。

⑥ 沾染不洁的举祭是要被焚烧掉的，因此不符合基本的数量要求(与来自亚士拉或受诅之城者情况相似，参见本章第1节的相关注解)。

⑦ 由于棕榈叶浸在水中保存，祝祷时与香橼果放在一起时就有可能传播不洁，而律法禁止使举祭沾染不洁，因此不可使用作为举祭的洁净的香橼果。

⑧ 但如果真的使用了，也是有效的。因为洁净的举祭香橼果可以由祭司食用。

⑨ 从不知经者手中买来的香橼果，其什一税状况不明(参见《种子·得卖疑》)。

⑩ 沙玛伊学派禁止食用得卖疑香橼果，因为他们禁止食用得卖疑。

⑪ 希列学派认为穷人可以食用得卖疑，因此得卖疑香橼果可以用于住棚节。

什一税者①不可拿取,然若拿取,亦为有效②。

6. 疤痕占其大部者③,上蒂被取走者④,被去皮者⑤,被切开者⑥,被钻孔且造成任何损失者⑦,均为无效⑧。疤痕占其小部者⑨,下蒂⑩被取走者,或被钻孔但未造成任何损失者,均为有效。埃塞俄比亚香橼果无效⑪。若绿如韭菜,拉比梅伊尔以其为有效,而拉比犹大以其为无效⑫。

7. 香橼果之小者⑬之大小,拉比梅伊尔说:如坚果。拉比犹大

---

① 第二什一税规定要带往耶路撒冷消费。
② 有关拿取第二什一税的规定的原因与举祭相仿,因为第二什一税被看作是圣品,因此也禁止让其沾染不洁。
③ 香橼果皮上的疤痕占据了一面的大部分。
④ 香橼果有上下两个蒂,上蒂尖,下蒂平,每个蒂都有一个蒂把儿,下蒂的蒂把儿与果树相连。本处指上蒂的蒂把儿被人取走。
⑤ 香橼果有两层果皮,内层是比较厚的黄色果皮,实际上是可以食用的,外面还有一层薄皮。本处指果实表面的一层薄皮被人取走(至于是全部取走还是部分取走,以及哪种取走方式使香橼果无效,《革玛拉》则记载了各种争议)。
⑥ 虽然整个果实没缺少什么,但仍然是被看作不完整的。
⑦ 在果实上钻孔钻透,由此造成部分果实的损失。
⑧ 疤痕(可能还有部分取走外皮)因妨碍其美观而失效,其余则是因为造成果实不完整而失效。
⑨ 指一块疤痕,如果有几块疤痕,即使合计的面积是小部,依然是无效的。
⑩ 下蒂把儿是果实连树的部分,本来就是被切断的,因此再切一点也不影响果实。但迈蒙尼德认为如果全部摘除,造成下蒂出现一个圆洞的话,那么依然会造成香橼果无效。
⑪ 埃塞俄比亚香橼果是一种黑色香橼果,而以色列的香橼果是黄色的。
⑫ 住棚节使用的香橼果必须是漂亮且完全成熟的,拉比犹大认为绿色香橼果不成熟,因此无效。
⑬ 本节讨论对香橼果大小的要求,开头讨论能使用的最小的香橼果应该有多大。

说:如鸡蛋。其大者,一手可握两者,此为拉比犹大之言①。拉比约西说:即使两手握一枚②。

8. 不以其类,则不得捆束棕榈叶,此为拉比犹大之言③。拉比梅伊尔说:即使以线绳④。拉比梅伊尔说:有例为证:耶路撒冷人以金线捆束棕榈叶。他们⑤对他说:他们在其下以其类捆束⑥。

9. 何时挥舞⑦?于"你们要称谢耶和华"⑧、起首与结尾⑨及"耶和华啊,求你拯救"⑩,此为希列学派之言。沙玛伊学派说:亦于"耶和华啊,求你使我们亨通"⑪。拉比阿奇瓦说:我曾观察拉

---

① 拉比犹大认为应该一只手里可以同时握下香橼果和棕榈叶,因为虽然律法规定右手持棕榈叶,左手持香橼果,但万一拿错了的时候需要换手,就先要将两样都拿在一只手里。

② 香橼果通常不会这样大,拉比约西的意思是:没有对最大的香橼果的大小限制。

③ 拉比犹大认为棕榈叶、香桃木与河柳必须捆束在一起,而且捆束时只能使用这三种材料之一(最合理的当然是用棕榈叶),否则住棚节的四样必备品就变成了五样。

④ 拉比梅伊尔认为这三种东西不必捆束在一起,所以如果捆束,可以使用任何材料,反正只是装饰。

⑤ 众贤哲。

⑥ 真正起到捆束作用的还是同类材料,那金线只是后加的装饰品,无关紧要。

⑦ 在诵读《赞美祷》(《诗篇》113—118)时需要挥舞棕榈叶,问题是何时挥舞?

⑧ 《诗篇》118。

⑨ 《诗篇》118 起首与结尾均有此句,均须挥舞。

⑩ 《诗篇》118:25。此处须挥舞棕榈叶的依据在于《历代志上》16:33—35:"那时,林中的树木都要在耶和华面前欢呼,因为他来要审判全地。应当称谢耶和华。因他本为善,他的慈爱永远长存。要说,拯救我们的神啊,求你救我们,聚集我们,使我们脱离外邦,我们好称赞你的圣名,以赞美你为夸胜。"按照《密得拉释》的解释,挥舞棕榈叶便是应和"林中的树木都要在耶和华面前欢呼"的诫命,同时也在末日审判时将以色列与外邦区分开来。

⑪ 《诗篇》118:25。

班迦玛列与拉比约书亚,全体会众均挥舞其棕榈叶,然不当"耶和华啊,求你拯救"之时则不挥舞①。自旅途归来者,若手边无棕榈叶供握持②,回家时当从桌上拿起③。若早间未拿,则黄昏拿起,因一整天对棕榈叶都适宜④。

10. 使其奴仆、妻子、孩子为其诵读者,须跟随其后重复⑤,且其将受诅咒⑥!若成年人为其诵读,则随其后应答"哈利路亚⑦"。

11. 习惯于重复之地,可重复⑧;单次之地,可单次⑨;其后祝祷者,可于其后祝祷⑩。一切均入乡随俗。第七年从其友伴处购取棕榈叶者⑪,当与其香橼果为礼物⑫,因第七年不得购取之。

---

① 拉比阿奇瓦在此支持希列学派的观点。
② 以便行挥舞之礼。
③ 吃饭前应补行握持棕榈叶之诫命。
④ 整个白天都可以握持,天黑后则不行。
⑤ 完全无知无学的人,自己不能诵读《赞美祷》,请身边人为他诵读,他自己跟着他们重复。
⑥ 因为不肯学习托拉,所以受到诅咒。
⑦ 成年人为别人诵祷是可以的,比如在会堂里,通常是领祷人诵读,大众只在每段后边回应"哈利路亚"即可。
⑧ 在诵读《赞美祷》时重复(《诗篇》118)结尾几句。
⑨ 如果当地习惯于只诵读一次,不做重复,那么加入者也就不必重复。
⑩ 在诵读完《赞美祷》之后加入一段祝祷。
⑪ 按照拉熹的解释,此句虽然说的是棕榈叶,实际上是讲香橼果,因为棕榈叶没有第七年的问题,而香橼果有这个问题,住棚节时通常一起购买这两者。友伴,指不知经者,因为他们不熟悉律法,可能随意出售第七年的香橼果(第七年产品不能出售,而且还有相关的避屋律法需要遵守,这些都是无法信任不知经者的原因)。
⑫ 可以购买棕榈叶,然后要求卖家将香橼果当礼物奉送,《革玛拉》规定如果卖家不同意,则提高棕榈叶的价格,使之实际上包括了香橼果的价格,但名义上仍是礼物。

12. 起先，圣殿中持棕榈叶七日[1]，国中一日[2]。圣殿被毁后，拉班约哈南·本·扎卡伊规定国中持棕榈叶七日，以纪念圣殿[3]；且摇祭日全日禁食[4]。

13. 若第一日之佳日为安息日，则全体会众将其棕榈叶送往会堂[5]。次日早起而至，每人各认其物且取之[6]，因众贤哲说：本节期第一日之佳日不得以其友伴之棕榈叶尽其责[7]，本节期其余日子则可以其友伴之棕榈叶尽其责[8]。

14. 拉比约西说：第一日之佳日为安息日，忘记且将棕榈叶出运至公共区域者[9]，免责[10]，因其出运有许可[11]。

---

[1] 其依据为《利未记》23：40："在耶和华你们的神面前欢乐七日。"而圣殿被看作是神的居所。
[2] 其依据为《利未记》23：40："第一日要拿美好树上的果子和棕树上的枝子，与茂密树的枝条并河旁的柳枝。"拉比犹太教认为这是指除圣殿之外的以色列全地。
[3] 《革玛拉》认为他的依据在于《耶利米书》30：17："这是锡安，无人来探问的。"贤哲们认为举行圣殿中的仪式是一种"探问"的方式。
[4] 摇祭日，即尼散月十六日，《利未记》23：10—14规定这一日在摇祭举行之前不得进食。在圣殿被毁后，摇祭无法举行，因此规定整日不得进食。
[5] 圣殿时代，即使住棚节第一日为安息日，握持棕榈叶也是允许的。不过拉比犹太教禁止这样做，害怕人们会在安息日在公共场合携带棕榈叶，所以会众在周五将自己的棕榈叶送到会堂去。
[6] 次日早起，去会堂完成对诫命的履行。
[7] 《利未记》23：40"第一日你们要拿"在拉比犹太教中被解读为"拿你们的"，所以《密释纳》一再强调这一日所用的东西一定要属于自己。
[8] 由于《利未记》中"你们的"只出现在第一日相关的诫命中，所以其他日子所用之必备品是否属于自己就不那么重要。
[9] 住棚节第一日若为安息日，则禁止搬运棕榈叶，参见上节相关注解。
[10] 不必献赎罪祭。
[11] 有许可，指有诫命支持。拉比约西认为为了行一条诫命而不小心触犯了另一条诫命的人不必献赎罪祭。

15. 安息日妇女可从其子或其夫手中接过并将其放回水中①。拉比犹大说：在安息日放回，在佳日添加，在节间日更换②。会挥舞之儿童有棕榈叶之责③。

① 这里说的是圣殿时代住棚节首日赶上安息日的情况，男子仍然可以握持挥舞棕榈叶，过后可以将棕榈叶放回水盆里，以保持其新鲜。由于男子在安息日所行之事女子也都可以做，因此主妇也可以接过棕榈叶，代为放回。
② 拉比犹大认为保持棕榈叶新鲜的水盆中的水在安息日时不可动，只能把棕榈叶放回去，在非安息日的佳日（首尾两日）则可以往水盆里加水，只有非安息日的节间日（中间五天）才可以换水。
③ 男童虽未成年，但只要会挥舞棕榈叶，其父便有责任训练孩子行有关棕榈叶的诫命。

第 4 章

1. 棕榈叶①与河柳②为六为七③。赞美祷④与欢乐⑤为八⑥。住棚与水奠⑦为七⑧。笛子⑨为五为六⑩。

2. 棕榈叶何以为七？本节期的首日佳日恰遇安息日，则棕榈叶为七⑪；其余所有日子为六⑫。

---

① 指住棚节握持棕榈叶的诫命。
② 指住棚节期间用河柳环绕装饰圣殿祭坛之后绕祭坛而行的仪式。
③ 圣殿时代这些仪式有时在安息日做，有时安息日不做，因为住棚节七天里总有一天是安息日，所以这两种仪式或者行六天，或者行完整七天。
④ 诵读《赞美祷》全文。
⑤ 节期间欢乐是一种诫命，参见《申命记》16：14："守节的时候，你和你儿女、仆婢，并住在你城里的利未人，以及寄居的与孤儿寡妇，都要欢乐。"
⑥ 这两种诫命在住棚节结束后还要再行一天，所以一共是八天，参见本章第 8 节。
⑦ 住棚节期间，早间在圣殿的祭坛行特别的水奠（在早间燔祭时将水泼向祭坛）。
⑧ 这两种诫命行七天，参见本章第 8—9 节。
⑨ 为水奠汲水的前夜要通宵舞蹈，并有笛子伴奏，参见本卷 5：2—4。
⑩ 笛子演奏进行五天或者六天，参见本卷 5：1。
⑪ 《利未记》23：40："第一日要拿美好树上的果子和棕树上的枝子，与茂密树的枝条并河旁的柳枝，在耶和华你们的神面前欢乐七日。"按照《革玛拉》的解释，握持棕榈叶"七日"，由于是在"神面前"，所以说的是圣殿。"第一日"则指以色列全境。如果第一日是安息日，那么拉比律法承认握持诫命压倒安息日，这样不至于影响面太大。但这只是圣殿时代的律法，圣殿被毁以后，安息日压倒握持律法，即使第一日是安息日，也不可握持棕榈叶。
⑫ 如果安息日不在第一日，那么安息日律法只与圣殿内的握持诫命相冲突，拉比律法认为安息日压倒圣殿握持律法，所以即使是在圣殿时期，贤哲们也是不允许这样做的。

3. 河柳①何以为七？河柳之第七日恰遇安息日，则河柳为七②；其余所有日子为六③。

4. 棕榈叶诫命如何？④若本节期的首日佳日恰遇安息日，则将其棕榈叶运往圣殿山⑤，领祷人⑥从其受之且将其排列于门廊上⑦，长者则将其所属置于殿堂⑧。他们⑨教导众人说："吾之棕榈叶入任何人之手，均为与其之赠礼⑩。"次日⑪众人早起而至，领祷人将其掷于众人面前⑫，他们抢夺且相互殴击。当法庭见其势

---

① 河柳在住棚节除作为四品之一被握持外，还被用于祭坛的装饰和环绕仪式，本节所说的是这种圣殿仪式，而非一般握持。

② 与棕榈叶不同，河柳律法压倒安息日出现在第七天为安息日的情况。这样规定的主要原因是圣殿时代贤哲们与祭司们的斗争，河柳相关律法不是《希伯来圣经》明令的诫命，而是来自拉比传统的"摩西得自西奈山的律法"，这些律法不被祭司们承认，所以贤哲们特意规定在第七日为安息日时也要行河柳仪式，以此区别于棕榈叶，强化有关律法的影响。

③ 如果第七日不是安息日，而是任何其他日子，那么安息日那一天便不行河柳相关仪式，因此一共是六天。

④ 安息日棕榈叶诫命在圣殿中是如何履行的？

⑤ 虽然圣殿时代住棚节首日为安息日时握持棕榈叶诫命仍在圣殿履行，但在安息日持棕榈叶在公共区域行走四肘以上的距离仍然是被禁止的，所以会众要在周五下午将棕榈叶送到圣殿。

⑥ 圣殿负责照管棕榈叶事物的职员。

⑦ 圣殿门外有两个门廊，其中有长凳，棕榈叶即排放在这两条长凳上。

⑧ 年老体弱的人则在圣殿内有一个专门的殿堂给他们放置棕榈叶。

⑨ 拉比法庭。

⑩ 由于首日必须用属于自己的东西才能履行诫命（参见本卷3:13），而放在一起的棕榈叶又很容易混淆，所以拉比法庭要会众事先说明，棕榈叶谁拿到就算谁的。

⑪ 安息日。

⑫ 领祷人取来众人寄放的棕榈叶，扔在众人面前，让他们自己去捡。

危时,即规定每人握持于其室①。

  5. 河柳律法如何?② 耶路撒冷之下有地名莫察。下至其地且于此取大棵柳枝③,归则置之于祭坛旁,其首俯向祭坛之巅④。吹奏长音、短音、又长音⑤。每日绕祭坛一周⑥,且诵:"耶和华啊,求你拯救。耶和华啊,求你使我们亨通。"⑦拉比犹大说:"阿尼瓦胡⑧,求你拯救。"且当日⑨绕行祭坛七周⑩。离去时⑪何言?"祭坛啊,荣美在你!祭坛啊,荣美在你⑫!"拉比以利以谢说:"为神亦为你⑬,祭坛!为神亦为你,祭坛!"

---

  ① 拉比法庭意识到群殴的危险性,规定握持棕榈叶的诫命可以在自己家中进行,不一定非到圣殿去。
  ② 在圣殿祭坛所行的河柳仪式是怎样的?
  ③ 住棚节期间每天都要去采柳枝。
  ④ 《革玛拉》认为柳枝的高度为十一肘,顶部一肘俯向祭坛。
  ⑤ 安插柳枝的过程中有号音伴奏,以增添节日气氛。
  ⑥ 一种看法认为是持柳枝绕坛一周,然后才插放柳枝,另一种认为先插放柳枝,然后再环绕。
  ⑦ 《诗篇》118:25。
  ⑧ 阿尼瓦胡,直译是"我与他"。拉熹认为这是七十二神名之一,用在此处是因为拉比犹大认为河柳仪式的举行者不该直呼神名。迈蒙尼德则认为这个词组来自《申命记》32:39:"现在明白,我,我即神(原文为'他')。"用在这里的意思是:那位说"我,我即神"的,请拯救我!
  ⑨ 指第七天。
  ⑩ 以纪念攻克耶利哥的事迹:约书亚率众每日绕城一周,第七天绕城七周,城墙即坍塌,使希伯来人顺利攻克这座城市。
  ⑪ 绕行完毕,离开祭坛时。
  ⑫ 因为祭坛为以色列人赎罪,因而将荣耀归于祭坛。
  ⑬ 认识神明,荣耀祭坛,因为祭坛与神明的密切关系,以色列人得以赎罪。

6. 平日如何行事,安息日亦如何行事①,唯于安息日前夕集之②,置于金器以防枯萎③。拉比约哈南·本·布罗卡说:取枣椰叶,携至,且击于祭坛旁之地④。当日称枣椰叶击打日。

7. 孩童可立即解开棕榈叶⑤,且食其香橼果⑥。

8. 赞美祷与欢乐如何为八⑦?此事教人有责于赞美祷,于欢乐,于对节期末尾之日佳日之崇敬,一如节日之其他日子⑧。住棚如何为七?食毕,不可拆其住棚⑨,然可于午后祷之后⑩取下其器皿,因当崇敬节期末尾日之佳日⑪。

---

① 指圣殿内的住棚节河柳仪式。
② 安息日之前收集河柳,运入圣殿,以免在安息日搬运。
③ 金器内置水,以保持河柳枝新鲜。
④ 《利未记》23:40 中"棕树上的枝子",拉比约哈南·本·布罗卡解读"枝子"为复数,因此需要两枝棕榈叶,一枝行持握之仪式,另一枝用来击打。《密释纳》定规贤哲反对这一解读,认为《利未记》原文拼写有误,该词应该是单数。
⑤ 一说,住棚节七天仪式结束后,孩子们可以立即解开棕榈叶捆,或从中抽出棕榈叶,并以之玩耍。另一说,儿童将不再使用的棕榈叶捆置于一旁。
⑥ 关于儿童节后吃的香橼果,一说即七天仪式中所使用的香橼果,一说为儿童专用的香橼果,成人使用的香橼果不得食用。
⑦ 参见本卷第 1 章相关注解。
⑧ 按照《革玛拉》的解释,住棚节开始后的第八天其实也是节期,只是不属于住棚节而已,因此住棚节的欢乐与赞美祷两项延续到第八日。此外,此处的"欢乐"大概还和圣殿在第七日宰杀平安祭并将祭肉分发给众人享用有关。由于宰杀发生于第七日,夜间不可运送祭肉,所以享用祭肉的时间应该主要是在第八日白天,这也是为什么欢乐要延续到第八天的原因之一。
⑨ 虽然吃完饭,但住棚仍不可拆,因为住棚的诫命整日有效,何况他还有可能想再吃一顿。
⑩ 指小午后祷,在白日的第九个半时辰,参见《种子·祝祷》4:1。
⑪ 将器皿带回家中是为了准备第八日的晚饭,事先布置好是一种崇敬,如果天黑以后匆忙运送器皿则显得不敬。

9. 水奠如何？盛三罗革之金酒瓶，于西罗亚池①注满。至水门而吹奏长音、短音，又长音②。升至坡道，转面其左③。其处有银碗二④。拉比犹大说：其为石膏，其表面因酒而变黑⑤。其各有洞如细鼻孔⑥，一粗一细，以使其同时流完⑦。在西者归水，在东者归酒。若注水于归酒者，或注酒于归水者，有效⑧。拉比犹大说：一连八日灌注一罗革⑨。他们对灌注者说："举起你的手！"因某次某人注至其足，全体会众以香橼果击之⑩。

10. 平日如何行事，安息日亦如何行事⑪，唯于安息日前夕于西罗亚池注满一非圣品⑫之金桶⑬，且置之于殿堂。若遭泼洒或

---

① 耶路撒冷的一个著名泉水池。
② 以实现《以赛亚书》12：3所说的"所以你们必从救恩的泉源欢然取水"。
③ 从坡道行至祭坛南边，左转则面对祭坛西南角，在此行水奠。
④ 祭坛西南角的两个银碗，一个接水，一个接酒。
⑤ 拉比犹大认为那两个是石膏碗，只不过跟酒接触的时间多了，表面发黑，看起来像是银的。
⑥ 碗底有洞，酒和水注入其中之后从洞中流到祭坛上，然后流到祭坛下方的洞中。
⑦ 因为酒流得比水慢，所以水碗的洞粗一些，保证两个碗里的液体一起流完。
⑧ 即使酒和水倒错了碗，也无伤大雅，仪式仍算是举行过了。
⑨ 拉比犹大认为水奠的数量是一罗革，而不是三罗革；是一连举行八天，而不是一天。
⑩ 因为灌注者是撒都该人，不守拉比律法，发生过把水和酒浇到自己脚上，引起会众愤怒的事情，因此要求他们高举双手行灌注之仪式，以便大众看清他们是在向何处灌注。
⑪ 指住棚节期间在圣殿举行的水奠。
⑫ 一定要非圣品，因为如果容器是圣品，则其中的水不得过夜。
⑬ 安息日禁止汲水或在公共场合运水，所以周五就要先汲水，并将水运到圣殿里收藏好。

开启,则注满于水池①,因开启之酒或水于祭坛不宜②。

① 指圣殿内的水池,通过一个机械装置从水窖取水(参见本部《盛日》3:10)。
② 没有盖好的容器内的水不宜饮用,主要是怕有蛇喝过这些水,留下毒液。人不宜饮用的水也就不宜用于祭坛的仪式。

第 5 章

1.笛子为五为六①。此为汲水房之笛②,既不压倒安息日亦不压倒佳日③。他们说:凡未见汲水房之欢乐者,即终身未见欢乐④。

2.在节期首日佳日结束时他们下到女院⑤,于其中大做修整⑥。其处有金灯台多枝,其顶有金灯盏四个⑦,每枝有梯子四把,年轻祭司中的少年四人,手持一百二十罗革之油罐⑧,其注入每个灯盏⑨。

---

① 参见本卷4:1。

② 汲水房为圣殿女院中一处特别建筑,用来举行汲水仪式,参见本章第2节。汲水仪式上演奏的乐器不止笛子,之所以把笛子单独拿出来,是因为笛子声音最为嘹亮,故以此代表所有乐器。凡适用于笛子的律法也同样适用于其他乐器。

③ 演奏笛子的律法低于安息日与佳日的律法,所以住棚节七天,第一天为佳日,不能演奏,这一天的汲水仪式没有乐器伴奏。如果这一天恰好是安息日,那么剩余六天都可以演奏;如果不是,那么剩余六天中有一天是安息日,又不能演奏,所以只能演奏五天。

④ 《耶路撒冷塔木德》解释说汲水房的欢乐是使圣灵降临的极度欢乐,依据是《列王纪下》3:15:"弹琴的时候,耶和华的灵就降在以利沙身上。"

⑤ 由于第二天开始汲水房的欢乐,所以祭司们和利未人在第一天佳日活动结束后从自己的院落来到举行活动的女院。

⑥ 《革玛拉》认为主要的修整活动是搭建看台,供妇女们在上边观赏,这样男子在看台下,保持男女分离。

⑦ 每枝灯台均有四个金灯盏。

⑧ 一百二十罗革的油罐,一个人手持明显太重,所以《革玛拉》解释说实际上是四个油罐一共为一百二十罗革,每人手持三十罗革。

⑨ 少年沿梯子爬上灯台顶,将油罐中的油全部倒入金灯盏。

3. 以祭司们破旧的裤子与腰带制成灯芯,并以之将其点燃①。耶路撒冷无一院落不被汲水房之光照亮②。

4. 仁人善士③手执火把舞于其前④,且于其前诵诗歌与赞美之语⑤。利未人奏竖琴、七弦琴、钹、号与不计其数之乐器;奏于以色列院下至女院之十五级台阶,以应《诗篇》之十五《升曲》⑥,此曲利未人持乐器立而吟唱之。两祭司立于以色列院下至女院之至上门⑦,手持两号。雄鸡啼鸣⑧,则奏长音、短音,又长音⑨。到达第十级台阶,则奏长音、短音,又长音。至院⑩,则奏长音、短音,又长音。兼奏兼行,直至东出之门,则转而面西⑪,且说:"吾之列祖曾于此地背向圣殿而面向东方,向东方之太阳躬身。"⑫ "然吾等则眼望耶和华。"⑬ 拉比犹大说:他们重复说:"吾等面向耶和

---

① 用这些灯芯将这些金灯台点燃。
② 圣殿山俯视之下,耶路撒冷全城都被女院的大量油灯照亮。
③ 仁人指严守律法者,善士指多行善事者。
④ 在聚集观看汲水仪式的会众面前。
⑤ 迈蒙尼德的解释是:汲水仪式的巨大快乐首先是给那些精通律法的学者和坚定不移的实行者的,只有这些人有资格表达其欢乐,其他人只有观看的资格。
⑥ 《升曲》,指《诗篇》120—134。
⑦ 圣殿女院上方的门被称为"至上门"。
⑧ 另一种解释是:祭司们在破晓时呼唤人们起床服事。
⑨ 宣示已到去西罗亚池取水的时间。
⑩ 到达女院。
⑪ 面朝圣殿。
⑫ 源自《以西结书》8:16:"背向耶和华的殿,面向东方拜日头。"
⑬ 《革玛拉》认为此处说明的是第一圣殿与第二圣殿的崇拜习俗的差别,第一圣殿时早晨有向东拜日头的习惯,第二圣殿时则废除。

华,眼望耶和华。"①

5. 圣殿内号音不少于二十一声,亦不多于四十八声②。圣殿日常号音为二十一声:开门三声③,早间日常祭九声,午后日常祭九声④。附加祭则加九声⑤。安息日前夕加六声:三声释民众于劳作⑥,三声示圣俗之别⑦。本节期⑧中之安息日前夕为四十八声:开门三声,至上门三声⑨,底门三声⑩,汲水三声⑪,祭坛顶三声⑫,早间日常祭九声,午后日常祭九声,附加祭九声,三声释民众于劳作,三声示圣俗之别。

6. 本节期首日之佳日彼处⑬有公牛十三、公绵羊二、公山羊

---

① 《革玛拉》认为"面向"指过去,"眼望"则指未来。
② 《革玛拉》中记述了一种观点,认为逾越节前夕如果是安息日的话,那么圣殿奏号会多达五十七声。
③ 每日破晓即奏三声号音,以宣示圣殿开门。
④ 日常祭行酒奠时利未人吟唱当日《诗篇》章节,分三节,每节开始时均有两祭司奏号三声,共九声,早晚均如此。
⑤ 安息日与节期有附加祭,附加祭奠祭时奏号。无论一天有几次附加祭,附加祭吹号总数总是九声。因此,有附加祭的日子,圣殿吹号三十声。
⑥ 《巴拉伊塔》传统解释说:第一声告诉农夫停止田间的工作,第二声提醒店铺关门,第三声提醒人们将炊具移离炉灶,并点燃安息日蜡烛。
⑦ 安息日作为圣日与其他日子的不同。
⑧ 指住棚节。
⑨ 女院中的门,参见上节。
⑩ 底门为汲水人群入女院之门,本节与上节明显有不同观点,本节的作者不认为到达第十级台阶时要奏号,但认为进入女院时要奏号。
⑪ 将水送入圣殿时奏号,参见本卷4:9。
⑫ 将柳枝立于祭坛四周时须奏号,参见本卷4:5。迈蒙尼德认为这三声是水奠时演奏的。
⑬ 指圣殿,本节谈的是住棚节圣殿祭献的安排问题。

一①。十四只公羊羔留给八班轮值②。首日,六班成双祭献,其余各为一③。次日,五班成双祭献,其余各为一④。第三日,四班成双祭献,其余各为一。第四日,三班成双祭献,其余各为一。第五日,两班成双祭献,其余各为一。第六日,一班成双祭献,其余各为一。第七日,各班均等⑤。第八日则回归朝圣节抽签⑥。他们说:次日祭献公牛者,次日即不祭献,而轮换以回⑦。

7. 每年三个节期⑧所有班次均摊节期祭献⑨与陈设饼⑩。众

---

① 关于住棚节祭献的牺牲种类与数目,《民数记》19:12—16中有详细说明。

② 圣殿服事的祭司被分为二十四班,每周一班轮值(参见本部《盛日》相关注解),遇重大节期(朝圣节期),祭献增多,便一起当班。住棚节首日祭献的"公牛十三、公绵羊二、公山羊一",每只牺牲由一班负责,共十六班,剩余八班则负责十四只公羊羔的祭献。

③ 八班分祭十四只公羊羔,分配方法是前六班每班祭献两只,剩下两班每班祭献一只。

④ 住棚节第二日祭献的公牛数目减到十二只(参见《民数记》29:17:"第二日要献公牛犊十二只"),这样就多出一班分祭十四只公羊羔,于是五班祭献两只,其余四班各祭献一只。

⑤ 祭献公牛的数目每天递减一只,也就是每天多出一班来分祭十四只公羊羔,相应地每天祭献两只公羊羔的班也就少了一个,而多出两个祭献一只公羊羔的班,这样一直到第七天,公牛只剩下七只,分祭公羊羔的有十四班,于是每班均等,各祭献一只。

⑥ 像朝圣节期那样,抽签决定哪班祭献,抽签方法可参见本部《盛日》2:1及相关注解。

⑦ 这里又回到住棚节七日内的祭献,祭献公牛的班次第二日就不再做同样的事情,这样保证大家都有机会祭献公牛。

⑧ 指三大朝圣节期,即逾越节、五旬节与住棚节。

⑨ 节期祭献分两大部分,一部分是平日也做的祭献(本节下文提到具体内容),一部分是专属该节期的祭献(附加祭、燔祭、节期平安祭等)。专属部分的职责与利益均由所有班次平均分担与分享。

⑩ 陈设饼摆在前殿的桌子上,每周安息日更换,换下来的陈设饼由这两周的班次分享,遇三大朝圣节期则由全体班次平分。

会日①他们对他说："这是你的无酵饼，这是你的有酵饼②。"时间固定之班次献日常祭、誓愿祭、甘愿祭与其他公共祭献；行一切祭献③。佳日紧接安息日，无论在其前或其后④，所有班次均分陈设饼⑤。

8. 若中间夹有一日⑥，则定时之班次取十饼，滞留者取二饼⑦。一年中其余日子，上班者取六，下班者取六⑧。拉比犹大说：上班者取七，下班者取五⑨。上班者分于北，下班者分于南⑩。璧迦班⑪永分

---

① 众会日，指五旬节首日恰遇安息日。

② 众会日除普通陈设饼外，尚有附加的双饼，一并由所有班次分享。普通陈设饼是无酵饼，双饼有酵，分发时每人各获两种的一部分，因此分发者这样说话。

③ 按照班次轮值，正好在节期那周当值的班次负责在此期间的所有日常祭献。

④ 节期在周日开始，或者在周五结束。

⑤ 由于安息日不能旅行，所以无论节期在周日开始还是在周五结束，紧邻的那个安息日，所有的祭司都必须等在圣殿里，因此当周的陈设饼也就人人有份。

⑥ 节期不紧靠安息日，中间隔了一天，也就是在周四结束或者周一开始。

⑦ 在这种情况下，不当值的各班祭司有时间在节后回家或者在节期前夕赶到，不必在圣殿等一个安息日，但如果他们决定等待，那么他们也能分到两个陈设饼。

⑧ 换下来的陈设饼在进来当值的一班与完成工作即将离去的一班之间平分，各取六个。

⑨ 新来上班的一班晚上要替离去的一班关上他们早上打开的殿门，所以多得两个饼。

⑩ 此处的南北指圣殿大庭院的方位，北部为祭祀活动进行的地区，归上班者用以分饼，显示其重要性。

⑪ 二十四个祭祀班次各有自己的叫法，参见《历代志上》24：7—19，璧迦班为第十五班。

于南①,且其环固定②,其壁龛堵死③。

《住棚》卷终

① 璧迦班受永久性处罚,《革玛拉》记述他们受惩罚的原因是:其中一家的女儿嫁给了一个希腊军官,马卡比起义前后,希腊军队进入圣殿时,她用鞋跖污祭坛,且诅咒说:"恶狼,恶狼,还有多久你要消耗以色列的财富却在受压迫时不与他们站在一起?"贤哲们听说此事,决定对璧迦班进行集体惩罚(另一种说法是,璧迦班受惩罚只是因为他们当值时纪律混乱)。这个决定包括三项惩罚,其一就是分陈设饼的地点,他们规定璧迦班即使进来当班也只能在庭院南部饼,以此让他们感到羞辱。

② 祭坛北侧有二十四个环,供二十四班祭司吊起牺牲剥皮使用(一说屠宰使用),这些环一端固定在地上,但可以将环竖起,以便将牺牲的头部塞进去加以固定,以便工作。璧迦班的环是固定死在地上的,无法竖起使用,只能低声下气向其他班次借用。这是璧迦班受到的第二项惩罚。

③ 收藏屠刀的殿堂里有二十四个壁龛,供二十四班祭司收藏刀具(一说收藏衣服),璧迦班的壁龛被堵死,无法收藏。这是璧迦班受到的第三项惩罚。

第 7 卷

节 蛋
Betzah

托拉狂歡節

提　要

本卷原文名称Betzah，意思是"蛋"或"鸡蛋"。这个标题来自本卷开篇的第一个词。这种命名方式在整部《密释纳》中是绝无仅有的。在《塔木德》中，本卷也经常被称为《佳日》，可见当时还有一个与内容比较接近的卷名。

佳日指的是节期的正日子。长一点的节期，比如逾越节、住棚节等，指的就是首尾两日；而短的节期，比如岁首（两天）或后圣殿时期的五旬节（一天），便是节期本身。上述几个日子加在一起，使拉比犹太教的历法里每年一共有八个佳日。佳日禁止工作，这一点与安息日相似；不同之处在于佳日可以烹饪，做所有与烹饪相关的事情，而安息日不允许。

本卷五章，主要讨论的便是佳日相关律法。第1章重点讨论非移品问题。第2章讨论节期烹饪的律法问题。第3章与第4章讨论与节期烹饪相关的扩展问题。最后一章讨论有关安息律的禁令问题。

相关《希伯来圣经》段落

1.《出埃及记》

12：16　头一日你们当有圣会,第七日也当有圣会。这两日之内,除了预备各人所要吃的以外,无论何工都不可做。

第1章

1. 佳日所下之蛋,沙玛伊学派说:食之。而希列学派说:勿食①。沙玛伊学派说:酵母如橄榄,有酵品如干椰枣。希列学派说:彼此均如橄榄②。

2. 佳日屠宰畜禽者:沙玛伊学派说:以锹挖土,且覆盖之③。

---

① 按照《革玛拉》的记述,希列学派禁止食用节期(包括安息日)新生的蛋的理由可能如下:如果节期前天是安息日(或者安息日前一天是节期),那么节期当天下的蛋实际上是在安息日预备的(贤哲们认为当天下的鸡蛋是前一天在鸡肚子里预备好的),而节期只能吃平日专为节期预备好的食物(不专指人的烹饪,鸡生蛋也被看作是一种预备),所以这样的蛋不可以吃。如果节期(或者安息日)之前是平日,那么这样的蛋原本是可以食用的,但希列学派仍然禁止,因为这两种蛋很容易混淆。沙玛伊学派允许食用的原因不详,或许他们不同意有关预备食物的定义,认为天然食物不存在预备问题。

② 逾越节禁止保存和使用酵母和有酵品,这两句讨论的是可以保存的最高数量,超过此束便被认为违犯律法。沙玛伊学派将酵母的标准与有酵品的标准分开,对酵母的要求严于对有酵品的要求,希列学派则统一标准,一概从严。本节两段文字放在一起,是因为在希列学派律法总体比沙玛伊学派宽松的大背景下,这两条律法希列学派比沙玛伊学派严格。

③ 屠宰的畜禽的血必须用土覆盖,此为《托拉》律法(《利未记》17:13:"若打猎得了可吃的禽兽,必放出它的血来,用土掩盖")。本节面对的问题是在佳日或安息日,挖土掩埋的行为是否构成对安息日的破坏。《革玛拉》解释说沙玛伊学派认为不会,条件有两个:一是在安息日前挖土锹已经插进土里,这样就不会在安息日做挖掘工作;二是使用的土壤已经捣碎,这样就不会在安息日做碾压的工作。做到这两条,安息日所使用的土就被看作是为安息日预备好的,不再是非移品。

希列学派说：不得屠宰，除非已有前一日预备好之土①。他们同意若已屠宰，则以锹挖土，且覆盖之②。而炉灰为预备好者③。

3. 沙玛伊学派说：不得从一个鸽子窝向另一个鸽子窝移动梯子④，然可从一个出口靠向另一个出口⑤，希列学派允许⑥。沙玛伊学派说：不得拿取，除非前一日扰动⑦。希列学派说：可站着说："这只与那只我将拿取⑧。"

4. 指定黑者却寻见白者，指定白者而寻见黑者⑨，指定两只

---

① 希列学派认为即使沙玛伊学派的两个条件都已经具备，那些土壤仍然是非移品，不得在安息日使用，因为没有土壤覆盖血迹，屠宰也就不可进行。

② 希列学派同意如果已经违犯拉比律法而进行了屠宰，那么拉比律法就暂时让位于托拉律法，允许挖土覆盖血迹。

③ 按照拉比律法，安息日或佳日前点燃的而在佳日焚烧成的炉灰被看作已经预备好为佳日使用的，不属于非移品，因此，如果此人有现成的炉灰覆盖血迹，那么屠宰就是被允许的。

④ 本节讨论安息日或佳日从鸽子窝里掏鸽子屠宰的问题。沙玛伊学派禁止人们在鸽子窝之间搬动梯子，因为会让人误以为此人要去修房顶。

⑤ 同一个鸽子窝可能有几个出口，因为出口之间相距较近，所以不必搬动梯子，沙玛伊学派认为这样不会引起误解，因此允许。

⑥ 希列学派允许在私人院落使用特定的掏鸽子窝用的梯子，这样的梯子大小形状都是特定的，不会引起误解。使用普通的大梯子或在公共场所搬运梯子都是不允许的。

⑦ 抓来屠宰的鸽子必须是前一天指定的，否则就是非移品。沙玛伊学派怕人们口头指定后，佳日掏取时改变主意，因此要求必须扰动指定的鸽子。

⑧ 希列学派允许口头指定，但必须明确是那些鸽子，不得含糊其辞，更不能指定一窝鸽子。

⑨ 如果指定是某色鸽子，佳日拿取时却发现另外一种颜色的鸽子，这种情况下当然是禁止拿取的。为此《革玛拉》认为本处说的是复杂一些的情况：某人在两个鸽子窝指定了黑白两只鸽子，佳日去拿取时却发现两只鸽子的颜色颠倒过来了，现在的问题是：能否假设这就是原来的两只鸽子，不过交换了巢穴而已？

却寻见三只①,禁用②。指定三只却寻见两只,许可③。在巢中指定却在巢前寻见,禁用④。然若除此之外无它,则此为许可⑤。

5. 沙玛伊学派说:佳日不得拆卸铺板⑥。而希列学派则甚至允许放回⑦。沙玛伊学派说:不得拿取舂桩,为在其上切肉⑧。希列学派允许⑨。沙玛伊学派说:不得将畜皮⑩置于踩踏之地⑪,亦不得将其拾起,除非其上有橄榄般之肉块⑫。希列学派允许⑬。沙

---

① 无法辨认哪只是后来加入的鸽子。
② 鸽子颜色颠倒的情况下不能自动认定是两只鸽子交换了巢穴,而在二变三的情况下,由于属于非移品那只鸽子无法确认,因此也就全体禁用了。
③ 在三变二的情况下,可以假定只是其中的一只鸽子飞走了,剩下两只都是被指定的鸽子。
④ 不能简单假定巢中的鸽子跑出来透气,即使巢中是空的。
⑤ 如果整个鸽巢中原来就只有这一只鸽子,那么可以食用。不过《革玛拉》规定如果五十肘另有鸽巢,则不能认定为原来指定的鸽子,仍然禁止使用。
⑥ 佳日时店主可以向熟人出售物品,条件是不可说明价格。铺板:当时店铺或摊位使用的木板,晚上用来关门或封闭货柜,白天取下来横放成为柜台。沙玛伊学派禁止拆卸铺板因为这与所禁止的拆卸工作一样。
⑦ 希列学派不仅允许拆卸铺板,而且允许在天黑后将铺板放回封闭店铺或货柜的位置。允许拆卸是因为这样的商业活动有助于增添节期的欢乐气氛,而允许放回则是因为"许其首则许其尾"的原则,如果不许放回,就没人肯拆卸了。
⑧ 舂桩,一种大而沉重的圆形木桩,用于食物加工时的碾碎工作。沙玛伊学派禁止使用舂桩是因为碾碎属于安息日禁止的工作,他们认为由此舂桩成为非移品,即使用于其他目的(比如切肉)也是不允许的。
⑨ 希列学派认为如果一个器皿可以有多种用途,那么在佳日时就不是非移品,只要其使用的目的符合佳日律法规定,那么就可以移动并使用这些器皿。
⑩ 佳日屠宰后新剥下来的畜皮。
⑪ 沙玛伊学派认为畜皮非佳日之所需,所以属于非移品。将畜皮放到被人踩踏的地方,不但是在移动非移品,而且有意让人踩踏可以被看作是制革的开始,而制革是安息日严禁的工作。
⑫ 由于沙玛伊学派将畜皮看作非移品,因此规定肉剥下来以后畜皮就留在原地,不能移动。如果畜皮上残留的肉块够大,那么畜皮就不是非移品,可以被捡起来。
⑬ 希列学派允许这些行动,因为将畜皮留在原地可能会让畜皮变质,其结果是人们在佳日不愿意屠宰,从而影响到佳日的欢乐气氛。

玛伊学派说:不得将儿童、棕榈叶及托拉经卷带出至公共场所①。希列学派允许②。

6.沙玛伊学派说:佳日不得搬运举祭饼③或给祭司的礼品④,无论是前一日分留者或当日分留者⑤。希列学派允许⑥。沙玛伊学派对他们说:可以类推:举祭饼与礼品均为给祭司之礼物,举祭亦为给祭司之礼物,正如不得搬运举祭⑦,亦因此不得搬运礼品。希列学派对他们说:非也!若如此说不得分留之举祭,亦如此说可分留之礼品乎?⑧

---

① 凡安息日禁止做的工作,佳日也都禁止做,但与烹饪相关的工作(屠宰、搬运、烹调等)除外,其依据是《出埃及记》12:16:"头一日你们当有圣会,第七日也当有圣会。这两日之内,除了预备各人所要吃的以外,无论何工都不可做。"沙玛伊学派认为这些许可不该延伸到与食物无关的其他类似活动上去。因此在公私场所间搬运食物是允许的,搬运其他物品就不允许,这里提到的几样只是些例子。

② 希列学派坚持"凡食物方面允许的在其他方面也允许",因此如果允许搬运食物,也就允许搬运其他物品,条件是这些行动的目的是增添节期的欢乐气氛(比如带孩子出去玩)或者履行诫命(比如诵读托拉)。

③ 举祭饼,做面团时分留给祭司的部分,参见《种子·举祭饼》。

④ 屠宰牲畜时留给祭司的部位,其规定依照《申命记》18:3:"祭司从百姓所当得的分乃是这样,凡献牛或羊为祭的,要把前腿和两腮并脾胃给祭司。"

⑤ 佳日可以分留这些给祭司的礼品,但不得分留举祭,由于两者都是给祭司的礼物,沙玛伊学派担心允许举祭向祭司运送这些礼物会导致人们误以为分留和运送举祭也是允许的,因此禁止。

⑥ 希列学派认为让有关举祭的禁令延展到其他礼物上是不对的。

⑦ 佳日不得分留或搬运举祭是公认原则,因为分留举祭或什一税被看作是对税前品的改善行为(分留后税前品就可以食用了),从而触犯了安息日不得修理的禁令。沙玛伊学派抓住希列学派对这一条的赞同,将两者类比起来,认为希列学派的规定自相矛盾。

⑧ 希列学派以此说明虽然都是给祭司的礼物,但举祭与礼品仍有区别,其根本点是:举祭是节前就有责任分留的,而这些礼品(举祭饼、牲畜特定部位)都是在节期制作时才产生的,因此相关律法也不可能一样。

7. 沙玛伊学派说：调料可以木磨研碎①，而食盐则以罐子或以木搅勺研碎②。而希列学派说：调料照常以石磨研碎，食盐以木磨研碎③。

8. 佳日分拣豆类者，沙玛伊学派说：拣出可食者，食之④。希列学派说：如常分拣，置于其膝头，于篮筐，于大盘⑤，然不得置于木板，不得用细筛亦不得用粗筛⑥。拉班迦玛列说：亦可涮洗与去壳⑦。

9. 沙玛伊学派说：佳日不得馈送礼物，唯熟食除外⑧。而希

---

① 研碎调味料是烹饪的一部分，所以在佳日也可以进行。沙玛伊学派认为佳日的情况应有所不同，因此要求用木磨研碎，而不是通常使用的石磨。

② 成块的食盐需要在使用前研碎，通常使用石磨，沙玛伊学派在此要求使用罐子或者木搅勺侧滚研碎。佳日研碎食盐要求的变化比调料多，原因是调料多是新鲜的，当场研碎当场使用，否则味道就会损失，因此只能在佳日烹饪时做；而食盐则可以在佳日之前研碎，没必要留到佳日时进行。

③ 希列学派认同沙玛伊学派的理由，但认为既然许可研碎调料，而且是节期所必需的，就没必要要求研碎方式有任何变化，因此研碎食盐用具的变化也就可以相应地小一点。

④ 沙玛伊学派认为佳日分拣食品与一般的分拣必须分开，因为分拣是安息日禁止进行的工作之一，因此佳日分拣食品只能拣出可食，并且立刻吃掉，而不能将不可食部分去除，或者将拣出的可食部分积累起来，一起食用。

⑤ 希列学派认为既然是烹饪的一部分，就没有理由要求改变分拣方式。

⑥ 希列学派禁止使用这些工具进行分拣，因为这是进行大量生产时使用的，不是日常分拣食物的方式。

⑦ 这是一种分拣方式，也就是将豆类放入水罐中，让水的浮力将可食与不可食的部分分开。

⑧ 沙玛伊学派认为送礼并非节期必需的活动，除非是送去就吃的食物，因此禁止佳日时送礼。

列学派说：可馈送牲畜、家禽，无论活物或已屠宰者①。可馈送葡萄酒、油、精面与豆类，然谷物不可②。拉比西缅允许谷物③。

10. 可馈送衣物，无论已缝好或未缝好④，即使其中有禁混种⑤，其为节期所需⑥。不得馈送钉凉鞋⑦，或未缝好的鞋子⑧。拉比犹大说：白鞋亦不可，因其需要匠人⑨。此为准则：凡可于佳日使用者，均可馈送⑩。

---

① 接受礼物的人可以在佳日屠宰这些畜禽以食用。
② 这里的要点是：只能馈送烹调后就可以食用的东西。谷物不能赠送，是因为谷物要在磨坊碾成粉末才能食用（本章第7节所说的调料和食盐都是研碎而已，不需要彻底研成粉末）。
③ 拉比西缅认为谷物也可以粗粗研碎后烹煮甚至完整地烹煮，不必研成粉末才能食用。
④ 缝好的衣物可以让人穿着，未缝好的衣物可以让人披着。
⑤ 禁混种在此指毛料与麻料混纺的布料，虽然禁止穿着这样的布料，但可以用为坐垫。
⑥ 以上说的衣物布料必须是节期需要的才可以馈送。
⑦ 安息日禁止穿钉凉鞋，对于有关规定及原因，参见本部《安息日》6：2以及相关注解。
⑧ 即使鞋面和鞋底已经用钉子连接起来，但只要没有缝好，就无法穿着。
⑨ 拉比犹大居住的地区没有人穿白鞋，必须染黑了才穿，而染鞋需要专门的工匠来做。
⑩ 在佳日不可使用者即不可馈送，因为允许馈送会让人们误以为允许使用。

第 2 章

1. 恰逢安息日前夕之佳日①，不得于佳日之安息日开始后烹饪②；然可为佳日烹饪：若有剩余，则留给安息日③。佳日前夕烹食一道，据此以为安息日④。沙玛伊学派说：两道熟食⑤。而希列学派说：一道熟食⑥。他们同意鱼上加蛋为两道熟食。食之或失之者，不得重新烹饪以代之⑦；然若剩余些许，则可据此以为安息日⑧。

---

① 星期五恰好是一个节期。
② 也就是周五晚上，安息日开始之后。
③ 佳日只能为佳日烹饪，不能为安息日烹饪。但如果有剩余，则可留给安息日食用。
④ 如果想要在佳日为安息日烹饪，则需要在佳日开始前（也就是周四日落之前）烹煮食物一道，留置一旁，待安息日开始后方可食用。这道菜被称为"烹饪移入纹"，有这道菜在，佳日时便可以为安息日烹饪了。
⑤ 沙玛伊学派认为安息日至少吃两道菜，因此要有两道菜，烹饪移入纹才算有效。
⑥ 希列学派认为安息日也可以只吃一道菜，所以一道菜也可以算数。
⑦ 如果在佳日开始后烹饪移入纹被吃掉了，或者丢掉了，便不可做另一道菜代替，因为没有了烹饪移入纹，就失去了为安息日烹饪食物的依据。
⑧ 如果烹饪移入纹没有完全被吃掉或者丢失（《革玛拉》认为至少要留下橄榄大小的分量），则可成为为安息日烹饪的依据。

2. 恰在安息日后之佳日①,沙玛伊学派说:一切均于安息日之前行浸礼②。希列学派说:器具于安息日之前,人可于安息日③。

3. 他们同意可让石制器皿内之水触碰④,以洁净之,然不得浸洗⑤;可因此缘由变彼缘由⑥,或者此群组变彼群组⑦而浸洗⑧。

① 佳日是星期日。本节讨论佳日前的洁净问题。按托拉律法,佳日前需要去浸礼池行浸礼,以去除所有人体或器具的不洁(在圣殿时代,因为要在佳日献祭,所以这一律法有实用性)。不过拉比律法禁止在安息日行浸礼,因为得到洁净的器具可以用于原来不可使用的目的,因此是一种修理行为。因此如果佳日是星期日,就有个何时行浸礼的问题。

② 沙玛伊学派认为无论是人还是器具,都必须在安息日之前行完浸礼,不可于安息日进行。

③ 希列学派认为器具必须在安息日之前行浸礼,人可以在安息日行浸礼,因为不属于修理行为。

④ 如果水沾染了不洁,可以通过在浸礼池行浸礼而加以洁净。方法是将不洁之水放入石制器皿(因其不会沾染不洁),将该器皿浸入浸礼池的水中,待皿中的水与池中水稍一接触,即可取出,此时皿中的水便被视为洁净的。希列学派与沙玛伊学派都同意在佳日进行这种净水活动,是因为有关佳日禁止净化器皿的律法不涉及饮食。

⑤ 不得使用石器之外的其他器皿盛放不洁之水并在浸礼池中浸泡以进行洁净,原因是这些器皿盛放了不洁之水后,自身也变得不洁,浸入浸礼池会使这些器皿被净化,从而违反佳日不得为器皿行浸礼的律法。

⑥ 比如原来为了世俗目的净化了某些器皿,后来想将这些器皿用于圣品目的(比如用来食用举祭)。

⑦ 原来给特定人群(比如食用举祭者)使用的器皿,并为此在浸礼池做了净化,后来决定给另一群人(比如食用祭肉者)使用。

⑧ 两派都同意在佳日可以为这两个原因而为器皿行浸礼,因为这只改变器皿的洁净等级,而不涉及去除不洁的问题。

4. 沙玛伊学派说：可携至平安祭①，不可按手其上②，然燔祭则否③。希列学派说：可携至平安祭、燔祭④，并可按手其上⑤。

5. 沙玛伊学派说：人们不可为其足而热水⑥，除非适合饮用⑦。而希列学派许之⑧。人们可生火且向之取暖⑨。

---

① 三大节（逾越节、五旬节与住棚节）期间，以色列男子必须去圣殿朝拜，且禁止空手前往，而必须携带祭献牺牲。其所献之牺牲有三种：第一，燔祭，又称"朝圣燔祭"，其依据是《申命记》16∶16："你一切的男丁要在除酵节、七七节、住棚节，一年三次，在耶和华你神所选择的地方朝见他，却不可空手朝见。"第二，节仪平安祭，其依据是《出埃及记》12∶14："你们要庆祝这日。"第三，喜乐平安祭，其依据是《申命记》27∶7："又要献平安祭，且在那里吃，在耶和华你的神面前欢乐。"

② 献祭前，牺牲的主人用双手将全身的力量压在活着的牺牲的头部，其依据为《利未记》3∶2："他要按手在供物的头上，宰于会幕门口。"沙玛伊学派禁止在佳日这样做，因为这个行为实际上是人倚靠在牲畜身上，而拉比律法禁止在佳日利用牲畜。此外，沙玛伊学派认为按手之后不必立刻屠宰，因此按手可以在佳日之前进行。

③ 沙玛伊学派禁止在佳日献私人燔祭，因为平安祭的祭肉由众人分食，而燔祭是全部烧掉的。依据《利未记》23∶41"世世代代都要为此对神欢宴"，不能食用的燔祭不该在佳日当天进行，而是在节间日的某一天进行。

④ 希列学派认为《利未记》23∶41"对神欢宴"包括所有给神的祭献，而不只是说人能吃的东西，因此平安祭和燔祭都可以祭献。

⑤ 希列学派认为按手之后必须立即屠宰牺牲，因此不可能在其他时间按手。

⑥ 沙玛伊学派认为佳日用火只是为了预备当日的食物，因此，一切与食物无关的目的（洗脸、手、足等）均为违犯律法。

⑦ 如果烧热的洁净的饮用水，那么顺便用于洗浴也是允许的。更严格的说法是：必须先喝过，然后才可以用剩下的水洗浴。

⑧ 希列学派认为既然佳日允许生火，那么用火所达到的所有照顾生理需求的目的都是合乎律法的，因此洗手、脸、足都是允许的。稍微严格一点的解说则认为合乎生理需求指的是大多数人的日常需要，比如洗手可以，全身洗浴就不可以，因为人们不是每天都全身洗浴的。

⑨ 希列学派以此举例，说明哪怕只是用火本身来取暖，也是许可的，不必去加热任何东西。沙玛伊学派显然反对这一说法。

6. 拉班迦玛列于三事从严，一如沙玛伊学派之言：不得于佳日覆盖热食至安息日①，不得于佳日组装烛台②，以及不得烘焙大块面包③，而只许小块④。拉班迦玛列说：自家父之日起其家中即不烘焙大块面包，而只烘小块⑤。他们对他说：我们能将令尊之家如何？其严于律己，宽于律全以色列，使其可烘焙大块及厚重之面包⑥。

7. 其⑦亦言于三事从宽：可在靠垫之间打扫⑧，佳日可在火中添香⑨，逾越节之夜可烤制羊羔⑩。而众贤哲禁之。

---

① 沙玛伊学派认为在佳日为安息日所做的不同的事情应该设置不同的移入纹，比如为安息日烹煮食物，就应该设置烹煮移入纹，而若为安息日覆盖热食以便保温，就该设置覆盖移入纹。如果没有设置，就不可做这些事情。希列学派认为只需要设置一种移入纹，就可以做所有的事情。

② 烛台在佳日散架，沙玛伊学派禁止组装以用于安息日，因为这属于"修建"的范畴。希列学派反对这一说法，认为"修建"的禁令不包括器皿。

③ 烘焙大块面包涉及大量工作，沙玛伊学派因此禁止。

④ 希列学派允许烘焙大块面包，因为面包炉要放满才会有最好的烘焙效果。

⑤ 拉班迦玛列在此说明该规则自其父（拉班迦玛列长老）时代就已经在家中施行，并非他自己的发明。

⑥ 拉班迦玛列的家规只限于自己家中，以色列民众依然遵循希列学派的律法。

⑦ 拉班迦玛列。

⑧ 佳日或安息日禁止扫地，以防将东西扫到地面的坑洞中将其填平，形成事实上的修建工作。拉班迦玛列认为在餐桌旁的靠垫之间打扫掉落的食物（当时人们斜倚就餐）是可以的，因为这些地方地板上不会有坑洞。众贤哲反对，因为他们担心这样的有限打扫许可会被利用来做全房间的打扫。

⑨ 在火中添加乳香，为了改善室内的气味。众贤哲反对，因为这一行为只是富人家中才有，不是大多数人的日常惯例。

⑩ 在逾越节烤制羊羔，一如圣殿献祭的情形。众贤哲禁止这样做，因为这会导致民众在不适宜的地点食用相当于祭肉的食品。

8. 拉比以利亚撒·本·亚撒利雅许可三事,而众贤哲禁之:其牛角间佩带出行①,于佳日梳牲畜之毛②,以其磨研碎胡椒③。拉比犹大说:不可于佳日梳牲畜之毛,因造成伤口,然可理毛④。而众贤哲说:既不可梳毛,亦不可理毛⑤。

9. 胡椒磨子可沾染不洁,因其为三件器皿⑥:因其为容器⑦,因其为金属器皿⑧,因其为筛漏器皿⑨。

---

① 安息日于佳日时家畜按律法必须休息,因此禁止让家畜负重出行至公共区域。拉比以利亚撒·本·亚撒利雅认为装饰性的牛角间佩带不算负重,因此可以出行(一说,并非他自己的牛这样做,而是邻居的牛这样做他没有制止,因此算作他自己的牛),众贤哲反对,因为给牛戴上佩带并非惯常做法,因此佩带被看作是牛负重运送的物品。

② 当时给牲畜梳毛使用铁梳子,容易造成伤口,拉比以利亚撒·本·亚撒利雅认为既然不是有意造成伤口,就没必要加以禁止。

③ 使用专门研磨胡椒的磨子,这种磨子比较大,操作起来工作量较重,因此众贤哲禁止使用,而要求使用小型的石舂来研碎。拉比以利亚撒·本·亚撒利雅认为既然是用于饮食目的,就没理由禁止。

④ 使用木梳理毛,以免造成伤口。迈蒙尼德认为梳毛是为了去除黏附在皮上的小虱子,比较容易造成皮肤损伤;理毛则是为了去除在畜毛里的大虱子,不会伤及皮肤。

⑤ 以免人们误认为两者相同,以为允许理毛也就允许梳毛。

⑥ 胡椒磨子由三部分组成,每部分都在洁净问题上相对独立,因此即使一部分破损了,另外两部分仍然可以沾染不洁,而不像其他被看作完整一体的器皿,破损后就不再有沾染不洁的问题。

⑦ 胡椒磨子的下部为木制容器,用来装磨好的胡椒粉,而木制容器可沾染不洁。

⑧ 胡椒磨子的上半部分是一个金属研磨装置,作为金属器皿,即使不是容器,也可以沾染不洁。

⑨ 胡椒磨子的中部是一个木质的筛子,用来过滤磨好的胡椒粉,相当于一个容器,因而也可以沾染不洁。

10. 童车①可沾染踩踏不洁②,可于安息日携带③,然不可牵拉④,除非是在物品之上⑤。拉比犹大说:所有物品均不可牵拉,唯此车除外,因其下压⑥。

---

① 当时用来教幼童学步的工具,幼童倚靠其后,车受力则行,牵引幼童跟随其后。
② 踩踏不洁:指由漏症患者倚靠、坐下或踩踏某物而造成该物品的不洁。如果幼童是漏症患者,那么他倚靠童车后,该车即为不洁。
③ 童车属于器皿,不算非移品,因此可以在安息日携带。
④ 以防车轮在地面形成车辙印,等于在挖沟,从而触犯安息日或佳日。
⑤ 可以在其他物品上牵拉,比如地毯上,不会对地面造成影响。
⑥ 拉比犹大认为此车与他物不同,牵拉时车轮只是下压,并不会移走泥土,因此是允许的。《革玛拉》说本节的两个观点都是拉比犹大的,不过是两个学者各自学得的拉比犹大相冲突的观点。

第3章

1. 佳日不得从鱼塘中捕鱼①,亦不得在其面前投放食物②;然可于兽栏中捕捉禽兽,且可在其面前投放食物③。拉班西缅·本·迦玛列说:并非所有兽栏均相同④。此为规则:凡需捕猎者,均受禁⑤;而不需捕猎者则均许可⑥。

2. 若兽类、禽类、鱼类之捕具在佳日前夕设下,则佳日时不得从中拿取,除非确知捕获于佳日前夕⑦。有例为证⑧:一外邦人

---

① 佳日允许为预备食物而工作,但限于与当日饭食有关的有限工作,大规模的、可能产生大量远超出佳日本身所需的食物的工作在受禁之列。因此,收割、脱粒、磨面等标准农业工作是受禁的。本节则讨论渔猎问题。由于野外的渔猎活动明显受禁,因此本节的渔猎限于已经圈养的鱼类、兽类与野禽的捕抓活动。第一句说明禁止在鱼塘捕鱼,原因是这种活动类似于从田间收割庄稼。

② 指用食物做诱饵的捕鱼行为。

③ 与鱼类的藏身水中不同,已经关起来的兽类和禽类目标明确,容易捕捉,不牵涉太多工作,也不会像捕鱼那样一网打起来够吃很长时间的,因此得到许可。

④ 拉班迦玛列反对一概允许从兽栏捕抓禽兽的规定,认为兽栏的许可要看情况而定。一说,拉班迦玛列并不反对上文观点,只是在此解释鱼塘与兽栏的不同(希伯来语原文中"鱼塘"与"兽栏"是一个词,指圈养野生动物的场地)。

⑤ 《革玛拉》的解释是:凡需要使用抓捕工具的,均属于捕猎行为,在受禁之列。

⑥ 迈蒙尼德的解释是:凡是一跃便可将其抓获的,便是许可的。

⑦ 也就是说,只要有疑问,就不得在佳日从捕具中拿取这些被捕获的野生动物。

⑧ 《革玛拉》认为此前应当有"然拉班迦玛列许可这些存疑的情况"一句,这样"有例为证"在逻辑上才说得过去。

携鱼给拉班迦玛列①,而他说:此为许可,然吾不愿受之②。

3. 不得屠宰病危牲畜③,除非当日尚有时间食用其烤熟之橄榄大小肉块④。拉比阿奇瓦说:即使是其屠宰部位橄榄大小之生肉块⑤。屠宰于田野者,不得以杠子或棍子运回⑥,而须一部位一部位以手运回⑦。

4. 头生坠坑者⑧,拉比犹大说:专家下而察看⑨,若其有残缺,则移起而屠宰⑩,否则不得屠宰⑪。拉比西缅说:任何于日前未察

---

① 外邦人不注意犹太教相关规定,因而也说不清楚鱼到底是什么时候捕捉的。
② 既然他认为这些鱼是许可的,为何又不愿意接受,历来众说纷纭。有人说他严于律己,有人说他与那外邦人有私仇,还有人说拉班迦玛列的许可只限于拿取,而不包括食用。
③ 牲畜在佳日濒死,如果不及时屠宰,死后禁止食用,整头牲畜就报废了。
④ 烤制比煮熟省时间,此处的律法极度从宽,因为不如此,牲畜的主人可能蒙受巨大的损失。
⑤ 拉比阿奇瓦给出了一个更加宽松的裁决:只要从屠宰下刀的部位(咽喉)割下一块橄榄大小的生肉,有时间吃掉就可以,甚至不必烤熟。
⑥ 用长的杠子或棍子穿过被屠宰的牲畜的躯体,两人抬回。这样做等于公开招摇一件通常在佳日禁止进行的工作,因此受禁。
⑦ 这样做看起来像是往家中运节期要食用的肉类,因此是可以的。
⑧ 头生公犊(牛、绵羊、山羊)属于圣殿祭献品,要交给祭司。在圣殿行祭礼后,部分焚烧,部分作为祭肉食用。有缺陷的头生公犊不可祭献,可以在圣殿外屠宰食用。有缺陷与否需要专家鉴定。本节讲的是头生公犊在佳日坠入坑中,且尚未经过专家检验的情况。
⑨ 如果头生公犊无缺陷,则属于非移品,不可将其从坑中移起。因此要想在当日将其屠宰(牲畜的主人担心该公犊会在坑中闷死,造成巨大的损失),唯一的办法是专家下到坑中,查看是否有缺陷。
⑩ 如果公犊有缺陷,不适合祭祀,则成为可屠宰者,不再是非移品。
⑪ 没缺陷则为非移品,自然不可屠宰。《革玛拉》认为若如此解,则此句未免多余,因此解为:"如果当天新生缺陷,亦不可移起屠宰。"

其残缺者,非为备用者①。

5. 牲畜死亡者,不得移离其地②。有例为证:有人以此及沾染不洁之举祭饼③之事问拉比特尔封,其入经堂而问。他们对他说:不得移离其地④。

6. 自佳日之始即不得分牲畜⑤,然若于佳日前夕分定,则可屠宰且彼此间分割⑥。拉比犹大说:人们可以器具或砍刀为砝码称重⑦。而众贤哲说:根本不得使用秤盘⑧!

7. 佳日不得磨刀⑨,然可于另一刀背打磨⑩。人们不可对屠户

---

① 拉比西缅认为专家查验头生公犊是否有缺陷,相当于进行律法裁决,由于佳日禁止进行律法裁决,所以也禁止查验,由此,所有佳日前未曾检验的头生公犊在佳日都是非移品。

② 《革玛拉》认为此处所说的是已经被指定为圣殿祭献品的牲畜在佳日自然死亡。由于死亡的祭献品不得用于任何用途,因此成为完全无用的东西,而完全无用的东西在佳日属于非移品,因此不得移动。

③ 举祭饼是揉制面团时分留给祭司的部分,同样属于圣品。沾染了不洁的举祭饼必须被烧掉,因此可以用为燃料,并非完全无用,但在佳日同样属于非移品。

④ 拉比特尔封认为两者均属圣品,弃置不管未免有不敬之嫌,但他无法确定,因此入经堂询问众贤哲的意见。

⑤ 佳日禁止买卖,唯一允许的是赊账买卖,但不许说明价格。本节所讨论的是一些人集体购买一头牲畜,事先讲定各人所得份额,屠宰后瓜分其肉的情况。本句说明不得在佳日商谈份额事宜,因为等于是在讲价钱。

⑥ 如果佳日时的相关活动不涉及数字价格,则一切都可以进行。

⑦ 拉比犹大认为在这种情况下,称重量是允许的,只要不使用常规的秤砣或砝码,而以其他物品代用即可。

⑧ 众贤哲强调说任何使用秤的行为(哪怕只是用秤盘装东西),都是不允许的。

⑨ 佳日可以做烹煮食物的直接工作,但不得做间接工作,比如修补烹饪器具。磨刀属于间接工作,因此被禁止。

⑩ 两刀互磨不是通行的磨刀方式,因此是允许的。

说:"称给我价值一第纳尔的肉①。"但他可屠宰,而他们在彼此间分割②。

8. 人们可对其友伴③说:"为我装满这个容器④。"然不可言数量⑤。拉比犹大说:若为量器,则不可将其装满⑥。有例为证:阿巴·扫罗·本－巴特尼特于佳日前装满量器,且于佳日将其交与客户。阿巴·扫罗⑦说:节间日亦当如此行,以使度量明了⑧。而众贤哲说:常日亦当如此行,以使量器净空⑨。人们可去熟识的店主处,且对他说:"给我某数量之鸡蛋与坚果⑩。"因家主在其家中亦如此计数⑪。

---

① 佳日禁止谈论价格,参见上节有关注解。
② 屠户在佳日只有一种出售方式,也就是上节所说的群体购买,且在佳日前确定分配方法。
③ 他所熟识的店主,可以不加说明便赊账。
④ 即使大家都清楚这个容器有多大,装满的货物值多少钱。
⑤ 但是不能讲清楚到底要多少数量,否则便违反了律法。
⑥ 《革玛拉》解释说定规贤哲认为可以装满从未用过的新量器,拉比犹大认为即使是旧量器也不可使用。
⑦ 阿巴·扫罗·本－巴特尼特与阿巴·扫罗是两个人。
⑧ 阿巴·扫罗解说此例以反驳拉比犹大的观点,他认为阿巴·扫罗·本－巴特尼特的做法与佳日禁止装满量器无关,他这样做只是为了使计量准确(比如,某些液体在倒入容器时会起泡沫,需要时间等泡沫全消,才能知道准确的度量)。
⑨ 众贤哲认为提前装满的原因是防止某些商品(比如橄榄油或其他黏稠的液体)会沾在量器的壁上,需要时间才能将准确的数量倒入出售时使用的容器。
⑩ 此处指的是不需要量器称量的明确数字,比如:三个鸡蛋,五个坚果,等等。
⑪ 计数是在家中也进行的,称量则是标准的商业行为,因此两者律法地位不同。

第 4 章

1. 从一地至另一地①携运罐装酒者②,不得以篮子或筐子携运③,然可于肩上或身前④携运⑤。搬运秸秆者⑥亦如此,不得使其筐子下沉于身后⑦,然可以其手搬运⑧。可开始使用秸秆堆⑨,然后院之木材则不可⑩。

2. 不得从棚屋上取木料⑪,除非其靠近者⑫。从田野搬运木头

---

① 从家开始任意方向上的两千肘之内的距离,一如安息日行走距离。
② 佳日时为了节期的需要,可以运送饮食,但不得以平日大规模商业运输的方式进行。
③ 将很多罐酒装在篮子或筐子里运送,这是平日商业运输的做法,因此受禁。
④ 即用手提着。
⑤ 只要不使用大型容器,运送多少都可以,如果使用篮筐,则运一罐也不行。
⑥ 指从田地里向家中搬运秸秆,用作燃料。
⑦ 在篮筐里装很多秸秆,背在身后,这是平日工作时的情形,因此受禁。
⑧ 用手搬运,看起来是用多少搬多少的样子。
⑨ 即使是一个从未被指定为燃料的秸秆堆,佳日时也可以从中取秸秆作燃料。
⑩ 在《巴比伦塔木德》时代,后院通常用于仓储,存放于此处的木材通常是质量较好的建筑用材,用这样的建材烧火,会严重贬损其应有价值,属于"严重贬值非移品"而受禁。
⑪ 从棚屋上取木材,构成拆屋行为,在佳日受禁。
⑫ 如果木材只是靠近棚屋,不是建筑的一部分,则可以取用。

者,搬自集堆①;然若自木仓,则即便自散落者亦可②。何为木仓? 任何靠近城镇者③。此为拉比犹大之言。拉比约西说:任何需用钥匙进入者,即使其在安息日区域中④。

3. 不得切开木材⑤,房梁亦不可,佳日断裂之房梁亦不可⑥。不得用斧子,不得用锯子,亦不得用镰刀⑦,而用砍刀⑧。装满果实而密闭之房屋被打开⑨,可于开口处拿取⑩。拉比梅伊尔说:亦可领头打开并拿取⑪。

---

① 如果在佳日到来前户主将树枝木材收集堆放在田野里,那么说明他是要在佳日使用这些木材,因此他可以搬回家使用。
② 木仓是田野里一个围起来堆放木料的地方,此中的木料天然被看作是集中堆放的,因此即使散落也可以搬运。
③ 城镇周边七十肘多的距离之内。
④ 拉比约西认为只要是围好的、需要用钥匙进入的区域,都可以被看作是木仓,即使其不在城镇周边七十肘的范围内,而是在远至两千肘的安息日区域内。
⑤ 指建筑用木材,不得在佳日切开这些木材以用作燃料。
⑥ 在佳日开始时没有断裂的房梁属于非移品,虽然断裂之后变成了柴火,但佳日期间仍为非移品,不得切开做燃料。
⑦ 这些都是工匠常用的处理木材的工具,佳日时禁止使用这些工具加工木材,以免看起来像平日在工作。《革玛拉》认为此处缺了一句"佳日开始前已断裂之房梁可以切开"。
⑧ 屠夫用来砍肉或骨头的刀,因为通常不被用来切木头,所以与平日工作不同,可以使用。
⑨ 该储藏屋的出入口被砖块或石块堵住,没用灰浆加固封死,佳日时封堵物掉落或被人打开,露出里边的果实。
⑩ 由于封堵不严,此中果实的非移品地位并非为《圣经》律法所制约,而是受制于拉比律法,破口出现后,该地位即失效,果实可以被取用了。
⑪ 拉比梅伊尔认为既然没用灰浆封死,打开其出入口的行为就不是拆毁行为,因此可以随便打开取用果实。

4. 不得开挖油灯①,因其为制作器皿②。亦不得于佳日制炭③。亦不得将灯芯剪为两截④。拉比犹大说:可为两只油灯带焰截断⑤。

5. 不得打碎陶片或剪切纸张且以之烤咸鱼⑥。不得从烤炉或双眼炉中耙出⑦,然可推平⑧。不得使两缸相近以在其上安锅⑨。不得以木块支锅,门亦如此⑩。不得于佳日以木棍赶牲畜⑪。拉比以利亚撒·本·西缅许之。

6. 拉比以利以谢说:人们可拾起其面前⑫之木片且以之剔牙⑬,

---

① 当时的油灯用烧制的黏土块挖洞制成。
② 制作器皿属于建筑的一部分,属于安息日和佳日都禁止进行的工作。
③ 木炭亦被视为器皿,因为金匠以其纯化黄金。
④ 将灯芯剪为两截等于制作了一个新灯芯,而灯芯等于器皿,因此受禁。
⑤ 如果需要用一个灯芯点燃两只油灯,则可以把灯芯两端置于两盏油灯中,然后在中间点火,灯芯自然烧断,但没有制作新灯芯之嫌,因为他只做了一个常规的点灯动作。
⑥ 用碎陶片或者浸湿的纸张垫在咸鱼下边,使之与烤盘分开,以免烤糊。这是一种制作器皿的行为,因而受禁。
⑦ 如果炉壁或炉顶上有石块或砖块掉落,不得用耙子将其取出,因为这与直接烹饪无关,或者因为属于修缮行为。另一说:掉落的物体属于垃圾,而佳日禁止清除垃圾,因其为非移品。
⑧ 如果炉灰在炉中成堆,可能会触及面包,使之焦糊,则可以将炉灰推平,使之与面包脱离接触。一个可能的解释是:炉灰仍在燃烧之余,尚有火光,还不是垃圾,所以可以移动。
⑨ 用两个缸架起一个锅,然后在锅下生火,成为临时炉灶,这种行为受禁,因为被看作是一种建筑行为。
⑩ 在佳日期间,木头只能被用于烧火做饭,不能用于其他目的。
⑪ 这是平时工作时的样子。
⑫ 意思是家中。
⑬ 拉比以利以谢认为既然佳日可以用木头生火,木头就不是非移品,用于其他生活目的也是可以的,比如剔牙。

亦可于院中收集生火①，因凡在院中者均为备用品②。而众贤哲说：收集在其面前者而生火③。

7. 不得生火④，无论以木、以石⑤、以土⑥，或以水⑦；亦不得加热瓦片以烧烤⑧。拉比以利以谢还说：人们可于安息日前夕立于第七年之非移品旁⑨，且说："明日我将自此取食。"而众贤哲则说：除非标记，且说"自此处至彼处⑩"。

---

① 可以在院子里收集散落的秸秆或者木块，用以生火。
② 拉比以利以谢认为家的概念应该包括院子。
③ 众贤哲这句话表达了与拉比以利以谢的观点的两个不同之处：第一，佳日期间的收集行为只限于家中屋子里，而不包括院落（因为院落可能很大，收集行为可能耗费很多时间精力，看起来像是平日的工作）。第二，收集来的东西只能用于生火做饭，而不能用于其他目的（只要不是生火做饭，木头就是非移品）。
④ 佳日禁止生新火，点火做饭，只能使用现成的火种。
⑤ 与钻燧取火同理，当时主要的取火方式是木石摩擦。
⑥ 硬土块可以取代石头，用于取火。
⑦ 将水置于玻璃盘中，置于日光下，水面起到类似镜面的作用，在反光聚焦点上可引燃易燃物。
⑧ 虽然是在做饭，但瓦片因加热而变得更加坚固，实质上成了制成器皿。
⑨ 此处的非移品指晾晒过程中的干果（无花果、椰枣等），这些未完成制作的干果在安息日或佳日均属于非移品。不过这些果品的制成并无客观标准，完全取决于制作者的意愿，因此只要制作者宣布可以食用，其非移品的限制便立即消失。此处特别说明是"第七年之非移品"，主要是为了把有关举祭和什一税的问题排除在外（第七年产品为无主物，无须分留举祭和什一税），而专门讨论非移品问题。
⑩ 众贤哲认为不能模糊许可，而必须说明究竟哪些果实是可以食用的。

第 5 章

1. 佳日可从天窗将果实推下①,然于安息日则不可②。可因漏水而以布遮盖果实③,酒罐与油罐亦如此④,且可于安息日将容器置于漏水处下方⑤。

2. 一切因安息律⑥、因诫喻⑦、因诫命⑧而有责于安息日者,其均有责于佳日⑨。此为因安息律者:不得爬树⑩,不得骑在牲畜

---

① 以色列地区的传统住房为平顶,顶部用于晾晒粮食果品。如果佳日遭遇下雨天,晾晒者面临巨大经济损失,则可将果实从天窗推落屋中,既避免了损失,又保证其所进行的是可能情况下的最小量工作(不得用其他方法将果实移至屋中)。

② 不预备为当日食物的粮食果实在佳日和安息日均为非移品,推落屋顶的许可是为防止过度经济损失而采取的变通措施,但安息日律法严于佳日,因此在佳日许可,在安息日则受禁。

③ 如果屋顶某处漏水,而又无法将果实推落天窗,则可以用布覆盖果实。

④ 虽然装在罐子里的酒或者油很少受到落雨或漏水的影响,但即使是为了挽救微小的损失,覆盖也是允许的。

⑤ 以上诸许可都是针对佳日的(有人说第二项也适用于安息日),本句则提出安息日的解决办法:用容器接水,且在接满后可以倒掉继续接。不过《革玛拉》认为这漏出的水必须是适于饮用的,否则该水为非移品,连带接水的容器也成了非移品。

⑥ 在《托拉》律法中找不到,完全为拉比律法所规定的禁令。

⑦ 非强制性的诫命,但依据拉比安息律,安息日和佳日被禁行。

⑧ 强制性诫命,且依据拉比安息律,安息日和佳日被禁行。

⑨ 尽管佳日禁令没有安息日那样严格,但是本节所说的行为是同样被禁的。

⑩ 防止人们趁机从树上采果子吃,而构成收获行为。

背上①，不得游于水面②，不得拍手，不得拍腿，亦不得跳舞③。此为因诫喻者：不得裁决④，不得订婚⑤，不得行脱鞋礼，亦不得行转房婚⑥。此为因诫命者：不得捐为圣物⑦，不得估定价值⑧，不得指定圣物⑨，亦不得分留举祭与什一税⑩。上述所有有关佳日者，安息日更是如此⑪。佳日与安息日无异，唯饭食例外⑫。

3. 牲畜与用品一如其主之足⑬。将其牲畜交与其子或牧人

---

① 防止人们去折枝条用作驱赶牲畜的鞭子。
② 拉比犹太教禁止空身游水，下水前必须给自己做一个筏子或其他漂浮物，而这属于建筑行为，在安息日和佳日受禁。
③ 这些是当时人们听音乐时的习惯动作。这些动作受禁是因为怕人们由此要求听音乐，最终导致修理损坏的乐器。
④ 裁决属于可以放弃的诫命（法官可以放弃一个案件，留待更有智慧的人去裁决）。
⑤ 当时犹太婚礼分两步，第一步是订婚，男子用一定的彩礼约定婚姻，约一年后举行婚礼。
⑥ 按照希伯来《圣经》的律法（《申命记》25：5—10），丈夫死后，其兄弟有责任娶其遗孀为妻，成则为转房婚；如果其兄弟不愿意，则行脱鞋礼，使遗孀可自由嫁人。转房婚和脱鞋礼都是活着的兄弟中最年长者的责任，并非每个兄弟都要履行，因此被认为是非强制性诫命（诫喻）。上述四项活动受禁都是因为安息日禁止书写，裁决要写判决书，婚姻相关事务也要写下法律文书，如在安息日或佳日进行，当事人可能忘记时间，误写契约，从而触犯律法。
⑦ 指定献祭牲畜或将财物捐给圣殿。
⑧ 按性别和年龄估定给圣殿的还愿款额，参见《利未记》27：1—8。
⑨ 指定某物或某牲畜将来为圣殿或祭司所用，但不说明具体用处。以上三项受禁是因为它们与买卖行为相类似，涉及财产权的交割。
⑩ 分留举祭与什一税会导致不可食用的税前品变得可以食用，从而提升其价值，从而触犯"修缮"禁令。
⑪ 安息日律法比佳日严格，所以佳日受禁者，安息日肯定受禁。
⑫ 佳日准许从事与烹饪直接相关的工作，而安息日不可以。
⑬ 本节讨论安息日与佳日行走畛域问题（通常为两千肘，安放移入纹之后再增加两千肘），本句说明牲畜与用品的移动距离随其主人而定，好像主人的脚一样。

者①,此一如其主之足②。家中兄弟之一专用之用品,一如其足③;若未专用,则依他们可行之地④。

4. 佳日前向其友伴借用品者,其一如借用者之足;若于佳日中,则一如出借者之足⑤。为其面团而向其友伴借调料、水、盐之妇人,其一如两人之足⑥。拉比犹大于水则免之,因其中无实物⑦。

5. 燃烧煤块一如其主之足⑧,火焰则各处可行⑨。圣殿之燃烧煤块有滥用圣物之责⑩,火焰则不可使用,然亦无滥用圣物之

---

① 指在佳日或安息日开始之后交给别人照管。
② 由于佳日开始时并未交托,牲畜的行走畛域已经确定为跟主人一样,因此交托不能改变行走距离。比如,如果父亲没有安放移入纹而儿子安放了,那么在佳日开始之后交托,牲畜只能离家两千肘,但如果佳日开始之前交托,就可以行走最多四千肘。
③ 父母已亡,兄弟尚未分家,此时如果某些用品平时专为某一兄弟使用(比如被他穿在身上的衣服),那么这些用品的安息日畛域即随该兄弟而定。
④ 如果是习惯上的公用品,那么这些用品的移动距离就是所有兄弟都可以移动的范围。
⑤ 如上节所言,用品在佳日可移动的距离取决于其在佳日开始时的属从,在出借者之手则随出借者,在借用者之手则随借用者。
⑥ 因为做好的面团里有两个人的东西,因此属于两人所有,其可移动范围也就是两人均可行走的范围。
⑦ 拉比犹大认为做成面团之后,水就不见了,因此不存在一个可移动范围的问题。
⑧ 不能被运到其主人的安息日行走距离之外。
⑨ 如果从某人处的蜡烛上取火点燃自己的蜡烛,则可以持该火焰行走至任何自己行走区域之内的地方,原因是火焰不是实物,不受实物移动距离的限制。
⑩ 如果从圣殿拿取燃烧的煤块以做火种,那么这种行为属于滥用圣物,需要献赎愆祭(关于滥用圣物的问题,参见《利未记》5:15—16)。

责①。向公共区域出运燃烧煤块者,有责;火焰则免责②。私人水井一如私人之足③,属同城人者则一如同城人之足④,属巴比伦朝圣者则一如汲水者之足⑤。

6. 其果实在另一城镇者⑥,该城人设移入纹以将其果实运与其人,不可运与其人⑦;若其人设移入纹,则其果实一如其本人⑧。

7. 邀请客人至其处者⑨,客人不得持菜肴而去,除非其于佳日前已将其菜肴授予他们⑩。不得饮及屠宰⑪在田野之牲畜⑫,然

---

① 火焰非实物,虽然使用圣殿火焰违犯律法,但不属于滥用圣物。
② 虽然两者都是在运送火种,但火焰不是实物,所以不受安息日区域限制。
③ 从私人水井里打上来的水只能在水井主人的安息日行畛域内移动。
④ 属于城镇的水井则其安息日畛域从属于该城镇的畛域,也就是城镇自然畛域之外两千肘的距离。
⑤ 朝圣者挖掘的水井属于公共所有,其中的水为无主物,谁打上来归谁,其移动距离也就与打水人的安息日行走范围一致。
⑥ 他收藏果实的城镇距其家超过两千肘,他本人没有设畛域移入纹,因此无法去取用自己的果实。
⑦ 即使该城人设立了移入纹,可以走到他家,也不可以把果实带给他,因为果实一如主人之足,不可移动到主人的行走区域之外。
⑧ 如果他自己设置了畛域移入纹,可以走到收藏果实的城镇去,那么该果实的移动范围与他一致,也就可以被带回家中。
⑨ 指从另一城镇到来,且两地距离超过安息日行走距离的客人。这些客人靠自设畛域移入纹而抵达。
⑩ 菜肴如主人之足,除非节前就已经说定授予,否则不得携出主人的安息日畛域之外。事先授予时该客人不必在场,主人可以将菜肴交给任何一个人,并说:"请拿上这个,并为某某人获取所有权。"
⑪ 《革玛拉》解释说:当时的屠宰习惯是先给牲畜饮水,然后再屠宰,这样比较容易剥皮。
⑫ 指放养的牲畜,由于其主人在佳日开始时不一定能见到这些牲畜,所以在佳日时属于非移品,不可屠宰。

可饮及屠宰在家中之牲畜[1]。何为在家中之牲畜？在城中过夜者[2]。何为在田野之牲畜？在牧场过夜者。

《节蛋》卷终

---

[1] 这些牲畜可以随时接触到，因此不算非移品。
[2] 包括城镇外两千肘的安息日区域在内。

第8卷

岁 首
Rosh ha-shanah

歲酋
丁酉年花生劉波

提　要

本卷讨论犹太历新年的相关律法问题。

就时代而言，本卷所反映的主要是圣殿时期的新年习俗，其中一个主要的特点是历法尚未用数学计算的方式固定下来，因而在很大程度上依然靠人工目测来确定。因此，这一时期犹太新年最重要的活动是确定新月出现的时间，由于随后一年的犹太历都靠这一目测结果而确定，其重要性自然不言而喻。

这一时期另一个重要的新年活动便是吹奏羊角号。这一起源于《希伯来圣经》相关规定的习俗一直保留至今，成为犹太新年最具特色的活动。

本卷2:9所记载的拉班迦玛列与拉比约书亚有关新年日期的争议及其平息是拉比犹太教历史上的重要事件，对于理解拉比犹太教的发展和教理有着重要的意义。

本卷共四章。前两章讨论有关新月时间的确定的相关律法，其中重点讨论有关新月目击证人之证言的处理程序。后两章则主要讨论吹奏羊角号的相关问题。

相关《希伯来圣经》段落

1.《出埃及记》

12：1　耶和华在埃及地晓谕摩西、亚伦说……

12：2　你们要以本月为正月,为一年之首。

23：16　又要守收割节,所收的是你田间所种,劳碌得来初熟之物。并在年底收藏,要守收藏节。

34：22　在收割初熟麦子的时候要守七七节,又在年底要守收藏节。

2.《以西结书》

40：1　我们被掳掠第二十五年,耶路撒冷城攻破后十四年,正在年初,月之初十日,耶和华的灵(原文作"手")降在我身上,他把我带到以色列地。

3.《利未记》

23：1　耶和华对摩西说……

23：2　你晓谕以色列人说,耶和华的节期,你们要宣告为圣会的节期。

23：23　耶和华对摩西说……

23：24　你晓谕以色列人说,七月初一,你们要守为圣安息日,要吹角作纪念,当有圣会。

23：25　什么劳碌的工都不可做，要将火祭献给耶和华。

4.《民数记》

29：1　七月初一日，你们当有圣会。什么劳碌的工都不可做，是你们当守为吹角的日子。

29：2　你们要将公牛犊一只，公绵羊一只，没有残疾，一岁的公羊羔七只，作为馨香的燔祭献给耶和华。

29：3　同献的素祭用调油的细面。为一只公牛要献伊法十分之三。为一只公羊要献伊法十分之二。

29：4　为那七只羊羔，每只要献伊法十分之一。

29：5　又献一只公山羊作赎罪祭，为你们赎罪。

29：6　这些是在月朔的燔祭和同献的素祭，并常献的燔祭与同献的素祭，以及照例同献的奠祭以外，都作为馨香的火祭献给耶和华。

5.《诗篇》81：2—4

81：2　唱起诗歌，打手鼓，弹美琴与瑟。

81：3　当在月朔，并月望，我们过节的日期，吹角。

81：4　因这是为以色列定的律例，是雅各神的典章。

6.《尼希米记》

8：2　七月初一日，祭司以斯拉将律法书，带到听了能明白的男女会众面前。

8：3　在水门前的宽阔处，从清早到晌午，在众男女，一切听了能明白的人面前读这律法书。众民侧耳而听。

8：4　文士以斯拉站在为这事特备的木台上。玛他提雅，示玛，亚奈雅，乌利亚，希勒家，和玛西雅站在他的右边。毗大雅，米沙利,玛基雅,哈顺,哈拔大拿,撒迦利亚,和米书兰站在他的左边。

8:5 以斯拉站在众民以上,在众民眼前展开这书。他一展开,众民就都站起来。

8:6 以斯拉称颂耶和华至大的神。众民都举手应声说,阿们,阿们,就低头,面伏于地,敬拜耶和华。

8:7 耶书亚,巴尼,示利比,雅悯,亚谷,沙比太,荷第雅,玛西雅,基利他,亚撒利雅,约撒拔,哈难,毗莱雅,和利未人使百姓明白律法。百姓都站在自己的地方。

8:8 他们清清楚楚地念神的律法书,讲明意思,使百姓明白所念的。

8:9 省长尼希米和做祭司的文士以斯拉,并教训百姓的利未人,对众民说,今日是耶和华你们神的圣日,不要悲哀哭泣。这是因为众民听见律法书上的话都哭了。

8:10 又对他们说,你们去吃肥美的,喝甘甜的,有不能预备的,就分给他。因为今日是我们主的圣日。你们不要忧愁,因靠耶和华而得的喜乐是你们的力量。

8:11 于是利未人使众民静默,说,今日是圣日。不要作声,也不要忧愁。

8:12 众民都去吃喝,也分给人,大大快乐,因为他们明白所教训他们的话。

第1章

1.岁首有四①,其为:尼散月一日为国王②与朝圣节③之岁首。

---

① 四个岁首,指提斯利月一日、尼散月一日、牲畜新年与树木新年。《希伯来圣经》中唯一一次使用"岁首"一词指的是提斯利月十日,也就是赎罪日。《以西结书》40∶1:"正在年初,月之初十日。"传统上认为这是指年初,而非岁首。提斯利月一日在《希伯来圣经》中被称为"吹号角的日子"(《利未记》23∶24,《民数记》29∶1),并未直接称为新年。该日成为新年,依据的是《耶路撒冷塔木德》对《出埃及记》23∶16"并在年底收藏,要守收藏节"及34∶22"又在年底要守收藏节"的解释,认为农业收割发生在年底的话,那么只有提斯利月符合条件,由此成了新年之一。又因为某些贤哲(以拉比以利以谢为首)笃信上帝创世发生在这一天,因而大力推举,遂逐渐成为普通人心目中的主要新年。尼散月是《希伯来圣经》明文规定的众月之首(《出埃及记》12∶2"你们要以本月为正月,为一年之首月"),因此成为新年之一不仅理所当然,而且实际上是《希伯来圣经》中所谈及的历法中最接近新年的日子。在巴比伦流放之前,希伯来历法大概都没有月的名称,而只是以"一月""二月"等数字顺序称呼,尼散月是理所当然的"一月",也就是新年开始的日子。巴比伦流放之后,以色列人开始用名称称呼月份,《尼希米记》《以斯拉记》《以斯帖记》等晚期先知书和圣著中开始用名称而不是顺序来称呼月份,大约从这时候开始,尼散月的"首月"身份逐渐模糊,成为众新年之一。牲畜新年和树木新年都是根据拉比律法而制订的新年,并无《希伯来圣经》的确实依据。

② 也就是犹太国王的纪年从尼散月一日开始,无论国王在几月登基,过了尼散月一日就是第二年。

③ 朝圣节,指逾越节、五旬节和住棚节等三个要求以色列男子去耶路撒冷圣殿朝拜献祭的节期。以尼散月一日做岁首实际上是从逾越节起计算三大节期的轮回顺序,这在律法实践中是有意义的,比如过了尼散月一日,公共祭献的资金便来自新的一年的舍客勒,或者许愿的人最晚需要在三大节过完前还愿,也是从逾越节算起。

以禄月一日为牲畜什一税之新年①。拉比以利以谢与拉比西缅说：提斯利月一日②。提斯利月一日为众年③、第七年④、禧年⑤、植树⑥与蔬菜⑦之岁首，施瓦特月一日则为树木之岁首⑧，此依沙玛伊学派之言。希列学派则说：于此月十五日⑨。

---

① 牲畜什一税的规定，出自《利未记》27：32："凡牛群羊群中，一切从杖下经过的，每第十只要归给耶和华为圣。"每年出生的牲畜各自分留什一税，不与上年叠加，出自《申命记》14：22："你要把你撒种所产的，就是你田地每年所出的，十分取一分。"拉比犹太教认为此处的产出，既指庄稼也指牲畜。至于把牲畜新年定在以禄月一日，通常认为是因为新畜大多在此前的阿夫月出生。

② 这两人认为《申命记》将牲畜什一税与庄稼什一税相提并论，因此两者的新年也应该一致。不过众贤哲认为谷物要晾干以后才分留什一税，也就是说要在预备好以后才能分留，而牲畜没有这个预备过程，生下来就算预备好了，所以牲畜新年要早于庄稼新年。

③ 多数注家认为这是指异邦国王的纪年起始，亦有认为是神的裁决之日，或者为日月的新年。

④ 安息年有关耕种的禁令从此日开始生效。

⑤ 每五十年为一禧年，相关律法包括所有奴隶均获得自由，以及所有被出售的土地都物归原主，等等。禧年亦从此日开始计算。

⑥ 指果实相关的三年未净的律法，以提斯利月一日为新年的意思是：如果某人在提斯利月一日之前四十四天种下果树（生根两周，生根后生长了至少三十天），那么从提斯利月一日起就可以算是第二年了。不过这不意味着两年以后就可以食用其果实，因为未净期虽过，果实的食用则以下文所说的树木新年为准，因此要到第四年的树木新年开始方可食用果实。

⑦ 提斯利月一日之前采收的蔬菜不能与之后的互相分留什一税。

⑧ 此日期前后成形（花落蒂出为果实成形之始）的果实不可互相分留什一税，之所以选择施瓦特月为树木新年，则是因为此时雨季已过，果实主要靠雨水生长，此后便不再会有大的生长了。

⑨ 希列学派将新年定在十五日，大约是因为此日为冬季之半，此后雨水渐少，天气转暖。

第 1 章

2. 世界接受裁决于四时①：于逾越节判谷物②；于众会日③判树果④；于岁首世人在其面前如羊群通过⑤，因经文说："他是那造成他们众人心的，留意他们一切作为的。"⑥于节日⑦判雨水⑧。

3. 信使出发于六个月⑨：于尼散月，因为有逾越节⑩；于阿夫月，因为有斋戒⑪；于以禄月，因为有岁首⑫；于提斯利月，因为须确定节期⑬；于基斯流月，因为有光明节⑭；且于亚达月，因为有普

---

① 上帝在四个时间决定接下来一年的某些相关事物如何演变。
② 逾越节是谷物初熟之时，神在此时决定当年谷物丰歉。
③ 众会日通常指住棚节的第八天，不过此处指五旬节。
④ 五旬节是树木果实开始成熟的时节，神于此时决定当年果实丰歉。
⑤ 世人并非单独从神的面前经过且接受审判，而是像羊群那样成群经过，单只的羊未必知道自己经过了神的面前，但神都看在眼里。此处的岁首指提斯利月一日。
⑥ 《诗篇》33：15。
⑦ 节日，此处指住棚节。
⑧ 住棚节为雨季起始，此时神要决定当年雨水是否充沛。
⑨ 《密释纳》时代，月首的确定依靠目击者报告新月的出现，而以色列的拉比法庭在确定月首日期后，需要派信使去各地布告新月日期，以便各地犹太人日历一致。不过通常不会每个月都派信使，而只是在有重要节期的六个月派遣，以保证大家在同一天过节。
⑩ 民众需要知道逾越节在哪一天，首先要知道尼散月一日是哪一天。
⑪ 阿夫月九日为纪念圣殿陷落的斋戒日。
⑫ 当时一个通行的计算岁首的方法是从以禄月一日起计算三十天，第三十天即为岁首，因为据说从以斯拉时代起，以禄月都是三十天。
⑬ 尽管有从以禄月一日开始计算三十天的方法，提斯利月一日还是要派信使布告四方，因为该月有赎罪日、住棚节等一系列节期，过于重要，不能依赖于传统方法。
⑭ 该月二十五日为光明节，纪念马卡比起义时圣殿油灯所显示的奇迹。

珥节①。圣殿在时,则亦出发于以珥月,因为有小逾越节②。

4. 两个月可渎犯安息日③:尼散月与提斯利月,因信使此时出发至叙利亚④,且以此确定节期⑤;圣殿在时,于所有月份⑥均渎犯,因须确定祭献⑦。

5. 无论其为清晰可见或不清晰可见⑧,均为此渎犯安息日⑨。拉比约西说:若清晰可见,则不得为此渎犯安息日⑩。

6. 有例为证:四十对经过⑪,而拉比阿奇瓦将其拘于路德⑫。拉班迦玛列遣使对其说:若拘者众,则未来将致其过犯⑬。

---

① 该月十四日为普珥节,纪念以斯帖拯救犹太人的奇迹。
② 小逾越节,即第二逾越节,日期为该月十四日,是第一逾越节时因洁净问题未能献祭的人补行的节期,参见本部《逾越节》第9章相关内容。
③ 在这两个月中,如果目击者见到新月,可以连夜去拉比法庭报告,不必顾忌是否安息日。
④ 法庭确定新月日期后,信使出发至以色列各地宣告,同时亦前往叙利亚和巴比伦,通知那里的犹太社区。《革玛拉》认为"出发至叙利亚"并非目击者渎犯安息日的理由,实际上这两个月信使的出发时间要晚于其他四个月,因为事关重大,要等到拉比法庭天亮后宣布裁定才出发,而不是像其他四个月时连夜出发。
⑤ 在尼散月确定逾越节的日期,在提斯利月确定新年和住棚节的日期。
⑥ 指上节所说的派遣信使的六个月。
⑦ 以便月首的附加祭可以及时祭献。
⑧ 指新月的清晰程度。如果非常清晰,可以假设耶路撒冷地区人们可以见到,则存在着一个是否还为此渎犯安息日而去报告的问题。
⑨ 目击者以报告为重,新月清晰与否与此无关。
⑩ 因为可以假设耶路撒冷所有人都见到了。
⑪ 在安息日,四十对看见清晰新月的证人前往拉比法庭作见证。
⑫ 此时拉比法庭设于雅夫内,从耶路撒冷前往须经过路德。拉比阿奇瓦因为遵循上节拉比约西的观点,认为清晰的新月不可为了报告而渎犯安息日,因此不让这些人继续前行。
⑬ 如果众人由此认为报告是多余的,未来可能任何情况下都不去报告新月了,而不报告新月是违犯律法的行为,因此拉比阿奇瓦的行为会让众人在未来违犯律法。

7. 父子同见新月，则同去①。非其可互为参证②，而是若其中一人丧失资格③，则另一人可与他人参证④。拉比西缅说：父子及所有亲戚均可见证新月⑤。拉比约西说：有例为证：医生图比亚于耶路撒冷见新月，有他与其子及其释奴。祭司们接受他与其子，淘汰其奴⑥。及至法庭⑦，则接受他与其奴，而淘汰其子⑧。

8. 此辈为无效⑨：掷骰者⑩、收利贷款者⑪、驭鸽者⑫、第七年产品商贩⑬以及奴仆⑭。此为规则：凡妇女无资格作出之证言，此辈亦无资格⑮。

---

① 如果父子两人都见到新月，则都要去拉比法庭报告。
② 直系亲属之间不可联合作证，因此父子两人不能一起作证。
③ 其证言有漏洞，或者其身份不合格（比如曾经是窃贼，属于不可取信之人）。
④ 剩下的一个人可以和其他非亲属证人联合作证。
⑤ 不可联合见证，但都可以去法庭报告。
⑥ 祭司们认为父子可以联合见证，释奴则不行，因其出身卑微。
⑦ 指拉比法庭。
⑧ 拉比们认为见证与出身无关，而与是否直系亲属有关。
⑨ 本节接续上节，讨论作证资格问题。按：《希伯来圣经》规定禁止恶人作证（《出埃及记》23：1"不可与恶人连手妄作见证"），此为后世拉比犹太教禁止特定人群作证的基础。
⑩ 指以赌博为职业的人，《革玛拉》认为这些人对社会没有任何贡献，后世注家亦有认为这类人品行不正，甚至直斥其为盗匪的。
⑪ 《革玛拉》认为付利息的借款人亦在受禁之列，因为双方的证言都有可能受到各自利益的影响。
⑫ 用鸽子进行赌赛的人，一说：诱捕他人饲养的鸽子的人。
⑬ 按照《希伯来圣经》律法，第七年产品只能用作食物，不可将其变为商品。
⑭ 奴仆的作证地位与妇女相当。
⑮ 妇女不能作证的原因大约与当时妇女不上法庭抛头露面的习俗有关，其《希伯来圣经》的依据在《申命记》19：17："这两个争讼的人就要站在耶和华面前，和当时的祭司，并审判官面前。"其中"人"是阳性名词，说的是"男人"。

9. 见新月却无力行走者①，以驴运送之，甚至以床②；若对其设伏，则可手持棍棒③；若路途遥远，则可手持食物，因一昼夜之行程，可渎犯安息日而前去为新月作证④，因经文说："耶和华的节期，就是你们到了日期要宣告的。"⑤

---

① 病弱之人，无力自行至法庭见证新月。
② 如果他还能骑行，则可骑驴前往，如果卧床不起，则可以连床（或者用担架）抬去。
③ 如果路上有危险，则可以带棍棒自卫。
④ 可以渎犯安息日而去作证的最长允许行程是一昼夜，因为过此则会在安息日结束后的晚上才到达法庭，由于法庭只能在白天宣布新月开始，而每个月的长度不可超过三十天，第三十一天开始时新月份自动开始，所以如果周六日落前不能到达法庭的话，新月见证也就没必要了，因此也就没必要开始，更不用说渎犯安息日了。
⑤ 《利未记》23：4。说明这些节期必须按时宣布，以此作为即使渎犯安息日也在所不惜的经文依据。

第 2 章

1. 若不识之①，则另派人同去，且为其作证②。起初，他们接受任何人之新月证言；自宗派坏事起③，规定除相识者外概不接受。

2. 起初，他们举火为号④；自古实人坏事起⑤，规定须派出信使⑥。

---

① 如果拉比法庭的人不认识前去报告新月的证人。此处的"之"，在希伯来语里是第三人称单数宾格，但《革玛拉》将其解释为一对证人，因为拉比法庭在新月问题上本来也就不接受单一证人的证言。

② 派一个熟识拉比法庭的人同去，为这些陌生的新月证人作证。

③ 指撒都该派，该派与拉比们的争论主要是逾越节至五旬节间隔天数的计算方法，对于《利未记》23：15"你们要从安息日的次日，献禾捆为摇祭的那日算起，要满了七个安息日"一节，拉比们认为是从逾越节第二天算起，但撒都该派认为是逾越节开始后第一个安息日后一天算起，因此五旬节永远是从周日开始。这样的信条使他们总是设法让尼散月从周六开始，并为此谎报新月出现的消息。按照《革玛拉》的记载，曾有过波伊督派（传说是梭哥人安提哥农斯的两个弟子之一波伊督创立的教派，另一个弟子撒都该创立了撒都该派，不过《塔木德》中这两派的称呼是混用的）买通两个证人谎报新月，但其中的一个拉比派证人吐露了真情的事件发生，此后拉比法庭便只接受熟人作证新月事宜了。

④ 如果当月满三十天，第三十一天为新月开始，则不必举火。如果已经宣布了当月满三十天，但在最后一天新月出现，则举火为号，宣布当月短了一天。

⑤ 古实人，指撒玛利亚人，据说他们会在第三十天举火骗人，使人们误以为当月只有二十九天。

⑥ 去各地亲自宣布新月开始，参见本卷1：3。

3. 如何举火为号①？取雪松长杆②、芦苇③、香脂木④以及亚麻秆⑤，以绳捆束⑥，登山顶而燃之以火，左右上下挥动⑦，直至见其同道于次座山头依此而行，依此而至第三座山头⑧。

4. 在何处举火为号？自橄榄山⑨至萨尔特巴⑩，自萨尔特巴至格罗匹纳⑪，自格罗匹纳至哈夫朗⑫，自哈夫朗至贝特比勒廷⑬，自贝特比勒廷则不再移动，而只是左右上下挥舞，直至见其面前整个流散地⑭如一片火海⑮。

5. 耶路撒冷有大院落一座，名为贝特亚兹克⑯，所有证人均聚集于此⑰，法庭即于此查问之⑱。且为其设盛宴，使之习惯前

---

① 指上节所说的举火为号，报告新月之始。
② 雪松木是比较硬的木头，可以燃烧比较长的时间。
③ 一说为细树枝。
④ 一种分泌油脂的树木，《希伯来圣经》时代用其油脂制作类似沥青的建筑涂料。
⑤ 亚麻收割后，用工具击打亚麻秆，使中间木质的秆芯与外部制作亚麻纤维的表皮脱离，秆芯是很好的燃料。
⑥ 将这些易燃品捆在雪松木杆的一端，制成火把。
⑦ 用固定的挥动动作，发出明确的月首信号。
⑧ 依次传递，直至该信号传遍所有山头。
⑨ 耶路撒冷与圣殿山相对的山峰。
⑩ 撒玛利亚约旦河谷边的一座山峰，与约旦河东岸山峰相对。
⑪ 下加利利东侧的山峰。
⑫ 叙利亚境内的一座山峰。
⑬ 以色列东部边境与巴比伦边境之间的一座山峰。
⑭ 指巴比伦的蓬比迪塔，当时的犹太聚居地。
⑮ 当地见火把后，人人手持火把登屋顶而宣告月首开始，故形成一片火海。
⑯ 《革玛拉》解释说该名字来自环绕院落的石墙。
⑰ 该院落被指定用作新月证人的聚集地。
⑱ 下节具体解释查证方法。

来①。起初整日不得从此处移动②；拉班迦玛列长老规定可从此处向任何方向走动两千肘③。不仅如此，接生婆亦可来助产，亦可来救人于火灾、兵灾、水灾、塌陷④，此辈亦如城中之人⑤，任何方向上均可走动两千肘。

6. 如何查问证人？先到之一双证人，先查问之。先使其中之长者入内，且对他说：请说，如何见到月亮？面对太阳抑或背对太阳？⑥在其南抑或在其北？⑦高度几许？⑧向何处倾斜？⑨宽度几何？⑩若说"面对太阳"，则所言无物⑪。其后使第二人入内并查问之。若发现其二人证言相应，则其证言成立⑫。其余成双之证人，问其首要之事⑬，并非需要他们⑭，而是不使其情绪低

---

① 为证人预备盛大的宴席，使人们愿意前来报告新月。
② 如果是安息日，这些人从家里走来，已经超出了正常的安息日畛域，因此到达后只有四肘之地可以活动。
③ 拉班迦玛列特地为他们制定宽松的律法，使他们在院中如同在家中；有两千肘的安息日畛域可以活动。
④ 这些提供帮助的人也可以超出自己的安息日畛域。
⑤ 指这些提供帮助的人，他们与证人享有同样的安息日畛域待遇。
⑥ 新月月牙弓起面所朝向为背对，其凹面所向为面对。
⑦ 以色列分旱雨两季，旱季日落西北，月升东南，则新月当在太阳之南；雨季日落西南，月升东北，则新月当在太阳之北。
⑧ 新月距地平线的目测距离。
⑨ 月亮的弓起面向何方倾斜。
⑩ 新月的宽度，亦有说指新月的长度。
⑪ 由于月光来自日光，月亮的弓起面总是对着太阳（用当时的话来说，就是总是背对太阳），如果证人说他看见的新月面对太阳，那么他的证言便立即失效。
⑫ 两个证人说的大体一致，不要求完全准确。
⑬ 只问些要点，不涉及细节。
⑭ 一双证人的证言成立，新月就已经确定，其余证人的证言其实是多余的。

落而去，为使其习惯于前来①。

7. 法庭之首席说："圣之！"②而全体民众随之应和："圣之！"③无论见于其时④抑或不当其时而见⑤，均圣之⑥。拉比以利亚撒·巴尔·撒都该说：若不当其时而见，则不当圣之，因上天已圣之⑦。

8. 拉班迦玛列⑧楼上客厅⑨墙中石板上有月亮之多种图形，他以此示愚盲⑩，且说："你之所见，如此抑或如彼？"某次，两人前来说："吾等晨见之于东，暮见之于西。"拉比约翰南·本·努利说："此为谎证⑪！"而当他们到达雅夫内时，拉班迦玛列却接受了他们⑫。另有两人前来说："吾当其时见之，而附加日前夜则

---

① 不能让证人觉得自己白跑一趟，以此保持证人们前来作证的热情。
② 查问证言成立，法庭之首席宣布新月开始（《利未记》23∶44："摩西将耶和华的节期传给以色列人。"拉比犹太教将摩西看作当时的法庭之首席，所以由法庭之首席来宣布节期开始就成为律法），由于按照《希伯来圣经》，节期是神制定的，所以确定某一节期开始，也就是认定这一时间的神圣属性，所以说"圣之"。
③ 众人应和的依据是《利未记》23∶2："耶和华的节期，你们要宣告为圣会的节期。"据此拉比犹太教认为仅一人宣布是不够的，需要众人（"你们"）的应和。
④ 在三十日前夜见到新月，三十日成为新月一日。
⑤ 三十日前夜未见新月，三十一日成为新月一日。
⑥ 即使没见到新月，三十一日自动成为月首，"圣之"的仪式还是照常进行。
⑦ 如果没见到新月，三十一日自动成为月首，则不必举行"圣之"仪式，因为这是按上天的定规而行，等于神已经将三十一日圣化，不必等人来宣布。
⑧ 雅夫内的第一位拉班迦玛列，拉班约哈南·本·扎卡伊的继任者。
⑨ 他在此厅接待新月见证人。
⑩ 有些证人比较愚钝，听不懂问题或者不知道该如何描述。
⑪ 新月不可能在一天之内早晨在东边，傍晚在西边。
⑫ 拉班迦玛列熟知新月的推算理论，因此知道二十九日夜间新月在西是正确的，由此接受两人证言，至于早晨新月在东的错误，则作为无心的过错予以忽视。

不见①。"拉班迦玛列接受了他们②。拉比多撒·本·豪尔卡诺思说:"此为谎证! 何以能见证妇人已产,而次日却腹鼓至齿③?"拉比约书亚对他说:"我与你之所言一致④。"

9. 拉班迦玛列派人对他说:"我命令你在你所计算之赎罪日携你之手杖钱物前来我处⑤!"拉比阿奇瓦往而见其烦恼,对他说⑥:"我必须开导说:所有拉班迦玛列之所行均为已行⑦,因经文说:'耶和华的节期,就是你们到了日期要宣告的。'⑧无论当其时抑或不当其时,舍此则我并无其他节期⑨。"他前往拉比多撒·本·豪尔卡诺思处,他对他说⑩:"若吾等追问拉班迦玛列之

---

① 也就是在三十日的前一天晚间看见了新月,三十一日前晚却没看见。
② 拉班迦玛列通过自己的推算,知道那个月新月应该出现在三十日的前一晚,所以他接受两人的证言并宣布三十日开始月首。至于两人第二天没看见新月,他将其解释为当晚的特殊情况(云遮住了月亮,等等),而并不因此认为两人是谎证。
③ 形容肚子之大,仍在产前状态,以此比喻证人见了新月之后又说看不见了。
④ 拉比约书亚同样反对拉班迦玛列的裁决。
⑤ 本节接续上节的故事,拉比约书亚与拉比多撒·本·豪尔卡诺思反对拉班迦玛列有关月首(岁首)于三十日开始的裁决,坚持从三十一日算起,这样赎罪日也就晚了一天。为了防止拉比犹太教内部由此发生分裂,拉班迦玛列出此奇招,逼拉比约书亚在自己认定的赎罪日携物远行,渎犯赎罪日律法,从而统一历法。之所以只命令拉比约书亚而不及拉比多撒·本·豪尔卡诺思,可能是因为他年岁过大,不便劳动;也可能是因为拉比约书亚是法庭首席,影响比较大。
⑥ 拉比阿奇瓦见拉比约书亚烦恼,便开导他。
⑦ 即使是错误的,也是要遵行的。
⑧ 《利未记》23:4。本句被引用的含义是说明节期由法庭确定,而不是其他力量。
⑨ 由于节期由法庭决定,所以是否当其时并不重要,重要的是法庭的决定是什么。
⑩ 拉比约书亚去找一同反叛的拉比多撒·本·豪尔卡诺思,得到了他的开导。

法庭,则须追问自摩西时代至今所立之所有法庭[1]。因经文说:'摩西,亚伦,拿答,亚比户,并以色列长老中的七十人,都上了山。'[2] 何以不详列长老之名?是为了教导说:每三人所立之以色列法庭一如摩西之法庭[3]。"乃取其手杖及其钱物于手,于其所计算之赎罪日之日行至雅夫内拉班迦玛列处。拉班迦玛列立起而吻其首,对他说:"此来平安,吾师吾徒,以智慧而为吾师,以接受吾命而为吾徒[4]。"

---

[1] 由于所有法庭的律法地位都是一样的,所以如果贤哲们有权力追究其中一个的错误,也就有权力追究所有法庭的错误。

[2] 《出埃及记》24:9。

[3] 即使后代的法庭首席没有前代那样出色,但他们的地位是一样的,都与七十长老的整体相当。

[4] 拉班迦玛列在此将智慧与接受法庭命令分开,从而确立了法庭的独立与终极裁判地位,为拉比犹太教的内部凝聚力确定了基础。

第 3 章

1.法庭与全以色列均见之,证人已查问,而至暮未及说"圣之",则此为闰日①。仅法庭见之,则两人立于其面前作证,而他们说:"圣之,圣之!"②三人见之且其为法庭,则使其同事坐于单人之侧,两人立于其面前作证,而他们说:"圣之,圣之③!"因单人不因其自身而得信任④。

2.任何角号⑤均适用,牛角除外,因其为号角⑥。拉比约西说:

---

① 大家都看见了新月,证人也都合格,只是法庭因为某种原因,在三十日日暮前未及履行"圣之"仪式,由于新月的开始取决于法庭的宣告而非人们的目睹,因此三十日就成了该月闰日,新月从第三十一日开始。

② 如果只是法庭成员见到新月,那么其中两人在其他人面前作证,并履行"圣之"仪式。《革玛拉》认为如果法庭成员在二十九日白天见到新月,则可以不经过作证直接履行"圣之"仪式,因为有"所见强于所闻"的原则,如果当天未能履行仪式,到三十日白天可以通过作证来履行仪式。

③ 如果见到新月的法庭一共只有三个人,两人成为证人后只剩下一个法官,那么需要从别的法庭另外找至少两位法官与他一同听证裁决。

④ 法庭不能只有一位法官,其依据是《出埃及记》12:1—2:"耶和华在埃及地晓谕摩西、亚伦说,你们要以本月为正月,为一年之首。"也就是说法庭至少是两个人,但由于法庭成员不能是偶数,所以其实是至少三个人。摩西的法庭尚且如此,后代比不上摩西的智慧的法庭就当然更是如此。

⑤ 角号,希伯来文为 shofar,通常指公羊角做成的号,无论是弯曲的(人工畜养的山羊)还是直的(某些野山羊种类),均属于角号。

⑥ 号角,希伯来语为 keren,可泛指动物犄角,也可以指用牛角做的号。新年吹奏的必须是角号而非号角,其依据在《利未记》25:9:"当年七月初十日,你要大发角号声。"

然而所有角号均被称为"号角",因《经文》说:"他们吹的公羊号角声拖长。"①

3. 岁首之角号来自野山羊,朴直②,其嘴镀金③,两号在侧④。角号长音,两号短音,因当日之诫命在角号⑤。

4. 斋戒日⑥者则来自公羊,弯曲⑦,且其嘴镀银⑧。两号在中⑨。角号短音而两号长音,因当日之诫命在号⑩。

5. 吹奏⑪与祝祷⑫,禧年⑬一如岁首⑭。拉比犹大说:岁首吹奏

---

① 《约书亚记》6:5。按照贤哲们的定义,公羊角应该是角号,但拉比约西却发现经文中两者通用。《革玛拉》引用众贤哲对此的解释是:所有的角号均可被称为号角,但反过来却不成立,牛角便只是号角而不是号角,因此不能在新年吹奏。《革玛拉》同时认为牛属于赎罪用品,是当年崇拜金牛犊之罪的象征,不宜于欢庆的角号声。

② 《革玛拉》认为岁首当从简,使人们全心快乐,且相信神会聆听人们的祷告,由此不赞成使用弯曲的羊角。

③ 指圣殿使用的角号,不过《革玛拉》认为虽然号嘴镀金,但与嘴唇接触的地方并不镀金,以防沾染不洁。

④ 两把金属号。这种配置的依据可见《诗篇》98:6:"用号和角声,在大君王耶和华面前欢呼。"

⑤ 因此角号在中央且号音较长。

⑥ 按照《革玛拉》的记述,基斯流月开始后,如果还不下雨,则宣布三个公共斋戒日以祈雨;如不奏效,则加三日;再不奏效,则追加七天。这样,最多是十三个斋戒日。

⑦ 祈雨用弯曲的角号,象征人们在神的面前俯首示敬,祈求神的仁慈。

⑧ 亦指圣殿所用之角号,新年欢庆用金,遇难祈福则用银。

⑨ 两把银号居中,两支角号在侧。

⑩ 用号来作警示或不祥之事,见于《民数记》10:9:"你们在自己的地,与欺压你们的敌人打仗,就要用号吹出大声,便在耶和华你们的神面前得蒙纪念,也蒙拯救脱离仇敌。"

⑪ 指吹奏角号。

⑫ 指岁首附加祷里的三段祷文。

⑬ 每第五十年(七个七年之后)为禧年,禧年全体奴仆获释,参见《利未记》25:8—10。

⑭ 禧年的赎罪日,吹角号与祝祷均与一般岁首一致,其依据是《利未记》25:9在谈论禧年时所说:"当年七月初十日,你要大发角声,这日就是赎罪日,要在遍地发出角声。"

者来自公羊①,禧年则来自野山羊②。

6. 角号裂缝后将其粘合,无效③。粘合角号碎片,无效④。穿孔后堵住:若妨碍吹奏,则无效⑤,否则有效⑥。

7. 向地洞、地窖或大瓮之中吹奏者⑦,若闻角号之声,则已行其礼⑧,若所闻之声模糊,则未行⑨。经过会堂之后,或其家在会堂旁而听闻角号之声⑩或诵《以斯帖记》⑪之声者亦如是:若其心加意,则已行其礼;否则未行⑫,尽管此人听闻,彼人亦听闻,然此心加意而彼心则未加意⑬。

---

① 拉比犹大反对在岁首用直角,而主张用公山羊的弯角,以示在神的面前俯首虔敬的意思。
② 禧年五十年一次,故使用比较少见的野山羊角。
③ 指角号纵向裂缝之后将其粘合,至于裂到何种程度算无效,则有不同观点。
④ 此句指横向裂为几段,且其中任何一段均达不到最短要求的角号。角号的最短要求是:手握角号时,角号的两端仍然清晰可见。如果断裂的几段中有一段达到长度要求,则拼接后的角号依然有效。
⑤ 如果角号上的洞妨碍发音,修补后才能正常吹奏,那么该角号无效。
⑥ 迈蒙尼德解读此句的方法不同,他认为如果修补妨碍吹奏,则角号无效,如果不妨碍,说明该修补与角号已经融为一体,那么该角号就是可以使用的。
⑦ 指罗马帝国严厉迫害犹太教的时期,由于不敢公开吹奏角号,所以躲藏在地洞地窖里,或者将角号放在大瓮里吹奏。
⑧ 如果在外边的人能够听见清晰的角号声,那么听闻角号之礼就算做到了。在地洞或地窖内的人可以自动算是尽责了。
⑨ 如果听到的不是角号自身发出的声音,而是回声,那么就不算完成。
⑩ 新年或赎罪日。
⑪ 普珥节时,会堂里要诵念《以斯帖记》,每个人都必须听闻。
⑫ 虽然会堂内吹奏号角或者诵经的人不知道外边有人在听,但只要听者有意,依然可以算数。
⑬ 虽然大家都是路过或者正好在旁边,但用心与否决定了他们是否尽责。

8. "摩西何时举手,以色列人就得胜。"① 岂因摩西之手便可战胜或战败？只是对你说：任何时候,只要以色列抬眼向上,心向其在天之父,便可胜利；否则便失败。"你制造一条火蛇,挂在杆子上。凡被咬的,一望这蛇,就必得活。"② 岂因蛇便可致死,或因蛇便可致活？只是说只要以色列抬眼向上,心向其在天之父,便可痊愈；否则便毁灭③。聋哑、弱智及儿童均不可为众人尽其责。此为规则：凡有一事不必尽责者,即不得为众人尽责④。

---

① 《出埃及记》17：11。
② 《民数记》21：8。
③ 以上两句接续上节有关"用心"的讨论,提出用心加意方可获得神的仁爱。
④ 这两句延续上节有关替他人尽责行礼的讨论,认为凡是自己不受约束的礼责,不可代替他人履行。比如聋子没有倾听角号的责任,因此也就不能吹角号,让别人完成这一礼责。

第 4 章

1. 岁首佳日恰逢安息日,则吹奏于圣殿,而不于国中①。自圣殿被毁,拉班约哈南·本·扎卡伊规定凡有法庭②之地,均可吹奏③。拉比以利亚撒说:拉班约哈南·本·扎卡伊只规定雅夫内④。他们对他说:雅夫内一如任何有法庭之地⑤。

2. 此外,耶路撒冷亦优于雅夫内于此⑥:凡可见⑦、可闻⑧、靠

---

① 迈蒙尼德认为此处的"圣殿"指整个耶路撒冷地区,而"国中"则指除此之外的所有以色列土地。吹奏角号本身并不触犯安息日律法,拉比犹太教对此设禁,是怕有人携角号求教他人,结果在公共区域运送角号超过四肘之地,从而触犯安息日律法。耶路撒冷地区之所以不设禁,原因有二:其一,圣殿之内,拉比律法无效。其二,当地有犹太公会,这个相当于大法庭的机构可以监管人们,不让他们在安息日运送角号。

② 由二十三名成员组成的法庭。

③ 圣殿被毁之后,犹太公会流落雅夫内,各地法庭实际上已经取代了犹太公会的权力,因此原来因犹太公会所在地而获得的某些特许,现在也可以因为法庭所在而获得。

④ 雅夫内是耶路撒冷原犹太公会的迁移地,拉比以利亚撒认为即使圣殿被毁,原犹太公会的特别权力不变,因此只有雅夫内获得特许,其他地区不在此列。

⑤ 迈蒙尼德认为这是因为法庭成员可以像犹太公会成员一样,监管普通人的行为,不让他们在安息日运送角号。

⑥ 上节说明雅夫内不能享受耶路撒冷作为犹太公会所在地而获得的特许,本节继续讲述耶路撒冷地位压倒雅夫内的情况。

⑦ 可以在城镇中看见耶路撒冷,从而排除了低谷中的城镇。

⑧ 在足够近的距离里,可以听见耶路撒冷的声音,而不是那些远离耶路撒冷,却因为地处高山而可以看见耶路撒冷的城镇。

近①以及可前往②之城镇,均吹奏③。而在雅夫内则除法庭外不得吹奏④。

3. 起先⑤,圣殿中持棕榈叶七日⑥,国中一日⑦。圣殿被毁后,拉班约哈南·本·扎卡伊规定国中持棕榈叶七日,以纪念圣殿⑧;且摇祭日全日禁食。⑨

4. 起先,他们整日接受新月证人⑩。某次证人迟至⑪,利未人唱诗出错⑫,便规定接受证人至午后祷为止⑬。若证人午后祷后

---

① 在耶路撒冷以外两千肘的距离之内。
② 这些城镇的居民可以轻松徒步走到耶路撒冷,中间没有无法跨越的间隔(比如比较深的溪流或山谷)。
③ 这些城镇虽然不属于耶路撒冷地区,但只要能满足这四个条件,就仍然可以沾光进行吹奏。
④ 只有在法庭在场时才可以吹奏角号。
⑤ 本节与本部《住棚》3:12完全相同,应该是为了归纳拉班约哈南·本·扎卡伊在雅夫内所做的有关节期的规定而放在这里的。
⑥ 其依据为《利未记》23:40:"在耶和华你们的神面前欢乐七日。"而圣殿被看作是神的居所。
⑦ 其依据为《利未记》23:40:"第一日要拿美好树上的果子和棕树上的枝子,与茂密树的枝条并河旁的柳枝。"拉比犹大教认为这是指除圣殿之外的以色列全地。
⑧ 《革玛拉》认为他的依据是《耶利米书》30:17:"这是锡安,无人来探问的。"贤哲们认为举行圣殿中的仪式是一种"探问"的方式。
⑨ 摇祭日,即尼散月十六日,《利未记》23:10—14规定这一日在摇祭举行之前不得进食。在圣殿被毁后,摇祭无法举行,因此规定整日不得进食。
⑩ 指以禄月三十日,这一天法庭整日等候证人到来,即使证人在日落前不久到来,并证明前夜见到新月,法庭也会立即宣布当日为月首,同时也就是岁首。
⑪ 证人在午后祷之后到达,而午后祷的前后恰好是圣殿里行午后日常祭的时间。
⑫ 利未人在圣殿里行日常祭时唱诗,节期所唱的诗篇与平日不同。此日因为证人来得晚,法庭在午后日常祭结束后才宣布当日为新年,而利未人已经唱了平日的赞美诗。一说,利未人为了等待法庭裁决,当日没能唱诗。
⑬ 午后祷之后,即使天还未黑,也不再颁布新年开始的法令。

到来,则尊当日为圣且次日亦为圣①。圣殿被毁之后,拉班约哈南·本·扎卡伊规定整日接受新月证人②,拉比约书亚·本·卡尔哈说:此外,拉班约哈南·本·扎卡伊还规定无论法庭首席在何处,证人都只需去聚会地③。

5. 祝祷之次序④为:诵"先祖"⑤、"大能"⑥、"圣名"⑦,并将"王朝"包括其中,然不吹奏⑧;"圣日"⑨,吹奏;"记忆",吹奏;"角

---

① 虽然没有证人出现,人们仍然以新年生日的态度对待三十日,因为当天有可能是实际的新年。而即使证人在午后祷之后出现,新年依然是三十一日开始,并不提前。

② 整日接受的目的,只是为了确认当年的以禄月到底是二十九天还是三十天,并以此为依据计算其他节期。他并不反对将三十一日当作新年的规定,同时也承认尊两日为圣日的主张。这是如今的犹太新年有两天节期的由来。

③ 由于法庭首席要主持"圣之"仪式,所以从道理上说,证人应该在法庭首席的所在地作证,不过拉班约哈南·本·扎卡伊显然认为让证人方便作证更重要,因此规定证人只去法庭所在地,而不必追寻法庭首席。

④ 本节讨论岁首祝祷词(十八祷文加新年附加祷),特别是新年附加祷的次序和角号吹奏问题。新年附加祷有三节,分别是:"王朝"(以"我们寄望于你"始,以"全世界之王"结束,包括十句有关神的王朝的《希伯来圣经》引文)、"记忆"(以"你记得"起,以"立约之记忆者"结束,包括十句有关一切都被神记录在案的《希伯来圣经》引文)、"角号"(以"你显现自身"起,以"你仁慈地聆听以色列你的民众的角号"结束,包括十句有关吹奏角号的《希伯来圣经》引文)。

⑤ 十八祷文的第一段,以提及希伯来先祖亚伯拉罕等人而得名。

⑥ 十八祷文的第二段,以提及神的大能而得名。

⑦ 十八祷文的第三段,以提及神名的神圣性而得名。

⑧ "王朝"被包括在"圣名"里,是因为"圣名"的最后一句提及神是王,所以诵"圣名"时在最后一句之前加上"王朝"。结束后不吹奏角号,因为角号是连续吹奏三次,而必须在其后吹奏"角号"附加祷排在第六,所以只能跳过第三段,在第四、五、六段之后吹奏。

⑨ 十八祷文的第四段,以提及安息日及其他节期而得名。

号",吹奏;乃诵"服事"①、"感恩"②与"祭司祝祷"③;此为拉比约翰南·本·努利之言。拉比阿奇瓦对他说:若不为"王朝"吹奏,何以提及④?当为诵"先祖""大能""圣名";将"王朝"包括于"圣日"中⑤,且吹奏;"记录",吹奏;"角号",吹奏;乃诵"服事""感恩"与"祭司祝祷"。

6.不得少于十句"王朝"、十句"记忆"、十句"角号"⑥。拉比约翰南·本·努利说:若每三段各诵三句,亦为尽责⑦。不得提及惩戒之"王朝""记忆""角号"词句⑧。始于《托拉》,终于《先知书》⑨。拉比约西说:若以《托拉》终结,亦为尽责⑩。

---

① 十八祷文的第十七段,以提及神接受人的祭献而得名。
② 十八祷文的第十八段,以对神创的感激而得名。
③ 十八祷文的结尾段,因祭司们通常在集会开始时以此祝祷祝福众人而得名。
④ "王朝"为三段新年附加祷之一,且其格式与另外两段类似,都是十句。如果另外两段均以吹奏角号结束,则"王朝"亦无理由例外。
⑤ 这样"王朝"处于第四段,其后的吹奏也就顺理成章了。
⑥ 参见上节有关新年附加祷的注解。这些祷文的标准长度是十句引文。
⑦ 虽然标准长度是十句,但常人只要每段诵读了三句,就算完成了诫命要求了。
⑧ 这十句中不能有有关惩戒的内容(例如:《以西结书》20:33:"我总要作王,用大能的手和伸出来的膀臂,并倾出来的愤怒,治理你们。"《诗篇》78:39:"他记得他们不过是血肉。"或者《何西阿书》5:8:"你们当在基比亚吹角,在拉玛吹号,在伯亚文吹出大声,说,便雅悯哪,有仇敌在你后头。"),因为有碍新年的喜庆气氛。
⑨ 也就是《希伯来圣经》的三个部分《托拉》《圣著》《先知书》,每个部分各出一句引文。
⑩ 拉比约西认为每段的十句可以是:《托拉》三句、《圣著》三句、《先知书》三句,最后用《托拉》一句收尾,所以说用《托拉》终结也是可以的。

7. 岁首佳日经过约柜者①,第二人②命吹奏③;而赞美祷之时④,第一人诵读赞美祷⑤。

8. 不得为岁首之角号而超越安息日边界⑥,不得为之扒开石堆⑦,不得上树⑧,不得骑于牲畜之背⑨,不得游泳于水面⑩,不得以物将其切割⑪,无论其因安息律⑫抑或否定诫命⑬之故。然若欲向其中注水或酒,可注入⑭。无须阻止幼儿吹奏,而与之一同演

---

① 岁首仪式的领祷人,负责诵读常规祷文。
② 负责诵读《附加祷》的人。
③ 《革玛拉》解释说:原本由第一人负责吹奏角号之事,但由于在仪式一开始吹奏角号,会引起罗马人的疑心,怀疑犹太人要造反,所以改为第二人在附加祷时负责吹角号的事情,这样罗马人见到仪式已经开始,明白吹角号不过是仪式的一部分,也就不再注意了。
④ 岁首不诵读赞美祷,所以这一句说的是其他节期。
⑤ 领祷人诵读,公众以"哈利路亚"相应和。
⑥ 《革玛拉》认为安息日律法高于岁首吹奏角号律法,因为安息日律法来自肯定与否定的双重诫命,而吹奏角号则只有肯定律法。因此,如果岁首恰逢安息日的话,遵行角号律法不得以违犯安息日律法为代价。比如,不得走出两千肘的安息日畛域之外去吹奏或者听闻角号。
⑦ 如果角号埋在石堆下面,不得在安息日扒开石堆,因乱石属于非移品。
⑧ 如果角号在树顶上,不能爬树拿下来,拉比律法禁止安息日爬树,因为爬树会折断树枝,成为受禁的工作。
⑨ 即使生病,也不可骑牲畜去听角号,拉比律法禁止安息日骑牲畜,以免不小心操控牲畜,从而违犯安息日禁令。
⑩ 禁止游泳去听角号,因为拉比律法禁止安息日游泳,以防有人因此制作水上器械。
⑪ 不得用安息日禁用的工具切割角号。
⑫ 依照拉比律法在安息日禁用的工具,比如刀子。
⑬ 依照《圣经》律法在安息日禁用的工具,比如锯子。
⑭ 用水或者酒洗涤角号,以保证其声音的清晰,这种行为不算修补器皿。

练,直至其学会①;演练非尽责,听闻演练者亦非尽责②。

9. 吹奏之顺序为:三次,每次三音③。长音之度为三短音,短音之度为三泣音④。吹奏第一长音,而于第二长音拖长为二⑤,则计算为一⑥。已祝祷而后分得角号者,奏长音、短音、长音,共三次⑦。正如领祷人之有责,每个人均有责⑧。拉班迦玛列说:领祷人为众人尽其责⑨。

《岁首》卷终

---

① 此句众说纷纭,其基本含义应该是允许教孩子吹奏角号,但究竟说的是普通安息日,还是安息日遇新年,则各有不同的说法。

② 演练不是有意履行岁首的礼责,所以无论是吹奏者还是听闻者,都不能算是履行了责任。

③ 在岁首的三段附加祷后吹奏(参见本章第5节),每次吹奏三个音,长音、短音、长音。《革玛拉》认为吹奏三次的规定来源于《希伯来圣经》三次提及吹奏角号(《利未记》23:24,《民数记》29:1以及《利未记》25:9)。

④ 泣音是很短的、通常连续吹奏的号音。

⑤ 吹奏长音和短音之后,把第二个长音吹奏得很长,相当于两个长音的长度,以此作为下一次吹奏的开端长音。

⑥ 这种吹奏方法不能使吹奏者免除下一次开端吹奏长音的责任,结尾长音无论吹多长,都只能算是一个长音。

⑦ 他在祝祷时手中没有角号,所以在祝祷结束后补吹。

⑧ 领祷人当中诵读十八祷文,但这只是代替那些不会诵读祷文的人祝祷,凡是有能力自己祝祷的会众都必须自己默声祝祷。

⑨ 有注家认为拉班迦玛列所指只是岁首,因为祷文复杂一些,很多人不会,因此领祷人的祝祷可以算是给众人做的。

第9卷

斋 戒
Taanith

聖殿被毀齋戒日

提　要

　　本卷讨论为消弭天灾人祸而进行的斋戒活动及其他相关活动。

　　由于以色列降雨量极其有限，境内有大片寸草难生的荒原，旱灾遂成为各种灾害中相对容易发生的情况。《密释纳》时代，包括此前的圣殿时代，农耕活动尚属于犹太经济的重要支柱，一旦发生旱灾，后果都是严重的，因此消灾的斋戒活动自然也就以旱灾为主要对象。

　　本卷共四章。前两章讨论针对旱灾的祈雨斋戒活动。第3章讨论针对其他灾难（水灾、兵灾、虫灾）的斋戒活动。第4章讨论斋戒与圣殿活动，特别是圣殿站班相关的问题。

相关《希伯来圣经》段落

1.《民数记》

10:9　你们在自己的地,与欺压你们的敌人打仗,就要用号吹出大声,便在耶和华你们的神面前得蒙纪念,也蒙拯救脱离仇敌。

2.《列王纪上》

8:35　你的民因得罪你,你惩罚他们,使天闭塞不下雨。他们若向此处祷告,承认你的名,离开他们的罪。

8:36　求你在天上垂听,赦免你仆人以色列民的罪,将当行的善道指教他们,且降雨在你的地,就是你赐给你民为业之地。

8:37　国中若有饥荒,瘟疫,旱风,霉烂,蝗虫,蚂蚱,或有仇敌犯境围困城邑,无论遭遇什么灾祸疾病……

8:38　你的民以色列,或是众人,或是一人,自觉有罪(原文作"灾"),向这殿举手,无论祈求什么,祷告什么……

8:39　求你在天上你的居所垂听赦免。你是知道人心的,要照各人所行的待他们(惟有你知道世人的心)。

3.《约珥书》

1:3　你们要将这事传与子,子传与孙,孙传与后代。

1:14　你们要分定禁食的日子,宣告严肃会,招聚长老,和国中的一切居民,到耶和华你们神的殿,向耶和华哀求。

2:15　你们要在锡安吹角,分定禁食的日子,宣告严肃会。

2:16　聚集众民,使会众自洁,招聚老者,聚集孩童,和吃奶的。使新郎出离洞房,新妇出离内室。

2:17　事奉耶和华的祭司,要在廊子和祭坛中间哭泣,说,耶和华啊,求你顾惜你的百姓,不要使你的产业受羞辱,列邦管辖他们。为何容列国的人说,他们的神在哪里呢?

4.《历代志下》

20:3　约沙法便惧怕,定意寻求耶和华,在犹大全地宣告禁食。

20:4　于是犹大人聚会,求耶和华帮助。犹大各城都有人出来寻求耶和华。

20:9　倘有祸患临到我们,或刀兵灾殃,或瘟疫饥荒,我们在急难的时候,站在这殿前向你呼求,你必垂听而拯救,因为你的名在这殿里。

5.《撒迦利亚》

7:2　那时伯特利人已经打发沙利色和利坚米勒,并跟从他们的人,去恳求耶和华的恩。

7:3　并问万军之耶和华殿中的祭司,和先知说,我历年以来,在五月间哭泣斋戒,现在还当这样行吗?

8:19　万军之耶和华如此说,四月五月禁食的日子,七月十月禁食的日子,必变为犹大家欢喜快乐的日子,和欢乐的节期。所以你们要喜爱诚实与和平。

第1章

1. 自何时起提及"雨之丰沛"①？拉比以利以谢说：自本节期②之首日佳日起③。拉比约书亚说：自本节期之末日佳日起。拉比约书亚对他说：因雨水于本节期为诅咒标志，何以提及④？拉比以利以谢对他说：我亦未说要请求，而只是提及按其季节"让风吹拂，让雨降落"⑤。他对他说：若如此，则当永世提及⑥。

2. 除非接近雨季，否则不得祈雨⑦。拉比犹大说：本节期之末

---

① 指在十八祷文的第二段"起死回生"段落加上"让风吹拂，让雨降落"一句，以及在第九段的年景祝福里加上"赐给露水与雨水"的词句。参见《种子·祝祷》5:2及相关注解。

② 此处指住棚节。

③ 《革玛拉》认为他的观点来自首日拿取棕榈叶的律法，因棕榈叶代表求雨，因此祷文中的雨水段落也该从这一天开始加入。

④ 住棚节如果下雨，则无法继续住在棚子里，因此落雨被看作是对住棚节的诅咒。

⑤ 也就是只在第二段加上"让风吹拂，让雨降落"一句，祝愿风调雨顺，而不在第九段上"赐给露水与雨水"一句，也就是不祈求立即降雨。

⑥ 按照《巴拉伊塔》的记述，拉比以利以谢认为全年任何时候都可以在第二段加上祝愿风调雨顺的这一句，但只有在住棚节第一天是必须加上的。

⑦ 《革玛拉》指出本句可能有两种解说：其一，本句的"祈雨"实际上是"提及"，也就是继续上节拉比约书亚最后说的话，确定按律法只在住棚节的最后一天提及雨水。其二，本句确实是讲祈雨，也就是十八祷文的第九段加上的"赐给露水与雨水"一句。也就是说上节拉比约书亚和拉比以利以谢之间虽然有分歧，但是在这个问题上两人的观点是一致的。

日佳日经过约柜面前者①：末位提及②，首位不提及③。逾越节之首日佳日，则首位提及，末位不提及④。至何时方祈雨？⑤拉比犹大说：至逾越节过后⑥。拉比梅伊尔说：至尼散月终了⑦，因经文说："为你们降下甘霖，就是秋雨，春雨，和先前一样。"⑧

3. 玛赫施弯月三日祈雨⑨。拉班迦玛列说：该月七日，本节期过后十五日，以使最后一个以色列人可以到达幼发拉底河⑩。

4. 玛赫施弯月十七日⑪已至而尚未落雨，则各人⑫可开始三场斋戒⑬。可自天黑时起饮食⑭，允许做工、洗浴、膏抹、穿鞋及行

---

① 指在住棚节最后一天在约柜前的领祷者。
② 末位：指附加祷的领祷者，他可以加诵"让雨降落"一句。
③ 首位：指晨祷的领祷者，他不加诵"让雨降落"，不过东方犹太人的传统认为他应该加诵"让露水降落"一句，西方犹太人的祷文中则完全没有这一句。
④ 逾越节是雨季将过的节期，因此其律法与雨季将临的住棚节正好相反。
⑤ 也就是从何时起在年景祝福里加上"赐给露水与雨水"一句。
⑥ 整个逾越节期间仍然要加祈雨句。
⑦ 拉比梅伊尔认为整个尼散月，雨水都是有益的，因此仍然要祈雨。
⑧ 《约珥书》2：23。
⑨ 也就是这一天开始在年景祝福里加上"赐给露水与雨水"一句。这一日期通常被看作是以色列雨季开始的时间。
⑩ 幼发拉底河被认为是以色列地的北部边界，距离耶路撒冷有十五日的路程。由于当时认为最远的朝圣者来自幼发拉底河附近，因此相信祈雨会立即奏效的拉班迦玛列认为应该给他们足够的回家时间，不要让雨水耽搁了他们的行程。
⑪ 当时认为雨季的前三场雨应该是在玛赫施弯月三日、七日或十七日降落，若十七日尚未落雨，则有斋戒祈雨的必要。
⑫ 指《托拉》学者们。
⑬ 三场斋戒，即周一、周四与下一个周一。《托塞夫塔》解释说摩西是周四在西奈山顶接受了神的诫命，并在周一将诫命石版带给希伯来人的，因此这两个日子被看作是上帝特别赐福的日子，斋戒祈雨也就在这两天进行。
⑭ 斋戒日前夕天黑后入睡前可以随意饮食，一旦入睡则不可，即使在天亮前醒来亦不可。

房事①。

5. 基斯流月首已至而尚未落雨②，则法庭裁定三场公众斋戒③。可自天黑时起饮食，允许做工、洗浴、膏抹、穿鞋及行房事④。

6. 此事已过而仍不回应⑤，则法庭裁定另外三场公众斋戒。可于白日饮食⑥，禁止做工、洗浴⑦、膏抹、穿鞋及行房事⑧，且锁闭浴房⑨。此事已过而仍不回应，则法庭裁定其另加七场斋戒⑩，其为十三场公众斋戒⑪。此为压倒前者之事⑫：在此事中吹响警号⑬，闭锁店门⑭。周一向晚略开⑮，周四则许可，因尊崇安息日⑯。

---

① 这些行为在赎罪日是被禁止的，但是在祈雨斋戒日当日是允许的。
② 也就是正常雨季第三场雨该落的日期的两周以后，此时仍不落雨，则旱灾几乎是肯定的事情。
③ 斋戒不再是少数《托拉》学者的事情，而是对大众的要求。
④ 有关日期、饮食和相关活动的规定，参见上节相关注解。
⑤ 上节所说的三场斋戒之后，如果上帝仍不回应，仍不降雨。
⑥ 只有斋戒日前一天的白天可以饮食，与赎罪日斋戒的严格程度相当。
⑦ 不得全身洗浴，但可以洗手、脸和脚。
⑧ 所有引起快感的行为都被禁止。
⑨ 防止有人去洗浴。
⑩ 连续三周的周一和周四，加上第四周的周一。
⑪ 这附加的七场加上前边已经说过的六场，一共是十三场公众斋戒，特别把总数说出来，大概是为了明确规定公众斋戒不得超过此数。
⑫ 这七场斋戒的严肃程度超过前边六场。
⑬ 吹响羊角号。
⑭ 非食品商店全天关门，食品商店则在下一句中说明。
⑮ 周一斋戒时，食品店在傍晚时小开店门，让人购买食品。
⑯ 周四斋戒时食品店全天开门，以便人们购买食品，预备过安息日。

7. 此事已过而仍不回应①，则减少贸易、建筑、种植②、订婚、结婚，以及人与其友伴间之问安，因人被全在之神责罚③。各人重复斋戒，直至尼散月终④。尼散月终而落雨，则为诅咒之迹象⑤，因经文说："这不是割麦子的时候吗？"⑥

---

① 十三场公众斋戒都结束了，但仍未落雨。此时不再举行更多的公众斋戒，以免扰民。

② 《革玛拉》解释说此处的建筑和种植指的是纯粹享受使用的，日常生活所需的建筑（比如住房）和种植（比如果树），则仍然是许可的。

③ 人们彼此之间要像对待责罚而被逐出教门的人那样，无任何交流。

④ 《托拉》学者们重新开始在每周周一和周四斋戒，直到尼散月结束，农耕季节过去。

⑤ 因为农耕季节已过，雨水只会给收获增加麻烦，因此被看作诅咒。一本作："尼散月终而仍未落雨，则为诅咒之迹象。"

⑥ 《撒母耳记上》12∶17。尼散月过后是收割麦子的季节，此时落雨会导致麦子腐烂。

第 2 章

1. 斋戒之次序如何？① 将经柜出运至城中空旷处②，将灰烬加于经柜之顶③、纳席之首、法庭之父之首④；而每人亦各自置于其首⑤。其中之长老⑥则在众人面前发出规谏之言：吾之兄弟，对尼尼微人⑦，经文不是说"于是神察看他们的麻布衣和斋戒"，而是说"于是神察看他们的行为，见他们离开恶道"⑧。而在警示⑨中他说："你们要撕裂心肠，不撕裂衣服。"⑩

---

① 后七次斋戒，每次均有不同的祈祷文，本章即讨论其顺序。
② 《革玛拉》解释说这样做是为了公开祈雨，因为私下祈雨不起作用。
③ 灰烬加顶，是为了表示痛苦，其中的灰烬的痛苦含义来自亚伯拉罕献祭其子以撒的故事。将灰烬放在经柜之顶，是为了表示神也同样处于痛苦之中。
④ 两位领袖人物要承受他人将灰烬放在其头顶的羞辱。
⑤ 众人要各自将灰烬置于自己的头顶，免受他人泼灰的羞辱。
⑥ 众人中最年长的。
⑦ 他引用《约拿书》上帝因尼尼微人的罪恶而愤怒，却在毁灭前让约拿去劝喻他们的典故。
⑧ 《约拿书》3：10。长老出面劝诫众人洗心革面，诚心悔过，而不只是依赖于斋戒和穿粗麻布衣服。
⑨ 原文"卡巴拉"，指先知对众人的警告。
⑩ 《约珥书》2：13。

第 2 章

2. 他们立而祈祷①,派成年有经验②者至经柜前,此人当有儿子③,且其室空无④,以使其心在祈祷时完美⑤。他在他们面前诵读二十四段祝祷,每日诵读之十八段⑥,在其中另加六段⑦。

3. 其为⑧:"记忆"与"角号"⑨;"我在急难中求告耶和华,他就应允我。"⑩"我要向山举目。"⑪"耶和华啊,我从深处向你求告。"⑫"困苦人发昏的时候的祷告。"⑬拉比犹大说:无须诵读"记忆"与"角号"⑭,而是代之以"国中若有饥荒、瘟疫"⑮,"耶和华论到干旱之灾的话临到耶利米"⑯,并诵念封祷⑰。

4. 于首段⑱他说:"于摩利亚山应答亚伯拉罕者,将应答尔

---

① 长老规谏之后,众人起立祈祷。
② 指在祷告方面有经验的人。
③ 家中有人口需要他抚养。
④ 家中空无一物,最需要帮助。一说,家中全无罪恶。
⑤ 因为他最需要帮助,所以祈求时最虔诚。
⑥ 即十八祷文。
⑦ 下边几节解释增加什么以及如何增加。
⑧ 本节列出上节所说的六段附加祷文。
⑨ 犹太历新年时的两段附加祷,参见本部《岁首》4:5 及相关注解。
⑩ 《诗篇》120:1。他在祈祷时诵读全章,并加祝祷。
⑪ 《诗篇》121:1。他在祈祷时诵读全章,并加祝祷。
⑫ 《诗篇》130:1。他在祈祷时诵读全章,并加祝祷。
⑬ 《诗篇》102:1。他在祈祷时诵读全章,并加祝祷。
⑭ 拉比犹大认为这两段祷文不是给祈雨斋戒时诵念的。
⑮ 《列王纪上》8:37。
⑯ 《耶利米书》14:1。
⑰ 他认为应该用上述两段取代"记忆""角号",且每段都加上祝祷以封尾。
⑱ 本节应该写明六段祈雨附加祷文结尾封祷的内容文字,但此处的"首段"并非附加祷文,而是十八祷文中开始加入附加祷文的段落(以"看顾我们的苦难"之句开始的段落)。

等,且听闻今日尔等呼求之声,赞美你,吾主,以色列之救赎者。"
于次段他说:"于红海应答吾之先祖者,将应答尔等,且听闻今日尔等呼求之声,赞美你,吾主,记得遭遗忘者。"① 于三段他说:"于吉甲山应答约书亚者,将应答尔等,且听闻今日尔等呼求之声,赞美你,吾主,聆听角号之音者。"② 于四段他说:"于米斯巴应答撒母耳者,将应答尔等,且听闻今日尔等呼求之声,赞美你,吾主,聆听呼求者。"③ 于五段④他说:"于迦密山应答以利亚者,将应答尔等,且听闻今日尔等呼求之声,赞美你,吾主,聆听祈求者。"于六段⑤他说:"于耶路撒冷应答大卫与其子所罗门者,将应答尔等,且听闻今日尔等呼求之声,赞美你,吾主,苦难中之应答者。"于七段⑥他说:"于鱼腹中应答约拿者,将应答尔等,且听

---

① 这是"记忆"段的封祷文。因为希伯来人在埃及为奴,仿佛是被上帝遗忘了,故此用这段文字结束"记忆"附加祷。

② 这是"角号"段的封祷文,用的是约书亚靠吹角号使耶利哥城墙塌陷,因而得以攻克该城的故事(《约书亚记》第6章)。按照拉熹的解释,当时以色列人的军营驻扎在吉甲山上。

③ 这一段是以《诗篇》第120章作为附加祷的一段的封祷,典故出自《撒母耳记上》7:9:"撒母耳就把一只吃奶的羊羔献与耶和华作全牲的燔祭,为以色列人呼求耶和华。耶和华就应允他。"

④ 这一段是以《诗篇》第121章作为附加祷的一段的封祷,典故出自《列王纪上》18:37:"耶和华啊,求你应允我,应允我。使这民知道你耶和华是神,又知道是你叫这民的心回转。"

⑤ 这一段是以《诗篇》第130章作为附加祷的一段的封祷,典故出自《约拿书》2:2:"我遭遇患难求告耶和华,你就应允我。"

⑥ 这一段是以《诗篇》第102章作为附加祷的一段的封祷,典故出自《撒母耳记下》21:1:"大卫年间有饥荒,一连三年,大卫就求问耶和华。"以及《列王纪上》8:35:"你的民因得罪你,你惩罚他们,使天闭塞不下雨。"

闻今日尔等呼求之声,赞美你,吾主,于此土有仁慈者。"

5. 有例为证,在拉比哈拉夫塔与拉比哈尼纳·本·特拉迪翁之时,有经过经柜前者①,终结整段祝祷②,他们不在其后回应"阿门"③。"吹号,祭司们,吹号!"④"于摩利亚山应答亚伯拉罕者,将应答尔等,且听闻今日尔等呼求之声。"⑤"奏音,亚伦的子孙们,奏音!"⑥"于红海应答吾之先祖者,将应答尔等,且听闻今日尔等呼求之声。"⑦而当此事至众贤哲面前时⑧,他们说:我等并非如此行事⑨,除非是在东门与圣殿山上⑩。

6. 前三场斋戒⑪,祭班⑫之人斋戒而不完成⑬;族家之人则全

---

① 指最后七个斋戒日的领祷者。
② 指以"看顾我们的苦难"开始的一段。
③ 而是回应"赞美他光辉王国的大名直到永远",这是在圣殿里的习惯。
④ 这一句和下边"奏音"一句都是会堂里主持祈祷的人说的。
⑤ 这一句是领祷者诵念的封祷文。
⑥ 这一句是在"记忆"段完成之后说的。
⑦ 领祷者以此句结束"记忆"封祷。这一仪式规程在每一段封祷前后重复。
⑧ 当众贤哲了解到这两人的仪式规程之后。
⑨ 关于行事不同之处,众说纷纭。拉熹认为指不以"阿门"回应,而是诵念"赞美他光辉王国的大名直到永远"。众贤哲只在圣殿山这样做,而拉比哈拉夫塔与拉比哈尼纳·本·特拉迪翁则在圣殿外也这样做。迈蒙尼德认为此处指的是吹奏角号,只有在圣殿山才在每段祝祷之后吹奏,而在其他地方则在整个祝祷结束之后才吹奏。
⑩ 东门,指圣殿山的东门。有些版本"东门"用作复数,注家认为指圣殿山与圣殿大院的东门。
⑪ 本节讨论十三场斋戒与圣殿当值祭司的关系。
⑫ 祭司分二十四祭班,每个祭班又分为六个族家。每个祭班当值一周,每个族家当值一天,安息日则该祭班全体当值。参见本部《盛日》2:3 相关注解。
⑬ 白天参加斋戒,但并不坚持到天黑。虽然并非祭班的所有祭司都当值,但不当值的祭司有时要做替补,而前三场斋戒并非极其郑重的事情,所以律法相对从宽。

不斋戒①。次三场,祭班之人斋戒且完成②;族家之人则斋戒而不完成。末七场,彼此均斋戒且完成③。此为拉比约书亚之言。而众贤哲说:前三场斋戒,彼此均全不斋戒,次三场祭班之人斋戒而不完成;族家之人则全不斋戒。末七场,祭班之人斋戒且完成;族家之人则斋戒而不完成④。

7. 祭班之人⑤可于夜间饮酒,然于白日则不可⑥;族家之人,则白日不可,夜间亦不可⑦。祭班之人与站班之人⑧禁止理发与洗衣⑨,然于周四则许可,因安息日之尊⑩。

8. 凡《斋戒》⑪写明"不得致悼词"者,此前禁止,此后许

---

① 斋戒当天当值的族家不参加斋戒,因为祭司需要消耗体力,斋戒会影响祭司们的工作。
② 与其他斋戒者一样。
③ 末七场斋戒是在旱情极其严重的情况下举行的,因此祭司们全体参加,如同常人。
④ 众贤哲对此的所有裁决都比拉比约书亚宽松一级。
⑤ 本节所讨论的与斋戒无关,而是祭班与族家日常行为准则的差异。
⑥ 祭班的祭司若非当值之日,则夜间不会有圣殿祭祀的任何事情,可以饮酒;白日则有可能被叫去替补,饮酒会触犯戒律(《利未记》10:8—11禁止祭司在圣殿服事前饮酒),因此不允许。
⑦ 当值之日的族家,即使是在晚间也还有些事情要处理(比如捡拾收集祭坛上掉落的动物脂肪等),因此白日和晚间均不可饮酒。
⑧ 站班,普通以色列人中选出的代表,在公共祭献时站在圣殿里,亦分为二十四班,每班当值一周。
⑨ 《革玛拉》认为这一规定促使圣殿当值人员在进入圣殿之前便打理好了个人卫生,不会有碍观瞻。
⑩ 通常人们在周四打理个人卫生,因周五要预备安息日。
⑪ 按照《巴比伦塔木德·安息日》13b的记载,《斋戒》成书于第二圣殿时期,其作者为哈纳尼亚·本·以西结及其同道。该书记载了第二圣殿时期以色列人身边发生的所有奇迹的日期,并将这些日期规定为节庆之日,发生小奇迹的日子不得斋戒,发生大奇迹的日子连致悼词也不允许。第二圣殿被毁之后,该书的规则不再有效,唯普珥节和光明节例外。

可①。拉比约西说：此前此后均禁止②；"不得于此日斋戒"者，此前此后均许可③。拉比约西说：此前禁止，此后许可④。

9. 无周四开始公共斋戒之裁决，以不引发涨价⑤；而是前三场斋戒为周一、周四、周一⑥，而次三场则为周四、周一与周四⑦。拉比约西说正如首场不在周四，次场与末场亦不在⑧。

10. 无于月首、于光明节、于普珥节行公共斋戒之裁决⑨。若已开始，则无须停止⑩。此为拉班迦玛列之言。拉比梅伊尔说：尽管拉班迦玛列说无须停止，然承认无须完成⑪。逢安息日前夕之阿夫月九日亦如此⑫。

---

① 当日之前亦不得致悼词，以防将致辞延至节庆之日。当日结束后即可致悼词，因不存在回到节庆之日的可能。一说，当日之前不得斋戒（不得致悼词之日肯定不可斋戒），以防斋戒延长至当日，过后即可斋戒。
② 拉比约西做出严格限制，是为了确保节庆之日不被破坏。
③ 当日前后均可斋戒。
④ 因为这些日子的喜庆程度低于"不得致悼词"的日子，所以相关规定也放松一级。
⑤ 如果周四开始斋戒，人们将购买大量食物，以用于斋戒前后的大餐与安息日所需。运粮进城的农夫商贩因为不知情，可能只准备了安息日的供应数量，结果因供不足需而导致粮价上涨。
⑥ 首场斋戒从周一开始，商贩们了解到周四还有斋戒，便可多准备粮食，在供应充分的情况下，粮价便不会上涨。
⑦ 次三场是前三场的延续，因此不存在商贩不知情的情况，不一定从周一开始。
⑧ 拉比约西认为次三场与末七场也在周一开始。
⑨ 关于光明节与普珥节不得斋戒的规定，参见本卷1：8的相关注解。月首亦被看作圣日，因此不行斋戒。
⑩ 若法庭裁决在这些日子进行斋戒，也可以进行。
⑪ 日落前即可进食，没必要斋戒到当日结束。
⑫ 阿夫月九日为圣殿陷落纪念日，犹太人在这一天斋戒。由于安息日必须欢庆进食，因此按照犹太历法，阿夫月九日从来不会是安息日或周五。但有时阿夫月没按既定历法开始，而是依据新月目击报告开始，那么就可能出现阿夫月九日与安息日前夕相逢的情况。在这种情况下，民众可斋戒至日落前，日落前即可进食，以尊崇安息日。

第 3 章

1. 上述斋戒顺序①,指首场润物之雨②。然若作物变色③,则立即为之吹奏④。同样,若落雨之间四十日雨停⑤,则亦立即为之吹奏⑥,因其为荒年之灾。

2. 为作物而落,却不为树木而落⑦;为树木而不为作物⑧;为两者而不为水坑、水窖、水洞⑨,则立即为之吹奏⑩。

3. 同样,未蒙降雨之城市⑪,如经文说:"我降雨在这城,不降

---

① 指因首场雨未落而做的斋戒,参见本卷 1:4—6。本章讨论首场雨按时落下,但随后发生灾变的情况下的斋戒律法。

② 润物,希伯来语原词是"蜷缩"与"滋润"两词的拼合,指首场落雨使万物滋润,植物舒展。

③ 首场雨按时落下,作物也发芽了,但是随后作物却开始变坏。

④ 出现这种情况时,会立即开始斋戒,而且依照正常斋戒最后七场的规格,有斋戒、祈祷和吹奏角号。

⑤ 第一场雨落下之后四十日没有下雨。

⑥ 与末七场斋戒的规格相同。

⑦ 雨量不足,入地不深,只有田间作物可以受益,而根系较深的树木却得不到足够的水分。

⑧ 雨量过大,树木受益而田间作物面临水灾。

⑨ 指当时人们修建的收集雨水用作饮用水和生活用水的储水系统。

⑩ 依照常规斋戒末七场的规格进行斋戒。

⑪ 其他城市降雨,而这座城市没有。

雨在那城。这块地有雨"①,则该城斋戒且吹奏②;其周边各地则斋戒而不吹奏③。拉比阿奇瓦说:吹奏而不斋戒④。

4. 同样,若城中有瘟疫或塌陷⑤,则该城斋戒且吹奏⑥;其周边各地则斋戒而不吹奏⑦。拉比阿奇瓦说:吹奏而不斋戒⑧。何为瘟疫?城中选出五百男子,连续三天之内从中死亡三人⑨,则此为瘟疫;少于此则非瘟疫⑩。

5. 为之于各处吹奏者⑪:为焦谷⑫亦为黄绿病⑬,为蝗虫,为草蜢⑭,为恶兽⑮,及为兵灾⑯。为此吹奏,因其为行进中之灾难⑰。

6. 某次,长老们自耶路撒冷下至各城,裁定行斋戒,因在阿什科隆见一满炉口之焦谷⑱。另一次,他们裁定行斋戒,因群狼在外约旦

---

① 《阿摩司书》4:7。本句经文说明这种情况是上帝有意造成的。
② 依照常规斋戒末七场的规格进行斋戒。
③ 拉熹认为周边城市斋戒,是因为遇灾的城市会出来买粮食,引起粮食紧张。
④ 吹奏角号是为了引发上帝的仁慈之心,但不必斋戒,一如犹太新年的情况。
⑤ 地震引起的塌陷。
⑥ 依照常规斋戒末七场的规格进行斋戒。
⑦ 仿效赎罪日的习俗。
⑧ 仿效犹太新年的习俗。
⑨ 每天死亡一人,连续发生三天。
⑩ 如果三天死两人,或者两天死三人,都不算瘟疫,而是巧合。
⑪ 为以下所列灾难,犹太人在各地斋戒并吹奏角号。
⑫ 因沙漠热风而引发的作物干枯。
⑬ 一种让农作物变成黄绿色且枯萎的疾病。
⑭ 蝗虫的一种。
⑮ 在居民区出现的伤人的野兽。
⑯ 路过的军队,即使不是来攻打本城而是去征服其他城市的。
⑰ 也就是扩散中的灾难,虽然出现时可能只在一个地方,但各地都要为之斋戒吹奏。
⑱ 由沙漠热风引起的干枯谷物损失足够做一个烤炉口那么大的面包。阿什科隆为以色列最南部的城市,来自南方北非沙漠地区的热浪会首先到达此地,因此此地的现象被看作一种预兆。

吞噬两名儿童。拉比约西说：非因吞噬，乃因见到①。

7. 为之于安息日呼祷②者：为被外邦人③或河水④围困之城，为海中颠簸之舟⑤。拉比约西说：为呼救而非为呼祷⑥。西缅·哈-帖曼尼说：亦为瘟疫⑦。而众贤哲不对其认可⑧。

8. 为任何尚未⑨落到大众头上之灾害，均为之吹奏⑩，唯雨水过量除外⑪。某次，他们对画圈者侯尼说："祈祷落雨吧。"他对他们说："出去把逾越节牺牲的烤炉拿进来，以防被泡软⑫。"他祈祷，却未落雨。他如何做？画圆圈而立于其中，且在其面前说："宇宙之主，你的孩子们转面向我，因我在你面前如家中之子。我以你之伟名起誓，除非你对你的孩子发仁慈，否则我将不离开此地。"雨滴开始落下，他说："我之所求非此，而是水坑、水

---

① 只是见到了狼群而已。
② 《革玛拉》认为此处指在祈祷中高声呼喊。因为安息日禁止吹奏角号，所以只能用呼喊来表达情势的急迫。
③ 外邦人的军队。
④ 涨出来的河水，实际上已经成为洪水。
⑤ 在海上遭遇风暴，即将破碎倾覆的船只。
⑥ 他认为只是呼喊他人来救援，而不是在祈祷中呼喊。
⑦ 他认为在瘟疫发生时也可以这样呼喊。
⑧ 众贤哲不同意在安息日这样呼喊。一说，他们反对在任何时候这样呼喊。
⑨ "尚未"在此的含义为"即将"，这是拉比文献中一种类似避讳的委婉说法，担心直接说出来会招来不祥。
⑩ 指斋戒加吹奏角号。
⑪ 以色列土地偏旱，因此即使雨水过量，也被认为并非完全无益。因此不用吹奏角号的方式。
⑫ 逾越节牺牲烤炉为土制烤炉，通常放在院子中央，雨水太多则会被泡软乃至崩坏。

窖、水洞之雨①。"暴雨开始落下,他说:"我之所求非此,而是宜人、福泽且慷慨之雨。"雨正常落下,直到以色列人因这雨出耶路撒冷而至圣殿山②,他们到来,对他说:"一如你祈祷其降落,照此祈祷其离去。"他对他们说:"去看看失主岩③是否被冲走④。"西缅·本·沙塔赫遣使对他说:"若尔非侯尼,则吾将裁决将你驱逐⑤。然而吾奈尔何?尔于全在之神面前得宠,其亦随尔之愿而行,恰如在父亲面前得宠之子,其父亦随其愿而行。于尔经文说:'你要使父母欢喜,使生你的快乐。'⑥"

9. 若已斋戒,而日出前雨落其间,则不完成⑦;日出后则完成⑧。拉比以利以谢说:在午前则不完成,在午后则完成⑨。某次,在路德裁定斋戒,午前雨落其间。拉比特尔封⑩对他们说:"去吃

---

① 指雨水应灌满所有储水设施。
② 耶路撒冷的低洼地带被雨水淹没,民众逃上圣殿山避水。
③ 耶路撒冷城中的一块大岩石,找到失物的人站在这块石头上宣布自己的发现,失主则前来提供证据并认领。丢失物品的人经常在此聚集等候,不必四处游走寻找,因此被称为"失主岩"(原文为"游走者岩")。
④ 正如该岩石不可能被冲走一样,作为福泽的雨水也不可能通过祈祷将其停下来。
⑤ 侯尼的祈祷非常直接,可能被看作是一种对神的不敬,因此可以被逐出教门。
⑥ 《箴言》23:25。
⑦ 斋戒,即使已经裁定于当日进行,也是从日出以后开始计算的,如果日出以前开始落雨,那么斋戒的理由就不再存在,因此也就不必将其完成(其实是根本不必开始)。
⑧ 日出以后,斋戒已经开始,无论是否落雨,都需将其完成。
⑨ 拉比以利以谢认为斋戒实际上从午饭算起的,因为直到那时才吃第一顿饭,斋戒才有实际意义,因此下雨与停止斋戒的关系与正午有关,而与日出无关。
⑩ 他住在路德。

喝,享受佳日①。"他们去吃喝,且享受佳日,并于黄昏去诵念《大赞美诗》②。

---

① 像过节一样对待这个日子。
② 《大赞美诗》,即《诗篇》第136章,因其中有"他赐粮食给凡有血气的,因他的慈爱永远长存"一句,因而被用作感激雨水的赞美祷。拉比特尔封认为必须是在心满意足之后才可诵此祷文,因此要大家先去吃喝享受。

第4章

1. 一年三个时间祭司们每日高举手掌四次①——晨祷,附加祷,午后祷②,闭门祷③:于斋戒日,于站班④,于赎罪日⑤。

2. 何为站班?据经文所说:"你要吩咐以色列人说,献给我的供物,就是献给我作馨香火祭的食物"⑥,人若不立于其侧,其牺牲何以祭献⑦?早期先知⑧规定二十四祭班⑨,每个祭班均有其在耶路撒冷之祭司、利未人、以色列人之站班⑩。值祭班时间到,祭司与利未人即上耶路撒冷,而该祭班之以色列人则聚其城

---

① 祭司在祷告仪式上祝祷并高举双手。
② 通常的日子里,祭司们并不在午后祷上祝祷,因为担心他们白天喝了酒。
③ 圣殿主殿闭门的时间。一说,天门关闭的时间(即晚上)。
④ 见下节。
⑤ 《革玛拉》认为本节词句有误,实际上是说祭司们在这三个时段每天在祝祷时高举手掌,只是在赎罪日才举四次,因为站班日和斋戒日实际上没有附加祷。
⑥ 《民数记》28:2。
⑦ 私人祭献,如赎罪祭等,献祭人均需在圣殿院中站立等候,但公共祭献(如日常燔祭或附加祭)是为全体以色列人献的,不可能要求所有人都来圣殿院中站着。
⑧ 拉熹认为是指撒母耳与大卫王。
⑨ 将祭司、利未人和普通以色列人均分为二十四个祭班,每个祭班当值一周。
⑩ 当值的星期里,该祭班的祭司在圣殿行祭献,利未人唱诗,普通以色列人则派代表在公共祭献时站在圣殿的院子里。

中,诵读创世之事①。

3. 站班之人当周斋戒四日,自周一至周四;安息日前夕不斋戒,因安息日之尊荣②。亦不于周日斋戒,以免刚出安逸快乐即入劳作与斋戒,或致死。周日,"起初"与"要有空气"③;周一,"要有空气"与"水要聚在一处"④;周二,"水要聚在一处"与"要有光体"⑤;周三,"要有光体"与"水要多多"⑥;周四,"水要多多"与"地要生出"⑦;周五,"地要生出"与"天地万物都造齐了"⑧。

---

① 该祭班的祭司与利未人全部去耶路撒冷,普通以色列人则只有代表去,其他人在各自的城镇会堂聚集,诵读有关创世的章节,因为世界的持续存在与圣殿的祭献密切相关。

② 不能饿着肚子进入安息日。

③ 本句开始解释上节当值站班诵读创世之事,说明每天读哪些章节(实际上是应该读对应的创世日的章节,但因为节数不够,因此有所调整)。每天有一名祭司、一名利未人和一名以色列人参加读经,每人至少读三节,如果不够则读次日之章节。如周日为创世第一日,当诵读《创世记》1∶1—5,但因为只有五节,所以祭司读三节,利未人读完剩余两节,只能再加上本该次日读的第六节,而以色列人就只能全部读次日的章节了。

④ 周一应当读《创世记》1∶6—8,因为一共只有三节,全部由祭司读,利未人与以色列人分读次日的五节,利未人读九至十二节,以色列人则重复第十二节,然后读至第十四节。

⑤ 周二当读创世第三日的章节,即,《创世记》1∶9—13,实际诵读则包括了第四日(14—19)的部分章节。

⑥ 周三当读创世第四日的章节,即,《创世记》1∶14—19,实际诵读则包括了第五日(20—23)的部分章节。

⑦ 周四当读创世第五日的章节,即,《创世记》1∶20—23,实际诵读则包括了第六日(24—31)的部分章节。

⑧ 周五当读创世第六日的章节,即,《创世记》1∶24—31,实际诵读则包括了第七日(《创世记》2∶1—3)的章节。

晨祭与附加祭中①,长分章两人诵读,短分章一人诵读②。午后祷时入内且默诵,一如诵读祷文《听》③。安息日前夕午后祷时无需入内,因安息日之尊荣④。

4. 凡有赞美祷之日⑤,其晨祭均无站班⑥;有附加祭⑦,则无闭门祷⑧;有柴祭⑨,则无午后祷⑩。此为拉比阿奇瓦之言。本-阿扎伊对他说:"拉比约书亚⑪如此教导:有附加祭,则无午后祷⑫;有柴祭,则无闭门祷⑬。"拉比阿奇瓦遂回心而教导如本-

---

① 未去耶路撒冷的当班以色列人,在晨祭时间之后诵读《创世记》段落;如果当日有附加祭,则在附加祭时间之后再行诵读。

② 五节的分章为长分章,由两人分读,第一人读一至三段,第二人读三至五段。

③ 入内,指进入会堂或经堂。通常读经需要打开经柜,取出经卷,但因为当日这些人处于斋戒之中,为节省他们的体力,只需要口中默诵即可。

④ 安息日前夕无须诵读《创世记》,而是全心准备过安息日。

⑤ 要诵读《赞美祷》(《诗篇》113—118)而没有附加祭的日子,专指光明节。

⑥ 当值的站班不必诵读《创世记》篇章,因为他们将忙于诵读《赞美祷》,而《赞美祷》的重要性压倒当日的《创世记》分章。

⑦ 指月首的附加祭献。

⑧ 站班成员除了诵读祷文之外,还要做许多祭献的辅助工作,比如预备木柴,或者运送祭献用水,等等。因此,如果当日有附加祭,那么站班成员会非常繁忙,结果是附加祭、午后祭和闭门祷都不会出现站班的祷告和《创世记》分章。

⑨ 某些家族会获得特别荣耀,在特定日期向圣殿捐献一定数量的木柴,然后带来牺牲品,进行祭献,以此作为一种家庭的节庆活动,此为柴祭。

⑩ 因为柴祭增加了站班的工作量,因此他们不必在午后祷上进行站班的祷诵活动。但柴祭不像附加祭那样繁重,因此晨祭与闭门祷的站班活动仍照常进行。

⑪ 拉比约书亚是拉比阿奇瓦的老师,因此拉比阿奇瓦应该依从他的观点。

⑫ 拉比约书亚认为附加祭的工作量没那么大,所以只能免除附加祭本身和午后祷的站班活动,闭门祷的相关活动则照常进行。

⑬ 由于柴祭非《托拉》律法,只是拉比律法,而拉比律法有被人轻忽的危险,因此特别免除午后祷和闭门祷的站班活动,以示郑重。

阿扎伊。

5. 祭司与民众之木柴①之时有九②：尼散月一日，亚拉·本·犹大③的子孙；塔慕斯月二十日，大卫·本·犹大的子孙④；阿夫月五日，巴录·本·犹大⑤的子孙；当月七日，约拿达·本·利甲的子孙⑥；当月十日，西拿·本·便雅悯的子孙⑦；当月十五日，萨土·本·犹大的子孙⑧，祭司、利未人、支派有误者⑨、捣杵欺骗者之子孙、无花果干装载者之子孙⑩与之一起；当月二十日，巴哈摩押·本·犹大之子孙⑪；以禄月二十日，亚丁·本·犹大之子孙⑫；提别月一日，巴录之子孙再次回来。提别月一日⑬无站班⑭，因有

---

① 即上节所说的柴祭，据说早年朝圣者来耶路撒冷圣殿祭献，找不到木柴，这些家族将自家的木柴拿出来给他们用，由此获得了向祭坛额外捐献木柴的特权。
② 每年有九个固定时间，这些家族可以在各自指定的时间内做柴祭。
③ 属于犹大支派，参见《以斯拉记》2：5。
④ 《革玛拉》认为他们是大卫王的后裔。
⑤ 属于犹大支派，参见《以斯拉记》2：3。
⑥ 参见《耶利米书》35：6。
⑦ 属于便雅悯支派，参见《以斯拉记》2：35。
⑧ 属于犹大支派，参见《以斯拉记》2：8。
⑨ 支派归属信息出现错误，搞不清到底属于哪个支派。
⑩ 《革玛拉》解释说：早年当局禁止犹太人将初熟果实送往耶路撒冷祭献，并在通往耶路撒冷的道路上设置关卡禁止携带新鲜果实的人通过。犹太人中虔诚的信仰者便将初熟果实装在篮子里，上边铺上无花果干，肩扛捣杵，在关卡遭到盘查时，就说是去附近的石臼处制作无花果饼，以此蒙混过关，然后将篮子装饰一新，送到圣殿去献祭，这些人便被称为"捣杵欺骗者"与"无花果干装载者"。
⑪ 参见《以斯拉记》2：6。
⑫ 参见《以斯拉记》2：15。
⑬ 这个日期总是光明节。
⑭ 因为当日有下文所说的三项活动，站班没有诵读《创世记》的时间。

《赞美祷》①、附加祭②与柴祭③。

6. 我们的先祖在塔慕斯月十七日遭遇过五件事情,阿夫月九日亦为五件事情。在塔慕斯月十七日诫版被击碎④,日常祭中止⑤,城被攻破⑥,阿伯斯图姆⑦焚烧《托拉》⑧且立偶像于前殿⑨。在阿夫月九日,裁决我们的先祖不得进入此地⑩,圣殿第一次⑪、第二次⑫被

① 光明节需诵读全部《赞美祷》,参见上节相关注解。
② 当天为月首,需献附加祭。
③ 巴录子孙献的当年第二次柴祭。
④ 指摩西因众人崇拜金牛犊而击碎十诫石版之事(《出埃及记》32∶19)。《出埃及记》24∶16 记载摩西于西弯月七日登西奈山领受诫命,24∶18 记载他在山上待了四十天,下山应该是塔慕斯月十七日。
⑤ 在耶路撒冷遭遇围困时,因为没有羊,所以日常祭被迫中止。迈蒙尼德认为这是第一圣殿时的事情。
⑥ 指第二圣殿时耶路撒冷城墙被攻破的日子(第一圣殿时城破的日子是该月九日)。
⑦ 人名,具体指代不详。
⑧ 可能指约瑟福斯所记载的公元 50 年前后一位罗马士兵侮辱且焚烧《托拉》,几乎引发暴乱的事情,或者指特拉迪翁在第二次反罗马大起义失败后被裹着《托拉》经卷烧死的事情。
⑨ 一本作:偶像被立于前殿,大约指第一圣殿时玛拿西王在圣殿中搞偶像崇拜的事情,参见《列王纪下》21。
⑩ 指摩西派密探前往迦南地探听当地情况的事情(《民数记》13—14),探子四十天后回来后宣称迦南地无法攻打,民众失望痛哭,《革玛拉》说这种情况引发了神的愤怒,当即裁决民众在旷野流浪四十年,直到这一代人中的成年男性死绝,才能进入迦南地。
⑪ 关于圣殿第一次被摧毁的日子,《列王纪下》25∶8—9 记载为阿夫月七日,《耶利米书》52∶12—13 记载为阿夫月十日,《巴拉伊塔》的解释是:亚述王的军队在七日攻入,九日晚间开始点火,火一直延烧到十日。
⑫ 圣殿第二次被摧毁的日期并无权威记载,不过拉比们相信坏事都在不吉祥的日子发生,因为阿夫月九日自古就是不祥之日,因而认定圣殿在该日被摧毁。

摧毁,比塔尔被攻占①,城市被耕犁②。进入阿夫月则节制快乐③。

7. 阿夫月九日在其中之星期,禁止剃须发与浆洗④,周四则许可,因安息日之尊荣⑤。阿夫月九日前夕,人不可吃两份熟食⑥,不得食肉,亦不得饮酒。拉班西缅·本·迦玛列说:变之⑦。拉比犹大规定翻床⑧,众贤哲则不赞同。

8. 拉班西缅·本·迦玛列说:在以色列之佳日中,阿夫月十五日⑨与赎罪日⑩无与伦比,在这些日子里耶路撒冷之少女着

---

① 巴尔·科赫巴起义时的重要城堡,该城堡的陷落与巴尔·科赫巴本人随之被俘标志着起义的失败。

② 耶路撒冷被攻陷后,圣殿山被推平,耕犁一遍,正如《耶利米书》26:18所说:"锡安必被耕种像一块田。"

③ 《革玛拉》认为这包括减少交易、修建、种植、女子出嫁(可以订婚)等引发快乐的活动。

④ 禁止洗衣服。

⑤ 如果周五是阿夫月九日,那么周四可以剃头刮须洗衣(一说只许洗衣),以便干干净净地过安息日。

⑥ 指通常不生吃的食物,比如鱼或者鸡蛋。

⑦ 他认为上述事项并非绝对禁止,而是发生变化即可,比如常日喝两杯酒,此时喝一杯酒即可。

⑧ 把床翻过来,这样人只能躺在地板上睡觉,与守丧相似。

⑨ 阿夫月十五日成为节期的原因如下:第一,这是以色列十二支派相互通婚的日子(《民数记》36:8—9);第二,这是便雅悯部族被允许重回以色列大家庭的日子(《士师记》21);第三,这是旷野流浪的希伯来人停止大批死亡的日子(《巴拉伊塔》记载在旷野流浪的四十年中,每年的阿夫月九日都要死一万五千人,这种情况在第四十年的阿夫月九日停止);第四,这是北国以色列的最后一位国王何西阿撒掉路上关卡,允许以色列人去耶路撒冷朝圣的日子;第五,这是比塔尔城堡的死者被允许埋葬的日子;第六,这是当年为祭坛用柴的伐木工作完成的日子(此后天气转凉,伐下来的木头不能保证被太阳彻底晒干,因而有可能带虫子而不适用于圣殿祭献)。

⑩ 赎罪日因为两个原因而被看作佳日:其一,这是神宽恕的日子;其二,这是第二组十诫石版被赐予的日子(第一组被摩西击碎)。

借得之白袍而出①,以不羞辱无袍者;所有袍服均需受浸礼②,耶路撒冷之少女出而舞于葡萄园③,其何言?"少年,抬眼而望,如何为你自己选择?请勿着眼于美貌,而当着眼于家庭④:'艳丽是虚假的。美容是虚浮的。惟敬畏耶和华的妇女,必得称赞。'⑤且说:'愿她享受操作所得的。愿她的工作在城门口荣耀她。'⑥同样还说⑦:'锡安的众女子啊,你们出去观看所罗门王,头戴冠冕,就是在他婚筵的日子,心中喜乐的时候,他母亲给他戴上的。'⑧""他婚筵的日子"即授予《托拉》之日⑨;"心中喜乐的时候"即圣殿之建成⑩,愿其尽快建成于吾生,阿门!

《斋戒》卷终

---

① 即使自己有白袍也要穿借来的。
② 以免穿着不洁净的白袍。
③ 无妻的男子均可以去观看。
④ 《巴拉伊塔》说这是出身好的女子说的话,美貌女子则说:"当着眼于美貌,女子唯美貌为真。"丑陋的女子则说:"看在上帝的分上,照顾一下老相识。"
⑤ 《箴言》31:30。
⑥ 《箴言》31:31。
⑦ 前边的《希伯来圣经》引文与阿夫月十五日相关,下面的与赎罪日相关。
⑧ 《雅歌》3:11。
⑨ 第二组石版被赐予希伯来人,被看作是上帝与以色列民众的联姻。
⑩ 拉熹认为所罗门王的圣殿便落成于赎罪日。

第 10 卷

经 卷 ①
Megillah

---

① 希伯来语原文 Megillah，意为"经卷"，《希伯来圣经》中的《雅歌》《路得记》《耶利米哀歌》《传道书》和《以斯帖记》合称"五大经卷"，此处"经卷"一词则专指《以斯帖记》。"经卷"的成类与这些经卷在特定节期诵读于公众场合的习俗有关，其中普珥节诵读《以斯帖记》和阿夫月九日诵读《耶利米哀歌》是各地犹太人普遍接受的风俗。西方犹太人则有在逾越节的安息日诵读《雅歌》，在五旬节的早晨诵读《路得记》以及在住棚节的安息日诵读《传道书》的习俗。

音珥節

提　要

本卷讨论普珥节期间诵读《希伯来圣经》的《以斯帖记》的相关问题。

"经卷"一词，希伯来语原文词根为动词"卷起"，引申为在公共场所按仪式展读的经书，亦专指《以斯帖记》，因其为所有展读活动中最重要的一项。

本卷共四章。第1章讨论有关《以斯帖记》诵读的时间地点以及其他一些相关问题。第2章讨论《以斯帖记》诵读本身的相关问题。第3章内容比较杂乱，包括了圣品买卖、特殊安息日与节期在会堂诵读律法书的相关问题。第4章则讨论诵读律法书和祝祷文的方式问题。

相关《希伯来圣经》段落

《以斯帖记》

9：17　亚达月十三日,行了这事。十四日安息,以这日为设筵欢乐的日子。

9：18　但书珊的犹大人,这十三日、十四日聚集杀戮仇敌。十五日安息,以这日为设筵欢乐的日子。

9：19　所以住无城墙乡村的犹大人,如今都以亚达月十四日为设筵欢乐的吉日,彼此馈送礼物。

9：20　末底改记录这事,写信与亚哈随鲁王各省远近所有的犹大人。

9：21　嘱咐他们每年守亚达月十四、十五两日。

9：22　以这月的两日为犹大人脱离仇敌得平安,转忧为喜,转悲为乐的吉日。在这两日设筵欢乐,彼此馈送礼物,周济穷人。

9：23　于是,犹大人按着末底改所写与他们的信,应承照初次所守的守为永例。

9：24　是因犹大人的仇敌,亚甲族哈米大他的儿子哈曼,设谋杀害犹大人,掣普珥,就是掣签,为要杀尽灭绝他们。

9：25　这事报告于王,王便降旨使哈曼谋害犹大人的恶事,归到他自己的头上,并吩咐把他和他的众子都挂在木架上。

9∶26 照着普珥的名字，犹大人就称这两日为普珥日。他们因这信上的话，又因所看见所遇见的事。

9∶27 就应承自己与后裔，并归附他们的人，每年按时必守这两日，永远不废。

9∶28 各省各城，家家户户，世世代代纪念遵守这两日，使这普珥日在犹大人中不可废掉，在他们后裔中也不可忘记。

9∶29 亚比孩的女儿王后以斯帖，和犹大人末底改以全权写第二封信，坚嘱犹大人守这普珥日。

9∶30 用和平诚实话，写信给亚哈随鲁王国中，一百二十七省所有的犹大人。

9∶31 劝他们按时守这普珥日，禁食呼求，是照犹大人末底改，和王后以斯帖，所嘱咐的。也照犹大人为自己与后裔所应承的。

9∶32 以斯帖命定守普珥日，这事也记录在书上。

第 1 章

1. 经卷,诵读于十一日、十二日、十三日、十四日、十五日,不早不晚①。约书亚·宾·嫩②时代城墙围绕之城市③,诵读于十五日④。村庄与大镇⑤诵读于十四日,而村庄可提前至聚集日⑥。

2. 如何进行?⑦十四日遇周一,则村庄与大镇诵读于当日⑧,

---

① 《以斯帖记》9:31:"劝他们按时守这些普珥日。"因为原文"日子"是复数,因此认为读经日不限于一天,故本节规定亚达月的这五天中,只要有一天诵读了《以斯帖记》就可以了。但在这五天之外诵读则被视为无效。

② 嫩的儿子约书亚,见于《民数记》13:16。其他人作为某人的儿子希伯来文均被称为"本",唯约书亚称"宾",其原因则众说纷纭。

③ 之所以按照约书亚时代的城墙计算,而不是按照《以斯帖记》所描述的事件发生的亚哈随鲁时代的城墙计算,是因为据当时以色列地已经没有了城墙围绕的城市,这样以色列的城市在普珥节读经日期方面就没有了城市的待遇。

④ 按照《以斯帖记》9:16—21 的记述,书珊城内的犹太人十五日安息庆祝,外省则十四日安息庆祝,由此确定有城墙的地方十五日读经,无城墙的地方十四日读经。

⑤ 指无城墙围绕的城镇。

⑥ 由于当时的村民大多目不识丁,读经有困难,所以确定他们可以在节前的周一或周四在镇上聚集时找人代为诵读。这两天被称为"聚集日",因为这两天是拉比法庭开庭日,村民们可以去拉比法庭提交诉状。

⑦ 上节所说的五个诵读日期,怎样安排?

⑧ 周一恰好是聚集日,所以村庄就在当日诵读。

城墙围绕者于次日。遇周二或周三,则村庄提前至聚集日①,大镇诵读于当日,城墙围绕者于次日。遇周四,则村庄与大镇诵读于当日②,城墙围绕者于次日。遇安息日前夕,则村庄提前至聚集日③,大镇与城墙围绕者诵读于当日④。遇安息日⑤,则村庄与大镇均提前,诵读于聚集日⑥,城墙围绕者于次日⑦。遇安息日之后⑧,则村庄提前至聚集日⑨,大镇诵读于当日,城墙围绕者于次日。

3. 何为大镇?⑩ 任何有十个有闲者⑪之地。少于此即为村庄⑫。对此他们说:提前而不推迟⑬。然而祭司之柴⑭之时间、阿

---

① 村庄提前到周一聚集日诵读。
② 周四又是聚集日,村庄可以在当日诵读,无须提前。
③ 村庄提前到周四诵读。
④ 虽然城墙围绕者规定十五日诵读,但是规矩是不在安息日诵读《以斯帖记》,因为怕有人携带经卷在公共区域行走超过四肘之地,因此全部放到了十四日。
⑤ 按照今天确定的犹太历法,普珥节不会遇到安息日,但古代有时按照目击新月的方法确定日期,遇到安息日是可能的。
⑥ 村庄与大镇在周四诵读。
⑦ 有城墙的城市在周日诵读,因为周六安息日不可诵读。
⑧ 也就是恰遇周日。
⑨ 村庄提前到周四聚集日诵读。
⑩ 亚达月十四日诵读经卷的镇子,这些镇子没有城墙,如何将其与村庄分开是个问题。
⑪ 无须工作且出席会堂每次祷告的人。
⑫ 村庄与大镇不同,村庄的经卷诵读时间经常被提前到聚集日。
⑬ 指诵读经卷的时间。如果亚达月十四日恰好是安息日,那么大镇跟村庄一样提前到周四聚集日诵读,而不像有城墙围绕者那样推迟到周日。
⑭ 即柴祭,参见本部《斋戒》4:4 及相关注解。

夫月九日①、平安祭②、招聚日③，他们推迟而不提前④。尽管他们说提前而不推迟，他们于致悼词、斋戒与给穷人的礼物之事得许可⑤。拉比犹大说：何时？周一与周四聚集之地⑥；然周一与周四不聚集之地，则非当其时不诵读⑦。

4. 若诵读经卷于亚达闰月而当年成为闰年⑧，则诵之于亚达月⑨。亚达闰月与亚达月无异，唯诵读经卷与穷人之礼物例外⑩。

5. 佳日与安息日无异，唯饭食例外⑪。安息日与赎罪日无

---

① 圣殿被毁纪念日，适用斋戒相关律法。
② 三大朝圣节期所进行的特种祭献。
③ 出自《申命记》31：13："要招聚他们男、女、孩子，并城里寄居的，使他们听，使他们学习。"这个招聚的日子是在住棚节首个佳日后的一天。
④ 以上三个节期，如果与安息日相遇，则推后而不提前。《革玛拉》认为阿夫月九日不能提前是因为受难日不可提前，平安祭在一周的任何一天都可以祭献，因而其重要性弱于安息日，招聚日不能行于安息日是因为来聚会的以色列人要带着孩子，会发生背孩子走远路的情况。后两者不能提前是因为日子未到，其诫命义务亦未生效，只能拖后。
⑤ 因为提前的诵读经卷的日子并非真正的节期，所以可以致悼词或者行斋戒，在当天给穷人的礼物也算有效，不必在十四日再给一次。
⑥ 参见本章第1节相关注解。
⑦ 这些地方必须在亚达月十四日诵读，没有其他变通办法。
⑧ 在亚达月开始时还不知道当年会有亚达闰月，因此在庆祝了普珥节之后发现当月其实是亚达闰月，因为法庭决定当年增加一个亚达月。
⑨ 虽然亚达闰月的经卷诵读不算数，在亚达月还要再进行一次。
⑩ 就读经和穷人礼物而言，在亚达闰月十四日和十五日所做的均属无效，所以在亚达月还要再诵读一次经卷，但是其他事情上两个月完全平等，比如在亚达月十四日和十五日禁止斋戒或致悼词，在亚达闰月该禁令同样有效。
⑪ 两者都禁止工作，但是佳日可以烹饪（《出埃及记》12：16），而安息日不可。本句亦见于本部《节蛋》5：2。本节开始至本章末的内容均由上节末尾之"……与……无异，唯……例外"的句式而来。

异①，唯此时之故犯人谴②，彼时之故犯则天谴③。

6. 被禁因其同辈而得利者④与被禁因其食物而得利者⑤无异，唯路过⑥与人不以之制作食物之器皿⑦除外。誓愿祭⑧与甘愿祭⑨无异，唯誓愿祭承担责任⑩，甘愿祭者不承担责任⑪。

7. 见两次之漏症患者与见三次者⑫无异⑬，唯祭献除外⑭。隔离之麻风患者⑮与确诊之麻风患者⑯无异，唯散发与撕衣

---

① 在安息日禁止做的事情，在赎罪日也禁止做。
② 在安息日触犯相关诫命者，可由法庭判决处以石刑。
③ 触犯赎罪日律法者，则直接遭受天谴而死亡，参见《利未记》23：29—30。
④ 某人遭其同辈发誓，不许他从自己那里获得任何好处。
⑤ 某人遭其同辈发誓，不许他从自己的食物中获得任何好处。
⑥ 被禁止获得好处者，不可进入发誓者的领地（比如穿过他的院子）；被禁止获得食物利益者，则可以进入那些地方。
⑦ 被禁止获得好处者，不可借用发誓者的任何器皿；被禁止获得食物利益者，则可以借用除食具外的其他器皿。
⑧ 某人发誓承担某一祭献的责任，参见本部《舍客勒》1：5相关注解。
⑨ 某人制定某牲畜用于祭献，参见本部《舍客勒》1：5相关注解。
⑩ 如果用于祭献的牲畜损坏或丢失，发誓者需进行补偿。
⑪ 如果用于祭献的牲畜损坏或丢失，发誓者不需进行补偿。
⑫ 一天之内见到自己的漏症发作两次或者发作三次。
⑬ 两者都需要一个为期七天的洁净期，都在第七天行浸礼，且在当天晚上吃圣洁食品。
⑭ 见三次者需在食用圣洁食品之前行祭献一次，见两次者无此要求。参见《利未记》15：14。
⑮ 因有麻风病嫌疑而被祭司隔离观察者，参见《利未记》13：4—5："若火斑在他肉皮上是白的，现象不深于皮，其上的毛也没有变白，祭司就要将有灾病的人关锁七天。第七天，祭司要察看他，若看灾病止住了，没有在皮上发散，祭司还要将他关锁七天。"
⑯ 确认的麻风病患者，已被祭司宣布为不洁。

除外①。隔离者之洁净与确诊者之洁净②无异,唯剃发与鸟祭除外③。

8. 经书④与经匣⑤经柱⑥无异,唯经书可用任何语言书写,经匣与经柱⑦只可以亚述文字书写⑧。拉班西缅·本·迦玛列说:经书亦不得任意书写,唯希腊文而已⑨。

9. 膏油膏立之祭司⑩与多袍者⑪无异,唯因任一诫命所取之

---

① 确诊的麻风患者需要披发撕衣,使他人能够辨认,参见《利未记》13:45:"身上有长大麻疯灾病的,他的衣服要撕裂,也要蓬头散发,蒙着上唇,喊叫说,不洁净了,不洁净了。"

② 麻风病症消失,再次成为洁净者。参见《利未记》13:6:"第七天,祭司要再察看他,若灾病发暗,而且没有在皮上发散,祭司要定他为洁净,原来是癣,那人就要洗衣服,得为洁净。"

③ 确诊者病愈之后,需剃发并献鸟祭,参见《利未记》14:3—9。

④ 指《希伯来圣经》。

⑤ 祈祷时佩戴在身上的小经匣。

⑥ 装饰在门框上的柱形匣子。

⑦ 指经柱与经匣内写有经文的小纸卷。

⑧ 此处的"亚述文字"指希伯来文。《希伯来圣经》原来用古希伯来文字书写,到以斯拉时代,书写发生变化,转而使用一种变体(即《以斯拉记》4:7所说的"变体书写"),这种变体被称为"亚述文字",据信今天的《希伯来圣经》仍然使用这种文字书写。这一习俗的依据是《申命记》6:6的"有这些话",传统解释为原话不能变样,也不能翻译。

⑨ 也就是除了希伯来文之外,《希伯来圣经》最多只能用希腊文书写。《革玛拉》解释说可以用希腊文书写的依据在《创世记》9:27:"愿神使雅弗扩张。""雅弗扩张"的希伯来语原文可以解释为"雅弗之美",拉熹认为指的是希腊语,因为这是雅弗子孙所说的语言中最美的一种。

⑩ 第一圣殿时期,大祭司以涂抹膏立之油而得膏立。

⑪ 约西亚王将膏立之油藏了起来,从此大祭司登位的标志成了多穿四件袍子(一般祭司行祭献时穿四件袍子,大祭司穿八件),因而被称为"多袍者"。

第 1 章　　　　　　　　　　　　　　　　　　　　　483

牛除外①。代理祭司②与过任祭司③无异,唯赎罪日之牛④与十分之一伊法⑤除外。

10. 大祭坛与小祭坛⑥无异,唯逾越节牺牲除外⑦。此为规则:凡誓愿或甘愿者均祭献于祭坛⑧,凡非誓愿或甘愿者均不祭献于祭坛⑨。

11. 细罗⑩与耶路撒冷无异,唯于细罗轻祭⑪与第二什一税⑫

---

① 《利未记》4:2—3:"若有人在耶和华所吩咐不可行的任一事上误犯了一件,或是受膏的祭司犯罪,使百姓陷在罪里,就当为他所犯的罪把没有残疾的公牛犊献给耶和华为赎罪祭。"由于说明是"受膏的祭司",因此"多袍者"如果犯了"任一诫命",就不必祭献公牛犊,而只需要像普通祭司一样,以羊献赎罪祭即可。

② 大祭司因故不能履行职责时出任大祭司,在前任大祭司重新适合履行其职责时去职。

③ 因故去职而后又回任的大祭司。

④ 赎罪日的公牛祭献由代理祭司而非过任祭司进行。

⑤ 大祭司每日要祭献十分之一伊法的细面(参见《利未记》6:13—15),这一职责由代理大祭司而不是过任大祭司履行。

⑥ 圣幕建立以前,祭献均在私人搭建的祭坛进行,是为小祭坛。从圣幕建成到圣殿建成的时代里,祭献的情况随历史发展的进程而变化,时而只允许在圣幕的祭坛(大祭坛)进行,时而两者均可进行。圣殿建立后,小祭坛被彻底废除。本节讨论两种祭坛均可进行祭献的时代。

⑦ 逾越节祭献只能在大祭坛进行。《苹玛拉》认为本句的"逾越节牺牲"其实只是一个例子,实际上所有像逾越节牺牲这样有指定祭献时间的祭献(附加祭、日常祭等)均须在大祭坛进行。

⑧ 也就是个人发起的祭献可以在小祭坛祭献。

⑨ 不是个人发起,而是经书指定的祭献则不可以在小祭坛进行。

⑩ 细罗为圣墓修建地之一,圣墓在细罗期间小祭坛祭献被禁止,因而与耶路撒冷圣殿修建后的情形相似。

⑪ 轻祭,指感恩祭、平安祭、逾越节牺牲祭等。

⑫ 以色列人征服并瓜分迦南地之后便有第二什一税,在耶路撒冷圣殿建成前,第二什一税被携至圣幕所在地食用。

食于全部可见之地①，而于耶路撒冷则于城墙内。此处与彼处祭中之祭②均食于院墙之内③。细罗之圣以许可为祭④，耶路撒冷之圣则不以许可为祭⑤。

---

① 拉熹认为指能看见细罗的地方，迈蒙尼德认为指能看见细罗之圣幕的地方。
② 指赎罪祭与赎衍祭等。
③ 在细罗食于圣幕院墙内，在耶路撒冷食于圣殿内。
④ 细罗的圣幕被摧毁之后，小祭坛的祭献又得到了许可。
⑤ 耶路撒冷的圣殿被摧毁之后，小祭坛的祭献仍然是不允许的。

第 2 章

1. 读经卷而失序者,未尽其责①。脱口而出者②,诵读译文③者,或以任何语言④诵读者,均未尽其责。然若以外语将其读给说外语者⑤,或说外语者听闻亚述语⑥,则尽其责。

2. 诵读有间断⑦或困倦⑧,尽其责。抄写⑨、诠释⑩或纠正⑪:

---

① 《以斯帖记》9:28:"世世代代纪念遵守这两日。"《革玛拉》认为"遵守"为庆祝普珥节的活动,"纪念"即为诵读《以斯帖记》经卷。正如"遵守"时无法打乱时间顺序(不能把十五日放到十四日前边)一样,也不能在诵读时打乱经卷次序,否则就是没有尽到诵读经卷的责任。

② 指凭记忆诵念,而不看着经书。《出埃及记》17:14 有"你要将这话写在书上作纪念",因而"纪念"被认为是照本宣科,背诵的不算数。

③ 指《希伯来圣经》的亚兰文译本。

④ 除希伯来语以外的任何一种语言。用外语诵读无效,是因为人们不懂这些语言。

⑤ 如果听众能听懂这种外语,那么便是有效诵读。

⑥ 听众不懂希伯来语,但听到了希伯来语诵读,那么这诵读是有效的,虽然听众可能没听懂。

⑦ 诵读中出现停顿,哪怕是长得足以念完整部《以斯帖记》的停顿时间。

⑧ 诵读者处于半睡眠状态,已无法回答稍微复杂一点的问题。

⑨ 一边抄写经卷一边诵读出声。

⑩ 一边诵读一边解释经文的意思。

⑪ 诵读经卷以免纠正其中的抄写错误。

若尽其心，则尽其责，否则未尽其责①。书写以雄黄者②，以朱红者③，以树胶者④，以铜矾者⑤，于纸上者⑥及于半成品皮革者⑦，均未尽其责，除非以墨汁⑧书写亚述文字⑨于书卷⑩。

3. 乡镇⑪之人行往城市⑫，或城市之人行往乡镇：若将来回其地，则诵读如其地⑬；否则与其同诵读⑭。人应自经卷何处读起方尽其责？拉比梅伊尔说：整部。拉比犹大说：自"有一个犹大人"⑮起。拉比约西说：自"这事以后"⑯起⑰。

---

① 虽然以上三者诵读时有其他目的，但只要心中记得也是为普珥节而诵读的，其诵读即为有效。
② 迈蒙尼德认为是一种从草根提炼的颜料。
③ 拉熹认为是一种红色颜料。
④ 用于制作墨水的一种树胶。
⑤ 即硫酸亚铁。
⑥ 指当时用纸莎草制成的纸草。
⑦ 未完成制革过程的兽皮，迈蒙尼德认为这种皮革只经过了盐和面粉的加工，没有做其他步骤。
⑧ 黑色墨汁，不仅清晰，而且能长久保存。
⑨ 参见本卷1：8相关注解。
⑩ 指羊皮纸书卷。单册的《以斯帖记》经卷必须使用与《希伯来圣经》相同的书写材料。
⑪ 无城墙围绕之居民区，应该在十四日诵读经卷。参见本卷1：2。
⑫ 有城墙围绕之居民区，应该在十五日诵读经卷。参见本卷1：2。
⑬ 如果乡镇之人去城市，以后还打算回乡镇的，则需按乡镇的规矩在十四日诵读经卷，即使他当天在城市，反之亦然。
⑭ 如果不打算回去了，就依照目的地的规矩与当地人一起诵读经卷。
⑮ 《以斯帖记》2：5。
⑯ 《以斯帖记》3：1。
⑰ 三人的争执起源于对《以斯帖记》9：29"亚比孩的女儿王后以斯帖，和犹大人末底改以全权写第二封信，坚嘱犹大人守这普珥日"中"全权"一词的理解差异：

4.任何人均适宜诵读经卷,聋哑人①、精神病人、孩童②除外。拉比犹大以孩童为适宜③。在日光照耀之前④,不诵读经卷⑤,不行割礼⑥,不行浸礼,不行洒礼⑦;同样,为一日而遵行一日之妇女⑧不得行浸礼。所有自黎明起行事者均为适宜⑨。

拉比梅伊尔认为这是指亚哈随鲁王的全权,因此从头念起(《以斯帖记》1:1以"亚哈随鲁做王"开始);拉比犹大认为这是指末底改的全权,因此从第2章第5节念起(《以斯帖记》2:5以"书珊城有一个犹大人,名叫末底改"开始);拉比约西认为这是指哈曼的全权,因此从第3章念起(《以斯帖记》3:1以"这事以后,亚哈随鲁王抬举,亚甲族哈米大他的儿子哈曼"开始)。

① 本节的"聋哑人"其实指聋人,虽然他能诵读,但自己听不到,因此无效。可参见《种子·祝祷》2:3拉比约西有关"诵读祷文《听》而未能耳闻者",其诵读无效的观点。

② 指已经到了有能力学习诵读经卷的年龄的孩童,拉比律法要求这些孩子诵读经卷,但是因为他们诵读将使其家中成人不必诵读,而成人诵读是《托拉》律法,因此孩童不适宜诵读。

③ 拉比犹大认可孩童的诵读解脱成人诵读的责任的情况。

④ 本句列举了一些必须在日间行的诫命(基本上在《希伯来圣经》中说明在"日子"里做的事情,都被看作是白日要做的,不包括黑夜)。犹太观念里的白天从天空可见第一道日光开始,但是由于很难把握这一时刻,拉比们便要求等到太阳的边缘在地平线上清晰可见再开始行这些诫命,以免不小心在天亮前做这些事情。

⑤ 《以斯帖记》9:28"世世代代纪念遵守这两日"中,犹太传统认为"两日"表明是白天做这些事情。

⑥ 《利未记》12:3"第八天,要给婴孩行割礼"说的也是白天。

⑦ 《民数记》19:19:"第三天和第七天,洁净的人要洒水在不洁净的人身上,第七天就使他成为洁净。那人要洗衣服,用水洗澡,到晚上就洁净了。"洒水,即用小红母牛灰制成的水,用于洁净的洒礼;洗澡,即行浸礼。这里说的也都是白天。

⑧ 妇女若在经期之外有一日下身流血,则需在次日守洁一日并行浸礼,若至晚仍不流血,即为洁净。这个浸礼也要求在白天做。

⑨ 本句说明按照律法,上述所有行为在黎明(第一道曙光初现)后做的均为有效,上句的习俗只是为保险起见而附加的,并不取代原有律法。

5. 全天①均适宜诵读经卷②、诵读《赞美祷》③、吹奏角号④、握持棕榈叶⑤、附加祷⑥与附加祭⑦、公牛忏悔⑧、什一税忏悔⑨、赎罪日忏悔⑩、按手⑪、屠宰⑫、摇祭⑬、拿近与满握及燔烧⑭、断

---

① 本节开列按律法应该在白日进行的事情,这些事情在整个白天都可以做。
② 在普珥节整个白天均可诵读《以斯帖记》经卷,其依据为《以斯帖记》9:28:"世世代代纪念遵守这两日。"
③ 在节期需要诵读《赞美祷》,其依据是《诗篇》118:24:"这是耶和华所定的日子。我们在其中要高兴欢喜。"
④ 指犹太历岁首吹奏角号,其依据为《民数记》29:1:"是你们当守为吹角的日子。"
⑤ 指住棚节握持棕榈叶的律法,其依据是《利未记》23:40:"第一日要拿美好树上的果子和棕树上的枝子。"
⑥ 有附加祭的日子诵念的附加祷文。
⑦ 其依据是《利未记》23:37:"各归各日。"
⑧ 祭司或会众有过犯时可以祭献公牛赎罪,祭献前应凭公牛而忏悔,说明所行之过犯。其白日进行的依据则来自有关赎罪日忏悔的规定,即《利未记》16:30:"因在这日要为你们赎罪,使你们洁净。"
⑨ 在第四年和第七年分留什一税时需要忏悔(《申命记》26:13—15),其白日进行的依据为《申命记》26:16:"耶和华你的神今日吩咐你行这些律例典章。"
⑩ 赎罪日忏悔,指《利未记》16:21:"两手按在羊头上,承认以色列人诸般的罪孽过犯,就是他们一切的罪愆。"其白日进行的依据则在《利未记》16:30:"因在这日要为你们赎罪,使你们洁净。"
⑪ 屠宰牺牲前将手按在牲畜的头上,参见《利未记》3:2:"他要按手在供物的头上,屠宰于会幕门口。"因"按手"与"屠宰"对应,而"屠宰"需要在白日进行(参见下句相关注解),因此"按手"也在白日进行。
⑫ 指燔祭屠宰,参见《利未记》3:2:"他要在耶和华面前宰公牛。"而《利未记》19:6"在屠宰的那一天"说明"屠宰"应该在白日进行。
⑬ 《利未记》23:12:"摇这捆的日子。"
⑭ 这三项均指素祭。素祭时,先将盛放素祭品的器皿拿近圣殿西南角的祭坛,然后祭司从中取出一满握,置于祭坛之火上焚烧。素祭的这三项行动,与下面三项一样,《希伯来圣经》并未明确规定其必须在日间进行,《革玛拉》认为其依据是《利未

颈①、接血②、泼洒③、喂苦水④、斩首小红母牛⑤、麻风病者得洁净⑥。

6.整个夜晚均适宜收获谷穗⑦、焚烧油脂与肢体⑧。此为准则:诫命为日间之事,整个白日均可行;诫命为夜晚之事,整个夜晚均可行。

记》7:38"吩咐以色列人将供物拿近耶和华之日",也就是说所有含"拿近"动作的,都必须在日间进行。

① 指鸟祭中的行为,其依据为《利未记》1:15:"祭司要把鸟拿到坛前,揪下头来。"

② 将宰杀的牺牲之血接到碗中,以便泼洒到祭坛上。

③ 将牺牲之血泼洒到祭坛上。

④ 让被怀疑有不贞行为的妇女喝苦水,以验证其贞洁,参见《民数记》5:24。其白日进行的依据来自《民数记》5:30:"祭司要在她身上照这律法而行。"因为"律法"与"裁决"同类(《申命记》17:11"要按他们所指教你的律法,照他们所裁决的去行"),而"裁决"在白日进行,因而"律法"也就在白日执行。

⑤ 《申命记》21:8:"流血的罪必得赦免。"由此推断杀小红母牛属于赎罪行为,因而在白日进行。

⑥ 《利未记》14:2:"长大麻疯得洁净的日子。"

⑦ 指逾越节第一天过后收获谷穗献摇祭的规定,参见《利未记》23:9—14。

⑧ 当日屠宰的牺牲的油脂与肢体必须当日焚烧完,即使是在夜间进行,其依据是《利未记》6:9:"燔祭的条例乃是这样,燔祭要放在坛的柴上,从晚上到天亮,坛上的火要常常烧着。"

第3章

1.乡镇之人售乡镇之空场[①],可以其资购买会堂[②];售会堂[③]则购经柜;售经柜则购经衣[④];售经衣则购经书[⑤];售经书则购《托拉》[⑥]。然若售卖《托拉》,则不可购买经书[⑦];售经书则不可购经衣;售经衣则不可购经柜;售经柜则不可购会堂;售会堂则不可购空场。其结余亦如此[⑧]。不得售公众之物予个人,因损其圣洁[⑨]。此为拉比犹大之言。他们对他说:若如此,则大镇亦不得售

---

① 乡镇中用来进行某种宗教活动的场地,比如斋戒日或站班日的公众祈祷,这类场地因为这些活动而获得某种圣洁地位。

② 售卖空场的资金可以用来购买会堂,因为会堂是圣洁度更高的产业。

③ 《革玛拉》认为乡镇的会堂属于乡镇民众所有,如果镇民同意,即可出售。城市的会堂属于全体以色列人所有,因为来往的商旅都要使用这些会堂,因此禁止出售。

④ 用来包裹经卷的护套。

⑤ 指《希伯来圣经》里的先知书和圣著。

⑥ 指《希伯来圣经》里的"摩西五经"。

⑦ 因为这样做等于降低了宗教资产的圣洁等级。下面的禁令均出于同一原则。

⑧ 如果购买了更高等级的宗教资产之后还有节余的钱,也必须购买圣洁等级更高的资产。

⑨ 即使是同样的资产(比如经柜或经书),公众所拥有的也比个人的圣洁等级要高,所以把公众宗教资产售给个人,等于损害了该资产的圣洁等级。

第3章

予小镇①。

2. 不得售卖会堂②，除非其条件是如若想要便即归还③，此为拉比梅伊尔之言。而众贤哲说：可永久出售，唯四者除外④：为浴室，为皮革坊，为浸礼池，为水房⑤。拉比犹大说：可出售以用作院落⑥，且买家可随意而为⑦。

3. 拉比犹大还说：被摧毁之会堂，不得于其中致悼词⑧，不得于其中搓绳⑨，不得于其中张网⑩，不得于其屋顶铺放果实⑪，不得以其为小道⑫，因经文说："使你们的众圣所成为荒场"⑬，即使成荒场仍为圣所⑭。杂草生于其中，亦不得拔除，因悲悼之故⑮。

---

① 同一宗教资产，在大镇显然会被更多的人使用，其宗教圣洁等级也就越高，但大镇是可以向小镇出售宗教资产的，众贤哲以此反驳拉比犹大的观点。

② 即使是以公对公的出售。

③ 也就是不做永久性出售，保留随时收回的权利，以此表明对会堂圣洁程度的尊重。

④ 出售时说清楚不得将会堂用作以下四种场所。

⑤ 小便池。一说，洗衣房。

⑥ 买家拿去空置。

⑦ 空置一段时间之后，买家可以将其改造为任何其他用途。

⑧ 私人不得在其中致悼词，公众性的致悼词是允许的，因为会堂原来也有这个用途。

⑨ 制作绳子时，因为绳子较长，通常需要比较大的场地，会堂地方比较大，容易被当作这种场所。但这样一来就把会堂变成了工厂，因此是禁止的。

⑩ 会堂也不能用来打猎或者捕鸟。

⑪ 会堂的屋顶不能用作晾晒谷物果实的晒谷场。

⑫ 不能为了抄近路而从会堂走。

⑬ 《利未记》26：31。

⑭ 会堂虽然荒废，但其神圣性不减。

⑮ 杂草的作用在于让人们见而生悲，时刻记得要修复会堂。

4. 亚达月月首遇安息日,则诵读《舍客勒》分章①。遇周中常日,则提前至上一个,且于下一安息日停顿②。于第二个③:《纪念》④。于第三个:《红母牛》⑤。于第四个:《此月对尔等》⑥。于第五个:回归其序⑦。为所有这些而停顿⑧:于月首,于光明节,于普珥节⑨,于斋戒日,于站班日⑩,于赎罪日⑪。

---

① 每个安息日会堂里都要诵读本周的常规分章,但如果安息日恰逢亚达月一日,则诵读特定节期的《舍客勒》分章而取代当日的结者(参见本书有关拉比犹太教读经分章的附录)。《舍客勒》,指《出埃及记》30:11—16,当日诵读是为了提醒会众收舍客勒的时间已经到来。

② 如果亚达月首遇到平日而非安息日,则将《舍客勒》分章的诵读提前到上一个安息日进行,而在月首后的安息日(亚达月第一个安息日)停顿一次(不诵读特定节期分章《纪念》,常规分章仍照常进行)。

③ 从此处的第二个到下文的第五个,通常认为是指亚达月的安息日,亦有认为是指该月的特定节期读经分章的。第二个安息日,即普珥节前的安息日。

④ 《纪念》分章,即《申命记》25:17—19,即上帝要以色列人记得亚玛力人在出埃及的路上的恶行,并且"要将亚玛力的名号从天下涂抹了,不可忘记"。其内容与普珥节的主题相呼应,因而在这个安息日诵读。

⑤ 《红母牛》分章,即《民数记》19,亚达月第三个安息日已经接近尼散月,此时读此分章可提醒以色列人保持洁净,以便祭献逾越节羔羊。

⑥ 《此月对尔等》分章,即《出埃及记》12:1—20,以"你们要以本月为正月为一年之首"开始,正好切合第四个安息日在尼散月月首之前,乃至于是月首本身的情境。

⑦ 回到常规分章与收尾的诵读,不像上述四个安息日,需要诵读特定节期分章作为结者,且诵读与这些特定分章相联系的特定节期收尾。

⑧ 停止诵读常规收尾,而以特定节期分章和收尾代之。

⑨ 如果这三个节期恰逢安息日的话。

⑩ 如果站班日恰遇周一或者周四,这也是会堂里诵读经文的日子。

⑪ 如果赎罪日恰遇安息日,则午后祭时诵读《利未记》第18章有关乱伦的篇章,而不是常规分章。

5. 于逾越节①诵读祭司经②之节期部分③。于五旬节："七周。"④ 于岁首："于第七月，于当月一日。"⑤ 于赎罪日："死后。"⑥ 于此节日⑦之第一个佳日诵读祭司经之节期部分⑧；而于此节日所有其余日子：此节日之祭献⑨。

6. 于光明节：王子们。⑩ 于普珥节："那时，亚玛力人来。"⑪ 于月首："每月朔。"⑫ 于站班日：创世之业绩⑬。于斋戒日：祝福与诅咒⑭。不可于诅咒中停顿，而是一人念完⑮。于周一、周四与

---

① 逾越节第一日。
② 即《利未记》。
③ 《利未记》22：26—23：44。
④ 《申命记》16：9。
⑤ 《利未记》23：23。
⑥ 《利未记》16。
⑦ 住棚节。
⑧ 同逾越节。
⑨ 住棚节的第二日读《民数记》29：17"第二日要献公牛犊十二只……"，第三日读《民数记》29：20"第三日要献公牛十一只……"，依此而行，直到第八日读《民数记》29：35"第八日你们当有严肃会"。
⑩ 《民数记》第7章，因其与祭坛活动相关。
⑪ 《出埃及记》17：8—16，普珥节读这个段落，因为哈曼据信是亚玛力人的后裔。
⑫ 《民数记》28：11。
⑬ 参见本部《斋戒》4：2—3。
⑭ 《利未记》26：3—46，其中包括如果遵行诫命可得到的祝福与不遵行会受到的惩罚，即诅咒。之所以在斋戒日同时诵念祝福和诅咒，迈蒙尼德认为是因为斋戒日本身就与灾难相连。
⑮ 从诅咒部分之前的一句读起，到诅咒部分以后的一句停止，中间不停顿，不换人。《耶路撒冷塔木德》认为这是出于"《托拉》当以善为始，以善为终"的信念。

安息日之午后祭中按序诵读①,且不计入②。因经文说:"摩西将耶和华的节期传给以色列人。"③ 其职责乃是按其时诵读每一章④。

---

① 也就是诵读本周的常规分章。
② 不算完成诵读本周常规分章,安息日在会堂还要正式诵读。
③ 《利未记》23:44。本句解释为什么要在节期时诵念特定节期的分章。
④ 有关逾越节的要在逾越节诵念,有关五旬节的在五旬节诵念,以此类推。

第 4 章

1. 诵读经卷者①或立或坐②。一人诵读、二人诵读,均尽其责③。习惯祝祷之地,可祝祷,不祝祷处则不祝祷④。周一、周四与安息日午后祷时三人诵读⑤。不得加之亦不得减之⑥,且不以先知书收尾⑦。《托拉》之起始者与封尾者均于其前与其后祝祷⑧。

---

① 普珥节诵读《以斯帖记》经卷的人。
② 相对于《托拉》常规分章的读经者而言,这些人必须站着诵读,《革玛拉》认为其依据为《申命记》5:28:"至于你,可以站在我这里,我要将一切诫命、律例、典章传给你。"
③ 两个人同时诵读,就很难分清到底是谁的声音,不过《以斯帖记》一年才读一次,因此相信每个人都会专心诵读,不至于有人在其中滥竽充数。
④ 《革玛拉》认为此处指的是诵读《以斯帖记》之后的祝祷,有些地方习惯做,有些地方不习惯做,可以遵从各地的习惯,但此前的祝祷,则不分地点,必须进行。
⑤ 指诵读当周的《托拉》分章,叫三人诵读,可能与他们的身份有关,即:一个祭司、一个利未人、一个普通以色列人;也有可能与《希伯来圣经》分为托拉、圣著和先知书三个部分有关。
⑥ 周一和周四均是工作日,安息日午后祷时间已经接近天黑,在这些时候要求更多的诵读者会不必要地增加会众的负担。
⑦ 安息日正式诵读《托拉》分章时要用《先知书》的选定段落收尾,在本节所说的三个时间里则不需要,同样也是为了减轻会众的负担。
⑧ 第一个诵读者在开始诵读之前祝祷,最后一个诵读者在诵读结束之后祝祷,其他诵读者则不需要祝祷。这样做的原因是整个诵读被看作是一项诫命,因此只需要在其前后祝祷即可。后代《塔木德》阿摩拉时代,因为会堂里迟到早退的人比较多,便要求每个诵读者都做两次祝祷,以免迟到早退者误以为诵读《托拉》不必祝祷。

2. 月首与节间日①则四人诵读②。不得加之亦不得减之③，且不以先知书收尾④。《托拉》之起始者与封尾者均于其前与其后祝祷⑤。此为准则：凡有附加祷然非佳日者，四人诵读。于佳日则五人⑥，于赎罪日则六人⑦，于安息日则七人⑧。不得减之，然可加之⑨，且以先知书收尾⑩，《托拉》之起始者与封尾者均于其前与其后祝祷⑪。

3. 不得分解祷文《听》⑫，不得经过经柜之前⑬，不得高举其

---

① 逾越节与住棚节首尾佳日之间的日子。
② 这些日子有附加祷，因此增加一个诵读者。
③ 月首和节间日均为工作日，因此不增加诵读者，以免增加会众负担。
④ 因为是工作日，所以缩短诵读时间。
⑤ 虽然这些日子的诵读增加了一个人，但是仍然只有首尾两人祝祷。
⑥ 佳日禁止工作，神圣性高于其他日子，所以增加一人。
⑦ 赎罪日比佳日高一等，因为在赎罪日禁止烹饪，所以再增加一人。
⑧ 安息日比赎罪日高一等，因为有意冒犯赎罪日的处罚是等待天谴，而有意冒犯安息日的处罚是直接石刑处死，因此在安息日再增加一人。
⑨ 由于存在神圣等级的差别，所以佳日、赎罪日和安息日的诵读人数不能减少，但可以增加，因为这些日子没有人工作，不会增加会众的负担。
⑩ 因为是非工作日，所以诵读时间长一些也没关系，因而做收尾。
⑪ 虽然增加了诵读人数，但祝祷仍然只在首尾做两次。
⑫ 本节列举至少需要十个人在场才能做的事情。"分解"一词，众说纷纭。拉熹认为这里说的是十个在会堂外诵读完祷文《听》的人，回到会堂做一半祝祷，另一半则放在《立祷》里。迈蒙尼德则认为"分解"一词应解释为"铺放"，因为当时有很多人不会诵念祝祷，所以在会堂里由一个人代行，其他人只需要跟着说"阿门"就可以了。
⑬ 会堂里的领祷人通常走到经柜前当众重复《立祷》，如果没有十个人，就不能这样做。

手①，不得诵读《托拉》②，不得以先知书收尾③，不得行立坐④，不得致守丧祝祷⑤、安慰守丧者⑥、致婚礼祝祷⑦，不得以神之名义邀祷⑧，若少于十人。土地之事⑨需九人与一名祭司⑩，至于人⑪，则与之相似⑫。

4.《托拉》诵读者不得诵读少于三节⑬。不得向译员诵读

---

① 祭司们通常在《立祷》之祝祷"我们感激"段落结束时举手祝福会众，但在场的会众至少要有十个人。
② 当众诵读《托拉》分章，至少要有十个人在场。
③ 诵读《托拉》分章之后的收尾先知书章节。
④ 举行葬礼时，主持人会在行进的过程中叫众人"坐下"，以便哭丧并听取悼词，然后再呼叫众人"站起"，以便继续行进。这种做法也至少要有十个人在场。
⑤ 送葬归来，众人立于街头，一人向死者家属诵念守丧祝祷。
⑥ 下葬后，众人排成队安慰死者家属。
⑦ 婚礼上诵念的《七祝》。
⑧ 谢饭祷前，邀祷人要对众人说："让我们向上帝祝祷！"若少于十人，则不得提上帝。
⑨ 某人指定其某块土地捐为圣产，随后又欲以钱币将其赎俗，他需要找人来估算该块土地的价值。
⑩ 《革玛拉》认为这一要求来自《利未记》第27章，其中有关圣产的段落共提到十次"祭司"，也就是说在与圣产有关的事情中，十人中至少有一个应该是祭司。
⑪ 有时需要评估一个人的赎俗价值，比如，某人发誓说："我将捐给圣殿相当于某人价值的钱财。"
⑫ 与土地相似，对人的评估也是九个普通以色列人加一个祭司。他们按照此人在市场上被卖为仆人的价值进行评估，而仆人与土地一样，都被看作产业，因此其评估成员的构成也是一样的。
⑬ 诵读《托拉》分章的人，每人所诵读的不得少于三节，《革玛拉》认为这是因为《希伯来圣经》有托拉、圣著和先知书三部分。

多于一节①；于先知书则三节②，若此三节为三段③，则逐一诵读④。于先知书可跳跃⑤，于《托拉》则不可跳跃⑥。跳跃至多少？至译员不必停顿⑦。

5. 收尾之诵读者可分解祷文《听》⑧，可经过经柜之前⑨，可高举其手⑩。若其为孩童，其父或其师可代其经过⑪。

6. 孩童可诵读《托拉》⑫亦可翻译⑬，然不可分解祷文《听》，

---

① 当时的以色列人已经听不懂《希伯来圣经》的希伯来语，所以每次诵读《托拉》分章时都要有一个译员将经文翻译成众人听得懂的亚兰文。诵读者每读一节都要停下来，让译员翻译完，以免一次读得太多，导致翻译出错。
② 收尾时诵读的先知书段落，可以一次诵读三节，再让译员翻译。由于先知书无关律法，所以要求松一些，即使翻译出现一些错误也没有大的妨碍。
③ 先知书的三节有三个不同的主题。
④ 这种情况下需要分节诵读。
⑤ 选定诵读的先知书不一定是前后连续的章节，甚至可以不是同一主题，但必须来自《希伯来圣经》的同一卷书。
⑥ 《托拉》的分章诵读必须按照章节顺序进行，禁止跳跃。不过如果是同一主题，有时跳跃也是允许的。
⑦ 无论是先知书的同卷跳跃，还是《托拉》的同主题跳跃，诵读者翻卷经卷所花的时间不能超过译员翻译的时间，这样保证不会出现冷场而让听众等待的情况。
⑧ 关于"分解"，参见本章第3节相关注解。收尾属于公共诵读中不重要的部分，所以其诵读者获得其他荣誉待遇，作为补偿。
⑨ 可以作为领祷人重复《立祷》。
⑩ 如果他是祭司，可以领着其他祭司举手祝福。
⑪ 如果收尾者是孩童，则由其父或者其师代行这些荣耀之事。
⑫ 因为诵读《托拉》是集体行为，每个个人并无诵读的责任，因此即使是孩子诵读也是可以的。
⑬ 既然可以诵读，自然也就可以翻译。

不可经过经柜之前①,不可高举其手②。衣衫褴褛者③可分解祷文《听》④亦可翻译⑤,然不可诵读《托拉》⑥,不可经过经柜之前,不可高举其手⑦。盲人可分解祷文《听》,亦可翻译。拉比犹大说:一生未见光明者,不得分解祷文《听》⑧。

7. 手上有缺陷之祭司,不得高举其手⑨。拉比犹大说:手染菘蓝与茜红⑩者亦如此,不得高举其手,因会众对其瞩目⑪。

8. 说"我不着彩衣经过经柜前"者,亦不得着白衣经过⑫。"不着凉鞋经过"者,亦不得赤足经过⑬。制圆形经匣者⑭,危险⑮且其

---

① 这些行为在完成自身诫命职责时也使大众完成其诫命职责,但因为孩童自己没有诫命职责,因此他不需要完成任何诫命职责,也就没有资格使他人完成诫命职责。
② 即使其为祭司,亦不可祝福会众,因为孩童的祝福会显得很不郑重。
③ 关于褴褛到什么程度,是上身全裸,还是只是衣不蔽体,甚至只是露出膝盖,各家说法不同。
④ 分解时他立于原地,不必经过经柜前,因此不算不恭。
⑤ 翻译属于次等事务,因此衣冠不整也没关系。
⑥ 这样会造成对《托拉》不敬。
⑦ 这两者都会让他面对大众,从而造成大众的不敬。
⑧ 由于祷文《听》的祝祷词中有"光明之创造者"一句,拉比犹大认为盲人一生未见过光明,未得益于光明,所以没有资格诵念这一句,也就没有资格分解祷文《听》。《密释纳》定规贤哲则认为盲人虽然见不到光,见到光的其他人却可以利用光来帮助他,所以他也是光明的受益人,也就可以诵读这些祝祷。
⑨ 祝福会众时,手上的缺陷会导致会众因好奇而分心,不能专心接受祝福。
⑩ 两种制作蓝色与红色色彩的植物。
⑪ 原因同样是因为这种异常会引起会众分心。
⑫ 经过经柜前,对着装的色彩并无具体要求,如果有人突然讲究起来,则要考虑他已经接受异端邪说的可能性,所以不许他经过经柜前。
⑬ 同样道理,对并无要求的鞋子突然讲究起来,即禁止他在经柜前经过。
⑭ 拉比犹太教规定经匣为方形,圆形不合格。
⑮ 究竟圆形经匣为何危险,众说纷纭。拉熹认为这是因为万一头撞上低门框,圆形经匣容易碰伤脑部,也有人认为是因为圆形经匣不是诫命所规定,所以在危险时期(政府禁止遵奉犹太教律法),佩戴圆形经匣者不能指望会有奇迹来拯救他。

中无诫命①。若置于额头或其掌上,则此为异端之道②。涂金③,置于衫袖上④,则此为外道⑤。

9. 说"愿善良者赞美你"者,此为异端之道⑥;"你的恩慈惠及鸟巢⑦"者,"你的大名因善事而被记住"⑧者,"感恩,感恩"⑨者,当禁其言。变动乱伦类型者,当禁其言⑩。说"'不可使你的儿女归与摩洛'⑪,即'不可使你的种子让亚兰妇女怀孕'⑫"者,当

---

① 佩戴圆形经匣不算履行了诫命。
② 《出埃及记》13:9:"这要在你手上作记号,在你额上作纪念。"撒都该人对此做字面理解,因此他们的两个经匣一个戴在额头上,一个戴在手掌上。拉比犹太教的解释是:一个戴在手臂上心脏的高度,另一个戴在两眉之间。如果有人按照撒都该人的规定去做,对拉比犹太教来说即为异端。
③ 《出埃及记》13:9:"使耶和华的律法常在你口中。"拉比犹太教的解释是:经匣应该是动物制品,也就是说是那些可以食用的东西(比如兽皮)。由于金粉不能食用,所以在经匣上涂金属于邪魔外道。
④ 《出埃及记》13:9:"这要在你手上作记号。"拉比犹太教的解释是:这只是给你自己的记号,而不是给别人看的记号,所以要贴肉缠在手臂上,而不是放在衫袖外,让别人看见。
⑤ 迈蒙尼德认为"外道"指否认《托拉》者。
⑥ 善良者赞美,邪恶者不赞美,暗示上帝只是善人的神,属于异端邪说。
⑦ 说这句话的人指的是有关猎鸟时母雏总要留下一只的诫命。拉比犹太教拒绝这种说法出于两个原因:第一,这种说法引起其他被造物的嫉妒。第二,这种说法把无条件遵守的诫命说成是因为某种道德因素才有价值的。
⑧ 感谢神当感激一切,无论是好事还是坏事,禁止只感激好事。
⑨ 在做感恩祝祷时说两遍"感恩",有感激两位神明的嫌疑。
⑩ 比如,宣称《希伯来圣经》所规定的乱伦行为只有象征意义,而不是真的针对行为本身。
⑪ 《利末记》18:21。
⑫ 用子女向摩洛神献祭的异教行为要遭到天谴,而与异教妇女媾合则无此种惩罚,将这两者混淆起来,是在歪曲经文。

以谴责禁其言①。

10. 流便之事②,诵而不译③。他玛之事④,诵且译之⑤。金牛犊第一段,诵且译之⑥;第二段则诵而不译⑦。祭司祝祷⑧、大卫与暗嫩之事⑨,均不诵不译。不以神车⑩收尾⑪,而拉比犹大允许⑫。拉比以利以谢说:不以"使耶路撒冷知道"⑬收尾⑭。

《经卷》卷终

---

① 因为此事涉及律法审判,比较严重,所以要用比较严肃的方式(谴责)去让此人闭嘴。
② 《创世记》35:22:"以色列住在那地的时候,流便去与他父亲的妾辟拉同寝,以色列也听见了。"
③ 拉熹认为不翻译给大众听是为了尊重流便。
④ 指《创世记》38所记载的他玛伪装妓女以获取公公犹大的精子而怀孕的故事。
⑤ 翻译出来是因为这故事里,犹大最终有勇气承认自己做的事情。
⑥ 指《出埃及记》32:1—20所记载的众人制造金牛犊搞偶像崇拜的事情。这一段可以翻译,是因为故事显示以色列人可以为自己的过犯而赎罪。
⑦ 指《出埃及记》32:21—25摩西与亚伦有关金牛犊的对话,不翻译是为了尊重亚伦,不去彰显他纵容民众制造金牛犊的事情。
⑧ 《民数记》6:24—26,不诵读这一段是因为"愿耶和华向你仰脸"一句,会让人误以为神偏爱以色列,而不是以色列以自己的善行获得神的青睐。
⑨ 指《撒母耳记下》第13章所记载的大卫的儿子暗嫩强奸其妹妹他玛的事情,不诵读是为了尊重大卫。
⑩ 指《以西结书》第1章所记载的神秘的神车之事。
⑪ 安息日在会堂当众诵读《托拉》分章时,不以这一段做收尾,以免会众因为好奇而误入神秘主义歧途。
⑫ 拉比犹大认为不存在众人被误导的情况。
⑬ 《以西结书》16:2:"你要使耶路撒冷知道她那些可憎的事。"
⑭ 不用这个段落做诵读《托拉》分章时的收尾段落,是为了尊重耶路撒冷和以色列。

第11卷

小节期
Moed Katan

光明節 丙寅春月先生劉氷寫

提　要

　　本卷讨论节间日的相关律法问题。

　　节间日，指逾越节与住棚节首日与尾日两个"佳日"之间的日子。在希伯来语中，"节间日"与"节期"其实是同一个词（Moed），因为本部的名称已经是"节期"，所以本卷加了一个修饰语，称为"小节期"，以便区别，其实此节期非彼节期。

　　就律法对当日活动（特别是工作）限制的严格程度而言，节间日轻于佳日，佳日又轻于安息日，因此节间日的相关律法是一套相对独立的系统。

　　本卷共三章，几乎全部是有关节间日活动许可问题的讨论。第1章主要涉及灌溉、禁混种等农业问题以及挖坟、制棺等丧事相关问题。第2章主要涉及酿酒与榨油的相关问题。第3章主要涉及个人卫生及其他事务，以及葬礼等相关问题。

相关《希伯来圣经》段落

《利未记》

23：37　这是耶和华的节期,就是你们要宣告为圣会的节期,要将火祭,燔祭,素祭,祭物,并奠祭,各归各日,献给耶和华。

第 1 章

1. 可于节间日与第七年浇灌水田①，无论以始涌之泉②抑或以久涌之泉③。然不可以雨水④或水窖之水⑤浇灌⑥；亦不得为葡萄树挖渠⑦。

2. 拉比以利亚撒·本·亚撒利雅说：不得于节间日与第七年开建⑧肘渠⑨。而众贤哲说：于第七年可开建肘渠⑩，于节间日

---

① 水田，指雨水不足以浇灌，必须加上人工浇灌的田地。这些田地如果不浇灌，就会造成巨大的损失，因此在节间日和第七年都允许进行浇灌，前提是这种浇灌不会引发过多的工作量。

② 第一次喷涌的泉水口是新的，可能引起泉水口塌方，从而引发大量的工作，但这些不在考虑之内，用这样的泉水浇灌是允许的。

③ 用过很久的泉水，无论是泉水口还是渠道都久经考验，不太可能出现问题，因此更可以使用。

④ 除存在水塘里的雨水。

⑤ 存在比较深的水窖里的雨水。汲取这样的水需要比较繁重的工作，因此在节间日和第七年是禁止的。

⑥ 由于两者都使用雨水，如果允许从水塘引雨水浇灌，人们会误以为从水窖汲水也是允许的，所以两者一并禁止。

⑦ 在葡萄树根旁挖渠进行浇灌，因工作比较繁重而被禁止。

⑧ 如果以前没有，不可新建。

⑨ 肘渠：环绕田地而建的灌溉水渠，因其高与宽皆为一肘而得名。不可于节间日修建，是因为其工作过于繁重；不可于第七年修建，是因为远看像是在锄地，而第七年禁止耕作。

⑩ 《革玛拉》说众贤哲认为挖水渠与锄地有明显区别，因为挖水渠时要将土方外扬，而锄地不需要扬土，因此不必担心两者会被混淆。

可修补崩坏者①。可于节间日修补公共场所之受损水利设施②，且可清理之③。修缮路途④、街道与浸礼池。处理所有公众所需之事。标清墓地，同时出查禁混种之事。

3. 拉比以利以谢·本·雅各说：可从树木至树木引水⑤，唯不可浇灌整块田地⑥。节间日前未得灌溉之种子，节间日时不得浇灌⑦。而众贤哲则两者均许可⑧。

4. 节间日与第七年，可于树田与白田⑨不以常规方法⑩捕捉鼹鼠与田鼠。而众贤哲说：于树田以常规方法⑪，于白田不以常规方法⑫。可于节间日补上缺隙⑬，而于第七年则以常规方

---

① 如果肘渠崩坏，导致水流不畅，则可以进行修补疏导。
② 主要是指供水或下水的水管，如果发生水管破裂，则可以进行修补。
③ 如果水管被污物或泥土堵塞，则可以进行清理工作。
④ 从本句至本节结尾，均在重复本部《舍客勒》1：1的后半部分，可参见该节相关注解。两处唯一的差别是：《舍客勒》1：1讲的是亚达月十五日允许做的事情，而本节讲的是节间日的事情。
⑤ 如果某棵树下积了很多水，即可将其引至其他树下进行浇灌，因为这不需要太繁重的劳作。
⑥ 本句众说纷纭，有人认为这里说的是有足够雨水浇灌的田地，也有人说是因为浇灌整块田地会引发大量工作，也有人认为浇灌单棵树木只是为了防止出现损失，而浇灌整块田地就是为了牟利，在节间日这是禁止的。
⑦ 拉熹认为节前没浇灌的种子，如果出现损失的话，这损失不是因为节间日没浇灌而造成的，因而禁止浇灌。迈蒙尼德认为种子发芽需要大量的水，因此浇灌会引发繁重工作。
⑧ 众贤哲许可在节间日浇灌整块树田，以及浇灌下种而未及浇灌的田地。
⑨ 白田：指种植谷物的田地。
⑩ 《革玛拉》说常规方法是在地上挖坑设置陷阱，非常规方法则是用铁锹将一个铁钎打进土地，然后击打周遭土壤，从而形成一个坑。一说，"不以常规方法"的"不"是衍文。
⑪ 田鼠和鼹鼠会给树木造成损失，因此可以使用常规方法来防止损失。
⑫ 田鼠和鼹鼠在谷物田只造成有限损失，所以只能使用非常规方法。
⑬ 如果在节间日院墙崩塌，则可以用石头将缺隙堵住，但不可以像通常修建院墙那样把石头砌在一起。

法修建①。

5.拉比梅伊尔说:观病斑②之初③,宽之④而不得严之⑤。而众贤哲说:不得宽之亦不得严之⑥。拉比梅伊尔还说:人可收殓父母之骨殖⑦,因对其为喜事⑧。拉比约西说:对其为丧事⑨。不得因死者而唤醒某人⑩,亦不得于节前三十天内致悼词⑪。

6.不得于节间日挖掘葬穴⑫与坟墓⑬,然可整修葬穴于节间日⑭。

---

① 第七年时间较长,如果听任缺隙存在,则可能造成土壤流失,所以允许用常规修建的方法将缺隙修补好。
② 指祭司检查麻风病人皮肤上的病斑发展的情况,并视需要宣布病人洁净或不洁,且以此为依据将其隔离。参见《利未记》13:2—8。
③ 即使病斑初起,症状尚不明显,祭司也还是可以在节间日进行检查。
④ 如果看见病人有洁净的迹象(病愈或者没病),则当宣布病人洁净。
⑤ 如果发现有病,亦不得宣布其为不洁,以防在节间日让病人不愉快。拉比梅伊尔认为祭司即使确定某人有麻风病,也有权利保持沉默,不予宣布。
⑥ 众贤哲认为祭司没有在麻风病问题上保持沉默的权利,也不能宽或从严掌握宣布不洁的标准,因此在节间日根本不该查看麻风病人的情况。
⑦ 当时的葬俗是:首先将尸体缠上裹尸布,放在洞穴等临时墓地,待肉身腐烂完毕,则将遗骨收殓入棺,葬于家族墓地。
⑧ 拉比梅伊尔认为让父母的骨殖回归家族墓地是件喜事,不会影响节期的喜庆气氛,因此允许在节间日收殓父母骨殖。
⑨ 拉比约西认为收殓骨殖是丧事的一部分,会引起对死者的记忆,造成悲伤的气氛,因而禁止在节间日收殓。
⑩ 不可去提醒某人他的亲人去世,因为在聚集日不能过多哭泣。
⑪ 《革玛拉》认为需要三十天的时间才能把死者带来的悲伤忘掉,因此节前三十天之内致悼词会影响节期的喜庆气氛。
⑫ 葬穴,即等待尸身腐烂的临时墓地,通常是一个公共使用的山洞,每家在洞壁上挖一个葬穴,把亲属的尸体放进去。开挖葬穴涉及比较繁重的工作。
⑬ 坟墓,当时的永久安葬地,用来安葬收殓的骨殖。迈蒙尼德认为坟墓通常是建在地面上的建筑。修建坟墓同样是繁重的工作,因此禁止在节间日进行。
⑭ 如果已经挖好了葬穴,只是需要加长或者拓宽,节间日可以进行,因为不是太大的工作量。

于节间日可造洗池①,及与死尸同院之棺材②。拉比犹大禁之,除非其已有板材③。

7. 不得于节间日娶女,无论处女抑或寡妇④。亦不得转房⑤,因对其为快乐⑥。然可与离异之妻复婚⑦。女性可于节间日修饰⑧。拉比犹大说:不得敷膏⑨,因对其为毁容⑩。

8. 常人以常法缝制⑪,匠人⑫则以不规则针脚缝制⑬。可交织

---

① 洗池的释义众说纷纭,有洗涤池、洗尸池(清洗尸体和裹尸布)、墓穴(在葬穴挖好之前临时安放尸体的土坑,类似于今人所用的墓穴)与坟墓上的附加建筑等多种说法。
② 可以在死者所在的院落里为尸体造棺材(包括将木材锯成木板),在节间日允许这样做是因为人们明确知道这个院子里不会再造其他东西,因而在其他院落里制造棺材是不允许的。
③ 拉比犹大禁止在节间日锯木头,所以除非木板在节前就已经准备好,否则不许制造棺材。
④ 迈蒙尼德认为发布这项禁令的原因是婚姻所带来的快乐会使得新人忘记节期的快乐。
⑤ 与无子嗣的过世兄弟的妻子结婚,是为转房婚,参见《申命记》25:5。
⑥ 禁止转房婚的原因与禁止普通婚姻的原因相同。
⑦ 复婚的快乐小于新婚,因此在节间日是允许的。
⑧ 可以化妆或者修饰(比如去除体毛)。
⑨ 当时的妇女使用一种石膏制剂敷在皮肤上,一段时间之后将其剥落,以此去除体毛。
⑩ 敷着石膏的时候,妇女的形象会受到影响,进而影响她的心情,而破坏节日气氛。《革玛拉》认为拉比犹大的这一禁令只针对到节期结束时还不能剥落石膏的情况,如果在节期期间就可以剥落,则允许敷石膏。
⑪ 常人与专业裁缝的差别在于:常人只会一针一针地缝制,裁缝则会把针脚全部穿在针上,一次缝成。另一说;裁缝在卷边时能够缝出一样高的针脚,而常人做不到。
⑫ 指裁缝。
⑬ 如果裁缝想在节间日缝制,就必须一针一针地缝制。另一说,只能将卷边缝得一针高一针低,看起来好像狗牙一样。

床心①；拉比约西说：甚至允许绷紧②。

9. 节间日可立火炉③、烤炉④与磨盘⑤。拉比犹大说：不得从头打凿磨盘⑥。

10. 可以常人之常法修建屋顶与阳台之栏杆⑦，然不可为匠人之工⑧。可填补缝隙⑨，且可以手足用滚木滚之⑩，然不得以拉绳滚木⑪。损坏之合叶⑫、合叶芯⑬、门楣⑭、锁或钥匙，均可于节间

---

① 当时的床中部是用粗绳子编织起来的，绳子之间留有缝隙。在节间日，如果这些编织的粗绳子掉了或者错位了，则可以重新编制，但不可加入新绳索，以免看起来像是在制作一个新床。

② 床芯的绳索在节间日只是松动了，虽然还可以使用，但也允许将绳索绷紧。

③ 上下一样粗细的炉子，炉子面上可以同时烹制两盘食物。

④ 上细下粗的炉子，用来烤制面点。在节间日可以安装或修理炉子，因为这是节期烹调所需要的。

⑤ 用来磨制节期期间所需要的粮食。

⑥ 新磨盘表面不平，打制平滑需要很多工作，因此在节间日受禁。旧磨盘已经大部分磨光，因此可以进行打制。

⑦ 在屋顶与阳台上建造栏杆，防止有人摔下来，属于《托拉》律法。节间日允许做这些，因为涉及安全问题。

⑧ 《革玛拉》解释说：所谓"常人之法"，就是使用比较临时性的材料（比如芦苇、棕榈叶等），进行临时修筑（比如把石头堆起来，并不用灰浆砌好），匠人则不一样。节间日修建这些设施，只能用常人之法，保证节间日能够安全就可以了。

⑨ 可以用石灰填补屋顶缝隙，以防漏水。

⑩ 填补之后，用滚木在填补处滚动，使之平整。

⑪ 拉绳滚木是一种专业匠人所使用的滚木。

⑫ 门上的合叶。

⑬ 合叶上将两扇叶片连在一起的空心管。

⑭ 门上横梁。

日修理①,唯不得有意于节间日做此工②。所有在节间日可食用之腌渍食品③,均可腌制。

---

① 修门是为了防盗,属于防止出现损失,因此在节间日是允许的。
② 如果是节前出的问题,且节前可以修好的,禁止有意拖到节期开始后进行。不能完成的,可以在节间日进行。
③ 用醋或者盐腌渍食品。

第 2 章

1. 翻动其橄榄者 ①,恰遇丧事者 ②,无可奈何者 ③,或被佣工误导者 ④,可压上首根压杆 ⑤,且置之以待节间日后 ⑥。此为拉比犹大之言。拉比约西说:可如常倾倒 ⑦、完成 ⑧ 且堵塞 ⑨。

2. 同样,其葡萄酒在窖中 ⑩ 而恰遇丧事者,无可奈何者,或

---

① 橄榄榨油,当时的做法是把摘收下来的橄榄堆在一个特别的容器里,待其继续成熟,到一定程度翻动橄榄,使所有橄榄均保持同样的成熟度。翻动之后不久,橄榄就必须上榨油器榨油,否则橄榄会过度成熟而腐烂。此处讲的是在节前已经翻动了橄榄,节间日若不榨油,就会遭受损失的情况。

② 在节前遭遇丧事,由于守丧期间不能工作,致使榨油工作被耽误到了节间日。

③ 遇到无法控制的情况,在节前不能完成榨油工作。

④ 在节前雇用了工人,这些工人原来保证在节前把榨油工作做完,结果却没有完成。

⑤ 在上述情况下,节间日可以将橄榄倒入榨油器,在橄榄上压上一根压杆,让油开始流出。

⑥ 虽然不能在节间日完成榨油工作,但橄榄的大部分油应该已经流出来并收集了,物主受到的损失非常有限。

⑦ 将熟透的橄榄倒入榨油器。

⑧ 完成榨油工作。

⑨ 用油罐收集榨出的橄榄油且用塞子将瓶口封好。拉比约西认为节间日这些人可以照常进行榨油工作,不必有任何改变。

⑩ 节期开始前酿好的葡萄已经上了榨酒器,已经榨了一遍,榨出来的酒已经流入酒窖。如果节间日不完成榨酒工作,则已经榨好的酒会变酸,从而造成损失。

被佣工误导者,可如常倾倒①、完成②且堵塞③。此为拉比约西之言④。拉比犹大说:为之制木板,使其不变酸⑤。

3. 人可将其果实搬入以防盗⑥,且可将亚麻从浸泡液中取出⑦,以免承受损失,唯不可有意于节间日做其工⑧。任何有意在节间日做其工者,均承受损失⑨。

4. 不得购买房产、奴仆与家畜⑩,除非是为节间日所需,或为无粮可食之卖家之所需。不得在屋子之间搬移⑪,然可于院落搬移⑫。不得将器皿从工匠家中取出⑬;若为其担忧⑭,则可将其移

---

① 可以将酒从酒窖中取出。
② 可以继续榨葡萄并将榨出来的酒取出。
③ 可将榨好的酒装瓶并塞好瓶口。
④ 虽然酒庄的损失可能没有油坊那样大,但拉比约西仍然认为在节间日遇类似情况可以照常工作。
⑤ 拉比犹大认为酒庄能做的只是防止出现损失,办法是用木板将酒窖口封上,这样可以防止酒变酸。
⑥ 节间日期间果园或者菜园里成熟的果实,不及时收好,就有可能被偷走,因此允许采收。
⑦ 亚麻在制作前先浸泡在水里,但如果浸泡时间太长,就会腐烂,所以在节间日允许将其从水中取出。
⑧ 这些工作可以做,但原则是不能有意把这些工作留到节间日做。
⑨ 凡属有意将工作留到节间日做的,均不得进行其工作,而必须承担其相应的损失。
⑩ 节间日禁止做这些交易。
⑪ 不得将器皿或粮食搬到另一个院子的房子里,因为这会引发繁重的工作。
⑫ 可以在同一院落的房子之间搬移。
⑬ 节前定制或者送修的器皿,不得在节间日取出,因为会引发繁重的工作。
⑭ 如果担心工匠家中不保险,器皿会被偷或者受到损害。

至其他院落①。

5. 可以秸秆覆盖无花果②。拉比犹大说:亦可堆放③。果实、衣物与器皿之售卖者,可为节间日之需而遮掩出售④。捕鱼者⑤、磨面者⑥与磨豆者,可为节间日之需减量而为⑦。拉比约西说:他们对己从严⑧。

---

① 可以将这些器皿移到保险的地方,但不能搬回自己家里。《革玛拉》认为此处说的是节间日不需要的器皿,对于需要的器皿,搬回家是可以的。
② 将无花果铺开晾晒时,用秸秆盖在上边,以防雨水。
③ 也可以堆放无花果,这样上边的果子可以为下边的挡雨。
④ 这些商店在节间日店门半掩,有需要的人可以进去购买。
⑤ 指猎鸟和捕鱼的人。
⑥ 将麦子磨成面以便做粥。
⑦ 捕猎或制作的数量少于平时,以示只为节间日之所需而做,与平日出售谋利不同。
⑧ 拉比约西认为这些人在节间日根本不工作,即使是减量工作也没有。

第3章

1. 此为节间日可剃须发者①：来自海外者②、来自囚俘屋者③、出狱者④、被革除而又得众贤哲之赦者⑤；同样，向贤哲请求而得许可者⑥、拿细耳人⑦及从不洁升至洁净之麻风病人⑧。

2. 此为节间日可洗衣者⑨：来自海外者、来自囚俘屋者、出

---

① 《革玛拉》认为众贤哲禁止节间日剃须发，因为如果允许的话，很多人会把剃须发的事情留到节间日休息时去做，这就导致他们不修边幅地开始过节。本节指出在这项律法上获得例外待遇的人。

② 出国从事工作或商务的人，他们在外边无暇理发，出去游览的人不在此列。

③ 被异教徒俘虏或绑架，而在节间日得到释放的人。

④ 虽然在监狱里有时间剃须发，但考虑到他们的心情，还是允许他们在节间日出狱后剃须。

⑤ 被开除教籍的人不许剃须发，如果在节间日获得众贤哲的赦免，则可以立刻剃须发。

⑥ 在节前发誓不剃须发的人，节间日如果得到一名贤哲的许可，则可以破除自己的誓言。

⑦ 拿细耳人在誓约期间不得剃其须发（《民数记》6∶5），而誓约期结束后则必须剃须发（《民数记》6∶18）。如果拿细耳人在节间日誓约期结束，则遵从拿细耳人的相关规定剃须发。

⑧ 麻风病人病愈，经过七天洁净期后由不洁转为洁净，洁净期结束后也必须剃须发（《利未记》14∶9），所以如果洁净期在节间日结束，剃须发就是自然的事情。

⑨ 众贤哲禁止节间日洗衣。与禁止剃须发一样，如果允许的话，很多人会把洗衣的事情留到节间日休息时去做，这就导致他们衣衫不整地开始过节。本节指出在这项律法上获得例外待遇的人。

狱者、被革除而又得众贤哲之赦者[1];同样,向贤哲请求而得许可者[2]、手巾[3]、理发巾[4]与浴巾、男漏症患者与女漏症患者、经期妇女与产妇[5],所有从不洁升至洁净者[6],这些均得许可,而其余任何人均受禁[7]。

3. 此为节间日可书写者[8]:女子婚书[9]、休书[10]、收据[11]、临终遗嘱[12]、赠产[13]、补落资簿[14]、估值书[15]、赡养书[16]、脱鞋礼书[17]、拒婚

---

[1] 被开除教籍的人不许洗衣,如果在节间日获得众贤哲的赦免,则可以立刻洗衣。
[2] 在节前发誓不洗衣的人,节间日如果得到一名贤哲的许可,则可以破除自己的誓言。
[3] 擦手的毛巾,用得比较多,不洗就会变得很脏,所以允许在节间日洗。
[4] 理发师围在顾客脖子上接头发的毛巾,由于节间日仍有一些人可以剃须发,因此理发师可以洗这些毛巾,以保持卫生。
[5] 这四种人因身体排出的液体或血液而经常弄脏衣服,所以允许他们洗衣服。
[6] 沾染不洁的人需要洗涤不洁的衣物。
[7] 只有上述三种毛巾是人人都可以洗的,其他人则要看是否符合洗衣的规定。
[8] 节间日通常禁止书写。
[9] 包括订婚文书和婚约,这些文书需要及时完成,以免女子被别人娶走。
[10] 长期出远门的男子可以给自己的妻子写休书,以免其成为因丈夫生死不明而无法嫁人的弃妇。因此即使丈夫在节间日出门远行,给妻子写休书也是允许的。
[11] 如果债主不能写收据,借贷人就不愿意还债,因此不可拖延。
[12] 临终遗嘱必须及时记录下来,以免出现遗产纠纷。
[13] 健康人赠送产业的凭据需要及时记录,以免赠送者节后反悔。
[14] 债主写下凭据,将其借出的贷款移交法庭,以免安息年的到来引起债务失效。这些凭据可以在节间日书写,因为担心债主在节后找不到合适的法庭,耽误时间而导致安息年废除其债务,从而遭受损失。
[15] 法庭估算借债者的产业价值,并写下凭据,将其交给债主抵债。
[16] 某人出卖产业以便赡养妻女,或者发誓赡养某人(比如养女),这种情况下,法庭需要立字为据。这类文书需要及时书写,以免此人在节间日将这笔款项花费掉。
[17] 如果男子拒行转房婚(娶无子嗣之过世兄弟之妻),则需行脱鞋礼,法庭需要出具证明文书,表明脱鞋礼已行。

书①、求仲裁书②、法庭判决书③与官方文书④。

4. 不可于节间日写借据⑤,然若不予信任⑥或其无粮可食⑦,则此为可书写。不得于节间日缮写经书⑧、经匣与经柱⑨,亦不得更正任一字母⑩,即使是殿院之经书⑪。拉比犹大说:人可为自己书写经匣与经柱⑫,亦可于其腿上将蓝线编入穗带⑬。

5. 节前三日葬其死者⑭,取消其七日之规⑮;八日⑯,则取消

---

① 丧父的未成年女子,如果被母亲或兄弟强行嫁人,可以拒绝,且由法庭发给拒婚书作为证明。这种文书不能耽搁,是因为怕女孩在节后长出两根以上的阴毛,变成成年女性,不能再拒婚。
② 如果争议双方自愿选择仲裁人解决问题,则需写下寻求仲裁协议,以免有人反悔。
③ 法庭裁决需要立刻写下来,以免其后被人遗忘。
④ 政府文件。《耶路撒冷塔木德》认为是问候书信,因为是非正式书信,所以允许在节间日书写。
⑤ 如果借贷双方相互信任,那么节后补写借据不会造成任何损失,因此禁止在节间日写。
⑥ 如果出借方不信任负债者,而负债者又急等钱用,那么便允许在节间日写借据。
⑦ 专业写借据的文士家中等米下锅,即使是节间日也可以写借据。
⑧ 指《托拉》经卷。
⑨ 经匣与经柱中的小经卷。
⑩ 改正上述任何经卷中的抄写错误。
⑪ 圣殿大院内的经书,大祭司在赎罪日读的就是这一本,但在节间日用不着,所以禁止去更改错误。
⑫ 完全是给自己使用的经匣或者经柱,不是用来售卖或者送人的。
⑬ 犹太教要求教徒在穿在身上的裤巾四角装上穗带,其依据是《民数记》15:38:"你吩咐以色列人,叫他们世世代代在衣服边上作繸子,又在底边的繸子上钉一根蓝细带子。"穗带是白色穗线制成,通常用织机或者手工编入蓝带。在节间日则禁止用常规方法编入蓝带,而只能用手将蓝带与穗带在大腿上搓在一起。
⑭ 按照《革玛拉》的记述,当时的丧期规矩是:人死后哭丧三日,至第七日为悼丧,不得洗澡、洗衣、穿鞋、工作,等等。至三十天为守丧,不得穿新衣,不得熨烫衣服,不得剃须发。
⑮ 如果哭丧的三日刚过节期就开始,则七日悼丧期作废,但三十日守丧期依然有效,留待节后进行。
⑯ 过了七天的哭丧和悼丧,刚过了一天守丧,节期就开始了。

其三十日之规①，因他们说：安息日计入而不中止②，佳节中止而不计入③。

6. 拉比以利以谢说：自圣殿被毁，五旬节一如安息日④。拉班迦玛列说：岁首与赎罪日一如佳节⑤。而众贤哲说：非如此人所言，亦非如彼人所言⑥，而是五旬节一如佳节⑦，岁首与赎罪日则如安息日⑧。

7. 不得撕衣⑨，不得露肩⑩，不得供食⑪，除非为死者之亲

---

① 在这种情况下，三十日守丧取消，节后也不必再补。
② 整个三十天的丧期中肯定会有安息日，安息日计算在三十天之内，但并不会使丧期被取消。
③ 丧期开始后如遇节期，则该丧期作废，但如果还有其他丧期要在节后守，则节期的天数并不计算在丧期之内。
④ 佳节不能计入丧期的原因是，有些佳节（比如逾越节或者住棚节）可以长达七天，如果计入，就会在相当程度上冲掉丧期。五旬节在圣殿时代也可能是个七天的佳节，因为要等各地民众来耶路撒冷朝拜。圣殿被毁后，五旬节只剩下一天，因此拉比以利以谢认为在丧期问题上，五旬节与安息日地位相等，计入丧期但不中止丧期。
⑤ 岁首与赎罪日都可以中止丧期，但不会计入天数。他认为不但五旬节在丧期问题上应该得到佳节的待遇，即使是岁首或者赎罪日这样短的节期，也一样享受佳节待遇。
⑥ 两个人说的都不对。
⑦ 五旬节虽然变短，但其地位仍然是三大朝圣节期之一，因此仍然享受佳节待遇（中止丧期，但不计入天数）。
⑧ 这两个节期不属于三大节的范围，因此可以随意些。
⑨ 本节"节间日"之前的所有丧事律法究竟是常用原则还是只适用于节间日，是一个有争议的题目。本书遵从后一种解读。撕衣作为一种表达哀痛的手段，始于《希伯来圣经》（如《利未记》10：6），但在节间日禁止这样做。
⑩ 送葬时将肩膀和胳膊露出来。
⑪ 按照风俗，下葬后死者一家的第一顿饭（迈蒙尼德说第一天全天的饭）不是自己做的，而是吊丧的人送的。

属①;而非直立之床上②,则不予供食。送往丧者之家③,不得以细盘④,不得以银碗⑤,不得以精篮⑥,而只以编筐⑦。不得于节间日诵念丧者之祝祷⑧,而是成排站立⑨,安慰⑩,并解散众人⑪。

8. 不得设灵床于街道⑫,以免引人致悼⑬;永不为女性而设,因其尊严⑭。妇女可哀歌于节间日,然不得击掌⑮。拉比以实玛利说:灵床旁者可击掌⑯。

---

① 节间日遇丧事,只有死者的亲属才可以做上述三件事。亲属,指"七族",即:父、母、兄弟、姐妹、儿、女、妻子。
② 悼丧七日,当时的风俗是将家中的床、椅子、靠垫等全部翻转,节间日不许这样做。
③ 亲属向丧者之家送悼丧饭食。
④ 一种制作精美的食盘。
⑤ 一种金或者银制成的高档的碗。
⑥ 一种用芦苇编织的精美的篮子。
⑦ 用去皮柳条编成的筐子,是当时最普通的器皿。之所以禁止使用精美食具送悼丧饭食,是怕其中的穷人会觉得自己受到羞辱。
⑧ 通常送葬结束后,会在公共场所举行安慰之礼,结束时会诵念丧者之祝祷,节间日不做这个祝祷。
⑨ 送葬者在公共场所成排站立。
⑩ 安慰死者家人。
⑪ 安慰过后众人即散去,不再做其他事情,包括陪伴死者家人回家等。
⑫ 通常这是允许的,在街上设灵床是供人向死者致悼。
⑬ 节间日禁止致悼词,但如果灵床设在公共场所,就会引发人们致悼词,因为习惯这样做。
⑭ 如果死者是女性,任何时候都不得公开设灵床,以保护女性的尊严。《革玛拉》则认为只有孕妇死亡才不设公开的灵床,以免出现尸体流血或流出液体的情况。
⑮ 节间日妇女仍然可以唱哀歌,但通常伴随哀歌的击掌或者以掌击腿的动作则不可以做。
⑯ 如果唱哀歌的妇女恰好站在灵床旁边,那么击掌就是允许的。

第 3 章

9. 于月首,于光明节,于赎罪日,可哀歌且击掌①;于此于彼均不得丧歌②。死者已葬,则不得哀歌亦不得击掌③。何为哀歌?即众人哀歌如一。何为丧歌?一人吟唱而众人随之应和。因经文说:"又当教导你们的儿女哀歌,各人教导邻舍唱丧歌。"④ 而对于未来他说:"他已经吞灭死亡直到永远。主耶和华必擦去各人脸上的眼泪……"⑤

《小节期》卷终

---

① 本节接续上节的内容,在节间日可以哀歌而不可以击掌,但在这三个节期,如果遇上丧事,妇女们哀歌击掌都是允许的。
② 无论是节间日还是这三个节期,丧歌都是禁止的。下文解释什么是丧歌。
③ 节间日和这三个节期均如此。
④ 《耶利米书》9:20。教邻居妇女唱丧歌,本身就是一人唱、众人和的情形。
⑤ 《以赛亚书》25:8。这一句引文与本节内容无关,而是作为全卷的终结,给这几段有关丧事的结尾增添一点明亮的色彩。

第12卷

节 仪
Chagigah

情人節
黄冑戲馬

提　要

本卷讨论犹太教三大朝圣节期(逾越节、五旬节和住棚节)在圣殿行甘愿祭的问题。

卷名《节仪》,希伯来语原词的意思是"节庆",亦特指三大朝圣节期时去耶路撒冷的朝圣以及在圣殿祭献的甘愿祭,此处专指后者,故此译为"节仪",取朝圣者给神带来的礼物之意,兼顾"节庆"的隐喻。

本卷1:8有关《希伯来圣经》与律法之关系的精辟概括对于理解拉比犹太教的口传律法有着重要的意义。

本卷共三章。第1章讨论三大节朝圣者所献的各种祭献的问题。第2章主要讨论有关佳日祭献屠宰以及俗品与圣品食用者的洁净问题。第3章则主要讨论相关器皿的洁净问题。

相关《希伯来圣经》段落

1.《出埃及记》

23：15　你要守除酵节,照我所吩咐你的,在亚笔月内所定的日期,吃无酵饼七天。谁也不可空手朝见我,因为你是这月出了埃及。

23：16　又要守收割节,所收的是你田间所种,劳碌得来初熟之物。并在年底收藏,要守收藏节。

23：17　一切的男丁要一年三次朝见主耶和华。

23：18　不可将我祭牲的血和有酵的饼一同献上,也不可将我节上祭牲的脂油留到早晨。

34：23　你们一切男丁要一年三次朝见主耶和华以色列的神。

34：24　我要从你面前赶出外邦人,扩张你的境界。你一年三次上去朝见耶和华你神的时候,必没有人贪慕你的地土。

2.《申命记》

16：14　守节的时候,你和你儿女,仆婢,并住在你城里的利未人,以及寄居的与孤儿寡妇,都要欢乐。

16：15　在耶和华所选择的地方,你当向耶和华你的神守节七日。因为耶和华你神在你一切的土产上和你手里所办的事上要赐福与你,你就非常地欢乐。

16:16　你一切的男丁要在除酵节,七七节,住棚节,一年三次,在耶和华你神所选择的地方朝见他,却不可空手朝见。

16:17　各人要按自己的力量,照耶和华你神所赐的福分,奉献礼物。

第 1 章

1. 所有人均须献朝圣燔祭①,聋人②、智障、孩童③、性别不明者④、阴阳人⑤、妇女⑥、未释之奴隶⑦、瘸子、盲人、病人、老人及不能以己之腿攀登者⑧除外。何为孩童？任何不能骑于其父之肩而从耶路撒冷登上圣殿山者⑨。此为沙玛伊学派之言。而希列学派说：任何不能牵其父之手而从耶路撒冷登上圣殿山者，因经文说："三度朝圣节。"⑩

---

① 朝圣,指三大节(逾越节、五旬节、住棚节)所有以色列男子均须到耶路撒冷圣殿朝拜的诫命(《申命记》16：16)。朝圣时须在圣殿献燔祭(《申命记》16：16 "却不可空手朝见"),是为朝圣燔祭。

② 《革玛拉》认为此处实际上包括了聋哑人、单聋或单哑的人。

③ 智障者与未成年者均不必履行诫命,因此也就没有献朝圣燔祭的责任。

④ 性器官无法识别的人。

⑤ 拥有男女两性器官的人。

⑥ 《申命记》16：16 明言 "你一切的男丁要在除酵节,七七节,住棚节,一年三次,在耶和华你神所选择的地方朝见他",因此妇女无此责任。

⑦ 奴仆与妇女所承担的诫命一样,凡妇女不必承担者,奴仆也不必承担。

⑧ 三大朝圣节的统称在《希伯来圣经》里与"腿"是同一个词,拉比犹太教据此认定朝圣者必须赤足从耶路撒冷爬上圣殿山。这些残疾病弱者无力攀登,因此也在豁免之列。

⑨ 只要能被父亲驮在肩上爬上圣殿山的,即使还不会走路,也须参加。

⑩ 《民数记》23：14。此处的"朝圣节"与"腿"是同一个词,据此希列学派认为孩子必须靠自己的腿爬上去才算数。

第1章

2. 沙玛伊学派说：朝圣燔祭两块银①，节仪祭②一银玛阿。希列学派说：朝圣燔祭一银玛阿，节仪祭两块银③。

3. 节间日之燔祭④来自俗品⑤，平安祭⑥则来自什一税⑦。逾越节之第一佳日⑧，沙玛伊学派说：来自俗品⑨。希列学派说：来自什一税⑩。

---

① 两银玛阿（参见《种子》部有关货币单位）。朝圣节之祭献，《希伯来圣经》原无数量规定，只需尽力而已（《申命记》16∶17"各人要按自己的力量，照耶和华你神所赐的福分，奉献礼物"），数量规定自拉比犹太教起。

② 朝圣节除献朝圣燔祭之外，还需要献平安祭，是为节仪祭，其依据为《出埃及记》23∶14："一年三次，你要向我守节。""守节"被解释为"献平安祭"。

③ 希列学派认为燔祭是全部烧掉的，节仪祭则是一部分烧掉，一部分分给祭司食用，一部分献祭人自己食用，因此节仪祭应该大于燔祭。沙玛伊学派认为燔祭全部献给上帝，比部分给人食用的平安祭重要，因此也就该分量重一些。

④ 朝圣节除朝圣燔祭外，还有私人许愿或捐献的燔祭要做。与朝圣燔祭按规定要在佳节第一天祭献（特殊情况下也可以在节间日祭献）不同，私人许愿或捐献燔祭只可以在节间日献祭。

⑤ 祭献用的牺牲必须用俗品钱币购买，因为这些祭献都是必须做的，按律法这类祭献不得以第二什一税钱币购买。

⑥ 此处的"平安祭"指"平安喜乐祭"，也就是朝圣节除朝圣燔祭与节仪祭之外的有时做的第三种祭献，其依据是《申命记》16∶11："在耶和华你的神面前欢乐。"

⑦ 因为喜乐祭不属于必须做的祭献，所以可以用第二什一税钱币在耶路撒冷购买。

⑧ 通常认为这里说的是逾越节，实际上指的是三大朝圣节的第一天。

⑨ 朝圣节第一天献节仪祭，因其为必须做的祭献，所以只能用俗品钱币购买。

⑩ 节仪祭给众人分食，有时一同享用的人比较多，一只牺牲不够用，祭献者则可以献附加节仪祭。希列学派认为第一个节仪祭需要用俗品钱币购买，但附加的节仪祭并非强制性的，因此可以用第二什一税钱币购买。沙玛伊学派则认定只要是节仪祭，就都一视同仁，只能使用俗品钱币。

4. 以色列人以许愿与捐圣之物①、牲畜什一税②而尽其责,而祭司则以赎罪祭与赎衍祭③,以头生家畜④,以胸部与腿部⑤,然不以禽类,亦不以素祭⑥。

5. 食口众多而家产寡薄者,当多献平安祭而少献燔祭⑦。家产丰厚而食口鲜少者,当多献燔祭而少献平安祭⑧。彼此均短少者⑨,对此他们说:"一银玛阿与两块银⑩。"彼此均良多者,对此经文说:"各人要按自己的力量,照耶和华你神所赐的福分,奉献礼物。"⑪

---

① 本节继续讨论喜乐祭之祭品的来源问题。本句表示喜乐祭可以来自当年祭主许愿或捐为圣品的牲畜。

② 被祭主在朝圣节作为牲畜什一税而带到耶路撒冷的牲畜。有关牲畜什一税,参见《利未记》27:32。

③ 赎罪祭与赎衍祭的祭肉部分归祭司食用(《民数记》18:9),他可以用这些肉作为自己的喜乐祭祭品。

④ 头生家畜的肉也归祭司所有,参见《民数记》18:18。

⑤ 平安祭牲牲的祭肉主要由祭主食用,但胸部和腿部归祭司所有,参见《利未记》7:31—33。

⑥ 祭司不得以禽类或素祭尽其喜乐祭之责,《革玛拉》的解释是《申命记》16:14 的"你须在你的节日喜乐"中的"节日"一词指"节仪祭",所以完成这一诫命的祭品只能是节仪祭所用的牲畜,不包括禽类与素祭。

⑦ 平安祭的部分祭肉归祭主及其家人食用,燔祭则全部焚烧。如果家中资产不足而人口众多,那么只需要献最低要求的燔祭,而多献平安祭(可以用第二什一税购得),以此保证家人的生活。

⑧ 如果家产丰厚而家中人口不多,那么就应该多献燔祭以尽其责任。

⑨ 家产不多,人口也少的家庭。

⑩ 也就是按照本章第 2 节希列学派的观点,每样都只献最低数目要求:一银玛阿的燔祭和两银玛阿的平安祭。

⑪ 《申命记》16:17。意为这样家产人口均多的人既要多捐燔祭以敬神,又要多献平安祭以供家中人口食肉。

6. 佳节之第一佳日未献节仪祭者,可于整个佳节或佳节之最后佳日祭献①。佳节已过而尚未献节仪祭者,则此已非其责②,对此经文说:"弯曲的不能变直,缺少的不能足数。"③

7. 拉比西缅·本·梅纳西亚说:"何为不能变直之弯曲者④?卷入禁忌关系⑤且由此生下私生子者⑥。若说为偷窃或抢劫者,则其可归还而理直⑦。"拉比西缅·本·约哈伊说:"除非始直而后弯者,不称其为弯⑧。此为何者?为离弃《托拉》之贤哲门徒⑨。"

---

① 朝圣节第一天未能献节仪祭者,可以在节间日或最后一天补行祭献。
② 错过了朝圣节的时间,就不能再奉献节仪祭,即使自愿补足也不被接受。
③ 《传道书》1:15。
④ 他在诠释上节《传道书》1:15的引文。
⑤ 指《利未记》18:6—18所开列的那些乱伦关系。
⑥ 如果在那些关系中产出私生子,则此罪无法忏悔解除。
⑦ 与此相对的是:盗窃或者抢劫者,只要归还赃物或做出赔偿,就可以赎罪。
⑧ 《革玛拉》引用了《巴拉伊塔》的叙述说明拉比西缅·本·约哈伊的基本逻辑:需要检查羊是否有缺陷,因为羊本来是可以用作牺牲进行祭献的,因此这检查是有意义的;而检查骆驼就毫无意义,因为骆驼本来就不能被祭献。同理,原本正直的某人存在一个后来是否变坏的问题,而原本就坏的人就没必要审查他是否不好。
⑨ 按照他的逻辑,乱伦而生出私生子的人,谈不上是否变坏——他以前没干是因为他没机会干而已,其本质一直是坏的。贤哲门徒则不同,遵行《托拉》时原本是正直的,离弃了《托拉》才开始变坏。

8.解除誓约者飘浮空中,无可依托①;安息日②、节仪祭③、盗用圣物④之律法,如群山悬于一发,因其经中甚少而律法甚多;财产⑤、圣殿服事⑥、洁净⑦与不洁⑧、乱伦⑨之律法,均有所依托⑩。彼此均为律法之主体⑪。

---

① 拉比犹太教认为贤哲有权帮助一个人从其誓约中解脱出来(如本部《小节期》3:1),但相关律法在《希伯来圣经》中则全无踪影,其唯一的依据是《民数记》30:2:"人若向耶和华许愿或起誓,要约束自己,就不可食言,必要按口中所出的一切话行。"拉比犹太教对此的解释是:他本人不可食言,但其他人(有资格的人)可以做出裁定让他食言。

② 有关安息日不许工作的具体规定在《希伯来圣经》中原是有关圣幕工作的描述,只是因为两者都出现在《出埃及记》第35章,后代贤哲们将其联系起来的。

③ 《希伯来圣经》中也没有关于节仪祭的明确记载,只是因为"Chag"一词既可以理解为"过节"又可以理解为"节日祭献",而拉比犹太教根据后一个释义诠释出来的。

④ 其基本规定是:无心误将圣品用于世俗事务的人需要献赎衍祭。这样的规定在《希伯来圣经》中找不出依据来。

⑤ 与财物相关的律法,其中有关"以眼还眼"的逻辑用于财务判决是拉比犹太教的发展。

⑥ 圣殿祭献相关的律法,其中有关将牲血搬上祭坛的内容也不是《希伯来圣经》原文,而是诠释出来的。

⑦ 有关由不洁转为洁净的律法,其中有关浸礼池的大小的规定也是诠释产生的。

⑧ 例如有关最小不洁尸块的规定也是拉比犹太教才有的。

⑨ 例如有关禁止娶自己的非婚生(包括强奸而生的)女儿的规定在《利未记》第18章中并未明确开列,是拉比犹太教推导出来的。

⑩ 这些律法中虽然有后代诠释的内容,但在《希伯来圣经》中还是有很详细明确的规定。

⑪ 无论是书面托拉材料充足的律法还是只存在于口传托拉中的律法,均属于律法本体,并无轻重之别。

第 2 章

1. 不得向三人解说乱伦①,不得向两人说创世之事②,不得向一人说神车之事③,除非其确为智者且以自己之知识而理解④。凡细察此四事者不如未生此世⑤:其上为何?⑥ 其下为何?⑦ 其

---

① 本节起于上章结句所言乱伦之事,相关律法中有些是《希伯来圣经》明确规定,有些是后代拉比们推导出来的(例如,不得娶非婚生的女儿、妻子的祖母或外祖母,等等)。教授乱伦相关律法时,禁止有三个或以上的学生在场,以防老师在给其中一人解释问题时,另外两人闲谈而没听见老师的话,因而导致理解错误,发生不该发生的关系。这一问题之所以特别需要学生专心,乃是因为贤哲们害怕某个学生当时正好对某个可能建立不当关系的女性有欲望。如果他不注意听讲,就有可能发生乱伦关系。

② 解说与神六天创世之事相关的问题时,只能有一个学生在场。《革玛拉》认为其依据是《申命记》4:32:"你且考察在你以前的世代,自神造人在世以来。"其中的主语"你"是单数(原文为阳性单数祈使式),因此只有单人在场才可以学习。

③ 指《以西结书》第1章与《以赛亚书》第6章所描述的神车,被看作是犹太教中最神秘的部分之一。这一部分根本不许教授,以免学生陷入神秘主义的泥潭。

④ 如果学生非常聪明,老师讲个大概,学生凭借自己的知识理解其他细节,那么就可以教授。

⑤ 拉比犹太教不允许学者追问这四个问题,同样是因为这些问题会把学生引向神秘主义。

⑥ 宇宙的上部边界在哪里?

⑦ 宇宙的下部边界在哪里?

前为何？①其后为何？②同样，凡对其创造者不敬者③，不如未生此世。

2. 约西·本·约以谢④说不得按手⑤，约西·本·约哈南说可按手⑥。约书亚·本·弗拉西亚说不得按手，亚比勒的尼太说可按手。犹大·本·塔巴伊说不得按手，西缅·本·沙塔赫说可按手。示玛雅说可按手，阿夫塔隆说不得按手。希列与米拿现无分歧。米拿现出而沙玛伊入⑦。沙玛伊说不得按手，希列说可按手。在前者为纳席，在后者为法庭之父⑧。

3. 沙玛伊学派说：可献平安祭⑨，且不按手其上⑩，然不得献

---

① 创世之前是什么样？
② 时间终结以后是什么样？
③ 《革玛拉》认为这是指暗中过犯，不相信有人（包括上帝）会看见的人。
④ 本节记录了"组阁对"时代纳席与法庭之父在佳日宰杀牺牲时按手问题上的分歧。"组阁对"即大议会之后犹太教公会时期的双领袖制（纳席和法庭之父），先后共有五个组阁对在位，参见《阿伯特》1：4—15。
⑤ 《利未记》3：2规定："他要按手在供物的头上，宰于会幕门口。"因此通常的祭献，祭司都要在宰杀时全力按手于牺牲的头部。不过，在佳日祭献时是否应该这样做却存在疑问，因为本部《节蛋》5：2规定：佳日"不得骑在牲畜背上"，而全力按手在牺牲头上则有骑行的嫌疑。约西·本·约以谢禁止按手，因为这一动作与宰杀不必连续发生，因此可以在节前按手，节期宰杀，以此避免嫌疑。后代持此观点者均出于同一理由。
⑥ 约西·本·约哈南认为按手与宰杀为连续动作，因此不可能在节前按手，而必须在节期做。后代持此观点者均出于同一理由。
⑦ 米拿现曾预言希律将成为国王。希律登位后即重用米拿现，他由此辞去了法庭之父的职位，由沙玛伊接任。
⑧ 在上述相对立的观点中，先提到的是组阁对里的纳席，后提到的是法庭之父，唯希列与沙玛伊例外。
⑨ 沙玛伊学派认为朝圣节可献平安祭（即节仪祭），因为其祭肉供祭主家庭食用，相当于烹饪，而佳日允许烹饪。
⑩ 参见上节相关注解。

燔祭①。希列学派说:可献平安祭与燔祭②,且按手其上③。

4.五旬节遇安息日前夕④:沙玛伊学派说:安息日过后为屠宰日⑤。而希列学派说:安息日过后无屠宰日⑥。而他们⑦同意若恰遇安息日,则屠宰日在安息日之后⑧。大祭司不得穿着其袍服⑨;此外,他们还允许致悼词与斋戒⑩,以免证实那些五旬节总在安息日后之说词⑪。

---

① 燔祭,即使是朝圣燔祭,也是完全给神的。沙玛伊学派根据《民数记》29:35"第八日你们当有严肃会。什么劳碌的工都不可作",认为朝圣节只是给"你们",即人们的。因此除了为人准备食物以外,其他的工作,包括为神预备祭献的工作,都是不可以做的,因此也就禁止燔祭。

② 希列学派的依据是《申命记》16:8:"第七日要向耶和华你的神守严肃会,不可做工。"据此则朝圣节亦是为上帝而庆祝,不只是为人,因此燔祭也是许可的。

③ 参见上节相关注解。

④ 五旬节遇上星期五。此处五旬节只是一个例子,实际上是在说三个朝圣节。

⑤ 由于沙玛伊学派反对在佳日献朝圣燔祭(参见上节),因此星期五不能屠宰牺牲,周六是安息日,同样不能祭献个人燔祭,这样只有周日才可能祭献。由于朝圣节的朝圣燔祭可以在整个节期进行,所以沙玛伊学派认为这不是问题。

⑥ 希列学派认为佳日可以献朝圣燔祭(参见上节),因此周五就可以屠宰祭献,没必要等到周日。

⑦ 指希列学派。

⑧ 希列学派同意朝圣燔祭的重要性压不过安息日,如果朝圣节恰遇安息日,则祭献拖到周日进行。

⑨ 袍服,指大祭司在节期穿着的特别服饰。如果朝圣燔祭拖到周日进行,则不许他穿着节期服装祭献,以免人们误以为周日是佳日。

⑩ 献朝圣燔祭的日子属于快乐的日子,不过在延迟到星期日进行的情况下,通常快乐的日子里不许做的致悼词和斋戒活动得到许可,同样是为了向公众表明该日并非圣日。

⑪ 关于撒都该派五旬节总是从周日开始的观点,参见本部《岁首》2:1相关注解。

5. 为俗品①,为什一税②,为举祭③而洗手④;为圣品而浸手⑤;为除秽水⑥,若手沾不洁则全身不洁⑦。

6. 为俗品而浸浴⑧且意在俗品⑨者,禁食什一税⑩。为什一税而浸浴且意在什一税者,禁食举祭⑪。为举祭而浸浴且意在举祭者,禁食圣品。为圣品而浸浴且意在圣品者,禁触除秽水。为重者浸浴,则轻者为可⑫。浸浴而无意,则一如未浸浴⑬。

7. 不知经者之衣,于区分者⑭为践污⑮。区分者之衣,于食举

① 食用俗品食物前需洗手,仅触碰则不必洗手。
② 食用什一税食物前需洗手,仅触碰则不必洗手。
③ 举祭圣洁等级更高,所以不仅食用前,而且触碰前也要洗手。
④ 拉比犹太教规定饭前洗手要使用一个装有四分之一罗革清水的容器,即使不记得自己沾染过任何不洁,也要洗手。
⑤ 圣品食物(比如平安祭的祭肉)圣洁等级更高,所以食用前洗手不够,要在浸礼池浸泡双手。
⑥ 用小红母牛灰制成的洁净仪式用水,参见《民数记》第19章。
⑦ 如果一个人要触碰除秽水,而他的手上沾染了不洁,那么他需要洁净全身,而不只是手。
⑧ 食用俗品之前洗手即可,但此人坚持要行浸礼。
⑨ 行浸礼时,此人清楚地意识到他要吃的是俗品。
⑩ 虽然吃什一税食品前也不需要行浸礼,洗手就够了,但因为他行浸礼时只想到吃俗品,所以禁止他吃什一税食品。
⑪ 虽然他可能是个祭司,但他在行浸礼时没想到吃举祭食品,因此不能食用。
⑫ 如果行浸礼时想到的是高圣洁等级的食品,那么可以吃低圣洁等级的食品,反之则不允许。
⑬ 在这种情况下,他只可以吃俗品食物,只有俗品食物在洁净时不需要在意,其他圣洁食品都需要事先想清楚。
⑭ 区分者,指与不知经者划清界限、遵照洁净律法进行饮食的人。
⑮ 践污的概念来自《利未记》15:4:"他所躺的床都为不洁净,所坐的物也为不洁净。"以及15:9:"患漏症人所骑的鞍子也为不洁净。"由此拉比犹太教认为凡

祭者为践污①。食举祭者之衣,于食圣品者为践污。食圣品者之衣,于触除秽水者为践污。约瑟·本·约以谢②为祭司中之最虔敬者,其餐巾③则于食圣品者为践污④。约哈南·本·古德嘉达一生均依圣品之洁净而食⑤,其餐巾则于触除秽水者为践污。

被漏症患者站立、坐下、躺卧、支撑或倚靠之物品均为不洁,此种不洁即称为"践污不洁"。本节的要点在于圣洁责任等级较低的人群不会严格按照圣洁责任等级高的人的洁净要求去做,所以他们的衣物对于高责任等级的人来说就是自然不洁的,即践污不洁。比如在不知经者和区分者之间,不知经者的衣物被看作是可能被月经中的不知经者的妻子坐过的,也就是践污不洁的。

① 《革玛拉》认为此处缺少一个等级——第二什一税,所以经文必有脱漏,正确的经文应该是:"区分者之衣,于食第二什一税者为践污。食第二什一税者之衣,于食举祭者为践污。"

② 即约西·本·约以谢,第一代"组阁对"里的"纳席"。

③ 吃饭时擦手的毛巾。

④ 即使像他那样伟大的人,相对于食圣品者而言也只是个食举祭的祭司,因此在践污问题上他并没有任何特权。

⑤ 他对待任何食物都像对待圣品一样,小心翼翼地履行所有洁净相关的责任,但仍然逃不出践污的规则。

第3章

1. 圣品严于举祭①。于举祭器皿可与器皿同浸②,然圣品则不可③。于举祭有底部④、内部与把手⑤,而于圣品则不然⑥。携践污品者亦可携举祭⑦,而圣品则不可⑧。食举祭者之衣,于食圣品

---

① 圣品的圣洁程度高于举祭,表现为有关圣品的十一项律法对举祭不适用。本章即开列这十一项。
② 如果两个用于举祭食品的器皿沾染不洁,在浸礼池浸泡时可以把小的放在大的里边,一起浸泡。
③ 《革玛拉》解释说众贤哲认为小器皿装在大器皿里边,导致大器皿内部水流不畅,或许会造成两个器皿接触的部位得不到充分的洁净。因此禁止用这种办法净化装载圣品的器皿。此为第一条。
④ 如果举祭器皿的底部可以独立盛放物品,则该部分被看作是一个相对独立的部分,在这部分沾染的某些不洁不会沾染到其他部分。
⑤ 同样,举祭器皿的内部和把手也被看作是独立部位,其不洁不会影响整个器皿的洁净程度。
⑥ 盛放圣品的器皿永远被看作是一个整体,任何部位沾染不洁都会导致整个器皿的不洁。此为第二条。
⑦ 如果一个人携带了某种践污品(比如漏症患者的衣服鞋子),他同时可以携带一个陶土的酒罐,罐内装着举祭酒。由于陶土罐只能从内部给物品传染不洁,因此即使践污品碰到了陶土罐的外部,也没有关系。木桶则不允许这样做,因为木桶从外部也可以沾染不洁。
⑧ 《革玛拉》说这一律法来自一次真实的事件:某人穿了一双践污品的鞋子,手里拿着盛放圣品葡萄酒的陶罐。路上鞋带松了,他把鞋带解下来放在罐子上,结果鞋带掉进罐子里,导致圣品葡萄酒沾染不洁。自此便禁止将践污品与圣品一起携带。此为第三条。

者为践污①。举祭之规与圣品之规不同②：因于圣品需解开③、擦干④、浸泡⑤而后系上⑥；而于举祭则系上而后浸泡⑦。

2. 洁净中完成之器皿⑧，于圣品需浸礼⑨，于举祭则不然⑩。于圣品器皿将其中之物合计⑪，于举祭则不然⑫。于圣品第四不洁即失效，于举祭则为第三⑬。于举祭，若一手沾染不洁，则另一只

---

① 本节为本卷2：7中句子的重复，参见该节相关注解。此为第四条。
② 这里说的是"干扰之规"，也就是行浸礼时由于外物干扰，导致身体或者物品不能充分浸泡的问题。在"干扰"问题上，圣品相关的人或物品与举祭相关的规则不同。
③ 如果沾染不洁的圣品相关的衣物需要行浸礼，那么需要先解开衣服上的结扣，否则这结扣会被看作干扰，从而导致浸礼无效。
④ 行浸礼之前，人或者物品必须是干燥的，否则身体上的水（不是浸礼池的水）也会被看作干扰。
⑤ 只有在所有干扰都解除之后，才开始行浸礼。
⑥ 如果是衣物，浸礼之后，还需要将解开的结扣再系上。
⑦ 举祭相关的人和物品的浸礼就简单得多，如果是衣物，不仅不需要事先解开结扣，而且实际上可以先系上再行浸礼。此为第五条。
⑧ 器皿在完成之前不能沾染不洁，因此一般情况下，只要在完成时处于洁净状态，新器皿都是洁净的。
⑨ 盛放圣品的器皿与其他器皿不同，完成时自动按不洁计算（担心有不知经者在制作过程中有口水沾染，而这口水在制作完成时没有干），需要先行浸礼才能使用。
⑩ 盛放举祭的器皿在完成时自动为洁净。此为第六条。
⑪ 如果一个器皿中装有很多块圣品食物，而不洁之人触碰了其中的一块，那么器皿中所有的食物都自动按不洁计算。
⑫ 器皿中的举祭食物的洁净度是分别计算的，其中一块被不洁之人触碰，只有那一块变为不洁。此为第七条。
⑬ 被第二不洁沾染的举祭即为第三不洁。一般情况下，第三不洁不会再继续扩散，但唯独圣品例外，碰到第三不洁的圣品成为第四不洁，并失去圣品的效力。举祭则只有称为第三不洁才会失效。此为第八条。

仍为洁净;于圣品则浸洗两者①;因于圣品不洁之手沾染另一只,而于举祭则不然②。

3. 于举祭可干手进食③,而于圣品则不可④。丧属⑤与未赎罪者⑥于圣品需行浸礼⑦,而于举祭则不必。

4. 举祭严处⑧:在犹大终年信任酒与油之洁净⑨,在榨酒与榨油时节亦信任举祭⑩。榨酒与榨油时节已过而送其一桶举祭酒⑪,

---

① 如果一手沾染不洁之物,一般情况下只有这一只手变成不洁,另一只手仍然洁净。但如果要触碰圣品食物,则一只手沾染不洁(迈蒙尼德加上"且变湿"的条件),另一只手自动被认为不洁。此为第九条。

② 这两句在意思上重复上两句,《革玛拉》认为这可能是在讲手不洁者触碰别人的情况。

③ 食品在收获之后,只要不沾水,就不会沾染不洁。只有沾水才会让食品"成熟"得足以沾染不洁。因此一个手沾不洁的人,只要手上没水,仍然可以拿着干的举祭食品食用。

④ 圣品食物则不同,总能沾染不洁,没有一个等待"成熟"的问题。所以如果手沾不洁,即使没有水也会让圣品食物染上不洁。迈蒙尼德甚至认为即使不用手直接接触食物,比如用叉子吃或者让别人喂食,也仍然会沾染不洁。此为第十条。

⑤ 亲人去世,尚未下葬之前,其遗属均有"丧属"的地位。

⑥ 漏症患者在洁净后需要去圣殿献赎罪祭,否则其洁净过程不算全部完成,参见《利未记》12:6—8。

⑦ 凡从不能食用圣品到能食用圣品的状况转换的人,都需要行浸礼。此处的丧属未沾染了不洁,但也必须行浸礼后才能食用圣品。此为第十一条。

⑧ 本章前三节列举圣品在洁净问题上比举祭严格的地方,从本节开始列举举祭比圣品严格的地方。

⑨ 在这一地区,如果有人送酒或者油去圣殿做酒祭或者素祭,且宣称一切都严守洁净规则,即使是不知经者,也仍然受到信任。虽然这些人在举祭问题上常常掉以轻心而不受信任,但在圣品问题上相信他们不敢大意。

⑩ 在榨酒和榨油时节,家家户户都浸洗其器皿,因此可以相信这个时节的酒和油洁净得足以成为举祭,即使是出自不知经者之手。

⑪ 不知经者送给一个道友祭司(遵守拉比律法的祭司)一桶举祭酒,且宣称其为洁净。

则不得从其受之①；而可置而待下一榨酒季节②。若对其说："其中已分留四分之一圣品。"③则信之④。相混之酒罐或油罐⑤，在榨酒与榨油时节信任之⑥，榨酒时节之前七十日亦信任之⑦。

5. 莫迪因以内⑧，信任陶器⑨。莫迪因以外则不信任。如何？若售陶器之陶匠进入莫迪因以内，则该陶匠与陶器与顾客均得信任⑩。若出外，则不得信任⑪。

---

① 祭司不得接受，因此时信任季节已过。
② 不知经者如果想把这桶举祭酒送出去，他可以将其保留到下一个榨酒季节得到信任再送。虽然祭司明知这酒来自榨酒季节之前，但也还可以接受。
③ 不知经者对祭司说这桶酒里除了举祭外还有四分之一罗革的圣殿酒祭用酒。
④ 相信这桶酒是洁净的，因为任何时候都可以在祭祀用酒的问题上相信不知经者，如本节开头所言。
⑤ 罐内装的是税前品的油或者酒，也就是说，其中的什一税、圣品、举祭等均未分留，与俗品混在一起，而且主人（不知经者）宣称他将以后分留。
⑥ 由于罐内有圣品，所以可以信任不知经者会严守洁净律法；而在信任季节，则连酒罐或油罐也一并信任。
⑦ 通常在榨酒或榨油季节开始前的七十天以前就已经浸洗器皿了，因此在这段时间也可以信任器皿的洁净。
⑧ 莫迪因距耶路撒冷约十五哩，莫迪因以内即指从莫迪因至耶路撒冷的全部距离。也可能指以耶路撒冷为中心，以耶路撒冷至莫迪因的距离为半径的整个区域。之所以使用莫迪因作为名称，大概是因为该城是当时的制陶中心。
⑨ 在这个距离内，任何陶匠（包括不知经者）如果宣称自己的器皿（通常认为指小陶器）是洁净的，可以相信他。
⑩ 拉熹认为，只有自己运送亲自制作的陶器进入这个地区的陶匠和他的陶器才受到信任，如果他将陶器转手给这个地区内的其他陶匠，则不受信任。同样，只有亲眼看见该陶匠运送其陶器进入这一区域的顾客才收到信任，没看到则不受信任。
⑪ 如果陶匠离开这一区域，则不受信任，尽管他在片刻之前在莫迪因的内侧还受到信任。

6. 进入家中之税官[1]，同样，归还器皿之窃贼[2]，说："未触之。"则得信任[3]。在耶路撒冷，圣品得信任[4]，而在佳节时，则举祭亦得信任[5]。

7. 开其酒桶者[6]，与已为佳节动其面团者[7]，拉比犹大说：完成[8]。众贤哲说：不完成[9]。佳节既过，则为殿院之洁净而搬移[10]。佳节之后为周五，则不搬移，因安息日之尊荣[11]。拉比犹大说：亦不于周四，因无空闲之祭司[12]。

---

[1] 收税的官吏，其人为不知经者。进入人家是为了扣押抵押品，以逼迫户主交税。

[2] 窃贼良心发现，送还其偷走的陶器。

[3] 如果税官说除了抵押品之外，他没有碰任何东西；或者窃贼说他没有碰陶器的内侧（陶器只会因内侧而沾染不洁）。在这些情况下，可以信任他们。

[4] 在耶路撒冷，即使是不知经者，其盛放圣品之陶器也受到信任。与第五节莫迪因之内的规定不同的是：莫迪因之内只有小陶器得到信任，而在耶路撒冷，则大陶器也受到信任。

[5] 这是因为《利未记》20：11 说"于是以色列众人彼此连合如同一人"，拉比们由此推断出佳节时朝圣者云聚耶路撒冷，整个以色列像一个人一样，因此包括不知经者在内的所有人都被认为是洁净的，包括举祭在内的一切食品都受到信任。

[6] 佳节时开桶售酒，不知经者碰了酒桶。

[7] 佳节时售卖烘烤的面点，不知经者碰了这些面点。

[8] 如果佳节过后，酒和面点还没有卖完，则可继续售卖。因为佳节期间，不知经者被认为是洁净的。

[9] 众贤哲认为不知经者的洁净随佳节过去而失效，其在佳节期间触碰过的饮食也随之而不洁。

[10] 由于在佳节期间不知经者在圣殿活动，可能触摸院中物品，因而佳节过后，圣殿殿院中的器皿被移走以行浸礼，殿院亦做清洁。

[11] 周五祭司们在家中预备安息日，因而无暇搬移殿院的器皿。

[12] 即使佳节在周三结束，搬移器皿也要在安息日过后才进行，这是因为周四祭司们忙于移除圣殿内祭献留下的大量灰烬，而周五他们要在家中预备安息日。

8. 如何为殿院之洁净而搬移？浸洗曾在圣殿之器皿，且对之说①："慎勿触及圣案②且使其不洁。"圣殿之所有器皿均有第二套、第三套。若第一套沾染不洁，则取第二套换之。圣殿之所有器皿均须行浸礼，唯金祭坛与铜祭坛③除外，因其一如土地④。此为拉比以利以谢之言。而众贤哲说：因其有包层⑤。

《节仪》卷终

① 佳节时祭司们需要告诉不知经者，圣殿内有些东西不能碰，因为无法行浸礼，沾染不洁之后就没有办法。

② 原文"圣案"后有"与灯台"一词，今依《革玛拉》而删除。圣案：指圣殿内摆放陈设饼的桌子。因为《出埃及记》25：30 有："又要在桌子上，在我面前，常摆陈设饼。"所以桌子上无一刻无陈设饼，因此也就无法搬移做浸礼。

③ 金祭坛在前殿，铜祭坛在院中。

④ 《出埃及记》29：24："你要为我筑土坛，在上面以牛羊献为燔祭和平安祭。"因此所有的祭坛都被看作土壤，而土地不会沾染不洁。

⑤ 《革玛拉》对此提出两种解释：第一，众贤哲不同意这两个祭坛不需要浸礼。祭坛是木制的，木制的不移动器皿本来不会沾染不洁，但因为包了金或铜，结果反而能沾染不洁了，因此需要浸礼。第二，众贤哲同意这两个祭坛不需要浸礼，但理由与拉比以利以谢所说不同。祭坛不会沾染不洁是因为它们是木制且不移动的，包金或包铜并不改变其性质，因此不需浸礼。

特定名词索引[1]

A

阿伯斯图姆(Apostomos) 斋戒 4: 6[2]

埃及篮(Kefifah Mitzrith) 安息日 20: 2

安提其壶(antiki) 安息日 3: 4

安息律(Shvuth) 安息日 10: 6; 逾越节 6: 2; 节蛋 5: 2; 岁首 4: 8

安息日后(Motza'ei Shabbath) 安息日 15: 3, 19: 4, 19: 5, 23: 1; 节蛋 2: 2

B

半砖(Ariah) 移入纹 1: 3, 1: 4

避屋(Biur) 逾越节 1: 3, 2: 1, 2: 3, 3: 2, 3: 7, 4: 2

补落资簿(Prozbul) 小节期 3: 3

不知经者(Am haaretz) 节仪 2: 7

C

草蜢(Chasil) 斋戒 3: 5

柴祭(Kurban Eitz) 斋戒 4: 4, 4: 5

晨祷(Tefilat Ha-Shachar) 斋戒 4: 1

初熟贡(Bikkurim) 舍客勒 8: 8

D

《大赞美诗》(Hallel HaGadol) 斋戒 3: 9

盗用圣物(Me'ilah) 盛日 5: 6; 节仪 1: 8

---

[1] 本索引按汉语音序排列。考虑到直接阅读希伯来语的人较少,希伯来语原文转用英文表示。

[2] 4: 6 指第 4 章第 6 节,下同。

祷文《听》(Shema) 安息日 1: 2; 斋戒 4: 3

第一什一税(Maaser Rishon) 安息日 18: 1; 移入纹 3: 2; 逾越节 2: 5, 2: 6

第二什一税(Maaser Sheni) 安息日 18: 1; 移入纹 3: 2; 逾越节 2: 5, 2: 6, 7: 3; 舍客勒 2: 2, 7: 1; 住棚 3: 5; 经卷 1: 11

奠祭(Nesakh) 舍客勒 5: 1, 5: 3, 5: 4, 6: 3, 7: 5, 7: 6; 盛日 3: 3

殿院(Azarah) 安息日 6: 8; 逾越节 5: 5, 5: 8; 盛日 3: 3, 3: 9, 4: 3; 小节期 3: 4; 节仪 3: 7, 3: 8

F

燔烧品(Eimurim) 逾越节 5: 10

分解祷文《听》(Pores et (al) Shema) 经卷 4: 3, 4: 5, 4: 6

分章(Parashah) 经卷 3: 4

废弃品(Pigul) 逾越节 10: 9

覆顶(S'chach) 住棚 1: 3, 1: 4, 1: 5, 1: 6, 1: 8, 1: 9, 1: 10, 1: 11, 2: 8

G

感恩祭饼(Chaloth Todah) 逾越节 1: 4, 2: 5

甘愿祭(Nedavoth) 逾越节 9: 7; 舍客勒 1: 5, 2: 3, 2: 5, 6: 5, 6: 6, 7: 1; 住棚 5: 7; 经卷 1: 6

根杯(Kos Yikarim) 安息日 14: 3

公共区(Reshut Harabim) 安息日 10: 5, 11: 1, 11: 2, 11: 4, 18: 2; 移入纹 4: 6, 8: 10, 9: 2, 9: 3, 10: 4, 10: 5, 10: 6, 10: 7, 10: 9; 住棚 3: 14; 节蛋 5: 5

果水(Mei Perut) 安息日 12: 5

H

哈帕尔瓦殿(Bet Haparvah) 盛日 3: 3, 3: 6

号角(Keren) 岁首 3: 2

河柳(Aravah) 住棚 3: 3, 3: 4, 4: 1, 4: 3, 4: 5

合食(Shituf) 移入纹 3: 1, 6: 8, 7: 6, 7: 10

蝗虫(Arbeh) 安息日 6: 10, 9: 7; 逾越节 3: 5; 斋戒 3: 5

黄绿病(Yarkon) 斋戒 3: 5

混合禁品(Meduma) 安息日 21: 1

J

基石(圣殿)(Shetiyah) 盛日 5: 2

"记忆"(附加祷)(Zikhronot) 盛日 4: 5, 4: 6; 斋戒 2: 3

祭班(Mishmar) 斋戒 2: 6, 2: 7, 4: 2

祭中之祭(Kodshei Kodashim) 经卷 1: 11

佳日(Yom Tov) 安息日 18: 3, 19: 5, 23: 1, 23: 2; 移入纹 3: 6, 3: 8, 3: 9, 10: 14; 逾越节 3: 3, 6: 2, 7: 10; 舍客勒 3: 1; 住棚 2: 3, 2: 6, 3: 2, 3: 13, 3: 14, 3: 15, 4: 2, 4: 4, 4: 8, 5: 1, 5: 2, 5: 6, 5: 7; 节蛋 1: 1, 1: 2, 1: 5, 1: 6, 1: 8, 1: 9, 1: 10, 2: 1, 2: 2, 2: 6, 2: 7, 2: 8, 3: 1, 3: 2, 3: 6, 3: 7, 3: 8, 4: 3, 4: 4, 4: 5, 5: 1, 5: 2, 5: 4, 5: 7; 岁首 4: 1, 4: 7; 斋戒 1: 1, 1: 2, 3: 9, 4: 8; 经卷 1: 5, 3: 5, 4: 2; 节仪 1: 3, 1: 6

佳节(Haregel) 安息日 2: 1, 3: 3, 19: 5, 20: 1, 20: 2; 舍客勒 6: 3; 节仪 1: 6, 3: 6, 3: 7

践污(Midras) 安息日 6: 8; 节仪 2: 7, 3: 1

焦谷(Shidafon) 斋戒 3: 5, 3: 6

角号(Shofar) 岁首 3: 2, 3: 3, 3: 6, 3: 7, 4: 8, 4: 9; 斋戒 2: 4; 经卷 2: 5

"角号"(附加祷)(Shofarot) 岁首 4: 5, 4: 6; 斋戒 2: 3

节间日(Chol Ha-Moed) 安息日 20: 1; 逾越节 4: 7, 5: 4; 住棚 3: 15; 节蛋 3: 8; 经卷 4: 2; 小节期 1: 1, 1: 2, 1: 3, 1: 4, 1: 6, 1: 7, 1: 9, 1: 10, 2: 1, 2: 3, 2: 4, 2: 5, 3: 1, 3: 2, 3: 3, 3: 4, 3: 7, 3: 8; 节仪 1: 3

节日(Chag) 住棚 1: 1, 2: 6, 4: 8; 岁首 1: 2, 1: 3, 1: 4; 经卷 3: 5; 小节期 3: 5, 3: 6

诫命(Mitzvah) 逾越节 5: 4; 逾越节 6: 2, 10: 3; 盛日 8: 8; 住棚 2: 4, 4: 4; 节蛋 5: 2; 岁首 3: 3, 3: 4, 4: 8; 经卷 1: 9, 2: 6, 4: 8

诫喻(Reshut) 节蛋 5: 2

经堂(Beit Midrash) 逾越节 4: 4; 节蛋 3: 5

经匣(Tefillin) 安息日 6: 2, 8: 3, 16: 1; 移入纹 10: 1; 舍客勒 3: 2; 经卷 1: 8, 4: 8; 小节期 3: 4

经柱(Mezuzah) 经卷 1: 8, 小节期 3: 4

举祭(Teruma) 安息日 18: 1, 19: 6, 21: 1; 移入纹 3: 1, 3: 2, 3: 4; 逾越节 1: 5, 1: 7, 2: 4, 2: 5, 2: 6, 3: 6, 7: 3; 住棚 3: 5; 节蛋 1: 6, 3: 5, 5: 2; 节仪 2: 5, 2: 6, 2: 7, 3: 1, 3: 2, 3: 3, 3: 4, 3: 6

举祭饼(Challah) 安息日 2: 7; 逾越节 3: 3; 节蛋 1: 6

特定名词索引

K

卡尔邦(Kalbon) 舍客勒 1: 6, 1: 7

L

蓼水(Abuberoei) 安息日 14: 3

M

门厅(圣殿)(Haulam) 盛日 3: 8
蜜酒(Einomlin) 安息日 20: 2
密连容壶(Miliarium) 安息日 3: 4
木仓(Karpeif) 移入纹 2: 3, 2: 5, 5: 2, 9: 1; 舍客勒 6: 1; 节蛋 4: 2
墓盖(Golel) 移入纹 1: 7

Q

起誓(Neder) 舍客勒 2: 1
前殿(圣殿)(Heikhal) 盛日 2: 10, 4: 3, 5: 1, 5: 3, 5: 4, 5: 7, 6: 8; 斋戒 4: 2
墙根(圣殿)(hel) 逾越节 5: 10; 舍客勒 8: 4
区间区(Karmelith) 移入纹 9: 2

R

闰日(Me'ubar) 移入纹 3: 7; 岁首 3: 1
润物(Revi'ah) 斋戒 3: 1

S

山柳(Tzaftzafah) 住棚 3: 3
圣品(Hekdesh) 安息日 18: 1; 移入纹 3: 2; 逾越节 2: 5, 2: 6, 4: 8; 住棚 4: 10; 节仪 2: 5, 2: 6, 2: 7, 3: 1, 3: 2, 3: 3, 3: 4, 3: 6
剩余品(Notar) 逾越节 7: 8, 7: 10, 10: 9
失主岩(Even Hatoyim) 斋戒 3: 8
誓愿祭(Nedarim) 舍客勒 1: 5; 住棚 5: 7; 经卷 1: 6
曙光初现(Barkai) 盛日 3: 1
水窖(Kilon) 安息日 11: 2; 移入纹 2: 4, 2: 5, 8: 3, 8: 6, 10: 7; 斋戒 3: 2, 3: 8; 小节期 1: 1
水田(Beth hashlachin) 小节期 1: 1
税前品(Tevel) 安息日 18: 1; 移入纹 3: 2; 逾越节 2: 5
司库(Gizbar) 舍客勒 2: 1, 5: 2, 5: 6
私人区(Reshut Hayekhid) 安

息日 11：1；移入纹 10：4，10：5，10：6，10：9

俗品（Chullin） 安息日 21：1；移入纹 3：1；逾越节 1：5，3：6；舍客勒 2：3，2：5，7：1，7：2；节仪 1：3，2：5，2：6

酸甜酱（Charoseth） 逾越节 2：8，10：3

T

田角捐（Pe'ah） 逾越节 4：8

头生家畜（Bikuroth） 节仪 1：4

W

午后祷（Mincha） 安息日 1：2；逾越节 10：1；住棚 4：8；岁首 4：4；斋戒 4：1，4：3，4：4；经卷 4：1

乌灵与图明（Urim V'Tumim） 盛日 7：5

五一费（Chomesh） 逾越节 2：4

X

香橼果（Etrog） 住棚 3：4，3：5，3：6，3：7，3：11，4：7，4：9

巷道（Mavoy） 移入纹 1：1，1：2，6：2，6：8，7：6，9：3，9：4

香桃木（Hadas） 住棚 3：2，3：4

新品（Chadash） 舍客勒 8：4

许愿祭薄饼（Rekikei Nazir） 逾越节 2：5

Y

摇祭（Omer） 逾越节 4：8，7：4；舍客勒 1：4，4：1，3：12；岁首 4：3；经卷 2：5

腌汁（Hilmi） 安息日 14：2

异教徒（Oved Kohavim） 安息日 16：1，16：8，24：1；移入纹 3：5，4：1，8：5；逾越节 2：1，2：2，2：3，4：3；舍客勒 1：5，7：6；盛日 8：7

佣工（Arisin） 小节期 2：1，2：2

有酵物（Chametz） 逾越节 1：1，2：1，2：2，2：3，2：4，3：3，3：7，3：8，5：4，9：3

Z

赞美祷（Hallel） 逾越节 5：7，9：1，10：7；住棚 4：1，4：8；岁首 4：7；斋戒 4：4，4：5；经卷 2：5

葬穴（Kuch） 小节期 1：6

《斋戒》（Megillat Ta'anit） 斋戒 2：8

站班（圣殿祭祀相关）（Ma'amad） 斋戒 2：7，4：1，4：2，4：3，4：4，4：5；经卷 3：4，3：6

众会日（Atzeret） 住棚 5: 7；岁首 1: 2

肘渠（Amah） 小节期 1: 2

棕榈泉（Mei Dekalim） 安息日 14: 3

棕榈叶（Lulav） 住棚 3: 1, 3: 4, 3: 8, 3: 9, 3: 11, 3: 12, 3: 13, 3: 14, 3: 15, 4: 1, 4: 2, 4: 4, 4: 7；节蛋 1: 5；岁首 4: 3；经卷 2: 5

族家（Beth Av） 盛日 3: 9, 4: 1, 斋戒 2: 6, 2: 7

附录1　犹太历与犹太节期一览表 [1][2]

排序	希伯来文名	巴比伦历法对应名称	汉译名[3]	天数	节日	阳历时间
1	Nisan	Nisanu	尼散	30	14日逾越节（Pesach） 27日大屠杀纪念日（Yom HaShoah）	3、4月
2	Iyyar	Aru	以珥	29	4日以色列国烈士纪念日（Yom HaZikaron） 5日以色列国独立日（Yom HaAtzma'ut） 14日第二逾越节（Pesach Sheni） 18日篝火节（Lag BaOmer） 28日耶路撒冷日（Yom Yerushalayim）	4、5月
3	Sivan	Simanu	西弯	30	6日五旬节（Shavuot）	5、6月
4	Tamuz	Dumuzu	塔慕斯	29	17日耶路撒冷城破斋戒日（Tzom Tammuz）	6、7月
5	Av	Abu	阿夫	30	9日圣殿被毁斋戒日（Tisha B'Av） 15日犹太情人节（Tu B'Av）	7、8月

[1] 附录1—5皆为译注者所作。

[2] 本历法所含内容不限于《密释纳》所涉及的部分，也包括后代犹太传统认定的节期。

[3] 本附录所使用的译名尽量沿用《和合本圣经》等中文圣经已经形成的翻译习惯，个别与希伯来语发音差别太大的（如阿夫月）则做了重新翻译。

续表

排序	希伯来文名	巴比伦历法对应名称	汉译名	天数	节日	阳历时间
6	Elul	Ululu	以禄	29		8、9月
7	Tishri	Tisritum	提斯利	30	1日农历岁首（Rosh Hashanah） 3日基大利斋戒日（Tzom Gedaliah） 10日赎罪日（Yom Kippur） 15日住棚节（Sukkot） 22日众会第八日（Shmini Atzeret） 22/23日托拉狂欢节（Simchat Torah）	9、10月
8	Marheshvan	Samna	玛赫施弯	29或30		10、11月
9	Kislev	Kislimu	基斯流	29或30	25日光明节（Chanukkah）	11、12月
10	Tevet	Tebetum	提别	29	10日耶路撒冷围城斋戒日（Asarah B'Tevet）	12、1月
11	Shvat	Sabatu	施瓦特	30	15日树木岁首/树木节（Tu BiShvat）	1、2月
12	Adar I	Ve Adar	亚达闰月	30	14日小普珥节（Purim Katan）	2、3月
13	Adar II	Adar	亚达	29	13日以斯帖斋戒日（Ta'anit Esther） 14日普珥节（Purim） 15日书珊普珥节（Shushan Purim）	2、3月

附录2 犹太历法"四道门"简表[①]

节期名	第一道门	第二道门	第三道门	第四道门
普珥节	星期四	星期五	星期天	星期二
逾越节首日	星期六	星期天	星期二	星期四
五旬节首日	星期天	星期一	星期三	星期五
耶路撒冷城破斋戒日/圣殿被毁斋戒日	星期天（因安息日而推迟至星期天）	星期天	星期二	星期四
岁首/住棚节首日/众会第八日	星期一	星期二	星期四	星期六
赎罪日	星期三	星期四	星期六	星期一
光明节首日	星期天/一	星期一	星期三/四	星期五/六
耶路撒冷围城斋戒日	星期天/二	星期二	星期三/四/五	星期五/天
树木岁首	星期六/一	星期一	星期二/三/四	星期四/六

[①] 本表依据《餐桌备妥·生活备妥》428:1制作。

附录 3 拉比犹太教读经分章表

1. 拉比犹太教《托拉》每周读经分章表

分章[①]	托拉	收尾[②]
创世[③]	创世记 1∶1—6∶8	以赛亚书 42∶5—43∶11 （以赛亚书 42∶5—42∶21）[④]
诺亚	创世记 6∶9—11∶32	以赛亚书 54∶1—55∶5 （以赛亚书 54∶1—10）
你要离开	创世记 12∶1—17∶27	以赛亚书 40∶27—41∶16
显现	创世记 18∶1—22∶24	列王纪下 4∶1—4∶37 （列王纪下 4∶1—4∶23）
撒拉一生	创世记 23∶1—25∶18	列王纪上 1∶1—1∶31

① 《摩西五经》共分为五十四个分章，供闰年每周诵读使用。常年只有五十个星期，有些短的分章便被合并，以保证一年读完。诵读从住棚节过后的第一天开始，当天也正好读完上一年的最后一个分章。

② 安息日会堂读经一般选七位读经者，诵读当周《托拉》分章，然后由第八位（称为"结者"，也就是做结尾的人）出来诵读从《先知书》中选定的章节，作为收尾。

③ 分章名通常是该分章经文第 1 节或第 2 节出现的词，本书大体按"和合本"译文翻译，某些地方做了更改。

④ 本栏括号中为东方犹太人收尾时的诵读章节。本栏章节号均为《希伯来圣经》章节号。

续表

分章	托拉	收尾
后代	创世记 25:19—28:9	玛拉基书 1:1—2:7
出行	创世记 28:10—32:3（2）①	何西阿书 12:13—14:10 （何西阿书 11:7—12:12）
打发	创世记 32:4（3）—36:43	何西阿书 11:7—12:12 （俄巴底亚书 1:1—1:21）
居住	创世记 37:1—40:23	阿摩斯书 2:6—3:8
过去	创世记 41:1—44:17	列王纪上 3:15—4:1
挨近	创世记 44:18—47:27	以西结书 37:15—37:28
住在	创世记 47:28—50:26	列王纪上 2:1—12
名字	出埃及记 1:1—6:1	以赛亚书 27:6—28:13, 29:22—29:23 （耶利米书 1:1—2:3）
显现	出埃及记 6:2—9:35	以西结书 28:25—29:21
去	出埃及记 10:1—13:16	耶利米书 46:13—46:28
准离	出埃及记 13:17—17:16	士师记 4:4—5:31 （士师记 5:1—5:31）
叶忒罗	出埃及记 18:1—20:23	以赛亚书 6:1—7:6; 9:5—9:6 （以赛亚书 6:1—6:13）
典章	出埃及记 21:1—24:18	耶利米书 34:8—34:22, 33:25—33:26
礼物	出埃及纪 25:1—27:19	列王纪上 5:26—6:13

① 本栏括号中为中译"和合本"相应章节号，其余则均为《希伯来圣经》原本章节号。

附录3 拉比犹太教读经分章表

续表

分章	托拉	收尾
吩咐	出埃及记 27:20—30:10	以西结书 43:10—43:27
计数	出埃及记 30:11—34:35	列王纪上 18:1—18:39 (列王纪上 18:20—18:39)
招聚	出埃及记 35:1—38:20	列王纪上 7:40—7:50 (列王纪上 7:13—7:26)
总数	出埃及记 38:21—40:38	列王纪上 7:51—8:21 (列王纪上 7:40—7:50)
呼叫	利未记 1:1—5:26	以赛亚书 43:21—44:23
晓谕	利未记 6:1—8:36	耶利米书 7:21—8:3; 9:22—9:23
第八天	利未记 9:1—11:47	撒母耳记下 6:1—7:17 (撒母耳记下 6:1—6:19)
受孕	利未记 12:1—13:59	列王纪下 4:42—5:19
麻风	利未记 14:1—15:33	列王纪下 7:3—7:20
死后	利未记 16:1—18:30	以西结书 22:1—22:19 (以西结书 22:1—22:16)
圣洁	利未记 19:1—20:27	阿摩斯书 9:7—9:15 (以西结书 20:2—20:20)
告诉	利未记 21:1—24:23	以西结书 44:15—44:31
山上	利未记 25:1—26:2	耶利米书 32:6—32:27
我的律例	利未记 26:3—27:34	耶利米书 16:19—17:14
旷野	民数记 1:1—4:20	何西阿书 2:1—2:22
总数	民数记 4:21—7:89	士师记 13:2—13:25
点灯	民数记 8:1—12:16	撒迦利亚书 2:14—4:7

续表

分章	托拉	收尾
派遣	民数记 13:1—15:41	约书亚记 2:1—2:24
可拉	民数记 16:1—18:32	撒母耳记上 11:14—12:22
律例	民数记 19:1—22:1	士师记 11:1—11:33
巴勒	民数记 22:2—25:9	弥迦书 5:6—6:8
非尼哈	民数记 25:10—30:1	列王记上 18:46—19:21
支派	民数记 30:2—32:42	耶利米书 1:1—2:3
行程	民数记 33:1—36:13	耶利米书 2:4—28;3:4 (耶利米书 2:4—28,4:1—4:2)
话语	申命记 1:1—3:22	以赛亚书 1:1—1:27
恳求	申命记 3:23—7:11	以赛亚书 40:1—40:26
听从	申命记 7:12—11:25	以赛亚书 49:14—51:3
请看	申命记 11:26—16:17	以赛亚书 54:11—55:5
审判官	申命记 16:18—21:9	以赛亚书 51:12—52:12
出去时	申命记 21:10—25:19	以赛亚书 54:1—54:10
进去	申命记 26:1—29:8	以赛亚书 60:1—60:22
站立	申命记 29:9(10)—30:20	以赛亚书 61:10—63:9
前去	申命记 31:1—31:30	以赛亚书 55:6—56:8
侧耳	申命记 32:1—32:52	撒母耳记下 22:1—22:51
此为祝福	申命记 33:1—34:12	约书亚记 1:1—1:18 (约书亚记 1:1—1:9)

2. 拉比犹太教特别节期读经分章表

分章	托拉	结者[①]	收尾
岁首第一日	创世记 21:1—34	民数记 29:1—6	撒母耳记上 1:1—2:10
岁首第二日	创世记 22:1—24		耶利米书 31:1—19
回归之安息日[②]			何西阿书 14:2—10 弥迦书 7:18—20
赎罪日上午	利未记 16:1—34	民数记 29:7—11	以赛亚书 57:14—58:14
赎罪日下午	利未记 18:1—30		约拿书 1:1—4:11 弥迦书 7:18—20
住棚节第一日	利未记 22:26—23:44	民数记 29:12—16	撒迦利亚书 14:1—21
住棚节第二日			列王纪上 8:2—21
住棚节节间日第一日	民数记 29:17—25		
住棚节节间日第二日	民数记 29:20—28		
住棚节节间日第三日	民数记 29:23—31		
住棚节节间日第四日	民数记 29:26—34		
住棚节间之安息日	出埃及记 33:12—34:26		以西结书 38:18—39:16
大祈祷日[③]	民数记 29:26—34		

---

① 在普通安息日,结者上台时,读经者须向他复述本周分章的最后数节。在特别节期,这一复述变成了诵读其他选定经文段落,是为"结者"分章。

② 犹太历新年与赎罪日之间的安息日,"回归"在这里一语双关,兼指赎罪日的忏悔。

③ 住棚节第七天,习惯上绕会堂七周,祷告中反复呼叫"请拯救我们"。

续表

分章	托拉	结者	收尾
聚集第八日①	申命记 14:22—16:17	民数记 29:35—30:1	列王纪上 8:54—9:1
托拉狂欢节②	申命记 33:1—34:12 创世记 1:1—2:3	民数记 29:35—30:1	约书亚记 1:1—18（约书亚记 1:1—9）
光明节第一日	民数记 7:1—17		
光明节第二日	民数记 7:18—29		
光明节第三日	民数记 7:24—35		
光明节第四日	民数记 7:30—41		
光明节第五日	民数记 7:36—47		
光明节第六日（月首）	民数记 28:1—15 民数记 7:42—47		
光明节第七日（非月首）	民数记 7:48—59		
光明节第七日（月首）	民数记 28:1—15 民数记 7:42—47		
光明节第八日	民数记 7:54—8:4		
光明节第一个安息日		第六日：民数记 28:9—15	撒迦利亚书 2:14—4:7
光明节第二个安息日		民数记 7:54—8:4	列王纪上 7:40—50
舍客勒③		出埃及记 30:11—16	列王纪下 11:17—12:17（列王纪下 12:1—17）

① 住棚节第八天，或者说住棚节七天过后的第一天。
② 即聚集第八日庆祝《托拉》一年诵读周期完成的活动。
③ 自此项至"此月"，请参见本部《经卷》3:4 及相关注解。

续表

分章	托拉	结者	收尾
纪念	申命记 25：17—19		撒母耳记上 15：1—34
普珥节	出埃及记 17：8—16		
母牛		民数记 19：1—22	以西结书 36：16—38（以西结书 36：16—36）
此月		出埃及记 12：1—20	以西结书 45：16—46：18（以西结书 45：18—46：18）
大安息日①			玛拉基书 3：4—24
逾越节第一日	出埃及记 12：21—51	民数记 28：16—25	约书亚记 3：5—7，5：2—6：1，6：27（约书亚记 5：2—6：1）
逾越节第二日	利未记 22：26—23：44		列王纪下 23：1—9，21—25
逾越节节间日第一日	出埃及记 13：1—16 民数记 28：19—25		
逾越节节间日第二日	出埃及记 22：24—23：19 民数记 28：19—25		
逾越节节间日第三日	出埃及记 34：1—26 民数记 28：19—25		
逾越节节间日第四日	出埃及记 9：1—14 民数记 28：19—25		
逾越节间安息日	出埃及记 33：12—34：26	民数记 28：19—25	以西结书 37：1—37：14（以西结书 36：37—37：14）
逾越节第七日	出埃及记 13：17—15：26		撒母耳记下 22：1—51
逾越节第八日（常日）	申命记 15：19—16：17		以赛亚书 10：32—12：6

① 指逾越节前的安息日。

续表

分章	托拉	结者	收尾
逾越节第八日（安息日）	申命记 14:22—16:17	民数记 28:19—25	以赛亚书 10:32—12:6
五旬节第一日	出埃及记 19:1—20:23	民数记 28:26—31	以西结书 1:1—28,3:12
五旬节第二日（常日）	申命记 15:19—16:17		哈巴谷书 2:20—3:19
五旬节第二日（安息日）	申命记 14:22—16:17		
阿夫月九日上午	申命记 4:25—40		耶利米书 8:13—9:23
阿夫月九日下午	出埃及记 32:11—14, 34:1—10		以赛亚书 55:6—56:8（何西阿书 14:2—10 弥迦书 7:18—20）
小斋戒日①上午	出埃及记 32:11—14, 34:1—10		以赛亚书 55:6—56:8
小斋戒日下午	出埃及记 32:11—14, 34:1—10		
祝祷之安息日②			撒母耳记上 20:18—42
月首（常日）	民数记 28:1—15		
月首（安息日）		民数记 28:9—15	以赛亚书 66:1—24

① 除赎罪日与阿夫月九日以外的所有斋戒日。
② 月首前的安息日,需要诵念一个特别祝祷。

附录4 圣殿祭献一览表①

种类	希伯来语名称	希伯来圣经出处	牺牲品	祭献方式	祭献缘由与时节
燔祭	Olah	利未记 1,6:8—13	牛羊或鸟类	整只在祭坛焚烧	向神表示全心全意的尊崇,属日常祭
素祭	Minha	利未记 2,6:14—23	精面加油或无酵面食	部分在祭坛与香料一起焚烧,其余归祭司	奉献人类劳动果实,属日常祭
平安祭	Zevach Shelamim	利未记 3,7:11—35	牲畜	内脏在祭坛焚毁,其余由祭司与献祭者分食	感谢神的恩典,包括感恩祭、甘愿祭、誓愿祭、逾越节羊牲祭献
赎罪祭	Chattat	利未记 4:1—5:13, 6:24—30	按献祭者的贫富程度、社会地位与过犯程度决定,最高的大祭司献公牛,最穷的人可以献素祭	内脏在祭坛焚毁,其余有时由祭司分食,有时焚毁	对神或诫命有无意过犯时献祭赎罪,包括赎罪日的几项祭献、漏症患者与产妇清除不洁
赎愆祭	Asham	利未记 5:14—6:7, 7:1—10	牲畜	内脏在祭坛焚毁,其余由祭司分食	对圣品有过犯时祭献,包括麻风病人的祭献

① 燔祭、素祭、平安祭、赎罪祭、赎愆祭通常被认为是圣殿的五种基本祭献,其他任何专名祭献都应该是这五种之一。不过有些祭献的性质并非那么清楚,存在争议,因此本表将这类祭献也单独列出来。

续表

种类	希伯来语名称	希伯来圣经出处	牺牲品	祭献方式	祭献缘由与时节
奠祭	Nesekh	民数记 28：7	葡萄酒	泼洒于祭坛	伴随其他祭献（素祭、燔祭等）
小红母牛祭	Para Adummah	民数记 19	小红母牛	焚烧成灰	使用小红母牛灰清除死亡不洁
焚香祭	Ketoreth	出埃及记 30：34—38	香料	在香坛焚烧	日常祭、赎罪日祭献
摇祭	Tenufah	利未记 23：9—11	初熟谷穗	在神面前摇动	逾越节、五旬节祭献

附录5　贤哲小传

A

阿巴·扫罗（Abba Shaul）

大约生活于公元2世纪中叶。第三代坦纳成员，据信是拉比阿奇瓦的学生。他没有得到拉比的头衔，"阿巴"是其尊称。他身材高大，以殡葬为职业，业余编辑了自己的《密释纳》版本，今本《密释纳》中一些段落是拉比犹大从他的《密释纳》中收入的。

阿巴·扫罗·本·巴特尼特（Abba Shaul ben Batnith）

第二圣殿后期（大约圣殿被毁前两代人的样子）生活于耶路撒冷的一位贤哲，以经营百货店为职业，经常回答公众有关律法的问题。他在钱财事务上持守严格律法，并为大众捐献了大量橄榄油。

阿夫塔隆（Avtalyon）

拉比犹太教早期重要贤哲与领导者之一，活跃于公元前1世纪，是《阿伯特》所记载的早期领袖机制"组阁对"成员之一，作为"法庭之父"而与示玛雅共同领导当时的犹太公会。他是外邦人的后裔,但作为一位皈依者却得到了会众的高度热爱。他可能帮助大希律王进入耶路撒冷攫取权力的活动,并因此得到了大希律王的回报。

阿夫图尔摩斯(Avtulmos)

第三代坦纳成员,留下的言论极少,但据信第四代重要贤哲之一拉比约西·本·哈拉夫塔可能是他的弟子。

阿卡维亚·本·玛勒列(Akavia Ben Mahalalel)

第二代坦纳成员。他以好辩著称,拒绝因为自己是少数派而放弃己见,追随众人。为此他甚至拒绝了法庭之父的职位诱惑。有关他的言论记载不多,但其重要性却显而易见,其中《阿伯特》3:1所记载的他的名言更是广为人知。

拉比阿奇瓦(Rabbi Akiva)

大约生活于公元50—132年,全名为阿奇瓦·本·约瑟。第三代坦纳成员,拉比以利以谢的弟子,亦受教于拉比约书亚。拉比阿奇瓦通常被认为是拉比犹太教口传律法的第一位集大成者,对前代流传下来的散乱的律法条文进行了第一次系统化工作,成为《密释纳》经典化过程中的一个重要发展阶段。他是巴尔·科赫巴起义的积极参加者,担当了某种意义上的精神领袖职责。他在起义失败后的就义行为使其成为拉比犹太教中的传奇人物,出现了大量以他为主人公的传奇故事。

B

本·布赫里(Ben Buchri)

第一代坦纳成员,生平不详。其与拉班约哈南·本·扎卡伊在《密释纳·舍客勒》1∶4中的辩论几乎是他留下的唯一言论。

本·左玛(Ben Zoma)

大约生活于公元2世纪上半叶,全名为西缅·本·佐玛。第三代坦纳成员,拉比约书亚的弟子,未获得拉比头衔。他的学识据信主要在《旧约》解经方面比较出色,以至于有"最后一位解经者跟本·佐玛一起去世"之说(《密释纳·妇女·不贞》9∶15)。他是拉比犹太教传统中著名的神秘花园传奇中进入花园的四名贤哲之一,因为看了一眼而导致精神失常。

本-阿扎伊(Ben Azzai)

大约生活于公元2世纪上半叶,全名为西缅·本·阿扎伊。第三代坦纳成员,拉比约书亚的弟子,本·左玛的同窗,两人均未获得"拉比"头衔,但在传统中常常齐名并称。按照拉比犹太教传统,他与本·左玛同入神秘花园,他因为看了一眼而死去。他以学习刻苦、精通律法而著称。

本·贝特拉(Ben Bethyra)

不止一位贤哲名叫本·贝特拉,因此若未提及全名,则很难确定究竟说的是哪位。通常认为他们都是当初将纳席职位传给了希列长老的贝特拉家族的成员。一般说来，有可能是第二代坦纳中的拉比犹大·本·贝特拉，也可能是拉比约书亚·本·贝特拉，参见本附录相关条目。

D

拉比多撒·本·豪尔卡诺思（Rabbi Dosa ben Harkinas）

第一代坦纳成员，活跃于第二圣殿时期，但据信在第二圣殿被毁后仍然活了很久。他曾受教于先知哈该，并纠正了希列学派有关转房婚的律法错误。他的言论被收入《阿伯特》，并因此而闻名。

亚特玛村人多斯太（Dostay of the village of Yathmah）

大约生活于公元 1 世纪，据信是沙玛伊的弟子。他在所有的犹太经典中只出现过一次（《密释纳·种子·未净》2：5）。

拉比多斯太·巴尔·亚纳伊（R. Dostai bar R. Yannai）

第五代坦纳成员，拉比梅伊尔的弟子，在《密释纳》中出现过两次，其中收入《阿伯特》（3：8）的言论使其闻名。

H

拉比哈拉夫塔（Rabbi Halafta）

第三代坦纳成员。他主要居住于加利利的犹太教中心渠坡里，不过也有说他在第二圣殿后期住在耶路撒冷的，更有说他原来是祭司的。

哈拿尼雅·本·希西家·本·迦隆（Chananyah ben Chizkiah ben Garon）

全名以利亚撒·哈拿尼雅·本·希西家·本·迦隆（《密释纳》多作"古里安"，从《革玛拉》改），早期坦纳成员，约活动于第二圣殿被毁时期，是犹太教重要典籍《塔阿尼特书卷》（根据《圣经》研究编写的有关斋戒日的书卷）的主要编者。据信是早期的沙玛伊学派成员。据说他某次丢了《托拉》经卷，便在圣殿山上画地为牢，直到别人告诉他经卷找到了为止。

副大祭司拉比哈尼纳（Rabbi Hanina Segan HaCohanim）

第一代坦纳成员。他是第二圣殿最后的副大祭司，负责监管祭献事务，并准备在大祭司发生不测时接班。第二圣殿被毁后，他成为圣殿活动的权威见证者。

拉比哈尼纳·本·安提哥努斯（Rabbi Chanina Ben Antigonos）

第三代坦纳成员，应当是拉比阿奇瓦的同时代人。据信他出身祭司家庭，曾亲身经历了第二圣殿内的各种祭祀活动，《密释纳》中所记载的他的言论也多与圣殿的状况相关。

拉比哈尼纳·本·多撒（Rabbi Chanina Ben Dosa）

第一代坦纳成员，拉班约哈南·本·扎卡伊的弟子与朋友。他在拉比犹太教经典中留下的教诲不多，主要以其品行和传说中所行的奇迹著称。按照这些传奇,他能用祈祷呼风唤雨,也能把来世的金桌子腿借到今世使用。

拉比哈尼纳·本·哈西纳伊(Rabbi Chanina Ben Chachinai)

大约生活于公元2世纪,第三代坦纳成员,又名哈纳尼亚·本·哈西纳伊,拉比阿奇瓦的弟子。传统上认为他是被罗马帝国迫害致死的十烈士之一。他所留存的言论多半与创世神工有关。

拉比哈尼纳·本·特拉迪翁(Rabbi Chanina Ben Teradion)

第三代坦纳成员。他在一个叫西科宁的地方建有自己的学校,并以此名声远扬。他是传说中巴尔·科赫巴大起义后被罗马当局杀害的十烈士之一。他的大女儿贝茹丽亚是个著名的才女,嫁给了拉比梅伊尔。小女儿在他遇害后被罗马人卖进妓院,后被拉比梅伊尔救出。

拉比胡茨比特(Rabbi Chutzpit)

第三代坦纳成员,因其担任雅夫内拉班迦玛列的传译员,因此又被称为"传译者胡茨比特"。他留下的言论不多。按照传统说法,他也是十烈士之一,被罗马人处决时已经一百三十岁。

J

拉班迦玛列(Rabban Gamaliel)

又称拉班迦玛列长老,以区别于后代的拉班迦玛列们。他是希列长老之孙,在第二圣殿被毁之前的数十年里出任公会首领和民族领袖。《新约·使徒行传》22：5记载保罗曾在他门下受教,并以此为荣,不过犹太教文献很少把他当作一位重要的学者看待。尽管如此,迦玛列在位时显然制定过不少律法,今天所知的有他的有关什一税和闰月等律法问题的三封信。

L

拉比(Rabbi)

即拉比犹大·哈-纳西。生于公元135年,死于公元220年前后,为第五代坦纳领袖,《密释纳》主编者,因此在《密释纳》中常被简称为"拉比"。他师从多人,其中主要是拉比阿奇瓦的弟子。在他担任公会首领期间,以色列的犹太社区出现繁荣兴旺的景象,社区与罗马统治者的关系也得到改善。在和平生活中,拉比犹大·哈-纳西在加利利建起了一个实力雄厚的经学院,并主持完成了《密释纳》这部里程碑式的犹太教典籍。

M

玛代人那鸿(Nachum HaMadi)

早期坦纳之一。出生于玛代,后移居耶路撒冷,在圣殿被毁前后出任宗教法官和教师。其律法观点多被后代贤哲拒绝。

拉比玛提亚·本·哈拉施（R. Matyah ben Harash）

第三代坦纳成员。巴尔·科赫巴大起义失败后，鉴于以色列严峻的形势，也移居罗马，在那里开办经堂，继续传授《托拉》的事业。

拉比梅伊尔（R. Meir）

又名拉比梅伊尔·巴阿勒－哈纳伊斯（哈纳伊斯的丈夫），第四代坦纳重要成员，拉比阿奇瓦的弟子。在阿奇瓦被罗马当局处决后，拉比梅伊尔成为维持《托拉》教学的几位主力学者之一，被任命为"贤哲"，与"纳席""法庭之父"鼎足而三。他学识渊博，据说光是有关狐狸的寓言就通晓三百多则。整部《密释纳》中有335条律法提及他的名字。他性喜雄辩，为人锋芒毕露，曾串通"法庭之父"拉比拿单策划废除"纳席"拉班西缅·本·迦玛列，由此与"纳席"家族闹翻，并险些被开除教籍。

拉比梅纳海姆（R. Menaham）

第五代坦纳成员，拉比梅伊尔的弟子。

米茨帕人拉比西缅（Rabbi Simon of Mizpah）

第一代坦纳成员，拉班迦玛列长老的同时代人。曾整理过一部赎罪日圣殿仪式活动的律法集。

拉比米亚沙（Rabbi Miasha）

第二圣殿时期的贤哲，拉班迦玛列长老的同时代人，在《密释纳》中只出现过一次。

N

拉比拿单（Rabbi Nathan）

第四代贤哲成员，巴比伦犹太社区首领之子，后移居以色列以出任其在公会中的职务。曾任"法庭之父"，并因为成功调停巴比伦犹太经学院与以色列犹太学者间的纠纷而得到"纳席"拉班西缅·本·迦玛列的赏识，后因参与拉比梅伊尔推翻"纳席"的活动而与"纳席"家族决裂。他参与了大量《塔木德》律法的制定。按照传统的说法，拉比犹太教经典的重要著作《阿伯特》的"革玛拉版"《拉比拿单阿伯特》是他的作品。

文士那鸿（Nahum the Scribe）

第二圣殿时期犹太公会会场的一位文士。按照《密释纳·田角捐》2：6的记载，他曾受教于拉比米亚沙。这是他在犹太教经典中出现的唯一一次。

拉比尼希米（Rabbi Nehemiah）

第四代坦纳成员，拉比阿奇瓦后期弟子之一，巴尔·科赫巴起义失败后活跃于乌沙即雅夫内经学院，有"《托塞夫塔》拉比尼希米"之称，可见其在《托塞夫塔》成书方面的重要作用。《密释纳》与《塔木德》中有几十条律法记载了他的名字，尤以简单阐说《托拉》文意见长。

拉比内胡尼亚·本·哈卡内（Rabbi Nehuniah Ben Hakaneh）

第二代坦纳成员，拉比以实玛利的老师，生活于公元1世纪。这对师生在犹太教神秘主义教义中地位很高，被认为是神秘教派的早期传人。在拉比犹太教内，拉比内胡尼亚·本·哈-卡内以勤奋和严谨著称。

P

拉比帕皮亚斯（Rabbi Papias）

第三代坦纳成员，拉比阿奇瓦的同时代人。犹太传奇中记载了一些他与拉比阿奇瓦之间的对话，大多是拉比阿奇瓦纠正他的言论。

S

拉比撒督该（Rabbi Tzadok）

全名为拉比以利以谢·巴尔·撒督该。他是拉班迦玛列长老时代的人物，在第二圣殿被毁前几十年就已经相当活跃。他与拉班迦玛列长老、拉班约哈南·本·扎卡伊以及希列学派都保持着良好关系，圣殿被毁前他在耶路撒冷病重，据说拉班约哈南·本·扎卡伊向罗马军队统帅要求的条件之一就是找医生为拉比撒督该治病。圣殿被毁后，他在雅夫内经学院执教并受到尊敬。他对圣殿感情极深，犹太传奇中有不少这类故事。他的儿子与他同名，以至经典中有些律法搞不清到底是谁的论述。

撒迦利亚·本·卡布托尔（Zekhariah ben Kevutal）

第二圣殿时期的祭司，在当时比较活跃。

沙玛伊长老（Shammai the Elder）

约生活于第二圣殿被毁前一百年前后。他担任"法庭之父"，与希列长老为"组阁对"的最后一对组合。他是出色的学者，以严守律法著称，其学派与希列学派长期争执不下，虽然后来希列学派被尊为拉比犹太教的主流与律法的制定者，沙玛伊学派的观点和论述仍然被大量记载于《密释纳》和《塔木德》中。

示玛雅（Shemaiah）

早期法利赛人领袖，公元前1世纪与阿夫塔隆结成"组阁对"，他出任"纳席"。他是改宗犹太教的外邦人，却与阿夫塔隆一起受到犹太人的拥戴，并以其勇气而著称。

苏慕侯斯（Sumchos）

又称"拉比苏慕侯斯"，第五代坦纳成员，拉比梅伊尔的弟子。他精通希腊语和希腊文明，言辞犀利，辩锋机敏，据说连他的老师有时也听不懂他在说什么。拉比梅伊尔因纳席之争被驱逐时，他曾率领众弟子闯入经学院替老师争辩。

T

拉比特尔封（Rabbi Tarfon）

第二代坦纳成员，生活于圣殿被毁前后至巴尔·科赫巴起义失败之间。他是拉班迦玛列长老和拉班约哈南·本·扎卡伊的弟子,同时也在沙玛伊学派中学习,并在律法阐释上明显对沙玛伊学派的观点显示宽容。他是祭司出身,在圣殿被毁后仍然要求人们缴纳给祭司的捐税,并以此作为他人对圣殿所承担的义务。

X

希列长老(Hillel the Elder)

生活于第二圣殿被毁前约一百年前后。他是拉比犹太教的实际创始人,在最后一对"组阁对"担任公会领袖"纳席",其高深的学识与超凡的为人使希列学派压倒沙玛伊学派而成为拉比犹太教中的统治学派,其学术见解成为犹太教遵行的律法条文。在其身后,希列家族十五代人控制"纳席"职位,使该家族在约四百五十年的时间里成为犹太民族的精神领袖。希列本人制定的律法流传不多,大多数律法用的是"希列学派"的名义,不过从有关希列的传奇故事来看,希列思想的核心之一是人文优先的关怀精神,这是拉比犹太教与《圣经》犹太教的重大差别之一。

拉比西缅(R. Shimon)

全名为拉比西缅·本·约哈伊,第四代坦纳重要成员,拉比阿奇瓦的大弟子之一。他是犹太传奇中的重要人物,据说曾因逃避罗马当局的迫害而在加利利的深山里躲藏了十三年。不少传奇故事说他有行奇迹的法力,赋予他极其浓厚的神秘主义色彩。传统上,犹太教神秘主义的根本大典《佐哈尔》被认为他的作品,另外两部重要的律法著作《策非礼》(《民数记》和《申命记》律法书)和《莫吉尔塔》(《出埃及记》律法书)也都挂在他的名下。犹太教传统节日篝火节据说就是由他提议确定下来的。

拉比西缅·本·以利亚撒（R. Simon ben Elazar）

第五代坦纳成员,拉比梅伊尔的弟子。他与其师关系密切,长期追随左右,在拉比犹太教经典中所留下的言论也多与拉比梅伊尔有关。

拉班西缅·本·迦玛列（R. Simon ben Gamaliel）

生于约公元前 10 年,死于约公元 70 年。他是希列家族的第四任"纳席",大约在公元 50 年前后就位,在反罗马大起义中死难。关于他的死因有多种说法,有说死于罗马当局之手的,也有说死于起义者中的激进派之手的。据信他是起义的反对者,并主张和谈,约瑟福斯的著作中对他的智慧多有称道。

拉比西缅·本·梅纳西亚（R. Shimon ben Menasia）

第五代坦纳成员,拉比梅伊尔的弟子。他是耶路撒冷贤哲团体"圣洁团"的领袖成员,奉行"一日分为三"的生活原则:三分之一的时间学习《托拉》,三分之一的时间祈祷,三分之一的时间工作。

拉比西缅·本·那纳斯（R. Simon ben Nanas）

第三代坦纳成员,拉比阿奇瓦的朋友。拉比犹太教经典中有数处记载了他与拉比阿奇瓦之间的争论。

拉比西缅·本·犹大（R.Shimon ben Yehuda）

第五代坦纳成员，拉比西缅的学生。拉比犹太教经典中记载了他几十条言论，几乎全部是奉拉比西缅之名而言的。

西缅·本·沙塔赫（Shimon ben Shatach）

公元前1世纪的犹太公会领袖，出任"组阁对"中的"纳席"。他成功地驱赶了公会中占多数的撒督该人，将流放埃及亚历山大的法利赛贤哲们召回耶路撒冷，占据了公会的重要地位。他还在全以色列范围内建立起了《托拉》学堂制度，使儿童们有机会在老师的指导下学习传统经典。

西缅·哈-帖曼尼（Shimon HaTemani）

他的名字的意译就是"也门人西缅"，这样叫或许是因为他出生于也门，不过也有人认为他是以色列南部荒漠中亭拿地区的人，与也门无关。他是第三代坦纳成员，以通晓大量语言、有能力解决复杂的律法问题而著称。

拉比西缅·史佐里（R.Shimon Shezuri）

第四代坦纳成员，拉比特尔封的学生，拉比西缅的朋友。

Y

亚比勒的尼太（Nittai HaArbelite）

公元前2世纪的犹太公会领袖，出任"组阁对"中的"法庭之父"。亚比勒是加利利的一个地名,他很可能出生在那里。他留下来的言论不多,主要记载在《阿伯特》里。

拉比伊莱依(R. Ilai)

第三代坦纳成员,拉比以利以谢的弟子。他是著名的拉比犹大·本·伊莱依的父亲,据说其子的出色学问来自他的真传。

拉比以利亚撒(R. Elazar)

全名为拉比以利亚撒·本·施姆亚,在《密释纳》中简称拉比以利亚撒(注意:《塔木德》中简称拉比以利亚撒的是另外一位贤哲——拉比以利亚撒·本·帕达特)。他是第四代坦纳成员,拉比阿奇瓦的弟子。他是巴尔·科赫巴起义失败之后罗马镇压期间敢于抗拒命令继续维持教学的阿奇瓦五大弟子之一。不过镇压过后,乌沙经学院的贤哲中却没有关于他的记载,犹太传统认为他去了巴比伦,不过也有其他说法。

拉比以利亚撒·巴尔·撒都该(R. Elazar Bar Zadok)

第二代坦纳成员,拉比撒都该之子,生活于第二圣殿被毁前的数十年间。拉比犹太教经典中记载的他的言论多与第二圣殿的情况、第二圣殿时期的耶路撒冷生活状况以及拉班迦玛列有关。除他以外,第四代坦纳中还有一位同名的贤哲,大概是他的孙子,由于姓名完全相同,有时很难把两人区分开来。

拉比以利亚撒·本·西缅（R. Elazar Ben Shimon）

第五代坦纳成员，著名拉比西缅的儿子。他与其父同遭罗马当局通缉捉拿，一起隐藏深山十三年。不过他后来替罗马政府工作，负责公共秩序。与其父一样，拉比犹太教传统中也有很多关于他的传奇故事。

拉比以利亚撒·本·希斯玛（R. Elazar Ben Chisma）

参见拉比以利亚撒、拉比以利亚撒·希斯玛条。

拉比以利亚撒·本·亚撒利雅（R. Elazar Ben Azaryah）

第三代坦纳成员，据信是文士以斯拉的后裔，家庭极其富有。他学识渊博，对律法和传奇都很熟悉，曾一度取代拉班迦玛列二世而出任"纳席"，在拉班迦玛列二世复位后出任"法庭之父"一职。据说当时雅夫内经学院的安息日讲道每四周一轮，拉班迦玛列二世主讲三周，他主讲一周，可见其地位之高。

巴尔托塔人拉比以利亚撒·本·犹大（R. Elazar Ben Yehudah the man of Bartotha）

第三代坦纳成员，拉比约书亚的弟子，拉比阿奇瓦的朋友，他的言论多通过第四代贤哲之口而留存下来。巴尔托塔：地名，位置不详。

拉比以利亚撒·希斯玛（R. Elazar Chisma）

即拉比以利亚撒，据说他曾应邀当众诵读会堂祷文，因不能完成而招来嘲笑,后发奋学成,能自如履行职责,遂被称为"希斯玛",意为"强化了的拉比以利亚撒"。按:希斯玛很可能是以利亚撒父亲的名字,因为他又被称为"拉比以利亚撒·本·希斯玛",所以有关这个名字的传奇也可能是因为他父亲的名字而以讹传讹。

拉比以利以谢(R. Eliezer)

全名为拉比以利以谢·本·豪尔卡诺斯,第二代坦纳重要成员,拉班约哈南·本·扎卡伊的大弟子。他在罗马军队围攻耶路撒冷时帮助其师逃到城外。圣殿被毁后他加入雅夫内经学院,并成为公会成员。他治学严谨,在律法解释上趋于保守。他是拉比犹太教传奇中的重大事件"蛇炉之辩"的主人公,并因为这场冲突而被开除教籍,最终在苦闷中死去。虽然被开除,但他的学说在拉比犹太教典籍中仍被大量引用,其律法权威的地位不可动摇。

拉比以利以谢·本·雅各(R. Eliezer Ben Yaakov)

第二代坦纳成员,生活于第二圣殿时期。他对圣殿的形制极其熟悉,《密释纳·圣职·规格》记载了他对圣殿的详细描述。除他以外,第四代坦纳中另有一位姓名完全相同的贤哲,两人的言论很难区分,传统上认为凡是有关圣殿的论述均属于第二代坦纳中的这一位。

拉比以实玛利(Rabbi Ishmael)

生于公元90年,死于公元135年,第三代坦纳重要成员,其地位几乎与拉比阿奇瓦相当。他幼年被罗马人掠卖,得拉比约书亚赎回,先后师从拉比约书亚、拉比以利以谢等第二代贤哲大家,学业优异。他在律法释经学方面有特殊贡献,强调以逻辑为基础的释经理论,反对以单个字母作为引申律法的依据。他制定的"释经十三规则"为贤哲们普遍接受,成为拉比犹太教进一步发展的重要基础。

拉比犹大(Rabbi Judah)

全名为拉比犹大·本·伊莱依,第四代坦纳成员。其学问来自其父所传之拉比以利以谢的学说,同时师从拉比阿奇瓦,是巴尔·科赫巴起义失败之后罗马镇压期间敢于抗拒命令继续维持教学并得到拉比犹大·本·巴巴任命的阿奇瓦五大弟子之一。迫害时期结束后,他成为乌沙经学院的主力学者。《密释纳》所记载的他所定的律法超过六百条,除《圣职·鸟祭》外,几乎每卷都记载了他的言论。

拉比犹大·本·巴巴(Rabbi Judah Ben Baba)

第三代坦纳成员,巴尔·科赫巴大起义后被罗马当局处决的十烈士之一,据说就义时已是七十高龄。他最著名的事迹是在起义失败、罗马当局禁止任命新的拉比时,又任命了一批拉比,包括后来成名的拉比犹大。在《塔木德》中,他有时被简称为"虔诚者"。

拉比犹大·本·贝特拉(Rabbi Judah Ben Bethyra)

第三代坦纳成员,出生于巴比伦纳茨宾,在以色列师从雅夫内经学院的名师学习《托拉》。巴尔·科赫巴起义失败后不堪罗马当局的镇压而离开以色列,回到巴比伦。《密释纳》与《塔木德》中都有关于他的记载。除他以外,第二圣殿被毁前另有一位姓名全同的贤哲,不过基本上没有留下什么言论。

犹大·本·塔巴伊(Judah ben Tabbai)

公元前1世纪著名犹太教贤哲,西缅·本·沙塔赫的同代人。他曾经错判死刑,经沙塔赫指出后懊悔终身,常独自饮泣。

大祭司约哈南(Yochanan Cohen Gadol)

本名约翰·豪尔卡努斯,犹大国王,公元前135—前105年在位,马卡比起义领袖马塔提亚斯之孙。在教义上他属于撒都该派。

拉比约哈南·本·布罗卡(Rabbi Yochanan Ben Beroka)

第二代坦纳成员。《密释纳》记载了他的不少言论和律法裁决,其中最著名的则是《阿伯特》4∶5所记载的他的格言。

约哈南·本·古德嘉达(Yochanan Ben Gudgada)

第二代坦纳成员。他是祭司,第二圣殿时期在圣殿中负责关闭殿门的事务,对圣殿及祭司相关律法比较熟悉。

拉比约翰南·本·努利(Rabbi Yochanan Ben Nuri)

第三代坦纳成员,在雅夫内经学院求学,受到拉班迦玛列二世的照料并与之保持良好的关系。他可能是拉比以利以谢的弟子,因贫穷而不能自立,得到拉班迦玛列的帮助而在经学院中领取一份薪水。除了一般律法问题外,他以精通几何学著称,号称能算出海中有多少滴水。

拉班约哈南·本·扎卡伊(Rabban Yochanan Ben Zakkai)

第一代坦纳成员,拉比犹太教的实际缔造者。他是希列长老的弟子。第二圣殿被毁后,他救出了城中的贤哲们,在雅夫内建立了全新的经学院和公会,并自任公会领袖"纳席"。他制定了新的律法,培养了大批弟子,对于犹太传统在圣殿消失后的继续生存和拉比犹太教的建立做出了无可超越的巨大贡献。

拉比约哈南·本·哈侯拉尼(R. Yohanan ben Hahorani)

公元1世纪犹太贤哲。他原本是沙玛伊学派的弟子,但在住棚问题上却遵守希列学派的律法,因而遭到沙玛伊的严厉斥责(事见《住棚》2∶3),这也是他在拉比犹太教文献中最出名的一次出场。

拉比约书亚(Rabbi Joshua)

全名为拉比约书亚·本·哈纳尼亚,拉班约哈南·本·扎卡伊的大弟子之一,第二代坦纳领袖人物。圣殿被毁后,他协助拉班约哈南·本·扎卡伊组建雅夫内经学院,在拉班约哈南·本·扎卡伊死后协助拉班迦玛列二世解散沙玛伊学派,使希列学派统一了拉比犹太教律法。拉班迦玛列二世去世后,他成为犹太教和犹太社团的实际领袖。拉比犹太教经典中记载了他大量的言论，犹太传奇中也有很多颂扬他的智慧的故事。

拉比约书亚·本·贝特拉（Rabbi Joshua Ben Bethyra）

除了从名字能看出此人是著名的本·贝特拉家族成员，以及《密释纳》数次引用他的言论以外，我们对他的生平几乎一无所知。

约书亚·本·弗拉西亚（Joshua ben Perahiah）

公元前2世纪犹太公会领袖，曾出任"纳席"一职，与亚比勒的尼太组成"组阁对"。其言论主要记载在《阿伯特》中。

拉比约书亚·本·卡尔哈（Rabbi Joshua Ben Karcha）

第四代坦纳成员，拉比约翰南·本·努利的学生。曾在拉班西缅·本·迦玛列的经堂执教，所留言论不多。

拉比约西（Rabbi Yose）

全名为拉比约西·本·哈拉夫塔，第四代坦纳的重要成员，拉比阿奇瓦的学生，巴尔·科赫巴起义失败后罗马镇压期间敢于抗拒命令继续维持教学的阿奇瓦五大弟子之一。在罗马迫害期间曾一度流亡小亚细亚，迫害期过后回到乌沙出任公会成员，后因卷入拉比西缅·本·约哈伊攻击罗马政权一案，被迫迁往渠坡里，在那里建立了自己的经学院，并以其高深的学问培养出一代英才，拉比犹大·哈-纳西便曾是他的学生。他是一代律法权威，《密释纳》中记载了大量他所制定的律法。

拉比约西·巴尔·犹大（Rabbi Yose bar Judah）

第五代坦纳成员,著名的拉比犹大·本·伊莱依的儿子。其学问传自其父。拉比犹太教文献中有关他的记载主要是他与其父在律法问题上的辩论。

拉比约西·本·密疏朗姆（Rabbi Yose Ben Meshulam）

第五代坦纳成员,《密释纳》中有三处记载了他的言论。

约西·本·约哈南（Yose ben Yochanan）

公元前2世纪犹太公会领袖,与约西·本·约以谢组成"组阁对",他出任"纳席"。他是耶路撒冷人,其言论主要见于《阿伯特》。

约西·本·约以谢（Yose ben Yiezer）

公元前2世纪犹太公会领袖,与约西·本·约哈南组成"组阁对",他出任"法庭之父"。他以强烈坚持反希腊化立场而著称。

拉比约西·哈–加利利（Rabbi Yose Ha-Galili）

第三代坦纳成员,雅夫内经学院主要成员之一。他出生于加利利,并因此得名。他在加利利学成,师从不详,但他到达雅夫内经学院第一次与拉比阿奇瓦等人辩论便大获全胜。后来被任命为雅夫内经学院四长老之一。除了学问之外,他的善行在当时亦为人称道。

中译本参考文献

1.《密释纳》注解本、译注本

Albeck, Hanoch. *Shishah Sedre Mishnah* (Hebrew). Jerusalem: The Bialik Institute, 1988.

Artscroll Mishnah Series. New York: Mesorah Publications Ltd., 2002.

Blackman, Philip. *Mishnayoth*. New York: The Judaica Press, Ltd., 2000.

Danby, Herbert. *The Mishnah*. Oxford: Oxford University Press, 1933.

Neusner, Jacob. *The Mishnah: A New Translation*. New Haven, Conn: Yale University Press, 1991.

Kehati, Pinchas. *Mishnayot Mevuarot* (Hebrew). Jerusalem: The Kehati Mishnayot Press, Ltd., 1998.

The Schottenstein Daf Yomi Edition. *Talmud Bavli*. New York: Mesorah Publications Ltd., 2002.

The Soncino Talmud, CD-ROM version. Institute for Computers in Jewish Life, Davka Corporation and Judaica Press Inc., 1991-2007.

Steinsaltz, Adin. *The Steinsaltz Edition Talmud Bavli*. Jerusalem: The Institute for Talmudic Publications, 1989.

2.《密释纳》及相关拉比犹太教研究专论

Aberbach, David. *Major Turning Points in Jewish Intellectual History*. New York: Palgrave Macmillan, 2003.

Albeck, Hanoch. *Mavo LaMishnah* (Hebrew). Jerusalem: The Bialik Institute, 1959.

Albeck, Hanoch. "On Commentaries of the Six Orders of the Mishnah" (Hebrew). *Sinai* 45, 1960, pp. 204-12.

Albeck, Hanoch. "Readings of the Mishnah of the Amoraim" (Hebrew). *Chajes Memorial Volume*. Vienna, 1933, pp. 1-28.

Alexander, Elizabeth Shanks. *Transmitting Mishnah: The Shaping Influence of Oral Tradition*. Cambridge: Cambridge University Press, 2006.

Aune, D. E. "On the Origins of the 'Council of Javneh' Myth". *Journal of Biblical Literature*, Vol. 110, No. 3 (Autumn, 1991), pp. 491-93.

Avery-Peck, Alan Jeffery, Neusner, Jacob. *The Mishnah in Contemporary Perspective*. Leiden: Brill, 2002.

Avery-Peck, Alan Jeffery. *The Priestly Gift in Mishnah: A Study of Tractate Terumot*. Atlanta, Ga: Scholars Press, 1981.

Berger, Michael S. *Rabbinic Authority*. Oxford: Oxford University Press, 1998.

Bieberfeld, Shraga. "Form of the Mishnah in its Essence". *Halevy Memorial Volume*, Bne Braq, 1964, pp. 210-13.

Bleichrode, Avraham Y. "Rambam's Commentary on the Mishnah (M. San. 6-7) in the Arabic Original with a Critical Hebrew Translation and Notes". *Kook Memorial Volume*. Jerusalem, 1937, Vol. 3, pp. 3-43.

Bokser, Baruch M. *Samuel's Commentary on the Mishnah : Its Nature, Forms, and Content*. Leiden: Brill Archive, 1975.

Brüll, Jacob. *Mavo Hamishnah* (Hebrew). Jerusalem: Maqor, 1971.

Cohen, Boaz. *Mishnah and Tosefta: A Comparative Study*. Jewish Theological Seminary of America, 1935.

Cohen, Shaye J. D. *From the Maccabees to the Mishnah*. Louisville: Westminster John Knox Press, 2006.

Collins, John Joseph. *Seers, Sibyls, and Sages in Hellenistic-Roman Judaism*. Leiden: Brill, 2001.

DeVries, Benjamin, "The Mishnah and Tosefta of Makkot" (Hebrew). *Tarbiz* 26, 1956-1957, pp. 225-61.

Elman, Yaakov. "Argument for the Sake of Heaven: 'The Mind of the Talmud'". *The Jewish Quarterly Review*, New Ser., Vol. 84, No. 2/3 (Oct., 1993-Jan., 1994), pp. 261-82.

Enelow, Hyman Gerson. *The Mishnah of Rabbi Eliezer: Or the Midrash of Thirty-two Hermeneutic Rules*. New York: Bloch Pub. Co., 1933.

Epstein, J. N. "An Arabic Translation of Mishnayot". *Alexander Marx Jubilee Volume*. New York, 1950, pp. 23-48.

Epstein, J. N. *Mavo le-Nusah ha-Mishnah* (Hebrew). Jerusalem: Magnes Press, 1948.

Epstein, J. N. *Mevo'ot le-Sifrut ha-Tanna'im* (Hebrew). Jerusalem: Magnes Press, 1957.

Epstein, J. N. "On the Mishnah of Rabbi Judah" (Hebrew). *Tarbiz* 15, 1943-1944, pp. 1-13.

Evans, Craig A. "Mishna and Messiah 'In Context': Some Comments on Jacob Neusner's Proposals". *Journal of Biblical Literature*, Vol. 112, No. 2 (Summer, 1993), pp. 267-89.

Fonrobert, Charlotte Elisheva, Martin S. Jaffee. *The Cambridge Companion to the Talmud and Rabbinic Literature*. Cambridge: Cambridge University Press, 2007.

Friedman, Shamma. "The 'Law of Increasing Members' in Mishnaic Hebrew" (Hebrew). *Lesonenu* 35, 1971, pp. 117-29.

Friedman, Shamma. "Two Early 'Unknown' Editions of the Mishna". *The Jewish Quarterly Review*, New Ser. , Vol. 65, No. 2 (Oct., 1974), pp. 115-21.

Freund, Richard A. *Secrets of the Cave of Letters: Rediscovering a Dead Sea Mystery*. Amherst, N Y: Humanity Books, 2004.

Gammie, John G. , Perdue, Leo G. *The Sage in Israel and the Ancient Near East*. Winona Lake, Ind: Eisenbrauns, 1990.

Gersh, Harry, Robert L. Platzner. *Mishnah: The Oral Law*. Springfield, NJ: Behrman House, Inc., 1984.

Ginzberg, Louis. "The Mishnah Tamid". *Journal of Jewish Lore and Philosophy* I, 1, 2, 3, 4, 1919, pp. 33ff.

Goldberg, Abraham. "The Method of Judah the Patriarch in the Arrangement of the Mishnah" (Hebrew). *Tarbiz* 28, 1958–1959, pp. 260–69.

Goldin, Hyman Elias. *Hebrew Criminal Law and Procedure: Mishnah: Sanhedrin, Makkot*. New York: Twayne Publishers, 1952.

Goldin, Hyman Elias. *Mishnah: A Digest of the Basic Principles of the Early Jewish Jurisprudence, Baba Meziah (Middle Gate) Order* IV, Treatise II. New York: G. P. Putnam's Sons, 1913.

Goldstein, Morris. *Thus Religion Grows—The Story of Judaism*. Ottawa: Read Books, 2007.

Guttmann, A. "The Problem of the Anonymous Mishnah". *HUGA* 16, 1941, pp. 137–55.

Guttmann, A. *Rabbinic Judaism in the Making: The Haiakah From Ezra to Judah I*. Detroit: Wayne State University Press, 1971.

Halbertal, Moshe. *People of the Book: Canon, Meaning, and Authority*. Cambridge, Mass: Harvard University Press, 1997.

Halivni, David. *Midrash, Mishnah, and Gemara: The Jewish Predilection for Justified Law*. Cambridge, Mass: Harvard University Press, 1986.

Hauptman, Judith. *Rereading the Mishnah: A New Approach to Ancient Jewish Texts*. Tubingen: Mohr Siebeck, 2005.

Hezser, Catherine. *Jewish Literacy in Roman Palestine*. Tubingen: Mohr Siebeck, 2001.

Holder, Meir, Hersh Goldwurm. *History of the Jewish People: From Yauneh to Pumbedisa*. New York: Mesorah Publications, 1986.

Houtman, Alberdina. *Mishnah and Tosefta: A Synoptic Comparison of the Tractates Berakhot and Shebiit*. Tubingen: Mohr Siebeck, 1996.

Katz, Steven T. ed., *The Cambridge History of Judaism*, Vol. 4. Cambridge: Cambridge University Press, 2006.

Kierspel, Lars. *The Jews and the World in the Fourth Gospel: Parallelism, Function, and Context*. Tubingen: Mohr Siebeck, 2006.

Kraemer, David Charles. *The Mind of the Talmud: An Intellectual History of the Bavli*. Oxford: Oxford University Press, 1990.

Levine, Lee I. *The Rabbinic Class of Roman Palestine in Late Antiquity*. Jerusalem: Yad Izhak Ben-Zvi Press, 1989.

Lewin, B. M. ed., *Iggeret Rav Sherira Ga'on*. Haifa: Unknown publisher, 1921.

Lewis, J. P. "What Do We Mean by Javneh?" *Journal of Biblical Literature*, Vol. 32 (1964), pp. 125–32.

Lightstone, Jack N. *Mishnah and the Social Formation of the Early Rabbinic Guild: A Socio-rhetorical Approach*. Waterloo, Ont: Wilfrid Laurier University Press, 2002.

Lightstone, Jack N. *Yose the Galilean: Traditions in Mishnah-Tosefta*. Leiden: Brill Archive, 1979.

Lapin, Hayim. *Early Rabbinic Civil Law and the Social History of Roman Galilee: A Study of Mishnah Tractate Baba' Metziah*. Atlanta, Ga: Scholars Press, 1995.

Lipman, Eugene J. *The Mishnah: Oral Teachings of Judaism*. New York: Viking Press, 1973.

Mason, Steve. *Flavius Josephus on the Pharisees: A Composition-Critical Study*. Leiden: Brill, 2001.

Miller, Stuart S. *Studies in the History and Traditions of Sepphoris*. Leiden: Brill Archive, 1984.

Moore, G. F. *Judaism in the First Centuries of Christian Era*. New York: Meirdian, 1957.

Mor, Menahem, A'haron Oppenheimer, Jack Pastor, ed., *Jews and Gentiles in the Holy Land in the Days of the Second Temple, the Mishnah and the Talmud: A Collection of Articles*. Jerusalem: Yad Ben-Zvi Press, 2003.

Naiman, Abba Zvi. *Landscapes of the Spirit: The Cities of Eretz Yisrael in Jewish Thought*. Jerusalem: Targum Press, 1996.

Neusner, Jacob. *Development of a Legend*. Leiden: Brill, 1970.

Neusner, Jacob. *Early Rabbinic Judaism: Historical Studies in Religion, Literature and Art*. Leiden: Brill Archive, 1975.

Neusner, Jacob. *The Economics of the Mishnah*. Chicago: University of Chicago Press, 1990.

Neusner, Jacob. *Eliezer ben Hyrcanus: The Tradition and the Man*. Leiden: Brill Archive, 1973.

Neusner, Jacob. *The Idea of History in Rabbinic Judaism*. Leiden: Brill, 2004.

Neusner, Jacob. *Judaism as Philosophy: The Method and the Message of the Mishnah*. Eugene, Oreg: Wipf & Stock Publishers, 2004.

Neusner, Jacob. *The Law of Agriculture in the Mishnah and the Tosefta: Translation, Commentary, Theology*. Leiden: Brill, 2005.

Neusner, Jacob. *A Life of Rabban Yohanan Ben Zakkai*. Leiden: Brill, 1962.

Neusner, Jacob. *The Mishnah: An Introduction*. New Jersey: Jason Aronson, 1994.

Neusner, Jacob. "The Mishnah in Philosophical Context and out of Canonical Bounds". *Journal of Biblical Literature*, Vol. 112, No. 2 (Summer, 1993), pp. 292–93.

Neusner, Jacob. *The Mishnah: Religious Perspectives*. Leiden: Brill, 1999.

Neusner, Jacob. *The Mishnah: Social Perspectives*. Leiden: Brill, 1999.

Neusner, Jacob. *The Modern Study of the Mishnah*. Eugene, Oreg: Wipf & Stock Publishers, 2003.

Neusner, Jacob. *Rabbinic Judaism*, Minneapolis: Fortress Press, 1995.

Neusner, Jacob. *Rabbinic Political Theory: Religion and Politics in the Mishnah*. Chicago: University of Chicago Press, 1991.

Neusner, Jacob. "Redaction, Formulation, and Form: The Case of Mishnah". *The Jewish Quarterly Review*, New Series, Vol. 70, No. 3 (Jan., 1980), pp. 131–47.

Neusner, Jacob. *The Vitality of Rabbinic Imagination: The Mishnah against the Bible and Qumran*. Lanham, Md: University Press of America, 2005.

Newman, Louis E. *The Sanctity of the Seventh Year: A Study of Mishnah Tractate Shebiit*. Atlanta, Ga: Scholars Press, 1983.

Nickelsburg, George W. E. *Jewish Literature between the Bible and the Mishnah: A Historical and Literary Introduction*. Philadelphia: Fortress Press, 1981.

Nodet, Étienne Crowley, ed., *A Search for the Origins of Judaism: From Joshua to the Mishnah*. London & New York: Continuum International Publishing Group, 1997.

Oppenheimer, Aharon. *Rabbi Judah ha-Nasi* (Hebrew). Jerusalem: The Zalman Shazar Center, 2007.

Oppenheimer, Aharon, I. H. Levine. *The am Ha-aretz: A Study in the Social History of the Jewish People in the Hellenistic-Roman Period*. Leiden: Brill Archive, 1977.

Patt-Shamir, Galia, Zhang Ping. "Expanding Family Reverence: A Confucian-Jewish Dialogue". *The Wiley-Blackwell Companion to Inter-Religious Dialogue* (pp. 450–67), ed., Catherine Cornille. Oxford: Wiley-Blackwell, 2013.

Poirier, John C. "Jacob Neusner, the Mishnah, and Ventriloquism". *The Jewish Quarterly Review*, New Series, Vol. 87, No. 1/2 (Jul.–Oct., 1996), pp. 61–78.

Porton, Gary G. *Goyim: Gentiles and Israelites in Mishnah-Tosefta*. Atlanta, Ga: Scholars Press, 1989.

Rabbinovicz, Raphael Nathan Nata. *Sefer Dikduke Sofrim: im hagahot ni ḳ ra'ot Divre sofrim*. New York: Bi-Defusye-Hotsa'at M. P. Press, 1976.

Rabinowich, N. D. *The Iggeres of Rav Sherira Gaon*. Jeruslaem: Moznaim, 1988.

Robinson, George. *Essential Judaism: A Complete Guide to Beliefs, Customs, and Rituals*. New York: Simon & Schuster, 2001.

Rosner, Fred. *Maimoneides' Introduction to His Commentary on the Mishnah*. Northvale, NJ: Jason Aronson, Inc., 1995.

Ryle, H. E. *The Canon of the Old Testament*. London: Macmillan, 1892.

Saldarini, Anthony J., James C. Vander Kam. *Pharisees, Scribes and Sadducees in Palestinian Society: A Sociological Approach*. Grand Rapids, Michigan: Wm. B. Eerdmans Publishing, 2001.

Samely, Alexander. *Rabbinic Interpretation of Scripture in the Mishnah*. Oxford: Oxford University Press, 2002.

Sarason, Richard S. "[Redaction, Formulation, and Form: The Case of Mishnah]: Comments". *The Jewish Quarterly Review*, New Series, Vol. 70, No. 3 (Jan., 1980), pp. 150–51.

Schachter, Melech. "Babylonian-Palestinian Variations in the Mishna". *The Jewish Quarterly Review*, New Ser., Vol. 42, No. 1 (Jul., 1951), pp. 1–35.

Schachter, Melech. *The Babylonian and Jerusalem Mishnah Textually Compared* (Hebrew). Jerusalem: Publisher unknown, 1959.

Schiffman, Lawrence H. *Texts and Traditions: A Source Reader for the Study of Second Temple and Rabbinic Judaism*. Jersey City, NJ: KTAV Publishing House, Inc., 1998.

Schiffman, Lawrence H. *From Text to Tradition: A History of Second Temple and Rabbinic Judaism*. Jersey City, NJ: KTAV Publishing House, Inc., 1991.

Shahak, Israel. *Jewish History, Jewish Religion: The Weight of Three Thousand Years*. London: Pluto Press, 1994.

Sicker, Martin. *Between Rome and Jerusalem: 300 Years of Roman-Judaean Relations*. New York: Praeger Publishers, 2001.

Twersky, Isadore. *Maimonides Reader*. Tubingen: Behrman House, Inc., 1972.

Urbach, E. E. *The Sages*. Jerusalem: Magnes Press, Hebrew University in Jerusalem, 2001.

Weiss, Abraham. *On the Mishnah* (Hebrew). Tel Aviv: Publisher unknown, 1968.

Wegner, Judith Romney. *Chattel or Person: The Status of Women in the Mishnah*. Oxford: Oxford University Press, 1992.

Zhang, Ping. *Bridging Between the Actual and the Ideal in Early Rabbinical and Confucian Literature*. Ph. D dissertation. Tel Aviv: Tel Aviv University, 1999.

Zlotnick, Dov. *The Iron Pillar-Mishnah: Redaction, Form and Intent*. Jersey City, NJ: KTAV, distributor in North America, 1988.

张平:《阿伯特——犹太智慧书》(与拉比阿丁·施坦泽兹合著),中国社会科学出版社1996年版。

张平:《创造性张力——早期儒家与拉比犹太教的师生关系》,载钟彩钧、周大兴主编:《犹太与中国传统的对话》,(台北)"中央研究院"中国文哲研究所2011年版。

张平:《经从何处来?——〈论语〉与〈阿伯特〉首章的比较解读》,载钟彩钧、周大兴主编:《犹太与中国传统的对话》,(台北)"中央研究院"中国文哲研究所2011年版。

张平:《密释纳·第1部:种子》,山东大学出版社2011年版。

张平:《天下通道精义篇——犹太处世书》,北京大学出版社2003年版。

3.《密释纳·节期》与犹太节期相关专著

(1) 总论

Bartlett, John R. ed., *Jews in the Hellenistic and Roman Cities*. London: Routledge, 2002.

Bloch, Abraham P. *The Biblical and Historical Background of the Jewish Holy Days*. New York: Ktav Pub. House, 1978.

Braude, William G. *Pesikta Rabbati: Discourses for Feasts, Fasts, and Special Sabbaths*. New Haven: Yale UP, 1968.

De Vaux, Roland. Trans. John McHugh. *Ancient Israel: Its Life and Instructions*. Grand Rapids: Wm. B. Eerdmans, 1997.

Feldman, Louis H. *Studies in Josephus' Rewritten Bible*. Leiden: Brill, 1998.

Gaster, Theodor Herzl. *Festivals of the Jewish Year: A Modern Interpretation and Guide*. New York: Morrow, 1953.

Goldin, Hyman E. *A Treasury of Jewish Holidays: History, Legends, Traditions*. New York: Twayne, 1952.

Greenberg, Irving. *The Jewish Way: Living the Holidays* [Kindle version]. Retrieved from Amazon, com.

Han-Nāśî', Avrāhām Bar-Ḥiyyâ, and Herschell E. Filipowsky. *Sēfer H*ā-*'Ibbūr*. London: Longman, 1851.

Knobel, Peter S. , Bennett M. Hermann. *Gates of the Seasons: A Guide to the Jewish Year*. New York: Central Conference of American Rabbis, 1983.

Kuenen, A. *An Historico-critical Inquiry into the Origin and Composition of the Hexateuch (Pentateuch and Book of Joshua)*. London: Macmillan, 1886.

Lilker, Shalom. *Kibbutz Judaism: A New Tradition in the Making*. Darby, PA: Norwood Editions, 1982.

Neusner, Jacob. *Rabbinic Judaism: The Theological System*. Boston: Brill Academic, 2002.

Philo. "Exodus Book I". *Questions and Answers on Exodus*, trans. Ralph Marcus.

Vol. 1. Cambridge, MA: Harvard University, 1953.

Segal, Eliezer. *Holidays, History, and Halakhah*. Northvale, NJ: Jason Aronson, 2000.

Segal, Eliezer. *In Those Days, at This Time: Holiness and History in the Jewish Calendar*. Calgary: University of Calgary, 2007.

Shachar, Isaiah. *The Jewish Year: Iconography of Religions*. Leiden: Brill, 1975.

Shoys, Hayim. *The Jewish Festivals, History and Observance*. New York: Schocken, 1962.

Snaith, Norman H. *The Jewish New Year Festival: Its Origins and Development*. London: Society for Promoting Christian Knowledge, 1947.

Soltes, Mordecai. *The Jewish Holidays: A Guide to Their Origin, Significance and Observance, Including 250 Questions and Answers*. 4th ed. New York, NY: Jewish Welfare Board, 1952.

Sperber, Daniel. *Why Jews Do What They Do: The History of Jewish Customs Throughout the Cycle of the Jewish Year*. Hoboken, NJ : Ktav Pub. House, 1999.

Steinsaltz, Adin, Daniel Haberman, and Yehudit Shabta. *Change & Renewal: The Essence of the Jewish Holidays, Festivals and Days of Remembrance*. New Milford, CT: Maggid, 2011.

Stern, Sacha. *Calendar and Community: A History of the Jewish Calendar, Second Century BCE—tenth Century CE*. Oxford: Oxford UP, 2001.

Stern, Sacha. *Calendars in Antiquity: Empires, States, and Societies*. Oxford: Oxford UP, 2012.

Stern, Sacha. *Time and Process in Ancient Judaism*. Oxford: Littman Library of Jewish Civilization, 2003.

Stone, Emily. *Did Jew Know? A Handy Primer on the Customs, Culture, and Practice of the Chosen People*. San Francisco: Chronicle LLC, 2013.

Strassfeld, Michael. *The Jewish Holidays: A Guide and Commentary*. New York: Harper & Row, 1985.

Tabory, Joseph. *Mo'ade Yi śra'el Bi-tekufat Ha-Mishnahyeha-Talmud*. Yerushalayim: Hotsa'at Sefarim'a (Hebrew). Sh. Y. L. Magnes, Ha-

Universiṭah Ha-'Ivrit, 1995.

Trepp, Leo. *The Complete Book of Jewish Observance*. New York: Behrman House Inc. /Summit Books, 1980.

Trepp, Leo. *A History of the Jewish Experience: Eternal Faith, Eternal People*. New York: Behrman House, 1973.

Trepp, Leo. *Judaism; Development and Life*. Belmont, CA : Dickenson Pub., 1966.

Vainstein, J. *The Cycle of the Jewish Year: A Study of the Festivals and of Selections from the Liturgy*. Jerusalem: Department for Torah and Culture in the Diaspora, World Zionist Organization, 1964.

Wagenaar, Jan A. *Origin and Transformation of the Ancient Israelite Festival Calendar*. Wiesbaden: Harrassowitz Verlag, 2005.

Wright, David P. *The Disposal of Impurity: Elimination Rites in the Bible and in Hittite and Mesopotamian Literature*. Atlanta, GA: Scholars, 1987.

Ziegler, Aharon. *Halakhic Positions of Rabbi Joseph B. Soloveitchik*. Vol. 4. Northvale, NJ: Jason Aronson, 1998.

(2) 安息日

Andreasen, Niels-Erik. "Recent Studies of the Old Testament Sabbath. Some Observations". *Zeitschrift Für Die Alttestamentliche Wissenschaft* 86. 4 (1974): 453–69.

Broyde, Michael J. "Modern Technology and the Sabbath: Some General Observations". *Journal of Halacha and Contemporary Society* 23 (1992): 63–100.

Calaway, Jared. *The Sabbath and the Sanctuary: Access to God in the Letter to the Hebrews and Its Priestly Context*. Tubingen, Germany: Mohr Siebeck, 2013.

Frey, Mathilde. "Sabbath in Egypt? An Examination of Exodus 5". *Journal for the Study of Old Testament* 39. 3 (2015): 249–63.

Ginsburg, Elliot Kiba. *The Sabbath in the Classical Kabbalah*. Albany: SUNY, 1989.

Ginsberg, Elliot K. trans. *Sod Ha-Shabbat-The Mystery of the Sabbath*. Albany: SUNY, 1989.

Heschel, Abraham Joshua. *The Earth Is the Lord's and the Sabbath*, Harper Torchbooks Temple Library. New York: Harper & Row, 1966.

Heschel, Abraham Joshua. *The Sabbath, Its Meaning for Modern Man*. New York: Farrar, Straus and Young, 1951.

Jastrow, Morris. "The Original Character of the Hebrew Sabbath". *The American Journal of Theology* 2. 2 (1898): 312–52.

Kimball, Bruce A. "The Origin of the Sabbath and Its Legacy to the Modern Sabbaticar". *The Journal of Higher Education* 49. 4 (1978): 303–15.

Lotz, Wilhelm. *Questiones De Historia Sabbati*. Lipsiae: J. C. Hinrichs, 1883.

McKay, Heather A. *Sabbath and Synagogue: The Question of Sabbath Workship in Ancient Judaism*. Leiden: E. J. Brill, 1994.

Meek, Theophile James. "The Sabbath in the Old Testament: Its Origin and Development". *Journal of Biblical Literature* 33.3 (1914): 201–12.

Millgram, Abraham Ezra. *Sabbath, the Day of Delight*. Philadelphia: Jewish Publication Society of America, 1947.

（3）逾越节

Bengtsson, Per A. *Passover in Targum Pseudo-Jonathan Genesis: The Connection of Early Biblical Events with Passover in Targum Pseudo-Jonathan in a Synagogue Setting*. Stockholm, Sweden: Almqvist & Wiksell International, 2001.

Bokser, Baruch M. *The Origins of the Seder: The Passover Rite and Early Rabbinic Judaism*. Berkeley: University of California, 1984.

Colautti, Federico M. *Passover in the Works of Josephus*. Leiden: Brill, 2002.

Goodman, Philip. *The Passover Anthology*. Philadelphia: Jewish Publication Society of America, 1961.

Lewy, J. "The Feast of the 14th Day of Adar", *HUCA*, 1939, 127–51.

Prosic, Tamara. *The Development and Symbolism of Passover Until 70 CE*. Edinburgh: T & T Clark, 2004.

Segal, J. B. *The Hebrew Passover: From the Earliest times to A. D. 70*. London: Oxford UP, 1963.

Sender, Isaac. *The Commentators' Pesach Seder Haggadah: Insights of the Sages on the Pesach Haggadah*. Jerusalem: Feldheim, 2003.

Yoav Ariel, Zhang Ping, Ronald Kiener. "A Passover Seder with Confucius," 载钟彩钧、周大兴主编:《犹太与中国传统的对话》,(台北)"中央研究院"中国文哲研究所 2011 年版。

(4)五旬节与住棚节

Donin, Hayim. *Sukkot*. Jerusalem: Keter Books, 1974.

Goodman, Philip. *The Sukkot and Simhat Torah Anthology*. Philadelphia: Jewish Publication Society of America, 1973.

Goodman, Philip. *The Shavuot Anthology*. Philadelphia: Jewish Publication Society of America, 1974.

(5)岁首与赎罪日

Agnon, Shmuel Yosef. *Days of Awe: Being a Treasury of Traditions, Legends and Learned Commentaries Concerning Rosh Ha-Shanah, Yom Kippur and the Days Between, Culled from Three Hundred Volumes, Ancient and New*. New York: Schocken, 1948.

Carmichael, Calum. "The Origin of the Scapegoat Ritual". *Vetus Testamentum*. Vol. 50, Fasc. 2 (Apr., 2000), pp. 167–82.

Goodman, Philip. *The Yom Kippur Anthology*. Philadelphia: Jewish Publication Society of America, 1971.

Goodman, Philip. *The Rosh Hashanah Anthology*. Philadelphia: Jewish Publication Society of America, 1970.

Moor, Johannes C. De. *New Year with Canaanites and Israelites*. Kampen: Kok, 1972.

Orlov, Andrei A. *The Atoning Dyad: The Two Goats of Yom Kippur in the Apocalypse of Abraham*. Boston: Brill, 2016.

Zatelli, Ida. "The Origin of the Biblical Scapegoat Ritual: The Evidence of Two

Eblaite Texts". *Vetus Testamentum* 48.2 (1998): 254–63.

(6) 光明节与普珥节

Goodman, Philip. *The Purim Anthology*. Philadelphia: Jewish Publication Society of America, 1988.

Goodman, Philip. *The Hanukkah Anthology*. Philadelphia: Jewish Publication Society of America, 1976.

Hoschander, Jacob. *The Book of Esther in the Light of History*. Philadelphia: Dropsie College for Hebrew and Cognate Learning, 1923.

Moore, Carey A. "Archeology and the Book of Esther". *The Biblical Archeology*, Vol. 38: 62–79.

Silverstein, Adam. "The Book of Esther and the Enuma Elish". *Bulletin of the School of Oriental and African Studies*, Vol. 69 (2006): 209–23.